Latinum für Dummies

Schummelseite

Wortarten	
Substantiv/ Nomen	Hauptwort (*Apfelbaum*)
Verb	Tätigkeitswort (*lachen*)
Adjektiv	Eigenschaftswort (*klein*): beschreibt Personen oder Dinge
Adverb	Umstandswort (*gern*): beschreibt Tätigkeiten
Pronomen	Fürwort: steht für ein Nomen (*ich, dein, wer …*)
Präposition	Verhältniswort (*auf, in, mit …*)
Konjunktion	Bindewort (*und, aber, weil, wenn …*) verbindet Begriffe (Max *und* Moritz), Satzteile (Sie lachte *und* ging weg.) oder Teilsätze (Wir gehen, *wenn* wir wollen.) miteinander

Die Fälle des Nomens	
Nominativ	1. Fall (*wer* oder *was?*)
Genitiv	2. Fall (*wessen?*)
Dativ	3. Fall (*wem?*)
Akkusativ	4. Fall (*wen* oder *was?*)
Ablativ	5. Fall (Den gibt es nur im Lateinischen. Er antwortet sehr häufig auf die Frage *wodurch?* oder *womit?* Bei Zeitangaben antwortet er auf die Frage *wann?*, bei Ortsangaben auf die Frage *wo?*)
Singular	Einzahl (*der Hund*)
Plural	Mehrzahl (*die Hunde*)

Bestandteile eines Satzes	
Beispielsatz	**Ein Kind, dessen Strumpf ein Loch hat, streichelt einen Igel.**
Hauptsatz	ein Teilsatz, der von keinem anderen Satzteil abhängig ist: *Ein Kind streichelt einen Igel.*
Nebensatz	ein Teilsatz, der von einem anderen Satzteil abhängig ist: *dessen Strumpf ein Loch hat*
Subjekt	Satzgegenstand (*wer* oder *was?*): im Hauptsatz: *ein Kind*; im Nebensatz: *Strumpf*
Prädikat	Satzaussage (Verb): im Hauptsatz: *streichelt*; im Nebensatz: *hat*
Objekt	Satzergänzung (*wessen?, wem?, wen* oder *was?*, abhängig vom Prädikat): im Hauptsatz: *einen Igel* (*wen* oder *was?*); im Nebensatz: *ein Loch* (*wen* oder *was?*)

Weitere Fachbegriffe	
Deklination	ein System, nach dem Nomina gebeugt werden
Konjugation	ein System, nach dem Verben gebeugt werden
Imperativ	Befehlsform (*Sag!, Geht!*)
Infinitiv	Grundform des Verbs (*hüpfen*)
Indikativ	Wirklichkeitsform: die Form, in der Aussagen als tatsächlich formuliert werden: *er tanzt*
Konjunktiv	Möglichkeitsform: die Form, in der Aussagen als möglich oder wünschenswert formuliert werden: *sie kämen, ihr hättet gesagt, er gehe, ich würde hören*
Hyperbaton	Wörter, die zusammengehören, stehen nicht direkt nebeneinander: *durch* des großen Königs *Weisheit*

Latinum für Dummies

Schummelseite

Nomen: Die drei großen Deklinationssysteme			
Immer gilt: Bei **Neutra** sind Nominativ und Akkusativ miteinander identisch. Im Plural enden sie auf **-a**.			
	a-Deklination	**o-Deklination**	**3. Deklination**
	Singular		
Nominativ	flamma	vent**us** – puer – templ**um**	lex – orig**o** – temp**us** – Caesar und andere
Genitiv	flamm**ae**	vent**i**	leg**is**
Dativ	flamm**ae**	vent**o**	leg**i**
Akkusativ	flamm**am**	vent**um**	leg**em**
Ablativ	flamma	vent**o**	leg**e** (bei einigen Wörtern: **-i**)
	Plural		
Nominativ	flamm**ae**	vent**i**	leg**es**
Genitiv	flamm**arum**	vent**orum**	leg**um**
Dativ	flamm**is**	vent**is**	leg**ibus**
Akkusativ	flamm**as**	vent**os**	leg**es**
Ablativ	flamm**is**	vent**is**	leg**ibus**
Adjektive	bon**us,-a,-um** – mis**er**, miser**a**, miser**um**		sapiens,-ntis – fortis,-e – acer, acris, acre
Partizipien	Partizip Perfekt Passiv: amat**us,-a,-um** = geliebt Partizip Futur Aktiv: amatur**us,-a,-um** = in der Zukunft liebend		Partizip Präsens Aktiv: ama**ns,-ntis** = liebend

Verb: Endungen im Präsens, Imperfekt und Futur I		
Immer gilt: Konjunktiv Imperfekt = Infinitiv Präsens Aktiv + Endung		
	Aktiv	**Passiv**
ich	-o / -m	-or / -r
du	-s	-ris
er, sie, es	-t	-tur
wir	-mus	-mur
ihr	-tis	-mini
sie	-nt	-ntur
Infinitiv	-re	-ri / -i

Verb: Endungen/Ausgänge im Perfekt und Plusquamperfekt Aktiv			
	Perfekt	**Plusquamperfekt**	
	Indikativ	**Indikativ**	**Konjunktiv**
ich	-i	-eram	-issem
du	-isti	-eras	-isses
er, sie, es	-it	-erat	-isset
wir	-imus	-eramus	-issemus
ihr	-istis	-eratis	-issetis
sie	-erunt	-erant	-issent
Infinitiv	-isse		

Latinum für Dummies

Stefan Merkle

Latinum für dummies®

2. Auflage

WILEY-VCH GmbH

Latinum für Dummies

Bibliografische Information der Deutschen Nationalbibliothek

Die Deutsche Nationalbibliothek verzeichnet diese Publikation in der Deutschen Nationalbibliografie; detaillierte bibliografische Daten sind im Internet über http://dnb.d-nb.de abrufbar.

2. Auflage 2025

Coverfoto: © gashgeron - stock.adobe.com
Korrektur: Isolde Kommer
Satz: Straive, Chennai, India
Druck und Bindung:

Print ISBN: 978-3-527-72314-0
ePub ISBN: 978-3-527-85205-5

Bevollmächtigte des Herstellers gemäß EU-Produktsicherheitsverordnung ist die Wiley-VCH GmbH, Boschstr. 12, 69469 Weinheim, Deutschland, E-Mail: Product_Safety@wiley.com.

Über den Autor

Stefan Merkle war viele Jahre Dozent für Klassische Philologie an der Ludwig-Maximilians-Universität in München. Der größte Teil seiner Studenten waren solche, die es lange verstanden haben, dem Lateinischen aus dem Weg zu gehen, aber dann feststellen mussten, dass das ein Fehler war. Stefan Merkle sah seine Aufgabe darin, ihnen zu zeigen, dass sie tatsächlich wesentlich mehr versäumt hatten als nur eine amtliche Bescheinigung über Lateinkenntnisse. Der Bayerische Kultusminister honorierte das, indem er ihn 2007 mit dem »Preis für gute Lehre« auszeichnete.

Auf einen Blick

Inhaltsverzeichnis

Einleitung

Wenn Sie sich *Latinum für Dummies* zugelegt haben, haben Sie offenbar vor, das (Kleine) Latinum zu erwerben. Oder Sie wollen so gut Latein lernen, dass Sie das zumindest könnten. Das ist ein durchaus ambitioniertes Projekt. Was Sie da zu lernen vorhaben, entspricht dem, was Schüler nach vier Jahren Lateinunterricht beherrschen (oder beherrschen sollten), und das bedeutet konkret: Sie müssen in die Lage kommen, mittelschwere lateinische Texte (zum Beispiel Caesar) zu entschlüsseln und in einigermaßen vernünftiges Deutsch zu bringen.

Was Sie dazu brauchen, ist dreierlei: sichere Kenntnisse der lateinischen Formenlehre, ebenso sichere Kenntnisse der wichtigsten Elemente der lateinischen Satzlehre (der Fachbegriff ist »Syntax«) und einen soliden Grundwortschatz. Und dazu noch etwas: ausreichend Übung im Übersetzen, das heißt in der Anwendung der genannten Punkte auf konkrete Texte.

Das klingt ungemütlich, und – keine Frage – das ist es auch. Ein Grund zum Verzweifeln ist es aber nicht. Sie bringen viel mehr mit in dieses Unternehmen, als Sie vielleicht glauben. Sie wissen schon einiges, vielleicht sogar eine ganze Menge über das Lateinische, nur ist Ihnen das womöglich nicht immer bewusst. Ein Beispiel: Sie können schon längst korrekt auf Lateinisch von sieben bis zehn zählen: Entfernen Sie einfach von den Monatsnamen September, Oktober, November und Dezember jeweils die letzten drei Buchstaben, übrig bleiben die römischen Zahlen *septem, octo, novem* und *decem*. Dass wir die Monate heute anders nummerieren, erklärt sich so: Die Bezeichnungen stammen aus einer Zeit, in der das römische Jahr noch im März begann.

Zugegeben: Dieses Wissen wird Sie kaum in die Lage versetzen, einen Caesar-Text zu übersetzen. Das Beispiel soll Ihnen aber etwas Wichtiges verdeutlichen: Das Lateinische ist präsenter, als Sie glauben, und es wird Ihnen vieles erleichtern, wenn Sie sich daran gewöhnen, all das, was Sie schon wissen, für den Latein-Lernprozess fruchtbar zu machen. Das gilt nicht nur, wie eben gesehen, für die Vokabeln. Es gilt auch für die Formenlehre und die Syntax. In allen Bereichen finden sich Parallelen im Deutschen, im Englischen und selbstverständlich in den aus dem Lateinischen hervorgegangenen »romanischen« Sprachen. Wenn es Ihnen gelingt, Ihre Vorkenntnisse jeweils zu aktivieren und zu nutzen, werden Sie wesentlich weniger Mühe mit dem Lateinlernen haben, als Sie gedacht hätten. Und: Wenn Sie erst einmal begonnen haben, Zusammenhänge zu erkennen und Dinge neu oder besser zu verstehen, besteht sogar die Möglichkeit, dass Latein – so aufwendig es ist – Ihnen Spaß macht.

Über dieses Buch

Dieses Buch verfolgt zwei Hauptziele: Zum einen soll es Sie in überschaubarer Zeit in die Lage versetzen, die Latinumsprüfung zu bestehen. Zum anderen ist es für ein echtes Selbststudium konzipiert. Das heißt, Sie sollen es durcharbeiten können, ohne auf Unterstützung und Erklärungen anderer angewiesen zu sein. An diesen sehr praktischen Zielen orientieren sich die Auswahl des Grammatikpensums, die Ausführlichkeit der Erklärungen der jeweiligen Regeln und auch die Methode, die ich Ihnen für den Umgang mit lateinischen Texten empfehlen werde.

Diese Methode ist eine ziemlich »klassische«. Ich möchte Sie dazu bringen, genau hinzuschauen und einen Blick für die Signale zu entwickeln, die Ihnen den Weg durch einen lateinischen Satz weisen. Diese Signale sind zum Teil anderer Art, als Sie das gewohnt sind, und sie sind gelegentlich anders positioniert als in anderen Sprachen. Ich werde Sie deshalb immer wieder dazu auffordern, in einem ersten Schritt nach diesen Signalen zu suchen. Damit ähnelt das Vorgehen zunächst eher dem Lösen eines Kreuzworträtsels als dem Lesen eines Textes. Das mag Ihnen befremdlich erscheinen und ein bisschen mühsam. Sie werden aber sehen: Es ist ein sehr sicherer Weg zum Ziel.

Ein weiteres ganz wichtiges Ziel des Buches habe ich schon angedeutet: Das Buch soll Ihnen zeigen, dass Lateinlernen keineswegs nur ein weitgehend sinnfreier Sprachdressurakt ist. Sie werden – das lässt sich glücklicherweise nicht vermeiden – sowohl mit der Welt der Römer als auch mit den zahlreichen Spuren, die sie in unserer Kultur hinterlassen hat, vertrauter gemacht, als Sie es jetzt sind. Deshalb enthält dieses Buch neben sprachlichen auch zahlreiche Erklärungen zu historischen und kulturgeschichtlichen Aspekten. Nehmen Sie die bitte genauso »ernst« wie das, was Sie jeweils an Lateinischem lernen sollen. Diese Erläuterungen erleichtern nicht nur das Lernen selbst, sie sorgen auch dafür, dass Sie weit über die Latinumsprüfung hinaus von dem profitieren werden, was Sie sich angeeignet haben. Ein paar Details zu diesem Punkt finden Sie am Anfang von Kapitel 1.

Konventionen in diesem Buch

Damit Sie sich leichter zurechtfinden, hier ein paar Hinweise zur Gestaltung dieses Buches:

- ✔ Lateinisches ist *kursiv* gesetzt.
- ✔ Bei lateinischen Vokabeln ist der Vokal, auf dem die Betonung liegt, unterstrichen.
- ✔ **Basiswortschatz:** Sie werden nicht umhinkommen, sich einen soliden Lateinwortschatz zu erarbeiten. Deshalb finden Sie in vielen Kapiteln Vokabellisten zum jeweiligen Thema, die eine Auswahl der wichtigsten Wörter enthalten. Zudem stehen vor den jeweiligen Übersetzungsübungen am Ende der Kapitel kleine Listen, die Sie zum Erweitern beziehungsweise zum Wiederholen Ihrer Vokabelkenntnisse auffordern.
- ✔ **Übungen und Lösungen:** Das Buch enthält zahlreiche kleine Übungen zu den jeweiligen Themen. Die Lösungen dazu finden Sie immer gleich direkt im Anschluss an die Übung, nicht, wie das in anderen Büchern üblich ist, am Ende des Buches versteckt. Das soll Ihnen mühsames Herumblättern ersparen.

- **Vokabelangaben:** Gelegentlich kommen in den Übersetzungsübungen Vokabeln vor, die Sie noch nicht gelernt haben. Diese werden dann in der Form angegeben, in der Sie sie in einem Lateinlexikon finden würden. Das soll Sie auf den Umgang mit einem Lateinlexikon vorbereiten – der will, Sie werden sehen, durchaus gelernt sein (siehe Kapitel 6).
- **Übersetzungen und Erklärungen:** Die am Ende jedes Kapitels stehenden Übersetzungstexte werden jeweils sprachlich, stilistisch und – wenn es sich anbietet – inhaltlich ausführlich erläutert. So bekommen Sie einen mosaikartigen Eindruck relevanter Aspekte, der sich – wenn alles gut geht – mehr und mehr zu einem geschlossenen Bild verdichtet.
- **Auf einen Blick:** Der Grammatikteil jedes Kapitels wird mit einer stichpunktartigen Zusammenfassung des behandelten Stoffes abgeschlossen. Damit können Sie zum einen kontrollieren, ob Sie alles erfasst haben. Zum anderen können Sie diese Abschnitte als Ausgangspunkt für Wiederholungen verwenden.
- **Fachbegriffe:** Grammatiklernen ohne Fachbegriffe ist leider nicht möglich. Eine Zusammenstellung der in diesem Buch verwendeten Begriffe finden Sie ganz am Anfang des Buches auf der Schummelseite. Wenn Sie in diesem Bereich unsicher sind, sollten Sie sich diese Liste gleich zu Beginn gut durchlesen.

Törichte Annahmen über die Leser

Ich habe versucht, mir vorzustellen, wer und wie die Leser dieses Buches sein könnten. Das ist dabei herausgekommen:

- Sie haben nie Latein gelernt, oder Sie haben es schon einmal gelernt, glauben aber, alles wieder vergessen zu haben.
- Sie wurden entweder von einer höheren Macht (zum Beispiel von einer Prüfungsordnung) oder von einem plötzlichen Wissensdrang dazu veranlasst, sich in überschaubarer Zeit solide Lateinkenntnisse anzueignen.
- Sie sind im Prinzip an sprachlichen und kulturellen Zusammenhängen interessiert und beherrschen mindestens eine Fremdsprache recht ordentlich. Was grammatikalische Theorie angeht, sind Sie allerdings nicht unbedingt besonders sattelfest.
- Sie sind zumindest theoretisch bereit, innere Widerstände zu überwinden und das Beste aus dem Unvermeidlichen zu machen.

Wie dieses Buch aufgebaut ist

Dieses Buch ist in sechs Teile eingeteilt, die wiederum aus einzelnen Kapiteln bestehen.

Teil I: Der Einstieg in Latein

Dieser Teil führt Sie in das Projekt ein und zeigt Ihnen, wie Sie am besten vorgehen. Sie erfahren, wie Latein grundsätzlich funktioniert, und Sie werden mit einem Basispaket von Formen ausgestattet. Jetzt können Sie schon hochinteressante Sätze meistern. Zu Beginn des Abschnitts finden Sie zudem schlagende Argumente dafür, dass es ausgesprochen sinnvoll ist, Latein zu lernen. Seien Sie gespannt!

Teil II: Die übrigen Endungen

Jetzt wird das Spektrum der Formen erweitert. Was die Wortendungen betrifft, die die entscheidenden Elemente der Formenbildung im Lateinischen sind, haben Sie mit dem Ende dieses Abschnitts beinahe alles kennengelernt, was im Angebot ist. Deshalb schließen zusammenfassende Übersichten und ein kleiner Test diesen Teil ab.

Teil III: Partizipien, Pronomina, der AcI und die »3. Konjugation«

In Teil III kommen keine neuen Endungen dazu. Was hier besprochen wird, basiert auf dem, was Sie bereits beherrschen.

Teil IV: Was jetzt noch fehlt – letzte Formen und zwei syntaktische Phänomene

Teil IV schließt den Kurs ab. Es gibt noch ein paar wenige Formen zu lernen und zwei Konstruktionen zu besprechen, bei denen das Lateinische vom Deutschen abweicht. Wenn Sie die erfasst haben, können Sie Latein. Herzlichen Glückwunsch!

Teil V: Der Top-Ten-Teil

Im Top-Ten-Teil finden Sie zehn Punkte zusammengestellt, die besonders häufig zu Unfällen bei Übersetzungen aus dem Lateinischen führen und die Sie deshalb gut im Blick haben sollten.

Am Ende gibt es ein ausführliches Stichwortverzeichnis zu diesem Buch. Wenn Sie also etwas nicht mehr genau im Kopf haben, finden Sie es so schnell wieder.

Symbole, die in diesem Buch verwendet werden

Dieses Symbol markiert Tipps, die Ihnen helfen sollen, sich gerade Gelesenes besser zu merken.

Mit diesem Symbol werden Erklärungen hervorgehoben, die von besonderer grundsätzlicher Bedeutung sind.

Dieses Symbol weist Sie auf besonders tückische Fehlerquellen hin.

Erläuterungen, die das Verständnis erleichtern, aber nicht unbedingt gelernt werden müssen, sind mit diesem Symbol versehen.

Dieses Symbol dürfte sich selbst erklären.

Wie es weitergeht

Wenn Sie dieses Buch durchgearbeitet haben, sind Sie theoretisch mit allem ausgestattet, was Sie über Latein wissen müssen. Und Sie haben all das auch schon praktisch angewendet. Das ist eine ganze Menge! Damit Sie gut für die Prüfung gewappnet sind, wäre es aber sehr sinnvoll, wenn Sie Ihre Kenntnisse durch gezieltes Wiederholen und weitere Übersetzungsübungen noch festigen und vertiefen würden.

Wie Sie dabei am effektivsten vorgehen, zeige ich Ihnen in Kapitel 20. Dort erfahren Sie zum einen, wie Sie mithilfe des Buches zielgenau die Punkte finden, die Sie persönlich noch einmal einer genaueren Betrachtung unterziehen sollten. Zum anderen finden Sie dort eine Bedienungsanleitung für ein weiteres Tool, das außerhalb der Buchdeckel für Sie bereitsteht und auf das Sie für die Prüfungsvorbereitung unbedingt zugreifen sollten. Auf der Website des Verlags habe ich mehrere **Bonuskapitel** zusammengestellt, die Sie auf Ihrem Weg zur Klausur weiterführen. Sie finden Sie unter:

`https://www.wiley-vch.de/ISBN9783527723140`

Teil I
Der Einstieg in Latein

IN DIESEM TEIL ...

In diesem Teil erkläre ich Ihnen zunächst, wie überaus sinnvoll es ist, Latein zu lernen. Dann wird's konkret: Sie erfahren, wie Latein geschrieben wird, wie es ausgesprochen wurde und was die Hauptgründe dafür sind, dass Lateinübersetzen für uns schwieriger erscheint, als das bei vielen anderen Sprachen der Fall ist. Und Sie erfahren auch gleich, wie Sie am besten vorgehen, um diese Schwierigkeiten in den Griff zu bekommen. Anschließend werden Sie mit einem Basispaket an Formen ausgestattet. Am Ende dieses Teils werden Sie wissen, wie Latein im Kern funktioniert und: Sie werden schon zwei Fünftel der lateinischen Substantiv- und die (schwierigere) Hälfte der Verbalformen kennen.

IN DIESEM KAPITEL

Was Lateinlernen bringen kann

Schreibweise und Aussprache des Lateinischen

Grundsätzliches zur lateinischen Formenbildung und Syntax

Kapitel 1
Zum Lateinischen

In diesem Kapitel erfahren Sie, wie lateinische Texte aussehen, wie man Latein ausspricht und wie es im Kern funktioniert. Zuvor aber möchte ich Ihnen ein paar triftige Gründe dafür nennen, dass Lateinlernen gar nicht so abwegig ist, wie Sie vielleicht gedacht haben.

Vom Sinn des Lateinlernens

Latein spricht heute – von ganz wenigen Spezialisten abgesehen – niemand mehr. Man nennt es deshalb gerne eine »tote« Sprache und zieht daraus den Schluss, dass es ganz sinnlos sei, Latein zu lernen. Das klingt einleuchtend: »Sprechen« ist schließlich das Verb zu »Sprache«. Womöglich ist auch Ihnen dieser Gedanke schon durch den Kopf gegangen. Was für Latein ins Feld geführt wird, klingt dagegen ein wenig matt: Das Erlernen des Lateinischen, so hört man oft, sei eine hervorragende Schulung des logischen Denkvermögens. Zudem sei es auf der Basis guter Lateinkenntnisse erheblich leichter, moderne Fremdsprachen zu lernen. Unabhängig davon, wie berechtigt diese Argumente sein mögen – für Sie werden sie wenig attraktiv erscheinen: Schließlich ist Ihr Denkvermögen ja bereits ausreichend ausgebildet, und überdies beherrschen Sie schon eine oder wahrscheinlich mehrere moderne Fremdsprachen. Was kann Ihnen also Latein bringen? Zum Ersten das: die Theorie zu dem, was Sie praktisch schon gut beherrschen.

Die Theorie zur Praxis

Sie können bei einiger Sprachbegabung durchaus fließend und fehlerfrei kommunizieren, ohne theoretisch erklären zu können, warum Sie jeweils sagen, was Sie sagen. Das gilt für Fremdsprachen, aber in der Regel noch mehr für die eigene Muttersprache. Wie so manches gehen auch die Bemühungen von Lehrern, ihren Schülern die Grammatik ihrer Muttersprache beizubringen, an vielen beinahe spurlos vorüber. Und doch können die meisten sich mehr als passabel artikulieren. Bei »lebenden« Fremdsprachen ist das kaum anders: Hier kann zum Beispiel ein dreimonatiger Aufenthalt im Ausland mühelos Defizite im sprachtheoretischen Bereich kompensieren.

Diese Option fehlt beim Lateinlernen. Hier geht's deutlich theoretischer zu, hier heißt es: lesen (und schreiben) statt sprechen. Das kann man bedauern, man kann es aber auch als Chance begreifen: Mit Latein bekommen Sie sozusagen die Kenntnis eines exemplarischen Systems nachgeliefert. Und Sie werden sehen: Dieses System ist durchaus zu verstehen.

Wenn Sie dieses Buch durchgearbeitet haben, werden Sie mehr wissen über Sprachstrukturen und das Funktionieren von Sprache – ob Sie wollen oder nicht. In Kombination mit Ihren bereits vorhandenen Sprechfertigkeiten ergibt das unterm Strich ein wirklich präsentables Päckchen Sprachkompetenz.

Latein ist gar nicht richtig tot

Das ist aber keineswegs alles. Sie werden auch im sprachpraktischen Bereich profitieren. Latein ist keineswegs so tot, wie oft behauptet wird. Es ist in vielen Sprachen noch ausgesprochen lebendig und vor allem im Wortschatzbereich überaus präsent. Das gilt natürlich für die »romanischen« Sprachen, aber auch für das Deutsche oder – insbesondere – das Englische: Hier kann der Anteil lateinischstämmigen Vokabulars in »anspruchsvollen« Texten bei über 70 Prozent liegen.

Wer nie Latein gelernt hat, kann das natürlich nicht bemerken. Was man nicht kennt, übersieht man eben. Für Sie wird sich das ändern. Wenn Sie eine lateinische Vokabel lernen, ist die Wahrscheinlichkeit groß, dass Sie ein Ihnen bereits bekanntes Wort besser oder neu verstehen (wie zum Beispiel »September«; siehe die Einführung) oder dass Sie damit Ihren Wortschatz in einer anderen Sprache erweitern, ohne dass Sie das zunächst bemerken.

Hinzu kommt die Kultur

Die von Ihnen angepeilte Latinumsprüfung sieht neben dem Übersetzungsteil auch einen Frageteil (mündlich oder schriftlich) vor, in dem Grundkenntnisse über antike Geschichte und Kultur verlangt werden. Das wird Sie zunächst wenig erfreuen, es ist aber keineswegs abwegig.

Zum einen sind viele der lateinischen Texte ohne entsprechende Kenntnisse nur schwer oder gar nicht zu verstehen. Zum anderen sind die römische (und auch die griechische) Antike in unserer Kultur mindestens ebenso präsent wie die lateinische Sprache. Sie werden deshalb im Verlauf dieses Buches auch in diesem Bereich manchem begegnen, das Sie schon kennen, und anderem, das Ihnen Neues erschließt. So werden sich Ihre Kenntnisse nach und nach erweitern und verdichten, und Sie werden für künftige Begegnungen mit der Antike besser gewappnet sein. Solche Begegnungen wird es noch viele geben, da können Sie ganz sicher sein. Sollte im Verlauf dieses Buches einmal ein Thema auftauchen, das Sie besonders anspricht, können Sie es ein wenig weiter verfolgen. Der Aufwand ist gering: Zehn Minuten Wikipedia können eine Menge bringen.

Ein Beispiel: Die Planeten sind – außer der Erde – nach römischen Göttern benannt. Gehen Sie sie einmal durch und prüfen Sie nach, ob Sie alle Planeten benennen können und wissen, um welche Gottheit es sich jeweils handelt und was deren Zuständigkeitsbereich war. Womöglich werden Sie feststellen, dass Sie bei Saturn nicht recht sicher sind und mit Uranus noch weniger anfangen können. Wenn Sie der Sache nun ein wenig nachgehen, finden Sie Folgendes heraus: Saturn war der erdfernste Planet, der in der Antike bekannt war. Sein Namenspatron war der Vater Jupiters und vor diesem der mächtigste Gott. Jupiter aber setzte ihn ab und beherrscht die Welt seitdem. Der Planet Uranus wurde erst 1781 entdeckt und nach dem griechischen Gott Uranos, dem personifizierten Himmelsgewölbe, benannt. Und das nicht ohne Überlegung: Uranos nämlich war wiederum der Vater und Vorgänger des Saturn und wurde von diesem entmachtet. Die Reihe Jupiter – Saturn – Uranus spiegelt also die Abfolge der drei göttlichen Weltherrscher wider.

Und sollten Sie jetzt noch auf die Idee kommen, dass Saturn ja offenbar der Namenspatron des englischen Saturday ist, könnten Sie auch diese Spur weiterverfolgen. Sie würden feststellen: Die Römer benannten die Tage nach dem, was sie für Planeten hielten, und andere Völker haben dieses System übernommen. Wenn Sie nun neben den englischen auch die französischen oder die italienischen Tagesbenennungen kennen und diese miteinander vergleichen, werden Sie sehen: Sie wissen, welche Himmelskörper in der Antike als die sieben Planeten betrachtet wurden …

Und schließlich: das Leben

Ein in Pädagogenkreisen recht beliebter und ursprünglich lateinischer Spruch heißt: »Nicht für die Schule, sondern für das Leben lernen wir.« (*Non scholae, sed vitae discimus.*) Schüler haben allerdings nicht selten den Eindruck, dass dieses Ideal mit der Schulrealität nur wenig zu tun hat, und das ist sicher nicht nur ihrer Unreife zuzuschreiben.

Ein Projekt wie das Nachholen des Latinums ist natürlich der Gefahr ausgesetzt, dass ein entsprechender Eindruck entsteht. Wenn dieser Fall einträte, wäre das fatal: Pures Pauken, nur um eine verlangte Bescheinigung zu ergattern, ist zwar möglich, aber in hohem Maße unsinnig. Vielleicht haben Sie in dem, was Sie bisher gelesen haben, schon den einen oder anderen Punkt gefunden, der dieser Gefahr ein wenig vorbeugt. Einen letzten will ich noch hinzufügen.

Wie Sie immer wieder hören und lesen, wird »Bildung« heute allgemein als außerordentlich wichtig betrachtet. Wer als gebildet gilt, darf mit gesellschaftlicher Anerkennung rechnen. Das ist nichts Neues. Relativ neu ist freilich, dass Bildung auch als »wirtschaftliche Ressource« verstanden wird. Entsprechend häufiger und intensiver – allerdings nicht immer kompetenter – wird deshalb über Bildung diskutiert und entsprechend nachdrücklicher wird sie gefordert. Was aber fehlt, ist eine allgemein anerkannte Definition dessen, was Bildung eigentlich genau umfasst – deshalb die ständigen Reformen des Bildungswesens, deren Folgen ja auch Sie ausgesetzt waren beziehungsweise sind. In all diesem Durcheinander, oder vielleicht gerade wegen dieses Durcheinanders, ist Latein zu einer Art festen Größe avanciert: Wer Latein kann, der gilt – zumindest irgendwie – als »gebildet«.

Es gibt nun nicht wenige Menschen, die irgendwann einmal Latein gelernt haben und deshalb glauben, den Umkehrschluss ziehen zu dürfen: Wer kein Latein kann, ist ungebildet. Und einige dieser Menschen lassen ihre Umgebung diese Haltung gelegentlich spüren, indem sie sich mit ihren eigenen Kenntnissen aufblasen oder andere – gerne vor Publikum – ihrer

Nichtkenntnis überführen. Falls Sie noch nie so jemandem begegnet sind, umso besser! Aber das heißt nicht, dass das nicht noch passieren kann. Wenn Sie dieses Buch durchgearbeitet haben, können Sie auch solchen Begegnungen gelassen entgegengehen.

Werden wir jetzt aber etwas konkreter und beginnen mit dem, was Sie vorhaben: Latein lernen. Fangen wir mit der Schrift, in der lateinische Texte verfasst sind, und mit der Aussprache des Lateinischen an.

Schreibweise und Alphabet

In modernen Ausgaben lateinischer Texte wird im Wesentlichen verfahren wie in den meisten modernen Sprachen: Großschreibung gibt es nur am Satzanfang und bei Eigennamen. Wie im Englischen werden zudem lateinische Adjektive großgeschrieben, die von Eigennamen kommen, zum Beispiel *Germanicus* = germanisch. Solche Adjektive sind oft mit den jeweiligen Eigennamen identisch, zum Beispiel *Romanus* = 1. römisch; 2. der Römer. Das ist aber beim Übersetzen in der Regel unproblematisch: Meistens ist klar, was jeweils gemeint ist; *populus Romanus* zum Beispiel heißt »das römische Volk«, was sonst?

Die Schrift ist Ihnen vertraut: Wir verwenden noch heute das lateinische Alphabet. Dazu drei Kleinigkeiten:

- ✔ Die Buchstaben »J« und »W« werden in lateinischen Texten nicht verwendet. Statt »J« steht ein »I« vor einem Vokal (zum Beispiel *Iuno* = Juno), statt »W« ein »V« oder »U«.
- ✔ Der Buchstabe »K« taucht nur in ganz wenigen lateinischen Wörtern auf; die wichtigsten sind: *Karthago* (auch: *Carthago*, die Heimatstadt Hannibals) und *Kalendae* (die Kalenden, das ist der erste Tag eines Monats; das deutsche »Kalender« geht darauf zurück). Normalerweise wird der Laut »K« mit dem Buchstaben »C« markiert (mehr dazu im Abschnitt »Die Aussprache des Lateinischen«).
- ✔ »Y« und »Z« kommen in lateinischen Wörtern nur dann vor, wenn sie griechischen Ursprungs sind (zum Beispiel *lyra* oder *zephyrus*, der Westwind).

Die Aussprache des Lateinischen

Sie müssen zwar keine lateinischen Gespräche führen, aber wenn Sie lateinische Vokabeln oder gar kleine Sätze lernen, sollten Sie wissen, wie sie ausgesprochen werden.

Die Betonung lateinischer Wörter

Zweisilbige Wörter werden auf der ersten Silbe betont. Endbetonung gibt es im Lateinischen nicht. Bei drei- oder mehrsilbigen Wörtern hängt die Betonung von der Länge der vorletzten Silbe ab. Ist diese lang, wird sie betont, ist sie kurz, wird die drittletzte Silbe betont. Weil man das nicht sehen kann, wird in diesem Buch bei Vokabelangaben der betonte Vokal jeweils durch Unterstreichung kenntlich gemacht.

Zur Aussprache

Was die Aussprache lateinischer Wörter betrifft, gibt es heute zwei konkurrierende Systeme.

✔ Die Vertreter des einen Systems lesen lateinische Texte so, wie sie deutsche Texte lesen, und das bedeutet:

- *ae* = »ä«; *oe* = »ö«; *c* = vor hellen Vokalen (e, i) und vor *ae* und *oe* = »z«; vor dunklen Vokalen (a, o, u) = »k«
- *Caesar* wird also »Zäsar«, *circus* »Zirkus« und *decem* »dezem« (deshalb auch »Dezember«) ausgesprochen.

Wie die Beispiele zeigen, ist das durchaus begründbar: Diese Aussprache setzte sich im Lauf der Spätantike durch und blieb dann bestehen, solange Latein noch gesprochen wurde (sie bildete auch die Grundlage für die lautliche Entwicklung der »romanischen« Sprachen). Deshalb werden auch die meisten lateinischstämmigen Wörter im Deutschen nach diesem System ausgesprochen.

✔ Die Vertreter des anderen Systems lesen lateinische Texte so, wie sie in der klassischen Antike gelesen wurden, und das bedeutet:

- *ae* = »ai«; *oe* = »oi«; *c* = immer »k« (deshalb kommt der Buchstabe »K«, den es ursprünglich gab, in lateinischen Wörtern kaum mehr vor; siehe dazu weiter vorn in diesem Kapitel den Abschnitt »Schreibweise und Alphabet«)
- *Caesar* hieß also nicht »Zäsar«, sondern »Kaisar«, der *circus* hieß »kirkus«, und der berühmte Redner *Cicero* hieß »Kikero«.

Das klingt, vor allem bei »Kikero«, erst einmal ausgesprochen seltsam, aber so war es nun einmal. Dass »Kikero« so komisch klingt, hat allerdings einen guten Grund: Das Wort bedeutet »Kichererbse« und ahmt – wie sein deutsches Pendant – das Geräusch eines auf den Boden fallenden Exemplars der Gattung nach (und das ist keinesfalls »ziz«).

Bei *Caesar* = »Kaisar« ist noch etwas Weiteres zu erkennen: Natürlich kommt das deutsche »Kaiser« von »Caesar«. Daraus lässt sich schließen, dass das Wort noch zu einer Zeit übernommen worden sein muss, in der die klassische Aussprache vorherrschte. Später, als »c« vor hellem Vokal bereits als »z« ausgesprochen wurde, wurde aus *Caesar* ein weiterer Herrschertitel gebildet: »Zar«.

Vergleichbares ist zu *cella* (der Vorratsraum) zu sagen: Das Wort wurde zweimal ins Deutsche entlehnt, als »Keller« und – später – als »Zelle«.

Mit welchem System Sie es halten wollen, das liegt bei Ihnen – beides lässt sich rechtfertigen. Sie sollten die Systeme freilich nicht mischen, also nicht »Käsar« oder Ähnliches sagen. Weil es sich bei Latinumstexten in der Regel um »klassische« Texte handelt, würde ich Ihnen allerdings zur »klassischen« Aussprache raten. In einem Punkt sind sich übrigens alle einig: Lateinische Eigennamen werden, wenn sie nicht in einem lateinischen Text stehen, immer nach dem ersten System ausgesprochen, also so, wie man sie kennt.

Grundsätzliches zur lateinischen Formenbildung und Syntax

Am 19. April 2005 verkündete der Kardinalprotodiakon dem auf dem Petersplatz in Rom wartenden Volk: *Habemus Papam!* (Wir haben einen Papst!) Dieser Papst nannte sich Benedikt XVI. Weil er aber vorher Joseph Aloisius Ratzinger geheißen hatte und ein Deutscher war, war Deutschland ganz und gar verzückt. Dieser Satz soll hier ganz profan unter grammatikalischen Gesichtspunkten betrachtet werden. Wenn Sie ihn damals gelernt haben, dann können Sie jetzt sehen, was Sie damit schon an Grundsätzlichem wissen. Falls er tatsächlich an Ihnen vorübergegangen sein sollte, dann lernen Sie ihn einfach jetzt. Der Aufwand ist überschaubar.

Synthetische Formenbildung und Endungen

Der lateinische Text ist bedeutend kürzer als die deutsche Übersetzung: *habemus* = »wir haben«; *Papam* = »einen Papst«. Was im Lateinischen fehlt, ist zum einen das Personalpronomen (»wir«) beim Verbum und zum anderen der Artikel (»einen«) beim Substantiv.

Das Lateinische bildet seine Formen (fast) ausschließlich »synthetisch«. Das heißt: Alles, was ein Wort syntaktisch definiert, wird mit einer einzigen Form ausgedrückt. Träger dieser Definition ist die **Endung** (bei Verben können zudem der oder die Buchstaben vor der Endung eine Rolle spielen, aber dazu später). Das ist ein ganz entscheidender Punkt, recht eigentlich einer der Schlüssel zum Lateinischen. Wenn Sie ihn nicht genügend beachten, kann Ihnen ein Satz leicht völlig entgleisen. Dieser Gefahr lässt sich jedoch mit einem recht unaufwendigen Mittel begegnen: Sie müssen sich daran gewöhnen, Ihren Blick immer zuerst auf das Ende eines Wortes zu richten, nicht auf dessen Anfang.

Das klingt theoretisch nicht besonders schwierig. Die Erfahrung zeigt aber, dass das leichter gesagt ist, als es konsequent durchzuhalten ist. Darauf wird gleich zurückzukommen sein.

Halten wir zuerst fest, was Sie *Habemus Papam* konkret entnehmen können. Es sind immerhin schon zwei der so wichtigen Endungen:

- Die lateinische Endung der **1. Person Plural Aktiv** (»**wir**«) ist *-mus*. Das gilt für **alle Verben** und für **alle Zeitstufen.**
- Die Endung *-am* markiert den **Akkusativ Singular.** Das gilt allerdings leider nicht für alle lateinischen Substantive, sondern nur für die der sogenannten **a-Deklination.** Auf die werden wir in Kapitel 3 zu sprechen kommen.

Dazu kommt noch:

- Das lateinische Wort für »haben« ist seinem deutschen Pendant sehr ähnlich. Es heißt *habēre.*
- Das deutsche »Papst« geht auf das lateinische Lallwort *papa* (Papa) zurück. Das können Sie sich merken, Sie müssen es aber nicht.

Syntaktische Aspekte

Warum ist es so wichtig, auf die lateinischen Endungen zu achten, und warum fällt das so schwer? Beginnen wir mit dem zweiten Teil der Frage: Das genaue Beachten von Endungen fällt deshalb etwas schwer, weil wir nicht daran gewöhnt sind, es zu tun. In den modernen westeuropäischen Sprachen sind die Endungen, soweit sie noch existieren, zwar für die sprachliche Korrektheit eines Satzes von Bedeutung. Für das Verständnis des Textes spielen sie aber eine untergeordnete Rolle. In erster Linie führen **Pronomina** bei Verben oder **Artikel** beziehungsweise **Präpositionen** bei Substantiven sowie **die Position der Wörter** durch den Satz.

Gegenbeispiele sind verhältnismäßig rar: Zu nennen wären etwa die Genitivendung -s im Englischen oder das Italienische, in dem – wie im Lateinischen – in der Regel kein Personalpronomen bei Verben steht: *Habemus* heißt italienisch schlicht *abbiamo*.

Das führt dazu, dass wir Texte üblicherweise primär über die Wortbedeutungen erfassen.

Wenn nun – und genau das ist im Lateinischen der Fall –

- bei Verben keine Pronomina stehen,
- die Fälle von Substantiven nicht mit Artikel oder (wie der Genitiv und Dativ im Englischen, Französischen und Italienischen) mit Präpositionen markiert werden

und wenn

- die Position der einzelnen Wörter im Satz weitgehend frei ist,

ist diese Gewohnheit ausgesprochen problematisch.

Damit sind wir beim ersten Teil der oben gestellten Frage: Warum ist es so wichtig, auf die lateinischen Endungen zu achten? Ich will das Problem mit einem Beispiel deutlich machen. Nehmen wir folgenden Satz: »Ihr gebt dem kleinen Herrn die schmutzige Mütze des Jungen.« Dieser Satz enthält zwar eine große Menge an Wortendungen (das Deutsche ist in dieser Hinsicht noch einigermaßen komplett), er wäre aber auch vollkommen verständlich, wenn man sie wegließe. Er hieße dann: »Ihr geben dem klein Herr die schmutzig Mütze des Junge.« Das klingt ein wenig holprig, aber: Wir wüssten, wer wem was gibt, und wir wüssten, wessen Mütze es ist. Das zeigen uns die Artikel (dem, die, des) und das Pronomen (ihr). Außerdem wüssten wir, wer klein ist und was schmutzig. Das entnehmen wir der Position der Adjektive.

Wenn wir nun diese Signale entfernen, bleibt Folgendes übrig: ein Verbum (geben), drei Substantive (Herr, Mütze, Junge) und zwei Adjektive (klein, schmutzig). Aus diesem Wortmaterial ließe sich nun – Sie ahnen es – eine Vielzahl von Sätzen bauen, die alle in sich sinnvoll sind, aber nichts mit dem »Original« zu tun haben: »Der kleine Junge gibt dem Herrn die schmutzige Mütze«, »Der Herr gibt dem schmutzigen Jungen die kleine Mütze«, »Ich gebe dem Jungen die Mütze des kleinen, schmutzigen Herrn« und so weiter.

Genau diese Vieldeutigkeit tritt ein, wenn man versucht, lateinische Sätze zu lösen, ohne auf die Endungen zu achten. Lateinisch könnte der Beispielsatz so formuliert sein: *Lutosum pueri pileum parvo datis domino.* Ohne Beachtung der Endungen übersetzt, ergibt das die Wortfolge: »Schmutzig Junge Mütze klein geben Herr«, und das kann man – wie gesehen – recht unterschiedlich zusammensetzen. Die Endungen machen die Bezüge freilich eindeutig klar: ***Lutosum*** gehört zu ***pileum*** und ist Akkusativ; ***pueri*** ist Genitiv, ***parvo*** gehört zu ***domino*** und ist Dativ, ***datis*** ist 2. Person Plural Aktiv.

Auf einen Blick

Hier noch einmal das Wichtigste aus diesem Kapitel in Stichpunkten:

- ✔ Lateinlernen kann sich sowohl in der »Schule« als auch im »Leben« als ausgesprochen nützlich erweisen.
- ✔ Latein schreibt man, von Eigennamen und Satzanfängen abgesehen, klein.
- ✔ Mehrsilbige lateinische Wörter werden auf der vorletzten oder drittletzten Silbe betont.
- ✔ In einem lateinischen Text kann man Caesar – nachklassisch – »Zäsar« oder – klassisch – »Kaisar« aussprechen.
- ✔ Die Endung der **1. Person Plural Aktiv** (»**wir**«) ist bei **allen Verben** und in **allen Zeitstufen** *-mus.*
- ✔ Die Endung *-am* markiert in der **a-Deklination** den **Akkusativ Singular.**
- ✔ *habere* heißt »haben«.
- ✔ Lateinübersetzen steht und fällt mit der Beachtung der **Wortendungen.**

IN DIESEM KAPITEL

Überblick über die lateinischen Deklinations- und Konjugationssysteme

Der 5. Fall

Die richtigen Schwerpunkte beim Lernen

Wichtige Präpositionen

Wichtige Konjunktionen

Zum Vokabelnlernen

Kapitel 2
So lernt man am besten Latein

In diesem Kapitel wird es schon recht konkret. Sie lernen die wichtigsten Systeme des Lateinischen kennen und auch schon Ihre ersten Vokabeln.

Strukturen versus Sprachgefühl

Ein gutes Sprachgefühl ist im Grunde ein Vorteil beim Erlernen einer Sprache. Das gilt natürlich auch für das Lateinlernen, aber mit gewissen Einschränkungen. Vor allem in der Anfangsphase kann es, wenn Sie es in der Weise anwenden, die Sie im Umgang mit anderen Sprachen trainiert haben, leider sogar hinderlich sein.

Das liegt zum einen daran, dass das Lateinische mit seiner relativen Freiheit in der Wortstellung deutlich mehr beziehungsweise andere Optionen zur Formulierung eines Sachverhalts hat als die meisten anderen Sprachen. Wie das Mützen-Beispiel in Kapitel 1 zeigt, kann es da sehr schnell passieren, dass man die Informationen falsch sortiert. Natürlich hilft auch beim Lateinischen das Sprachgefühl beim richtigen Sortieren. Dazu muss es aber ein wenig modifiziert werden. Der zweite Grund liegt im Inhalt lateinischer Texte. Sie werden oft Themen begegnen, die Ihnen neu oder fremd sind, und das vergrößert das Risiko von Fehlschlüssen noch.

Wenn Sie sich beim Übersetzen lateinischer Texte in erster Linie in gewohnter Weise auf Ihr Sprachgefühl verlassen, werden Sie zwar sicherlich gelegentlich richtig liegen, aber ziemlich oft auch deutlich daneben. Und – was gravierender

ist – Sie verpassen dadurch die Gelegenheit, Ihren Blick für das zu schärfen, was aus einem Ratespiel echtes Übersetzen und Verstehen macht: die Strukturen des Lateinischen.

Formenlehre: Überblick über die Systeme

Die Strukturen des Lateinischen sind durchaus überschaubar. Hier eine erste Übersicht über das Wichtigste.

Substantive: Die fünf Deklinationen – der Ablativ

Im Lateinischen gibt es fünf Systeme, nach denen Substantive gebeugt werden. Sie sind nach dem Buchstaben benannt, auf den der Stamm der Substantive endet. Es gibt die **a-**, die **o-**, die **u-** und die **e-Deklination** und dazu die sogenannte **3. Deklination;** bei dieser »3. Deklination« enden die Stämme der Substantive meist auf einen Konsonanten. Die einzelnen Fälle werden, wie wir bei ***papam*** = Akkusativ Singular gesehen haben, durch die **Endungen** markiert. Diese Endungen müssen Sie sich so gut einprägen, wie es nur geht. Dabei werden Sie bemerken: Anders als etwa im Deutschen gibt es im Lateinischen nicht nur vier, sondern fünf Fälle. Der 5. Fall heißt **Ablativ.** Wie kommt das, und wie muss man mit ihm umgehen?

Der lateinische **Ablativ** ist ein Rest eines ursprünglich wesentlich umfangreicheren Kasussystems. Er kann auf mehrere Fragen antworten. Eine der häufigsten ist die Frage »womit?« oder »wodurch?«, also die Frage nach dem »Werkzeug« oder dem »Mittel«, durch das irgendeine Wirkung erzielt wird. Diese Funktion des Ablativs heißt *ablativus instrumentalis.* Im Deutschen wird diese Frage mit einem Präpositionalausdruck beantwortet: »mit dem Hammer«, »durch einen Trick«.

Verben: Die vier Konjugationen

Analog zu den fünf Deklinationssystemen gibt es vier Systeme, nach denen Verben gebeugt werden. Auch sie sind nach dem Buchstaben benannt, auf den der Wortstamm endet. Es gibt die **a-**, die **e-** und die **i-Konjugation** und dazu – ähnlich wie bei den Substantiven – die sogenannte **3. Konjugation,** bei deren Verben die Stämme meist auf einen Konsonanten enden. Auch bei den Verben steht Entscheidendes am Ende: Wie wir bei ***habemus*** (**wir** haben) gesehen haben, sagt Ihnen die Endung, wer das tut, was das Wort bedeutet.

Mit den richtigen Schwerpunkten lernen

Lateinlernen bedeutet leider: vieles Lernen. Umso wichtiger ist es, dieses Viele sinnvoll zu sortieren. Die Grundregel ist banal: Je häufiger etwas vorkommt, desto sicherer sollten Sie es beherrschen.

Die Formen

Weil in jedem lateinischen Satz die immer gleichen Wortendungen vorkommen, sollten Sie die so bald wie möglich auswendig können und sicher erkennen. Und: Wann immer Sie feststellen, dass Sie in diesem Bereich Lücken haben, füllen Sie diese gezielt und möglichst umgehend.

»Gezielt« soll heißen: Wiederholen Sie nicht alle einschlägigen Formen, sondern wirklich nur die Reihen, die Ihnen Probleme machen. Das spart Zeit und ist deutlich effektiver.

Die Vokabeln

Das Lernen lateinischer Vokabeln zählt zu den am wenigsten beliebten und gepflegten Disziplinen. Das ist verständlich, aber gut ist es nicht. Bedenken Sie bitte: Eine Sprache ohne Wörter zu lernen ist schon ein leicht absurdes Konzept. Hinzu kommt noch etwas: Wegen der starken Präsenz lateinischstämmigen Vokabulars in modernen Sprachen vergeben Sie bei weitgehender Vernachlässigung dieses Bereichs zwei Effekte, die weit über die Latinumsprüfung hinauswirken: die Schärfung Ihres Blickes für sprachliche Zusammenhänge und die Fähigkeit, in Fremdsprachen oder auch in Ihrer Muttersprache Wörter zu verstehen, die Ihnen dort zum ersten Mal begegnen. Das wäre ausgesprochen schade.

Auch in diesem Bereich ist es freilich sinnvoll, Schwerpunkte zu setzen. Wieder gilt natürlich: Je häufiger ein Wort vorkommt, desto wichtiger ist es, dass Sie es beherrschen. Ganz oben auf dieser Liste stehen die sogenannten »kleinen Wörter«, das sind: **Präpositionen, Konjunktionen** und **Pronomina.** Sie sind nicht nur die häufigsten Wörter, sie sind zudem wichtige Signale und Wegweiser beim Erfassen eines Satzes. Ohne diese Wörter kommt kein Text aus, unabhängig davon, worum es geht. Es gibt dagegen ganze Bücher, in denen Wörter wie »Schlauchboot«, »Granatapfel« oder auch Gängigeres wie »einkaufen« oder »singen« nicht ein einziges Mal auftauchen.

Die ersten beiden dieser Wortgruppen wollen wir jetzt betrachten, und das heißt für Sie: Fangen Sie jetzt mit dem Vokabelnlernen an!

Die Präpositionen

Präpositionen (Verhältniswörter) heißen so, weil sie vor (*prae*) einem Wort »positioniert« sind, dessen Verhältnis zum Rest des Satzes sie definieren. Der Fall, in dem dieses Wort steht, ist jeweils festgelegt. »Wir gehen zu den Papst« wäre falsch, weil das deutsche »zu« nicht den Akkusativ, sondern den Dativ verlangt.

Auch im Lateinischen verlangen Präpositionen bestimmte Fälle. Aber – und das ist wichtig – diese Fälle sind sehr oft nicht dieselben wie die, die die deutschen Entsprechungen verlangen. Ein Beispiel: »Zu« (mit Dativ) heißt lateinisch *ad*, und dieses *ad* verlangt den Akkusativ. Deshalb genügt es nicht, nur die Bedeutungen lateinischer Präpositionen zu lernen. Sie müssen auch wissen, welchen

Fall sie im Lateinischen verlangen, damit Sie sicher erkennen können, welches Wort von der Präposition abhängt. Gelegentlich steht nämlich zwischen Präposition und davon abhängigem Substantiv ein anderes Wort; solche Fälle gibt es im Deutschen auch, zum Beispiel »nach Angelas Ernennung«, »gegen Peters Willen« und dergleichen. Wenn Sie hier »Angelas« und »Peters« nicht als Genitive erkennen würden und von »nach« beziehungsweise »gegen« abhängen ließen (»nach Angela«; »gegen Peter«), würden Ihnen »Ernennung« und »Willen« übrig bleiben, und Sie würden den Satz, in dem das steht, nicht oder bestenfalls falsch verstehen.

Das alles klingt freilich schlimmer, als es ist, denn im Lateinischen kommen nur zwei Fälle in Betracht.

Die meisten lateinischen Präpositionen verlangen den **Akkusativ,** einige den **Ablativ,** wenige können – je nach Bedeutung – mit beiden Fällen konstruiert werden. Präpositionen mit Genitiv oder Dativ gibt es im Lateinischen nicht.

Hier nun die wichtigsten lateinischen Präpositionen und ihre Grundbedeutungen. Tabelle 2.1 listet die Präpositionen auf, die im Lateinischen den **Akkusativ** verlangen.

Lateinisch	Deutsch
ad	zu ... hin; bei
ante	vor
circa/circum	um ... herum
contra	gegen
inter	zwischen

Lateinisch	Deutsch
per	durch
post	nach
propter	wegen
supra	oberhalb
trans	jenseits; über ... hin

Tabelle 2.1: Präpositionen mit dem Akkusativ

Tabelle 2.2 zeigt die Präpositionen, die im Lateinischen den **Ablativ** verlangen.

Lateinisch	Deutsch
a/ab	von, von ... her, von ... weg
e/ex	aus ... heraus
de	von ... herab; über (gibt an, worum es geht)

Lateinisch	Deutsch
cum	mit
sine	ohne
pro	für, anstelle von
prae	vor

Tabelle 2.2: Präpositionen mit dem Ablativ

Tabelle 2.3 nennt die Präpositionen, die im Lateinischen **sowohl mit dem Akkusativ als auch mit dem Ablativ** konstruiert werden können.

	mit Akkusativ (wohin?) (wie im Deutschen)		mit Ablativ (wo?) (im Deutschen: Dativ)	
in	zu ... hin	*in cinem**am*** = in **das** Kino	in, an, auf	*in cinem**a*** = in **dem** Kino
sub	unter	*sub mens**am*** = unter **den** Tisch	unter	*sub mens**a*** = unter **dem** Tisch

Tabelle 2.3: Präpositionen mit Akkusativ oder Ablativ

Wie merkt man sich das alles am besten? Beginnen wir mit den **Fällen,** die die Präpositionen verlangen.

Die Präpositionen, die den Ablativ regieren, ergeben eine Art gereimten Vers:

a und *ab*
e/ex und *de*
cum und *sine*
pro und *prae*

Wenn Sie sich den einprägen und sich merken, dass diese Präpositionen mit dem Ablativ stehen, ergibt sich im Umkehrschluss, dass die, die nicht in dem Vers vorkommen, mit dem Akkusativ stehen.

Dass *in* und *sub* auf die Fragen »wohin?« und »wo?« verschiedene Fälle regieren, ist keine Überraschung, weil ihre deutschen Entsprechungen das auch tun. Merken Sie sich einfach, dass auf die Frage »wohin?« in beiden Sprachen derselbe Fall steht, nämlich der Akkusativ. Auf die Frage »wo?« muss dann im Lateinischen der Ablativ stehen, weil Genitiv und Dativ nicht infrage kommen.

Jetzt zur **Bedeutung** der Präpositionen: Die meisten dieser Präpositionen sind Ihnen im Grunde schon bekannt. Einige werden im Deutschen genauso verwendet: »***pro*** und ***contra***«, ***circa*** (»circa 12 Uhr« heißt »um 12 Uhr herum«).

Andere kennen Sie aus zusammengesetzten Wörtern: **Ad**-dieren heißt **hinzu**-fügen; **inter**-nationale Beziehungen sind **zwischen**-staatliche; **per**-foriert heißt **durch**-bohrt; wer **trans**-sexuell ist, hat die Geschlechtsgrenzen **über**-schritten und befindet sich **jenseits** derselben; **a**-normal beziehungsweise **ab**-norm ist etwas, was **von** der Norm **entfernt** ist; ein **E**-migrant ist ein **Aus**-wanderer; wer ein Glas Bier »auf **ex**« trinkt, der trinkt alles **aus** dem Glas **heraus;** und warum die **Prä**-position so heißt, wie sie heißt, haben wir eben gesehen.

Wieder andere kennen Sie aus Abkürzungen: ***cum*** und ***sine*** sind in den universitären Abkürzungen »c.t.« und »s.t.« versteckt, die für ***cum tempore*** und ***sine tempore*** stehen und »mit Zeit« beziehungsweise »ohne Zeit« heißen. »Zeit« steht hier für 15 Minuten, das hat die Universität so festgelegt. Merken Sie sich doch bei dieser Gelegenheit gleich, dass der Ablativ des Wortes *tempus* (die Zeit) *tempore* heißt. Warum das so ist, werden wir noch sehen (siehe Kapitel 8).

ante und ***post*** schließlich kennen Sie aus dem Englischen »a.m.« und »p.m.«. Diese Abkürzungen bedeuten zwar »before noon« und »after noon«, stehen aber offensichtlich für ganz andere Wörter. »a.« ist ***ante***, »p.« ist ***post*** und »m.« steht für ***meridiem,*** den Akkusativ des lateinischen Wortes für Mittag. Und falls Sie den Originaltitel von Caesars Bericht über den Gallischen Krieg kennen, dann ist Ihnen auch ***de*** nichts Neues: Das Werk heißt »***De*** *bello Gallico*« (Über den Gallischen Krieg). Wenn Ihnen dieser Titel neu ist, merken Sie ihn sich am besten gleich. Auf diesen Text werden wir noch mehrfach zu sprechen kommen.

Wenn Sie sich das alles bewusst machen, haben Sie 15 der oben aufgeführten 19 Präpositionen inklusive der Fälle, die sie regieren, im Griff. Bleiben also noch vier zu lernen, und das ist machbar.

Die Konjunktionen

Konjunktion (Bindewort) kommt von lateinisch *coniungere* (verbinden). Zu unterscheiden sind grundsätzlich zwei Typen: beiordnende und unterordnende Konjunktionen (die nennt man auch Subjunktionen). **Beiordnende Konjunktionen** verbinden Wörter oder Satzteile, die auf einer Ebene stehen, zum Beispiel »CDU **und** CSU sind Schwesterparteien, **aber** sie vertragen sich oft nicht«. **Unterordnende Konjunktionen** verbinden Teilsätze mit ihnen übergeordneten Sätzen, zum Beispiel »Die Katze, **die** ich sah, **obwohl** es dunkel war, war schwarz«. Wie die Zahl der Präpositionen ist auch die der Konjunktionen begrenzt. Merken Sie sich für den Anfang die beiordnenden Konjunktionen, die in Tabelle 2.4 aufgelistet sind.

Lateinisch	Deutsch	Lateinisch	Deutsch
et	und	aut	oder
et ... et	sowohl ... als auch ...	aut ... aut	entweder ... oder ...
-que	und	sed	aber; sondern
nam	denn	tum	da; dann; damals
itaque	deshalb	ergo	also

Tabelle 2.4: Beiordnende Konjunktionen

Dazu zwei Bemerkungen: Dass ***et ... et ...*** »sowohl ... als auch ...« und ***aut ... aut ...*** »entweder ... oder ...« heißt, gilt nur dann, wenn das erste *et* beziehungsweise *aut* an der Stelle, an der es steht, keinen Sinn ergibt, wenn es mit »und« beziehungsweise »oder« übersetzt wird. Ein Beispiel: *Habemus aquam et patriam et Papam* übersetzen Sie mit »Wir haben Wasser und eine Heimat und einen Papst« – kein Problem. Aber: *Habemus et aquam et patriam* ergäbe, wörtlich übersetzt, das Merkwürdige: »Wir haben **und** Wasser und eine Heimat.« Wenn Sie hier »sowohl ... als auch« verwenden, ist's wieder gut.

-que heißt, genau wie *et*, »und«, ist aber tückischer. Wie der Strich andeutet, wird es an das Wort angehängt, **vor** dem »und« stehen muss. »Max und Moritz« könnte lateinisch also entweder *Max et Moritz* oder aber *Max Moritzque* heißen. Aufmerksame Asterix-Leser und/oder Romreisende kennen dieses *-que* bereits: Auf der römischen Standarte in der Landkarte am Beginn eines jeden Asterix-Bandes und auf Gully-Deckeln und öffentlichen Gebäuden in Rom befindet sich die Abkürzung **SPQR.** Sie steht für ***Senatus populusque Romanus,*** und das heißt wörtlich »Römischer Senat und römisches Volk«, eleganter: »Senat und Volk von Rom«. Ein bemerkenswerter Beleg für das hohe Traditionsbewusstsein der heutigen Römer.

Die Position dieses *-que* sorgt gelegentlich für Probleme beim Übersetzen, denen aber sehr leicht zuvorzukommen ist: Wenn Sie so ein *-que* entdecken, streichen Sie es durch und schreiben Sie *et* **vor** das Wort, an dem *-que* hängt. Also: *Max Moritz**que*** → *Max **et** Moritz~~que~~*, *Senatus Populus**que*** → *Senatus **et** Populus~~que~~*.

Tabelle 2.5 zeigt unterordnende Konjunktionen.

Lateinisch	Deutsch
quia/quod	weil
si	wenn

Lateinisch	Deutsch
ut (mit Konjunktiv)	dass; damit; sodass

Tabelle 2.5: Unterordnende Konjunktionen

Der Zusatz »mit Konjunktiv« bei ***ut*** ist genauso wichtig wie das Wort selbst. Er bedeutet, dass das Prädikat des Nebensatzes im Konjunktiv stehen muss (Details dazu später). Wenn es das nicht tut, heißt *ut* etwas anderes.

Unterordnende Konjunktionen leiten Nebensätze ein und stehen deshalb in der Regel nach einem Komma im Satz oder am Satzanfang, zum Beispiel »Ich komme nicht, weil ich nicht will« oder »Weil ich nicht will, komme ich nicht«.

Wenn Sie unterordnende Konjunktionen gleich beim ersten Überblick über einen lateinischen Satz erkennen, kennen Sie schon dessen Struktur, und das ist sehr hilfreich.

Substantive und Verben

Zuletzt noch etwas zum Lernen lateinischer Substantive und Verben. Sie sind natürlich wesentlich zahlreicher als die »kleinen Wörter«. Allerdings gilt für viele das, was wir weiter vorn in diesem Kapitel bei den Präpositionen gesehen haben: Sie haben in modernen Sprachen Karriere gemacht. Das erleichtert in der Regel das Lernen. Was die Substantive *aqua, domina, flamma, insula, natura, patria* oder die Verben *amare, videre* oder *audire* bedeuten, ist leicht zu erraten. Gelegentlich ergeben sich aber auch Probleme.

Einige Wörter haben ihre Bedeutung inzwischen verändert. Im Italienischen zum Beispiel heißt »subito« »sofort«, das lateinische *subito* heißt »plötzlich«.

Andere Wörter fordern unter Umständen unpassende Assoziationen heraus. Lateinisch *anima* zum Beispiel heißt nicht »Tier«, wie man wegen englisch »animal« denken könnte, sondern »Herz«, »Seele«. Das englische »animal« ist damit zwar verwandt, geht aber auf das lateinische *animal* zurück, das »beseeltes, belebtes Wesen, Tier« (im Unterschied zu Pflanzen) bedeutet.

Wieder andere erinnern zwar an bekannte Wörter, haben mit ihnen aber nichts zu tun. Ein sehr wichtiges ist das lateinische Wort für »Krieg«, dem wir weiter vorn in diesem Kapitel schon beim Titel von Caesars Buch über den Gallischen Krieg (*De bello Gallico*; Ablativ wegen *de*) begegnet sind. »Krieg« heißt *bellum*, und da denkt man leicht an das italienische »bello« oder das französische »belle« (schön). Beide gehen aber auf das eher seltene lateinische *bellus* (hübsch) zurück, das wiederum mit *bellum* (Krieg) nicht verwandt ist.

Es ist, wie Sie sehen, beim Lateinlernen ausgesprochen wichtig, wirklich genau, ja geradezu pingelig zu sein. Wenn Sie ansonsten eher weniger zum Pedantischen neigen, ist das im Grunde erfreulich. Tun Sie sich aber möglichst selbst den Gefallen und springen Sie für Ihr Lateinprojekt über Ihren Schatten. Es wird sich lohnen.

Auch beim Vokabelnlernen gibt es eine sehr einfache Methode, um die Chancen optimal auszuschöpfen und die Gefahren zu vermeiden. Nehmen Sie sich ein bisschen Zeit und aktivieren Sie dabei Ihre Ressourcen: Verdecken Sie zuerst die deutsche Bedeutung und überlegen Sie, ob Ihnen zu dem lateinischen Wort etwas einfällt. Dann schauen Sie nach, ob Ihre Assoziation richtig war. Wenn ja, ist das Wort schnell gelernt, wenn nein, müssen Sie es sich besonders gut einprägen, um künftig die falsche Assoziation zu vermeiden. Die Zeit, die Sie ins Nachdenken investieren, sparen Sie so mehrfach wieder ein.

Auf einen Blick

Die wichtigsten Botschaften dieses Kapitels noch einmal in aller Kürze:

✔ Zügeln Sie Ihre Kombinationsfähigkeit und konzentrieren Sie sich auf die Strukturen des Lateinischen:

- Es gibt im Lateinischen fünf Systeme, nach denen Substantive gebeugt werden (**Deklinationen**), und vier, nach denen Verben gebeugt werden (**Konjugationen**).
- Bei den Substantiven gibt es nicht vier, sondern **fünf Fälle.** Der 5. Fall heißt **Ablativ** und kann auf verschiedene Fragen antworten. Eine dieser Fragen ist die nach dem »Werkzeug« oder »Mittel«, durch das etwas bewirkt wird (»wodurch?«, »womit?«, *ablativus instrumentalis*).

✔ Lernen Sie nach der Grundregel: Je häufiger etwas vorkommt, desto wichtiger ist es.

- Festigen Sie Ihre Sicherheit beim Erkennen von **Wortendungen** durch gezieltes Wiederholen.
- Lateinische **Präpositionen** verlangen sehr oft nicht denselben Fall wie ihre deutschen Entsprechungen. Sie stehen mit dem **Akkusativ** oder mit dem **Ablativ.** Was sie bedeuten und welchen Fall sie verlangen, ist relativ leicht zu erfassen.
- **Unterordnende Konjunktionen** verbinden Haupt- und Nebensätze miteinander. Sie geben wichtige Hinweise auf die Struktur eines Satzes.
- Die Bedeutung lateinischer Substantive und Verben ist vielfach durch ihr Vorkommen in modernen Sprachen zu erschließen. Der Gefahr irreführender Assoziationen sollte man mit sinnvollem Lernen begegnen.

Zum Abschluss ein kleiner Test

Bevor Sie weiterlesen, überprüfen Sie doch kurz, ob Sie auf dem richtigen Weg sind. Die folgende Übung ist ein einfacher Vokabeltest zu den Präpositionen und Konjunktionen, die Sie in diesem Kapitel kennengelernt haben. Füllen Sie Tabelle 2.6 vollständig aus. Wenn ein Wort mehrere Bedeutungen hat, ist deren Anzahl in Klammern angegeben, zum Beispiel »*tum* (3)«. In der Spalte »Wortart« tragen Sie bitte ein, ob es sich jeweils um eine Präposition oder um eine Konjunktion handelt, und in der Spalte »Besonderes« tragen Sie bei einer Präposition den Fall ein, den sie verlangt (orientieren Sie sich am einfachsten an dem weiter vorn in diesem Kapitel genannten Merkvers), und bei einer Konjunktion den Konjunktiv, falls sie ihn verlangt. Die Lösungen finden Sie, wie immer in diesem Buch, gleich im Anschluss. Viel Erfolg!

		Wortart	Bedeutung(en)	Besonderes
1	a/ab (3)			
2	quia/quod			
3	itaque			
4	inter			
5	de (2)			
6	ergo			
7	per			
8	et			
9	si			
10	e/ex			
11	cum			
12	sed (2)			
13	post			
14	nam			
15	propter			
16	sine			
17	-que			
18	ante			
19	in (4)			
20	et … et			
21	circa/circum			
22	supra			
23	contra			
24	aut			

		Wortart	Bedeutung(en)	Besonderes
25	ut (3)			
26	sub			
27	trans (2)			
28	pro			
29	prae			
30	ad (2)			
31	tum (3)			
32	aut … aut			

Tabelle 2.6: Vokabeltest zu Präpositionen und Konjunktionen

Lösungen: 1. *a/ab*: Präposition; von, von … her, von … weg; mit Ablativ; 2. *quia/quod*: Konjunktion; weil; 3. *itaque*: Konjunktion; deshalb; 4. *inter*: Präposition; zwischen; mit Akkusativ; 5. *de*: Präposition; von … herab, über; mit Ablativ; 6. *ergo*: Konjunktion; also; 7. *per*: Präposition; durch; mit Akkusativ; 8. *et*: Konjunktion; und; 9. *si*: Konjunktion; wenn; 10. *e/ex*: Präposition; aus … heraus; mit Ablativ; 11. *cum*: Präposition; mit; mit Ablativ; 12. *sed*: Konjunktion; aber, sondern; 13. *post*: Präposition; nach; mit Akkusativ; 14. *nam*: Konjunktion; denn; 15. *propter*: Präposition; wegen; mit Akkusativ; 16. *sine*: Präposition; ohne; mit Ablativ; 17. *-que*: Konjunktion; und; 18. *ante*: Präposition; vor; mit Akkusativ; 19. *in*: Präposition; zu … hin; in, an, auf; mit Akkusativ oder Ablativ; 20. *et … et*: Konjunktion; sowohl … als auch; 21. *circa/circum*: Präposition; um … herum; mit Akkusativ; 22. *supra*: Präposition; oberhalb; mit Akkusativ; 23. *contra*: Präposition; gegen; mit Akkusativ; 24. *aut*: Konjunktion; oder; 25. *ut*: Konjunktion; dass, damit, sodass; mit Konjunktiv; 26. *sub*: Präposition; unter; mit Akkusativ oder Ablativ; 27. *trans*: Präposition; jenseits, über … hin; mit Akkusativ; 28. *pro*: Präposition; vor; mit Ablativ; 29. *prae*: Präposition; vor; mit Ablativ; 30. *ad*: Präposition; zu … hin, bei; mit Akkusativ; 31. *tum*: Konjunktion; da, dann, damals; 32. *aut … aut*: Konjunktion; entweder … oder

IN DIESEM KAPITEL

Die Substantive der a-Deklination

Die Substantive der o-Deklination

Die Adjektive der a- und o-Deklination

Kapitel 3
Nominalformen: Die a- und die o-Deklination

Sie lernen in diesem Kapitel Ihre ersten lateinischen Formenreihen kennen. So wie diese Reihen funktionieren dann sämtliche zur jeweiligen Gruppe gehörigen Wörter – ohne Ausnahme. Sie sind der Schlüssel zum Lateinischen. Machen Sie also beim Lernen keine Kompromisse.

flamma und *ventus*: Die Substantive der a- und der o-Deklination

Den Anfang machen zwei der fünf Systeme, nach denen lateinische **Substantive** gebeugt werden. Vorweg noch einmal zur Erinnerung: Im Lateinischen gibt es einen fünften Fall, den Ablativ (siehe Kapitel 2).

Die a-Deklination

Alle Substantive der a-Deklination, die auch als 1. Deklination bezeichnet wird, werden nach dem Schema gebeugt, das Tabelle 3.1 zeigt.

Fall	Singular	Deutsch		Plural	Deutsch
Nominativ	flamma	die Flamme		flamm**ae**	die Flammen
Genitiv	flamm**ae**	der Flamme		flamm**arum**	der Flammen
Dativ	flamm**ae**	der Flamme		flamm**is**	den Flammen
Akkusativ	flamm**am**	die Flamme		flamm**as**	die Flammen
Ablativ	flamma	durch die Flamme		flamm**is**	durch die Flammen

Tabelle 3.1: Die Formen der Substantive der a-Deklination

Wie Sie sehen, sind einige dieser Formen eindeutig (*flammam, flammarum, flammas*), andere nicht: Die Endung *-ae* kann drei Fälle bezeichnen (Genitiv und Dativ Singular und Nominativ Plural), die Endungen *-a* und *-is* jeweils zwei (Nominativ/Ablativ Singular beziehungsweise Dativ/Ablativ Plural). Das ist unangenehm, aber kein spezifisch lateinisches Phänomen – sehen Sie sich nur die deutschen Formen an.

Dass die Dativ- und Ablativ-Plural-Endungen identisch sind, ist kein Zufall. Das gilt für sämtliche lateinischen Substantive in allen Systemen. Das heißt: Wenn Sie den Dativ Plural eines Wortes kennen, kennen Sie immer auch den Ablativ.

Wenn solche Formen also isoliert dastehen, sind sie nicht eindeutig zu bestimmen. Innerhalb eines Satzes aber ist aus dem Kontext zu erkennen, um welchen der möglichen Fälle es sich gerade handeln muss. Um hier wirklich sicher agieren zu können, ist es allerdings nötig, dass man die verschiedenen Optionen genau kennt. Das ist von entscheidender Bedeutung.

Erfahrungsgemäß bereitet die Ablativ-Singular-Endung *-a* gerne Probleme. Das ist verständlich. Man lernt das Wort im Nominativ (zum Beispiel *aqua*), und deshalb ist Nominativ die erste Assoziation, die man hat, wenn *aqua* in einem Satz steht. Merken Sie sich also die Ablativoption besonders gut.

Wie wichtig es ist, die Möglichkeit präsent zu haben, dass die Endung *-a* ein Ablativ sein kann, mag Ihnen ein recht simples Beispiel verdeutlichen: *Aqua flammas extinguimus*. (*extinguere* = löschen). Man könnte leicht glauben, das bedeute »Das Wasser löscht die Flammen«. Wie Sie aber wissen, steht die Endung *-mus* für »wir«, und deshalb muss *extinguimus* »wir löschen« heißen. *Aqua* kann dann nicht Nominativ, sondern muss Ablativ sein: »Mit Wasser löschen wir die Flammen.« Der Schlüssel zum richtigen Verständnis des Satzes liegt also nicht im ersten Wort, sondern im Prädikat. Das gilt grundsätzlich für das Übersetzen aus dem Lateinischen.

Beginnen Sie beim Übersetzen aus dem Lateinischen nicht mit dem ersten Wort eines Satzes, sondern immer mit dem Prädikat; das weist Ihnen den richtigen Weg. Wenn Sie das konsequent durchhalten, sind viele potenzielle Probleme schon gelöst, bevor Sie sie überhaupt wahrnehmen.

Wenn Sie sich die Endungen der a-Deklination eingeprägt haben, müssen Sie sich nur noch eines merken, und Sie haben dieses System im Griff.

Das Geschlecht der Substantive der a-Deklination

Im Lateinischen bestimmt die Zugehörigkeit eines Wortes zu einem Deklinationssystem zugleich sein Geschlecht. Die Substantive der a-Deklination sind **Feminina;** deshalb enden auch lateinischstämmige weibliche Vornamen auf *-a* (Claudia, Julia, Cordula und so weiter).

Ausnahmen sind ausgesprochen selten und durchaus nachvollziehbar. Es gibt ein paar Wörter, die zwar der a-Deklination angehören, aber – jedenfalls nach römischem Verständnis –

eindeutig Männliches bezeichnen. Die werden dann zwar genauso gebeugt wie *flamma*, sind aber Maskulina. Man nennt das **natürliches Geschlecht.** Prominente Beispiele sind:

- ***poeta*** (der Dichter): Professionelle Dichter waren bei Griechen und bei Römern fast ausschließlich Männer, und deshalb dachten Römer zunächst an einen Mann, wenn sie das Wort *poeta* hörten. Wenn von einer Dichterin die Rede war, war das aus dem Kontext ersichtlich. Dann verwendete man dasselbe Wort, das dann natürlich weiblich war.
- ***agricola*** (der Bauer): Es gab selbstverständlich auch Bäuerinnen, aber *agri-cola* bedeutet »der, der den Acker bestellt«, und dafür waren in erster Linie die Männer zuständig.
- ***nauta*** (der Seemann): Professionelle Seeleute waren Männer. Das deutsche Wort »Seemann« transportiert übrigens entsprechende Vorstellungen.
- **Flüsse:** Lateinische Flussnamen sind immer männlich, auch wenn sie auf *-a* enden. Das liegt daran, dass man sich Flüsse von männlichen Flussgöttern »regiert« vorstellte.

Sie können jetzt schon einiges Lateinische verstehen. Probieren Sie es aus: Decken Sie die Lösungen unten ab und übersetzen Sie die folgenden Wortkombinationen und kleinen Sätze:

1. *aqua vitae*; 2. *via e patria in insulam*; 3. *statua Victoriae*. 4. *Dominae epistulam damus* (*dare* = geben). 5. *Cervisia* (*cervisia* = Bier) *victoriam celebramus*.

Lösungen: 1. Wasser des Lebens (Lebenswasser; der eher riskant schmeckende Schnaps *Aquavit* beansprucht anscheinend, beinahe Totes wiederbeleben zu können; das mag sein); 2. der Weg aus der Heimat zur Insel (oder: auf die Insel); 3. die Statue der Victoria (großgeschrieben, also ein Name. Das könnte die römische Göttin des Sieges sein oder irgendeine andere Victoria.); 4. Wir geben der Herrin einen Brief. 5. Mit (einem) Bier (Ablativ!) feiern wir den Sieg.

Basiswortschatz: wichtige Substantive der a-Deklination

Eine Sprache ohne Wörter zu lernen wäre ein eher absurdes Unternehmen. Machen Sie sich also die Mühe und lernen Sie lateinische Vokabeln. Sie werden sehen: Man kann sich daran gewöhnen.

Etwas Wichtiges zuerst: Sie müssen lateinische Substantive immer mit ihrem Genitiv lernen. Also nicht nur *memoria* = das Gedächtnis, sondern *memoria, memoriae*. Erst dann können Sie sicher mit ihnen umgehen. Dafür gibt es zwei Gründe: Einige Nominativendungen kommen in mehreren Deklinationen vor. Erst in Kombination mit dem Genitiv ist eindeutig klar, zu welchem System das Substantiv gehört. Hinzu kommt: Einige Substantive verändern sich, sobald sie gebeugt werden. Die Basis für die gebeugten Formen ist jeweils der Genitiv Singular. Sie werden gleich bei den Substantiven der o-Deklination solche Fälle kennenlernen. Entsprechend genau müssen Sie deshalb auch sein, wenn Sie ein Substantiv im Lexikon nachschlagen. Dort sind Substantive immer mit ihrem Genitiv angegeben. Beschränken Sie sich deshalb nicht darauf, die Wortbedeutung zu erfassen, sondern nehmen Sie auch den Genitiv interessiert zur Kenntnis. Er zeigt Ihnen, welche Formen das Substantiv annehmen kann.

Sicherlich bekannte Vokabeln

Die Bedeutung der folgenden (immerhin 33) Vokabeln der a-Deklination dürfte Ihnen bekannt sein (siehe Tabelle 3.2). Versuchen Sie doch einmal Ihr Glück! Decken Sie die deutschen Bedeutungen ab und überlegen Sie, was das Wort heißen könnte. Auf diese Weise finden Sie auch schnell die Wörter, bei denen Sie – aus welchen Gründen auch immer – falsche Assoziationen haben. Gelegentlich werden Sie feststellen, dass das lateinische Wort ein etwas breiteres Bedeutungsspektrum hat, als Sie vermutet haben. Lernen Sie dann die weiteren Bedeutungen dazu.

Lateinisch	Deutsch
anima, -ae	Atem, Seele, Leben (E animal)
aqua, -ae	Wasser
causa, -ae	Grund, Ursache, Streitsache (D kausal; E cause)
cura, -ae	Sorge, Pflege (D Kur)
disciplina, -ae	Lehre, Disziplin
domina, -ae	Herrin
epistula, -ae	Brief
fabula, -ae	Erzählung, Gerede (D fabulieren)
fama, -ae	Gerücht, (guter) Ruf (E fame)
familia, -ae	Familie (inklusive Sklaven)
filia, -ae	Tochter (F fille; D Filiale)
flamma, -ae	Flamme, Feuer
forma, -ae	Gestalt, Form, Schönheit
fortuna, -ae	Schicksal, Glück; Vermögen (E fortune)
gloria, -ae	Ruhm, Glanz (E glory)
gratia, -ae	Beliebtheit, Ansehen, Dank (I grazie)
hora, -ae	Stunde, Zeit (E hour)

Lateinisch	Deutsch
insula, -ae	Insel
lingua, -ae	Zunge, Sprache (F langue; E language)
materia, -ae	Bauholz, Material
memoria, -ae	Gedächtnis, Erinnerung (E memory)
natura, -ae	Natur
patria, -ae	Heimat, Vaterland, Vaterstadt
porta, -ae	Tor, Pforte, Tür (D Portal)
potentia, -ae	Macht (D Potenz)
provincia, -ae	Provinz
statua, -ae	Standbild, Statue
tabula, -ae	Tafel, Gemälde (D Tablett; E table)
terra, -ae	Erde, Land (F terre; D Terrasse)
via, -ae	Straße, Weg
victoria, -ae	Sieg (E victory)
villa, -ae	Landhaus, Landgut
vita, -ae	Leben

Tabelle 3.2: Substantive der a-Deklination, die Ihnen bekannt sein dürften

Vielleicht bekannte oder doch neue Vokabeln

Auch bei den in Tabelle 3.3 aufgelisteten Vokabeln werden Sie manches wiedererkennen. Versuchen Sie auch hier zuerst, die Bedeutungen zu erraten.

Lateinisch	Deutsch	Lateinisch	Deutsch
audacia, -ae	Kühnheit, Unverschämtheit (E audacity)	opera, -ae	Arbeit, Mühe (E operator)
avaritia, -ae	Habgier, Geiz (F avare)	pecunia, -ae	Vermögen, Geld
culpa, -ae	Schuld (D exkulpieren)	poena, -ae	Strafe (D Pein; E penalty)
dea, -ae	Göttin	praeda, -ae	Beute (E predator)
diligentia, -ae	Sorgfalt (E diligent)	prudentia, -ae	Klugheit (E Prudence)
fossa, -ae	Graben (D Fossil)	puella, -ae	Mädchen
fuga, -ae	Flucht (E fugitive)	pugna, -ae	Kampf, Schlacht
iniuria, -ae	Unrecht (E injury)	sapientia, -ae	Weisheit
inopia, -ae	Mangel, Not	scientia, -ae	Wissen, Kenntnis (E science)
invidia, -ae	Neid (E invidious)	sententia, -ae	Meinung, Spruch (D Sentenz)
ira, -ae	Zorn	silva, -ae	Wald
lacrima, -ae	Träne	superbia, -ae	Hochmut, Stolz (F superbe)
luxuria, -ae	Genusssucht	turba, -ae	Getümmel, Lärm (D Turbulenz; E disturb)
militia, -ae	Kriegsdienst (D Militär)	unda, -ae	Welle, Flut (Undine)

Tabelle 3.3: Vielleicht bekannte oder doch neue Vokabeln der a-Deklination

Pluralwörter der a-Deklination

Eine kleine Besonderheit ist noch zu nennen: Im Lateinischen gibt es Substantive, die entweder im Plural eine andere Bedeutung haben als im Singular oder überhaupt nur im Plural existieren. Entsprechende Vokabeln der a-Deklination zeigt Tabelle 3.4.

Singular			Plural	
copia, -ae	Menge, Vorrat		copiae, -arum	Vorräte; Truppen
-----			divitiae, -arum	Reichtum
littera, -ae	Buchstabe		litterae, -arum	Schrift; Brief; Wissenschaft (E letter; F lettres)

Tabelle 3.4: Pluralwörter der a-Deklination

Mit der folgenden Übung können Sie testen, wie gut Sie die Endungen der a-Deklination schon im Griff haben. Diesmal geht es vom Deutschen ins Lateinische: Decken Sie bitte die Lösungen ab und bilden Sie jeweils die angegebene Form. Wiederholen Sie vorher auch noch einmal die Präpositionen (siehe Kapitel 2); gelegentlich brauchen Sie welche. Berücksichtigen Sie dabei, welchen Fall die **lateinische** Präposition jeweils verlangt.

1. jenseits der Insel (mit Präposition); 2. durch den Reichtum (Ablativ Plural); 3. der Göttinnen; 4. die Strafen (Nominativ Plural); 5. die Türen (Akkusativ Plural); 6. der Erzählungen; 7. durch Weisheit (Ablativ Singular); 8. dem Ruhm; 9. vor den Toren (mit Präposition); 10. die Statuen (Akkusativ Plural); 11. oberhalb der Tür (mit Präposition); 12. den Sprachen; 13. die Göttin (Nominativ Singular); 14. ohne Zorn (mit Präposition); 15. der Göttin (Genitiv Singular); 16. den Tisch; 17. dem Wasser; 18. durch die Türen (mit Präposition); 19. durch das Gerücht (Ablativ Singular); 20. mit (= unter) Tränen (mit Präposition); 21. die Sprachen (Akkusativ Plural); 22. durch Flucht (Ablativ Singular)

Lösungen: 1. *trans insulam*; 2. *divitiis*; 3. *dearum*; 4. *poenae*; 5. *portas*; 6. *fabularum*; 7. *sapientia*; 8. *gloriae*; 9. *ante portas*; 10. *statuas*; 11. *supra portam*; 12. *linguis*; 13. *dea*; 14. *sine ira*; 15. *deae*; 16. *mensam*; 17. *aquae*; 18. *per portas*; 19. *fama*; 20. *cum lacrimis*; 21. *linguas*; 22. *fuga*

Die o-Deklination

Die o-Deklination, die auch 2. Deklination genannt wird, ist etwas komplexer als die a-Deklination. Trotzdem gilt: Um sie zu beherrschen, genügt es – wie bei der a-Deklination – sich eine einzige Formenreihe einzuprägen (siehe Tabelle 3.5). Was darüber hinausgeht, ist dann leicht durch Verstehen zu erfassen.

Fall	Singular	Deutsch		Plural	Deutsch
Nominativ	vent**us**	der Wind		vent**i**	die Winde
Genitiv	vent**i**	des Windes		vent**orum**	der Winde
Dativ	vent**o**	dem Wind		vent**is**	den Winden
Akkusativ	vent**um**	den Wind		vent**os**	die Winde
Ablativ	vent**o**	durch den Wind		vent**is**	durch die Winde

Tabelle 3.5: Die Formen der Substantive der o-Deklination

Auch hier gibt es mehrdeutige Formen: *venti* kann Genitiv Singular oder Nominativ Plural sein, *vento* Dativ oder Ablativ Singular, und wie in allen Systemen sind Dativ und Ablativ Plural identisch.

Diese Reihe ist die prominenteste lateinische Substantivgruppe. Die Endung *-us* ist geradezu **die** lateinische Endung. Was auf *-us* endet, klingt automatisch lateinisch. Damit arbeiten nicht zuletzt die Autoren und Übersetzer der Asterix-Bände, indem sie den Römern Fantasienamen wie Caius Spiritus, Encyclopaedicus Britannicus oder Nixalsverdrus geben.

Aber auch »echte« lateinischstämmige Vornamen wie Claudius, Julius oder Markus entstammen dieser Gruppe. Daran können Sie sehen: Die Substantive auf *-us* sind **Maskulina.** Ausnahmen sind Ländernamen wie *Aegyptus* (Ägypten) und das Wort *humus* (der Erdboden; hier wirkt jeweils die »Mutter Erde«-Vorstellung) sowie die Bäume (zum Beispiel *pinus* = die Pinie): Analog zu den Flüssen, die alle männlich sind, sind alle Bäume im Lateinischen Feminina. Man glaubte, dass sie von weiblichen Baumnymphen bewohnt werden.

Wie Sie schon bei den Eigennamen erkennen können, gibt es einige Wörter sowohl in der a- als auch in der o-Deklination. Sie bezeichnen jeweils das weibliche und das männliche Exemplar einer Person: *Claudia / Claudius*; *Iulia / Iulius.* Wenn Sie eines der beiden kennen, ist auch das andere kein Problem: Zu *dea* (die Göttin) gibt es *deus*, zu *amica* (die Freundin) *amicus*, zu *domina* (die Herrin) *dominus*, zu *filia* (die Tochter) *filius* und zu *serva* (die Sklavin) *servus.* Hinzu kommen noch *anima* (Atem, Seele, Leben) und *animus* (Geist, Herz, Mut). Beides steht in etwa für das, was das deutsche »Herz« bedeuten kann, wobei *anima* ursprünglich eher den vegetativen und *animus* den emotionalen, aber auch den rationalen Aspekt bezeichnete.

Wichtige Details

Die o-Deklination ist etwas komplexer als die a-Deklination. Um sie komplett im Griff zu haben, müssen Sie noch die folgenden Punkte erfassen.

Die Neutra auf *-um*

Neben den Substantiven auf *-us* gibt es eine Gruppe von Substantiven der o-Deklination, die im Nominativ Singular auf *-um* enden (zum Beispiel *templum* = der Tempel). Sie sind keine Maskulina, sondern Neutra, und das hat folgende Konsequenz: Sie haben im Nominativ und Akkusativ Plural die Endung *-a.* Das ist keine Besonderheit der o-Deklination, sondern folgt einer wichtigen generellen Grundregel des Lateinischen.

Alle Neutra haben im Lateinischen im Nominativ und Akkusativ Plural die Endung *-a.* Dies gilt für Substantive ebenso wie für Adjektive und Pronomina und unabhängig davon, welchem Deklinationssystem sie angehören.

Wenn Sie sich diese Grundregel merken und wissen, dass die auf *-um* endenden Substantive Neutra sind, brauchen Sie nichts weiter zu lernen. Alle anderen Endungen dieser Substantive sind dieselben wie die in Tabelle 3.5, also: Genitiv *templi*, Dativ *templo* und so weiter.

Substantive auf *-er*

Eine dritte Gruppe von Substantiven der o-Deklination endet im Nominativ Singular auf *-er* (zum Beispiel *puer* = der Junge). Sie sind Maskulina und bilden alle anderen Formen genau wie die Substantive auf *-us.* Der Genitiv von *puer* ist also *pueri*, der Dativ *puero* und so weiter.

Dabei ist noch Folgendes zu bemerken: Einige dieser Substantive verlieren ab dem Genitiv das *-e-*. Der Genitiv von *liber* (das Buch) heißt nicht »*liberi*«, sondern ***libri***, der Dativ ***libro***, der Akkusativ ***librum*** und so weiter (darum heißt das darauf zurückgehende englische Wort für »Bibliothek« auch nicht »lib**e**rary«, sondern »li**br**ary«). Wenn Sie die Vokabeln immer mit dem Genitiv lernen, ist das kein Problem: Sie lernen *liber, libri,* und damit haben Sie die Besonderheit schon im Kopf.

Bei dem Wort *liber* ist es übrigens besonders wichtig, sich das Wegfallen des *-e-* einzuprägen. Seine Pluralformen heißen ja *libri, librorum, libris, libros, libris.* Sehr ähnlich sieht das Wort für »Kinder« aus, das es nur im Plural gibt. Es heißt *lib**e**ri, lib**e**rorum.* Wenn Sie diese beiden Wörter verwechseln, wird es schwierig werden, den betreffenden Text zu verstehen. Dann kann es sein, dass Sie glauben, Kinder würden in ein Regal gestellt oder Bücher ermahnt werden. So etwas haben aber auch die Römer in der Regel nicht getan.

Eine Besonderheit schließlich ist das zu dieser Gruppe gehörige und recht häufig verwendete Wort für »Mann«. Es heißt *vir, viri,* endet also im Nominativ nicht auf *-er,* sondern nur auf *-r.*

Der Vokativ

Die Substantive auf ***-us*** – und nur diese – haben im Singular eine eigene Endung für die Anrede. Diese Endung ist ***-e***, und man nennt diesen Fall »Vokativ«. Wenn also ein Marcus angeredet wird, heißt das ***Marce***, und wenn Sie den christlichen Gott korrekt auf Lateinisch ansprechen wollen, dann verwenden Sie das Wort ***dominus*** (Herr) und sagen Sie ***Domine.*** Wenn Sie ihm einen lateinischen Brief schreiben, müssen Sie ihn übrigens großschreiben, das verlangt die christliche Etikette.

Der nächste Schritt ist getan, und deshalb sollten Sie die folgenden Wortkombinationen schon übersetzen können:

1. *bellum contra Romanos* (*bellum* = Krieg); 2. *verba domini ad servos* (*verbum* = Wort; *servus* = Sklave); 3. *silentium agnorum* (*agnus* = Lamm). 4. *Deorum templa videmus* (*deus* = der Gott). 5. *Fabulas de universi natura audimus.*

Lösungen: 1. der Krieg gegen die Römer; 2. die Worte (Neutrum Plural!) des Herrn an die Sklaven; 3. das Schweigen der Lämmer. 4. Wir sehen die Tempel (Neutrum Plural, Akkusativ!) der Götter. 5. Wir hören Geschichten über die Natur / das Wesen des Weltalls (Wortstellung im Lateinischen: »über des Weltalls Natur/Wesen«).

Basiswortschatz: wichtige Substantive der o-Deklination

Die o-Deklination umfasst mehr Vokabeln als die a-Deklination. Die folgenden Listen versehen Sie mit einer Grundausstattung.

Sicherlich bekannte Vokabeln

Tabelle 3.6 enthält Vokabeln, deren Bedeutung Sie sehr wahrscheinlich kennen oder richtig erraten können. Decken Sie wieder die deutschen Bedeutungen ab und überlegen Sie, was das Wort heißen könnte.

Lateinisch	Deutsch	Lateinisch	Deutsch
Substantive auf *-us* (Maskulina)			
amicus, -i	Freund (F ami)	modus, -i	Art und Weise (E mode)
animus, -i	Geist, Herz, Mut (L *anima*)	numerus, -i	Zahl
annus, -i	Jahr (D Annalen; F année)	oculus, -i	Auge (D Monokel)
campus, -i	Feld, freier Platz (E camping)	populus, -i	Volk (D populär; E people)
dominus, -i	(Haus-)Herr (L *domina*)	Romanus, -i	Römer
gladius, -i	Schwert (D Gladiator)	servus, -i	Sklave (bayerischer Gruß: »Ihr ergebenster Diener«)
humus, -i **f.**	Erdboden	socius, -i	Gefährte, Verbündeter (D sozial)
locus, -i	Ort, Platz, Stelle (D Lokal)	ventus, -i	Wind (D Ventil)
Substantive auf *-er* (Maskulina)			
ager, **agri**	Acker, Feld (L *agricola*)	magister, **magistri**	Lehrer, Meister (E master)
Substantive auf *-um* (Neutra)			
exemplum, -i	Beispiel	saeculum, -i	Jahrhundert, Zeitalter (F siècle)
exilium, -i	Verbannung	signum, -i	Zeichen (D Signal; E sign)
forum, -i	Marktplatz, Forum	silentium, -i	Schweigen (E/F silence)
imperium, -i	Befehl, Herrschaft, Reich (E empire)	spatium, -i	Raum, Strecke (E space)
medium, -i	Mitte, Öffentlichkeit	studium, -i	Eifer, (intensive) Beschäftigung
monumentum, -i	Denkmal	templum, -i	Tempel, Heiligtum
ornamentum, -i	Schmuck	universum, -i	Weltall
periculum, -i	Gefahr (I pericolo)	vallum, -i	Wall
poculum, -i	Becher (D Pokal)	verbum, -i	Wort (D verbal)

Tabelle 3.6: Substantive der o-Deklination, die Ihnen bekannt sein dürften

Vielleicht bekannte oder doch neue Vokabeln

Auch bei den Vokabeln, die in Tabelle 3.7 aufgelistet sind, werden einige sein, die Sie wiedererkennen können. Versuchen Sie deshalb auch hier zuerst, die Bedeutungen zu erraten.

Lateinisch	Deutsch		Lateinisch	Deutsch
Substantive auf *-us* (Maskulina)				
deus, -i	(der) Gott (L *dea*; F dieu)		morbus, -i	die Krankheit (D morbid)
equus, -i	Pferd		murus, -i	die Mauer, Stadtmauer
inimicus, -i	(persönlicher) Feind (L *amicus*; E enemy)		nuntius, -i	der Bote, die Nachricht (D de-nunzieren)
legatus, -i	der Gesandte		somnus, -i	der Schlaf (D somnambul)
ludus, -i	Spiel, Schule (F prélude)		vicus, -i	das Dorf, die Siedlung, das Gehöft
Substantive auf *-er* (Maskulina)				
liber, libri	Buch (E library)		vir, viri	Mann (D viril)
puer, pueri	der Junge			
Substantive auf *-um* (Neutra)				
argentum, -i	Silber(geld) (F argent; chemisches Zeichen Ag)		officium, -i	Pflicht, Amt (D offiziell; E office)
artificium, -i	Kunstwerk (E/F art)		oppidum, -i	(befestigte) Stadt
aurum, -i	Gold (chemisches Zeichen Au)		otium, -i	Muße, Ruhe (vergleiche *negotium*)
bellum, -i	Krieg		pretium, -i	Preis, Lohn (D Preziosen; E precious)
beneficium, -i	Wohltat (D Benefizkonzert)		principium, -i	Anfang
caelum, -i	Himmel, Klima (F ciel)		proelium, -i	Kampf, Schlacht
consilium, -i	Rat, Plan, Einsicht, Ratsversammlung (E counsil)		regnum, -i	Königreich, Herrschaft (F reigne)
donum, -i	Geschenk (E donation)		sacrum, -i	Heiligtum, Opfer (D Sakrament)
ferrum, -i	Eisen (I ferrovia; chemisches Zeichen Fe)		tectum, -i	Dach, Haus
frumentum, -i	Getreide		tergum, -i	Rücken
ingenium, -i	Begabung, Anlage (D Ingenieur, Genie)		venenum, -i	Gift (D Vene)
iudicium, -i	Urteil, Meinung		vestigium, -i	Spur (E investigation, FBI)
negotium, -i	Beschäftigung, Geschäft (E negotiate; vergleiche *otium*)		vitium, -i	Fehler, Laster

Tabelle 3.7: Vielleicht bekannte oder doch neue Vokabeln der o-Deklination

Singular		Plural	
---		liberi, -orum	die Kinder
---		arma, -orum *n.*	die Geräte, Waffen (E armour)
---		castra, -orum *n.*	das/die (Kriegs-)Lager

Tabelle 3.8: Pluralwörter der o-Deklination

Pluralwörter der o-Deklination

Wie in der a-Deklination gibt es auch in der o-Deklination einige wenige Substantive, die nur im Plural existieren. Drei besonders häufige finden Sie in Tabelle 3.8.

Bei ***arma,-orum*** und ***castra,-orum*** können Sie sehen, wie wichtig es ist, den Genitiv jeweils mitzulernen. Würden Sie nur ***arma*** und ***castra*** lernen, müssten Sie annehmen, die Wörter gehören zur a-Deklination. Schon ein simpler Satz wie ***Castra defendimus*** (Wir verteidigen das/die Lager) würde Ihnen dann Schwierigkeiten machen: ***Castra*** ist hier Akkusativ Plural (Neutrum!), in der a-Deklination kann die Endung ***-a*** aber nur den Nominativ oder den Ablativ Singular bezeichnen, und beides ergäbe in diesem Satz gar keinen Sinn.

Mit der folgenden Übung können Sie testen, wie gut Sie die Endungen der o-Deklination schon im Griff haben. Wieder geht es vom Deutschen ins Lateinische, und wieder werden Sie gelegentlich Präpositionen brauchen (siehe Kapitel 2).

1. zum Ort hin (mit Präposition); 2. durch ein Beispiel (Ablativ Singular); 3. die Beispiele (Nominativ Plural); 4. die Götter (Akkusativ Plural); 5. mit Worten (Ablativ Plural); 6. vor der Mauer; 7. durch ein Zeichen (Ablativ Singular); 8. den Völkern; 9. mit den Augen (Ablativ Plural); 10. den Jungen (Dativ Plural); 11. der Götter; 12. jenseits des Forums (mit Präposition); 13. durch das Schwert (Ablativ Singular); 14. die Sklaven (Akkusativ Plural); 15. durch die Räume (mit Präposition); 16. vom Tempel weg (mit Präposition); 17. dem Boten; 18. der Felder; 19. die Freunde (Nominativ Plural); 20. der Verbündete; 21. die Tempel (Akkusativ Plural)

Lösungen: 1. *ad locum*; 2. *exemplo*; 3. *exempla*; 4. *deos*; 5. *verbis*; 6. *ante murum*; 7. *signo*; 8. *populis*; 9. *oculis*; 10. *pueris*; 11. *deorum*; 12. *trans forum*; 13. *gladio*; 14. *servos*; 15. *per spatia*; 16. *a/ab templo*; 17. *nuntio*; 18. *agrorum*; 19. *amici*; 20. *socius*; 21. *templa*

bonus, -a, -um und *pulcher, pulchra, pulchrum*: Adjektive der a- und o-Deklination

Neben den Substantiven gibt es auch Adjektive der a- und o-Deklination. Lateinische Adjektive funktionieren genauso wie die Substantive. Auch bei ihnen wird der Fall, in dem sie stehen, durch die Endung angezeigt.

Die Formen

Um mit den Adjektiven der a- und o-Deklination umgehen zu können, brauchen Sie keine neuen Formen zu lernen: Sie haben dieselben Endungen wie die Substantive. Bezieht sich ein solches Adjektiv auf ein Maskulinum, hat es die Endungen der *-us*-Substantive, bezieht es sich auf ein Femininum, die der a-Deklination, bezieht es sich auf ein Neutrum, die der *-um*-Substantive. Damit klar ist, dass es sich um Adjektive handelt, lernt man diese Wörter jeweils im Nominativ Maskulinum, Femininum und Neutrum, also zum Beispiel *bonus,-a -um* (gut). So stehen sie auch im Lexikon.

Ganz gelegentlich sehen Adjektive der a- und o-Deklination im Nominativ Singular ein wenig anders aus, zum Beispiel so: *pulcher, pulchra, pulchrum* (schön; übrigens ein bemerkenswert unschönes Wort). Sie enden also im Nominativ des Maskulinums nicht auf *-us*, sondern – wie die Substantive *puer, ager, liber* und so weiter – auf *-er*. Das ist aber – wie bei den Substantiven – auch schon der einzige Unterschied zu den Adjektiven auf *-us,-a,-um*.

Die Verwendung der Adjektive

Adjektive beschreiben in der Regel Substantive näher. Zu welchem Substantiv ein lateinisches Adjektiv gehört, erkennen Sie an der Endung: Das Adjektiv stimmt in Fall (Kasus), Zahl (Numerus, also Singular oder Plural) und Geschlecht (Genus) mit dem Substantiv, auf das es sich bezieht, überein. In Lateingrammatiken wird das gerne mit dem Begriff »KNG-Kongruenz« bezeichnet; wenn Ihnen das hilft, greifen Sie zu, wenn nicht, vergessen Sie den Begriff gleich wieder.

Das ist dann sehr schön eindeutig und im Grunde wesentlich plausibler als im Deutschen. Betrachten Sie zum Beispiel das Endungsdurcheinander bei »dem guten Freund« und halten Sie das doch recht einleuchtende Lateinische *amico bono* dagegen. Da möchte man schon lieber Latein lernen müssen als Deutsch. Es gibt allerdings zwei Aspekte, die die richtige Zuordnung lateinischer Adjektive erschweren.

Die Kombination verschiedener Deklinationsreihen

Solange Sie sich nur im Bereich der a- und o-Deklination bewegen, werden zusammengehörende Adjektive und Substantive in der Regel identische Endungen haben (wie *amico bono*). Sobald freilich ein Substantiv aus einem der drei noch fehlenden Deklinationssysteme mit einem Adjektiv der a-/o-Deklination kombiniert wird, werden die Endungen – ähnlich wie im Deutschen – verschieden aussehen. »Der gute Hund« heißt dann zum Beispiel *canis bonus* oder, wenn es sich um ein weibliches Tier handelt, *canis bona*. Substantiv und Adjektiv stimmen in Fall, Zahl und Geschlecht überein, aber die Endungen sind keineswegs identisch. Sie müssen sich deshalb mit größtmöglicher Sicherheit innerhalb der Deklinationssysteme bewegen können, um die richtige Zuordnung treffen zu können.

Solche Fälle können gelegentlich auch schon innerhalb der a-/o-Deklinationsreihen auftreten. Ein Beispiel: *poeta* heißt – Sie erinnern sich – »der Dichter« und ist trotz seiner Zugehörigkeit zur a-Deklination ein Maskulinum. Wird der nun mit einem Adjektiv versehen, muss dieses Adjektiv eine maskuline Endung haben. »Der gute Dichter« heißt deshalb *poeta bonus*, »des guten Dichters« *poetae boni* und so weiter.

Die Wortstellung

Im Deutschen ist die richtige Zuordnung eines Adjektivs trotz der Verschiedenheit der Endungen kein Problem. Dafür sorgt die vorgeschriebene Wortstellung: Das Adjektiv muss direkt neben dem Substantiv stehen, auf das es sich bezieht.

Im Lateinischen muss es das keineswegs, weil die Zuordnung ja über die Endungen eindeutig ist. Lateinische Schriftsteller nutzen diese Option nicht selten und platzieren Adjektive und Substantive in einiger Entfernung voneinander. Das Resultat einer solchen Maßnahme nennt man **Hyperbaton.** Beim Übersetzen aus dem Lateinischen ist es deshalb eminent wichtig, voreilige Zuordnungen zu vermeiden und genau auf die Endungen zu achten. Auch hierzu ein Beispiel:

Magnus in silva alienum videt nautam poeta.

Dieser Satz enthält drei Substantive (*silva, nautam, poeta* = Wald, Seemann, Dichter) und zwei Adjektive (*magnus, alienum* = groß, fremd). Inhaltlich könnten beide Eigenschaften zu jedem der Substantive passen, der Form nach aber tun sie es nicht: *Magnus* ist Nominativ Singular Maskulinum und muss sich deshalb auf *poeta* beziehen; *alienum* passt nur zu *nautam*. Der Satz heißt also: »Der große Dichter sieht im Wald einen fremden Seemann.« Der Wald ist nicht näher beschrieben.

Welchen Grund aber könnte ein Latein schreibender Autor dafür haben, die Wörter so über den Satz zu verteilen? Vielleicht können Sie das spüren, wenn Sie die lateinische und die deutsche Version nebeneinanderhalten. Der lateinische Satz ist erheblich spannender. Man erfährt zuerst, dass irgendein großer Mann (das sagt die Endung *-us*) in einem Wald (*in silva*) jemanden oder etwas Fremdes (*alienum*) sieht (*videt*). Erst dann kommt, wer oder was das Fremde ist (*nautam*), und erst ganz am Ende wird mitgeteilt, wer der große Mann ist (*poeta*). Das ist im Deutschen nicht annähernd zu erreichen: »Der große im Wald einen fremden sieht, einen Seemann, der Dichter« klänge zwar beinahe poetisch, wäre aber nur schwer akzeptabel.

Die Neigung lateinischer Autoren zur Verwendung des Hyperbatons ist eine der häufigsten Fehlerquellen beim Übersetzen aus dem Lateinischen. Insbesondere bei der Zuordnung von Adjektiven (und Partizipien; siehe Kapitel 11) zu Substantiven sollten Sie deshalb so wenig wie möglich Ihrer Intuition, dafür umso mehr den Endungen vertrauen. Das ist nicht besonders schwierig, Sie müssen es sich nur angewöhnen.

Romanus und *et cetera*: Substantivierte Adjektive

Wie im Deutschen kann im Lateinischen jedes Adjektiv auch als Substantiv verwendet werden. *magnus* zum Beispiel kann »groß« heißen (*poeta magnus* = der große Dichter) oder »der Große«, *Romanus* »römisch« (*populus Romanus* = das römische Volk) oder »der Römer«. – Unpraktischerweise fehlen im Lateinischen die Elemente, die dieses Phänomen im Deutschen sofort erkennbar machen: Substantivierte Adjektive werden im Deutschen ja großgeschrieben und (meistens) mit einem Artikel versehen (groß → der/die/das Große), im Lateinischen aber gibt es weder Artikel noch Großschreibung.

Dennoch ist es auch im Lateinischen keine große Kunst zu erkennen, ob ein Adjektiv als Adjektiv oder als Substantiv verwendet ist: Wenn es kein Substantiv gibt, auf das sich ein Adjektiv bezieht, dann ist es selbst ein Substantiv. Ein sehr prominentes Beispiel für ein substantiviertes lateinisches Adjektiv ist der im Deutschen häufig verwendete Ausdruck *et cetera*. In der Übung im Abschnitt »Ein bisschen Kulturerbe« am Ende dieses Kapitels werden Sie Näheres dazu erfahren.

Basiswortschatz: wichtige Adjektive der a- und o-Deklination

Lassen Sie sich auch bei den Adjektiven nicht von der relativ großen Zahl von Vokabeln abschrecken. Wenn Sie genau hinsehen, werden Sie viele finden, die Ihnen schon bekannt sind. Lernen Sie sie aber unbedingt genau so, wie sie dastehen, also mit den kompletten Endungen (*-us,-a,-um*) und auch mit allen jeweils angegebenen Bedeutungen.

Sicherlich Bekanntes

In Tabelle 3.9 finden Sie Vokabeln, deren Bedeutung Sie sehr wahrscheinlich kennen oder richtig erraten können. Decken Sie wieder die deutschen Bedeutungen ab und überlegen Sie, was das Wort heißen könnte.

Lateinisch	Deutsch		Lateinisch	Deutsch
Adjektive auf *-us, -a, -um*				
alienus, -a, -um	fremd (E alien)		novus, -a, -um	neu (D renovieren)
altus, -a, -um	hoch, tief (E/F altitude)		nudus, -a, -um	nackt, bloß (D Nudist)
antiquus, -a, -um	alt (D Antiquität)		opportunus, -a, -um	günstig (D Opportunist; E opportunity)
bonus, -a, -um	gut (F bon; I bene)		perpetuus, -a, -um	ununterbrochen (D Perpetuum mobile)
certus, -a, -um	entschieden, sicher (E certain; I certo)		privatus, -a, -um	privat, persönlich
clarus, -a, -um	hell, klar, berühmt (D Clara)		publicus, -a, -um	öffentlich, staatlich
continuus, -a, -um	zusammenhängend, ununterbrochen (D Kontinuum, E continue)		purus, -a, -um	rein

Lateinisch	Deutsch	Lateinisch	Deutsch
dignus, -a, -um	würdig (E dignity)	rectus, -a, -um	gerade, richtig (D Rektor)
diversus, -a, -um	entgegengesetzt, verschieden (D divers)	reliquus, -a, -um	übrig (D Reliquie)
durus, -a, -um	hart (D Dur, E endure)	Romanus, -a, -um	römisch
externus, -a, -um	außen befindlich, ausländisch	sanctus, -a, -um	heilig
falsus, -a, -um	falsch	secundus, -a, -um	der zweite; günstig (E second)
honestus, -a, -um	angesehen, anständig (E honest)	solus, -a, -um	allein (D Solo)
humanus, -a, -um	menschlich	summus, -a, -um	der, die, das höchste; ganz oben auf (E summit)
magnus, -a, -um	groß (E magnificent)	totus, -a, -um	ganz (D total)
malus, -a, -um	schlecht (F mal)	universus, -a, -um	gesamt, allgemein
medius, -a, -um	der, die, das mittlere; mitten	vacuus, -a, -um	leer, frei von (E vacation)
mortuus, -a, -um	tot	varius, -a, -um	bunt, mannigfaltig (D Varieté)
multus, -a, -um	viel, zahlreich (D multi…)	verus, -a, -um	wahr (D verifizieren)
necessarius, -a, -um	notwendig, verwandt, befreundet (E necessary)	vivus, -a, -um	lebendig, am Leben
quietus, -a, -um	ruhig (E quiet)		
Adjektive auf *-er, -(e)ra, -(e)rum*			
liber, libera, liberum	frei (D Libero, liberal, L *liberi,-orum* = die Kinder)	sacer, sacra, sacrum	heilig, verflucht (D Sakrament, E sacred)

Tabelle 3.9: Adjektive der a-/o-Deklination, die Ihnen bekannt sein dürften

medius,-a,-um (der, die, das mittlere; mitten) kann zwei Aspekte von »Mitte« bezeichnen. Entweder etwas Mittleres von mehreren (der, die, das mittlere) oder die Mitte von etwas (mitten). Ein Beispiel: *media in insula* kann bedeuten »auf der mittleren Insel« (von mehreren) oder »mitten auf der Insel, in der Mitte der Insel«. Entsprechendes gilt für *summus, -a,-um* (der, die, das höchste; ganz oben auf): *summo in templo* kann »in/auf dem höchsten Tempel« oder »ganz oben auf dem Tempel« bedeuten.

Vielleicht Bekanntes oder doch Neues

Die in Tabelle 3.10 aufgelisteten Adjektive werden Ihnen zumindest auf den ersten Blick großenteils neu sein. Versuchen Sie trotzdem auch hier zuerst, die Bedeutungen zu erraten.

Lateinisch	Deutsch	Lateinisch	Deutsch
Adjektive auf *-us, -a, -um*			
aequus, -a, -um	eben, gleich, günstig, gerecht (D Äquator, Äquivalent)	gratus, -a, -um	angenehm, dankbar (L *gratia*; E grateful)
angustus, -a, -um	eng	iucundus, -a, -um	angenehm, erfreulich
aptus, -a, -um	passend, geeignet (D Adapter)	mirus, -a, -um	wunderbar, erstaunlich (E miracle)
beatus, -a, -um	glücklich, reich (D Beate)	obscurus, -a, -um	verborgen, dunkel (D obskur)
cottidianus, -a, -um	täglich	parvus, -a, -um	klein, gering
cupidus, -a, -um	begierig (F cupide)	plenus, -a, -um	voll (F plein)
divinus, -a, -um	göttlich (E divine)	promptus, -a, -um	bereit, entschlossen
dubius, -a, -um	zweifelhaft, bedenklich (D dubios; E doubt)	stultus, -a, -um	töricht, dumm
finitimus, -a, -um	angrenzend, benachbart	superbus, -a, -um	hochmütig, stolz, erhaben (L *superbia*)
firmus, -a, -um	stark, sicher, zuverlässig (D Firmung)	tutus, -a, -um	geschützt, sicher (D Tutor)
Adjektive auf *-er, -(e)ra, -(e)rum*			
dexter, dext(e)ra, dext(e)rum	rechts, glücklich	pulcher, pulchra, pulchrum	schön
integer, integra, integrum	unberührt, unversehrt, rein	sinister, sinistra, sinistrum	links
miser, misera, miserum	elend, unglücklich, unselig (D miserabel)		

Tabelle 3.10: Vielleicht bekannte oder doch neue Adjektive der a-/o-Deklination

Adjektive, die es nur im Plural gibt

Wie bei den Substantiven gibt es auch bei den Adjektiven einige wenige, die keinen Singular haben. Zwei besonders häufig vorkommende finden Sie in Tabelle 3.11. Sie haben anstelle der Endungen *-us -a,-um* die entsprechenden Pluralendungen *-i,-ae,-a*.

Lateinisch	Deutsch
ceteri, -ae, -a	die übrigen

Lateinisch	Deutsch
pauci, -ae, -a	(nur) wenige

Tabelle 3.11: Adjektive, die es nur im Plural gibt

Ein bisschen Kulturerbe

Zum Abschluss dieses Kapitels noch ein paar prominente lateinische Wortkombinationen, die Ihnen jederzeit begegnen können. Wenn Sie sie schon kennen, umso besser, wenn nicht, prägen Sie sie sich gut ein. Sie festigen damit Ihre Allgemeinbildung, und das kann ja nicht schaden.

Es kommt aber noch etwas hinzu, das für Ihr Latinumsprojekt ausgesprochen nützlich ist: Diese Wortkombinationen transportieren jeweils grammatikalische Grundregeln des Lateinischen. Wenn Sie die Formulierungen also kennen und sie dazu noch grammatikalisch durchschaut haben, dann haben Sie ein konkretes Beispiel für die jeweilige Regel im Kopf. Das ist deutlich besser als die reine Theorie.

Gehen Sie in zwei Schritten vor: Übersetzen Sie zuerst die folgenden Formulierungen wörtlich ins Deutsche und machen Sie sich dabei jeweils klar, in welchem Fall das Substantiv jeweils steht. Lesen Sie dann die unten stehenden Erklärungen durch. Was immer Ihnen dabei neu ist, merken Sie sich bitte gut.

1. *Anno Domini.* 2. *ex libris.* 3. *Hannibal ante portas!* 4. *ad arma!* 5. *et cetera.*

Übersetzungen und Erklärungen

1. *Anno Domini* = im Jahr des Herrn

Inhaltliches: Der Begriff entspricht dem Deutschen »nach Christus«. Sie können das (oft in der Abkürzung A.D.) beispielsweise an Kirchen, aber auch an profanen Bauwerken sehen. Im Englischen war »AD« lange Zeit das übliche Pendant zum Deutschen »n. Chr.«. Heute wird es meist durch das neutralere »CE« (= Common Era) ersetzt.

Grammatikalisches: *Domini* ist der Genitiv von *dominus* = Herr. Weil hier der christliche Gott gemeint ist, ist es großgeschrieben. *Anno* ist Ablativ Singular (theoretisch könnte es auch Dativ sein, aber der ergäbe keinen Sinn). Die Erklärung dafür ist grundlegend wichtig:

Der **Ablativ** kann nicht nur auf die Frage »wodurch?/womit?« antworten, sondern auch auf die Frage **»wann?«**. Diese Funktion des Ablativs nennt man *ablativus temporis* (Ablativ der Zeit).

2. *ex libris* = aus den Büchern

Inhaltliches: Dieser Ausdruck steht auf in Bücher eingeklebten Zetteln, die den Besitzer markieren. Zu ergänzen ist ein »von« und danach folgt der Name des Besitzers. *Ex libris* bedeutet also dasselbe wie »dieses Buch gehört«. Einen solchen Zettel nennt man ein »Exlibris«. Vor allem im 19. und im frühen 20. Jahrhundert waren Exlibris weit verbreitet und wurden deshalb oft von namhaften Künstlern gestaltet. Googeln Sie doch einmal, Sie werden womöglich staunen.

Grammatikalisches: *libris* ist Ablativ Plural, weil die lateinische Präposition *ex* den Ablativ verlangt.

3. *Hannibal ante portas!* = Hannibal vor den Toren!

Inhaltliches: Im Zweiten Punischen Krieg (218–201) zog der karthagische Feldherr Hannibal mit einem gewaltigen Heer durch Italien und belagerte und eroberte zahlreiche Städte. Wenn er also »vor den Toren« stand, bedeutete das für die Verteidiger eine tödliche Gefahr. Dementsprechend wird die Formulierung heute noch für eine unmittelbare Bedrohung verwendet (Loriot hat sie im Titel seines grandiosen Films »Pappa ante portas« parodiert). Sie weicht allerdings von der in antiken Texten überlieferten Form ein bisschen ab. Dort heißt es jeweils *Hannibal ad portas*, was nicht »vor«, sondern »bei« den Toren bedeutet. Gemeint ist dasselbe.

Grammatikalisches: *portas* ist Akkusativ Plural, weil *ante* und auch *ad* den Akkusativ verlangen.

4. *ad arma!* = Zu den Waffen!

Inhaltliches: Auf diesen Ruf geht, vermittelt durch das italienische »alle arme!«, das Wort »Alarm« zurück.

Grammatikalisches: *arma* ist Akkusativ Plural Neutrum, weil *ad* den Akkusativ verlangt. Mit *Hannibal ad portas* und *ad arma* haben Sie übrigens die beiden verschiedenen Bedeutungen der Präposition *ad* (zu … hin; bei) im Kopf.

5. *et cetera* = »und die übrigen Dinge« → und das Übrige (und so weiter)

Inhaltliches: Dieser Ausdruck ist in bemerkenswert vielen modernen Sprachen in Gebrauch. Meistens finden Sie ihn abgekürzt (»etc.«; im Italienischen »ecc.«). Die jeweils übliche Aussprache geht übrigens, wie Sie das in Kapitel 1 bei »Caesar« gesehen haben, auf die spätlateinischen Gepflogenheiten zurück. In der klassischen Antike hieß es »et kētera«, man sprach also das »c« als »k« und das erste »e« lang aus.

Grammatikalisches: Wenn Sie *et cetera* mit »und so weiter« übersetzt haben, ist das zwar inhaltlich korrekt, eine wörtliche Übersetzung ist es allerdings nicht: Zwar heißt *et* »und«, aber *cetera* heißt keineswegs »so weiter«. Es ist Neutrum Plural und kommt von dem – nur im Plural existierenden – Adjektiv *ceteri,-ae,-a* = »die übrigen«. Weil kein Substantiv dabeisteht, ist dieses Adjektiv selbst eines, und deshalb muss *et cetera*, wörtlich übersetzt, »und die Übrigen« heißen.

Das ist allerdings erst die halbe Wahrheit und von grundsätzlicher Wichtigkeit. Wenn Sie »und die Übrigen« hören oder lesen, denken Sie automatisch an Personen; dass es sich um Dinge handeln soll, ist im Deutschen nicht zu erkennen. Probieren Sie es aus: Der Satz »Ich habe ein Buch, eine Zahnbürste und die Übrigen eingepackt« wäre kaum richtig zu verstehen. Um deutlich zu machen, was Sie sagen wollen, müssten Sie »Dinge« hinzufügen. Das klänge allerdings ein wenig seltsam. Sie würden, dem deutschen Sprachgebrauch folgend, »und das Übrige« sagen, also den eindeutig neutralen Singular verwenden. Solche Fälle werden Ihnen beim Lateinübersetzen immer wieder begegnen.

Das Lateinische neigt dazu, Begriffe, die mehrere Dinge umfassen, im Plural auszudrücken. Das Deutsche verwendet lieber den »generalisierenden« Singular. Substantivierte Adjektive stehen im Lateinischen deshalb oft im Neutrum Plural. Im Deutschen müssen Sie in solchen Fällen entweder »Dinge« hinzufügen oder den eindeutig neutralen Singular verwenden.

Mit den Formen der a- und o-Deklination kennen Sie bereits zwei Fünftel der lateinischen Substantivendungen. Das ist eine ganze Menge. Denken Sie bitte beim Durcharbeiten der folgenden Kapitel daran, immer dann, wenn Sie bei einzelnen Formen Unsicherheiten bemerken, das jeweilige System kurz zu rekapitulieren. Sie werden dann sehr schnell keine Probleme mehr haben.

Auf einen Blick

Das sollten Sie jetzt über die lateinischen Substantive und Adjektive wissen:

✔ Allgemeines:

- Lateinische Substantive müssen immer mit dem Genitiv gelernt werden.
- Einige Endungen können mehrere Fälle bezeichnen. Prägen Sie sich die jeweiligen Optionen gut ein!
- Dativ und Ablativ Plural sind in allen Deklinationen miteinander identisch.
- Neutra enden im Nominativ und Akkusativ Plural immer auf *-a*.
- Die Endung *-a* erfordert besondere Aufmerksamkeit: Bei Substantiven der a-Deklination bezeichnet sie den Nominativ oder den Ablativ Singular, bei Neutra den Nominativ oder den Akkusativ Plural.
- Der Ablativ kann nicht nur auf die Frage »wodurch?/womit?« antworten, sondern – wie in *Anno Domini* – auch auf die Frage »wann?« (*ablativus temporis*).

✔ Zur a-Deklination:

- Geschlecht: Femininum (Ausnahmen: eindeutig Männliches und Flüsse)
- Endungen: Singular: *-a, -ae, -ae, -am, -a*; Plural: *-ae, -a̲rum, -is, -as, -is*

✔ Zur o-Deklination:

- Geschlecht: Maskulinum (Ausnahmen: *humus,-i* und Bäume sind Feminina)
- Endungen: Singular: *-us, -i, -o, -um, -o*; Plural: *-i, -o̲rum, -is, -os, -is*
- Die o-Deklination umfasst drei Substantivgruppen. Neben den Substantiven auf *-us* gibt es:

  Substantive auf *-um*: Sie sind Neutra und haben deshalb im Nominativ und Akkusativ Plural die Endung *-a*.

  Substantive auf *-er*: Sie unterscheiden sich nur im Nominativ Singular von den Substantiven auf *-us*.

- Nur bei den Substantiven auf *-us* gibt es im Singular eine eigene Endung für die Anrede (Vokativ): *-e*.

✔ Zu den Adjektiven der a- und o-Deklination:

- Die Adjektive der a- und o-Deklination haben dieselben Endungen wie die Substantive.
- Neben der großen Gruppe der Adjektive auf *-us,-a,-um* gibt es einige Adjektive, die im Nominativ Singular Maskulinum auf *-er* enden.
- Substantiv und darauf bezogenes Adjektiv sind einander durch ihre Endungen eindeutig zugeordnet. Sie entsprechen einander in Fall, Zahl und Geschlecht. Diese Endungen sind oft, aber durchaus nicht immer miteinander identisch.
- Anders als im Deutschen müssen lateinische Adjektive nicht direkt bei den Substantiven stehen, auf die sie sich beziehen (**Hyperbaton**).
- Enthält eine Formulierung ein Adjektiv ohne ein Substantiv, auf das es sich bezieht, ist es selbst als Substantiv verwendet. Wenn ein solches substantiviertes Adjektiv im Lateinischen im Neutrum Plural steht, muss bei der Übersetzung entweder »Dinge« hinzugefügt oder – eleganter – der eindeutig neutrale Singular verwendet werden (*et cetera* = »und die übrigen Dinge«, besser: und das Übrige).

Quiz 1 (Kapitel 1–3)

Mit dem folgenden kleinen Quiz können Sie sich selbst zeigen, was Sie schon alles gelernt haben. Die Fragen betreffen verschiedenste Aspekte des Lateinischen (Vokabular, Grammatikalisches, Kulturelles, Historisches), die in den Kapiteln 1–3 angesprochen wurden – versuchen Sie Ihr Glück!

Die Fragen

1. Welche Planeten sind nach den drei Göttern benannt, die nacheinander die Welt beherrschten?

2. Auf welche lateinischen Wörter gehen die folgenden deutschen und englischen Fremd- und Lehnwörter zurück?

1. Gladiole; 2. total; 3. science; 4. Vene; 5. Filiale; 6. Annalen; 7. empire; 8. injury; 9. honest; 10. liberal; 11. library.

3. Wie heißt der »Merkvers« mit den lateinischen Präpositionen, die den Ablativ verlangen? – Welcher Fall steht nach allen anderen lateinischen Präpositionen?

4. Was heißt auf Lateinisch »Wir haben einen Papst«; »aus den Büchern«?

5. Wofür steht die Abkürzung *A.D.* und was heißt das auf Deutsch? – In welchem Fall stehen die beiden Wörter jeweils?

6. Ergänzen Sie die fehlenden Endungen: *ad arm*__! (= zu den / an die Waffen!). – *Hannibal ante port*__! (= Hannibal vor den Toren!)

7. Auf welche lateinischen Wörter gehen die folgenden deutschen und englischen Fremd- und Lehnwörter zurück?

   1. language; 2. Signal; sign; 3. Pein; penalty; 4. Ventil; 5. Patriot; 6. enemy; 7. counsil; 8. armour; 9. hour; 10. Lokal.

8. Was heißt auf Lateinisch sieben, acht, neun, zehn? – Woher kennen Sie diese Zahlen längst?

9. Was bedeutet *et cetera* wörtlich übersetzt? – Welche Endung ist das *-a* in *cetera*?

10. Aus welcher Stadt stammte Hannibal? – Wann ungefähr hat er seinen Italienfeldzug unternommen?

11. Welche deutschen Wörter gehen auf die lateinischen *Caesar* und *cella* (= der Vorratsraum) zurück? – Was lässt sich daraus bezüglich der Aussprache des Lateinischen schließen?

12. Auf welche lateinischen Wörter gehen die folgenden deutschen und englischen Fremd- und Lehnwörter zurück?

    1. mode; 2. kausal; cause; 3. people; 4. Reliquie; 5. sozial; 6. Portal; 7. vacation; 8. Potenz; 9. fame; 10. verbal.

13. Wie heißt Caesars Werk über den Gallischen Krieg?

14. Wo können Sie die Abkürzung *SPQR* sehen und wofür steht sie?

Die Antworten

1. Jupiter ← Saturn ← Uranus (siehe Kapitel 1).

2. 1. *gladius,-i* = Schwert; 2. *totus,-a,-um* = ganz; 3. *scientia,-ae* = Wissen, Kenntnis; 4. *venenum,-i* = Gift; 5. *filia,-ae* = Tochter; 6. *annus,-i* = Jahr; 7. *imperium,-i* = Befehl, Herrschaft, Reich; 8. *iniuria,-ae* = Unrecht; 9. *honestus,-a,-um* = angesehen, anständig; 10. *liber, libera, liberum* = frei; 11. *liber, libri* = Buch (siehe Kapitel 3).

3. a und ab – e / ex und de – cum und sine – pro und prae. – Der Akkusativ (siehe Kapitel 2).

4. *Habemus Papam*; *ex libris* (siehe Kapitel 3).

5. *Anno Domini* = im Jahr des Herrn (= nach Christus). – *Anno*: Ablativ Singular, o-Deklination (auf die Frage wann? Ablativ der Zeit / *ablativus temporis*); *Domini*: Genitiv Singular, o-Deklination (siehe Kapitel 3).

6. *ad arma!* (*arma* ist Akkusativ Plural Neutrum) – *Hannibal ante portas*! (siehe Kapitel 3).

7. 1. *lingua,-ae* = Zunge, Sprache; 2. *signum,-i* = Zeichen; 3. *poena,-ae* = Strafe; 4. *ventus,-i* = Wind; 5. *patria,-ae* = Heimat, Vaterland, Vaterstadt; 6. *inimicus,-i* = (persönlicher) Feind; 7. *consilium,-i* = Rat, Plan, Einsicht, Ratsversammlung; 8. *arma,-orum* = Geräte, Waffen (Pluralwort!); 9. *hora,-ae* = Stunde; 10. *locus,-i* = Ort, Platz, Stelle (siehe Kapitel 3).

8. *septem, octo, novem, decem.* – Von Septem(ber), Okto(ber), Novem(ber), Dezem(ber) (siehe Kapitel 1).

9. »und die übrigen Dinge«. – Die Endung *-a* ist Nominativ oder Akkusativ Plural Neutrum des nur im Plural existierenden Adjektivs *ceteri,-ae,-a* = die übrigen. Es ist hier als Substantiv verwendet, heißt also »die Übrigen«. Weil das aber im Deutschen nicht eindeutig Neutrum ist, muss man bei der Übersetzung entweder »Dinge« hinzufügen oder – eleganter – auf den generalisierenden, eindeutig neutralen Singular (»das Übrige«) ausweichen (siehe Kapitel 3).

10. Karthago (im heutigen Tunesien, nahe Tunis). – Gegen 200 v. Chr; die exakten Daten sind 218–201 v. Chr., aber die brauchen Sie nur zu kennen, wenn Sie Geschichte studieren (siehe Kapitel 3).

11. Kaiser, Zar. – Keller, Zelle. – »Kaiser« und »Keller« wurden relativ früh ins Deutsche übernommen, in einer Zeit, als »c« noch ausschließlich als »k« ausgesprochen wurde. Später wurde »c« vor hellen Vokalen als »z« ausgesprochen; in dieser Phase wurden »Zar« und »Zelle« gebildet. »Kaiser« zeigt außerdem: *ae* wurde klassisch nicht »ä«, sondern »ai« ausgesprochen (siehe Kapitel 1).

12. 1. *modus,-i* = Art und Weise; 2. *causa,-ae* = Grund, Ursache, Streitsache; 3. *populus,-i* = Volk; 4. *reliquus,-a,-um* = übrig; 5. *socius,-i* = Gefährte, Verbündeter; 6. *porta,-ae* = Tor, Tür; 7. *vacuus,-a,-um* = leer, frei von; 8. *potentia,-ae* = Macht; 9. *fama,-ae* = Gerücht, (guter) Ruf; 10. *verbum,-i* = Wort (siehe Kapitel 3).

13. *De bello Gallico* (siehe Kapitel 2).

14. Zum Beispiel auf der römischen Standarte in der Landkarte am Beginn eines jeden Asterix-Bandes oder auf Gully-Deckeln und öffentlichen Gebäuden in Rom. Sie steht für ***S**enatus **p**opulus**q**ue **R**omanus* (siehe Kapitel 2).

IN DIESEM KAPITEL

Überblick über die Zeitstufen

Präsens, Imperfekt und Futur I der a-, der e- und der i-Konjugation

Präsens, Imperfekt und Futur I des Verbums *esse* (sein)

Übersetzen aus dem Lateinischen

Kapitel 4
Verbalformen: Die Präsensstammformen der a-, e- und i- Konjugation und von *esse*

In diesem Kapitel geht es um die Verben und ihre Formen in drei der sechs Zeiten, die es im Lateinischen gibt. Wie bei den Substantiven gelten die Regeln der Formenbildung jeweils für alle Wörter, die zu den einzelnen Gruppen gehören. Am Ende dieses Kapitels können Sie dann Ihre ersten Texte übersetzen. Zunächst ein allgemeiner Überblick über die Zeitstufen.

Gegenwart, Vergangenheit und Zukunft: Die Zeitstufen

Wie das Deutsche kennt das Lateinische sechs Zeitstufen:

- ✔ die Gegenwart (Präsens: ich sehe)
- ✔ drei Vergangenheitsstufen:
  - die erste Vergangenheit (Imperfekt: ich sah)
  - die zweite Vergangenheit (Perfekt: ich habe gesehen)
  - die dritte Vergangenheit (Plusquamperfekt: ich hatte gesehen)

- zwei Zukunftsstufen (Futur):
  - Futur I (ich werde sehen)
  - Futur II (ich werde gesehen haben)

Die **erste Vergangenheit** wird in Lateingrammatiken Imperfekt genannt. Sie haben für diese Zeitstufe vermutlich den Begriff Präteritum gelernt. Stellen Sie sich für das Lateinlernen bitte um und gewöhnen Sie sich an das Wort Imperfekt.

Das **Futur II** (ich werde gesehen haben) wird im Deutschen so gut wie gar nicht mehr verwendet. Es drückt einen Vorgang aus, der in der Zukunft stattfindet, aber vor einem anderen Vorgang, der seinerseits in der Zukunft liegt. Ein Beispiel: Der Versuch einer Verabredung könnte im Deutschen so formuliert werden: »Ich werde um 6 Uhr da sein.« (Futur I) »Schade, da werde ich schon gegangen sein.« (Futur II) So könnten wir uns ausdrücken, aber wir tun es in der Regel nicht. Vermutlich würde der Dialog so klingen: »Ich bin um 6 Uhr da.« »Schade, da bin ich schon weg.« Das Lateinische ist da penibler. Weil aber solche Zeitkonstellationen recht selten formuliert werden, ist das Futur II kein Anlass zur Beunruhigung.

Die Bildung der Formen im Lateinischen

Die sechs Zeiten zerfallen, was die Formenbildung betrifft, im Lateinischen in zwei Gruppen:

- **Präsens, Imperfekt, Futur I:** Die Formen dieser Zeiten werden auf der Grundlage des sogenannten Präsensstamms gebildet.
- **Perfekt, Plusquamperfekt, Futur II:** Die Formen dieser Zeiten werden auf der Grundlage des sogenannten Perfektstamms gebildet.

Wie die erste Gruppe funktioniert, erfahren Sie in diesem Kapitel.

amare, videre und *audire*: Präsens, Imperfekt und Futur I der a-, der e- und der i- Konjugation

Zur Bildung der Verbalformen werden im Lateinischen die immer selben Bausteine verwendet. Das vereinfacht den Umgang mit ihnen erheblich. Bei den Formen des Präsensstamms sind es die folgenden:

- **Der Präsensstamm des Verbums:** Der Präsensstamm der Verben der drei Konjugationen, um die es jetzt gehen soll, endet jeweils auf einen Vokal. Deshalb heißen diese Konjugationen auch die vokalischen Konjugationen. Es sind die a-, die e- und die i-Konjugation.
- **Die Endungen:** Sie zeigen zum einen an, wer das Subjekt der Handlung ist, und zum anderen, ob es sich um eine Aktiv- oder um eine Passivform handelt.
- **Tempus- und Moduszeichen:** Sie werden vor der Endung eingefügt, um anzuzeigen, dass das Verbum im Indikativ Imperfekt oder im Futur I (Tempuszeichen) beziehungsweise im Konjunktiv Präsens oder Imperfekt (Moduszeichen) steht.

Bei den Tempus- und Moduszeichen gibt es gelegentlich Unterschiede zwischen den verschiedenen Konjugationssystemen. Keine Unterschiede gibt es bei den **Endungen**. Sie sind bei allen Verben die gleichen. Zunächst die **Aktivendungen** (siehe Tabelle 4.1).

Person	Endung
ich	-o/-m
du	-s
er/sie/es	-t
wir	-mus
ihr	-tis
sie	-nt

Tabelle 4.1: Die Aktivendungen

Wie Sie sehen, ist das eine recht überschaubare Anzahl von Formen. Lediglich für die 1. Person Singular (ich) gibt es zwei Optionen, bei allen anderen jeweils nur eine einzige Endung. Das ist sehr praktisch und ausgesprochen hilfreich. Denn Sie können an der Endung auf jeden Fall zwei entscheidende Dinge sofort erkennen:

- ✔ Wer ist das Subjekt?
- ✔ Liegt eine Aktiv- oder eine Passivform vor? Die Passivendungen finden Sie weiter hinten in diesem Kapitel.

Beide Aspekte sind elementar für die richtige Übersetzung eines Satzes. Sie sollten sich diese Endungen deshalb so gut einprägen, wie es nur geht, und immer dann, wenn Sie in dieser Hinsicht eine Unsicherheit bemerken, die Formen wiederholen. Findige Pädagogen haben für diese Endungen eine großartige Eselsbrücke erdacht: nach OSTen MUSs TISe eNTe. Das ist, zugegeben, orthografisch angreifbar, und es fehlt auch die *-m*-Form für die 1. Person Singular. Es ist aber absurd genug, dass es sich gut einprägt; vielleicht hilft es Ihnen ja. Wie sehen die Formen nun konkret aus?

Die Infinitive

Die nicht gebeugte Grundform lateinischer Verben (Infinitiv Präsens) wird durch die Silbe *-re* markiert, die an den Wortstamm angehängt wird (siehe Tabelle 4.2).

a-Konjugation		e-Konjugation		i-Konjugation	
ama**re**	lieben	vide**re**	sehen	audi**re**	hören

Tabelle 4.2: Die Infinitiv-Präsens-Formen (Aktiv)

Der Indikativ Präsens

Der Indikativ Präsens, sozusagen die normale Aussageform, wird gebildet, indem direkt an den Wortstamm die jeweilige Personalendung angehängt wird (siehe Tabelle 4.3). Das wird, wie bei den Nominalformen, sehr schematisch durchgezogen. Zwei Besonderheiten sind aber zu bemerken:

- Bei den Verben der a-Konjugation fällt in der 1. Person Singular das *-a-* weg. »Ich liebe« heißt also nicht »*amao*«, sondern – genau wie im Italienischen – nur *amo.*
- Bei den Verben der i-Konjugation wird in der 3. Person Plural vor die Endung *-nt* noch ein *-u-* eingeschoben. »Sie hören« heißt also nicht »*audint*«, sondern *audiunt.*

a-Konjugation		e-Konjugation		i-Konjugation	
am**o**	ich liebe	vide**o**	ich sehe	audi**o**	ich höre
ama**s**	du liebst	vide**s**	du siehst	audi**s**	du hörst
ama**t**	er/sie/es liebt	vide**t**	er/sie/es sieht	audi**t**	er/sie/es hört
ama**mus**	wir lieben	vide**mus**	wir sehen	audi**mus**	wir hören
ama**tis**	ihr liebt	vide**tis**	ihr seht	audi**tis**	ihr hört
ama**nt**	sie lieben	vide**nt**	sie sehen	audiu**nt**	sie hören

Tabelle 4.3: Die Indikativ-Präsens-Formen (Aktiv)

Der Indikativ Imperfekt

Der Indikativ Imperfekt wird gebildet, indem zwischen Wortstamm und Endung die Silbe *-ba-* eingefügt wird (siehe Tabelle 4.4). Die Endung für die 1. Person Singular ist jeweils nicht *-o*, sondern die Alternative *-m.* Bei der i-Konjugation wird zudem vor dem Tempuszeichen *-ba-* noch ein *-e-* eingefügt. Das wird Sie beim Erkennen der Form nicht irritieren. Entscheidend ist das kaum zu übersehende *-ba-*.

a-Konjugation		e-Konjugation		i-Konjugation	
ama**bam**	ich liebte	vide**bam**	ich sah	audie**bam**	ich hörte
ama**bas**	du liebtest	vide**bas**	du sahst	audie**bas**	du hörtest
ama**bat**	er/sie/es liebte	vide**bat**	er/sie/es sah	audie**bat**	er/sie/es hörte
ama**ba**mus	wir liebten	vide**ba**mus	wir sahen	audie**ba**mus	wir hörten
ama**ba**tis	ihr liebtet	vide**ba**tis	ihr saht	aude**ba**tis	ihr hörtet
ama**bant**	sie liebten	vide**bant**	sie sahen	audie**bant**	sie hörten

Tabelle 4.4: Die Indikativ-Imperfekt-Formen (Aktiv)

Der Konjunktiv Imperfekt

Der Konjunktiv Imperfekt wird gebildet, indem zwischen Wortstamm und Endung die Silbe *-re-* eingefügt wird (siehe Tabelle 4.5). Die Endung für die 1. Person Singular ist, wie beim Indikativ Imperfekt, *-m.*

a-Konjugation		e-Konjugation		i-Konjugation	
ama**rem**	ich liebte, würde lieben	vide**rem**	ich sähe, würde sehen	audi**rem**	ich hörte, würde hören
ama**res**	du liebtest, würdest lieben	vide**res**	du sähest, würdest sehen	audi**res**	du hörtest, würdest hören
ama**ret**	er/sie/es liebte, würde lieben	vide**ret**	er/sie/es sähe, würde sehen	audi**ret**	er/sie/es hörte, würde hören
ama**re**mus	wir liebten, würden lieben	vide**re**mus	wir sähen, würden sehen	audi**re**mus	wir hörten, würden hören
ama**re**tis	ihr liebtet, würdet lieben	vide**re**tis	ihr sähet, würdet sehen	audi**re**tis	ihr hörtet, würdet hören
ama**rent**	sie liebten, würden lieben	vide**rent**	sie sähen, würden sehen	audi**rent**	sie hörten, würden hören

Tabelle 4.5: Die Konjunktiv-Imperfekt-Formen (Aktiv)

Weil die Silbe *-re*, wie Sie gesehen haben, auch für die Bildung der Infinitivformen verwendet wird, ergibt sich für das Erkennen der Konjunktiv-Imperfekt-Formen ein ausgesprochen praktischer Effekt: Der Konjunktiv Imperfekt jedes lateinischen Verbums sieht aus, als wäre es der Infinitiv plus Endung, also:

Infinitiv: *amare* → Konjunktiv Imperfekt: *amarem, amares* und so weiter

Infinitiv: *videre* → Konjunktiv Imperfekt: *viderem, videres* und so weiter

Infinitiv: *audire* → Konjunktiv Imperfekt: *audirem, audires* und so weiter

Diese Formen sind im Lateinischen recht unproblematisch. Leider kann man das von ihren deutschen Entsprechungen nicht behaupten. Da gibt es zwei Schwierigkeiten, die Sie an den Übersetzungen in Tabelle 4.5 sehen können:

- ✔ Bei den sogenannten schwach gebeugten Verben wie »lieben« oder »hören« sind die Konjunktiv- und die Indikativformen im Deutschen identisch. Um deutlich zu machen, dass es sich um einen Konjunktiv handelt, werden diese Formen deshalb gerne mit »würde« umschrieben.
- ✔ Umschrieben oder nicht – der Konjunktiv Imperfekt hat im Deutschen, seinem Namen zum Trotz, **keine Vergangenheitsbedeutung**. Er wird vielmehr zur Formulierung irrealer Aussagen der Gegenwart verwendet: »Ich käme / würde kommen, wenn ich könnte« (das heißt: »Ich kann aber nicht, also komme ich nicht.«) hat nichts mit der Vergangenheit zu tun. In Deutschgrammatiken wird dieser Konjunktiv deshalb sinnvollerweise nicht mehr »Konjunktiv Imperfekt«, sondern »Konjunktiv II« genannt (im Unterschied zum Konjunktiv Präsens, der dann »Konjunktiv I« heißt). Weil der lateinische Konjunktiv Imperfekt aber gelegentlich durchaus Vergangenheitsbedeutung hat, ist es ebenso sinnvoll, beim Lateinlernen den Begriff »Konjunktiv Imperfekt« beizubehalten.

Konjunktiv Präsens und Futur I

Während die bisher betrachteten Formen – Infinitiv, Indikativ Präsens, Indikativ und Konjunktiv Imperfekt – in allen Konjugationen mit denselben Bausteinen gebildet werden, gibt es Unterschiede bei der Bildung des Konjunktivs Präsens und des Futurs I. Hier kommen verschiedene Modus- beziehungsweise Tempuszeichen zum Einsatz.

Konjunktiv Präsens

Das Moduszeichen für den Konjunktiv Präsens ist der Vokal *-a-*. Wie auch die anderen Tempus- und Moduszeichen wird er zwischen Stamm und Endung eingefügt. Bei den Verben der a-Konjugation ergäbe sich dabei aber ein Problem: Bei ihnen endet ja auch der Wortstamm auf *-a*. Deshalb wird bei der a- Konjugation nicht das *-a-*, sondern das *-e-* als Moduszeichen verwendet; das *-a* des Stamms fällt weg. Die Endung für die 1. Person Singular ist, wie bei den Imperfektformen, *-m*. Tabelle 4.6 zeigt, wie die Konjunktiv-Präsens-Formen aussehen.

a-Konjugation		e-Konjugation		i-Konjugation	
amem	ich liebe	videam	ich sehe	audiam	ich höre
ames	du liebest	videas	du sehest	audias	du hörest
amet	er/sie/es liebe	videat	er/sie/es sehe	audiat	er/sie/es höre
amemus	wir lieben	videamus	wir sehen	audiamus	wir hören
ametis	ihr liebet	videatis	ihr sehet	audiatis	ihr höret
ament	sie lieben	videant	sie sehen	audiant	sie hören

Tabelle 4.6: Die Konjunktiv-Präsens-Formen (Aktiv)

Was die deutschen Bedeutungen angeht, bietet der Konjunktiv Präsens ein ähnliches Problem wie der Konjunktiv Imperfekt: Drei der sechs Formen sind mit dem Indikativ identisch (1. Person Singular, 1. und 3. Person Plural). Auch hier können gelegentlich Umschreibungen deutlich machen, dass ein Konjunktiv vorliegt. Der Konjunktiv Präsens kann – im Lateinischen und im Deutschen – einen Wunsch ausdrücken. Er wird deshalb oft zur Formulierung von Aufforderungen verwendet. Ein vornehmer Deutscher könnte zum Beispiel sagen: »Er verlasse den Raum!«, etwas weniger vornehm könnte er auch, je nach Situation, sagen: »Er soll« oder auch »Er kann den Raum verlassen!«. Eine solche Aufforderung kann auch an eine Gruppe gerichtet sein, der man selbst angehört. *Audiamus*! würde man zum Beispiel mit »Lasst uns (zu)hören!« übersetzen.

Futur I

Für die Bildung des Futurs I gibt es zwei verschiedene Systeme. Die Verben der a- und der e-Konjugation verwenden die Tempuszeichen *-b-*, *-bi-* und *-bu-*, die i-Konjugation *-a-* und *-e-*. Tabelle 4.7 zeigt die beiden Systeme nebeneinander.

a-Konjugation		e-Konjugation		i-Konjugation	
ama**bo**	ich werde lieben	vide**bo**	ich werde sehen	audi**am**	ich werde hören
ama**bis**	du wirst lieben	vide**bis**	du wirst sehen	audi**es**	du wirst hören
ama**bit**	er/sie/es wird lieben	vide**bit**	er/sie/es wird sehen	audi**et**	er/sie/es wird hören
ama**bi**mus	wir werden lieben	vide**bi**mus	wir werden sehen	audiemus	wir werden hören
ama**bi**tis	ihr werdet lieben	vide**bi**tis	ihr werdet sehen	audetis	ihr werdet hören
ama**bu**nt	sie werden lieben	vide**bu**nt	sie werden sehen	audient	sie werden hören

Tabelle 4.7: Die Futur-1-Formen (Aktiv)

Diese Formen machen erfahrungsgemäß gerne Schwierigkeiten. Sie werden immer wieder mit anderen verwechselt: die *-b-/-bi-/-bu-*Formen mit dem Indikativ Imperfekt (*-ba-*), die *-a-/-e-*Formen der i-Konjugation mit dem Konjunktiv Präsens; in der Tat sind Futur und Konjunktiv Präsens ja in der 1. Person Singular (*audiam*) identisch. Es gibt freilich Hilfe für dieses Problem in Form von attraktiven Eselsbrücken.

Die Futurzeichen *-b-/-bi-/-bu-* erinnern, im Unterschied zu *-ba-*, an die Laute, die nach Meinung findiger Pädagogen Gespenster von sich geben. Man hat diese Futurformen deshalb als »Gespenster-Futur« bezeichnet. Für die *-a-/-e-*Reihe der i-Konjugation hat man ein Tier herangezogen, das diese Vokale in seinem Namen trägt: das Kamel. Wenn Sie das angemessen übertrieben aussprechen, ist es eine hilfreiche Eselsbrücke: Die i-Konjugation bildet das »Kameeeeel-Futur«.

Die Imperative

Zum Abschluss noch die Befehlsformen (Imperative; siehe Tabelle 4.8). Richtet sich ein Befehl nur an eine Person, wird nur der Stamm ohne eine Endung verwendet. Werden mehrere Personen angesprochen, wird das durch die Endung *-te* markiert.

a-Konjugation		e-Konjugation		i-Konjugation	
ama!	liebe!	vide!	sieh!	audi!	höre!
ama**te**!	liebet!	vide**te**!	seht!	audi**te**!	hört!

Tabelle 4.8: Die Imperativformen (Aktiv)

Wenn Sie sich von *audi* an die gleichnamige Automarke erinnert fühlen, ist das ganz richtig. Diese Marke hieß ursprünglich »Horch«. Auf der Suche nach einem neuen Namen entdeckte man, dass »horch« der Imperativ des Verbums »horchen« sein könnte, und hat das dann ins Lateinische übersetzt.

Um eine lateinische Verbalform genau erfassen zu können, müssen Sie zum einen **die Endung** und zum anderen **den Vokal beziehungsweise die Silbe vor der Endung** richtig deuten können. Ein Beispiel: *audient*: *-nt* = 3. Person Plural, also »sie«; *-e-* vor der Endung bei der i-Konjugation = (Kameeeeel-)Futur. *audient* heißt also »sie werden hören«.

Das genaue Erfassen lateinischer Verbalformen ist ein bisschen Gewöhnungssache. Fangen Sie doch gleich damit an und übersetzen Sie die folgenden Formen: *amabatis, audiunt, amabitis, audiat, viderem, audiet, ament, audiebas, videamus, amare, videte.*

Lösungen: ihr liebtet, sie hören, ihr werdet lieben, er/sie/es höre, ich würde sehen, er/sie/es wird hören, sie sollen lieben, du hörtest, lasst uns sehen, lieben, seht.

Die Passivendungen

Wenn Sie die Aktivformen des Präsensstamms im Griff haben, ist es nur noch ein kleiner Schritt, und Sie beherrschen auch die Passivformen. Die werden mit exakt denselben Tempus- und Moduszeichen gebildet wie die Aktivformen. Lediglich die Endungen sind andere (siehe Tabelle 4.9).

Person	Endung
ich	-or / -r
du	-ris
er/sie/es	-tur
wir	-mur
ihr	-mini
sie	-ntur

Tabelle 4.9: Die Passivendungen

Wenn also *amabam* »ich liebte« heißt, heißt *amabar* eben »ich wurde geliebt«; *videbimus* heißt »wir werden sehen«, *videbimur* »wir werden gesehen werden«; *audiunt* heißt »sie hören«, *audiuntur* »sie werden gehört« und so weiter. Kurz: Wer die Aktivformen beherrscht und die Passivendungen kennt, weiß alles, was er braucht.

Es gibt nur einen einzigen Fall, in dem ein kleiner Unterschied zwischen der Bildung der Aktiv- und der der Passivform besteht: Im (Gespenster-)Futur der a- und e-Konjugation steht bei der 2. Person Singular im Passiv nicht *-bi-*, sondern *-be-* vor der Endung. »Du wirst geliebt werden« heißt also nicht »*amabiris*«, sondern *amaberis*, und »du wirst gesehen werden« nicht »*videbiris*«, sondern *videberis*. Das ist ein wenig bedauerlich, aber kein wirklich zentrales Problem.

Passiv-Infinitive

Auch der Infinitiv des Passivs (siehe Tabelle 4.10) wird natürlich mit einer anderen Silbe markiert als der des Aktivs. Statt *-re* wird hier die Silbe *-ri* verwendet.

a-Konjugation		e-Konjugation		i-Konjugation	
am**ari**	geliebt werden	vid**eri**	gesehen werden	aud**iri**	gehört werden

Tabelle 4.10: Die Infinitiv-Präsens-Formen (Passiv)

Verwandeln Sie die folgenden Aktivformen in Passivformen. Sie müssen dazu lediglich die Aktivendungen durch die entsprechenden Passivendungen ersetzen: *amabatis, audiunt, amabitis, audiat, viderem, audiet, ament, audiebas, videamus, amare.*

Lösungen: *amabamini, audiuntur, amabimini, audiatur, viderer, audietur, amentur, audiebaris, videamur, amari.*

Basiswortschatz: wichtige Verben der vokalischen Konjugationen

Auch bei den Verben werden Sie viele finden, die Sie schon kennen. Decken Sie also auch hier bitte zuerst die deutschen Bedeutungen ab und überlegen Sie, was das Wort Ihrer Meinung nach heißen könnte. Einige sind mit dem Ausgang »-ieren« direkt ins Deutsche übernommen worden (aus *agitare* wurde zum Beispiel »agitieren«).

Wichtige Verben der a-Konjugation

In Tabelle 4.11 sind wichtige Verben der a-Konjugation aufgelistet. Lassen Sie sich nicht von der Menge einschüchtern. Die meisten dieser Verben haben in modernen Sprachen Karriere gemacht.

Lateinisch	Deutsch
accusare	anklagen (E accuse)
administrare	besorgen, verwalten
aedificare	bauen
agitare	heftig betreiben (D agitieren)
amare	lieben (F amour; D Amadeus)
appellare	anrufen, nennen (D Appell)
cantare	singen (D Kantor, Kantate)
celebrare	feiern, zahlreich besuchen (D zelebrieren; E celebrate)

Lateinisch	Deutsch
iuvare	unterstützen, helfen
laborare	sich anstrengen, leiden (D laborieren; E labour)
laudare	loben
lavare	waschen, baden (F lavabo)
liberare	befreien (L *liber, libera, liberum*)
mandare	übergeben, auftragen (D Mandat)
mutare	verändern, wechseln, verwandeln (D mutieren, Mutation)
narrare	erzählen, berichten (D narrativ)

Lateinisch	Deutsch
certare	(wett-)kämpfen, streiten
clamare	schreien, rufen (D reklamieren)
cogitare	denken, beabsichtigen
collocare	aufstellen, platzieren (L *locus*)
curare	pflegen, besorgen (D kurieren; L *cura*)
damnare	verurteilen
dare	geben (D Datum)
declarare	ausrufen, erklären (E declaration)
delectare	erfreuen (D delektieren)
demonstrare	zeigen, beweisen, darlegen
desiderare	verlangen, begehren, vermissen (E desire)
desperare	verzweifeln (E despair; siehe *sperare*)
disputare	diskutieren (D Disput)
donare	schenken (L *donum*)
dubitare	zweifeln, zögern (L *dubius, -a,-um*; E doubt)
errare	(herum-)irren, sich irren (E error)
excitare	aufregen, anregen (E exciting)
existimare	einschätzen, meinen
explorare	erkunden (E explore)
expugnare	erobern (siehe *pugnare*)
exspectare	erwarten, (E expect; siehe *spectare*)
firmare	stärken, sichern, ermutigen (L *firmus,-a,-um*)
ignorare	nicht kennen, nicht wissen (E ignore)
imperare	anordnen, befehlen (L *imperium*)

Lateinisch	Deutsch
nominare	(be-)nennen (D nominieren)
nuntiare	verkünden, melden (D denunzieren)
oppugnare	bestürmen, angreifen (siehe *pugnare*)
orare	bitten, beten (D Oratorium)
ornare	ausrüsten, schmücken (D Ornament)
parare	(vor-)bereiten, (sich) verschaffen (D parat)
postulare	fordern (D postulieren)
praestare	1. leisten; 2. vorstehen, übertreffen (siehe *stare*)
probare	prüfen, billigen (D probieren)
pugnare	kämpfen (L *pugna*)
putare	glauben, meinen
rogare	bitten, fragen
salutare	grüßen (D salutieren; F Salut!)
servare	bewahren, retten (D Reserve, konservativ)
spectare	betrachten (D Spektakel)
sperare	hoffen (siehe *desperare*)
stare	stehen (D Stativ)
superare	übertreffen, überwinden, besiegen
tolerare	ertragen (D tolerieren)
vitare	vermeiden (L *vitium*)
vocare	rufen, nennen (D Vokal; E voice)
volare	fliegen
vulnerare	verwunden, verletzen

Tabelle 4.11: Wichtige Verben der a-Konjugation

Wichtige Verben der e-Konjugation

In Tabelle 4.12 finden Sie wichtige Verben der e-Konjugation. Auch bei ihnen werden Sie nur auf wenige stoßen, die Ihnen gänzlich neu sind.

Lateinisch	Deutsch
cavere (mit Akkusativ)	sich hüten (vor etwas)
censere	abschätzen, meinen, beschließen (D zensieren)
continere	zusammenhalten, festhalten, umfassen, enthalten (D Kontinent; E contain)
debere	müssen, schulden, verdanken (E debt)
delere	zerstören, vernichten (E delete)
docere	lehren (D dozieren)
dolere	Schmerz empfinden (D kondolieren)
exercere	üben, ausüben (D exerzieren; E exercise)
florere	blühen (D florieren; F fleur; E flower)
gaudere	sich freuen (D Gaudi)
habere	haben, halten, halten für
horrere	sich entsetzen, erschrecken
iacere	liegen
imminere	hereinragen, drohen
iubere	auftragen, befehlen
licet (nur in der 3. Person)	es ist erlaubt (D Lizenz)
manere	bleiben, erwarten (D per-manent)
merere	verdienen (D Meriten; E merit)

Lateinisch	Deutsch
monere	ermahnen, erinnern (L *monumentum*; D monieren)
movere	bewegen, veranlassen (E move; D Motor)
nocere	schaden (E in-nocent)
parere	gehorchen (D parieren)
pendere	(herab-)hängen, schweben (D Pendel)
placere	gefallen (D Plazet)
prohibere	abhalten, abwehren (E prohibit)
respondere	antworten, entsprechen (D korrespondieren)
ridere	lachen, auslachen (E ridiculous)
sedere	sitzen (D Sediment)
studere (mit Dativ)	sich bemühen, streben (nach etwas) (L *studium*)
tacere	(ver-)schweigen
tenere	(fest-)halten (D Tenor)
terrere	(er-)schrecken, in Angst versetzen (D Terror)
timere	fürchten, sich scheuen (F timid)
urgere	(be-)drängen, unter Druck setzen (E urgent)
valere	stark sein, gesund sein, gelten (D Valenz)
videre	sehen (D Video, Vision)

Tabelle 4.12: Wichtige Verben der e-Konjugation

Wichtige Verben der i-Konjugation

Die i-Konjugation umfasst deutlich weniger Vokabeln als die a- und die e-Konjugation. Die wichtigsten sind in Tabelle 4.13 aufgelistet.

Lateinisch	Deutsch
aperire	öffnen (I aperto)
audire	hören (D Auditorium)
evenire	ablaufen, sich ereignen (E event; siehe *venire*)
invenire	auf etwas stoßen, finden, erfinden (E invention; siehe *venire*)
munire	befestigen

Lateinisch	Deutsch
nescire	nicht wissen (siehe *scire*)
reperire	wiedergewinnen, finden (D Repertoire)
scire	wissen (L *scientia*; E science)
servire	dienen (L *servus*, E serve)
venire	kommen (D Advent)

Tabelle 4.13: Wichtige Verben der i-Konjugation

Bei vier dieser Verben besteht Verwechslungsgefahr: *servare* (bewahren, retten) / *servire* (dienen) und *parare* (vorbereiten) / *parere* (gehorchen). Die auf diese Vokabeln zurückgehenden deutschen Wörter »Reservat«/»servieren« und »parat« sollten Sie davor schützen.

Das deutsche »ignorieren« kommt zwar von *ignorare*, es hat aber eine etwas andere Bedeutung. »Ignorieren« bedeutet »etwas zwar kennen oder erkennen, aber so tun, als wäre es nicht so«. *Ignorare* heißt dagegen wirklich »nicht kennen, nicht wissen«. – Wenn *ignorare* verneint ist (*non ignoro* = »ich weiß nicht nicht«), ist es mit »genau kennen, genau wissen« zu übersetzen. Doppelte Verneinungen heben sich im Lateinischen nicht nur auf, sie bedeuten eine Verstärkung. – Bei *licet* (es ist erlaubt) müssen Sie sich gut merken, dass es nur unpersönlich (es) in der 3. Person verwendet wird. Es heißt niemals »er/sie/es erlaubt«.

Bestimmen und übersetzen Sie die in Tabelle 4.14 aufgelisteten Verbalformen. Die angegebenen Kategorien zeigen Ihnen, worauf Sie achten müssen. Es ist wichtig, dass Sie sich möglichst schnell daran gewöhnen. Verwenden Sie die folgenden Abkürzungen: Singular = S; Plural = Pl; Indikativ = In; Konjunktiv = K; Präsens = Pr; Imperfekt = Im; Futur = F; Aktiv = A; Passiv = P.

	Person	Singular/ Plural	Aktiv/ Passiv	Indikativ/Konjunktiv	Tempus	Bedeutung
caveant						
celebrabat						
cogitabit						

	Person	Singular/Plural	Aktiv/Passiv	Indikativ/Konjunktiv	Tempus	Bedeutung
colloco						
dabatur						
delemini						
desperas						
firmor						
gaudeamus						
liceret						
monerentur						
narrabitis						
paramur						
parebatis						
postulant						
pugnaret						
superaris						
veniet						
vitent						

Tabelle 4.14: Übung zur Bestimmung der Verbalformen

Lösungen: *caveant*: 3, Pl, A, K, Pr: sie sollen sich hüten – *celebrabat*: 3, S, A, In, Im: er/sie/es feierte – *cogitabit*: 3, S, A, In, F: er/sie/es wird denken – *colloco*: 1, S, A, In, Pr: ich stelle auf – *dabatur*: 3, S, P, In, Im: er/sie/es wurde gegeben – *delemini*: 2, Pl, P, In, Pr: ihr werdet zerstört – *desperas*: 2, S, A, In, Pr: du verzweifelst – *firmor*: 1, S, P, In, Pr: ich werde gestärkt – *gaudeamus*: 1, Pl, A, K, Pr: lasst uns fröhlich sein – *liceret*: 3, S, A, K, Im: es wäre erlaubt – *monerentur*: 3, Pl, P, K, Im: sie würden ermahnt werden – *narrabitis*: 2, Pl, A, In, F: ihr werdet erzählen – *paramur*: 1, Pl, P, In, Pr: wir werden vorbereitet – *parebatis*: 2, Pl, A, In, Im: ihr gehorchtet – *postulant*: 3, Pl, A, In, Pr: sie fordern – *pugnaret*: 3, S, A, K, Im: er/sie/es würde kämpfen – *superaris*: 2, S, P, In, Pr: du wirst besiegt – *veniet*: 3, S, A, In, F: er/sie/es wird kommen – *vitent*: 3, Pl, A, K, Pr: sie sollen vermeiden

Cogito, ergo sum: Das Verb *esse*

Wie in vielen anderen Sprachen weicht auch im Lateinischen das Wort für »sein« in seiner Formenbildung stark von den üblichen Mustern ab. Dass das in den romanischen Sprachen so ist, ist wenig erstaunlich – sie gehen ja auf das Lateinische zurück. Überraschender ist es, dass es auch im Deutschen und Englischen der Fall ist. Das ist allerdings ausgesprochen praktisch. Durchdenkt man die in den modernen Sprachen vorliegenden Formen ein wenig, ist der Befund im Lateinischen nicht mehr schwer zu erfassen. Am hilfreichsten sind hier das Deutsche und das Französische.

Die Endungen von *esse*

Sosehr *esse* von den anderen Formen abweicht – die Endungen sind davon nicht betroffen. *Esse* verwendet ausnahmslos die üblichen Aktivendungen, also *-o*/*-m*, *-s*, *-t*, *-mus*, *-tis*, *-nt*. Das Subjekt ist also immer mühelos zu erkennen.

Der Infinitiv von *esse*

Der Infinitiv Präsens ist nicht durch die Silbe *-re* markiert. Er heißt *esse*. Diese Unregelmäßigkeit wurde später »korrigiert«, und so entstand die Form *essere*, die sich bis heute im Italienischen erhalten hat.

Der Indikativ Präsens von *esse*

Die unangenehmste Reihe ist die des Indikativs Präsens (siehe Tabelle 4.15). Hier werden – wie auch im Deutschen oder Englischen – verschiedene Formen des Wortstamms verwendet. Wenn Sie einmal Französisch gelernt haben, werden Sie sich das allerdings problemlos einprägen können. Dort sind die Formen am reinsten erhalten geblieben.

Lateinisch	Deutsch	Französisch
sum	ich bin	je suis
es	du bist	tu es
est	er/sie/es ist	il est
sumus	wir sind	nous sommes
estis	ihr seid	vous êtes
sunt	sie sind	ils sont

Tabelle 4.15: Der Indikativ Präsens von *esse*

Wie Sie sehen, verwendet *esse* im Unterschied zu den anderen lateinischen Verben im Indikativ Präsens in der 1. Person nicht die Endung *-o*, sondern *-m*. In dem berühmten Satz *Cogito, ergo sum* (Ich denke, also bin ich) des Philosophen René Descartes stehen diese beiden Varianten nebeneinander.

Konjunktiv Präsens, Indikativ und Konjunktiv Imperfekt von *esse*

Die übrigen Formenreihen von *esse* sind deutlich einfacher. Zwar werden auch hier verschiedene Formen des Wortstamms verwendet, aber es gibt, wie Sie in Tabelle 4.16 sehen können, keinen Wechsel innerhalb der einzelnen Reihen. Auch hier sind die Verhältnisse im Deutschen ähnlich. Wer weiß, dass »ich war« der Indikativ Imperfekt von »sein« ist, der kann auch problemlos »wir waren« als solchen identifizieren.

Konjunktiv Präsens		Indikativ Imperfekt		Konjunktiv Imperfekt	
sim	ich sei	eram	ich war	essem	ich wäre
sis	du seist	eras	du warst	esses	du wärst
sit	er/sie/es sei	erat	er/sie/es war	esset	er/sie/es wäre
simus	wir seien	eramus	wir waren	essemus	wir wären
sitis	ihr seiet	eratis	ihr wart	essetis	ihr wärt
sint	sie seien	erant	sie waren	essent	sie wären

Tabelle 4.16: Konjunktiv Präsens, Indikativ und Konjunktiv Imperfekt von *esse*

Beachten Sie, dass auch bei *esse* gilt, was bei allen lateinischen Verben gilt: Der Konjunktiv Imperfekt sieht aus, als wäre es der Infinitiv plus Endung (Infinitiv: *esse* → Konjunktiv Imperfekt: *essem, esses* und so weiter).

Futur I von *esse*

Die Futurformen (siehe Tabelle 4.17) wirken auf den ersten Blick etwas verwirrend. Bei ihnen steht vor der Endung einmal kein Vokal (1. Person Singular), dann viermal ein *-i-* und schließlich einmal ein *-u-* (3. Person Plural). Wenn Sie sich allerdings die Formen des »Gespenster-Futurs« vergegenwärtigen, sehen Sie, dass dort dasselbe gilt.

Lateinisch	Deutsch	»Gespenster-Futur«
ero	ich werde sein	amabo
eris	du wirst sein	amabis
erit	er/sie/es wird sein	amabit
erimus	wir werden sein	amabimus
eritis	ihr werdet sein	amabitis
erunt	sie werden sein	amabunt

Tabelle 4.17: Das Futur von *esse*

Die Futurformen werden gelegentlich mit den Formen des Indikativs Imperfekt (*eram, eras* und so weiter; siehe Tabelle 4.15) verwechselt. Dem können Sie vorbeugen, indem Sie sich einerseits die Parallelität zum »Gespenster-Futur« merken und andererseits die Tatsache, dass auch bei allen anderen Verben im Indikativ Imperfekt ein *-a-* vor der Endung steht (*amabam, amabas* und so weiter). Oder Sie prägen sich einen der berühmtesten Sätze der Weltliteratur in seiner lateinischen Version ein, den Beginn des Johannesevangeliums: *In principio erat verbum.* – »Am Anfang war das Wort.«

Die Imperative von *esse*

Zum Abschluss noch die Befehlsformen, die Imperative (siehe Tabelle 4.18). *Esse* bildet sie genauso wie die anderen Verben: Bei einem Befehl an eine Person wird nur der Stamm ohne eine Endung verwendet. Werden mehrere Personen angesprochen, wird das durch die Endung *-te* markiert.

Lateinisch	Deutsch
es!	sei!
este!	seid!

Tabelle 4.18: Die Imperative von *esse*

Auf einen Blick

Hier das Wichtigste aus diesem Kapitel im Überblick:

✔ Die Formen des **Präsens, Imperfekts** und des **Futurs I** werden auf der Basis des **Präsensstamms** der Verben gebildet.

✔ Die dabei verwendeten **Endungen** sind bei allen lateinischen Verben dieselben: **Aktiv**: *-o/-m; -s; -t. -mus; -tis; -nt.* – **Passiv**: *-or/-r; -ris; -tur. -mur; -mini; -ntur.*

✔ Die **Infinitive** werden durch Anhängen der Silbe *-re* (Aktiv; *amare*) beziehungsweise *-ri* (Passiv; *amari*) an den Präsensstamm markiert.

✔ **Indikativ** und **Konjunktiv Imperfekt** werden in allen Konjugationen markiert, indem vor die Endung die Silbe *-ba-* (Indikativ; *amabam*) beziehungsweise die Silbe *-re-* (Konjunktiv; *amarem*) eingefügt wird. Weil die Silbe *-re* auch den Infinitiv Präsens Aktiv markiert, sieht eine Konjunktiv-Imperfekt-Form bei jedem lateinischen Verbum so aus, als wäre es der Infinitiv plus Endung (Infinitiv: *amare* → Konjunktiv Imperfekt: *amarem*).

✔ Bei der Bildung des **Konjunktivs Präsens** und des **Futurs I** gibt es jeweils zwei verschiedene Systeme:

- **Konjunktiv Präsens:** Bei der **e-** und der **i-Konjugation** wird ein *-a-* vor der Endung eingeschoben (*videam, audiam*), bei der **a-Konjugation** ein *-e-*, wobei das *-a-* des Stamms verschwindet (*amem*).

- **Futur I:** Bei der **a-** und der **e-Konjugation** werden *-b-*, *-bi-*, *-bu-* vor die Endung eingeschoben (»Gespenster-Futur«), bei der **i-Konjugation** in der 1. Person Singular *-a-*, ab der 2. Person Singular *-e-* (»Kameeeeel-Futur«).

✔ Das Verb *esse* (sein) bildet seine Formen anders. Hier werden – wie auch im Deutschen – verschiedene Formen des Stamms zur Bildung der Formen verwendet. Die **Endungen** sind aber dieselben wie bei den anderen Verben.

Zum Übersetzen aus dem Lateinischen

Jetzt ist das Basispaket theoretisch geschnürt. Sie wissen, wie lateinische Substantive und Adjektive funktionieren, und Sie haben drei der sechs Tempora kennengelernt. Nun ist es Zeit, zur Praxis überzugehen, und das heißt, lateinische Sätze ins Deutsche zu bringen. Sie können dabei schnell sehen, was Sie sicher im Griff haben und was Ihnen noch Probleme macht. Das ist keineswegs vorhersehbar. Sie können das nur herausfinden, indem Sie es ausprobieren. Entscheidend ist, dass Sie richtig mit den Fehlern umgehen, die Sie womöglich machen: Gehen Sie ihnen gleich und konsequent auf den Grund und wiederholen Sie immer nur das, was gerade schiefgegangen ist, nicht mehr. Das spart Zeit und ist die effektivste Methode.

Eines lässt sich aber mit Sicherheit sagen: Sie werden Ihren Blick ein wenig neu justieren müssen, und das in zweifacher Hinsicht. Zum einen müssen Sie sich daran gewöhnen, die **Wortendungen** ganz genau zu beachten, zum anderen daran, beim Betrachten eines Satzes zuerst die **Verbalformen** zu finden, egal, wo sie in dem Satz stehen. Sie sind die entscheidenden Wegweiser und der Schlüssel zu weitgehend unfallfreiem Übersetzen. Das, woran Sie sich beim Erfassen von Texten in modernen Fremdsprachen primär orientieren, die Bedeutung der einzelnen Wörter, kommt beim Lateinübersetzen erst an zweiter Stelle.

Schauen Sie sich, bevor Sie beginnen, noch einmal die Präpositionen und die Konjunktionen an, die ich in Kapitel 2 vorstelle. Zudem werden Sie noch die in Tabelle 4.19 aufgeführten »kleinen Wörter« brauchen.

Lateinisch	Deutsch
non iam	nicht mehr
numquam	niemals
olim	einst, einmal
postremo	schließlich, zuletzt

Lateinisch	Deutsch
saepe	oft
semper	immer
subito	plötzlich
tam	so

Tabelle 4.19: »Kleine Wörter«

Diese Wörter kommen oft vor, prägen Sie sie sich deshalb möglichst gleich jetzt ein. Die zu den Texten angegebenen Vokabeln brauchen Sie sich nicht zu merken.

Eine lehrreiche Geschichte: Die kleine Pinie

Tragen Sie vor dem Übersetzen alle Verbalformen aus dem Text in Tabelle 4.20 ein und bestimmen Sie sie nach den angegebenen Kriterien. Verwenden Sie dieselben Abkürzungen wie bei der Übung in Tabelle 4.14: Singular = S; Plural = Pl; Indikativ = In; Konjunktiv = K; Präsens = Pr; Imperfekt = Im; Futur = F; Aktiv = A; Passiv = P. Bei Infinitiven (Inf) und Imperativen (Imp) tragen Sie die entsprechende Bezeichnung in der Spalte »Indikativ/Konjunktiv« ein.

Pinus[1] *parva olim foliis*[2] *contenta*[3] *non iam erat. Itaque deos orabat: »Folia mea*[4] *aurea*[5] *sint! Mutate folia mea!« Subito folia erant aurea.*

Sed viri mali e vico finitimo in silvam veniunt ad pinum auream et folia raptant[6] *asportantque*[7]*. »Deis gratia sit«, clamant, »quod nobis*[8] *tam pretiosa*[9] *folia donant!«*

Sed pinus misera lacrimare non cessabat[10]*. »Date mihi*[11] *folia pristina*[12]*!«, deos orabat. »Contenta ero naturae foliis; numquam ornamentum alienum desiderabo.«*

[1] *pinus,-i f.*: die Pinie; [2] *folium,-i*: das Blatt; [3] *contentus,-a,-um*: zufrieden; [4] *meus,-a,-um*: mein; [5] *aureus,-a,-um*: golden; [6] *raptare*: wegreißen; [7] *asportare*: wegtragen; [8] *nobis*: uns (Dativ); [9] *pretiosus,-a,-um*: wertvoll; [10] *cessare*: zögern, aufhören; [11] *mihi*: mir; [12] *pristinus,-a,-um*: ehemalig.

Die Verbalformen

Form	Person	Zahl	Aktiv/ Passiv	Indikativ/ Konjunktiv	Tempus	Übersetzung

Tabelle 4.20: Die Verbalformen im Pinien-Text

Lösungen: *erat*: 3, S, A, In, Im: er/sie/es war – *orabat*: 3, S, A, In, Im: er/sie/es bat – *sint*: 3, Pl, A, K, Pr: sie seien – *mutate*: (2), Pl, A, Imp, Pr: verwandelt – *erant*: 3, Pl, A, In, Im: sie waren – *veniunt*: 3, Pl, A, In, Pr: sie kommen – *raptant*: 3, Pl, A, In, Pr: sie rauben – *asportant*: 3, Pl, A, In, Pr: sie tragen weg – *sunt*: 3, Pl, A, In, Pr: sie sind – *clamant*: 3, Pl, A, In, Pr: sie rufen – *donant*: 3, Pl, A, In, Pr: sie schenken – *lacrimare*: –, –, A, Inf, Pr: weinen – *cessabat*: 3, S, A, In, Im: er/sie/es hörte auf – *da*: (2), S, A, Imp, Pr: gib – *orabat*: 3, S, A, In, Im: er/sie/es bat – *ero*: 1, S, A, In, F: ich werde sein – *desiderabo*: 1, S, A, In, F: ich werde begehren

Übersetzung: Eine kleine Pinie war einmal mit den (besser: ihren) Blättern nicht mehr zufrieden. Deshalb bat sie die Götter: »Meine Blätter seien golden / sollen golden sein! Verwandelt meine Blätter!« Plötzlich waren die Blätter golden. Aber böse Männer aus einem benachbarten Dorf kommen in den Wald zur goldenen Pinie und reißen die Blätter ab und tragen sie weg. »Den Göttern sei Dank!«, rufen sie, »weil sie uns so wertvolle Blätter schenken!« Aber die arme Pinie hörte nicht auf zu weinen. »Gebt mir meine früheren Blätter!«, bat sie die Götter. »Ich werde zufrieden sein mit den Blättern der Natur (besser: mit meinen natürlichen Blättern); niemals werde ich fremden Schmuck begehren.«

Dieser Geschichte mit dem beunruhigend offenen Ende (werden die Götter den zweiten Wunsch der Pinie erfüllen oder steht sie noch immer nackt und weinend im Wald?) können Sie nicht nur entnehmen, dass man mit allzu ambitionierten Wünschen zurückhaltend sein sollte. Sie können auch sehen, dass selbst relativ einfach erzählte lateinische Texte an dramatischen Stellen von der Vergangenheit ins Präsens wechseln können. Solche **Tempuswechsel** sollten Sie im Deutschen mitvollziehen.

Und noch etwas typisch Lateinisches zeigt dieser Text: Im ersten Satz steht im Lateinischen nicht ausdrücklich, mit wessen Blättern die Pinie nicht mehr zufrieden war. Im Deutschen aber klingt »mit den Blättern« seltsam. Wenn man »den« durch »ihren« ersetzt, wird es rund. Solchen Fällen werden Sie immer wieder begegnen. Im Lateinischen werden nämlich **Besitzverhältnisse in der Regel nicht explizit benannt, wenn sie selbstverständlich** sind. Das Deutsche hingegen neigt da zur Genauigkeit. Wir sagen »meine Mutter«, »mein Mann« und dergleichen, auch wenn vollkommen klar ist, um wessen Mutter oder Mann es sich gerade handelt. In solchen Fällen können und sollten Sie das entsprechende Pronomen im Deutschen hinzufügen.

Einzelne Sätze

1. *Mutabor.*
2. *Gaudeamus igitur*! (*igitur*: also)
3. *Et arma et verba vulnerant.*
4. *Multi poetae et imperium Romanum celebrabant et magnam Athenarum gloriam.* (*Athenae,-arum* (Plural !): Athen)
5. *A Romanis in bello cottidie castra collocabantur valloque firmabantur.* (*cottidie*: täglich)

6. *Caesar in primo de bello Gallico libro de bello Helvetiorum narrat.* (*Gallicus,-a,-um*: gallisch; *Helvetii,-orum*: die Helvetier)

7. *Miseris demus pecuniam, quia pecuniam habemus*!

8. *Romani a Latinis postulabant, ut imperio suo parerent. Postremo Latini erant socii Romanorum.* (*Latini,-orum*: die Latiner)

9. *Si Orpheus deo pareret, liceret ei* (*ei* = ihm) *Eurydicem* (Akkusativ) *ab inferis ad vitam revocare.* (*inferi,-orum*: die Toten)

10. *Liberi semper monentur, ut vitia vitent. Liberorum vita libera non est.*

11. *Romani cum Pyrrho de imperio Italiae pugnabant. Quamquam saepe a Pyrrho superabantur, Romani non desperabant.* (*Pyrrhus,-i*: Pyrrhus; *quamquam*: obwohl)

Übersetzungen und Erklärungen:

1. Ich werde verwandelt werden. Oder: Ich werde mich verwandeln.

Sprachliches: Die Übersetzung »ich werde mich verwandeln« ist aus folgendem Grund möglich: Ein lateinisches Passiv kann gelegentlich eine »reflexive«, das heißt eine auf das Subjekt bezogene aktive Handlung bezeichnen. Solche Handlungen umfassen sowohl einen aktiven Vorgang (ich verwandle) als auch einen passiven (ich werde verwandelt). Sie sind also weder ausschließlich Aktiv noch Passiv, sondern gewissermaßen ein Mittelding zwischen beidem. Man verwendet deshalb in solchen Fällen den Begriff **Medium**. Die mediale Verwendung des Passivs ist allerdings relativ selten und wird vom Kontext nahegelegt. Übersetzen Sie also Passiv immer mit Passiv. Merken Sie sich aber das Beispiel *mutabor*, damit Sie auf die mediale Option zurückgreifen können, wenn die Passivübersetzung im Text etwas deplatziert wirkt.

Inhaltliches: *Mutabor* ist die Zauberformel, mit der Kalif Chasid aus Bagdad, besser bekannt als Kalif Storch, sich in Wilhelm Hauffs gleichnamigem Märchen in einen Storch und wieder zurück in einen Menschen verwandeln kann. Unglücklicherweise konnte der Kalif offenbar kein Latein und vergaß den Spruch, als er gerade als Storch unterwegs war. Wenn Sie die Geschichte nicht oder nicht mehr gut kennen, lesen Sie sie sich doch einmal durch (Sie finden den Text mühelos im Internet). Sie werden es nicht bereuen.

2. Lasst uns also fröhlich sein!

Sprachliches: Der Satz ist ein prägnantes Beispiel für die Verwendung des Konjunktivs Präsens.

Inhaltliches: *Gaudeamus igitur* ist der Titel und zugleich der Beginn des Textes eines sehr berühmten alten Studentenliedes. Die Melodie ist hübsch und taucht in verschiedenen Zusammenhängen immer wieder auf, zum Beispiel in der Werbung eines deutschen Spirituosenherstellers. Im Internet können Sie leicht Hörbeispiele finden.

3. Sowohl Waffen als auch Worte verletzen.

Sprachliches: *Et ... et*: Das erste *et* ergibt keinen Sinn, wenn es mit »und« übersetzt wird. Deshalb muss *et ... et* hier »sowohl ... als auch« heißen.

4. Viele Dichter feierten sowohl das Römische Reich als auch den großen Ruhm Athens.

Sprachliches: *et ... et*: Wie in Satz 3 muss *et ... et* hier mit »sowohl ... als auch« übersetzt werden. – *Multi poetae*: *poeta* wird zwar nach der a-Deklination gebeugt, ist aber Maskulinum. Deshalb hat das dazugehörige Adjektiv die entsprechende männliche Endung der *-us*-Reihe. – *Athenarum*: Im Lateinischen ist »Athen« ein Pluralwort, weil es das auch im Griechischen war. Das ist übrigens noch heute so und wird in allen europäischen Sprachen – außer im Deutschen – nachgeahmt. – *magnam Athenarum gloriam*: Das Adjektiv *magnam* steht nicht direkt neben dem Substantiv, das es beschreibt (*gloriam*). Dieses Phänomen kommt im Lateinischen häufig vor und wird »Hyperbaton« genannt (siehe Kapitel 3).

Inhaltliches: Rom und Athen waren die beiden Zentren der griechisch-römischen Antike. Beide Städte waren Ausgangspunkt zahlreicher Entwicklungen im politischen und kulturellen Bereich, die die westliche Kultur bis heute entscheidend geprägt haben. Besonders intensive und produktive Phasen waren in Athen das 5. Jahrhundert v. Chr. und in Rom das 1. Jahrhundert v. Chr. Obwohl die Leistungen der Römer spätestens ab diesem Zeitraum auch im kulturellen Bereich vielfach denen der Griechen ebenbürtig waren, galt Athen – stellvertretend für Griechenland – über lange Zeit als das Nonplusultra in kultureller, Rom dagegen als überragend in militärischer und verwaltungstechnischer Hinsicht.

5. Von den Römern wurde im Krieg täglich ein Lager aufgestellt und mit einem Wall befestigt.

Sprachliches: *castra*: Das Wort gibt es nur im Plural (*castra,-orum*, Neutrum [!]). Es kann – je nach Kontext – ein oder mehrere Lager bezeichnen. Weil hier kein Zusammenhang vorliegt, wäre auch die Übersetzung »wurden ... Lager aufgestellt« korrekt. – *valloque*: Denken Sie daran, dass *-que* an das Wort angehängt wird, vor dem das deutsche »und« stehen muss.

Inhaltliches: Das tägliche Errichten und Abbauen beachtlicher Lager auf feindlichem Gebiet ist ein Beispiel für die überragenden technischen Fähigkeiten römischer Heere. Ein solches Marschlager einer römischen Legion musste nachts 6.000 bis 8.000 Soldaten Schutz gegen feindliche Angriffe bieten. Es maß etwa 450 × 600 Meter, hatte also einen Umfang von gut zwei Kilometern, und war von einem Graben und einem Palisadenzaun umgeben.

6. Caesar berichtet im ersten Buch über den Gallischen Krieg vom Krieg gegen die Helvetier.

Sprachliches: *in primo de bello Gallico libro*: Hier müssen die gleich endenden Wörter sorgfältig sortiert werden. *primo* und *Gallico* sind Adjektive, *bello* und *libro* Substantive. Die richtige Zuordnung der Adjektive kann nur über den Sinn erfolgen. Man muss wissen, dass Caesar den »Gallischen Krieg« geführt hat und dass er darüber ein acht Bücher umfassendes Werk (*De bello Gallico*) geschrieben hat. Bei *in primo ... libro* liegt also ein Hyperbaton vor (siehe Satz 4). – *de bello Helvetiorum*: Wenn Sie hier »vom Krieg der Helvetier« übersetzt haben, wäre das naheliegend und grammatikalisch auch korrekt. Es würde freilich suggerieren, dass die Helvetier diesen Krieg initiiert haben, und das wäre sachlich nicht richtig. Er ging von Caesar aus. Weshalb aber kann *bellum Helvetiorum* auch »der Krieg gegen die Helvetier« heißen?

Es gibt – auch im Deutschen – zwei verschiedene Arten von Genitiven: den *genitivus subjectivus* und den *genitivus objectivus*. In »der Krieg der Helvetier« ist »der Helvetier« ein *genitivus subjectivus*: Die Helvetier sind das Subjekt des Krieges, sie führen ihn. In »der Genuss des Bratens« ist »des Bratens« *genitivus objectivus*: Der Braten ist das Objekt des Genusses, er genießt ja keineswegs selbst. Im Deutschen kann ein Genitiv freilich immer nur eines von beiden sein, Subjekt oder Objekt. Im Lateinischen ist das anders: In *bellum Helvetiorum* kann *Helvetiorum genitivus subjectivus* oder *genitivus objectivus* sein. Was vorliegt, kann jeweils nur aus dem Kontext erschlossen werden. Das klingt allerdings dramatischer, als es ist: Übersetzen Sie lateinische Genitive immer als Genitive ins Deutsche. In den allermeisten Fällen ist das korrekt. Sollte ein solcher Genitiv aber schlecht in den Zusammenhang passen, erinnern Sie sich an die Option, dass er womöglich ein *genitivus objectivus* sein könnte, und suchen Sie eine passende deutsche Formulierung.

Inhaltliches: Über Caesar wird noch viel zu sagen sein. Merken Sie sich bitte für den Anfang: Caesar hat einen Krieg in Gallien geführt und darüber ein Buch mit dem Titel *De bello Gallico* geschrieben. Dieser Krieg dauerte 8 Jahre (58–51 v. Chr.). Caesar eroberte nach und nach sämtliche Gebiete links des Rheins. Seine ersten Gegner waren die Helvetier. Und weil Caesar eine zentrale Figur der römischen Geschichte des 1. Jahrhunderts v. Chr. ist, prägen Sie sich gleich noch seine Lebensdaten ein. Sie sind leicht zu behalten: 100–44 v. Chr.

7. Lasst uns den Armen Geld geben, weil wir Geld haben!

Sprachliches: *demus* ist Konjunktiv Präsens des a-Konjugation-Verbums *dare*. – *quod … habemus*: Der Satz besteht aus einem Haupt- und einem Nebensatz. Dass der zweite Teilsatz der Nebensatz ist, kann man sofort an der einleitenden Konjunktion *quod* (weil) erkennen. In diesem kurzen Satz ist das nicht weiter relevant, bei längeren und komplizierter gebauten Sätzen ist es hilfreich, wenn man das schon erkennt, bevor man sich ans Übersetzen macht.

8. Die Römer forderten von den Latinern, dass sie ihrer Herrschaft gehorchten. Schließlich waren die Latiner Verbündete der Römer.

Sprachliches: *ut*: Wie Satz 6 besteht auch hier der erste Satz aus zwei Teilen. Der mit *ut* (+ Konjunktiv = dass, damit, sodass) eingeleitete Teil ist der Nebensatz. Wieder ist der Satz recht einfach gebaut und deshalb relativ leicht zu durchschauen. Er eignet sich aber gut, das bei schwierigeren Sätzen sinnvolle Vorgehen beim Übersetzen zu beschreiben.

- ✔ Erster Schritt: Die Verbalformen suchen und bestimmen. *postulabant* ist Indikativ Imperfekt, *parerent* ist der gut erkennbare Konjunktiv Imperfekt (Infinitiv: *parere* → Konjunktiv Imperfekt: *parerent*). Aus diesem Befund können Sie bereits schließen, dass mit allergrößter Wahrscheinlichkeit der indikativische Teil der Hauptsatz, der konjunktivische der Nebensatz ist.
- ✔ Als Nächstes wäre zu fragen, weshalb der Konjunktiv steht. Die Antwort: Der Satzteil wird mit *ut* eingeleitet, und das verlangt in der Bedeutung »dass, damit, sodass« den Konjunktiv. Im Deutschen muss nicht zwingend der Konjunktiv verwendet werden. Dieses Ergebnis ist wertvoll. Es gibt nämlich noch ein anderes *ut*, das nicht den Konjunktiv verlangt. Dieses *ut* heißt »wie« oder »sobald, als«. Welches *ut* jeweils vorliegt,

können Sie also erst wissen, wenn Sie die Verbalform richtig gedeutet haben. Wenn Sie nun das *ut* auf dem oben beschriebenen Weg von der Verbalform her kommend betrachten, ist die Frage, um welches *ut* es sich handelt, bereits beantwortet. Wenn Sie zuerst auf das *ut* stoßen, besteht die Gefahr, dass Sie sich gleich assoziativ festlegen und die Verbalform nicht mehr genau beachten.

ut … parerent: Die Übersetzung oben ist sehr wörtlich, aber nicht besonders elegant. Es läge nahe, hier statt des »dass«-Satzes eine Infinitivkonstruktion zu wählen, also »sie verlangten von den Latinern … zu gehorchen«. Solche Umformulierungen können Sie ohne Weiteres durchführen, wenn Ihnen danach ist. Sie müssen das aber nicht tun. Am Anfang sollte jedenfalls immer eine möglichst wörtliche Übersetzung stehen.

Inhaltliches: Dieser Satz spiegelt sehr vereinfacht den Weg wider, auf dem Rom sein Herrschaftsgebiet schrittweise auf ganz Italien ausgeweitet hat. Die jeweils an das römische Gebiet angrenzenden italischen Stämme wurden aufgefordert, sich den Römern anzuschließen. Wenn sie dieser Aufforderung nicht freiwillig Folge leisteten, wurden sie angegriffen, mehr oder weniger schnell besiegt und schließlich als *socii* (Verbündete) in den römischen Herrschaftsbereich aufgenommen. Der Status des *socius* war vertraglich festgelegt und umfasste unter anderem die wechselseitige Verpflichtung zur militärischen Unterstützung. Die Latiner standen am Anfang dieses Prozesses. Rom war von latinischen Stämmen umgeben, es lag in der Landschaft Latium. Daher kommt der Begriff »Latein«, und noch heute heißt die Gegend um Rom »Lazio«.

9. Wenn Orpheus dem Gott gehorchen würde, wäre es ihm erlaubt, Eurydike von den Toten ins Leben zurückzurufen.

Sprachliches: *Si*: Wieder ein zweiteiliger Satz. Diesmal steht der Nebensatz am Anfang. *Si* (wenn) ist das entscheidende Signal. – *deo*: Sie sollten hier keinesfalls »Gott« ohne Artikel übersetzen. Damit würden Sie diesen *deus* zum christlichen Gott machen, und der hatte mit der Orpheus-Geschichte nichts zu tun. Das gilt natürlich für alle Texte mit nichtchristlichem Inhalt. – *pareret, liceret*: In diesem Satz stehen beide Prädikate, also auch der Hauptsatz, im Konjunktiv Imperfekt. In einem solchen Fall müssen beide Prädikate auch als Konjunktive wiedergegeben werden, also: »er würde gehorchen«, »es wäre erlaubt«. Wenn Sie hier »er hätte gehorcht« und »es wäre erlaubt gewesen« übersetzt haben, wäre das nicht korrekt. Das wäre jeweils Konjunktiv Plusquamperfekt, und den haben Sie noch gar nicht gelernt. Erinnern Sie sich: Der Konjunktiv Imperfekt hat keine Vergangenheitsbedeutung.

Inhaltliches: Die Geschichte von Orpheus und Eurydike ist einer der berühmtesten Mythen der Antike. Orpheus war ein begnadeter Sänger und Dichter. Als seine Frau Eurydike an einem Schlangenbiss gestorben war, beschloss er, sie aus der Unterwelt zurückzuholen. Mithilfe seines Gesangs gelang es ihm, bis zu Hades (lateinisch Pluto), dem Gott der Unterwelt, vorzudringen und von ihm die Erlaubnis zu bekommen, Eurydike zurückzuholen. Einzige Bedingung: Er musste vorausgehen und durfte sich vor dem Verlassen der Unterwelt nicht nach Eurydike umdrehen. Damit war Orpheus allerdings überfordert. Kurz vor dem Ziel blickte er sich um, und so musste Eurydike bei den Toten bleiben.

10. Kinder werden immer ermahnt, dass sie Fehler vermeiden. Das Leben der Kinder (oder: von Kindern) ist nicht frei.

Sprachliches: *ut ... vitent*: siehe oben zu Satz 8. – *Liberorum*: Ob Sie hier den bestimmten Artikel (der Kinder) setzen oder nicht, liegt bei Ihnen. Die unbestimmte Variante ist übrigens ein Beispiel für den mit Präposition (»von«; vergleiche Englisch »of« oder Französisch »de«) gebildeten Genitiv im Deutschen.

11. Die Römer kämpften mit Pyrrhus um die Herrschaft über Italien. Obwohl sie oft von Pyrrhus besiegt wurden, verzweifelten die Römer nicht.

Sprachliches: *de imperio Italiae*: Wenn Sie hier »um die Herrschaft Italiens« übersetzt haben, wäre das grammatikalisch korrekt, inhaltlich aber nicht. In der deutschen Formulierung würde Italien die Herrschaft ausüben (*genitivus subjectivus*). »Italien« aber ist in der Antike kein politischer, sondern ein rein geografischer Begriff. Eine Nation Italien, die eine Herrschaft hätte ausüben können, gab es in der Antike (und auch später lange Zeit) nicht. *Italiae* muss hier also *genitivus objectivus* sein (siehe vorn zu Satz 6).

Inhaltliches: Um 300 v. Chr. – also etwa 200 Jahre vor Caesars Geburt (siehe vorn zu Satz 6) – hatten sich die Römer als die führende Macht in Mittelitalien etabliert. Nun expandierten sie nach Süditalien. Dort waren nicht nur italische Stämme zu überwinden. In Unteritalien gab es auch eine Reihe blühender griechischer Kolonien (zum Beispiel Tarent oder das heutige Neapel, griechisch Nea Polis = Neustadt). Die Gegend wurde in der Antike deshalb auch *Magna Graecia* genannt. Als die Römer darangingen, diese Städte zu erobern, fühlte sich **Pyrrhus**, der König der westgriechischen Landschaft Epirus, berufen, sie aufzuhalten. Er setzte im Jahr 280 mit einem großen Heer nach Italien über und fügte in den folgenden Jahren den Römern mehrere schwere Niederlagen zu. Dabei erlitt er allerdings einmal selbst so hohe Verluste, dass er gesagt haben soll: »Noch so ein Sieg gegen die Römer, und wir sind verloren.« Deshalb nennt man heute einen Erfolg, der mit großen eigenen Nachteilen errungen wird, einen »Pyrrhussieg«. Am Ende setzten sich allerdings, wie meistens, die Römer durch: Im Jahr 275 zog sich Pyrrhus wieder nach Griechenland zurück.

Endungen einsetzen

Jetzt noch eine Einsetzübung. Der folgende Text ist eine spannende Geschichte, deren Hauptfiguren Edmundus und Angela heißen. Sollten Sie Ähnlichkeiten mit tatsächlich lebenden Personen zu erkennen glauben, irren Sie sich: Sie wären rein zufällig.

In dem Text fehlen Substantiv-, Adjektiv- und Verbalendungen (siehe Tabelle 4.21). Die sollen Sie ergänzen. Damit trainieren Sie zwei entscheidende Kernkompetenzen: zum einen die Beherrschung der Endungen, zum anderen aber auch das exakte Bestimmen der Fälle, in denen Substantive stehen. Das Lateinische verwendet in der Regel dieselben Fälle wie das Deutsche. Nur bei den Präpositionen ist das anders (siehe Kapitel 2). Sollten Sie feststellen, dass Sie in diesem Bereich Probleme haben, gehen Sie diese Probleme umgehend an, und beseitigen Sie sie. Sonst bleibt Lateinübersetzen ein Ratespiel mit offenem Ausgang.

Zunächst die deutsche Version:

(Von/über) Edmund und Angela

(1) Edmund und Angela waren oft im Theater. »Ich liebe das Theater!«, rief Edmund immer. »Vor allem die Stücke über die Römer erfreuen mich! Die Römer sind großartig! Ich habe schon viele Stücke über die Siege der Römer gesehen (lateinisch: Imperfekt).«

(2) »Ich weiß, ich weiß, Edmund! Ich weiß (das) sehr genau!«, antwortete Angela immer und dachte: »Edmund ist ein guter und ehrenhafter Mann, aber er erzählt immer dasselbe.«

(3) Heute steht Angela allein vor dem Theater und ruft: »Edmund ist immer spät dran (wörtlich: langsam)! Wo ist er heute? Ich weiß (es) nicht! Vier Stunden lang habe ich auf Edmund gewartet (lateinisch: Imperfekt)!

(4) Zuerst las ich das Buch über den Gallischen Krieg, dann gab ich armen Männern und Frauen Geld, schließlich befahl ich einem Sklaven dreimal, dass er Edmund suche. Aber dreimal kam der Sklave ohne Edmund zurück.

(5) Wehe, wie arm bin ich! Nicht länger werde ich auf Edmund warten! Nicht mehr werde ich mit dem unredlichen Mann hierher ins Theater kommen! Nicht mehr werde ich Edmunds Worte über die Theaterstücke und über die Römer hören! Nicht mehr wird das Volk Angela und Edmund im Theater sehen!«

De Edmundo et Angela

(1) Edmund _ _ et Angel _ saepe in theatr _ er _ _ _ . »Theatr _ _ am _ !«, Edmund _ _ semper clama _ _ _ . »Imprimis fabul _ _ de Roman _ _ me delect _ _ _ ! Roman _ praeclar _ su _ _ ! Iam mult _ _ fabul _ _ de victori _ _ Roman _ _ _ _ specta _ _ _ .«

Vokabeln: *Edmundus,-i*: Edmund; *Angela,-ae*: Angela; *imprimis*: vor allem, besonders; *fabula,ae*: das Theaterstück; *me*: mich; *delectare*: erfreuen; *praeclarus,-a,-um*: herrlich, großartig; *iam*: schon

(2) »Sci _ , sci _ , o Edmund _ ! Non ignor _ !«, Angel _ semper responde _ _ _ et cogita _ _ _ : »Edmund _ _ vir bon _ _ et honest _ _ e _ _ , sed semper eadem narr _ _ .«

Vokabeln: *eadem* (Akkusativ Plural Neutrum): dasselbe

(3) Hodie Angel _ sol _ ante theatr _ _ st _ _ et clam _ _ : »Edmundus semper tard _ _ e_ _ ! Ubi e _ _ hodie? Nesci _ ! Per quattuor hor _ _ Edmund _ _ exspecta _ _ _ !

Vokabeln: *hodie*: heute; *solus,-a,-um*: allein; *stare*: stehen; *clamare*: schreien; *tardus,-a,-um*: langsam; *ubi*: wo; *hora,ae*: die Stunde

(4) Primo libr _ _ de bell _ Gallic _ lege _ _ _ , deinde vir _ _ femin _ _ que miser _ _ pecuni _ _ da _ _ _ , postremo serv _ ter impera _ _ _ , ut Edmund _ _ quaere _ _ _ *(Konjunktiv Imperfekt)*. Sed serv _ _ sine Edmund _ reveni _ _ _ _ .

Vokabeln: *primo*: zuerst; *legere*: lesen; *deinde*: dann, darauf; *miser, misera, miserum*: arm; *ter*: dreimal; *quaerere*: suchen

(5) Eheu, quam miser _ s _ _ ! Non longius Edmund _ _ exspecta _ _ ! Non iam cum vir _ improb _ huc in theatr _ _ veni _ _ ! Non iam verb _ Edmund _ de fabul _ _ et de Roman _ _ audi _ _ ! Non iam popul _ _ Angel _ _ et Edmund _ _ in theatr _ vide _ _ _ !«

Vokabeln: *eheu!*: wehe!, ach!; *quam*: wie; *longius*: länger; *huc*: hierher

Tabelle 4.21: Einsetzübung

Lösung:

(1) *Edmund**us** et Angel**a** saepe in theatr**o** er**ant**. »Theatr**um** am**o**!«, Edmund**us** semper clama**bat**. »Imprimis fabul**ae** de Roman**is** me delect**ant**! Roman**i** praeclar**i** su**nt**! Iam mult**as** fabul**as** de victori**is** Roman**orum** specta**bam**.«*

(2) *»Sci**o**, sci**o**, o Edmund**e**! Non ignor**o**!«, Angel**a** semper responde**bat** et cogita**bat**: »Edmund**us** vir bon**us** et honest**us** **est**, quamquam semper eadem narr**at**.«*

(3) *Hodie Angel**a** sol**a** ante theatr**um** st**at** et clam**at**: »Edmund**us** semper tard**us** **est**! Ubi **est** hodie? Nesci**o**! Per quattuor hor**as** Edmund**um** exspecta**bam**!*

(4) *Primo libr**um** de bell**o** Gallic**o** lege**bam**, deinde vir**is** femin**is**que miser**is** pecuni**am** da**bam**, postremo serv**o** ter impera**bam**, ut Edmund**um** quaere**ret**. Ter serv**us** sine Edmund**o** reveni**ebat**.*

(5) *Eheu, quam miser**a** **sum**! Non longius Edmund**um** exspecta**bo**! Non iam cum vir**o** improb**o** huc in theatr**um** veni**am**! Non iam verb**a** Edmund**i** de fabul**is** et de Roman**is** audi**am**! Non iam popul**us** Angel**am** et Edmund**um** in theatr**o** vide**bit**!«*

Teil II
Die übrigen Endungen

IN DIESEM TEIL …

… wird das Basispaket um wichtige Elemente erweitert. Sie erfahren, wie die drei noch fehlenden Zeiten (Perfekt, Plusquamperfekt und Futur II) im Lateinischen gebildet werden und lernen drei wichtige Pronomina sowie das dritte der fünf Deklinationssysteme kennen. Was die lateinischen Endungen betrifft, kennen Sie damit schon beinahe die gesamte Palette.

IN DIESEM KAPITEL

Die Verwendung der Zeiten im Lateinischen

Die Perfekt-, Plusquamperfekt- und Futur-II-Formen

Zum Übersetzen aus dem Lateinischen

Kapitel 5 Perfekt, Plusquamperfekt und Futur II

In diesem Kapitel geht es um die drei noch fehlenden Zeitstufen. Die Bildung dieser Formen unterscheidet sich in mehrfacher Hinsicht deutlich von der der Präsens-, Imperfekt- und Futur-I-Formen. Der Hauptunterschied ist recht erfreulich: Hier gibt es keine Differenzierungen zwischen den verschiedenen Konjugationssystemen. Es genügt also, wenn Sie sich die Formen mit jeweils einem einzigen Beispiel merken. Ich habe das Verbum *amare* = »lieben« gewählt.

Die Verwendung der Zeiten im Lateinischen

Es gibt zwei wichtige Unterschiede zwischen dem Lateinischen und dem Deutschen, was die Verwendung der Zeiten betrifft:

- ✔ Wenn von Vorgängen in der Vergangenheit berichtet wird, verwendet das Lateinische überwiegend das Perfekt, das (Hoch-)Deutsche überwiegend das Imperfekt.
- ✔ Das Lateinische achtet deutlich penibler auf Zeitverhältnisse als das Deutsche.

Das hat zur Folge, dass der **Indikativ Perfekt** und die Formen des **Plusquamperfekts** in lateinischen Texten ausgesprochen häufig vorkommen. Deshalb ist es besonders wichtig, dass Sie vor allem diese Formen wirklich fest im Griff haben.

Die Aktivformen

Die Grundlage für die Aktivformen des Perfekts, des Plusquamperfekts und des Futurs II ist jeweils der **Perfektstamm** eines Verbs. Beim Beispielwort *amare* heißt der Perfektstamm *amav*. An diesen werden, wie üblich, die jeweiligen Endungen beziehungsweise Ausgänge angehängt. Was jeweils angehängt wird, ist oft ein wenig umfangreicher als bei den anderen drei Zeitstufen. Das macht die Formen, wenn man sie sich als Gesamtbild eingeprägt hat, leichter erkenn- und identifizierbar.

Der Infinitiv Perfekt

Wie für die Gegenwart gibt es auch für die Vergangenheit eine nicht gebeugte Form, den Infinitiv Perfekt. Er wird im Lateinischen durch den Ausgang *-isse* markiert (siehe Tabelle 5.1).

Lateinisch	Deutsch
amav**isse**	geliebt haben

Tabelle 5.1: Der Infinitiv Perfekt Aktiv

Der Indikativ Perfekt

Die Indikativ-Perfekt-Formen (siehe Tabelle 5.2) sind auf den ersten Blick ein wenig sperrig zu lernen. Sie sind allerdings die Verbalformen, die wohl am häufigsten in lateinischen Texten vorkommen. Prägen Sie sie sich also besonders gut ein.

Lateinisch	Deutsch
amav**i**	ich habe geliebt
amav**isti**	du hast geliebt
amav**it**	er/sie/es hat geliebt
amav**imus**	wir haben geliebt
amav**istis**	ihr habt geliebt
amav**erunt**	sie haben geliebt

Tabelle 5.2: Die Formen des Indikativs Perfekt Aktiv

Die Endung der 1. Person Singular dürften Sie schon kennen. Caesars berühmter Ausspruch »Ich kam, sah und siegte« stand im Original im Perfekt: *Veni, vidi, vici.* Dass er im Deutschen im Imperfekt zitiert wird, ist durchaus korrekt. Das (Hoch-)Deutsche verwendet oft das Imperfekt, wo das Lateinische das Perfekt einsetzt.

Die übrigen Formenreihen sind einheitlich gebildet und deshalb deutlich einfacher zu lernen. Anders als beim Indikativ Perfekt werden hier wieder durchgängig die Personalendungen verwendet, die Sie schon bei den Formen des Präsensstamms kennengelernt haben, also *-m, -s, -t, -mus, -tis, -nt.*

Indikativ und Konjunktiv Plusquamperfekt

Wie die Indikativ-Perfekt-Formen werden Ihnen auch die des Indikativs und die des Konjunktivs Plusquamperfekt (siehe Tabelle 5.3) in lateinischen Texten sehr häufig begegnen. Beide sind auf ihre Weise ziemlich auffallend und deshalb relativ leicht zu identifizieren. Der **Indikativ Plusquamperfekt** sieht aus, als wären die Imperfektformen von *esse* (*eram, eras* und so weiter) an den Perfektstamm des jeweiligen Verbs angehängt worden. Der **Konjunktiv Plusquamperfekt** wird durch Einschieben des auffälligen *-isse-* zwischen Stamm und Endung markiert. Er sieht deshalb so aus wie der Infinitiv Perfekt (siehe Tabelle 5.1) plus Endung.

Indikativ Plusquamperfekt		Konjunktiv Plusquamperfekt	
amav**eram**	ich hatte geliebt	amav**issem**	ich hätte geliebt
amav**eras**	du hattest geliebt	amav**isses**	du hättest geliebt
amav**erat**	er/sie/es hatte geliebt	amav**isset**	er/sie/es hätte geliebt
amav**eramus**	wir hatten geliebt	amav**issemus**	wir hätten geliebt
amav**eratis**	ihr hattet geliebt	amav**issetis**	ihr hättet geliebt
amav**erant**	sie hatten geliebt	amav**issent**	sie hätten geliebt

Tabelle 5.3: Die Formen des Indikativs und des Konjunktivs Plusquamperfekt Aktiv

Merken Sie sich diesen prägnanten Satz: *Si tacuisses, philosophus mansisses.* »Wenn du geschwiegen hättest, wärst du ein Philosoph geblieben« (*tacu-* und *mans-* sind die Perfektstämme von *tacere* und *manere*). Damit schlagen Sie zwei Fliegen mit einer Klappe. Zum einen haben Sie Konjunktiv-Plusquamperfekt-Formen im Kopf, und das wird Ihnen das Erkennen dieser Formen erheblich erleichtern. Zum anderen wird dieser Satz gerne von beflissenen Bildungsbürgern dazu verwendet, ihr eigenes Wissen zu demonstrieren und sich gleichzeitig über andere lustig zu machen. Der Satz bedeutet ja: »Wenn du nicht solchen Unsinn gesagt hättest, würde man immer noch denken, dass du klug bist. Aber jetzt ...« Sollten Sie in eine entsprechende Situation kommen, sollten Sie zumindest wissen, was da gerade gesagt wurde, um sich kompetent wehren zu können.

Konjunktiv Perfekt und Futur II

Die Formen des Konjunktivs Perfekt und des Futurs II (siehe Tabelle 5.4) haben mehrere Vorteile. Zum einen kommen sie seltener vor als die eben betrachteten Formen – das Futur II noch deutlich seltener als der Konjunktiv Perfekt. Zum anderen sind sie außer der 1. Person Singular identisch.

Konjunktiv Perfekt		Futur II	
ama**verim**	ich habe geliebt	ama**vero**	ich werde geliebt haben
ama**veris**	du habest geliebt	ama**veris**	du wirst geliebt haben
ama**verit**	er/sie/es habe geliebt	ama**verit**	er/sie/es wird geliebt haben
amav**erimus**	wir haben geliebt	amav**erimus**	wir werden geliebt haben
amav**eritis**	ihr habet geliebt	amav**eritis**	ihr werdet geliebt haben
ama**verint**	sie haben geliebt	ama**verint**	sie werden geliebt haben

Tabelle 5.4: Die Formen des Konjunktivs Perfekt und des Futurs II Aktiv

Der Konjunktiv Perfekt wird im Lateinischen in einer eigenartigen Konstruktion verwendet. Anders als das Deutsche, aber ähnlich wie das Englische formuliert das Lateinische ein **Verbot** nicht einfach, indem der Imperativ verneint wird: »Frage nicht!« heißt auf Englisch ja keineswegs »Ask not!«, sondern »Do not ask!«. Die lateinische Version ist allerdings etwas merkwürdig. Hier wird das Wort *ne* und dazu der Konjunktiv Perfekt verwendet. »Frage nicht!« heißt deshalb lateinisch *Ne rogaveris!*

Jetzt haben Sie alle Aktivformen des Perfekts, Plusquamperfekts und Futurs II kennengelernt, und Sie haben gesehen: Diese Formen unterscheiden sich deutlich von denen des Präsens, Imperfekts und des Futurs I und können deshalb kaum mit diesen verwechselt werden.

Die Perfektstammformen sollten Sie mit einem Blick als solche erkennen können. Das bedarf natürlich einiger Übung. Versuchen Sie es doch gleich und übersetzen Sie die folgenden Formen: *amaverunt, audivissent, amaveram, audivi, delevissemus, audivit, amaverant, audiverit, delevimus, audivisse, delevistis, amavisti.* Sollten Sie feststellen, dass Sie die Formen zwar erkennen, aber bei der Wiedergabe im Deutschen Probleme haben, wäre jetzt eine gute Gelegenheit, sich die Systematik der deutschen Verbalformen bewusst zu machen.

Lösungen: sie haben geliebt, sie hätten gehört, ich hatte geliebt, ich habe gehört, wir hätten zerstört, er/sie/es hat gehört, sie hatten geliebt, er habe gehört *oder* er wird gehört haben, wir haben zerstört, gehört haben, ihr habt zerstört, du hast geliebt

Die Passivformen

Die Bildung der lateinischen Passivformen des Perfekts, des Plusquamperfekts und des Futurs II unterscheidet sich von der sämtlicher anderen Formen: Sie werden nicht »synthetisch«, sondern »analytisch« gebildet. Das heißt: Sie bestehen nicht nur – wie alle anderen – aus einer einzigen Form, sondern sie werden mit mehreren (genau gesagt mit zwei) Elementen gebildet.

Die Basis dieser Formen ist jeweils das **Partizip Perfekt Passiv** eines Verbs. Dazu kommt als zweites Element eine Form des Verbs *esse* = »sein«. Das ist deshalb recht einleuchtend, weil diese Formen im Deutschen mit genau denselben Elementen gebildet werden: »Ich bin geliebt worden« heißt lateinisch *amatus* (geliebt) *sum* (ich bin). Das deutsche »worden« hat im Lateinischen keine Entsprechung. Im Lateinischen steht die Form von ***esse*** meist hinter dem Partizip, sie kann aber auch davor stehen. Wenn Sie also das Präsens, das Imperfekt und das Futur von *esse* beherrschen, können Sie auch schon die Perfekt-, Plusquamperfekt- und Futur-II-Passivformen lateinischer Verben übersetzen.

Machen Sie einen kleinen Test. Wiederholen Sie die Formen von *esse* (siehe Kapitel 4) und übersetzen Sie dann die folgenden Formen: *amatus eras, amatus sim, amatus es, amatus ero, amatus essem.*

Lösungen: du warst geliebt worden, ich sei geliebt worden, du bist geliebt worden, ich werde geliebt worden sein, ich wäre geliebt worden

In einem wichtigen Punkt unterscheiden sich diese Formen jedoch von ihren deutschen Entsprechungen. Das lateinische Partizip zeigt durch seine Endung an, welches Geschlecht die Person oder Sache hat, von der gerade die Rede ist, und ob es sich um eine oder um mehrere handelt. Im Singular hat es deshalb die Endung *-us* (Maskulinum), *-a* (Femininum) oder *-um* (Neutrum), im Plural die Endung *-i* (Maskulinum), *-ae* (Femininum) oder *-a* (Neutrum). Diese Endungen kennen Sie schon. Es sind die der a- und der o-Deklination (siehe Kapitel 3).

Dass das Partizip bei diesen Formen Geschlecht und Zahl des Subjekts anzeigt, gilt zum Beispiel auch im Italienischen und Französischen. »Ich bin geliebt worden« heißt italienisch »sono stato amato«, wenn es ein Mann von sich sagt (Französisch: »j'ai été aimé«), aber »sono stata amata«, wenn eine Frau spricht (Französisch: »j'ai été aimée«). Entsprechendes gilt im Plural: »siamo stati amati« (Maskulinum; Französisch: »nous avons été aimés«), aber »siamo state amate« (Femininum; Französisch: »nous avons été aimées«).

Die Passivformen des Perfekts, Plusquamperfekts und des Futurs II (siehe Tabelle 5.5 bis Tabelle 5.8) sind also wegen ihrer Ähnlichkeit zu den deutschen Formen im Grunde recht unproblematisch. Erfahrungsgemäß bereitet es aber immer wieder Schwierigkeiten, sie in einem Text wiederzuerkennen. Merken Sie sich deshalb: Wenn Sie eine Form von *esse* in einem Satz erkennen, kann sie entweder für sich stehen (*Iulius stultus est.* – »Julius ist doof.«) oder in Kombination mit einem Partizip Perfekt Teil einer Passivform sein (*Iulia amata est.* – »Julia ist geliebt worden.«).

Infinitiv Perfekt	
am**a**tus,-a,-um esse	geliebt worden sein

Tabelle 5.5: Der Infinitiv Perfekt Passiv

Indikativ Perfekt		Konjunktiv Perfekt	
ama**tus,-a,-um sum**	ich bin geliebt worden	ama**tus,-a,-um sim**	ich sei geliebt worden
ama**tus,-a,-um es**	du bist geliebt worden	ama**tus,-a,-um sis**	du seist geliebt worden
ama**tus,-a,-um est**	er/sie/es ist geliebt worden	ama**tus,-a,-um sit**	er/sie/es sei geliebt worden
ama**ti,-ae,-a sumus**	wir sind geliebt worden	ama**ti,-ae,-a simus**	wir seien geliebt worden
ama**ti,-ae,-a estis**	ihr seid geliebt worden	ama**ti,-ae,-a sitis**	ihr seiet geliebt worden
ama**ti,-ae,-a sunt**	sie sind geliebt worden	ama**ti,-ae,-a sint**	sie seien geliebt worden

Tabelle 5.6: Die Formen des Indikativs und des Konjunktivs Perfekt Passiv

Indikativ Plusquamperfekt		Konjunktiv Plusquamperfekt	
ama**tus,-a,-um eram**	ich war geliebt worden	ama**tus,-a,-um essem**	ich wäre geliebt worden
ama**tus,-a,-um eras**	du warst geliebt worden	ama**tus,-a,-um esses**	du wärst geliebt worden
ama**tus,-a,-um erat**	er/sie/es war geliebt worden	ama**tus,-a,-um esset**	er/sie/es wäre geliebt worden
ama**ti,-ae,-a eramus**	wir waren geliebt worden	ama**ti,-ae,-a essemus**	wir wären geliebt worden
ama**ti,-ae,-a eratis**	ihr wart geliebt worden	ama**ti,-ae,-a essetis**	ihr wärt geliebt worden
ama**ti,-ae,-a erant**	sie waren geliebt worden	ama**ti,-ae,-a essent**	sie wären geliebt worden

Tabelle 5.7: Die Formen des Indikativs und des Konjunktivs Plusquamperfekt Passiv

Futur II	
ama**tus,-a,-um ero**	ich werde geliebt worden sein
ama**tus,-a,-um eris**	du wirst geliebt worden sein
ama**tus,-a,-um erit**	er/sie/es wird geliebt worden sein
ama**ti,-ae,-a erimus**	wir werden geliebt worden sein
ama**ti,-ae,-a eritis**	ihr werdet geliebt worden sein
ama**ti,-ae,-a erunt**	sie werden geliebt worden sein

Tabelle 5.8: Die Formen des Futurs II Passiv

Damit haben Sie alle Verbalformen kennengelernt, die das Lateinische zu bieten hat, und das ist doch schon eine ganze Menge. Was in diesem Bereich noch kommt, sind lediglich Variationen – die Endungen und die Systematik sind jetzt vollständig erfasst.

Bestimmen und übersetzen Sie bitte die Verbalformen in Tabelle 5.9. Verwenden Sie die folgenden Abkürzungen: Singular = S; Plural = Pl; Aktiv = A; Passiv = P; Indikativ = In; Konjunktiv = K; Perfekt = Pf; Plusquamperfekt = Pqp.

	Person	Singular/ Plural	Aktiv/ Passiv	Indikativ/Konjunktiv	Tempus	Bedeutung
cogitaverunt						
dati essent						
pugnaveratis						
turbavisses						
superatus est						
aedificavit						
erat liberata						
narravi						
mandavisti						
accusaverim						
appellati estis						
expugnavistis						
spectaverunt						
ne clamaveris						

Tabelle 5.9: Übung zur Bestimmung der Verbalformen

Lösungen: *cogitaverunt*: 3, Pl, A, In, Pf: sie haben gedacht – *dati essent*: 3, Pl, P, K, Pqp: sie wären gegeben worden – *pugnaveratis*: 2, Pl, A, In, Pqp: ihr hattet gekämpft – *turbavisses*: 2, S, A, K, Pqp: du hättest gestört – *superatus est*: 3, S, P, In, Pf: er ist besiegt worden – *aedificavit*: 3, S, A, In, Pf: er hat gebaut – *erat liberata*: 3, S, P, In, Pqp: sie war befreit worden – *narravi*: 1, S, A, In, Pf: ich habe erzählt – *mandavisti*: 2, S, A, In, Pf: du hast übergeben – *accusaverim*: 1, S, A, K, Pf: ich habe angeklagt – *appellati estis*: 2, Pl, P, In, Pf: ihr seid genannt worden – *expugnavistis*: 2, Pl, A, In, Pf: ihr habt erobert – *spectaverunt*: 3, Pl, A, In, Pf: sie haben betrachtet – *ne clamaveris*: 2, S, A, K, Pf: schrei nicht!

Auf einen Blick

Hier das Entscheidende zu den Perfekt-, Plusquamperfekt- und Futur-II-Formen noch einmal in Kürze:

- ✔ Die **Aktivformen** des **Perfekts, Plusquamperfekts** und **Futurs II** werden auf der Basis des **Perfektstamms** der Verben gebildet.
- ✔ Die an den Perfektstamm angehängten **Endungen** beziehungsweise **Ausgänge** sind bei allen lateinischen Verben dieselben. Es gibt keine Unterschiede zwischen den verschiedenen Konjugationssystemen.
- ✔ Der **Infinitiv Perfekt Aktiv** wird durch Anhängen von **-isse** an den Perfektstamm markiert: *amavisse.*
- ✔ Der **Indikativ Perfekt** ist die wohl am häufigsten verwendete Reihe. Das Lateinische verwendet bei der Formulierung von Vorgängen in der Vergangenheit – anders als das (Hoch-)Deutsche – überwiegend das Perfekt. Die Endungen/Ausgänge sind: *-i, -isti, -it, -imus, -istis, -erunt.*
- ✔ Die übrigen Aktivformen des Perfektstamms bilden sehr einheitliche Reihen. Bei ihnen werden durchgängig die von den Formen des Präsensstamms her bekannten Personalendungen *-o/-m, -s, -t, -mus, -tis, -nt* verwendet.
  - **Indikativ Plusquamperfekt:** *amaveram, amaveras* und so weiter. – Diese Formen sehen so aus, als wären die Imperfektformen von *esse* an den Perfektstamm angehängt.
  - **Konjunktiv Plusquamperfekt:** *amavissem, amavisses* und so weiter. – Diese Formen sehen so aus wie der Infinitiv Perfekt plus Personalendung.
  - **Konjunktiv Perfekt und Futur II:** Die Formen dieser beiden Reihen sind ab der 2. Person Singular miteinander identisch. **Konjunktiv Perfekt:** *amaverim, amaveris* und so weiter. – **Futur II:** *amavero, amaveris* und so weiter.
- ✔ Die **Passivformen** des **Perfekts, Plusquamperfekts** und **Futurs II** sind die einzigen lateinischen Formen, die »analytisch«, also mit mehreren Elementen gebildet werden. Diese Elemente sind, analog zum Deutschen, das **Partizip Perfekt** und **die Formen von *esse* = »sein«.** Das im Deutschen bei diesen Formen verwendete »worden« hat im Lateinischen kein Pendant: *amatus sum* = »ich bin geliebt worden«, *amatus eram* = »ich war geliebt worden« und so weiter.
- ✔ Anders als im Deutschen, aber wie zum Beispiel im Italienischen und Französischen, zeigt das Partizip Perfekt bei diesen Formen das Geschlecht und die Zahl der Person oder Sache an, um die es geht: *amatum erat* = »es war geliebt worden« (Neutrum Singular), *amatae sint* = »sie seien geliebt worden« (Femininum Plural).

Zum Übersetzen aus dem Lateinischen

In den folgenden Sätzen geht es zum einen darum, dass Sie Ihren Blick für die lateinischen Verbalformen trainieren und schärfen. Zum anderen lernen Sie eine neue wichtige unterordnende Konjunktion (*cum*) kennen. Zudem enthalten diese Sätze einige komplexere Satzstrukturen, das heißt, es sind jeweils Nebensätze in die Hauptsätze eingeschoben und unterbrechen diese. Es wird also auch darum gehen, wie Sie in solchen Fällen am sichersten ans Ziel kommen.

Die unterordnende Konjunktion *cum* mit Konjunktiv

Der Umgang mit dem Wort *cum* erfordert aus mehreren Gründen einige Aufmerksamkeit.

- Verwechslungsgefahr: *cum* kann entweder die **Präposition** mit Ablativ sein, die Sie in Kapitel 2 schon kennengelernt haben. Dann bedeutet es »mit«. Es kann aber auch eine **Konjunktion** sein und einen Nebensatz einleiten. Dann bedeutet es »als, nachdem«, »weil« oder – ganz selten – »obwohl«.
- Konjunktiv: Wenn es sich um diese Konjunktion handelt, muss das Verbum in diesem Satz – wie bei *ut* (dass) – im **Konjunktiv** stehen. Beim Übersetzen muss dieser Konjunktiv aber mit dem **Indikativ derselben Zeitstufe** wiedergegeben werden. Ein Beispiel: *Cum Caesar veniret* (Konjunktiv Imperfekt) heißt »Als Caesar kam«, auf keinen Fall »Als Caesar kommen würde« oder »käme«.
- *cum* mit Indikativ: Deutlich seltener als das *cum* mit Konjunktiv wird auch *cum* mit dem **Indikativ** verwendet, um Nebensätze einzuleiten. Dieses *cum* bedeutet »(immer) wenn« oder »als«.

Tabelle 5.10 zeigt die verschiedenen Bedeutungen von *cum*.

cum		
Präposition:	cum mit Ablativ	mit
unterordnende Konjunktion:	a. cum mit Konjunktiv	als, nachdem weil obwohl
	b. cum mit Indikativ	(immer) wenn als

Tabelle 5.10: Die verschiedenen Bedeutungen von *cum*

Das klingt zunächst vielleicht etwas problematisch. Sie werden aber gleich sehen, dass *cum* recht gut zu beherrschen ist. Ein genereller Tipp vorweg: Wenn Sie *cum* mit Konjunktiv vor sich haben, übersetzen Sie das am besten zunächst mit »als«.

Der sicherste Weg durch komplexere Sätze

Primo ante Christum natum[1] *saeculo C. Iulius Caesar, cum tota Gallia esset expugnata, librum de bello Gallico publicavit, ut bellum contra inimicorum crimina*[2] *defenderet*[3].

[1] *ante Christum natum*: vor Christi Geburt; [2] *crimina* (Akkusativ Plural Neutrum): Vorwürfe; [3] *defendere*: verteidigen

An den vielen Kommata können Sie sehen, dass dieser Satz offenbar aus mehreren Satzteilen besteht. Der sicherste Weg durch solche Sätze ist, die Struktur zu erfassen, bevor man mit dem eigentlichen Übersetzen beginnt. Dabei sind die **Verbalformen** der entscheidende Wegweiser.

Erfassung und Deutung der Verbalformen

Tragen Sie zuerst die Verbalformen aus diesem Satz in Tabelle 5.11 ein und prüfen Sie, ob es sich um Konjunktiv- oder um Indikativformen handelt. Stellen Sie zudem gleich fest, ob es Aktiv- oder Passivformen sind. Es ist sehr sinnvoll, wenn Sie die Verbalformen im Text durch Unterstreichen markieren.

Form	Aktiv/Passiv	Indikativ/ Konjunktiv	Tempus

Tabelle 5.11: Die Verbalformen des Caesar-Satzes

Lösungen: *esset expugnata*: Passiv, Konjunktiv Plusquamperfekt. *publicavit*: Aktiv, Indikativ Perfekt. *defenderet*: Aktiv, Konjunktiv Imperfekt

Aus dem Befund lässt sich schließen, dass mit allergrößter Wahrscheinlichkeit der indikativische Teil der Hauptsatz ist, die konjunktivischen Teile Nebensätze sind.

Jetzt sollten Sie prüfen, ob zu erkennen ist, warum die Konjunktive stehen. Das Ergebnis: Der *esset expugnata*-Teil ist mit *cum*, der *defenderet*-Teil mit *ut* eingeleitet. *Cum* ist hier also nicht die Präposition »mit«, sondern die Konjunktion »als«, *ut* bedeutet »dass«, »damit« oder »sodass«. Dieser Befund schließt einen Irrtum aus, der beim Übersetzen des Textes in der Reihenfolge der Wörter sehr nahegelegen hätte: *cum tota Gallia* hätte man leicht für »mit ganz Gallien« halten können. Der Satz wäre auf dieser Basis nicht mehr lösbar gewesen.

Markieren Sie jetzt die beiden Nebensätze durch Klammern. Damit haben Sie die Struktur des Satzes vor Augen:

Primo ante Christum natum[1] *saeculo C. Iulius Caesar* [,*cum tota Gallia esset expugnata*,] *librum de bello Gallico publicavit* [, *ut bellum contra inimicorum crimina*[2] *defenderet*[3].]

Der Hauptsatz heißt also *Primo ante Christum natum saeculo C. Iulius Caesar librum de bello Gallico publicavit* und ist durch einen *cum*-Satz unterbrochen.

Wenn Sie möchten, könnten Sie die drei Aussagen des Satzes jetzt schon einmal formulieren: Er/sie/es hat veröffentlicht (*publicavit*), als sie erobert worden war (*cum esset expugnata*: im Deutschen Indikativ; Femininum wegen der Partizipendung *-a*), dass/damit/sodass er/sie/es verteidigte (*ut defenderet*).

Übersetzung und Zusammenfügung der einzelnen Teilsätze

Übersetzen Sie jetzt bitte zuerst den Hauptsatz und fügen Sie dann die Nebensätze möglichst an der Stelle ein, an der sie im lateinischen Satz stehen. Bedenken Sie dabei immer, dass zusammengehörende Adjektive und Substantive im Lateinischen nicht direkt nebeneinanderstehen müssen (Hyperbaton), sondern einander durch die Endungen zugeordnet sind. Ganz wichtig ist zudem: Sie dürfen keine Wörter aus verschiedenen Teilsätzen miteinander kombinieren. Die Klammern, die Sie eingefügt haben, sollen Sie davor schützen.

Übersetzung: Im 1. Jahrhundert vor Christi Geburt hat C. Julius Caesar, als/nachdem ganz Gallien erobert worden war, ein Buch über den Gallischen Krieg veröffentlicht, damit er den Krieg gegen Vorwürfe der/seiner Gegner verteidigte (besser: um den Krieg ... zu verteidigen).

Erklärungen

In diesem Satz befinden sich zwei Hyperbata: *primo ... saeculo, contra ... crimina.*

primo ... saeculo: Auf die Frage »wann?« steht im Lateinischen der Ablativ (*ablativus temporis*; vergleiche *Anno Domini*).

ante Christum natum: *natus,-a,-um* ist ein Adjektiv und heißt »geboren«. Wörtlich übersetzt heißt *ante Christum natum* also »vor dem geborenen Christus«. Das ist einer der relativ seltenen Fälle, in denen das Lateinische eine etwas andere Perspektive ansetzt als das Deutsche: Das Lateinische fokussiert zunächst auf die Person und dann auf den mit ihr verbundenen Vorgang, das Deutsche zuerst auf den Vorgang und dann auf die Person. Die intendierte Aussage ist jeweils dieselbe. Sie ergibt sich in beiden Sprachen erst aus der Kombination der beiden Aspekte.

C. Iulius Caesar: Namen römischer Adliger bestehen in der Regel aus drei Elementen: dem Vornamen (*praenomen*), dem Familiennamen (*nomen gentile*) und dem Zunamen (*cognomen*). Weil die Römer nur 18 männliche Vornamen verwendeten, konnten sie sie abkürzen, ohne dass das uneindeutig gewesen wäre. Das »C.« in Caesars Namen stand für »Gaius«. Dass dieser Vorname nicht mit »G« abgekürzt wurde, liegt daran, dass die Abkürzung aus einer Zeit stammte, in der es noch kein eigenes Zeichen für den weichen k-Laut gab. Die Zunamen bezeichneten den Zweig einer Adelsfamilie, dem die jeweilige Person angehörte. Caesar war also ein Gaius aus der Familie der Julier, und zwar aus dem Zweig der Caesares.

»der/seiner Gegner«: Im Lateinischen fehlt oft ein Possessivpronomen (besitzanzeigendes Fürwort), wo das Deutsche lieber eines setzt (siehe Kapitel 12). Sie können beim Übersetzen in solchen Fällen ohne Weiteres eines einfügen.

inimicorum crimina: Caesar war eine höchst umstrittene Figur und hatte deshalb viele und mächtige Gegner in Rom. Diese versuchten immer wieder – und vielfach nicht ohne gute

Gründe –, ihn wegen Gesetzesverstößen vor Gericht zu ziehen. Diese Versuche betrafen auch seine Kriegsführung in Gallien. Nach der Beendigung dieses Krieges waren die Fronten komplett verhärtet. Caesar entschloss sich deshalb im Jahr 49 v. Chr., mit seinem Heer gegen Rom zu ziehen, und löste damit einen fünf Jahre andauernden blutigen Bürgerkrieg aus.

Eine Geschichte aus der Zeit der frühen Republik

Der folgende Text enthält wieder Sätze mit komplexeren Strukturen (Satz 1 und 3). Gehen Sie beim Übersetzen bitte genauso vor, wie eben beschrieben, und beginnen Sie mit dem Erkennen, Bestimmen und Markieren der Verbalformen.

(1) *Quinto*[1] *ante Christum natum saeculo, cum Roma oppidum parvum esset, populi finitimi inimici erant Romanorum.* (2) *Itaque Aequi*[2] *bellum cum Romanis parabant.* (3) *Romani, cum Aequi agros Romanorum vastavissent et Romam oppugnarent, L. Quinctium Cincinnatum, virum firmum et promptum*[3], *ab aratro*[4] *avocaverunt*[5] *et oraverunt, ut patriam servaret.* (4) *Cincinnatus non dubitavit, sed cum copiis Romanis Aequos celeriter*[6] *superavit.* (5) *Cum patria periculo liberata esset, Cincinnatus ad aratrum remeavit*[7].

[1] *quintus,-a,-um:* der/die/das fünfte; [2] *Aequi,-orum*: die Äquer; [3] *promptus,-a,-um*: entschlossen; [4] *aratrum,-i*: der Pflug; [5] *a-vocare*: weg-rufen; [6] *celeriter* (Adverb): schnell; [7] *remeare*: zurückkehren

Übersetzung: (1) Im 5. Jahrhundert vor Christi Geburt, als Rom eine kleine Stadt war, waren die benachbarten Völker Feinde der Römer. (2) Deshalb bereiteten die Äquer einen Krieg mit den Römern (besser: gegen die Römer) vor. (3) Als die Äquer die Felder der Römer verwüstet hatten und Rom belagerten, riefen die Römer L. Quinctius Cincinnatus, einen starken und entschlossenen Mann, vom Pflug weg und baten (ihn), dass er das Vaterland rette (besser: das Vaterland zu retten). (4) Cincinnatus zögerte nicht, sondern besiegte mit den römischen Truppen die Äquer schnell. (5) Als das/sein Vaterland von der Gefahr befreit (worden) war, kehrte Cincinnatus zum/zu seinem Pflug zurück.

Erklärungen

Satz 1, 3, 4 und 5: *cum*: Wenn Sie die Konjunktive *esset* (Imperfekt; Satz 1), *vastavissent* und *oppugnarent* (Plusquamperfekt, Imperfekt; Satz 3) und *liberata esset* (Plusquamperfekt Passiv; Satz 5) erkennen, ist es kein Problem, das *cum* jeweils richtig zu deuten und die jeweiligen Satzteile als Nebensätze zu identifizieren. In Satz 4 steht das Verb in dem Teilsatz, in dem sich *cum* befindet, im Indikativ (*superavit*). Dafür steht nach dem *cum* ein Ablativ (*copiis Romanis*). Es ist also die Präposition »mit«.

Satz 3, 4 und 5: *avocaverunt, oraverunt, dubitavit, superavit, remeavit*: Diese Formen sind Perfekt Indikative. In der Übersetzung sind sie jeweils mit Imperfekt wiedergegeben. Das entspricht dem (hoch-)deutschen Sprachgebrauch und ist deshalb ganz legitim. Wie sehr das Ihrem persönlichen Sprachgefühl entspricht, hängt freilich sehr davon ab, ob Sie eher in Nord- oder in Süddeutschland aufgewachsen sind. Die Neigung zur Verwendung des Imperfekts nimmt – jedenfalls in der gesprochenen Sprache und vor allem im Dialekt – von Norden nach Süden ab. Im Bayerischen gibt es das Imperfekt so gut wie gar nicht.

Satz 3: *virum firmum et promptum*: Diese Wörter stehen zwar zwischen Kommata, aber es fehlt sowohl ein Verbum als auch eine unterordnende Konjunktion. Es handelt sich also nicht um einen Nebensatz, sondern lediglich um eine eingefügte Erläuterung (Apposition) zu *Cincinnatum*.

L. Quinctium Cincinnatum: Das ist, wie C. Iulius Caesar, ein dreiteiliger römischer Eigenname. Die Abkürzung »L.« steht für den Vornamen Lucius. Der Name steht im Akkusativ (*-um*). Weil im Deutschen aber Eigennamen nur im Genitiv eine Endung haben, muss der Name in der Übersetzung auf *-us* enden.

Satz 5: *periculo*: Viele Verben, die – wie *liberare* (befreien) – ein Abtrennen bezeichnen, stehen im Lateinischen mit dem bloßen Ablativ. Dieser Ablativ heißt *ablativus separationis* (= Ablativ der Trennung).

»sein Vaterland / zu seinem Pflug«: Hier können Sie »sein« einfügen, obwohl es im Lateinischen nicht steht. Erforderlich ist das nicht.

Inhaltliches

In der ersten Phase seiner Geschichte (753–510 v. Chr., also knapp 250 Jahre) wurde Rom von Königen regiert. Im Jahr 510 v. Chr. wurde die Monarchie gestürzt und eine neue Verfassung etabliert. Die neue Staatsform hieß **Republik**. Jetzt wurde der Staat von zwei **Konsuln** gelenkt, die jeweils nur für ein Jahr gewählt wurden. Damit sollte einem Rückfall in monarchische Zeiten vorgebeugt werden.

Für besondere Notlagen sah die Verfassung aber eine Ausnahme vor: Zur Lösung akuter Krisen konnte alle Macht einem Einzelnen übertragen werden. Er wurde zum »Diktator« ernannt, die Konsuln waren ihrer Befugnisse enthoben. Das war freilich riskant. Der Diktator musste sein Amt freiwillig zurückgeben. Wenn er dazu nicht bereit war, konnte er aufgrund seiner Machtbefugnisse quasi monarchisch über den Staat herrschen. Die Geschichte von Cincinnatus zeigt nun einen vorbildlichen Mann, der seine Aufgabe erfüllt und danach sein Amt sofort wieder abgibt.

Solche Geschichten dienten der Konstruktion eines idealen Römerbildes und sollten späteren Generationen nachahmenswerte Beispiele für echte römische Gesinnung an die Hand geben. Die Protagonisten solcher Erzählungen waren in der Regel echte historische Figuren, der Wahrheitsgehalt der Geschichten selbst ist kaum zu ermitteln. Die Kraft dieser »Römischen Sagen« wirkte weit über die Antike hinaus. Der Name der amerikanischen Stadt Cincinnati geht beispielsweise auf L. Quinctius Cincinnatus zurück.

Quiz 2 (Kapitel 4 & 5)

Zum Abschluss des Kapitels wieder ein kleines Quiz, diesmal zu den Kapiteln 4 und 5.

Die Fragen

1. Wer scheiterte beim Versuch, seine verstorbene Gattin aus der Unterwelt zurückzuholen, und was war sein Beruf? – Wie hieß seine Frau und wie der Gott der Unterwelt?

2. Auf welche lateinischen Verben gehen die folgenden deutschen und englischen Fremd- und Lehnwörter zurück?

   1. doubt; 2. science; 3. agitieren; 4. appellieren; 5. Lizenz; 6. labour; 7. Kontinent; 8. innocent

3. Welche Staatsform hatte Rom am Beginn seiner Geschichte? – Wie lange dauerte diese Phase? – Durch welche Staatsform wurde die erste abgelöst?

4. Der Infinitiv Präsens von »sein« heißt auf Italienisch *essere*, auf Französisch *être*. Wie heißt er auf Lateinisch? – Woher kommt das »*re*« in den beiden modernen Sprachen?

5. Was heißt auf Lateinisch »Ich denke, also bin ich«?

6. Wie heißt das Zauberwort, mit dem sich Wilhelm Hauffs Kalif Storch in einen Storch und wieder in einen Menschen verwandeln kann? – Wie ist es zu übersetzen? – Welche Verbalform ist das?

7. Wie hießen die höchsten Beamten in der Römischen Republik? – Wie viele gab es immer gleichzeitig? – Wie lange dauerte ihre Amtszeit?

8. Was heißt auf Lateinisch »Am Anfang war das Wort«? – Wo steht dieser Satz?

9. Auf welche lateinischen Verben gehen die folgenden deutschen und englischen Fremd- und Lehnwörter zurück?

   1. Advent; 2. parat; 3. Spektakel; 4. servieren; 5. konservativ; 6. Studium; 7. voice; 8. Event; 9. Mutation.

10. Wie heißt der Titel des berühmten lateinischen Studentenlieds, der »Lasst uns also fröhlich sein« bedeutet? – Welche Verbalform ist das?

11. Wer war Pyrrhus und wann kämpfte er ungefähr gegen die Römer? – Welcher deutsche Begriff geht auf ihn zurück?

12. Was heißt »Wenn du geschwiegen hättest, wärst du ein Philosoph geblieben« auf Lateinisch? – Welche Verbalformen sind das jeweils (im Deutschen wie im Lateinischen)? – Welche Elemente definieren die lateinische Form?

Die Antworten

1. Orpheus, Sänger und Dichter. – Eurydike, Hades (lateinisch: Pluto) (siehe Kapitel 4).

2. 1. *dubitare* = zweifeln, zögern; 2. *scire* = wissen; 3. *agitare* = heftig betreiben; 4. *appellare* = anrufen, nennen; 5. *licet* (nur in der 3. Person) = es ist erlaubt; 6. *laborare* = sich anstrengen, leiden; 7. *continere* = zusammenhalten, festhalten, umfassen, enthalten; 8. *nocere* = schaden (siehe Kapitel 4).

3. Monarchie (Königtum). – Knapp 250 Jahre (753–510 v. Chr.). – Republik (siehe Kapitel 5).

4. *esse.* – Die Endsilbe -re ist die lateinische Infinitiv-Aktiv-Endung bei regelmäßigen Verben. Die italienische und die französische Form sind also nachträgliche »Korrekturen« des unregelmäßigen Infinitivs *esse* (siehe Kapitel 4).

5. *Cogito, ergo sum* (siehe Kapitel 4).

6. *Mutabor.* – »Ich werde verwandelt werden« oder »Ich werde mich verwandeln«. – 1. Person Singular Futur Passiv von *mutare* (siehe Kapitel 4).

7. Konsuln. – Zwei. – Ein Jahr.

8. *In principio erat verbum.* – Am Anfang des Johannesevangeliums (siehe Kapitel 4).

9. (*ad*)*venire* = (an)kommen; 2. *parare* = (vor-)bereiten, sich verschaffen; 3. *spectare* = betrachten; 4. *servire* = dienen; 5. *(con)servare* = bewahren, retten; 6. *studere* = sich bemühen, streben (nach etwas); 7. *vocare* = rufen, nennen; 8. *evenire* = ablaufen, sich ereignen; 9. *mutare* = verändern, wechseln, verwandeln (siehe Kapitel 4).

10. *Gaudeamus igitur.* – 1. Person Plural Konjunktiv Präsens Aktiv (*gaude-a-mus*) von *gaudere* = sich freuen (siehe Kapitel 4).

11. Pyrrhus war König der griechischen Landschaft Epirus. Er kämpfte kurz nach 300 v. Chr. (genauer: 280–275 v. Chr.) gegen die Römer. – Der Pyrrhussieg (siehe Kapitel 4).

12. *Si tacuisses, philosophus mansisses.* – 2. Person Singular Aktiv (definiert durch die Endung *-s*) Konjunktiv Plusquamperfekt (definiert durch den Einschub *-isse-* vor der Endung) (siehe Kapitel 5).

IN DIESEM KAPITEL

Unregelmäßige Perfektstämme

Das Partizip Perfekt Passiv

Lateinische Stammformenreihen

Zur Verwendung des Lateinlexikons

Deponentien

Kapitel 6
Unregelmäßige Verben, die Stammformenreihen, Deponentien

In diesem Kapitel geht es zuerst noch einmal um die Perfekt-, Plusquamperfekt- und Futur-II-Formen, allerdings nicht mehr um Endungen oder Ausgänge. Die haben Sie schon im vorausgegangenen Kapitel kennengelernt. Thema ist jetzt das, was **vor** diesen Endungen steht. Das ist bei den Aktivformen der **Perfektstamm** eines Verbums, bei den Passivformen das **Partizip Perfekt Passiv** (siehe Kapitel 5). Damit haben Sie dann eine wichtige Voraussetzung zur kompetenten Benutzung eines Lateinlexikons erfasst. Inwiefern, das erfahren Sie im abschließenden Abschnitt des Kapitels. Schließlich werden Sie noch eine merkwürdige Besonderheit des Lateinischen kennenlernen, die Deponentien.

Die regelmäßige Bildung von Perfektstamm und Partizip Perfekt Passiv

Die regelmäßig gebildeten Formen des Perfektstamms und des Partizips Perfekt Passiv sind ausgesprochen unproblematisch. Sie sehen so aus:

- ✔ Perfektstamm: Präsensstamm + *v*, zum Beispiel *amare* → *amav-*, *audire* → *audiv-*
- ✔ Partizip Perfekt Passiv: Präsensstamm + *t* + Endung der a- oder o-Deklination, zum Beispiel *amare* → *amatus,-a,-um* = geliebt, *audire* → *auditus,-a,-um* = gehört

Unregelmäßige Bildung von Perfektstamm und Partizip Perfekt Passiv

Es gibt eine Reihe von Verben, die bei der Bildung dieser Formen von diesen Regeln abweichen. Solche Verben werden als unregelmäßig bezeichnet. Einige davon kennen Sie schon.

Unregelmäßige Perfektstämme

Halten Sie sich die beiden Perfektstamm-Merksätze noch einmal vor Augen (*Veni, vidi, vici* und *Si tacuisses, philosophus mansisses*; siehe Kapitel 5). Wenn die Verbalformen in diesen Sätzen regelmäßig gebildet wären, müssten die Sätze so aussehen: »*Venivi, videvi, vincevi*« und »*Si tacevisses, philosophus manevisses*«. Das tun sie aber nicht. *Venire, videre,* (*vincere,* dieses Verb gehört der »3. Konjugation« an, siehe Kapitel 14), *tacere* und *manere* sind unregelmäßige Verben. Sie repräsentieren drei der Muster, nach denen unregelmäßige Verben ihre Perfektstämme bilden. Diese Muster heißen so:

- ✔ Perfektstammbildung durch Dehnung des Stammvokals: Das kurze »e« von *venire* wird im Perfektstamm zu einem langen »e«, dasselbe gilt für das kurze »i« von *videre.*
- ✔ Perfektstammbildung mit dem Vokal *-u*: Aus *tacere* wird im Perfektstamm *tacu-.*
- ✔ Perfektstammbildung mit dem Konsonanten *-s*: Aus *manere* wird *mans-.*

Perfektstämme, die dem ersten oder dem zweiten Muster folgen, werden Ihnen kaum Probleme machen. Im ersten Fall ist die Veränderung ja nur eine akustische, keine optische. Sie werden Formen wie *venerunt* oder *vidissem* leicht auf das jeweilige Grundwort zurückführen können. Entsprechendes gilt für das zweite Muster. Es ist nicht schwierig, in einer Form wie *tacueras* das Verbum *tacere* zu erkennen.

Das dritte Muster, die Perfektstammbildung mit *-s,* kann hingegen zu unangenehmen Formen führen. Anders als bei dem noch relativ gut beherrschbaren Beispiel *manere* → *mans-* kann dabei auch der letzte Konsonant des Präsensstamms verändert werden. Das häufige Verbum *iubere* (beauftragen, befehlen) hat zum Beispiel den Perfektstamm *iuss-, ridere* (lachen) hat den Perfektstamm *ris-.*

Zu diesen drei Mustern der Perfektstammbildung kommt noch ein viertes, das in den Merksätzen nicht auftaucht: die Perfektstammbildung durch Reduplikation. Hier wird ein Konsonant (manchmal sind's auch zwei) verdoppelt (redupliziert) und meist noch ein Vokal eingefügt. Dadurch kann sich das Verbum beinahe bis zur Unkenntlichkeit verändern. Ein Beispiel: »Ich habe gegeben« heißt auf Lateinisch *dedi,* weil der Perfektstamm von *dare ded-* ist. Das kann man nicht erraten, und es ist auch mühsam, das mithilfe des Lexikons zu ermitteln. Solche Formen sollte man besser auswendig können.

Unregelmäßige Perfekt-Passiv-Partizipien

Was für die Perfektstämme gilt, gilt analog auch für unregelmäßig gebildete Perfekt-Passiv-Partizipien. In den weniger problematischen Fällen fällt der auslautende Vokal des

Präsensstamms weg (zum Beispiel *censere* → *census,-a,-um*), oder er wird durch einen anderen Vokal ersetzt, auf den dann, wie bei der regelmäßigen Formenbildung, ein *-t-* folgt (zum Beispiel *monere* → *monitus,-a,-um*).

Schwieriger zu erkennen ist die Herkunft von Perfektpartizipien in den Fällen, in denen auch der letzte Konsonant oder gar ein Vokal des Präsensstamms verändert wird. Drei Beispiele: *iubere* → *iussus,-a,-um, movere* → *motus,-a,-um, cavere* → *cautus,-a,-um.* In solchen Fällen ist Auswendiglernen die sicherste Methode, um Irrtümer oder zeitraubendes Suchen im Lexikon zu vermeiden.

Lateinische Stammformenreihen

Lateinische Verben bilden die Formen der verschiedenen Zeitstufen von unterschiedlichen Stämmen:

- ✔ Vom **Präsensstamm** (*ama-*; *vide-*; *audi-*): Von diesem Stamm werden die Formen des Präsens, des Futurs und des Imperfekts gebildet, und zwar sowohl die aktiven als auch die passiven.
- ✔ Vom **Perfektstamm** (*amav-*; *ded-*; *tacu-* und so weiter): Von diesem Stamm werden die **Aktivformen** des Perfekts, des Plusquamperfekts und des Futurs II gebildet.
- ✔ Die **Passivformen** des Perfekts und Plusquamperfekts sowie des Futurs II werden – wie im Deutschen – unter Verwendung des **Partizips Perfekt Passiv** und des Hilfszeitworts »**sein**« (*esse*) gebildet: *amatus sum* = ich bin geliebt (worden).

Jede lateinische Verbalform basiert also auf einem dieser drei Grundelemente. Für die Übersetzung ist es natürlich entscheidend, das jeweilige Element dem richtigen Verbum zuordnen zu können. Bei Formen des Perfektstamms und bei Perfektpartizipien kann das bei unregelmäßigen Verben Probleme bereiten.

Um einen sicheren Umgang mit solchen Verben zu ermöglichen, hat man die für die Formenbildung relevanten Verbalstämme in sogenannten **Stammformenreihen** zusammengefasst.

Stammformenreihen sind keine Spezialität des Lateinischen. Sie kennen sie aus dem Englischen (give, gave, given). Auch dort ist – wie im Lateinischen – das Partizip Perfekt (given, nicht »gived«) von der Unregelmäßigkeit betroffen und zudem – anders als im Lateinischen – das Imperfekt (gave, nicht »gived«; im Lateinischen wird das Imperfekt ja immer mit *-ba-* gebildet). Dasselbe gilt für das Deutsche: Wenn Sie Deutsch als Fremdsprache gelernt hätten oder gar haben, dann hätten oder haben Sie sich auch dabei eine Menge dieser Reihen einprägen müssen (geben, gab, gegeben; werfen, warf, geworfen und so weiter). Wer die Sprache ansonsten beherrscht, kann auf der Grundlage dieser Reihen sämtliche Formen des jeweiligen Verbs korrekt bilden beziehungsweise dem richtigen Verb zuordnen, sobald er sie hört oder liest.

Wie viele unregelmäßige Verben es im Deutschen gibt, können Sie übrigens gut bei kleinen Kindern beobachten, die, sobald sie die Formenbildungsregeln erfasst haben, eine Zeit lang falsche Analogformen bilden und Sätze sagen wie: »Die Frau hat aber schön gesingt.«

Lateinische Stammformenreihen umfassen vier Formen:

- **1. Person Singular Präsens Aktiv:** zum Beispiel *iubeo* (ich befehle)
- **1. Person Singular Perfekt Aktiv:** zum Beispiel *iussi* (ich habe befohlen). Diese Form zeigt Ihnen – wenn Sie die Endung wegnehmen – den **Perfektstamm**: *iuss-*.
- **Partizip Perfekt Passiv**, und zwar nur in der Neutrumform: zum Beispiel *iussum* (befohlen), ausführlich *iussus,-a,-um*
- **Infinitiv Präsens Aktiv:** zum Beispiel *iubere* (befehlen). Diese Form zeigt die **Konjugationsreihe**, zu der das Verb gehört.

Die Stammformenreihe von *iubere* (befehlen) heißt deshalb:

iubeo, iussi, iussum, iubere (ich befehle, ich habe befohlen, befohlen, befehlen).

Ganz korrekt gesagt handelt es sich bei der dritten Form einer lateinischen Stammformenreihe nicht um das Partizip Perfekt Passiv in der Neutrumform, sondern um den sogenannten Supinstamm des Verbums, der wiederum die Grundlage für das Partizip Perfekt ist. Das ist aber schon annähernd exklusives Wissen, und Sie brauchen sich das nicht zu merken. Merken Sie sich einfach: Die dritte Form repräsentiert – genau wie in englischen und deutschen Stammformenreihen – das Partizip Perfekt Passiv und endet immer auf *-um*. Sie vertritt die ausführliche Version auf *-us, -a, -um*.

Zum Umgang mit den Stammformenreihen

Natürlich gilt grundsätzlich: Je mehr lateinische Stammformenreihen Sie auswendig können, desto selbstverständlicher und leichter werden Sie entsprechende Formen identifizieren können, wenn sie Ihnen begegnen.

Weil die Anzahl unregelmäßiger lateinischer Verben aber recht beträchtlich ist, werden Sie da kaum Vollständigkeit erreichen können. Es ist deshalb sinnvoll, sich vor allem auf die Stammformenreihen derjenigen Verben zu konzentrieren, die sich bei der Bildung des Perfektstamms oder des Partizips Perfekt stark verändern. Das sind insbesondere die Verben, deren **Perfektstamm mit *-s*** oder durch **Reduplikation** gebildet wird, und die, bei deren **Perfekt-Partizipien Konsonanten oder Vokale des Präsensstamms verändert** werden. Bei den anderen unregelmäßigen Verben sollte die Identifikation des Verbs kein Problem sein. Testen Sie das am besten mit der folgenden Übung.

Wiederholen Sie zuerst die Verben der a-, e- und i-Konjugation (siehe dazu Kapitel 4, Tabelle 4.11, Tabelle 4.12 und Tabelle 4.13). Einige davon sind unregelmäßig. Gehen Sie dann die folgenden Formen durch und überlegen Sie, von welchem Verb sie jeweils kommen. Sie brauchen die Formen nicht zu übersetzen, bestimmen Sie nur die Grundbedeutung der Verben: *exercuerunt, debuistis, monitus erat, venisti, licuit, habuissent, aperta est, territi essent, tacui, studuerant, valuerunt, nocuit, iacuerim, prohibitus est, timuerunt, docti sumus, floruerat, censuit.*

Lösungen: *exercere* (üben), *debere* (müssen, schulden, verdanken), *monere* (ermahnen, erinnern), *venire* (kommen), *licet* (es ist erlaubt), *habere* (haben, halten), *aperire* (öffnen), *terrere* (erschrecken), *tacere* (schweigen), *studere* (sich bemühen, streben), *valere* (stark sein, gesund sein, gelten), *nocere* (schaden), *iacere* (liegen), *prohibere* (abhalten, abwehren), *timere* (fürchten), *docere* (lehren), *florere* (blühen), *censere* (meinen, abschätzen, beschließen)

Stammformen potenziell problematischer unregelmäßiger Verben der a-, e- und i-Konjugation sowie von *esse*

Die in Tabelle 6.1 zusammengestellten Stammformenreihen sollten Sie sich gut einprägen. Sie gehören alle zu Verben, die Sie für die Übung wiederholt haben. Wenn kein Partizip Perfekt angegeben ist, liegt das daran, dass es das nicht gegeben hat.

1. Person Singular Präsens Aktiv	1. Person Singular Perfekt Aktiv	Partizip Perfekt Passiv	Infinitiv Präsens Aktiv	Deutsch
Perfektstamm mit -s-				
iubeo	iussi	iussum	iubere	beauftragen, befehlen
maneo	mansi	mansum	manere	bleiben
rideo	risi	risum	ridere	lachen
urgeo	ursi	–	urgere	(be-)drängen
consentio	consensi	consensum	consentire	übereinstimmen, zustimmen
sentio	sensi	sensum	sentire	fühlen, spüren
Perfektstamm mit Reduplikation				
do	dedi	datum	dare	geben
pendeo	pependi	–	pendere	(herab-)hängen, schweben
reperio	repperi	repertum	reperire	finden, wiedergewinnen
Partizip Perfekt Passiv mit Veränderung von Vokalen oder Konsonanten des Präsensstamms				
iuvo	iuvi	iutum	iuvare	unterstützen
lavo	lavi	lavatum / lautum	lavare	waschen, baden
caveo	cavi	cautum	cavere	sich hüten
moveo	movi	motum	movere	bewegen
sedeo	sedi	sessum	sedere	sitzen
video	vidi	visum	videre	sehen

Tabelle 6.1: Stammformenreihen potenziell problematischer unregelmäßiger Verben

Viele lateinische Verben wurden auf der Basis des Partizips Perfekt in moderne Sprachen übernommen. Auf *dare* → *datum* geht zum Beispiel das deutsche »Datum« zurück. Der Begriff stand zunächst mit einer Zeitangabe auf amtlichen Urkunden und Briefköpfen und bedeutete »gegeben, ausgefertigt (am)«. Auch das Wort »Dativ« geht auf *datum* zurück. Es bezeichnet den Fall, der den Empfänger von etwas Gegebenem ausdrückt. *Cavere* → *cautum* lebt im englischen »caution« und »cautious« weiter, *videre* → *visum* in »visuell«, »Vision« und dergleichen. Bei einigen Verben war sowohl der Präsensstamm als auch das Partizip Perfekt Grundlage für Übernahmen. Auf *movere* → *motum* gehen sowohl »move« als auch »motion« oder »Motor« zurück, auf *sentire* → *sensum* sowohl »sentimental« als auch »sensibel« oder englisch »sense«.

Merken Sie sich noch, dass der Perfektstamm von *esse* (sein) *fu-* ist (siehe Tabelle 6.2). Die an diesen Stamm angehängten Endungen und Ausgänge sind dieselben wie bei allen anderen Verben.

sum	fui	–	esse	sein

Tabelle 6.2: Die Stammformen von *esse*

Mit diesem Wissen ausgestattet können Sie eine philosophisch angehauchte lateinische Grabinschrift übersetzen, in der die Verstorbenen die Leser dazu ermahnen, sich ihrer Vergänglichkeit bewusst zu sein. Die verwendeten Verbalformen sind ausschließlich Formen von *esse*.

Quod (was) *sumus, hoc* (das) *eritis, fuimus quandoque* (einst), *quod estis.*

Diese Inschrift ist übrigens ein Vers, und zwar ein Hexameter. Wenn Sie die unterstrichenen Silben betonen, ergibt sich der Rhythmus des Verses.

Lösung: Was wir sind, das werdet ihr sein, wir sind einst gewesen, was ihr (jetzt) seid.

Deutlich unaufwendiger formuliert eine andere Grabinschrift denselben Gedanken: *Ego tu fui, tu ego eris* (Ich bin du gewesen, du wirst ich sein).

Eine zusammenfassende Verbalformen-Trainingseinheit

Die Stammformenreihen sind der Schlüssel zu den unregelmäßigen Verben. Es ist deshalb wichtig, dass Sie sie richtig deuten und sicher damit umgehen können. Ob Sie alles richtig erfasst haben, überprüfen Sie am besten, indem Sie selbst lateinische Formen bilden. Tragen Sie also in Tabelle 6.3 und Tabelle 6.4 unter die deutschen Formen die jeweiligen lateinischen ein. Wiederholen Sie vorher die Verbalendungen beziehungsweise -ausgänge (siehe Kapitel 4: Präsensstammformen und Kapitel 5: Perfektstammformen).

Die Verben, die Sie verwenden sollen, sind die folgenden: ***lavo**, lavi, lavatum, lavare*; ***moveo**, movi, motum, movere*; ***do**, dedi, datum, dare*; ***habeo**, habui, habitum, habere*; ***maneo**, mansi, mansum, manere*; ***iubeo**, iussi, iussum, iubere.*

Präsens	Imperfekt	Futur	Perfekt	Plusquamperfekt
ich wasche	ich wusch	ich werde waschen	ich habe gewaschen	ich hatte gewaschen
du bewegst	du bewegtest	du wirst bewegen	du hast bewegt	du hattest bewegt
er/sie/es gibt	er/sie/es gab	er/sie/es wird geben	er/sie/es hat gegeben	er/sie/es hatte gegeben
wir halten	wir hielten	wir werden halten	wir haben gehalten	wir hatten gehalten
ihr bleibt	ihr bliebt	ihr werdet bleiben	ihr seid geblieben	ihr wart geblieben
sie befehlen	sie befahlen	sie werden befehlen	sie haben befohlen	sie hatten befohlen

Tabelle 6.3: Verbalformenübung Aktivformen

Präsens	Imperfekt	Futur	Perfekt	Plusquamperfekt
ich werde gewaschen	ich wurde gewaschen	ich werde gewaschen werden	ich bin gewaschen worden	ich war gewaschen worden
du wirst bewegt	du wurdest bewegt	du wirst bewegt werden	du bist bewegt worden	du warst bewegt worden
er/sie/es wird gegeben	er/sie/es wurde gegeben	er/sie/es wird gegeben werden	er/sie/es ist gegeben worden	er/sie/es war gegeben worden
wir werden gehalten	wir wurden gehalten	wir werden gehalten werden	wir sind gehalten worden	wir waren gehalten worden
ihr werdet gewaschen	ihr wurdet gewaschen	ihr werdet gewaschen werden	ihr seid gewaschen worden	ihr wart gewaschen worden
sie werden beauftragt	sie wurden beauftragt	sie werden beauftragt werden	sie sind beauftragt worden	sie waren beauftragt worden

Tabelle 6.4: Verbalformenübung Passivformen

Lösungen zu Tabelle 6.3: (von links nach rechts): *lavo; lavabam; lavabo; lavi; laveram – moves; movebas; movebis; movisti; moveras – dat; dabat; dabit; dedit; dederat – habemus; habebamus; habebimus; habuimus; habueramus – manetis; manebatis; manebitis; mansistis; manseratis – iubent; iubebant; iubebunt; iusserunt; iusserant*

Lösungen zu Tabelle 6.4: (von links nach rechts): *lavor; lavabar; lavabor; lavatus,-a,-um sum; lavatus,-a,-um eram – moveris; movebaris; moveberis; motus,-a,-um es; motus,-a,-um eras – datur; dabatur; dabitur; datus,-a,-um est; datus,-a,-um erat – habemur; habebamur; habebimur; habiti,-ae,-a sumus; habiti,-ae,-a eramus – lavamini; lavabamini; lavabimini; lavati,-ae,-a estis; lavati,-ae,-a eratis – iubentur; iubebantur; iubebuntur; iussi,-ae,-a sunt; iussi,-ae,-a erant*

Wenn Sie diese Übung gemeistert haben, haben Sie die lateinischen Verbalformen gut im Griff – herzlichen Glückwunsch! Und weil Sie jetzt mit den Stammformenreihen umgehen können, können Sie die Perfekt-, Plusquamperfekt- und Futur-II-Formen sämtlicher lateinischer Verben übersetzen.

Zur Verwendung des Lateinlexikons

Sie werden beim Lateinübersetzen immer wieder Ihr Lexikon heranziehen müssen. Ein Lateinlexikon ist allerdings nicht ganz selbsterklärend. Seine Benutzung setzt ein paar Kenntnisse voraus. Wenn es um ein Verb geht, müssen Sie Folgendes wissen:

- ✔ In der überwiegenden Mehrzahl der Lateinlexika sind Verben nicht im Infinitiv, sondern in der **1. Person Singular Aktiv des Präsens** verzeichnet. Das lateinische Wort für »lieben« finden Sie also nicht als *amare*, sondern als *amo* im Lexikon, »hören« nicht als *audire*, sondern als *audio* und so weiter.
- ✔ Bei regelmäßigen Verben steht nach dieser Form oft eine **Zahl von 1 bis 4**. Diese Zahl bezeichnet das Konjugationssystem, dem das Verbum angehört. »1« steht für die a-Konjugation (*amare*), »2« für die e-Konjugation (*videre*), »3« für die 3. Konjugation (siehe Kapitel 14) und »4« für die i-Konjugation (*audire*).
- ✔ Bei unregelmäßigen Verben finden Sie dagegen die komplette **Stammformenreihe**, wobei anstelle der vierten Form, des Infinitivs Präsens Aktiv, wie bei den regelmäßigen Verben oft nur eine Zahl steht. Wenn Sie also *iubere* nachschlagen, sieht der Lexikoneintrag so aus: »***iubeo**, iussi, iussum* 2«. Diese Angaben enthalten alles, was Sie über die Formen dieses Wortes wissen müssen. An der dritten Stelle kann anstelle des Partizips Perfekt auch ein Gedankenstrich stehen (zum Beispiel: »***studeo**, studui,* – 2«). Das bedeutet, dass es das Partizip nicht gab.
- ✔ Unregelmäßige Perfektstämme sind zusätzlich extra aufgeführt und mit einem Verweis auf das Grundwort versehen. Wenn in einem Satz also die Form *iussissent* steht und Sie dieses Verbum im Lexikon unter »*ius…*« suchen, finden Sie dort den Eintrag »*iussi* siehe *iubeo*«.

Noch einmal Pyrrhus

Der folgende kurze Text berichtet noch einmal von dem griechischen König Pyrrhus (siehe auch Kapitel 4). Er enthält einige Formen von Verben der 3. Konjugation. Diese Verben sind so angegeben, wie Sie sie im Lexikon finden würden. Gehen Sie beim Übersetzen wieder so vor, wie ich es am Ende von Kapitel 5 beschreibe. Damit schulen Sie Ihren Blick für die wesentlichen Aspekte.

Die folgenden »kleinen Wörter« sollten Sie Ihrem Wortschatz hinzufügen (siehe Tabelle 6.5).

Lateinisch	Deutsch
antea	zuvor, vorher
nonnulli, -ae, -a	einige

Lateinisch	Deutsch
autem	aber

Tabelle 6.5: Lernvokabeln

(1) *Cum Pyrrhus olim e Graecia*[1] *in Italiam veniret, ut Romanos ab oppidis Graecis*[2] *prohiberet, elephantos secum*[3] *habuit.* (2) *Romani cum elephantos antea numquam vidissent, territi (sunt) nonnullisque proeliis a Pyrrho victi sunt*[4]. (3) *Postremo autem Pyrrhus Italiam relinquere*[5] *debuit et copias in Graeciam reduxit*[6].

[1] *Graecia,-ae*: Griechenland; [2] *Graecus,-a,-um*: griechisch; [3] *secum*: bei sich; [4] *vinco, vici, victum* 3: siegen, besiegen; [5] *relinquo, reliqui, relictum* 3: verlassen; [6] *reduco, reduxi, reductum* 3: zurückführen, -bringen

Übersetzung: (1) Als Pyrrhus einst aus Griechenland nach Italien kam, damit er die Römer von den griechischen Städten abwehrte (besser: um die Römer … abzuwehren), hatte er Elefanten bei sich. (2) Weil die Römer zuvor niemals Elefanten gesehen hatten, sind sie in Angst versetzt und in einigen Schlachten von Pyrrhus besiegt worden. (3) Schließlich aber musste Pyrrhus Italien verlassen und brachte die (besser: seine) Truppen nach Griechenland zurück.

Erklärungen: Satz 1 und 3: *habuit, debuit, reduxit*: Diese Perfektformen sind mit Imperfekt wiedergegeben. Wenn Sie jeweils das Perfekt gewählt haben, wäre das auch richtig. Sie können nach Gefühl wählen.

Satz 1 und 2: *cum / ut*: Wenn Sie die Konjunktive *veniret* (Imperfekt; Satz 1) und *vidissent* (Plusquamperfekt; Satz 2) erkennen, ist es kein Problem, das *cum* jeweils richtig zu deuten und die jeweiligen Satzteile als Nebensätze zu identifizieren. Entsprechendes gilt für *ut… prohiberet* (Konjunktiv Imperfekt) in Satz 1. In Satz 2 steht das *cum* nicht am Anfang des Nebensatzes, sondern erst an zweiter Stelle. Das kann vorkommen. Im Deutschen lässt sich das nicht nachmachen. Die Übersetzung »als« für *cum* würde hier nicht gut in den Kontext passen.

Satz 2: *territi (sunt)*: *sunt* ist hier in Klammern hinzugefügt, um Ihnen die Orientierung zu erleichtern. An sich würde es – wie auch sein deutsches Pendant – nur ein Mal in diesem Satz stehen: »sie sind in Angst versetzt und besiegt worden«.

nonullisque: Erinnern Sie sich an SPQR oder *Max Moritzque* und denken Sie daran, dass *-que* an das Wort angehängt wird, **vor** dem im Deutschen »und« stehen muss (siehe Kapitel 2).

Deponentien: Passive Formen – aktive Bedeutung

Zum Schluss dieses Kapitels noch ein merkwürdiges Phänomen. Es gibt im Lateinischen Verben, die ausschließlich passive Formen bilden, aber immer aktive Bedeutung haben. Diese Verben heißen **Deponentien** (Singular: Deponens). Eines dieser Verben ist das lateinische Wort für »bewundern«. *admiror* heißt trotz der passiven Endung nicht »ich werde bewundert«, sondern »ich bewundere«, *admiratus sum* nicht »ich bin bewundert worden«, sondern »ich habe bewundert«, *admirari* nicht »bewundert werden«, sondern »bewundern«. Wenn ein Römer »sie wird bewundert« oder dergleichen sagen wollte, musste er auf eine andere Konstruktion ausweichen.

Solche Verben sind, wie Sie sich vorstellen können, besonders tückische Fehlerquellen. Glücklicherweise ist ihre Anzahl allerdings recht begrenzt, und deshalb ist es durchaus möglich, sich die häufigsten Deponentien zu merken. Man lernt sie am besten mit der kompletten Stammformenreihe.

Wichtige Deponentien der a-, e- und i-Konjugation

Die Stammformenreihen von Deponentien bestehen nur aus Passivformen, und deshalb sehen sie ein wenig anders aus als die der »normalen« Verben (siehe Tabelle 6.6): Die zweite Form, den Perfektstamm, gibt es nicht. Der ist ja ausschließlich die Basis für Aktivformen.

1. Person Singular Präsens	1. Person Singular Perfekt	Infinitiv Präsens	Deutsch
a-Konjugation			
admiror	admiratus sum	admirari	bewundern (E admire)
arbitror	arbitratus sum	arbitrari	glauben, meinen
(co)hortor	(co)hortatus sum	(co)hortari	mahnen, ermutigen, anfeuern
conor	conatus sum	conari	versuchen
miror	miratus sum	mirari	sich wundern, bewundern (E miracle)
versor	versatus sum	versari	sich aufhalten, sich bewegen in (D versiert)
e-Konjugation			
mereor	meritus sum	mereri	verdienen, sich verdient machen (D Meriten)
polliceor	pollicitus sum	polliceri	versprechen
videor	visus sum	videri	scheinen
i-Konjugation			
orior	ortus sum	oriri	sich erheben, entstehen (D Orient)
potior	potitus sum	potiri (mit Genitiv oder Ablativ)	sich (einer Sache) bemächtigen, (etwas) an sich reißen, in seine Gewalt bekommen (»sich der Herrschaft bemächtigen« = *imperii* oder *imperio potiri*)

Tabelle 6.6: Wichtige Deponentien der a-, e- und i-Konjugation

Zwei dieser Verben sollten Sie sich besonders gut merken: *versari* (sich aufhalten) und *videri* (scheinen). Zu beiden gibt es, anders als bei den anderen Deponentien, jeweils ein »normales« Pendant mit durchaus anderer Bedeutung: *versare* heißt »drehen«, *videre* »sehen«. Wenn Sie diese Wörter im Lexikon nachschauen, ist die Gefahr groß, dass Sie von der Bedeutung des aktiven Verbs ausgehen, und dann wird der jeweilige Satz schwerlich einen Sinn ergeben.

Zwei Beispiele: *Caesar in Gallia versatur* (Caesar hält sich in Gallien auf). *Puer non audire videtur* (Der Junge scheint nicht zu hören). Das sind an sich zwei ganz unproblematische Sätze. Wenn Sie allerdings übersetzen »Caesar wird in Gallien gedreht« und »Der Junge wird nicht zu hören gesehen«, wird es schwierig, die Aussage auch nur zu erahnen. Merken Sie sich also: Wenn eine passive Form von *versare* oder *videre* auftaucht, ist das mit größter Wahrscheinlichkeit eine Form des Deponens und deshalb mit »sich aufhalten« beziehungsweise »scheinen« wiederzugeben. Erst wenn das keinen Sinn ergibt, sollten Sie die andere Möglichkeit in Betracht ziehen.

Bei Caesar kann Ihnen zudem das Deponens *(co)hortari* (mahnen, ermutigen, anfeuern) leicht begegnen. Vor einer Schlacht war es üblich, dass der Befehlshaber seine Soldaten noch mit einer Rede auf den Kampf einstimmte, und das wird meist mit *(co)hortari* ausgedrückt. Vergleichbar sind die Ansprachen, die heute zum Beispiel Fußballtrainer kurz vor dem Spiel an ihre Mannschaften richten. Die deutschen Bedeutungen »mahnen, ermutigen, anfeuern« klingen in Verbindung mit militärischen Auseinandersetzungen ein wenig banal. Verwenden Sie sie trotzdem; wir haben nichts Besseres.

Die Wiedergabe von Passiv- mit Aktivformen bedarf der Gewöhnung. Fangen Sie gleich damit an. Bestimmen und übersetzen Sie die in Tabelle 6.7 aufgelisteten Formen. Verwenden Sie die folgenden Abkürzungen: Singular = S; Plural = Pl; Aktiv = A; Passiv = P; Indikativ = In; Konjunktiv = K; Präsens = Pr; Imperfekt = Im; Perfekt = Pf; Plusquamperfekt = Pqp; Futur = F.

	Person	Zahl	Modus	Tempus	Bedeutung
arbitraris					
videor					
meriti sunt					
videretur					
mirabamur					
potiti erant					
conamini					
hortati essent					
versabuntur					
videatur					

Tabelle 6.7: Übung zu den Deponentien

Lösungen: *arbitraris:* 2, S, In, Pr: du glaubst – *videor*: 1, S, In, Pr: ich scheine – *meriti sunt*: 3, Pl, In, Pf: sie haben sich verdient gemacht – *videretur*: 3, S, K, Im: er/sie/es würde scheinen – *mirabamur*: 1, Pl, In, Im: wir wunderten uns – *potiti erant*: 3, Pl, In, Pqp: sie hatten sich bemächtigt – *conamini*: 2, Pl, In, Pr: ihr versucht – *hortati essent*: 3, Pl, K, Pqp: sie hätten gemahnt – *versabuntur*: 3, Pl, In, F: sie werden sich aufhalten – *videatur*: 3, S, K, Pr: er/sie/es scheine

Semideponentien

Wie um das Maß vollzumachen, gibt es noch eine seltsame Variante zu den Deponentien, die sogenannten **Semideponentien**, also Verben, die nur zur Hälfte Deponentien sind. Diese Verben funktionieren in den Präsensstammformen genau wie alle anderen, im Perfekt, Plusquamperfekt und Futur II aber haben sie passive Formen mit aktiver Bedeutung. Glücklicherweise gibt es von ihnen nur eine Handvoll (siehe Tabelle 6.8).

1. Person Singular Präsens	1. Person Singular Perfekt	Infinitiv Präsens	Deutsch
audeo	ausus sum	audere	wagen
gaudeo	gavisus sum	gaudere	sich freuen
soleo	solitus sum	solere	gewohnt sein, pflegen

Tabelle 6.8: Semideponentien

Die Existenz der Deponentien ist natürlich unangenehm. Ein Grund zum Verzweifeln ist sie allerdings nicht. Zwar gibt es einige, die häufig verwendet werden, aber dennoch sind passive lateinische Verbalformen überwiegend »echte« Passivformen. Um das Risiko, über ein Deponens zu stolpern, zu minimieren, versuchen Sie, sich möglichst viele gut einzuprägen. Und wenn Sie in einem Text einer passiven Verbalform begegnen und das Wort im Lexikon nachschauen müssen, rechnen Sie mit der Möglichkeit, dass Sie auf ein Deponens stoßen könnten. Wenn Sie beim Nachschauen konzentriert sind, erkennen Sie das sofort. Im Lexikon stehen Deponentien immer mit der kompletten Stammformenreihe. Schon die erste Form zeigt Ihnen, außer bei den Semideponentien, dass ein Deponens vorliegt: Sie endet nicht auf *-o*, sondern auf *-or*.

Auf einen Blick

Das Wichtigste aus diesem Kapitel in Stichpunkten:

- ✔ Lateinische Verbalformen werden entweder auf der Basis des **Präsensstamms** (Präsens, Imperfekt, Futur 1), des **Perfektstamms** (Perfekt, Plusquamperfekt, Futur II Aktiv) oder des **Partizips Perfekt Passiv** (Perfekt, Plusquamperfekt, Futur II Passiv) gebildet.
- ✔ Regelmäßige Verben bilden ihren **Perfektstamm**, indem an den Präsensstamm ein *v* angehängt wird (*amare* → *amav-*). Das **Partizip Perfekt Passiv** wird regelmäßig so gebildet: Präsensstamm + *t* + Endung der a- und o-Deklination (*amare* → *amatus,-a,-um*).
- ✔ Eine Reihe von Verben bildet Perfektstamm und Partizip Perfekt Passiv nach anderen Mustern (**unregelmäßige Verben**). Einige verändern sich dabei so stark, dass die Identifizierung des Grundwortes Probleme bereiten kann (*dare* → *dedi, datum*; *iubere* → *iussi, iussum*).
- ✔ Wie im Englischen (give, gave, given) oder im Deutschen (geben, gab, gegeben) hat man die für die Formenbildung relevanten Stämme unregelmäßiger Verben in **Stammformenreihen** zusammengefasst. Eine lateinische Stammformenreihe umfasst vier Formen: 1. Person Singular Präsens Aktiv; 1. Person Singular Perfekt Aktiv; Partizip Perfekt Passiv; Infinitiv Präsens Aktiv. Ein Beispiel: *iubeo* (ich befehle), *iussi* (ich habe befohlen), *iussum* (befohlen), *iubere* (befehlen). Die dritte Form endet immer auf *-um* und vertritt die ausführliche Version auf *-us, -a, -um.*
- ✔ Der Perfektstamm von *esse* (sein) ist *fu-*. Die Endungen sind dann dieselben wie bei allen anderen Verben.
- ✔ In lateinischen **Lexika** sind Verben in der Regel nicht im Infinitiv Präsens (*amare*), sondern in der 1. Person Singular (*amo*) aufgeführt. Bei unregelmäßigen Verben sind zudem die Stammformen angegeben. Dabei wird der Infinitiv Präsens Aktiv durch eine Zahl (1 bis 4) ersetzt, die die Zugehörigkeit zum Konjugationssystem bezeichnet. *iubere* finden Sie im Lexikon also in dieser Form: ***iubeo**, iussi, iussum* 2.
- ✔ Im Lateinischen gibt es Verben, die ausschließlich passive Formen bilden, aber aktive Bedeutung haben. Sie heißen **Deponentien** und sind besonders tückische Fehlerquellen. Im Lexikon erkennt man ein Deponens daran, dass das Verbum mit passiven Endungen angegeben ist (***admiror**, admiratus sum* 1: bewundern).

Einzelsätze und ein wenig Syntaktisches und Kultur

Um die folgenden Sätze übersetzen zu können, brauchen Sie wieder ein paar neue »kleine Wörter«: drei Fragepronomina, ein Adverb und zwei unterordnende Konjunktionen (siehe Tabelle 6.9).

Lateinisch	Deutsch
quis?	wer?
quid?	was?
cur?	warum?

Lateinisch	Deutsch
primo (Adverb)	zuerst
postquam (mit Indikativ Perfekt)	nachdem
quamquam	obwohl

Tabelle 6.9: Einige »kleine Wörter«

1. *Quid Caesar in primo de bello Gallico libro narravit? Nonne memoria tenuisti?* (*nonne*: nicht)
2. *Non ignoramus, cur equus ligneus a Graecis aedificatus sit.* (*ligneus,-a,-um*: hölzern)
3. *Miseris pecuniam dedissemus, si pecuniam habuissemus.*
4. *Cicero Romanos saepe hortabatur, ut concordiam servarent.*
5. *Ulixes, postquam Graeci Troia potiti sunt, X annos in multis terris ignotis versabatur variisque periculis urgebatur. Cum in patriam revenisset, primo non ausus est declarare, quis esset.* (*Ulixes*: Odysseus; *X*: 10; *revenire* ← *re-venire*)
6. *Hannibal secundo bello Punico imperium Romanorum delere conatus est. Cum copias Romanorum ad Cannas superavisset, magnum Romanis imminebat periculum.* (*secundus,-a,-um*: der/die/das zweite; *bellum Punicum*: der Punische Krieg; *Cannae,-arum*: Cannae, eine Stadt in Italien, südöstlich von Rom)

Pauci spectaculum »Dr. Verena Breitenbach« spectare solebant. Itaque Verena A.D. MMIII a PRO VII remota est. (*spectaculum,-i*: das Schauspiel, die Show; *M*: 1000; *I*: 1; *V*: 5; *removere* ← *re-movere* → englisch »remove«).

<u>Übersetzungen und Erklärungen</u>:

1. Was hat Caesar im ersten Buch über den Gallischen Krieg berichtet? Hast du (es) nicht im Gedächtnis behalten?

<u>Sprachliches</u>: *in primo de bello Gallico libro*: Zu dieser Formulierung siehe Kapitel 4, Satz 6. – *memoria tenuisti*: Die Verbalform *tenuisti* (du hast gehalten) zeigt Ihnen, dass *memoria* hier nicht Nominativ sein kann. Das Subjekt des Satzes ist ja »du«. *memoria* muss also Ablativ sein. Wörtlich übersetzt heißt *memoria tenere* etwa »mit dem Gedächtnis festhalten«, im Deutschen formuliert man besser »im Gedächtnis behalten, sich erinnern.« – Fragesätze: Die beiden Fragen repräsentieren unterschiedliche Fragetypen. Die erste ist eine Wortfrage, die zweite eine Satzfrage. Wortfragen sind mit einem Fragewort (wer, was, wann)

eingeleitet, Satzfragen sind Aussagesätze, die als Fragen verwendet werden. Im Deutschen wird ein Aussagesatz zur Satzfrage gemacht, indem Prädikat und Subjekt die Positionen tauschen: »Du freust dich« wird zu »Freust du dich?«. Das ist freilich nur *eine* Methode. Auch »Du freust dich?« wäre eine korrekt formulierte Frage. In gesprochener Form würde das durch die Satzmelodie deutlich. In schriftlicher Form wäre der Satz aber erst an seinem Ende durch das Fragezeichen als Frage zu erkennen.

Im Lateinischen werden Satzfragen gleich zu Beginn als Fragen markiert. Dafür gibt es drei Möglichkeiten (siehe Tabelle 6.10).

Lateinisch	Deutsch
-ne (an das erste Wort angehängt)	– (bleibt unübersetzt)
num	etwa
nonne	nicht

Tabelle 6.10: Wörter zur Markierung lateinischer Wortfragen

Diese drei Wörter verleihen der Frage unterschiedliche Färbungen. *Gaudesne?* wäre die neutrale Form (Freust du dich?). Wer hingegen *Num gaudes?* (Freust du dich etwa?) gefragt wird, sollte besser mit »Nein!« antworten; die Formulierung *Nonne gaudes?* (Freust du dich nicht?) zeigt, dass der Fragende am liebsten die Antwort »Doch, doch, ich freue mich!« hören möchte.

Inhaltliches: Siehe dazu die Erklärungen in Kapitel 4 zu Satz 6.

2. Wir wissen genau, warum das hölzerne Pferd von den Griechen gebaut worden ist.

Sprachliches: *Non ignoramus*: Eine doppelte Verneinung bewirkt im Lateinischen eine verstärkte Bejahung: »Wir wissen nicht nicht« bedeutet »wir wissen genau«. – *aedificatus sit*: Der Nebensatz steht im Konjunktiv, weil es sich um eine »indirekte Frage« handelt. Eine indirekte Frage heißt so, weil sie nicht direkt gestellt wird (Warum wurde das Pferd gebaut?), sondern von einem anderen Verb abhängig ist (»jeder weiß«, »ich verstehe nicht«, »du hast gelernt« oder dergleichen). Im Lateinischen müssen solche indirekten Fragen im Konjunktiv stehen, im Deutschen nicht.

Es gibt im Lateinischen mehrere Gründe, aus denen Nebensätze im Konjunktiv stehen müssen. Die Kenntnis einiger dieser Gründe ist für korrektes Übersetzen wichtig (zum Beispiel die Konjunktive nach *cum* und *ut*), Sie müssen aber keineswegs alle benennen können. Gehen Sie nach der Faustregel vor: Wenn ein lateinischer Nebensatz im Konjunktiv steht, im Deutschen aber ein Indikativ besser klingt, verwenden Sie den Indikativ. Vergessen Sie aber nicht: Bei *cum* (als, weil, obwohl) müssen Sie im Deutschen immer den Indikativ verwenden.

Inhaltliches: Nachdem die Griechen zehn Jahre lang vergeblich versucht hatten, Troja zu erobern, griffen sie auf Anraten des Odysseus zu einer List. Sie fingierten ihren Rückzug und ließen ein riesiges hölzernes Pferd am Strand von Troja zurück, in dessen Bauch die tapfersten griechischen Helden versteckt waren. Die Trojaner hielten das Pferd für eine Opfergabe für die Göttin Athene und brachten es in ihre Stadt. In der Nacht verließen die Griechen das Pferd und öffneten die Stadttore für ihre inzwischen zurückgekehrten Truppen. So konnte Troja schließlich erobert werden. Die Geschichte vom Trojanischen Krieg war in der Antike und weit darüber hinaus der wohl bekannteste griechische Mythos. Die klassische literarische Bearbeitung des Stoffs ist die »**Ilias**« des griechischen Dichters **Homer** (8./7. Jahrhundert v. Chr.). Eine der zahllosen Spuren, die der Mythos in der Kulturgeschichte hinterlassen hat, ist der in Anlehnung an das hölzerne Pferd geprägte Begriff »Trojaner« für bestimmte Computerviren.

3. Wir hätten den Armen Geld gegeben, wenn wir Geld gehabt hätten.

4. Cicero mahnte die Römer oft, dass sie die Eintracht bewahren (besser: die Eintracht zu bewahren).

Inhaltliches: **Cicero** (106–43 v. Chr.) ist neben Caesar (100–44 v. Chr.) eine weitere zentrale Figur der turbulenten Geschichte Roms im 1. Jahrhundert v. Chr. Diese Zeit war zum einen von einer ungeheuren kulturellen Dynamik geprägt, zum anderen von heftigsten innenpolitischen Auseinandersetzungen, die Rom trotz der gewaltigen Ausdehnung und Macht seines Reiches an den Rand des Untergangs brachten und schließlich zur Rückkehr zu monarchischen Machtstrukturen (Kaiserzeit) führten. Diese Prozesse, die eng miteinander verknüpft waren, werden noch häufig anzusprechen sein. Merken Sie sich fürs Erste: Cicero und Caesar vertraten Positionen, die im Verlauf der Entwicklungen immer weniger vereinbar waren. **Cicero** war fest davon überzeugt, dass die römische Republik theoretisch die ideale Staatsform sei. Er sah freilich, dass diese Staatsform durch egoistische Bestrebungen Einzelner stark ausgehöhlt und in ihrem Bestand gefährdet war. Eine Rettung der Republik hielt er dann für möglich, wenn alle »Guten« sich geschlossen den »Angreifern« entgegenstellten. Diese Einheit herzustellen war Ciceros primäres politisches Ziel. Er setzte dabei vor allem auf den römischen Adel. **Caesars** politische Aktivitäten gingen in eine ganz andere Richtung. Er verfolgte zunehmend eigene machtpolitische Interessen und geriet mehr und mehr in unüberbrückbare Konflikte mit den etablierten politischen Kräften. Dies führte schließlich zu einem fünf Jahre dauernden Bürgerkrieg (49–45 v. Chr.). Caesar konnte sich in erster Linie auf seine große Popularität beim einfachen Volk und bei seinen Soldaten stützen. Mit Cicero und Caesar standen sich – stark vereinfacht gesagt – ein sehr von idealistischen Überzeugungen geprägter Staatsmann und ein außerordentlich konsequenter Machtpolitiker gegenüber.

5. Odysseus hielt sich, nachdem die Griechen Troja eingenommen hatten, zehn Jahre lang in vielen unbekannten Ländern auf und wurde von verschiedenen Gefahren bedrängt. Als er in seine Heimat zurückgekommen war, hat er zuerst nicht gewagt zu erklären, wer er ist.

Sprachliches: *Ulixes*: In lateinischen Texten heißt Odysseus immer Ulixes. Im Englischen gibt es beide Varianten: Odysseus und Ulysses. – *postquam ... potiti sunt*: Nach *postquam* steht eigenartigerweise immer der Indikativ Perfekt. Im Deutschen ist das Plusquamperfekt erforderlich. – *quis esset*: Das ist wieder ein indirekter Fragesatz (siehe oben zu Satz 2). Im Lateinischen muss deshalb der Konjunktiv stehen. Das Deutsche bietet mehrere Optionen. Neben »ist« wäre hier auch »war« oder »sei« möglich. – *X*: Die Römer verwendeten Buchstaben als Symbole für Zahlen. Diese Symbole und ihre Verwendung haben Sie irgendwann einmal im Mathematikunterricht gelernt, aber womöglich wieder vergessen. Weil diese Ziffern aber in lateinischen Texten und auf Inschriften durchaus vorkommen und weil Sie sie womöglich einmal Ihren Kindern beibringen müssen, sollten Sie sie beherrschen.

Es gibt die folgenden sieben römischen Zahlensymbole: I = 1; V = 5; X = 10; L = 50; C = 100; D = 500; M = 1000. Dass »C« für 100 und »M« für 1000 steht, ist leicht zu merken: »100« heißt auf Lateinisch *centum* (vergleiche englisch »century«), »1000« heißt – wie im Italienischen – *mille* (vergleiche englisch »millenium«). Alle anderen Zahlen werden durch Nebeneinandersetzen dieser Symbole ausgedrückt. Dabei stehen, wie bei den heute gebräuchlichen arabischen Ziffern, die höheren Zahlen links, die jeweils niedrigeren rechts davon. Die ausgedrückte Zahl ergibt sich durch Addition der Symbole. Wenn Sie also alle römischen Zahlzeichen kombinieren, sieht das so aus: MDCLXVI. Addiert ergibt das die Zahl 1666. Wenn allerdings eine niedrigere Ziffer vor einer höheren steht, muss sie von der höheren abgezogen werden: VI = 6, aber IV = 4. Das Jahr der Öffnung der Berliner Mauer würde also in lateinischen Ziffern so aussehen: MCMLXXXIX.

Inhaltliches: Die Rückkehr nach Hause verlief für viele der griechischen Trojakämpfer höchst unglücklich. Die berühmteste dieser tragischen Heimkehrgeschichten ist die des Odysseus. Er musste zehn Jahre Irrfahrten und viele tödliche Gefahren überstehen, bis er seine Heimatinsel Ithaka erreichte. Auch dort war er aber noch nicht in Sicherheit. Griechische Fürsten aus der Umgebung, die glaubten, Odysseus werde nicht mehr zurückkehren, hatten sich in seinem Palast niedergelassen und warben um die Hand von Odysseus' Frau Penelope. Hätte Odysseus sich nach seiner Rückkehr gleich zu erkennen gegeben, hätte er riskiert, von Penelopes Freiern beseitigt zu werden. – Wie beim Trojanischen Krieg (siehe oben zu Satz 2) stammt auch bei diesem Stoff die klassische literarische Version von **Homer**. Es ist die »**Odyssee**«. Der Einfluss dieses Textes auf die abendländische Literatur- und Kulturgeschichte kann kaum hoch genug eingeschätzt werden. Zu den jüngeren Verarbeitungen zählt der grandiose Film »O brother where art thou« aus dem Jahr 2000, den ich nur wärmstens empfehlen kann, am besten in der englischen Originalversion. Im Vorspann heißt es »Based upon ›The Odyssee‹ by Homer«.

6. Hannibal versuchte (oder: hat … versucht) im Zweiten Punischen Krieg, die Herrschaft (oder: das Reich) der Römer zu zerstören. Als er die Truppen der Römer bei Cannae besiegt hatte, drohte den Römern große Gefahr.

Inhaltliches: Nachdem sich die Römer mit dem Sieg über Pyrrhus Unteritalien angeeignet hatten, wandten sie sich Mitte des 3. Jahrhunderts v. Chr. Sizilien zu. Dort gerieten sie in Konflikt mit der nächsten starken auswärtigen Macht: Karthago, eine Stadt im heutigen Tunesien. Die Karthager waren die dominierende Seemacht im westlichen Mittelmeer und hatten wichtige Stützpunkte auf Sizilien. Die Kämpfe zogen sich über mehrere Jahrzehnte hin. Sie heißen die »Punischen Kriege«, weil die Bewohner von Karthago auch »Punier« genannt wurden. Drei Phasen sind zu unterscheiden:

- ✔ **Erster Punischer Krieg** (264–241 v. Chr., also beinahe 25 Jahre): Die Römer siegten, und Karthago war gezwungen, sich aus Sizilien zurückzuziehen.

- ✔ **Zweiter Punischer Krieg** (218–201 v. Chr., also beinahe 20 Jahre): Gegen Ende des 3. Jahrhunderts versuchte Hannibal, die ursprünglichen Machtverhältnisse wiederherzustellen, und zog mit einem gewaltigen Heer über Spanien und Südfrankreich nach Italien. Dabei kam es zu seiner berühmten Überquerung der (See-)Alpen. Obwohl er 17 Jahre in Italien blieb, griff er Rom merkwürdigerweise nie direkt an. Die Römer stellten sich ihm an verschiedenen Orten entgegen, erlitten dabei aber mehrfach verheerende Niederlagen. Die Schlacht bei **Cannae** (216 v. Chr.), bei der es fast keine Überlebenden auf römischer Seite gab, wurde zu einem nationalen Trauma. Im Jahr 202 griffen die Römer schließlich die Stadt Karthago an. Hannibal musste zur Verteidigung der Stadt nach Nordafrika zurückkehren und unterlag dort den Römern.

✔ **Dritter Punischer Krieg** (149–146 v. Chr.): Gut 50 Jahre nach dem Sieg über Hannibal eroberten die Römer die Stadt Karthago und machten sie dem Erdboden gleich. Das ist ganz wörtlich zu nehmen.

7. Wenige pflegten die Show (oder: Sendung) »Dr. Verena Breitenbach« anzusehen. Deshalb ist Verena im Jahr (des Herrn) 2003 (oder: im Jahr 2003 n. Chr.) von PRO 7 entfernt (besser: abgesetzt) worden.

Sprachliches: *M, V, I*: Zu den römischen Zahlensymbolen siehe oben zu Satz 5.

Inhaltliches: Die Sendung »Dr. Verena Breitenbach« war eines der rührendsten Produkte der Sparte »Scripted Reality«. Die Protagonistin, eine echte Ärztin, wurde in ihrer Praxis von Opfern mehr oder weniger abstruser Krankheiten und bedenklicher Lebenssituationen aufgesucht und beriet diese kompetent. Der besondere Reiz der Sendung bestand darin, dass sie offenbar mit einem minimalen Etat produziert wurde und deshalb in jedem relevanten Bereich (Darsteller, Maske, Kulisse, Schnitt, Drehbuch) von ausgesprochen unterirdischer Qualität war. So wurden reihenweise Perlen unfreiwilliger Komik produziert. Wer für dergleichen einen Sinn hat, kann sich Teile einzelner Folgen auf YouTube ansehen.

IN DIESEM KAPITEL

Die Demonstrativpronomina

Das Relativpronomen

Kapitel 7
Demonstrativ- und Relativpronomina

Dieses Kapitel beschäftigt sich und Sie mit einer neuen Wortart, dem Pronomen. Pronomina sind – meistens kurze – Wörter, die Substantive vertreten. Das sagt schon ihr Name: *pro* heißt »für, anstelle von«, *nomen* ist ein anderes Wort für »Substantiv«. Daher kommt auch der etwas merkwürdige deutsche Ausdruck »Fürwort«, den Sie vermutlich in der Grundschule statt »Pronomen« gelernt haben. Es gibt verschiedene Typen von Pronomina. Zwei werden Sie jetzt kennenlernen: die Demonstrativpronomina (hinweisende Fürwörter) und das Relativpronomen (bezügliches Fürwort).

Weil Pronomina Substantive vertreten, werden sie auch wie Substantive gebeugt. Und weil sie Substantive jeden Geschlechts vertreten können, bilden sie – wie Adjektive – maskuline, feminine und neutrale Formen. Das ist im Deutschen nicht anders (zum Beispiel »dieser, diese, dieses«). Dabei werden im Lateinischen großenteils die Endungen der a- und der o-Deklination verwendet (siehe Kapitel 3, Tabelle 3.1 und Tabelle 3.5). Wiederholen Sie die doch kurz. Wenn Sie sie im Griff haben, werden Ihnen auch die Pronomina kaum Probleme bereiten.

Vier Grundregeln sollten Sie sich gleich vorweg gut einprägen. Das wird Ihnen einige Mühe ersparen.

- Im **Nominativ Singular**, also in der Form, in der Sie ein Pronomen lernen oder im Lexikon finden, haben die Pronomina unterschiedliche Endungen.
- Die Demonstrativpronomina und das Relativpronomen haben im **Genitiv Singular** die Endung *-ịus*, im **Dativ Singular** die Endung *-i* für alle drei Geschlechter.
- Wie bei allen lateinischen Nomina sind **Dativ** und **Ablativ Plural** auch bei den Pronomina immer identisch.
- Wie bei allen lateinischen Nomina gilt auch bei den Pronomina: Bei **Neutra** sind **Nominativ** und **Akkusativ** sowohl im **Singular** als auch im **Plural** immer identisch.

dies, das und jenes: Die Demonstrativpronomina

Die lateinischen Demonstrativpronomina werden – von einer Ausnahme abgesehen – alle nach demselben Muster gebeugt. Es genügt also, wenn Sie sich dieses Muster mit einem einzigen Beispiel einprägen (siehe Tabelle 7.2).

Die wichtigsten Demonstrativpronomina

Im Nominativ Singular sehen die wichtigsten Demonstrativpronomina so aus, wie Tabelle 7.1 zeigt.

Lateinisch	Deutsch
is, ea, id	dieser, diese, dieses; er, sie, es
hic, haec, hoc	dieser, diese, dieses; (er, sie, es)
ille, illa, illud	jener, jene, jenes; (er, sie, es)

Lateinisch	Deutsch
ipse, ipsa, ipsum	er selbst, sie selbst, es selbst
iste, ista, istud	der da, die da, das da (meist abwertend gemeint)

Tabelle 7.1: Die wichtigsten Demonstrativpronomina

Die Pronomina in der linken Spalte haben jeweils als zweite Bedeutung »er, sie, es«. Bei *hic, haec, hoc* und *ille, illa, illud* ist sie eingeklammert, bei *is, ea, id* nicht. Das hat folgenden Grund: Das Lateinische verwendet Demonstrativpronomina etwas häufiger als das Deutsche. Es kann deshalb vorkommen, dass ein »dieser« oder »jener« im Deutschen etwas schwerfällig klingt, wo im Lateinischen *is, hic* oder *ille* steht. In solchen Fällen ist es besser, im Deutschen einfach »er« zu verwenden. Weil *is, ea, id* das schwächste der drei Pronomina ist, bietet sich diese Übersetzung da recht häufig an.

Die Formen der Demonstrativpronomina: *is, ea, id*

Merken Sie sich die Endungen der Demonstrativpronomina am besten mit dem am häufigsten vorkommenden Exemplar: *is, ea, id.* Es ist das kürzeste lateinische Nomen. Sein Stamm, das sehen Sie schon an den Nominativformen, besteht nur aus einem einzigen Vokal, »i-« oder »e-«, danach kommt gleich die Endung. Prägen Sie sich die Formen in Tabelle 7.2 gut ein. Sie werden Ihnen noch oft begegnen.

	Singular			Plural		
	Maskulinum	**Femininum**	**Neutrum**	**Maskulinum**	**Femininum**	**Neutrum**
Nominativ	is	ea	id	ii	eae	ea
Genitiv	eius	eius	eius	eorum	earum	eorum
Dativ	ei	ei	ei	iis *oder* eis	iis *oder* eis	iis *oder* eis
Akkusativ	eum	eam	id	eos	eas	ea
Ablativ	eo	ea	eo	iis *oder* eis	iis *oder* eis	iis *oder* eis

Tabelle 7.2: Die Formen von *is, ea, id* – dieser, diese, dieses; er, sie, es

Ab dem Akkusativ Singular verwendet *is, ea, id* durchgehend die Endungen der a- und o-Deklination. Einzige Ausnahme: der Akkusativ Singular des Neutrums, der – siehe die vierte Grundregel oben – mit dem Nominativ identisch ist.

Wenn Sie diese Formen beherrschen, kennen Sie auch schon die Formen, die *ille, illa, illud* und *ipse, ipsa, ipsum* sowie *iste, ista, istud* bilden. Probieren Sie es aus. Bestimmen Sie Kasus und Geschlecht der folgenden Pronominalformen. Die Zahlen in Klammern zeigen Ihnen an, wie viele Möglichkeiten es jeweils gibt: *istius* (3), *ipsum* (3), *illorum* (2), *ipso* (2), *illas* (1), *istis* (6), *illa* (4), *illud* (2), *ipsarum* (1).

Lösungen: *istius* (3): Genitiv Singular Maskulinum, Femininum oder Neutrum – *ipsum* (3): Akkusativ Singular Maskulinum (wie *dominum*) oder Nominativ oder Akkusativ Singular Neutrum – *illorum* (2): Genitiv Plural Maskulinum oder Neutrum (wie *dominorum* oder *templorum*) – *ipso* (2): Ablativ Singular Maskulinum oder Neutrum (wie *domino* oder *templo*) – *illas* (1): Akkusativ Plural Femininum (wie *flammas*) – *istis* (6): Dativ oder Ablativ Plural Maskulinum, Femininum oder Neutrum (wie *dominis, flammis* oder *templis*) – *illa* (4): Nominativ oder Ablativ Singular Femininum (wie *flamma*) oder Nominativ oder Akkusativ Plural Neutrum (wie *templa*) – *illud* (2): Nominativ oder Akkusativ Singular Neutrum – *ipsarum* (1): Genitiv Plural Femininum (wie *flammarum*)

Die Ausnahme: *hic, haec, hoc*

Bei *hic, haec, hoc* sehen die Formen großenteils ganz anders aus. Sie sind in Tabelle 7.3 aufgelistet.

	Singular			**Plural**		
	Maskulinum	**Femininum**	**Neutrum**	**Maskulinum**	**Femininum**	**Neutrum**
Nominativ	hic	haec	hoc	hi	hae	haec
Genitiv	huius	huius	huius	horum	harum	horum
Dativ	huic	huic	huic	his	his	his
Akkusativ	hunc	hanc	hoc	hos	has	haec
Ablativ	hoc	hac	hoc	his	his	his

Tabelle 7.3: Die Formen von *hic, haec, hoc* – dieser, diese, diese; (er, sie, es)

Hier, so scheint es, ist sehr oft »c« die Endung. Das betrifft alle Singularformen außer dem Genitiv (*huius*) sowie den Nominativ und Akkusativ Plural des Neutrums (*haec*). Dennoch sind diese Formen keineswegs gleich. Die entscheidenden Veränderungen finden vor dem *c* statt. Der Grund für diese eigenartigen Formen ist, dass das *c* gar keine Endung ist, sondern der verbliebene Rest der hinweisenden Partikel *-ce*, die etwa »da, dort« bedeutet und, wie *-que*, an ein Wort angehängt wird.

Dass dieses *c* nur an die Formen angehängt ist, kann man im Dativ und Ablativ Singular gut erkennen: Der Dativ hieße ohne das *-c hui*, die Ablative *ho, ha, ho*, das heißt, die Fälle haben durchaus die erwartbaren Endungen. Entsprechendes gilt für den maskulinen und den femininen Akkusativ Singular. Sie hießen ursprünglich *hum* und *ham*, durch das angehängte *-c* veränderte sich – bei der Aussprache – das *m* dann jeweils zu *n*.

Wenn diese Formen also auch durchaus erklärbar sind, gibt es leider nur eine Möglichkeit, sie zu beherrschen. Sie müssen sie sehr genau lernen. Sie können ihre Bedeutungen unmöglich erraten und auch das Lexikon hilft Ihnen hier nicht weiter: Da finden Sie nur *hic, haec, hoc*. Gebeugte Formen wie *huic* oder *hunc* haben keine eigenen Einträge.

Beachten Sie beim Lernen der Formen besonders, dass *haec* und *hoc* verschiedene Fälle bezeichnen können: *haec* kann sowohl Nominativ Singular Femininum als auch Nominativ oder Akkusativ Plural Neutrum sein, *hoc* sowohl Nominativ und Akkusativ Singular Neutrum als auch Ablativ Singular Maskulinum und Neutrum. Solche mehrdeutigen Formen sind immer dann besonders problematisch, wenn sie – wie hier – schon im Nominativ Singular vorkommen. Den Nominativ Singular lernt man oder man findet ihn im Lexikon, und dadurch hat er eine gewisse Prominenz. Die anderen Optionen werden dann gerne übersehen.

Schließlich eine Verwechslungsmöglichkeit mit einem anderen Wort. Der Nominativ Singular Maskulinum *hic* sieht genauso aus wie das Adverb, das »hier« bedeutet. Merken Sie sich die unterschiedlichen Bedeutungen von *hic* (siehe Tabelle 7.4).

hic	
1. Adverb	hier
2. Demonstrativpronomen (Nominativ Singular Maskulinum)	dieser

Tabelle 7.4: Die unterschiedlichen Bedeutungen von *hic*

Zur Verwendung der Demonstrativpronomina

Die Verwendung der Demonstrativpronomina ist im Lateinischen und im Deutschen sehr ähnlich. Es schadet deshalb nicht, wenn Sie sich ein paar Dinge ins Bewusstsein rufen.

dieser versus jener

Wenn beide Pronomina in einem Satz oder Text verwendet werden, um Begriffe gegeneinander abzugrenzen, bezeichnet »dieser« (*hic, haec, hoc*) etwas, das näher am Sprecher positioniert ist, »jener« (*ille, illa, illud*) etwas weiter Entferntes. Das gilt auch für die Position des jeweiligen Begriffs im Text. Wenn Sie lesen: »Hier sehen wir einen grünen und einen pinkfarbenen Stuhl. Dieser ist bequem, jener nicht.«, ist der pinkfarbene Stuhl, der im Text näher an »dieser« steht, der bequeme, der grüne der unbequeme.

Demonstrativpronomina in Kombination mit Substantiven

Wenn ein Demonstrativpronomen direkt mit einem Substantiv kombiniert wird, um dieses Substantiv hervorzuheben, funktioniert es wie ein Adjektiv: Es muss in Fall, Zahl und Geschlecht mit dem Substantiv übereinstimmen. Weil aber Substantiv- und Pronominalendungen nicht immer identisch sind, werden bei solchen Kombinationen immer wieder Wörter zusammengehören, deren Endungen verschieden aussehen. Dieses Phänomen tritt auch bei Substantiven und Adjektiven auf (siehe Kapitel 3): »Der gute Dichter« heißt *poeta bonus*, weil *poeta* zwar nach der a-Deklination gebeugt wird, aber ein Maskulinum ist. Bei der kleinen Pinie (*pinus parva*, siehe Kapitel 4) war es umgekehrt. Das ist unangenehm, aber im Deutschen um kein Haar besser (zum Beispiel »jenes ergreifende Gedicht«, »diesem unerträglichen Schreihals« und so weiter). Mit den folgenden Übungen können Sie sich das konkret anschauen.

Ergänzen Sie die fehlenden Endungen in Tabelle 7.5 und Tabelle 7.6.

1. dieser gute Dichter

		is, ea, id	**a-Deklination**	**o-Deklination**
Singular	Nominativ	is	poeta	bonus
	Genitiv	e	poet	bon
	Dativ	e	poet	bon
	Akkusativ	e	poet	bon
	Ablativ	e	poet	bon
Plural	Nominativ	i	poet	bon
	Genitiv	e	poet	bon
	Dativ	i / e	poet	bon
	Akkusativ	e	poet	bon
	Ablativ	i / e	poet	bon

Tabelle 7.5: Übung: *is, ea, id* plus Substantiv plus Adjektiv

2. dieser oder jener kleine Tempel

		hic, haec, hoc		**ille, illa, illud**	**o-Deklination Neutrum**	
Singular	Nominativ	hoc	aut	illud	templum	parvum
	Genitiv	h	aut	ill	templ	parv
	Dativ	h	aut	ill	templ	parv
	Akkusativ	h	aut	ill	templ	parv
	Ablativ	h	aut	ill	templ	parv

		hic, haec, hoc		ille, illa, illud	o-Deklination Neutrum	
Plural	Nominativ	h	aut	ill	templ	parv
	Genitiv	h	aut	ill	templ	parv
	Dativ	h	aut	ill	templ	parv
	Akkusativ	h	aut	ill	templ	parv
	Ablativ	h	aut	ill	templ	parv

Tabelle 7.6: Übung: *hic, haec, hoc; ille, illa, illud* plus Substantiv plus Adjektiv

Lösungen: 1. dieser gute Dichter: Singular: *is poeta bonus; eius poetae boni; ei poetae bono; eum poetam bonum; eo poeta bono.* Plural: *ii poetae boni; eorum poetarum bonorum; iis/eis poetis bonis; eos poetas bonos; iis/eis poetis bonis*

2. dieser oder jener kleine Tempel: Singular: *hoc aut illud templum parvum; huius aut illius templi parvi; huic aut illi templo parvo; hoc aud illud templum parvum; hoc aut illo templo parvo.* Plural: *haec aut illa templa parva; horum aut illorum templorum parvorum; his aut illis templis parvis; haec aut illa templa parva; his aut illis templis parvis*

Demonstrativpronomina ohne dazugehörige Substantive

Demonstrativpronomina können ohne ein Substantiv, auf das sie sich beziehen, in einem Satz stehen. Dann fungieren sie selbst als Substantive. Nehmen wir beispielsweise an, Sie waren Augenzeuge eines Überfalls und sollen nun den Täter mithilfe von Fotos identifizieren. Wenn Sie ihn auf einem erkennen, könnten Sie sagen *Hic fuit!* (Dieser war es!) oder auch *Eum vidi!* (Diesen habe ich gesehen!). An diesen Sätzen können Sie übrigens sehen, dass die Verwendung von »dieser« bei der Übersetzung nicht obligatorisch ist. Sie könnten ebenso gut (oder besser) »Der/Er war's!« oder »Den/Ihn habe ich gesehen!« formulieren.

In der Regel wird Ihnen die Übersetzung solcher Demonstrativpronomina keine Schwierigkeiten machen. Für gelegentliche Probleme sorgen lediglich die **Genitive**, und das hat folgenden Grund. Das Deutsche differenziert eigenartigerweise bei »dieser, diese, dieses« im Genitiv (und nur da) zwischen adjektivischer und substantivischer Verwendung. Wir sagen »die Frisur dieses Mannes / dieser Frau / dieses Kindes / dieser Leute« (Pronomen plus Substantiv), aber »dessen/deren Frisur« (Pronomen ohne Substantiv). Im Lateinischen stünde hier immer *eius* oder *huius* im Singular und – je nach Geschlecht – *eorum / earum* oder *horum / harum* im Plural.

Wissenswertes über Dieter Bohlen

Im folgenden Text können Sie nicht nur sehen, wie gut Sie schon mit den Demonstrativpronomina umgehen können. Sie erweitern auch Ihr Wissen über Dieter Bohlen um ein wichtiges Detail, das Ihnen bisher womöglich entgangen ist. Sollten Ihnen die Namen in dem Text freilich nichts sagen, fassen Sie ihn einfach als historische Anekdote auf. Bevor Sie beginnen, merken Sie sich die in Tabelle 7.7 aufgelisteten »kleinen Wörter«.

Lateinisch	Deutsch
valde	sehr
nonnullus, -a, -um Plural: nonnulli, -ae, -a	mancher einige
deinde	darauf(hin), ferner
denique	schließlich, zuletzt

Lateinisch	Deutsch
nisi	wenn nicht
non ..., nisi	nicht ..., wenn nicht → nur ..., wenn
diu	lange Zeit, lange

Tabelle 7.7: »Kleine Wörter«

(1) *Dieter*[1] *ille Bohlen cum Thoma*[2] *illo Anders parvum olim chorum canentium*[3] *formavit.* (2) *Hunc chorum »Modern Talking« nominabant.* (3) *Quamquam nonnulli cantilenis*[4] *eorum territi sunt, multis valde placebant.* (4) *Non ignoramus nomina*[5] *feminarum Dieteri Thomaeque.* (5) *Hic diu Noram solam amabat, ille primo Nadiam, deinde Veronam, deinde denuo*[6] *illam Nadiam, deinde Estefaniam, denique Carinam.* (6) *Haec fabula docet:* (7) *Femina Dieterum allicere*[7] *non videtur, nisi nomen*[5] *eius in litteram »a« exit*[8].

[1] *Dieter,-i*: Dieter; [2] *Thomas,-ae*: Thomas; [3] *chorus canentium*: der Chor (von Sängern); [4] *cantilena,-ae*: das Lied, der Gesang; [5] *nomen, nominis* (Neutrum; 3. Deklination, siehe Kapitel 9): der Name; [6] *denuo*: wieder, erneut; [7] *allicere*: anziehen, reizen; [8] *exire*: ausgehen, enden.

Übersetzung:

(1) Jener Dieter Bohlen gründete einst mit jenem Thomas Anders einen kleinen Chor. (2) Diesen Chor nannten sie »Modern Talking«. (3) Obwohl einige durch deren (oder: ihre) Gesänge in Angst versetzt wurden, gefielen sie vielen sehr. (4) Wir kennen die Namen der Frauen von Dieter und Thomas genau. (5) Dieser liebte Nora allein, jener zuerst Nadja, darauf Verona, darauf erneut jene Nadja, darauf Estefania, schließlich Carina. (6) Diese Geschichte lehrt: (7) Eine Frau scheint Dieter nur zu reizen, wenn deren (besser: ihr) Name auf den Buchstaben »a« endet (wörtlich: Eine Frau scheint Dieter nicht zu reizen, wenn ihr Name nicht ... endet).

Erklärungen

Satz 1: *ille*: Wenn in einem lateinischen Text eine bekannte Persönlichkeit zum ersten Mal genannt wird, wird oft das Pronomen *ille* zum Namen gestellt, um zu zeigen, dass es sich eben um »jenen« (den, den wir alle kennen; den bekannten) Träger des Namens und nicht um irgendeinen Namensvetter handelt. Im Deutschen kann man diesen Zusatz auch weglassen. – *parvum ... chorum*: Hyperbaton.

Satz 3: *eorum*: Wenn Ihnen die Übersetzung »deren« etwas hölzern erscheint, können Sie den substantivisch verwendeten Genitiv Plural eines Demonstrativpronomens auch mit dem Possessivpronomen, also dem besitzanzeigenden Fürwort »ihr« wiedergeben. Die erste Übersetzung sollte aber immer die wörtliche sein.

Satz 4: *nomina*: Wie in Anmerkung 5 angegeben, stammt diese Form von dem Neutrum-Wort *nomen*, das der noch nicht besprochenen 3. Deklination angehört. Die Form *nomina* können Sie trotzdem richtig deuten, wenn Sie sich an die Grundregel erinnern: Alle lateinischen Substantive, die Neutra sind, haben im Nominativ und Akkusativ Plural die Endung -a. – *feminarum Dieteri Thomaeque*: Bei einer derartigen Häufung von Genitiven verwendet man im Deutschen am besten einmal den mit »von« gebildeten Genitiv (englisch »of«). Möglich wäre deshalb auch »(die Namen) von Dieters und Thomas' Frauen«. Ohne einen »von«-Genitiv käme hier »(die Namen) der Frauen Dieters und Thomas'« heraus, und das wäre etwas grenzwertig.

Satz 7: *eius*: Wie bei *eorum* in Satz 3 ist auch beim Genitiv Singular eines substantivisch verwendeten Demonstrativpronomens eine Übersetzung mit Possessivpronomen legitim.

qui, quae, quod: Das Relativpronomen

Ein Relativpronomen leitet einen Nebensatz ein, der sich direkt auf ein Substantiv oder Pronomen des übergeordneten Satzes bezieht. Es muss in **Geschlecht** und **Zahl** mit dem Substantiv übereinstimmen. In welchem **Fall** es steht, hängt dagegen ausschließlich vom Prädikat des Relativsatzes ab. Ein Beispiel: »Jener Mann (Maskulinum Singular, Nominativ), **den** (Maskulinum Singular, Akkusativ) ich gesehen habe, war Dieter Bohlen.« Lateinisch hieße das: *Ille vir, quem vidi, Dieter erat Bohlen.*

Die Formen des Relativpronomens

Tabelle 7.8 zeigt, wie das Relativpronomen im Nominativ Singular aussieht.

Lateinisch	Deutsch
qui, quae, quod	der, die, das; welcher, welche, welches; – wer, was

Tabelle 7.8: Relativpronomen

Über die verschiedenen Übersetzungsmöglichkeiten wird gleich noch zu reden sein. Eines aber ist Ihnen vermutlich schon aufgefallen: Das lateinische Relativpronomen ist leicht zu erkennen, weil die Relativpronomina in den meisten romanischen Sprachen dem lateinischen noch sehr ähnlich sind (zum Beispiel Französisch »qui«, Spanisch »que«, Italienisch »che«).

Vielleicht ist Ihnen noch etwas aufgefallen: Die Neutrumform *quod* sieht genauso aus wie das Wort, das »weil« bedeutet. Das ist unpraktisch, aber nicht zu ändern. In der Praxis ist es in aller Regel nicht schwierig zu entscheiden, mit welchem *quod* man es gerade zu tun hat. Das sagt Ihnen der Zusammenhang. Entscheidend ist aber, dass Sie beide Möglichkeiten präsent haben (siehe Tabelle 7.9).

quod	
1. unterordnende Konjunktion:	weil
2. Neutrum des Relativpronomens:	das; welches; was

Tabelle 7.9: Die unterschiedlichen Bedeutungen von *quod*

Wenn *qui, quae, quod* gebeugt wird, folgt es im Wesentlichen den Mustern, die Sie bei den Demonstrativpronomina kennengelernt haben (siehe Tabelle 7.10).

	Singular			Plural		
	Maskulinum	**Femininum**	**Neutrum**	**Maskulinum**	**Femininum**	**Neutrum**
Nominativ	qui	quae	quod	qui	quae	quae
Genitiv	cuius	cuius	cuius	quorum	quarum	quorum
Dativ	cui	cui	cui	quibus	quibus	quibus
Akkusativ	quem	quam	quod	quos	quas	quae
Ablativ	quo	qua	quo	quibus	quibus	quibus

Tabelle 7.10: Die Formen des Relativpronomens *qui, quae, quod*

Diese Formen sind nach denselben Grundregeln gebildet, die am Anfang dieses Kapitels genannt wurden: Die Genitiv-Singular-Endung ist *-ius* (*cuius*), die Dativ-Singular-Endung ist *-i* (*cui*), Dativ und Ablativ Plural sind miteinander identisch (*quibus*), und im Neutrum sind Nominativ und Akkusativ sowohl im Singular (*quod*) als auch im Plural (*quae*) identisch. Außerdem: Ab dem Akkusativ Singular sind die Endungen größtenteils dieselben, die *is, ea, id* verwendet: die der a- und o-Deklination. *quam* entspricht *eam*; *quo* entspricht *eo*; *qua* entspricht *ea*; *qui* entspricht *ii*; *quorum* entspricht *eorum*; *quarum* entspricht *earum*; *quos* entspricht *eos*; *quas* entspricht *eas*.

Einige Formen bieten jedoch Neues:

- ✔ Genitiv und Dativ Singular (*cuius, cui*): Hier steht anstelle des *q* ein *c* am Wortanfang. Das klingt zwar ziemlich genau so, als stünde da das zu erwartende *q*, sieht aber leider anders aus.
- ✔ Akkusativ Singular Maskulinum (*quem*): Hier verwendet *qui, quae, quod* nicht die Endung der o-Deklination (*-um*), sondern die Endung *-em*. Das ist die Akkusativendung der 3. Deklination (siehe Kapitel 8). Am besten merken Sie sich das schon jetzt, dann wird es Sie nicht mehr überraschen.
- ✔ Dativ/Ablativ Plural (*quibus*): Auch hier wird anstelle der o-Deklinationsendung (*-is*) die der 3. Deklination (*-ibus*) verwendet.
- ✔ Nominativ und Akkusativ Plural Neutrum (*quae*): Lateinische Neutra enden im Nominativ und Akkusativ Plural auf *-a*. Es gibt aber leider zwei Ausnahmen: *qui, quae, quod* und das Demonstrativpronomen *hic, haec, hoc*. Dort heißen die Formen *quae* beziehungsweise *haec*, und sie sind – um die Sache noch unerfreulicher zu machen – jeweils mit dem ebenfalls außergewöhnlichen Nominativ Singular des Femininums identisch.

Setzen Sie in Tabelle 7.11 die fehlenden Nominalformen (Substantive, Adjektive, Pronomina) ein. Bei Formen von »dieser« verwenden Sie jeweils sowohl *is, ea, id* als auch *hic, haec, hoc*. Sie brauchen die folgenden Vokabeln: der Herr: *dominus,-i*; die Truppen: *copiae,-arum*; die Flamme: *flamma,-ae*; groß: *magnus,-a,-um*; die Frau: *femina,-ae*; der Sklave: *servus,-i*; von: *a* / *ab* mit Ablativ.

(1)	Dieser	Herr	(fürchtet)	jene	Truppen,		die	vorrücken.
	/					timet,		procedunt.
(2)	Die Truppen	dieses	Herrn,	der	(beschrieben wurde, widersetzten sich).			
		/			descriptus est, resistebant.			
(3)	Jene	Flam-men,	durch die	diese	große	Frau	(erschreckt wurde, erlöschen).	
				/			territa est, deficiunt.	
(4)	Dieser	Herr	(schenkt)	diesem	Sklaven,	den	(er sehr liebt, ein Schwert).	
	/			/			valde amat, gladium donat.	
(5)	Jener	Sklave,	dem	von	jenem	Herrn	(ein Schwert geschenkt wurde, freut sich).	
							gladius donatus est, gaudet.	
(6)	Der Herr,	dessen	große	Truppen	(besiegt wurden, zieht sich zurück.)			
					superatae sunt, se recipit.			

Tabelle 7.11: Übung zu den Nominalformen: Substantive, Adjektive und Pronomina

Lösungen: (1) *Is / Hic dominus illas copias timet, quae procedunt.* (2) *Copiae eius / huius domini, qui descriptus est, resistebant.* (3) *Illae flammae, quibus ea / haec magna femina territa est, deficiunt.* (4) *Is / Hic dominus ei / huic servo, quem valde amat, gladium donat.* (5) *Ille servus, cui a/ab illo domino gladius donatus est, gaudet.* (6) *Dominus, cuius magnae copiae superatae sunt, se recipit.*

Wenn Sie die Formen von *qui, quae, quod* im Griff haben, beherrschen Sie wesentlich mehr als das Relativpronomen. Es gibt nämlich eine ganze Reihe weiterer Pronomina, die auf *qui, quae, quod* basieren, und die werden alle genauso gebeugt (siehe Kapitel 12). Eines dieser Pronomina ist das Fragepronomen *quis? / quid?* (wer?/was?): »wessen« heißt *cuius*, »wem« heißt *cui* und so weiter. Ein weiteres Beispiel: »Irgendjemand« heißt lateinisch *aliquis*. Der Genitiv ist dann *alicuius*, der Dativ *alicui*, der Akkusativ *aliquem*, und so geht es weiter.

Zur Übersetzung des Relativpronomens

In Tabelle 7.8 sind mehrere Übersetzungsmöglichkeiten für *qui, quae, quod* angegeben. Die beiden ersten (der, die, das; welcher, welche, welches) sind lediglich stilistische Optionen, die dritte (wer, was) ist in bestimmten Fällen obligatorisch.

qui, quae, quod – der, die, das – welcher, welche, welches

Üblicherweise verwendet man im Deutschen »der, die, das« als Relativpronomen. Wenn ein Satz aber etwas gewählter klingen soll, können Sie stattdessen auch »welcher, welche, welches« einsetzen. Das ist Geschmackssache und liegt ganz bei Ihnen.

Drei kleine Sätze und ein längerer Text

Die folgenden Übersetzungstexte enthalten verschiedene Pronomina. Sie erzählen größtenteils von Dingen, die in den ersten sechs Kapiteln angesprochen wurden. Trainieren Sie beim Übersetzen unbedingt Ihren Blick für die entscheidenden Wegweiser (siehe Kapitel 4): Markieren Sie zuerst die Verbalformen und identifizieren Sie dann auf dieser Grundlage Nebensätze. Grenzen Sie diese mit Klammern vom Rest des Satzes ab und markieren Sie auch gleich das jeweilige Signalwort, also das Wort, das den Teilsatz zu einem Nebensatz macht. Zu diesen Signalwörtern (*cum* mit Konjunktiv, *ut* mit Konjunktiv, *quia / quod* [weil] und so weiter) gehören auch die Formen des Relativpronomens.

Unregelmäßige Verben sind in der Form angegeben, in der Sie sie auch im Lexikon finden würden. Wenn Sie diese Angaben nicht komplett durchschauen, gehen Sie den Lexikonabschnitt in Kapitel 6 noch einmal konzentriert durch. Die neuen Vokabeln von Tabelle 7.12 sollten Sie vor dem Übersetzen Ihrem Wortschatz hinzufügen.

Lateinisch	Deutsch
autem	aber
ibi	dort
paene	beinahe, fast
postea	später

Lateinisch	Deutsch
maritus, -i	Ehemann, Gatte
potentia, -ae	Macht
secundus, -a, -um	der, die, das zweite

Tabelle 7.12: Neue Vokabeln

1. *XX annos Penelope maritum exspectavit. Hic cum Ithacam revenisset, primo non ausus est declarare, quis esset, quod regia eius a procis Penelopae occupata erat. Primus Argus eum recognovit.* (*regia, -ae*: die Königsburg, der Palast; *procus,-i*: der Freier; *recognosco, recognovi, recognitum* 3: erkennen)

2. *Primo ante Christum natum saeculo Romani, qui domini erant multorum populorum, se ipsos paene delevissent, quia nonnulli potentiae et divitiis nimium studebant.* (*se*: sich; *nimium*: allzu sehr)

3. *Ovidius poeta in iis libris, quos »Metamorphoses« inscripsit, multas narrat fabulas de formis, quae in nova mutatae sunt corpora.* (*inscribo, inscripsi, inscriptum* 3: betiteln; *forma,-ae*: die Gestalt; *corpora* [Neutrum Plural]: die Körper)

Übersetzungen und Erklärungen:

1. Zwanzig Jahre lang erwartete (besser: wartete … auf) Penelope ihren Mann. Als dieser nach Ithaka zurückgekommen war, wagte er zuerst nicht zu sagen, wer er sei, weil dessen (besser: sein) Palast von den Freiern der Penelope besetzt (worden) war. Als Erster hat Argus diesen (besser: ihn) erkannt.

Sprachliches: *Ithacam* = nach Ithaka: Auf die Frage »wohin?« steht im Lateinischen in der Regel *in* mit Akkusativ (nach Italien = *in Italiam*). Bei Städtenamen und den meisten Inseln fällt das *in* weg (»Ich komme nach Rom« = *Romam venio*). – *quis esset*: indirekter Fragesatz im Konjunktiv (siehe Kapitel 6). – *quod*: *quod* muss hier »weil« heißen; »das« oder »was« ergäbe keinen Sinn. – *Primus Argus*: Das könnte auch »der erste Argus« heißen. Das ergäbe aber keinen Sinn.

Inhaltliches: Zur Geschichte siehe Kapitel 6, zu Satz 5. **Argus** (griechisch: Argos) war der Hund des Odysseus, den dieser auf Ithaka zurücklassen musste, als er nach Troja fuhr. Bei Odysseus' Rückkehr ist Argos also schon gut 20 Jahre alt – ein biblisches Alter für einen Hund. Er stirbt unmittelbar, nachdem er seinen Herrn erkannt hat. Das ist traurig, aber auch sehr schlüssig. Offenbar war er nur noch am Leben, weil er auf Odysseus gewartet hat. Seine Mission war mit dessen Rückkehr erfüllt. Wenn Sie ein wenig Zeit haben, lesen Sie die Szene doch in Homers »Odyssee« durch (Buch 17, Vers 290 ff.); Übersetzungen finden Sie mühelos im Internet. Sie werden es nicht bereuen. – Der Begriff »Argusaugen« hat mit Odysseus' Hund übrigens nichts zu tun. Er geht auf ein gleichnamiges hundertäugiges Monster zurück, das zum Schlafen immer nur die Hälfte seiner Augen schließen musste und deshalb immer alles sah.

2. Im 1. Jahrhundert v. Chr. hätten die Römer, die (oder: welche) die Herren vieler (oder: über viele) Völker waren, beinahe sich selbst vernichtet, weil einige allzu sehr nach Macht und Reichtum strebten.

Sprachliches: *potentiae et divitiis studebant*: *studere* (streben nach) steht, anders als sein deutsches Pendant, mit dem Dativ.

Inhaltliches: Ein paar Details dazu finden Sie in Kapitel 6 zu Satz 4.

3. Der Dichter Ovid erzählt in diesen (besser: »den« oder »denjenigen«) Büchern, die (oder: welche) er »Metamorphosen« betitelt hat, viele Geschichten von Gestalten, die (oder: welche) in neue Körper verwandelt wurden.

Sprachliches: *multas … fabulas*; *nova … corpora*: Hyperbata

Inhaltliches: Über **Ovid** wird noch manches zu sagen sein. Merken Sie sich für den Anfang Folgendes: Er war einer der produktivsten und bedeutendsten römischen Dichter. Seine Werke verfasste er in der sogenannten **augusteischen Zeit**, das sind die Jahre zwischen 30 v. Chr. und 14 n. Chr., die das Ende der Republik und den Beginn der **Kaiserzeit** in Rom bedeuteten. Zwei von Ovids Werken zählen noch heute zu den meistgelesenen Texten der

Weltliteratur: zum einen die in Satz 3 genannten »**Metamorphosen**«, in denen Ovid über 250 virtuos gestaltete Mythen so aneinanderreiht, dass sich eine Art mythischer Weltgeschichte von der Entstehung der Welt bis zu des Dichters eigener Zeit ergibt; zum anderen die »**Ars amatoria**« (»Liebeskunst«), ein noch immer sehr aufschlussreicher Lehrgang über die Kunst des Liebens.

Ein etwas längerer Text: Die Gegner der Römer im 3. Jahrhundert v. Chr.

(1) *Pyrrhus et Hannibal tertio ante Christum natum saeculo in Italiam venerunt, ut cum Romanis pugnarent.* (2) *Primo Pyrrhus Romanos ab oppidis Graecis, quorum multa in Italia erant, prohibere conatus est eosque nonnumquam*[1] *superavit.* (3) *Post III autem annos copias in Graeciam reducere*[2] *debuit.* (4) *Cum Romani postea primo bello Punico Poenos*[3] *vicissent*[4]*, Hannibal anno CCXVIII ante Christum natum in Italiam invasit*[5] *et XVII annos ibi versabatur.* (5) *Id bellum »Punicum bellum secundum« nominabatur.* (6) *Postremo Romani bellum in Africam transtulerunt*[6] *et Carthaginem*[7] *ipsam, patriam eius, oppugnaverunt.* (7) *Itaque Hannibal copias ex Italia in Africam reduxit*$_2$*, ut Carthaginem*[7] *ab iis servaret.* (8) *Ibi anno CCII ante Christum natum a Romanis victus est*[4].

Vokabeln: [1] *nonnumquam*: einige Male; [2] *reduco, reduxi, reductum* 3: zurückführen, zurückbringen; [3] *Poeni,-orum*: die Punier (= die Karthager); [4] *vinco, vici, victum* 3: siegen, besiegen; [5] *invado, invasi, invasum* 3: einfallen; [6] *transfero, transtuli, translatum, transferre*: hinübertragen; [7] *Carthaginem*: Akkusativ von Karthago

Übersetzung:

(1) Pyrrhus und Hannibal kamen im 3. Jahrhundert v. Chr. nach Italien, um mit den Römern zu kämpfen (wörtlich: damit sie ... kämpften). (2) Zuerst versuchte Pyrrhus die Römer von den griechischen Städten, deren viele in Italien waren (besser: von denen es viele ... gab), abzuhalten und besiegte diese (besser: sie) einige Male. (3) Nach drei Jahren aber musste er die (besser: seine) Truppen nach Griechenland zurückbringen. (4) Als (oder: Nachdem) die Römer später im Ersten Punischen Krieg die Karthager besiegt hatten, fiel Hannibal im Jahr 218 v. Chr. in Italien ein und hielt sich dort 17 Jahre auf. (5) Dieser Krieg wurde »Der Zweite Punische Krieg« genannt. (6) Schließlich trugen die Römer den Krieg nach Afrika hinüber und belagerten Karthago selbst, dessen (oder: seine) Vaterstadt. (7) Deshalb führte Hannibal die (besser: seine) Truppen nach Afrika zurück, um Karthago vor diesen (besser: ihnen) zu retten (wörtlich: damit er ... rettete). (8) Dort wurde er im Jahr 202 v. Chr. von den Römern besiegt.

qui, quae, quod – wer, was

Gelegentlich müssen Singularformen von *qui, quae, quod* im Deutschen mit »wer, was« wiedergegeben werden. Das ist etwa dann der Fall, wenn der Relativsatz vor dem Teilsatz steht, dem er untergeordnet ist. Ein prominentes Beispiel ist die Rechtsformel, auf die man den Kerngedanken des sogenannten Augsburger Religionsfriedens von 1555 brachte: *Cuius regio* (Gebiet), *eius religio* »Wessen Gebiet, dessen Religion«. Dies bedeutete, dass der jeweilige Landesherr das Recht hatte, die Religion (katholisch oder protestantisch) für die Einwohner zu bestimmen.

In anderen Fällen fehlt im übergeordneten Satz ein Pronomen, auf das sich der Nebensatz bezieht. Über rastlose Menschen, die ständig auf Reisen sind, sagte der Philosoph Seneca: *Nusquam* (nirgends) *est, qui ubique* (überall) *est* (Nirgends ist, wer überall ist). Hätte Seneca formuliert *Is nusquam est, qui ubique est,* was auch möglich wäre, wäre das mit »Der ist nirgends, der überall ist« zu übersetzen.

Solche Sätze sind besonders prägnant und pointiert formuliert und transportieren meistens eine in irgendeiner Form allgemeingültige Aussage. Man begegnet ihnen oft in Sprichwörtern, Redensarten, juristischen Formeln oder Aphorismen. Wenn man ein paar solcher Formulierungen gesehen hat, macht das keine Schwierigkeiten. Übersetzen Sie doch die folgenden Sprichwörter. Und wenn Ihnen eines gefällt, lernen Sie es auswendig, dann haben Sie ein Beispiel im Kopf, das Sie jederzeit auf andere Fälle übertragen können. Der erste Satz eignet sich zudem gut, sich verschiedene Formenreihen von *esse* zu merken (siehe Kapitel 6).

1. *Quod sumus, hoc eritis, fuimus quandoque, quod estis.* (*quandoque*: einst) (Grabinschrift)

2. *Multos timere debet, quem multi timent.*

3. *Quod non est in actis, non est in mundo.* (*acta,-orum*: die [Gerichts-]Akten; *mundus,-i*: die Welt)

4. *Qui tacet, consentire videtur.* (*consentire*: übereinstimmen, zustimmen)

5. *Quae nocent, docent.*

Übersetzungen und Erklärungen

1. Was wir sind, das werdet ihr sein, wir sind einst gewesen, was ihr (jetzt) seid.

2. Viele muss fürchten, wen viele fürchten. – Dieser Satz beschreibt die Situation, in der sich Tyrannen ständig befinden.

3. Was nicht in den Akten ist, ist nicht in der Welt. – Dieser Spruch war ursprünglich auf Gerichtsverhandlungen bezogen. Was bei der Beweisaufnahme nicht erfasst wurde, ist vor Gericht nicht verwertbar, existiert also sozusagen nicht. Später wurde er auch als sarkastische Kritik am beschränkten Horizont einer sich verselbstständigenden Bürokratie verwendet, die auch das Offensichtlichste ignoriert, wenn es nicht aktenkundig ist.

4. Wer schweigt, scheint zuzustimmen. – Eine bedenkenswerte Wahrheit: Wer einer Handlung oder einem Beschluss, den er für falsch hält, nicht entgegentritt, dessen Passivität können die, die die Handlung durchführen oder den Beschluss fassen, für sich als Zustimmung in Anspruch nehmen.

5. Was schadet, lehrt. – Das entspricht dem deutschen »Aus Schaden wird man klug«.

Sprachliches: Bei diesem kurzen Satz gibt es manches Wichtige zu lernen beziehungsweise zu wiederholen. Die beiden Prädikate stehen im Plural (»sie schaden«, »sie lehren«). Das Subjekt ist *quae*, das also Nominativ Plural sein muss. Nun gibt es zwei Möglichkeiten: *Quae* kann entweder Nominativ Plural **Femininum** oder **Neutrum** sein. *qui, quae, quod* ist ja neben *hic, haec, hoc* das einzige lateinische Nomen, das im Nominativ (und Akkusativ)

Plural Neutrum nicht auf *-a* endet. Wenn Sie das nun wörtlich übersetzen, kommt heraus: »Die schaden, lehren.«

Jetzt kommt etwas Weiteres ins Spiel, das bei *et cetera* (wörtlich: »und die Übrigen«) schon angesprochen wurde (siehe Kapitel 3): Bei einer solchen Formulierung denken wir auf jeden Fall an Personen. Ob das Frauen oder Männer sind, bleibt offen. An Dinge denken wir aber keinesfalls. Deshalb muss *et cetera*, das eindeutig Neutrum Plural ist, mit »und die übrigen Dinge« oder mit dem eindeutig neutralen Singular »und das Übrige« übersetzt werden. Bei *Quae nocent, docent* muss nun eine entsprechende Präzisierung erfolgen. Der Autor des Satzes meinte Dinge, und deshalb müssten wir analog »Dinge, die schaden, lehren« oder, eleganter, »Was schadet, lehrt« übersetzen. Theoretisch könnte *quae* allerdings auch Femininum sein, und deshalb könnte man den Satz auch – gegen die Intention des Autors – mit »Frauen, die schaden, lehren« wiedergeben.

Auf einen Blick

Hier eine Übersicht über die wichtigsten Aspekte der Demonstrativpronomina und des Relativpronomens:

- ✔ Pronomina sind Wörter, die Nomina (Substantive) vertreten. Sie werden deshalb wie Substantive gebeugt und bilden – wie Adjektive – maskuline, feminine und neutrale Formen (dieser, diese, dieses).
- ✔ Im **Nominativ Singular** haben Pronomina sehr unterschiedliche Endungen (*is, ea, id*; *ille, illa, illud*; *qui, quae, quod*).
- ✔ Demonstrativ- und Relativpronomina haben im **Genitiv Singular** die Endung ***-i̱us***, im **Dativ Singular** die Endung ***-i*** für alle drei Geschlechter.
- ✔ Wie bei allen lateinischen Nomina sind **Dativ** und **Ablativ Plural** auch bei den Pronomina immer identisch.
- ✔ Wie bei allen lateinischen Nomina gilt auch bei den Pronomina: Bei **Neutra** sind **Nominativ** und **Akkusativ** sowohl im **Singular** als auch im **Plural** immer identisch. Dabei ist die Endung im Plural – wie bei allen lateinischen Nomina – in der Regel *-a*. Die einzigen Ausnahmen sind *hic, haec, hoc* (Nominativ/Akkusativ Plural Neutrum: *haec*) und *qui, quae, quod* (Nominativ/Akkusativ Plural Neutrum: *quae*).
- ✔ **Ab dem Akkusativ Singular** verwenden Demonstrativ- und Relativpronomina überwiegend **die Endungen der a- und o-Deklination**. Das Relativpronomen verwendet allerdings im Akkusativ Singular Maskulinum (*quem*) und im Dativ und Ablativ Plural (*quibus*) die Endungen der 3. Deklination.
- ✔ Die Formen des Demonstrativpronomens *hic, haec, hoc* weichen von den anderen in vielen Fällen stark ab. Sie müssen besonders gelernt werden.
- ✔ Wie im Deutschen können **Demonstrativpronomina** in zweifacher Weise verwendet werden:

- Sie können ein Substantiv hervorheben (*haec flamma*: diese Flamme). In solchen Fällen stimmen sie – wie Adjektive – in Fall, Zahl und Geschlecht mit ihrem Bezugswort überein.
- Sie können ein Substantiv vertreten. In solchen Fällen können sie mit »dieser, diese, dieses« oder mit »er, sie, es« übersetzt werden (*Eum vidi*: Ich habe diesen/ihn gesehen). Stehen sie im Genitiv, können sie mit »dessen, deren« oder mit »sein/ihr« übersetzt werden (*filia eius*: dessen/deren Tochter oder seine/ihre Tochter).

✔ Das Relativpronomen *qui, quae, quod* ist die Basis für eine Reihe weiterer Pronomina (zum Beispiel *quis? / quid?* = wer?/was?; *aliquis* = irgendjemand). Diese Pronomina werden genauso gebeugt wie *qui, quae, quod.*

✔ Bei besonders pointierten Formulierungen muss das **Relativpronomen** im Deutschen gelegentlich mit »wer, was« wiedergegeben werden (*Qui tacet, consentire videtur.* = »Wer schweigt, scheint zuzustimmen.«).

Quiz 3 (Kapitel 6 & 7)

Zum Abschluss des Kapitels wieder ein kleines Quiz, diesmal zu den Kapiteln 6 und 7.

Die Fragen

1. Von welchem griechischen Dichter stammen die klassischen literarischen Bearbeitungen des Trojanischen Kriegs und der Irrfahrten des Odysseus? – Wie heißen die beiden Werke und wann wurden sie verfasst?
2. Was heißt *Caesar in Gallia versatur*? – Was ist an der Verbalform bemerkenswert?
3. Wie hieß der römische Dichter, der in seinem Werk *Metamorphosen* über 250 Verwandlungssagen vereinigt hat? – Unter welchem römischen Kaiser hat er gelebt?
4. Auf welche lateinischen Verben gehen die folgenden deutschen und englischen Fremd- und Lehnwörter zurück?

   1. Datum, Dativ; 2. Motor; 3. admire; 4. sensibel, sense; 5. Orient; 6. caution
5. Wie ist die lateinische Version der Rechtsformel »Wessen Gebiet, dessen Religion«, auf die man den Kerngedanken des sogenannten Augsburger Religionsfriedens von 1555 brachte?
6. Wie heißen die sieben römischen Zahlzeichen und für welche Zahlen stehen sie? – Wenn man diese Zahlzeichen zu einer Zahl kombiniert, ergibt sich 1666. Wie sieht das als römische Zahl aus?
7. Wie heißt Odysseus auf Lateinisch? Und wie auf Englisch?

8. Wie hieß die Frau des Odysseus, wie seine Heimatinsel und wie sein Hund?

9. Wie heißen die Genitiv-Singular-Formen der Pronomina »*is, ea, id*«, »*ille, illa, illud*«, »*hic, haec hoc*« und »*qui, quae, quod*«?

10. Das lateinische Pendant zum deutschen Sprichwort »Aus Schaden wird man klug« heißt *Quae nocent, docent.* Was heißt das, wörtlich übersetzt?

11. Wie heißen die drei Kriege, die Rom gegen Karthago geführt hat? – In welchem von ihnen war Hannibal der karthagische Feldherr?

12. *Qui tacet, consentire videtur* ist eine der zahllosen pointiert formulierten und durchaus bedenkenswerten lateinischen Lebensweisheiten. Was heißt das auf Deutsch?

Die Antworten

1. Homer. – Ilias, Odyssee. – Im 8./7. Jahrhundert v. Chr. (siehe Kapitel 6).

2. Caesar hält sich in Gallien auf. – Das Verbum (*versari*) ist ein Deponens, hat also passive Endungen, aber aktive Bedeutung (siehe Kapitel 6).

3. Ovid. – Augustus (siehe Kapitel 7).

4. 1. *do, dedi, datum, dare* = geben; 2. *moveo, movi, motum, movere* = bewegen; 3. *admiror, admiratus sum, admirari* (Deponens) = bewundern; 4. *sentio, sensi, sensum, sentire* = fühlen, spüren; 5. *orior, ortus sum, oriri* (Deponens) = sich erheben, entstehen; 6. *caveo, cavi, cautum cavere* = sich hüten (siehe Kapitel 6).

5. *Cuius regio, eius religio* (siehe Kapitel 7).

6. I = 1; V = 5; X = 10; L = 50; C = 100; D = 500; M = 1000. – MDCLXVI (siehe Kapitel 6).

7. Lateinisch: Ulixes. Englisch: Ulysses und Odysseus (siehe Kapitel 6).

8. Penelope, Ithaka, Argus (griechisch: Argos) (siehe Kapitel 7).

9. *eius, illius, huius, cuius* (siehe Kapitel 7).

10. »Dinge, die schaden, lehren« oder »Was schadet, lehrt« (siehe Kapitel 7).

11. Die Punischen Kriege. – Im Zweiten Punischen Krieg (218–201 v. Chr.) (siehe Kapitel 6).

12. Wer schweigt, scheint zuzustimmen (siehe Kapitel 7).

IN DIESEM KAPITEL

Die Substantive der 3. Deklination

Männliche Eigennamen im Lateinischen

Der *genitivus qualitatis* und der *ablativus qualitatis*

Kapitel 8

Caesar, Cicero, senator, rex, mare: Die 3. Deklination

In diesem Kapitel kommt zur a- und o-Deklination ein weiteres Deklinationssystem hinzu, die sogenannte 3. Deklination. Sie ist das komplexeste lateinische Deklinationssystem und unterscheidet sich in mehrfacher Hinsicht von den anderen Deklinationen. Sie erfahren auch, wie männliche Eigennamen im Lateinischen gebeugt werden, wenn sie nicht der a- oder der o-Deklination angehören. Zudem lernen Sie eine im Lateinischen oft verwendete Methode kennen, Eigenschaften zu formulieren.

Grundsätzliches zur 3. Deklination

Die Besonderheiten der 3. Deklination mögen auf den ersten Blick etwas irritierend wirken. Sie sind aber durchaus durchschaubar. Ich habe sie in schlechte und gute Nachrichten aufgeteilt. Zuerst die schlechten Nachrichten:

- ✔ In der 3. Deklination sind mehrere Substantivgruppen vereinigt. Deshalb unterscheiden sich – wie Sie schon an der Kapitelüberschrift sehen können – die Substantive der 3. Deklination **im Nominativ Singular** zum Teil stark voneinander. Dieses Phänomen ist nicht ganz neu: Auch in der o-Deklination gibt es ja drei verschiedene Nominativ-Singular-Endungen: *-us* (*ventus*), *-er* (*puer*) und *-um* (*templum*) (siehe Kapitel 3). In der 3. Deklinationen sind das allerdings bedeutend mehr.
- ✔ Der Stamm der Substantive, der **die Basis für die flektierten Formen** (also Genitiv, Dativ und so weiter) bildet, ist bei den meisten Substantiven erst ab dem Genitiv erkennbar. Das heißt, diese Substantive verändern sich ab dem Genitiv auch **vor der Endung** gegenüber dem Nominativ – einige weniger (zum Beispiel Nominativ: *occasio*, Genitiv: *occasio**n**-is*), andere mehr (zum Beispiel Nominativ: *tempus*, Genitiv: *tempo**r**-is*).

- Die Zugehörigkeit zur 3. Deklination definiert nicht das **Geschlecht** eines Substantivs. Es gibt Maskulina, Feminina und Neutra. Auch in diesem Punkt ist die o-Deklination vergleichbar: Die Substantive auf *-us* und *-er* sind ja Maskulina, die auf *-um* Neutra. Während das aber bei der o-Deklination recht überschaubar ist, ist es bei der 3. Deklination wegen der Vielzahl der Wortgruppen etwas unübersichtlich. Im Lexikon ist das Geschlecht der Substantive jeweils durch den Zusatz »m.«, »f.« und »n.« angegeben.

Glücklicherweise gibt es aber auch eine ausgesprochen gute Nachricht:

- Sämtliche Substantive (und Adjektive) der 3. Deklination haben in ihren **flektierten Formen** (also ab dem Genitiv) **die gleichen Endungen**. Nur im **Ablativ Singular** gibt es Alternativen: Hier ist die Endung entweder *-e* oder *-i*. Dabei gilt: Bei den **Substantiven** ist die bei Weitem häufigere Ablativendung *-e*, bei den **Adjektiven** endet der Ablativ Singular **immer** auf *-i*. Näheres dazu finden Sie weiter hinten in diesem Kapitel im Abschnitt zu den »i-Stämmen«.

So komplex die 3. Deklination auch sein mag, Sie werden gut mit ihr zurechtkommen, wenn Sie Folgendes beachten:

- Bei den Substantiven der 3. Deklination ist ganz besonders wichtig, was generell gilt: Sie müssen unbedingt **mit dem Genitiv** gelernt werden, also zum Beispiel *tempus, temporis* = die Zeit.
- Das **Geschlecht** eines Substantivs der 3. Deklination müssen Sie sich jedenfalls dann merken, wenn es **Neutrum** ist. Dann nämlich gilt das, was bei allen lateinischen Neutra gilt: Der **Akkusativ Singular** ist identisch mit dem **Nominativ**, im **Plural** enden **Nominativ** und **Akkusativ** auf *-a*. Ein Beispiel: *tempus, temporis* n. (die Zeit): Nominativ und Akkusativ Singular: *longum tempus* (eine lange Zeit); Nominativ und Akkusativ Plural: *bona tempora* (gute Zeiten).
- Um die **Formen** zu beherrschen, genügt es, sich ein einziges Beispielwort einzuprägen (siehe Tabelle 8.1) und sich zusätzlich zu merken, dass die **Ablativendung** bei Substantiven gelegentlich auch *-i* sein kann. Bei Adjektiven ist sie das immer.

Die Endungen der 3. Deklination

Die meisten Endungen der 3. Deklination kennen Sie mit großer Wahrscheinlichkeit bereits: die Dative, die Akkusative und die Ablative.

- Die Endung *-e* für den **Ablativ Singular** haben Sie vermutlich schon länger im Kopf, als Sie dieses Buch besitzen: Die an Universitäten üblichen Abkürzungen »c.t.« und »s.t.« stehen ja für *cum tempore* und *sine tempore* (siehe Kapitel 2). *tempore* ist – wegen der Präpositionen *cum* und *sine* – jeweils der Ablativ von *tempus, temporis* (die Zeit).
- Wenn Ihnen zudem die Ausdrücke *Urbi et Orbi* (der Stadt und der Welt) und *panem et circenses* (Brot und Spiele) etwas sagen, dann kennen Sie noch drei weitere

Endungen der 3. Deklination bereits. – Jedes Jahr zu Ostern und zu Weihnachten erteilt der Papst in einer besonders feierlichen Zeremonie den allgemeinen Segen *Urbi et Orbi.* Das ist jeweils der **Dativ Singular** von *urbs, urbis* (die Stadt; hier ist Rom gemeint) und *orbis, orbis* (der Erdkreis, die Welt). Der Titel sagt also, wem der Papst den Segen erteilt. – Der Dichter Juvenal kritisierte in einer seiner Satiren (10, Vers 81), dass das römische Volk jedes echte Interesse an politischen Wahlen verloren habe und sich nur noch eines wünsche: *panem et circenses* (Brot und [Zirkus-]Spiele). *panem* ist **Akkusativ Singular,** *circenses* **Akkusativ Plural.**

✔ Die **Akkusativ-Singular**-Endung *-em* wird zudem auch vom Relativpronomen verwendet (*quem*; siehe Tabelle 7.10). Dasselbe gilt für den **Dativ und Ablativ Plural** (*quibus*). Auch hier verwendet das Relativpronomen die Endung der 3. Deklination (*-ibus*).

Was neu zu lernen bleibt, ist nicht mehr viel. Das Beispielwort, mit dem Sie sich die Endungen der 3. Deklination merken sollen, ist *lex, legis* = das Gesetz (siehe Tabelle 8.1).

Fall	Singular	Deutsch		Plural	Deutsch
Nominativ	lex	das Gesetz		leg**es**	die Gesetze
Genitiv	leg**is**	des Gesetzes		leg**um**	der Gesetze
Dativ	leg**i**	dem Gesetz		leg**ibus**	den Gesetzen
Akkusativ	leg**em**	das Gesetz		leg**es**	die Gesetze
Ablativ	leg**e**	durch das Gesetz		leg**ibus**	durch die Gesetze

Tabelle 8.1: Die Endungen der 3. Deklination

Erfahrungsgemäß machen drei Endungen der 3. Deklination immer wieder Schwierigkeiten: der **Genitiv Singular** (*-is*: *legis*), der **Dativ Singular** (*-i*: *legi*) und – vor allem – der **Genitiv Plural** (*-um*: *legum*). Das liegt daran, dass diese Endungen auch in der o-Deklination verwendet werden. Mit denen werden sie gerne verwechselt, und das ist fatal. In der o-Deklination markieren sie nämlich andere Fälle als in der 3. Deklination: Bei *ventus,-i* beispielsweise ist *ventis* ja Dativ oder Ablativ Plural, *venti* Genitiv Singular oder Nominativ Plural, *ventum* Akkusativ Singular.

Um sich wirksam vor solchen Verwechslungen zu schützen, müssen Sie sich Folgendes angewöhnen: Überlegen Sie bei einem Substantiv immer kurz, zu welchem Deklinationssystem es gehört, bevor Sie seine Endung deuten. Das ist an sich nicht weiter aufwendig. Wenn Sie Substantive immer mit dem Genitiv lernen, haben Sie die Antwort parat. Und wenn Sie ein Substantiv im Lexikon nachschlagen, ist dort auch immer der Genitiv angegeben. Schärfen Sie Ihre Aufmerksamkeit für dieses wichtige Detail.

Sie haben jetzt die wichtigsten Nominalformensysteme kennengelernt: drei Deklinationen (a-, o- und 3. Deklination) und die Pronomina. Dass Sie sich in diesen Systemen sicher bewegen können, ist eminent wichtig. Zum einen, um mögliche Verwechslungen zu vermeiden. Zum anderen, um zusammengehörende Substantive, Adjektive und Pronomina auch dann einander zuordnen zu können, wenn ihre Endungen verschieden aussehen. Wie sicher Sie da schon sind, können Sie mit den folgenden Übungen überprüfen. Wo immer Sie noch Probleme haben, wiederholen Sie die entsprechenden Reihen. Die einschlägigen Tabellen sind 3.1, 3.5, 7.2, 7.3 und 8.1.

1. Ergänzen Sie die fehlenden Endungen in Tabelle 8.2:

»jener gute König und diese kleine Pinie«; der König: *rex, regis,* die Pinie: *pinus,-i.* – *pinus* wird nach der o-Deklination gebeugt, ist aber, wie alle Bäume, Femininum.

		ille, illa, illud	**3. Deklination**	**o-Deklination**		**hic, haec, hoc**	**o-Deklination**	**a-Deklination**
Singular	Nominativ	ille	rex	bonus	et	haec	pinus	parva
	Genitiv	ill	reg	bon	et	h	pin	parv
	Dativ	ill	reg	bon	et	h	pin	parv
	Akkusativ	ill	reg	bon	et	h	pin	parv
	Ablativ	ill	reg	bon	et	h	pin	parv
Plural	Nominativ	ill	reg	bon	et	h	pin	parv
	Genitiv	ill	reg	bon	et	h	pin	parv
	Dativ	ill	reg	bon	et	h	pin	parv
	Akkusativ	ill	reg	bon	et	h	pin	parv
	Ablativ	ill	reg	bon	et	h	pin	parv

Tabelle 8.2: Übung: Nominalformen

2. In welchem Fall stehen die folgenden Wörter und was bedeuten sie?

(1) *ei domino* (2) *vir ille bonus* (3) *bona tempora* (4) *hanc pulchram feminam* (5) *eius regis parvi* (6) *temporum* (7) *huic legi* (8) *multorum regum.*

Lösungen:

1. Singular: *ille rex bonus et haec pinus parva – illius regis boni et huius pini parvae – illi regi bono et huic pino parvae – illum regem bonum et hanc pinum parvam – illo rege bono et illa pino parva.* – Plural: *illi reges boni et haec pini parvae – illorum regum bonorum et harum pinorum parvarum – illis regibus bonis et his pinis parvis – illos reges bonos et has pinos parvas – illis regibus bonis et his pinis parvis.*

2. (1) Dativ Singular: diesem Herrn (2) Nominativ Singular: jener gute Mann (3) Nominativ oder Akkusativ Plural Neutrum: gute Zeiten (4) Akkusativ Singular: diese schöne Frau (5) Genitiv Singular: dieses kleinen Königs (6) Genitiv Plural: der Zeiten (7) Dativ Singular: diesem Gesetz (8) Genitiv Plural: vieler Könige

in flagranti, animalia und *Magister Artium*: Die i-Stämme

Der Stamm der bei Weitem überwiegenden Mehrzahl der Substantive der 3. Deklination endet auf einen Konsonanten (*lex, legis*: Stamm *leg-*; *tempus, temporis*: Stamm *tempor-*). Eine relativ kleine Gruppe hat aber den Vokal *-i-* als Stammauslaut, und daher heißen diese Substantive »i-Stämme«. Das ist deshalb erwähnenswert, weil dieses »i« in drei Formen auftauchen kann. Als Beispiele nehmen wir die Neutrumwörter *animal, animalis* (das Lebewesen) und *mare, maris* (das Meer).

✔ Genitiv Plural: Bei den Konsonantenstämmen endet der Genitiv Plural auf *-um* (*legum*), bei allen i-Stämmen auf *-i-um*. Der Genitiv Plural von *animal* heißt also *animalium*, nicht »*animalum*«, bei *mare* heißt er *marium*.

✔ Nominativ und Akkusativ Plural bei Neutra: Bei den Konsonantenstämmen enden Nominativ und Akkusativ Plural bei Neutra auf *-a* (*tempora*), bei allen i-Stämmen auf *-i-a*. Es heißt also *animalia*, nicht »*animala*« und *maria*, nicht »*mara*«.

  Dieses *-i-* wird Ihnen keine Probleme bereiten. Es steht jeweils **vor** der Endung, die Endung selbst (*-um*; *-a*) bleibt unverändert. Das *-i-* soll Sie nur nicht irritieren.

✔ Ablativ Singular: Bei den Konsonantenstämmen endet der Ablativ Singular auf *-e* (*lege*), bei einigen i-Stämmen auf *-i*. *Animal* und *mare* sind zwei dieser i-Stämme. Im Ablativ Singular heißt es also *animali*, nicht »*animale*«, und »im Meer« heißt *in mari*.

Bei Substantiven wird Ihnen diese Ablativendung selten begegnen. Bei den Adjektiven, wie gesagt, immer (siehe Kapitel 9).

Zwei Beispiele für dieses Phänomen dürften Ihnen bekannt sein: die Ausdrücke »in flagranti« (Ablativ Singular, Adjektiv) und »Magister Artium« (MA; *artium* ist Genitiv Plural). Wenn Sie sich klarmachen, warum diese Formen so aussehen, wie sie aussehen, werden Ihnen i-Stämme keine Schwierigkeiten machen.

in flagranti: Jemanden »in flagranti« erwischen heißt, ihn auf frischer Tat ertappen. Die Form *flagranti* kommt von einem Adjektiv der 3. Deklination: *flagrans* (Genitiv: *flagrantis*) heißt »brennend«. Es steht hier – wegen der Präposition *in* – im Ablativ. Ursprünglich hieß der Ausdruck nicht nur *in flagranti*, sondern *in flagranti delicto*, und das heißt »bei brennendem Verbrechen«. Das war auf Brandstiftung bezogen und bedeutete, dass der Täter noch während des Brandes ergriffen wurde, also sozusagen mit dem Zündholz in der Hand. Weil Brandstiftung gewissermaßen ein Erzverbrechen war, wurde der Ausdruck dann auch für alle anderen Verbrechen verwendet. Als sich die Redewendung eingebürgert hatte, fiel das Substantiv *delicto* weg.

Magister Artium: *magister, magistri* heißt, wie Sie wissen, »der Lehrer, Meister«. *artium* ist der Genitiv Plural von *ars, artis* = die Kunst. Magister Artium heißt also »Lehrer« oder »Meister der Künste«. Wäre *ars* ein Konsonantenstamm, müsste der Genitiv Plural »*artum*« heißen. Das tut er aber, wie Sie sehen, nicht. *ars* ist ein i-Stamm.

»Magister Artium« (MA) war seit dem Mittelalter bis in jüngste Zeit ein akademischer Titel, den man an deutschen Universitäten mit dem Abschluss eines geisteswissenschaftlichen Studiums erwerben konnte. Im Zuge der Bologna-Reformen wurde er abgeschafft und durch den inhaltlich etwas anders definierten »Master of Arts« ersetzt, der sprachlich freilich schlicht die englische Version von *Magister Artium* ist. Die Übersetzung von *Artium* mit »der Künste« ist heute etwas irritierend. Das liegt dran, dass wir bei dem Begriff »Kunst« in erster Linie an bildende Kunst oder Musik denken. Das lateinische *ars* hatte aber ein wesentlich breiteres Bedeutungsspektrum. Es stand für jede Form von Können in jedem Lebensbereich (vergleiche das deutsche »das ist keine Kunst«) und konnte deshalb auch »Handwerk« oder »akademische Disziplin« bedeuten. Ein Universitätsstudium umfasste im Mittelalter die – auf die Antike zurückgehenden – sogenannten *septem artes liberales*, die »sieben freien Künste« (Disziplinen): Grammatik, Rhetorik, Dialektik, Arithmetik, Geometrie, Musik und Astronomie. Wer sie beherrschte, war dann eben ein *Magister Artium*.

Basiswortschatz: wichtige Substantive der 3. Deklination

Die 3. Deklination ist, was die Vokabeln betrifft, das bei Weitem umfangreichste der lateinischen Deklinationssysteme. Praktischerweise haben viele dieser Vokabeln in modernen Sprachen Karriere gemacht und sind deshalb relativ leicht zu lernen. In den folgenden Tabellen sind die Vokabeln nach Wortgruppen sortiert, weil sie sich so leichter einprägen. Die Bezeichnungen der Wortgruppen brauchen Sie sich nicht zu merken.

Sicherlich bekannte oder erkennbare Vokabeln

Zunächst wieder Vokabeln, deren Bedeutung Sie wahrscheinlich kennen oder richtig erraten können. Nehmen Sie sich Zeit: Decken Sie wieder die deutschen Bedeutungen ab und überlegen Sie, was das Wort heißen könnte. Wenn Ihnen der Nominativ noch nichts sagt, schauen Sie auf den Genitiv. Er enthält den kompletten Stamm des Wortes, der in der Regel die Basis für die Übernahme in moderne Sprachen war. Ein Beispiel: *tempus, temporis* → temporal.

Einige der Substantive sind mit lateinischen Wörtern verwandt, die Sie schon kennen. Es hilft, wenn Sie sich an die erinnern. Was bedeutet also: *amare, clamare, dolere, imperare, imperium, laborare, terrere, timere, victoria, florere, patria, equus, militia, altus,-a,-um, magnus,-a,-um, multus,-a,-um, dignus,-a,-um, necessarius,-a,-um, socius, potentia, servus, regina, vocare, nominare, vulnerare, iustitia, finitimus,-a,-um, nauta.*

Konsonantenstämme der 3. Deklination

Die folgenden Substantive sind Konsonantenstämme. Hier taucht also nirgends ein »i« auf.

Maskuline Substantive

Von *arbor, mater* und *quies* abgesehen sind die in Tabelle 8.3 aufgelisteten Substantive Maskulina.

Lateinisch	Deutsch	Lateinisch	Deutsch
Substantive auf *-or, -oris*			
amor, amoris	die Liebe (L *amare*)	imperator, imperatoris	der Feldherr, Kaiser (L *imperare, imperium*; E emperor)
Amor, Amoris	Amor (= der Liebesgott)	labor, laboris	die Mühe, Arbeit, Not (E labour)
arbor, arboris f.	der Baum (F arbre; S árbol)	orator, oratoris	der Redner (E orator)
clamor, clamoris	das Geschrei (L *clamare*)	rumor, rumoris	das Gerede, der Ruf (E rumour)
dolor, doloris	der Schmerz (L *dolere*, F douleur)	senator, senatoris	der Senator
furor, furoris	der Wahnsinn, die Wut, Raserei (E furious)	terror, terroris	der Schrecken (L *terrere*)
honor, honoris	die Ehre (E honour)	timor, timoris	die Angst, Furcht (L *timere*)
		victor, victoris	der Sieger (L *victoria*)
Substantive auf *-os*			
custos, custodis	der Wächter (E custody)	flos, floris	die Blume (L *florere*; F fleur)
Substantive auf *-er*			
carcer, carceris	der Kerker	frater, fratris	der Bruder (F frère)
pater, patris	der Vater (L *patria*; F père)	mater, matris f.	die Mutter (F mère)
Substantive auf *-es*			
eques, equitis	der Reiter (L equus)	pes, pedis	der Fuß (D Pedal; F pied)
hospes, hospitis	der Fremde, Gastfreund (E hospitality)	quies, quietis f.	die Ruhe
miles, militis	der Soldat (L militia)		
Weitere Substantive			
consul, consulis	der Konsul	sol, solis	die Sonne (I sole; F soleil)
iuvenis, iuvenis	der junge Mann	Sol, Solis	Sol (das ist der Sonnengott)
parens, parentis	m. der Vater, f. die Mutter	sanguis, sanguinis	das Blut (F sangue)
Plural: parentes, parentum	die Eltern		

Tabelle 8.3: Maskulina der 3. Deklination, die Ihnen bekannt sein dürften

Vier dieser Substantive sollten Sie sich besonders gut merken. Bei ihnen besteht aus unterschiedlichen Gründen Verwechslungsgefahr.

eques, equitis und *miles, militis*: Reiter und Soldaten werden in Caesars *De bello Gallico* sehr oft genannt. Das hat nicht zuletzt damit zu tun, dass der Leser sich besser in eine Situation hineinversetzt, wenn von Personen die Rede ist, als wenn von abstrakten Einheiten (Reiterei, Truppen, Heer) gesprochen wird. In der Regel werden also *milites* marschieren, kämpfen, ein Lager errichten, und es werden *equites* vorausgeschickt, zurückgehalten oder in die Schlacht geschickt. Wenn Sie in solchen Fällen die Reiter mit den Pferden (*equus*) oder die Soldaten mit dem Kriegsdienst (*militia*) verwechseln, wird Einfaches unnötig schwierig. Und übrigens: Das Wort »Militär«, das Ihnen vielleicht bei Formen von *miles, militis* in den Sinn kommen könnte, sollten Sie für Übersetzungen aus dem Lateinischen aus Ihrem Wortschatz streichen.

imperator, imperatoris: Ob Sie *imperator* mit »Feldherr« oder mit »Kaiser« übersetzen müssen, kann in Einzelfällen nicht sofort klar sein. Sie können aber ohne Weiteres die richtige Entscheidung treffen, wenn Sie sich Folgendes merken: »Kaiser« kann *imperator* nur dann bedeuten, wenn der Text in der römischen Kaiserzeit spielt, weil es vorher einfach keinen Kaiser gab. Die Kaiserzeit beginnt erst um 30 v. Chr. mit Augustus. **Caesar**, auf dessen Namen ja das Wort »Kaiser« zurückgeht, **war** – das ist wichtig – **noch kein Kaiser**. Er ebnete der Monarchie freilich entscheidend den Weg. Wenn *imperator* mit dem Namen des Amtsträgers kombiniert ist, gilt: In der Bedeutung »Feldherr« steht es – wie alle lateinischen Berufsbezeichnungen – nach dem Namen (also zum Beispiel *Caesar imperator* oder *Ovidius poeta*), wenn es »Kaiser« bedeutet, steht es in der Regel vor dem Namen (*imperator Augustus*).

hospes, hospitis: *hospes* ist der positiv belegte lateinische Begriff für einen Fremden. Das zeigt die zweite Bedeutung des Wortes: »der Gastfreund«. Darunter verstand man jemanden, der in einer anderen Stadt oder einem anderen Land lebte und den man bei sich aufnahm, wenn er in die eigene Stadt kam. Entsprechendes galt dann auch umgekehrt. Ein solches Gastfreundschaftsverhältnis (*hospitium*) konnte Familien über mehrere Generationen miteinander verbinden. Das englische »hospitality«, das auf *hospes, hospitis* zurückgeht, sollte Ihnen helfen, sich das einzuprägen. Das wäre deshalb wichtig, weil Sie dann die Verwechslung mit dem Wort *hostis* (Genitiv: *hostis*) vermeiden würden. *hostis* sieht in den flektierten Formen recht ähnlich aus wie *hospes*, bedeutet aber gewissermaßen das Gegenteil. Es heißt »der Feind«. Der Satz »Fremder, fürchte die Feinde nicht!« hieße lateinisch: *Hospes, ne timueris hostes!*

Feminine Substantive

Die Konsonantenstämme in Tabelle 8.4 sind (außer *homo, dux, iudex* und *rex*) Feminina.

Lateinisch	Deutsch	Lateinisch	Deutsch
Substantive auf *-o, -onis*			
ambitio, ambitionis	der Ehrgeiz (E ambition)	opinio, opinionis	die Meinung (E opinion)
condicio, condicionis	die Bedingung, der Zustand (E condition)	oratio, orationis	die Rede (L *orator*; E oration)

Lateinisch	Deutsch	Lateinisch	Deutsch
legio, legionis	die Legion	regio, regionis	die Gegend, das Gebiet
natio, nationis	das Volk, der Volksstamm	religio, religionis	die Scheu, Gottesverehrung
occasio, occasionis	die Gelegenheit	suspicio, suspicionis	der Verdacht (E suspicion)
Substantive auf *-o, -inis*			
altitudo, altitudinis	die Höhe, Tiefe (L *altus,-a,-um*, E/F altitude)	multitudo, multitudinis	die Menge, Vielzahl (L *multus,-a,-um*)
homo, hominis m.	der Mensch	origo, originis	der Ursprung (E origin)
imago, imaginis	das Bild (E image)	virgo, virginis	die Jungfrau, das Mädchen (E virgin)
magnitudo, magnitudinis	die Größe (L *magnus,-a,-um*)		
Substantive auf *-as, -atis*			
auctoritas, auctoritatis	das Ansehen, der Einfluss (D Autorität)	necessitas, necessitatis	die Notwendigkeit (L *necessarius,-a,-um*; E necessity)
calamitas, calamitatis	der Schaden, das Unglück (E calamity)	nobilitas, nobilitatis	der Adel (E nobility)
dignitas, dignitatis	die Würde (L *dignus,-a,-um*; E dignity)	potestas, potestatis	die Macht (L *potentia*)
humanitas, humanitatis	die Menschlichkeit, Bildung, Kultur (D Humanität)	societas, societatis	das Bündnis, die Gemeinschaft (L *socius*)
libertas, libertatis	die Freiheit (E liberty)	tempestas, tempestatis	das Unwetter (E tempest)
Substantive auf *-us, -utis*			
iuventus, iuventutis	die Jugend (L *iuvenis*)	servitus, servitutis	die Knechtschaft (L *servus*)
Substantive auf *-s* mit vorhergehendem Konsonanten (x = gs)			
dux, ducis **m.**	der Führer, Feldherr (I duce)	pax, pacis	der Friede (I pace; E peace)
iudex, iudicis m.	der Richter (E judge)	plebs, plebis	das (niedere) Volk (D Plebiszit)
lex, legis	das Gesetz (D legal)	rex, regis m.	der König (L *regina*; D Regent)
lux, lucis	das Licht (Luzifer)	vox, vocis	die Stimme, der Laut (L *vocare*; E voice)

Tabelle 8.4: Feminina der 3. Deklination, die Ihnen bekannt sein dürften

Diese Substantive sind größtenteils fast unverändert in modernen Sprachen lebendig. Bei den einen wurde der reine Stamm übernommen (*-o,-onis*: zum Beispiel *natio, nationis* → E/F nation, D Nation), bei anderen wurden lediglich die Ausgänge verändert (*-o,-inis*: E/F »-e«, zum Beispiel *altitudo* → E/F altitude; *-as,-atis*: E »-y«, F »-é«, D »-ät«, zum Beispiel *societas, societatis* → E society, F societé, D Sozietät).

Noch etwas zu *homo, hominis*: Dass *homo* »der Mensch« heißt, wissen Sie längst. Schließlich gehören Sie ja der Gattung *Homo sapiens* (der kluge, vernunftbegabte Mensch) an, die ihrerseits aus dem *Homo erectus* (der aufgerichtete, aufrecht gehende Mensch) hervorging. Das »homo« in »homosexuell«, »homoerotisch« und dergleichen hat damit allerdings nichts zu tun. Das geht auf das griechische Wort »homós« (gleich) zurück, das auch in »homogen« steckt.

Neutrale Substantive

Schließlich noch einige prominente Neutra der 3. Deklination, die keine i-Stämme sind (siehe Tabelle 8.5).

Lateinisch	Deutsch	Lateinisch	Deutsch
Substantive auf *-en, -inis*			
carmen, carminis	das Gedicht, Lied	nomen, nominis	der Name, (Grammatik:) das Substantiv (L *nominare*)
crimen, criminis	die Beschuldigung, das Verbrechen (E crime)	omen, ominis	das Vorzeichen
Substantive auf *-us, -oris*			
corpus, corporis	der Körper, Leichnam (D korpulent; E corpse)	tempus, temporis	die Zeit (D temporal; F temps)
pectus, pectoris	die Brust, das Herz (I in petto)		
Substantive auf *-us, -eris*			
funus, funeris	die Bestattung (E funeral)	vulnus, vulneris	die Wunde (L *vulnerare*)
genus, generis	das Geschlecht, die Art	opus, operis	das Werk, die Arbeit
Weitere Substantive			
caput, capitis	das Haupt, die Hauptstadt (D Kapitel; E capital)	ius, iuris	das Recht (L *iustitia*; D Jura, Jurist)

Tabelle 8.5: Neutra der 3. Deklination, die Ihnen bekannt sein dürften

Vergessen Sie nicht: Weil sie Neutra sind, haben diese Wörter im Akkusativ Singular (= Nominativ) und im Nominativ und Akkusativ Plural (*-a*) andere Endungen als das Beispielwort *lex*.

Wie heißen die folgenden Wörter im Nominativ und Akkusativ Plural: *nomen, tempus, genus, corpus, opus, omen, ius, carmen*?

Lösungen: *nomina, tempora, genera, corpora, opera, omina, iura, carmina*

Diese Formen sollten Sie kennen, und zwar durchaus nicht nur für das Projekt »Latinum«. Das Deutsche hat diese acht Wörter als Fremdwörter übernommen, und das **inklusive der Pluralformen**. Sie können Ihnen deshalb ohne Weiteres in deutschen Publikationen begegnen. Womöglich müssen Sie sie auch selbst einmal verwenden. »Nomen« (Substantiv, Namenwort), »Tempus« (Zeit) und »Genus« (Geschlecht) sind grammatikalische Fachbegriffe. Ein »Textkorpus« oder auch einfach nur »Corpus« ist eine Sammlung von Texten, die zu einem bestimmten Thema erstellt wurde. »Opus« wird vor allem für musikalische Werke verwendet. »Omen« ist schlicht ein Synonym für »Vorzeichen« (hier gibt es zwei deutsche Pluralformen: »Omina« oder »Omen«), und wer in Österreich oder der Schweiz Rechtswissenschaft studiert, der studiert »Jus«. In Deutschland freilich studiert er »Jura«, und das ist eben der Plural von *ius, iuris*.

»Carmen« kann Ihnen natürlich als weiblicher Vorname begegnen – wenn Sie mehrere kennen, dann wären das, lateinisch gesagt, »Carmina«. Bis ins 18. Jahrhundert war »Carmen« zudem – wie schon in der Antike – ein Oberbegriff für Gedichte jeder Art. Sie kennen sie vermutlich: Die wohl berühmteste Sammlung mittelalterlicher Lieder und Gedichte ist die im 13. Jahrhundert entstandene Handschrift »Carmina Burana«. Sie wurde 1803 im Kloster Benediktbeuern wiederentdeckt, und daher hat sie auch ihren Namen: *Buranus* heißt »beurisch«, »aus (Benedikt)Beuern«. Ihren Weltruhm verdankt die Sammlung der genialen Neuvertonung einiger Stücke durch Carl Orff.

i-Stämme der 3. Deklination

Die in Tabelle 8.6 aufgelisteten Substantive enden im **Genitiv Plural** nicht nur auf *-um*, sondern auf *-ium*.

Lateinisch	Deutsch	Lateinisch	Deutsch
	Maskulina		
civis, civis	der Bürger (D zivil)	mons, montis	der Berg (F mont; I monte)
collis, collis	der Hügel (I colle)	pons, pontis	die Brücke (F pont; I ponte)
finis, finis	die Grenze, das Ende (L *finitimus,-a,-um*; D Finale)	orbis, orbis	der Kreis, die Welt (D Orbit)
Plural: fines, finium	das Gebiet	panis, panis	das Brot
hostis, hostis	der Feind (E hostility)	testis, testis	der Zeuge (E testimony)
ignis, ignis	das Feuer (E ignition)		
	Feminina		
ars, artis	die Kunst (L *Magister Artium*; E/F art; D Artist)	pars, partis	der Teil, die Seite, die Richtung (E/F part)

Lateinisch	Deutsch		Lateinisch	Deutsch
mors, mortis	der Tod (F mort; I morte)		urbs, urbis	die Stadt (D/E urban)
navis, navis	das Schiff (L *nauta*; E navy)		vestis, vestis	das Kleid (D Travestie)
nox, noctis	die Nacht (I notte)			
Neutrum				
cor, cordis	das Herz (F coeur; E cordial)			

Tabelle 8.6: i-Stämme, die Ihnen bekannt sein dürften

Im Hinblick auf die Caesar-Lektüre müssen Sie sich von diesen Wörtern drei besonders gut merken:

- ✔ *hostis, hostis* (der Feind): Dieses Wort kommt ständig vor und wird, wenn es im Lexikon gesucht wird, gerne mit *hospes, hospitis* = der Fremde, Gastfreund verwechselt (siehe oben). Tückisch ist auch der Genitiv Plural *hostium*. Wer das im Lexikon sucht, stößt auf *hostia,-ae* = »das Opfertier«. Zwar kann die Form *hostium* nicht von *hostia* kommen, weil die Endung *-um* in der a-Deklination nicht existiert, aber das erhöht die Verwirrung nur.
- ✔ *fines, finium* (das Gebiet): *fines* ist der Plural von *finis, finis* = die Grenze, und könnte deshalb auch »die Grenzen« heißen. Bei Caesar ist das allerdings so gut wie nie der Fall. Übersetzen Sie es bitte **immer** mit »das Gebiet«. Ein Beispiel: *Caesar in finibus Germanorum versabatur* heißt »Caesar hielt sich im Gebiet der Germanen auf«, auf keinen Fall »an den Grenzen«. Das ist ein großer Unterschied.
- ✔ *pars, partis* (der Teil, die Seite, die Richtung): Dieses Wort verwendet Caesar oft, und das in allen drei Bedeutungen. Welche Bedeutung Sie beim Übersetzen jeweils verwenden müssen, sagt Ihnen der Zusammenhang. Sie sollten aber alle drei parat haben. Merken Sie sich am besten schon einmal drei Beispiele: *magna pars hostium* = »ein großer Teil der Feinde«, *una ex parte* = »von einer Seite« oder auch »auf einer Seite«, *in diversas partes* = in verschiedene Richtungen (*in* mit Akkusativ auf die Frage »wohin?«).

Wenn Sie die Bedeutung von allen oder den meisten dieser Vokabeln richtig erkannt haben, haben Sie Ihren aktiven Lateinwortschatz im Prinzip um gut 80 Wörter erweitert. Geben Sie sich damit aber nicht zufrieden, sondern lernen Sie die jeweilige lateinische Form genau, damit Sie ganz sicher sein können, um welches Wort es sich gerade handelt. Die Gefahr von Verwechslungen mit ähnlich aussehenden Wörtern (zum Beispiel *equus,-i* = das Pferd – *aequus,-a,-um* = gleich) oder mit Wörtern aus derselben Wortfamilie (*equus,-i* = das Pferd – *eques, equitis* = der Reiter – *equitare* = reiten) ist nicht ganz gering.

Männliche Eigennamen

Prominente Römer werden in lateinischen Texten meistens mit nur einem Bestandteil ihres Namens bezeichnet. Dabei wird entweder der Familienname (*nomen gentile*) oder der

Zuname (*cognomen*) verwendet (siehe Kapitel 5). Viele dieser Namen enden auf *-us* (Marius, Pompeius, Brutus), einige auf *-a* (Sulla, Seneca). Sie werden nach der o- beziehungsweise nach der a-Deklination gebeugt (*Brutus, Bruti* und so weiter; *Seneca, Senecae* und so weiter).

Daneben gibt es einige Namen, deren Nominativ nicht zur a- oder o-Deklination passt. Die werden nach der 3. Deklination gebeugt. Das gilt zum Beispiel für die folgenden wichtigen Persönlichkeiten: **Caesar** (Genitiv: *Caesaris*), **Cicero** (Genitiv: *Ciceronis*), **Cato** (Genitiv: *Catonis*) und **Nero** (Genitiv: *Neronis*).

Namen von Nichtrömern wurden – je nach Nominativendung – in der Regel ebenfalls in eines der drei Deklinationssysteme integriert. Griechische Eigennamen, die auf -os enden, werden im Lateinischen zum Beispiel mit der Endung *-us* versehen und nach der o-Deklination gebeugt (griechisch »Pyrrhos« → lateinisch *Pyrrhus,-i*). Andere Nichtrömer werden nach der 3. Deklination gebeugt, zum Beispiel **Hannibal** (Genitiv: *Hannibalis*), **Hercules** (Genitiv: *Herculis*) oder die auf *-rix* endenden Namen von Galliern (**Vercingetorix**, Genitiv: *Vercingetorigis*). Auch die lateinische Variante des Namens **Odysseus** gehört zu dieser Gruppe: *Ulixes*, Genitiv: *Ulixis*.

Wenn Eigennamen bei einem lateinischen Text angegeben sind, achten Sie deshalb genau auf die jeweils genannte Genitivendung, damit Sie sicher wissen, in welchem Deklinationssystem Sie sich gerade bewegen. Wenn keine Angabe vorliegt, sollten Sie Namen in Zweifelsfällen im Lexikon nachschauen.

Bei Eigennamen, die nach der 3. Deklination gebeugt werden, sorgt die Dativendung *-i* immer wieder für Probleme. Sie wird gerne mit dem Genitiv der o-Deklination verwechselt, und dann kann aus einem recht einfachen Satz ein rätselhafter werden. Ein Beispiel: *Cleopatra Caesari flores donavit* heißt schlicht »Kleopatra schenkte Caesar Blumen« und nicht etwa »Caesars Kleopatra schenkte Blumen« oder »Kleopatra (ver)schenkte Caesars Blumen«.

Kleine Übersetzungen

Vokabeln isoliert (er-)kennen ist leider nicht automatisch dasselbe wie Vokabeln innerhalb eines Satzes wiedererkennen und ihre Form richtig interpretieren. Mit den folgenden Übersetzungstexten können Sie herausfinden, ob, und wenn ja, wo sich für Sie noch Probleme ergeben.

Zuerst ein paar kurze Formulierungen, die den Rang von Sprichwörtern erreicht haben. Wieder gilt: Lernen Sie auswendig, was Ihnen zusagt.

1. *Nomen est omen.*
2. *Homo homini lupus* (*est*). (*lupus,-i*: der Wolf)
3. *Pater semper incertus est.*
4. *Summum ius summa iniuria* (*est*).
5. *Tempora mutantur, et nos mutamur in illis.* (*nos*: wir)

Übersetzungen und Erklärungen:

1. Der Name ist ein Vorzeichen. – Dieser Spruch wird noch immer gerne verwendet, durchaus auf Lateinisch, aber auch gerne in der salopperen Form »Der Name ist Programm«.

2. Der Mensch (ist) dem Menschen ein Wolf.

Sprachliches: Dieser kurze Satz ist sprachlich in zweierlei Hinsicht merkenswert. Zum einen enthält er eine der Endungen der 3. Deklination (Dativ Singular *-i*), die gerne mit einer o-Deklinationsendung (Genitiv Singular oder Nominativ Plural) verwechselt werden. Zum anderen fehlt in der Originalformulierung das *est*. Das kommt in besonders prägnanten lateinischen Formulierungen nicht selten vor (siehe auch Satz 4). Im Deutschen gibt es das durchaus auch (zum Beispiel »Wie der Vater, so der Sohn«). Merken Sie sich also bitte: Wenn ein lateinischer Satz kein Prädikat hat, muss eine Form von *esse* ergänzt werden.

Inhaltliches: Der Satz geht auf eine Formulierung des römischen Komödiendichters Plautus (circa 254–184 v. Chr.) zurück. Besondere Prominenz bekam er dadurch, dass der englische Philosoph Thomas Hobbes (1588–1679) ihn im Vorwort seiner Schrift »De Cive« (Über den Bürger) verwendete. Anders als Plautus beschrieb Hobbes damit aber nicht das Verhältnis Mensch – Mensch, sondern das Verhältnis zwischen von Menschen geschaffenen Staaten. Diese – so Hobbes – stünden einander grundsätzlich feindselig gegenüber.

3. Der Vater ist immer ungewiss. – Eine für Männer bittere Wahrheit, der der Satz *Mater semper certa est* lange Zeit unwiderlegbar gegenüberstand. In der Antike gehörte deshalb der Wunsch »Mögen eure Kinder dem Vater ähneln« zum Repertoire von guten Wünschen für ein Hochzeitspaar. Erst in neuester Zeit wurden die Verhältnisse durch die Möglichkeiten von Leihmutterschaften einerseits und DNA-Vaterschaftstests andererseits neu sortiert.

4. Höchstes Recht (ist) höchstes Unrecht. – »Höchstes Recht« bedeutet hier »auf die Spitze getriebenes Recht«. Gemeint ist damit eine böswillige Rechtsauslegung, die sich nur an den Buchstaben eines Gesetzes orientiert, aber dessen eigentliche Intention ignoriert. Dadurch kann aus Recht Unrecht werden. – Wie in Satz 2 fehlt in der Originalformulierung das *est*.

5. Die Zeiten werden verändert (besser: ändern sich), und wir werden in ihnen verändert (besser: ändern uns).

Sprachliches: *mutantur – mutamur*: Hier ist, wie bei *Mutabor*, dem Zauberspruch des Kalifen Storch (siehe Kapitel 4), die mediale Übersetzung (»sie ändern sich« / »wir ändern uns«) der passiven (»sie/wir werden geändert«) vorzuziehen. – *nos*: Der Nominativ des Personalpronomens wird im Lateinischen nur dann verwendet, wenn das Subjekt, wie hier, besonders betont ist. An sich ist es ja bereits in der Verbalendung enthalten.

Inhaltliches: Die Herkunft dieses sehr wahren und sehr berühmten Spruchs liegt etwas im Dunkeln. Eines ist aber sicher: Er stammt nicht aus der Antike. Wahrscheinlich hat ihn so oder so ähnlich der offenbar weise Karolingerkaiser Lothar I. (795–855) geprägt. Die Überlieferung ist unklar, und deshalb gibt es auch eine leicht andere Formulierung: Anstelle von *et nos* finden Sie auch *nos et*. Der Sinn bleibt der gleiche. – Es handelt sich wieder um einen Vers, einen Hexameter. Wenn Sie die unterstrichenen Silben betonen, ergibt sich der Rhythmus. Oft wird nur der Anfang des Spruchs zitiert: *Tempora mutantur*. Geben Sie es einmal in Ihre Suchmaschine ein …

Etwas Militärisches

Der folgende kurze Text steht zwar so nicht bei Caesar, skizziert aber eine für Caesars Feldzug recht typische Handlungsabfolge und enthält viele der in »De bello Gallico« häufigen Substantive der 3. Deklination. Die sollten Sie gut im Griff haben. Achten Sie, wie immer, auf Konjunktive, Satzstrukturen und Hyperbata und rufen Sie sich noch die Bedeutungen von *postquam* (+ Indikativ Perfekt), *castra,-orum, initium,-i, silva,-ae, nuntiare* und *legatus,-i* in Erinnerung.

(1) *Caesar imperator postquam equites praemisit*[1], *ut locum castris idoneum*[2] *deligerent*[3], *cum legionibus II e finibus Haeduorum*[4] *in Belgarum*[5] *fines venit.* (2) *Hostes Romanos magna cum multitudine militum expectaverunt, in quibus magnus erat numerus equitum.* (3) *Una ex parte in colle copias constituerant*[6], *alia*[7] *ex parte ad initium silvae.* (4) *Id cum Caesari nuntiatum esset, legatos ad hostium duces misit*[8].

[1] *prae-mitto, prae-misi, prae-missum* 3: voraus-schicken; [2] *idoneus,-a,-um* (mit Dativ): geeignet (für); [3] *deligere*: auswählen; [4] *Haedui,-orum*: die Häduer (ein gallischer Stamm); [5] *Belgae,-arum*: die Belger; [6] *constituo, constitui, constitutum* 3: aufstellen; [7] *alius,-a,-ud*: der, die, das andere; [8] *mitto, misi, missum* 3: schicken

Übersetzung: (1) Nachdem der Feldherr Caesar Reiter vorausgeschickt hatte, damit sie einen für ein Lager geeigneten Ort auswählten, kam er mit zwei Legionen aus dem Gebiet der Häduer in das Gebiet der Belger. (2) Die Feinde erwarteten die Römer mit einer großen Menge von Soldaten, unter denen eine große Zahl von Reitern war. (3) Auf einer Seite hatten sie auf einem Hügel die (besser: ihre) Truppen aufgestellt, auf der anderen am Anfang (besser: Rand) eines Waldes. (4) Als dies Caesar gemeldet worden war, schickte er Gesandte zu den Anführern der Feinde.

Vielleicht bekannte oder doch neue Vokabeln

Um den Basiswortschatz zu komplettieren, fehlen noch ein paar wichtige Vokabeln. Sie sind nicht ganz so prominent geworden wie die vorn aufgelisteten. Dennoch könnten einige dabei sein, die Sie (er-)kennen. Decken Sie also zuerst wieder die deutschen Bedeutungen ab und überlegen Sie, was das Wort heißen könnte. Einige lateinische Wörter, die Sie schon kennengelernt haben, können Ihnen dabei helfen: *sacer, sacra, sacrum, munire, valere, cupidus,-a,-um* und *vir.*

Konsonantenstämme der 3. Deklination

Die folgenden Substantive sind Konsonantenstämme. Hier taucht also nirgends ein »i« auf.

Maskuline Substantive

Von *soror* und *uxor* abgesehen sind die Substantive in Tabelle 8.7 Maskulina.

Lateinisch	Deutsch	Lateinisch	Deutsch
Substantive auf *-or, -oris*			
auctor, auctoris	der Urheber, Schöpfer	soror, sororis f.	die Schwester (F sœur)
		uxor, uxoris f.	die Ehefrau, Gattin
Substantive auf *-os*			
mos, moris	die Sitte, der Brauch (D Moral)	sacerdos, sacerdotis	der Priester (L *sacer, sacra, sacrum*)
Substantive auf *-es*			
comes, comitis	der Begleiter	obses, obsidis	die Geisel
Pluralwort			
maiores, maiorum	die Vorfahren		

Tabelle 8.7: Maskulina der 3. Deklination, die Ihnen vermutlich neu sind

Zwei dieser Vokabeln seien ein wenig erläutert:

mos, moris: Dieser Begriff spielt in lateinischen Texten in zweifacher Hinsicht oft eine wichtige Rolle. – Einerseits steht er (oft im Plural: *mores*) im Zentrum von Klagen über den moralischen Verfall der eigenen Zeit. Die Folie für solche Betrachtungen sind vielfach die früher herrschenden Sitten, die als Vorbild und als Richtschnur für erforderliche Veränderungen beschworen werden. Merken Sie sich in diesem Zusammenhang den Ausdruck *mos maiorum* (die Sitte der Vorfahren). Er steht sozusagen für unser »die gute alte Zeit«. Sie sehen, es war schon immer früher alles besser. – Andererseits finden sich in lateinischen Texten, und besonders bei Caesar, mehrfach Beschreibungen fremder Völker und ihrer Sitten. Solche Berichte sind oft die ältesten erhaltenen Aufzeichnungen über diese Völker. Ihre Zuverlässigkeit ist jedoch begrenzt. Pures ethnologisches Interesse ist in den seltensten Fällen das Hauptanliegen der Autoren. Oft werden auch mit dem Ablativ *more* einzelne Verhaltensweisen als typisch für ein Volk charakterisiert. Merken Sie sich die Formulierungen *more suo* (nach ihrer Sitte; ihrer Sitte entsprechend) und *more Gallorum / more Gallico* (nach der Sitte der Gallier / gallischer Sitte entsprechend).

obses, obsidis: Als Garantie für die Einhaltung von Verträgen, die zwischen Völkern geschlossen wurden, wurden in der Antike oft Geiseln ausgetauscht. Diese entstammten in der Regel angesehenen Familien und mussten dann im jeweils anderen Land leben, wo sie üblicherweise ehrenvoll behandelt wurden. Wenn Verträge allerdings mit unterlegenen Völkern geschlossen wurden, musste nur die schwächere Seite Geiseln stellen. Dies war gleichbedeutend mit einer kompletten Kapitulation. In Caesars »De bello Gallico« spielen Forderungen nach der Stellung von Geiseln (*obsides dare*) eine wichtige Rolle.

Der folgende kurze Text ist weitgehend sinnlos. Übersetzen Sie ihn bitte trotzdem. Er enthält alle Substantive der Tabelle 8.7.

Soror uxoris auctoris illorum operum mulier erat pulchra et grata, quae mores maiorum valde laudabat. Semper apud eam multitudo erat sacerdotum, qui non obsides, sed comites eius erant.

Übersetzung: Die Schwester der Gattin des Schöpfers jener Werke war eine schöne und beliebte Frau, die die Sitten der Vorfahren sehr lobte. Immer war eine Menge von Priestern bei ihr, die nicht Geiseln, sondern ihre Begleiter waren.

Feminine Substantive

Die in Tabelle 8.8 aufgelisteten Konsonantenstämme sind (außer *sermo, princeps* und *senex*) Feminina.

Lateinisch	Deutsch	Lateinisch	Deutsch
Substantive auf *-o, -onis*			
coniuratio, coniurationis	die Verschwörung, das Komplott	ratio, rationis	die Berechnung, Art und Weise, Vernunft (D rational; E ratio)
munitio, munitionis	die Befestigungsanlage (L *munire*)	sermo, sermonis m.	das Gespräch, die Rede, die Sprache (E sermon)
Substantive auf *-o, -inis*			
consuetudo, consuetudinis	die Gewohnheit, der Umgang	valetudo, valetudinis	die Gesundheit (L *valere*)
Substantive auf *-as, - atis*			
aestas, aestatis	der Sommer	gravitas, gravitatis	die Schwere, der Ernst, die Würde (D Gravitation)
aetas, aetatis	das Lebensalter, Zeitalter	pietas, pietatis	das Pflichtbewusstsein, die Frömmigkeit (D Pietät)
civitas, civitatis	der Staat, das Volk (L *civis*, E city)	voluntas, voluntatis	der Wille (D Volontär)
cupiditas, cupiditatis	die Begierde (L *cupidus*)		
Substantive auf *-us, -utis*			
salus, salutis	das Wohl, Heil (F salut)	virtus, virtutis	die Tapferkeit, Tugend, Fähigkeit (L *vir*; D virtuos)
senectus, senectutis	das Alter (D senil)		
Substantive auf *-s* mit vorhergehendem Konsonanten (x = gs)			
coniunx, coniugis	die Ehefrau, Gattin	princeps, principis m.	der Anführer, Kaiser
hiems, hiemis	der Winter	senex, senis m.	der Greis (L *senectus*; D senil)
Weitere Substantive			
mulier, mulieris	die Frau	sedes, sedis	der Wohnsitz

Tabelle 8.8: Feminina der 3. Deklination, die Ihnen vermutlich neu sind

Von diesen Wörtern seien zwei wichtige politische und zwei moralische Begriffe hervorgehoben:

civitas, civitatis und *princeps, principis*: *civitas* bezeichnet eine Gemeinschaft von Menschen unter dem Aspekt der politischen Organisation. Das Wort basiert auf *civis* (der Bürger). Das deutsche »Bürgerschaft« entspricht *civitas* recht genau, klingt aber etwas altbacken. In philosophischen oder politischen Texten muss *civitas* mit »Staat« wiedergegeben werden. Bei Caesar, der den Begriff oft verwendet, passt die Übersetzung »Volk« oder »Stamm« am besten (siehe dazu weiter hinten in diesem Kapitel die Bemerkungen zu *gens, gentis*). – *princeps* heißt eigentlich »der Erste, der Wichtigste«. Das Wort wird deshalb in allen Bereichen für eine herausragende, führende Persönlichkeit innerhalb einer Gruppe verwendet. Caesar bezeichnet die Anführer gallischer und germanischer Stämme oft so. Mit dem Beginn der Kaiserzeit um 30 v. Chr. erfuhr der Begriff eine spezifische Bedeutungserweiterung. Augustus bezeichnete damit seine eigene Position innerhalb des Staates, um so die Tatsache zu verhüllen, dass der römische Staat *de facto* zu einer Monarchie umgestaltet wurde. Der Titel *rex*, der den Gegebenheiten durchaus angemessen gewesen wäre, wäre den Römern nicht vermittelbar gewesen. Augustus' Nachfolger behielten den Begriff bei. Wir geben ihn – sachlich korrekt – mit »Kaiser« wieder. Von *princeps* abgeleitet wurde dann der in historischen Abhandlungen übliche *terminus technicus* für die römische Kaiserzeit, »Prinzipat«.

virtus, virtutis und *pietas, pietatis*: Diese Begriffe bezeichnen positive Eigenschaften, die den Römern besonders wichtig waren. In *virtus* steckt *vir, viri* (der Mann). *virtus* ist also die Summe all dessen, was man von einem Mann an Positivem erwartet. Das etwas aus der Mode gekommene deutsche »Mannhaftigkeit« transportiert ähnliche Vorstellungen. Wie man *virtus* übersetzt, muss man nach dem jeweiligen Zusammenhang entscheiden. Mit »Tugend« und »Tapferkeit« kommen Sie recht gut durch. – *pietas* ist eine spezifische *virtus*. Sie bezeichnet respektvolles, pflichtbewusstes Denken und Handeln gegenüber den Göttern, den Eltern und der Heimat, also gegenüber im weitesten Sinne »heiligen« Institutionen. Der Trojanerfürst **Aeneas**, der als Urvater der Römer gilt, wurde von **Vergil** in dem bedeutenden Epos »Aeneis« als eine Art Inkarnation der *pietas* inszeniert. Darüber wird noch einiges zu sagen sein.

Personen werden in der Regel mit Adjektiven (ein tapferer Mann) näher beschrieben. Daneben gibt es auch die Möglichkeit, das mit einer Kombination von Substantiv und Adjektiv zu tun: »ein Mann von großer Tapferkeit«. Wenn diese Option gewählt wird, wird die jeweilige Eigenschaft stärker hervorgehoben. Dieser Effekt kann durch die Wahl des Adjektivs beliebig gesteigert werden (»ein Mann von größter / ungewöhnlicher / nie gesehener / einzigartiger / unglaublicher Tapferkeit«).

Im Lateinischen wird diese Konstruktion gerne verwendet. Das Substantiv und das Adjektiv stehen dann entweder im **Genitiv** oder im **Ablativ**. Zwei Beispiele: *Aeneas vir summae pietatis erat* (Aeneas war ein Mann von höchstem Pflichtbewusstsein). *Cleopatra magna pulchritudine erat* (Kleopatra war von großer Schönheit). Weil diese Genitive und Ablative eine Eigenschaft beziehungsweise Qualität beschreiben, heißen sie ***genitivus qualitatis*** und ***ablativus qualitatis***.

Neutrale Substantive

Die folgenden Konsonantenstämme sind Neutra (siehe Tabelle 8.9).

Lateinisch	Deutsch	Lateinisch	Deutsch
flumen, fluminis	der Fluss	litus, litoris	die Küste, der Strand
iter, itineris	der Marsch, Weg, die Reise	scelus, sceleris	das Verbrechen

Tabelle 8.9: Neutra der 3. Deklination, die Ihnen vermutlich neu sind

iter, itineris: Ein bei Caesar recht häufig vorkommendes Wort. Es kann zwar »Reise« bedeuten, das ist aber bei Caesar nie der Fall. Er berichtet von einem Kriegszug, da war niemand auf Reisen. Merken Sie sich die Wortverbindung *iter magnum*. Das bedeutet wörtlich »großer Marsch« und ist am besten mit »Eilmarsch« zu übersetzen. Geschwindigkeit war eine der großen Stärken des römischen Heeres, und deshalb wird immer wieder betont, dass die Römer eine Strecke *magnis itineribus*, also »in Eilmärschen« zurückgelegt haben. – Auch die Bedeutung »Weg« ist für Caesar-Übersetzungen relevant. Besonders häufig ist die Wortverbindung *iter facere* (wörtlich: »einen Weg machen«), die Sie am besten mit »marschieren« übersetzen (zum Verbum *facere* siehe Kapitel 14).

i-Stämme der 3. Deklination

Die folgenden Substantive (siehe Tabelle 8.10) enden im **Genitiv Plural** nicht nur auf *-um*, sondern auf *-ium*.

Lateinisch	Deutsch	Lateinisch	Deutsch
Maskulina			
adulescens, adulescentis	der junge Mann	mensis, mensis	der Monat (D Menstruation)
Feminina			
clades, cladis	die Niederlage	gens, gentis	der Volksstamm, das Volk

Tabelle 8.10: i-Stämme, die Ihnen vermutlich neu sind

gens, gentis: Weder Gallien noch Germanien waren homogene Staatengebilde. Caesar hatte es vielmehr mit einer großen Zahl einzelner gallischer und germanischer Stämme zu tun, die er abwechselnd als *gens, civitas* oder *natio* bezeichnet. Diese Begriffe übersetzen Sie am besten jeweils mit »Volk« oder »Stamm«.

vis, vim, vi: die Kraft, Gewalt – Plural: *vires, virium*: die Kräfte, Streitkräfte

Ein wichtiges und ausgesprochen eigenartiges Substantiv muss noch nachgetragen werden: Der »i-Stamm« *vis* = »die Kraft, Gewalt«. Es wird im Singular nur im Nominativ (*vis*), Akkusativ (*vim*) und Ablativ (*vi*) verwendet, Genitiv und Dativ fehlen. Im Plural ist die Formenreihe dann komplett. Die Basis für diese Formen ist aber etwas anders als die im Singular. Sie ist *vir-* (siehe Tabelle 8.11).

Fall	Singular	Deutsch		Plural	Deutsch
Nominativ	vis	die Kraft, Gewalt		vires	die Kräfte, Streitkräfte
Genitiv	–	–		virium	der Kräfte, Streitkräfte
Dativ	–	–		viribus	den Kräften, Streitkräften
Akkusativ	vim	die Kraft, Gewalt		vires	die Kräfte, Streitkräfte
Ablativ	vi	durch Kraft, mit Gewalt		viribus	durch die Kräfte, Streitkräfte

Tabelle 8.11: Die Formen von *vis* (die Kraft, Gewalt)

Vermutlich ist Ihnen beim Blick auf diese Formen schon aufgefallen, dass sie an ein anderes Wort erinnern, das Sie schon kennen: *vir, viri* (der Mann; siehe Kapitel 3). Weil *vis* nach der 3. Deklination gebeugt wird und *vir* nach der o-Deklination, gibt es zwar keine einzige Form, die bei beiden Wörtern wirklich identisch wäre. Ihre Ähnlichkeit ist aber so groß, dass sie trotzdem gerne miteinander verwechselt werden. Unangenehmerweise hilft da auch der Zusammenhang oft nicht. Es gibt bemerkenswert viele Sätze, in denen sowohl »Gewalt« als auch »Männer« einen einleuchtenden Sinn ergibt. Prägen Sie sich die Formen von *vis* deshalb besonders gut ein.

Auf einen Blick

Hier eine knappe Übersicht über die wichtigsten Aspekte der 3. Deklination und die syntaktischen Besonderheiten, die in diesem Kapitel beschrieben wurden:

✔ Substantive der 3. Deklination

- Die 3. Deklination umfasst eine Vielzahl **verschiedener Wortgruppen**. Im **Nominativ Singular** unterscheiden sich die Substantive der 3. Deklination deshalb zum Teil stark voneinander.
- Bei den meisten Substantiven der 3. Deklination ist der Stamm, der die **Basis für die flektierten Formen** bildet, erst ab dem Genitiv erkennbar. Einige verändern sich dabei stark gegenüber dem Nominativ (*tempus, tempor-is*).
- Die 3. Deklination umfasst **Maskulina**, **Feminina** und **Neutra**.
- Ab dem Genitiv Singular haben alle Substantive der 3. Deklination dieselben **Endungen**. Singular: *-is*; *-i*; *-em*; *-e*. Plural: *-es*; *-um*; *-ibus*; *-es*; *-ibus*. Nur im **Ablativ Singular** gibt es eine Alternative: Hier ist bei einigen wenigen Substantiven, sogenannten i-Stämmen, die Endung *-i*.
- Häufig werden drei dieser Endungen mit Endungen der o-Deklination verwechselt, die dort andere Fälle markieren: Der **Genitiv Singular** (*-is*; o-Deklination: Dativ/Ablativ Plural), der **Dativ Singular** (*-i*; o-Deklination: Genitiv Singular/Nominativ Plural) und der **Genitiv Plural** (*-um*; o-Deklination: Akkusativ Singular).

- Bei der relativ kleinen Gruppe der **i-Stämme** taucht im Genitiv Plural und bei Neutra im Nominativ und Akkusativ Plural ein »*i*« **vor** der Endung auf. Die Endung selbst bleibt unverändert (*ars, artis*: Genitiv Plural *artium*; *mare, maris*: Nominativ/Akkusativ Plural *maria*).
- **Männliche Eigennamen**, deren Nominativendung nicht in die a- oder o-Deklination passt, werden nach der 3. Deklination dekliniert (*Caesar, Caesaris*; *Cicero, Ciceronis*; *Hannibal, Hannibalis*).
- Die Formen des i-Stamms ***vis*** (die Kraft) fallen aus dem Rahmen. Im Singular fehlen der Genitiv und der Dativ, der Akkusativ ist *vim*, der Ablativ *vi*. Der Plural ist vollständig, wird aber vom Stamm *vir-* gebildet (*vires, virium* und so weiter). Hier besteht große Verwechslungsgefahr mit dem Wort *vir,-i* (der Mann), das der o-Deklination angehört.

✔ Syntaktisches

- Bei pointierten Formulierungen können im Lateinischen **Formen von *esse*** weggelassen werden (*Homo homini lupus*; vergleiche Deutsch: »Wie der Vater, so der Sohn«).
- Personen können im Lateinischen – wie im Deutschen – durch eine Kombination von Substantiv und Adjektiv näher beschrieben werden (»ein Mann von großer Tapferkeit«). Im Lateinischen wird dabei der Genitiv (*genitivus qualitatis*) oder der Ablativ (*ablativus qualitatis*) verwendet (*vir magnae virtutis*; *vir magna virtute*).

Übersetzungen und ein wenig Kultur

Mit den folgenden kleinen Sätzen und kurzen Texten können Sie überprüfen, wie gut Sie die 3. Deklination im Griff haben. Zudem erfahren Sie Wissenswertes zu den Themen Dissertation, Sittenverfall, atomare Wiederaufbereitungsanlagen, Stellung von Geiseln und Vergils »Aeneis«. Bevor Sie beginnen, erweitern Sie Ihren Wortschatz im Bereich »kleine Wörter« (siehe Tabelle 8.12).

Lateinisch	Deutsch
ibi	dort
frustra	vergebens, umsonst

Lateinisch	Deutsch
ita	so

Tabelle 8.12: Weitere »kleine Wörter«

1. *summa cum laude* (*laus, laudis*: das Lob)
2. *O tempora, o mores!*
3. *Neptunus dominus erat marium fluminumque.*

4. *WAA a viris politicis Bavariae munitionibus firmis circumdata et per multos annos magnis viribus frustra defensa est.*
(*WAA*: die [atomare] Wiederaufbereitungsanlage; *vir politicus*: der Politiker; *circumdare*: um-geben; *defendo, defendi, defensum 3*: verteidigen)

5. *Caesar una cum legione magnis itineribus in fines hostium processit et ab iis postulavit, ut obsides darent. Id hostes more suo clamore magno recusaverunt.* (*procedo, processi, processum* 3: vorrücken)

6. *Vergilius poeta in eo carmine, quod »Aeneis« inscriptum est*[1]*, et de expugnatione*[2] *Troiae et de populi Romani origine narrat. Cum Troia a Graecis deleta esset, Aeneas, vir summa virtute et pietate, multis cum comitibus patriam navibus reliquit*[3]*, ut novas Troianis quaereret*[4] *sedes. Post longos errores*[5] *in Italiam venerunt ad litora Latii*[6]*. Ibi Aeneas Troianos cum Latinis*[7]*, qui hanc regionem incolebant*[8]*, coniunxit*[9]*. Ita auctor fuit gentis Romanae. Hoc opus Vergilius tempore imperatoris Augusti scripsit*[10].

Vokabeln: [1] *inscribo, inscripsi, inscriptum* 3: betiteln; [2] *expugnatio,-onis*: die Eroberung; [3] *relinquo, reliqui, relictum* 3: verlassen; [4] *quaero, quaesivi, quaesitum* 3: suchen; [5] *error,-oris*: die Irrfahrt; [6] *Latium,-i*: Latium (eine Landschaft in Italien); [7] *Latini,-orum*: die Latiner; [8] *incolo, incolui, incultum* 3: bewohnen; [9] *coniungo, coniunxi, coniunctum* 3: vereinigen; [10] *scribo, scripsi, scriptum* 3: schreiben

Übersetzungen und Erklärungen:

1. Mit höchstem Lob

Sprachliches: Das Adjektiv *summa* steht aus stilistischen Gründen vor *cum* (Hyperbaton). Es wird dadurch stärker betont. *cum summa laude* wäre durchaus möglich, aber weniger üblich.

Inhaltliches: Wenn Sie promovieren, wird Ihre Dissertation standesgemäß auf Lateinisch bewertet. Die Notenskala ist: *summa cum laude* (= 0,5), *magna cum laude* (= 1), *cum laude* (= 2). Wenn Ihre Arbeit eine Drei ist, gibt es dafür kein Lob mehr, sondern das Prädikat *rite*, das heißt »auf gehörige Weise«, also »befriedigend«. Arbeiten, die schlechter als *rite* eingestuft werden, müssen neu geschrieben werden.

2. O Zeiten, o Sitten! oder: Was für Zeiten, was für Sitten! – Mit diesem berühmten und bis heute viel zitierten Ausruf brachte Cicero im Jahr 63 v. Chr. in einer pathetischen Rede vor dem Senat seine Empörung über die moralischen Zustände in Rom zum Ausdruck. Hintergrund war eine Verschwörung gegen den Staat, die Cicero in seiner Eigenschaft als Konsul aufgedeckt hatte. Anführer der Verschwörung war ein römischer Adeliger namens Catilina.

3. Neptun war der Herr der Meere und Flüsse.

4. Die WAA ist von den Politikern Bayerns mit starken Befestigungsanlagen umgeben und viele Jahre lang vergebens mit großen (Streit-)Kräften verteidigt worden.

Inhaltliches: Eine Episode aus der jüngeren deutschen Geschichte. Im Jahr 1985 beschloss die bayerische Staatsregierung unter Franz Josef Strauß, bei Wackersdorf (*nomen est omen*!) in der Oberpfalz eine Anlage zur Wiederaufbereitung atomarer Brennstäbe zu errichten.

Dagegen formierte sich heftiger Widerstand, der bald zu kriegsähnlichen Zuständen an der Baustelle führte. Nach jahrelangen heftigsten Auseinandersetzungen wurde das Projekt im Jahr 1989 tatsächlich aufgegeben.

5. Caesar rückte mit einer einzigen Legion in Eilmärschen in das Gebiet der Feinde vor und forderte von ihnen, dass sie Geiseln stellten (oder: Geiseln zu stellen). Dies lehnten die Feinde ihrer Sitte entsprechend mit großem Geschrei ab.

Sprachliches: *una cum legione*: Wie bei *summa cum laude* (Satz 1) ist das Adjektiv *una* pointiert vor *cum* platziert (Hyperbaton). – *unus,-a,-um* ist das Zahlwort »eins«. Um das im Deutschen erkennbar zu machen, ist der Zusatz »einzig« sinnvoll. Ohne ihn würde man »einer« für den unbestimmten Artikel halten.

6. Der Dichter Vergil erzählt in dem Gedicht, das »Aeneis« betitelt ist, sowohl von der Eroberung Trojas als auch vom Ursprung des römischen Volkes. Als Troja von den Griechen zerstört worden war, verließ Aeneas, ein Mann von höchster Tapferkeit und höchstem Pflichtbewusstsein, mit vielen Begleitern seine Heimat mit (oder: auf) Schiffen, damit er den Trojanern (besser: für die Trojaner) neue Wohnsitze suchte (besser: um ... zu suchen). Nach langen Irrfahrten kamen sie nach Italien an die Küsten Latiums. Dort vereinigte Aeneas die Trojaner mit den Latinern, die diese Gegend bewohnten. So war er der Begründer (oder: Stammvater) des römischen Volkes. Dieses Werk schrieb Vergil zur Zeit des Kaisers Augustus.

Inhaltliches: Wie Ovid (siehe Kapitel 7) ist Vergil ein Dichter der augusteischen Zeit, dessen Werke die abendländische Literatur maßgeblich beeinflusst haben. In seinem bedeutendsten Werk, der »Aeneis«, erzählt er einerseits eine Heldengeschichte, die Irrfahrten und Abenteuer des Trojanerfürsten Aeneas. In dieser Hinsicht hat die »Aeneis« zahlreiche Berührungspunkte mit Vergils Vorbild, Homers »Odyssee«. Andererseits integrierte Vergil durch Prophezeiungen und Visionen die römische Geschichte bis zu seiner eigenen Zeit in seine Erzählung und schuf damit etwas völlig Neues. »Neu« ist auch die Konzeption des Protagonisten: Vergils Aeneas unterscheidet sich in vielem fundamental von Homers Odysseus. Das ist wenig erstaunlich. Homers Odysseus repräsentiert griechische Vorstellungen des 7. Jahrhunderts, Vergils Aeneas römische Vorstellungen des ausgehenden 1. Jahrhunderts v. Chr. – Dass die Römer ihren Ursprung durch die Aeneas-Figur bis auf die Zeit des Trojanischen Krieges zurückführten, folgt einem gängigen Muster. Städte oder Staaten betrachten sich generell als umso bedeutender, je älter sie sind. Die Konstruktion der Römer bestand aus folgenden Eckpunkten: 12. Jahrhundert v. Chr.: a) Aeneas kommt aus Troja nach Latium, vereinigt Trojaner und Latiner und gründet die Stadt Lavinium. b) Aeneas' Sohn Ascanius verlässt Lavinium und gründet Alba Longa. 8. Jahrhundert v. Chr.: Romulus und Remus werden in Alba Longa geboren und gründen im Jahr 753 Rom.

IN DIESEM KAPITEL

Die Adjektive der 3. Deklination

Wiederholung der Formen der 3. Deklination

Ein wenig Kultur

Kapitel 9

sapiens, fortis, acer: Die Adjektive der 3. Deklination

Dieses Kapitel bietet keine neuen Endungen. Es geht um die Adjektive der 3. Deklination, und die arbeiten natürlich mit denselben Endungen wie die Substantive der 3. Deklination (siehe Kapitel 8). Sie haben also Gelegenheit, das dort Gelernte gleich noch einmal zu wiederholen. Bei den Übungssätzen finden Sie einige sehr pointierte lateinische Formulierungen, die Sie nicht nur sprachlich weiterbringen werden.

Die Adjektive der 3. Deklination

Neben den Adjektiven, die nach der a- und o-Deklination gebeugt werden (zum Beispiel *bonus,-a,-um*; siehe Kapitel 3), gibt es im Lateinischen solche, die mit den Endungen der 3. Deklination arbeiten. Für diese Adjektive gilt dasselbe wie für die Substantive: Sie unterscheiden sich im Nominativ Singular zum Teil stark voneinander, ab dem Genitiv Singular aber haben sie alle dieselben Endungen.

Die Gruppen: Ein-, zwei- und dreiendige Adjektive

Bei den Adjektiven der 3. Deklination werden ein-, zwei- und dreiendige Adjektive unterschieden. Diese Bezeichnungen – das ist entscheidend wichtig – beziehen sich nur auf den **Nominativ Singular**. Ab dem Genitiv gibt es keine Unterschiede mehr.

Einendige Adjektive

Einendige Adjektive haben, wie der Name sagt, im Nominativ Singular nur eine einzige Endung für alle drei Geschlechter (siehe Tabelle 9.1).

Maskulinum	Femininum	Neutrum
vir sapie**ns**	femina sapie**ns**	consilium sapie**ns**
ein weiser Mann	eine weise Frau	ein weiser Entschluss

Tabelle 9.1: Einendiges Adjektiv der 3. Deklination, Nominativ Singular

Diese Adjektive lernt man, wie die Substantive, **mit dem Genitiv**, weil sie sich ab dem Genitiv oft ein wenig verändern, zum Beispiel:

sapiens (Nominativ), *sapientis* (Genitiv) = weise

Zweiendige Adjektive

Zweiendige Adjektive haben im Nominativ Singular zwei Endungen für die drei Geschlechter, und zwar eine für Maskulinum und Femininum, eine andere für das Neutrum (siehe Tabelle 9.2).

Maskulinum	Femininum	Neutrum
vir fort**is**	femina fort**is**	consilium fort**e**
ein tapferer Mann	eine tapfere Frau	ein tapferer Entschluss

Tabelle 9.2: Zweiendiges Adjektiv der 3. Deklination, Nominativ Singular

Bei diesen Adjektiven lernt man die beiden Nominativformen. In den anderen Fällen ändert sich der Stamm nicht, zum Beispiel:

fortis (Maskulinum/Femininum), *forte* (Neutrum) = stark, tapfer

Der Genitiv ist dann *fortis*, der Dativ *forti* und so weiter.

Dreiendige Adjektive

Dreiendige Adjektive haben, wie die Adjektive auf *-us, -a, -um*, im Nominativ Singular für jedes Geschlecht eine eigene Endung (siehe Tabelle 9.3).

Maskulinum	Femininum	Neutrum
vir acer	femina acris	proelium acre
ein hitziger Mann	eine hitzige Frau	eine hitzige Schlacht

Tabelle 9.3: Dreiendiges Adjektiv der 3. Deklination, Nominativ Singular

Bei diesen Adjektiven lernt man die drei Nominativformen. Die Basis für die weiteren Formen ist das Femininum, zum Beispiel:

acer (Maskulinum), *acris* (Femininum), *acre* (Neutrum) = hitzig

Der Genitiv ist dann *acris*, der Dativ *acri* und so weiter.

Die Einteilung in ein-, zwei- und dreiendige Adjektive ist nicht besonders schwer zu verstehen. Ihre Wichtigkeit wird allerdings gerne unterschätzt, und das ist riskant: Sie ist die entscheidende Voraussetzung dafür, dass Sie aus dem, was Sie gelernt haben, und – was noch wichtiger ist – aus dem, was Sie im Lexikon vorfinden, die richtigen Schlüsse ziehen können. Ein Beispiel: Wenn in einem Text die Form *gravium* steht und Sie das Wort im Lexikon suchen, finden Sie dort die Angabe *gravis,-e* = »schwer«. Dem müssen Sie entnehmen können, dass es sich hier um ein zweiendiges Adjektiv der 3. Deklination handelt. Dann können Sie auch die Endung (Genitiv Plural) problemlos richtig bestimmen.

Die Formen

Wenn Sie die Formen von *lex, legis* beherrschen (siehe Tabelle 8.1), können Sie auch die der Adjektive mühelos richtig identifizieren. Allerdings sind die Adjektive – im Unterschied zu *lex* – »i-Stämme« (siehe Kapitel 8), und deshalb unterscheiden sich ihre Formen in drei Punkten von denen der meisten Substantive.

Die drei Fälle, in denen die Formen der Adjektive der 3. Deklination von denen der meisten Substantive abweichen, sind:

- ✔ Genitiv Plural: Hier steht bei Substantiven gelegentlich, bei Adjektiven immer ein *-i-* vor der Endung.
- ✔ Nominativ und Akkusativ im Neutrum: Wie immer im Lateinischen sind bei den Neutrumformen der Nominativ und der Akkusativ im Singular und im Plural jeweils miteinander identisch. Vor der Pluralendung *-a* steht bei Adjektiven immer ein *-i-*. Was schon bei den Substantiven galt, gilt auch hier: Dieses *-i-* wird Ihnen keine Probleme bereiten. Es steht jeweils **vor** der Endung, die Endung selbst (*-um*; *-a*) bleibt unverändert.
- ✔ Ablativ Singular: Hier enden die Substantive meistens auf *-e* (zum Beispiel *lege*), die Adjektive immer auf *-i*. Deshalb heißt – Sie erinnern sich (siehe Kapitel 8) – »bei brennendem Verbrechen« = »auf frischer Tat« *in flagranti* (*delicto*) und nicht »*in flagrante*«.

Weil es in der 3. Deklination keine eigenen Endungen für die verschiedenen Geschlechter gibt, sind bei den Adjektiven die Formen für Maskulinum, Femininum und Neutrum im jeweiligen Fall größtenteils identisch. Lediglich Neutrumformen sind im Nominativ und Akkusativ Plural (*-ia*) also solche erkennbar und im Akkusativ Singular dann, wenn sie im Nominativ eine eigene Neutrumendung haben, also bei zwei- und dreiendigen Adjektiven.

Wie das konkret aussieht, können Sie Tabelle 9.4 entnehmen. Dort finden Sie die Formen eines Substantivs (*lex, legis*) und die eines zweiendigen Adjektivs der 3. Deklination (*fortis,-e* = stark, tapfer) zum Vergleich nebeneinandergestellt. Damit die Übereinstimmungen besser zu erkennen sind, sind die Endungen optisch etwas von den Stämmen abgesetzt. Die Formen, in denen die Adjektive von den (meisten) Substantiven abweichen, sind durch Fettdruck hervorgehoben.

	Substantiv		Adjektiv				
	Singular		**Maskulinum**	**Femininum**		**Neutrum**	
Nominativ	lex		←	fort	is	fort	e
Genitiv	leg	is	←	fort	is	→	
Dativ	leg	i	←	fort	i	→	
Akkusativ	leg	em	←	fort	em	fort	**e**
Ablativ	leg	e	←	fort	**i**	→	
	Plural		**Plural**	**Plural**		**Plural**	
Nominativ	leg	es	←	fort	es	fort	**ia**
Genitiv	leg	um	←	fort	**ium**	→	
Dativ	leg	ibus	←	fort	ibus	→	
Akkusativ	leg	es	←	fort	es	fort	**ia**
Ablativ	leg	ibus	←	fort	ibus	→	

Tabelle 9.4: Substantiv und Adjektiv der 3. Deklination im Vergleich

Basiswortschatz: Wichtige Adjektive der 3. Deklination

Von den folgenden Adjektiven der 3. Deklination dürften Ihnen die meisten bekannt vorkommen. Decken Sie wieder zuerst die deutschen Bedeutungen ab und versuchen Sie, sie zu erraten. Prägen Sie sich aber abschließend unbedingt die lateinische Form genau so ein, wie sie dasteht.

Einige der Adjektive sind mit lateinischen Wörtern verwandt, die Sie schon kennen. Es hilft, wenn Sie sich an die erinnern. Was bedeutet also: *audacia, diligentia, potentia, sapientia, divitiae,-arum, princeps, civis, civitas, gravitas, humus, signum, miles, militia, mirari, mors, nobilitas.*

Einendige Adjektive

Die in Tabelle 9.5 aufgelisteten Adjektive haben im Nominativ Singular nur eine Endung für alle drei Geschlechter. Zu lernen sind sie jeweils mit dem Genitiv.

Lateinisch	Deutsch	Lateinisch	Deutsch
absens, absentis	abwesend (D Absenz)	par, paris	gleich, angemessen (D Paar; F pair)
audax, audacis	kühn, verwegen (L *audacia*; E audacity)	potens, potentis	mächtig (L *potentia*; D potent)
constans, constantis	standhaft (D konstant)	praeceps, praecipitis	kopfüber, steil
diligens, diligentis	sorgfältig, genau (L *diligentia*, E diligent)	recens, recentis	neu, frisch (E recent)
ferox, ferocis	wild, tapfer, grausam (E ferocity)	sapiens, sapientis	weise, vernunftbegabt (L *sapientia*; *homo sapiens*)
frequens, frequentis	zahlreich, häufig (D Frequenz; E frequent)	simplex, simplicis	einfach (E simple)
ingens, ingentis	ungeheuer, gewaltig	vehemens, vehementis	heftig (D/E vehement)
Die folgenden Adjektive sind keine »i-Stämme«. Sie enden deshalb im Ablativ Singular auf *-e*, im Genitiv Plural auf *-um* und im Nominativ und Akkusativ Plural Neutrum auf *-a*.			
dives, divitis	reich (L *divitiae*)	princeps, principis	erster (vergleiche das Substantiv *princeps*, Tabelle 8.8.)
pauper, pauperis	arm (F pauvre; E poor)		

Tabelle 9.5: Einendige Adjektive der 3. Deklination

Zweiendige Adjektive

Die in Tabelle 9.6 aufgelisteten Adjektive haben im Nominativ Singular für Maskulinum und Femininum die gleiche Endung (*-is*), eine andere (*-e*) für das Neutrum.

Lateinisch	Deutsch
brevis, -e	kurz (F bref; E brief)
civilis, -e	bürgerlich, öffentlich (L civis)
communis, -e	gemeinsam (D Kommune)
difficilis, -e	schwierig (D diffizil)
dulcis, -e	süß (I dolce; F doux)
facilis, -e	leicht (F/I facile)
fortis, -e	stark, tapfer (E force; I forza)

Lateinisch	Deutsch
militaris, -e	militärisch (L *miles*; E military)
mirabilis, -e	wunderbar, erstaunlich (L *mirari*)
mollis, -e	weich, sanft (D Moll)
mortalis, -e	sterblich (L *mors*; E mortal)
nobilis, -e	adlig, vornehm, berühmt (L *nobilitas*; D nobel)
omnis, -e	ganz, jeder
Plural: omnes, -ia	alle (D Omnibus)

Lateinisch	Deutsch
gravis, -e	schwer, ernst (E gravity)
humilis, -e	niedrig (L *humus*)
inanis, -e	leer, eitel, unnütz (E inane)
incredibilis, -e	unglaublich (E incredible)
insignis, -e	ausgezeichnet (L *signum*)
lenis, -e	sanft
levis, -e	leicht, geringfügig, leichtsinnig
similis, -e	ähnlich (E similar; F similaire)
singularis, -e	einzeln, einzigartig (D Singular)
tristis, -e	traurig, düster (D trist)
turpis, -e	hässlich, schändlich
utilis, -e	nützlich (E utility; D Utilitarismus)
visibilis, -e	sichtbar (L *videre*; E visible)

Tabelle 9.6: Zweiendige Adjektive der 3. Deklination

Sehr häufig wird Ihnen *omnis,-e* (ganz, jeder; Plural: alle) begegnen. Merken Sie es sich deshalb besonders gut. Das sollte Ihnen nicht schwerfallen: Das Wort »Omnibus« kommt daher, und das ist bemerkenswert. »Omnibus« ist ja nicht, wie man meinen könnte, ein Nominativ auf *-us*. Es ist Dativ Plural und bedeutet »allen« oder »für alle«. Das leuchtet ein: Der Omnibus ist ein Massenverkehrsmittel, das eben allen zur Verfügung steht. Die Kurzform »Bus« ist deshalb, nebenbei gesagt, eigentlich eine mutwillig verstümmelte lateinische Dativ-Plural-Endung.

Wenn Sie sich die eigentliche Bedeutung von »Omnibus« klarmachen, haben Sie etwas Wichtiges im Kopf. Es ist einer der Fälle, in denen ein Adjektiv als Substantiv verwendet wird, und das kommt gerade bei *omnis* häufig vor. In der Regel wird dabei der Plural verwendet, und zwar der des Maskulinums (*omnes* = alle [Menschen]) und der des Neutrums (*omnia* = alle [Dinge] = alles). Übersetzen Sie die folgenden pointiert formulierten Beispiele. Wenn Ihnen eines gefällt, lernen Sie es auswendig.

1. *Omnia vincit Amor.* (*vincit*: er/sie/es besiegt)
2. *Frustra laborat, qui omnibus placere studet.*
3. *Justitia omnibus.*
4. *Bellum omnium pater est.*
5. *Patet omnibus veritas.* (*patere*: offenstehen)
6. *Credo in unum Deum, Patrem omnipotentem, factorem caeli et terrae, visibilium omnium et invisibilium.* (*credo in*: ich glaube an; *factor,-oris*: der Schöpfer)
7. *Primus Omnium.*

Übersetzungen und Erklärungen

1. Alles (lateinisch Neutrum Plural: »alle Dinge«) besiegt Amor (oder: die Liebe).

Inhaltliches: Diese Formulierung stammt aus dem zu Recht berühmten letzten Gedicht der *Bucolica* betitelten »Hirtengedichte« von Vergil (Vers 67). Der um den Verlust seiner Geliebten Lycoris trauernde Gallus beendet seine Klage resigniert mit diesen Worten, wobei er noch hinzufügt: »und wir wollen Amor weichen«. Im 13. und 14. Jahrhundert wurde dieser Satz – oft in der Form *Amor Vincit Omnia* – zum Motto von Rittern und Minnesängern. Auf einer Sonnenuhr auf der Bodenseeinsel Mainau können Sie eine andere These finden: *Tempus vincit omnia.*

2. Vergebens strengt sich an, wer sich bemüht allen zu gefallen.

3. Allen Gerechtigkeit. Oder: Gerechtigkeit für alle. – Das ist das Motto des US-Bundesstaats District of Columbia (Washington, D.C.), deshalb auch das unklassische »J« in *Justitia.*

4. Der Krieg [ist] der Vater aller Dinge.

Sprachliches: Sowohl *bellum* als auch *omnium* enden auf *-um.* Die Wörter gehören aber verschiedenen Deklinationen an und deshalb bezeichnet das *-um* jeweils einen anderen Fall (Nominativ Singular Neutrum; o-Deklination – Genitiv Plural; 3. Deklination). Sie sehen: Die Gefahr, solche Wörter zusammenzunehmen und etwa »jeder Krieg« zu übersetzen, ist nicht gering. – *omnium* könnte auch »aller Menschen« bedeuten. Dass es hier Neutrum sein muss, ergibt sich erst aus dem Sinn des Satzes.

Inhaltliches: Diese zunächst irritierend klingende These stammt von dem griechischen Philosophen Heraklit (um 500 v. Chr.). Sie ist freilich keineswegs als platte Verherrlichung oder Rechtfertigung militärischer Auseinandersetzungen gemeint, sondern geht viel tiefer. Heraklit begriff das Sein als geprägt von Gegensätzen, von Polaritäten (zum Beispiel Tag/Nacht, Sommer/Winter, Krankheit/Gesundheit), die sich in ständigem Ringen miteinander befinden. Erst aus dieser Auseinandersetzung, die Heraklit »Krieg« nennt, entsteht alles, was ist. Das Sein ist deshalb nicht statisch, sondern dauernden Veränderungen unterworfen.

5. Die Wahrheit steht allen offen. – Das heißt, an sich ist die Wahrheit für jeden verfügbar, man muss sie nur finden wollen.

6. Ich glaube an den einen Gott, den allmächtigen Vater, den Schöpfer des Himmels und der Erde, alles Sichtbaren und Unsichtbaren (lateinisch Neutrum Plural: »aller sichtbaren und unsichtbaren Dinge«). – Mit diesen Worten beginnt das von der katholischen Kirche sogenannte »Große« christliche Glaubensbekenntnis, das nach seinem ersten Wort »Credo« betitelt ist.

7. Der erste aller / von allen. – Diesen Namen hat ein exklusiver Kaffeehersteller seinem Premiumespresso gegeben, nicht ohne darauf hinzuweisen, dass Latein seinen Ursprung im heutigen Italien habe und mit dem Namen die Verbindung des Produkts zum Ursprungsland der Espressokultur »belegt« werde. Nun ja …

Dreiendige Adjektive

Die in Tabelle 9.7 zusammengestellten Adjektive haben im Nominativ Singular für jedes Geschlecht eine eigene Endung. Dreiendige Adjektive bilden die deutlich kleinste Gruppe von Adjektiven der 3. Deklination. Für den Anfang genügen zwei von ihnen.

Lateinisch	Deutsch	Lateinisch	Deutsch
acer, acris, acre	hitzig, scharf, heftig	celer, celeris, celere	schnell (E accelerate)

Tabelle 9.7: Dreiendige Adjektive der 3. Deklination

Übersetzungen und ein wenig Geschichte und Kultur

Zum Abschluss des Kapitels noch ein paar Übersetzungstexte sowie ein wenig Kultur und Geschichte. Sie lernen neue Redensarten und tiefe Weisheiten kennen und erfahren Wissenswertes über die Auseinandersetzungen zwischen den Römern und den Germanen. In den Texten kommen *ablativus-* und *genitivus-qualitatis-*Konstruktionen (siehe Kapitel 8) und Deponentien (*potiri, conari, versari*; siehe Kapitel 6) vor. Wenn Sie diese Phänomene nicht mehr ganz präsent haben, blättern Sie noch einmal kurz zurück. Außerdem kommen noch zwei wichtige »Kleine Wörter« hinzu.

1. *ut* mit Indikativ: Sie kennen die unterordnende Konjunktion *ut* mit Konjunktiv (dass, damit, sodass). Ähnlich wie bei *cum* (siehe Kapitel 5) gibt es auch bei *ut* ein Pendant, das den Indikativ verlangt. Es kann entweder »wie« oder »als« bedeuten. Wie bei *cum* ist es deshalb entscheidend, dass Sie prüfen, ob das Prädikat in dem Satzteil, in dem sich *ut* befindet, im Indikativ oder im Konjunktiv steht. Wenn Sie Ihre Satzanalyse aber mit dem Prädikat beginnen, werden Sie – wie bei *cum* – damit keine Probleme haben.

Wenn *ut* in der Bedeutung »wie« verwendet wird, korrespondiert es oft mit einem »so«, wie etwa in dem deutschen Sprichwort »Wie du mir, so ich dir«. »So« heißt Lateinisch *sic* oder *ita* (siehe Tabelle 9.8).

ut	
1. ut mit Konjunktiv	dass, damit, sodass
2. ut mit Indikativ	1. wie; 2. als
häufige Kombination: ut ..., sic *oder* ut. ..., ita	wie ..., so

Tabelle 9.8: *ut* mit Indikativ, *sic, ita*

2. *ne* mit Konjunktiv: *ne* ist das negative Pendant zu *ut* mit Konjunktiv. Es leitet also Nebensätze ein und bedeutet: »dass nicht, damit nicht«.

Eine besondere Verwendung dieses *ne* müssen Sie sich zusätzlich merken: Nach Ausdrücken des Fürchtens steht im Lateinischen immer *ne*, im Deutschen aber »dass« (siehe Tabelle 9.9). Ein Beispiel: *Cicero timebat, ne Caesar dominationi studeret* (*dominatio,-onis*: die Alleinherrschaft) = Cicero fürchtete, dass Caesar nach der Alleinherrschaft strebte.

ne	
ne mit Konjunktiv	dass nicht, damit nicht
ne mit Konjunktiv nach Ausdrücken des Fürchtens	dass (zum Beispiel: *timeo, ne ...* = ich fürchte, dass ...)

Tabelle 9.9: *ne* mit Konjunktiv

Einzelne Sätze

1. Zwei prominente Wortkombinationen: (a) *Perpetuum mobile* (b) *Festum Omnium Sanctorum* (*festum,-i*: der Festtag)
2. *Omne principium difficile.*
3. *Vita somnium breve.* (*somnium,-i*: der Traum)
4. *Fortes fortuna adiuvat.* (*adiuvare*: *iuvare*)
5. *Ut natura dedit, sic omnis recta figura est.* (*figura,-ae*: das Aussehen, die Schönheit)
6. *Cum Graeci Troia potirentur, Aeneas, vir summae fortitudinis et pietatis, Anchisem, patrem infirmum, et penates umeris e flagranti urbe portavit.* (*Anchises,-is*: Anchises; *infirmus,-a,-um*: das Gegenteil von *firmus,-a,-um*; *penates,-ium*: die Hausgötter; *umerus,-i*: die Schulter)

Übersetzungen und Erklärungen:

1. (a) Etwas sich ständig Bewegendes (b) Der Festtag aller Heiligen

Sprachliches: *perpetuum mobile*: Dieser Begriff besteht aus zwei Adjektiven: *perpetuus,-a,-um* (ständig, fortwährend); *mobilis,-e* (beweglich, sich bewegend). Das zweite ist hier als Substantiv verwendet.

Inhaltliches: (a) Ein »Perpetuum mobile« ist ein Gerät, das sich, wenn es einmal in Bewegung gesetzt wurde, ohne weitere Energiezufuhr ständig weiter bewegt. So ein Gerät kann man sich, sagt die Physik, leider nur ausdenken. Realisierbar ist es nicht. Weniger ambitioniert sind die handelsüblichen »Mobiles«, die man als Einrichtungsaccessoires oder zur Beruhigung von Kleinstkindern erwerben kann. Sie sind lediglich beweglich. Beweglich sind auch das Automobil (angeblich von selbst; »autó« ist griechisch und heißt »selbst«) und das Möbel, nicht beweglich ist die Im-mobilie. – (b) Das seltsame deutsche Wort »Allerheiligen« ist schlicht eine Übersetzung des lateinischen Genitivs *Omnium Sanctorum*, in einer allerdings eigenwilligen orthografischen Form.

2. Jeder (oder: Aller) Anfang (ergänze: ist) schwer. – Im Lateinischen ist *est* zu ergänzen.

3. Das Leben (ergänze: ist) ein kurzer Traum. – Auch hier fehlt im Lateinischen *est.*

4. Die Tapferen unterstützt das Glück. Oder: Den Tapferen hilft das Glück. – Das Adjektiv *fortes* hat kein Substantiv, auf das es sich bezieht. Es ist also selbst als Substantiv verwendet.

5. Wie die Natur (ergänze: es oder: sie) gegeben hat, so ist jedes Aussehen (oder: jede Schönheit) richtig. – Dieser Satz ist wieder ein Vers, und zwar ein Hexameter. Er stammt aus einer Liebeselegie des Dichters Properz (2.18, Vers 25), der – wie Ovid und Vergil – zur Zeit des Kaisers Augustus publiziert hat. In Liebeselegien werden Szenen einer – stets hochproblematischen – Liebesbeziehung aus der Sicht des Dichters dargestellt. In Properz' Elegie 2.18 geht es um modisches Make-up, mit dem das Mädchen nach Meinung des Dichters seine natürliche Schönheit entstellt – ein sehr reizvoller Text!

6. Als die Griechen sich Trojas bemächtigten, trug Aeneas, ein Mann von höchstem Mut und Pflichtbewusstsein, Anchises, seinen schwachen (oder: gebrechlichen) Vater, und die Hausgötter mit den Schultern (besser: auf seinen Schultern) aus der brennenden Stadt.

Sprachliches: *Troia potirentur*: *potiri* ist ein problematisches Verbum: Zum einen ist es ein Deponens, muss also trotz seiner passiven Endung aktivisch wiedergegeben werden. Zum anderen steht es mit dem Ablativ (*Troia*), im Deutschen steht nach »sich bemächtigen« der Genitiv. – *summae fortitudinis et pietatis*: *genitivus qualitatis.* – *e flagranti urbe*: Hier stehen die unterschiedlichen Ablativ-Singular-Endungen von Substantiven (meistens *-e*) und Adjektiven (immer *-i*) der 3. Deklination nebeneinander.

Inhaltliches: Die dramatische **Flucht des Aeneas** aus dem brennenden Troja beschreibt Vergil im zweiten Buch seiner *Aeneis* eindringlich aus der Perspektive des Aeneas. Dieser Text inspirierte zahllose bildende Künstler zu Bearbeitungen der Szene. Eine der eindrucksvollsten Arbeiten ist eine Skulpturengruppe von Gian Lorenzo Bernini. – Dass Aeneas nicht nur seine Familie, sondern auch die *penates* vor den Flammen rettete, galt als Akt besonderer Frömmigkeit. Die Übersetzung des Wortes *penates* mit »Hausgötter« ist erklärungsbedürftig. Es handelt sich dabei um ein Phänomen römischer Religiosität. Neben den Göttern, die eine Stadt offiziell mit Tempeln und Feierlichkeiten verehrte, gab es in einzelnen Familien weniger prominente »kleinere«, oft lokale Gottheiten, die in Form von kleinen Statuetten im Haus aufgestellt waren und die jeweilige Familie beschützten. Nach ihnen ist die »Penaten-Creme«, die vorwiegend für die Pflege von Babyhaut verwendet wird, benannt. Der Name ist, wie Sie sehen, mit Bedacht gewählt.

Die Römer und die Germanen

(1) *Anno CXX ante Christum natum Cimbri et Teutoni*[1] *patriam, quae in septemtrionali*[2] *parte Germaniae erat sita*[3]*, reliquerunt*[4]. (2) *Cum in meridianas*[5] *Galliae regiones venirent ibique agros vastarent et oppida delerent, Romani timebant, ne invaderent*[6] *in Italiam.* (3) *Itaque eos propulsare*[7] *conati sunt, sed ingentes acceperunt*[8] *clades.* (4) *Postremo Marius imperator annis CII et CI hostes superavit.* (5) *Ex eo tempore Romani sciebant: Germani audaces ferocesque sunt et ingenti in proeliis fortitudine.* (6) *Circiter L annis post*[9] *Caesar, cum totam Galliam expugnaret, etiam cum Germanis pugnare debuit, qui in Gallia versabantur.* (7) *Ea proelia acria erant et difficilia.* (8) *A.D.* (= *Anno Domini*) *IX Varus, imperator Romanus, ab Arminio, qui dux erat gentis Cheruscorum*[10]*, superatus est.* (9) *In hoc proelio Germani III legiones Romanas deleverunt.* (10) *Illum Arminium Germani postea »Hermann, den*

Cherusker« nominaverunt eique A.D. MDIIILXXV apud urbem, quae »Detmold« appellatur, monumentum ingens statuerunt[11].

Vokabeln: [1] *Cimbri et Teutoni*: die Cimbern und Teutonen (zwei germanische Stämme); [2] *semptemtrionalis,-e*: nördlich; [3] *situs,-a,-um*: gelegen; [4] *relinquo, reliqui, relictum* 3: verlassen; [5] *meridianus,-a,-um*: südlich; [6] *invadere in* (mit Akkusativ): einfallen in; [7] *propulsare*: vertreiben; [8] *accipio, accepi, acceptum* 3: empfangen, erhalten; [9] *post* (Adverb): später; [10] *Cherusci,-orum*: die Cherusker (ein germanischer Stamm); [11] *statuo, statui, statutum* 3: aufstellen, errichten

Übersetzung und Erklärungen

(1) Im Jahr 120 v. Chr. verließen die Cimbern und Teutonen ihre Heimat, die im nördlichen Teil Germaniens gelegen war. (2) Als sie in die südlichen Gegenden Galliens (*in meridianas ... regiones*: Hyperbaton) kamen und dort Felder verwüsteten und Städte zerstörten, fürchteten die Römer, dass sie in Italien einfallen würden. (3) Deshalb versuchten sie (*conari* ist ein Deponens), sie zu vertreiben, aber sie empfingen (besser: erlitten) gewaltige Niederlagen (*ingentes ... clades*: Hyperbaton). (4) Schließlich besiegte der Feldherr Marius in den Jahren 102 und 101 die Feinde. (5) Seit dieser Zeit wussten die Römer: Die Germanen sind kühn und wild und von ungeheurer Tapferkeit in der Schlacht (*ingenti ... fortitudine*: Hyperbaton; *ablativus qualitatis*). (6) Etwa 50 Jahre später musste Caesar, als er ganz Gallien eroberte, auch mit Germanen kämpfen, die sich in Gallien aufhielten (*versari* ist ein Deponens). (7) Diese Schlachten waren hitzig und schwierig. (8) Im Jahr (des Herrn = n. Chr.) 9 wurde Varus, ein römischer Feldherr, von Arminius, der der Anführer des Stamms der Cherusker war, besiegt. (9) In dieser Schlacht vernichteten die Germanen drei römische Legionen. (10) Jenen Arminius nannten die Germanen später »Hermann, den Cherusker« und errichteten ihm im Jahr 1875 bei der Stadt, die Detmold genannt wird (besser: heißt), ein gewaltiges Denkmal.

Inhaltliches: Warum die **Cimbern und Teutonen** sich auf den Weg nach Süden machten, ist unklar. Wahrscheinlich waren Naturkatastrophen die Ursache. Ihr Auftauchen im südlichen Gallien war der erste Kontakt der Römer mit germanischen Stämmen. Die großen Schwierigkeiten, die die Römer bei ihrer Bekämpfung hatten, prägten das Bild, das sie sich von den Völkern östlich des Rheins machten, nachhaltig.

In **Caesars** *De bello Gallico* ist das deutlich zu sehen. Hier fungieren die Germanen ständig und wie selbstverständlich als Inbegriff von Kampfkraft, Härte und Tapferkeit. Sie werden von den Galliern und selbst von den römischen Soldaten gefürchtet und bilden eine ständige Gefahr, die Caesar auch durch zwei Invasionen in germanische Gebiete östlich des Rheins nicht beseitigen kann. Im sechsten Buch (Kapitel 21 bis 28) widmet Caesar den Germanen sogar eine ausführliche Beschreibung. Diese Passage ist der älteste erhaltene Text über die Germanen. Weil sie aber vor allem dazu dient, den römischen Lesern Caesars partielles Scheitern in der Germanenfrage plausibel zu machen, ist sie von beschränkter historischer Zuverlässigkeit.

Trotz zahlreicher Versuche gelang es den Römern auch später nicht, die Gebiete nördlich der Donau und östlich der Rheins in den Griff zu bekommen. Ausdruck dieses Scheiterns war die schrittweise Errichtung einer gewaltigen Grenzbefestigungsanlage, des **Limes**, die von Regensburg parallel zur Donau nach Westen und dann parallel zum Rhein nach Norden verlief. Dieser Limes diente wohl nicht, wie lange Zeit vermutet wurde, in erster Linie der Abwehr der Germanen, sondern vor allem der Kontrolle von Handelswegen und der Steuerung von Zuwanderungen aus den germanischen Gebieten. Hinzu kam seine Kraft als Symbol: Die Römer machten damit weithin sichtbar klar, wo ihre Macht begann und die der Germanen endete.

Die **Varusschlacht** im Jahr 9 n. Chr. war ein spektakulärer Beleg für die Begrenztheit römischer Machtausübung in germanischen Gebieten. Der Cherusker **Arminius** hatte seine Jugend in Rom verbracht und als Söldner in der römischen Armee gedient, wo er es bis zum Offizier brachte. Nach seiner Rückkehr in seine Heimat organisierte er jedoch einen Überfall auf römische Truppen im **Teutoburger Wald**, dem drei komplette Legionen (etwa 18.000 Mann) zum Opfer fielen.

Im Zuge des Erwachens eines deutschen Nationalgefühls entdeckte man dieses lange in Vergessenheit geratene Ereignis wieder und stilisierte ab dem 16. Jahrhundert Arminius zunehmend – unter weitgehender Vernachlässigung der tatsächlichen historischen Verhältnisse – zum deutschen Nationalhelden. Unglücklicherweise kannte man aber seinen wirklichen Namen nicht. Man löste dieses Problem durch die Rekonstruktion des Namens **Hermann** aus dem lateinischen »Arminius«. Diese Rekonstruktion ist zwar ohne Zweifel falsch, hat sich aber durchgesetzt. Im englischen Sprachraum kennt man Arminius als Herman the German. Ihren Höhepunkt erreichte die Hermann-Verehrung, wenig überraschend, im 19. Jahrhundert, wo sie sich schließlich in der Errichtung des **Hermannsdenkmals bei Detmold** manifestierte. Ebenso wenig überrascht es, dass die Nationalsozialisten Hermann und die Varusschlacht dankbar in ihre völkischen Theorien integrierten und dass ihre aktuellen Nachfolger und andere entsprechend Gesinnte das Hermannsdenkmal noch heute gelegentlich für Ausflüge und symbolische Feierlichkeiten ansteuern. Die überwältigende Mehrzahl von Besuchern des Denkmals gehört freilich nicht zu dieser Kategorie. Wenn Sie in die Gegend kommen, sollten Sie das eindrucksvolle Monument unbedingt besichtigen.

Quiz 4 (Kapitel 8 & 9)

Zum Abschluss des Kapitels wieder ein kleines Quiz, diesmal zu den Kapiteln 8 und 9.

Die Fragen

1. Wichtige Endungen der Substantive der 3. Deklination sind in drei noch immer prominenten lateinischen Formulierungen enthalten: die Endung des Dativs, des Akkusativs und des Ablativs Singular sowie die des Akkusativs Plural. Gemeint sind damit der »apostolische Segen« des Papstes, den er »der Stadt und dem Erdkreis« (Dativ Singular) erteilt, der Spruch »Brot und Spiele« (Akkusativ Singular und Plural) und die universitären Abkürzungen c.t. und s.t. (»mit / ohne Zeit«; Ablativ Singular). Wie heißen diese lateinischen Formulierungen?

2. Was ist die lateinische Basis für den akademischen Titel »Master of Arts« (M.A.)? Was bedeutet sie, wörtlich übersetzt?

3. Auf welche lateinischen Substantive gehen die folgenden deutschen und englischen Fremd- und Lehnwörter zurück?

1. emperor; 2. hospitality; 3. hostility; 4. dignity; 5. Nation; 6. virgin; 7. peace; 8. temporal; 9. Jura

4. Wie ist der Titel von Carl Orffs Werk »Carmina Burana« zu übersetzen? Weshalb trägt es diesen Titel?

5. Ergänzen Sie die fehlenden Endungen: *Hom___ homin___ lup___* (Der Mensch [ist] dem Menschen ein Wolf), *Summ___ ius, summ___ iniuri___* (Höchstes Recht ist höchstes Unrecht)

6. Auf welche lateinischen Substantive gehen die folgenden deutschen und englischen Fremd- und Lehnwörter zurück?

1. Finale; 2. Artist; 3. navy; 4. urban; 5. Moral; 6. city; 7. rational; 8. Prinzipat

7. Wie heißt die beste Note, die bei einer Dissertation erreicht werden kann? – Was heißt das, wörtlich übersetzt?

8. Welcher römische Dichter hat das klassische Werk über die Abenteuer des Aeneas geschrieben? – Unter welchem römischen Kaiser hat er gelebt?

9. Wie war der lateinische Name des germanischen Stammesfürsten, der den Römern im Jahr 9 n. Chr. eine empfindliche Niederlage beibrachte? – Unter welchem Namen ist er in Deutschland bekannt?

10. Wo fand die Varusschlacht im Jahr 9 n. Chr. statt und wo wurde dem siegreichen Germanenfürsten im 19. Jahrhundert ein Denkmal errichtet? – Wie heißt dieses Denkmal?

11. Auf welches lateinische Wort geht das Wort Omnibus zurück? – Welche Form dieses Wortes ist *omnibus* und wie ist sie zu übersetzen?

12. Was heißt auf Lateinisch »Aller Anfang ist schwer«?

13. Auf welche lateinische Formulierung geht das Wort Allerheiligen zurück?

Die Antworten

1. *Urbi et Orbi, panem et circenses, cum / sine tempore* (siehe Kapitel 8).

2. *Magister Artium.* – Meister/Lehrer der Künste (siehe Kapitel 8).

3. 1. *imperator,-oris* = der Feldherr, Kaiser; 2. *hospes, hospitis* = der Fremde, Gastfreund; 3. *hostis,-is* = der Feind; 4. *dignitas, dignitatis* = die Würde; 5. *natio,-onis* = das Volk, der Volksstamm; 6. *virgo, virginis* = die Jungfrau, das Mädchen; 7. *pax, pacis* = der Friede; 8. *tempus, temporis* (n.) = die Zeit; 9. *ius, iuris* (n.) = das Recht (siehe Kapitel 8).

4. »Beurische Lieder« (= Lieder aus Beuern; sie sind benannt nach dem Fundort der von Orff vertonten Texte im Kloster Benedikbeuern) (siehe Kapitel 8).

5. *Homo homini lupus. Summum ius, summa iniuria* (siehe Kapitel 8).

6. 1. *finis,-is* = das Ende, die Grenze; 2. *ars, artis* = die Kunst; 3. *navis,-is* = das Schiff; 4. *urbs, urbis* = die Stadt; 5. *mos, moris* = die Sitte, der Brauch; 6. *civitas, civitatis* = der Staat, das Volk; 7. *ratio, rationis* = die Berechnung, Art und Weise, Vernunft; 8. *princeps, principis* = der Anführer, Kaiser (siehe Kapitel 8).

7. *summa cum laude.* – Mit höchstem Lob (siehe Kapitel 8).

8. Vergil. – Augustus (siehe Kapitel 8).

9. Arminius. – Hermann der Cherusker (siehe Kapitel 9).

10. Im Teutoburger Wald; bei Detmold. – Hermannsdenkmal (siehe Kapitel 9).

11. *omnis,-e* = jeder; Plural: alle. – Dativ Plural; = allen; für alle (siehe Kapitel 9).

12. *Omne principium difficile* (siehe Kapitel 9).

13. *Festum Omnium Sanctorum* = Der Festtag aller Heiligen (siehe Kapitel 9).

IN DIESEM KAPITEL

Zusammenfassende Übersichten

Ein kleiner Test

Ein Brief

Kapitel 10
Was bisher geschah

Sie haben jetzt die Mitte des Kurses erreicht – herzlichen Glückwunsch! Es ist eine Menge passiert. Sie kennen jetzt die wichtigsten lateinischen Endungssysteme. Was noch kommt, arbeitet größtenteils mit eben diesen Systemen. Ein guter Zeitpunkt also, das, was bisher geschehen ist, noch einmal Revue passieren zu lassen und zu sortieren. In diesem Kapitel haben Sie Gelegenheit dazu. Sie finden zuerst zusammenfassende Übersichten über die Verbal- und Nominalformen. Anschließend folgt ein kleiner Test, mit dem Sie überprüfen können, ob Sie alles richtig erfasst haben. Am Ende steht dann noch eine ganz besondere Übung: ein Brief, den Sie ins Lateinische übersetzen und anschließend verschicken können.

Zusammenfassende Übersichten

Die folgenden Übersichten fassen das Wichtigste zu den Verbal- und Nominalformen noch einmal handlich zusammen. Details können Sie bei Bedarf den jeweils angegebenen Kapiteln entnehmen.

Die Verbalformen

Bei den Verbalformen wird zunächst grundsätzlich zwischen zwei Gruppen unterschieden:

- ✔ Vom **Präsensstamm** werden die Formen des **Präsens**, des **Imperfekts** und des **Futurs I** gebildet.
- ✔ Vom **Perfektstamm** werden die Formen des **Perfekts**, des **Plusquamperfekts** und des **Futurs II** gebildet.

Beide Bereiche haben ihre Vor- und ihre Nachteile.

Die Präsensstammformen

Vorteil: Sämtliche Formen des Präsensstamms werden nach demselben Schema gebaut (siehe Kapitel 4): Stamm + [»Zeichen«] + Endung

Die »Zeichen« markieren entweder die **Zeitstufen** Imperfekt oder Futur (»Tempuszeichen«) oder die **Konjunktive** des Präsens oder des Imperfekts (»Moduszeichen«). **Aktiv-** und **Passivformen** unterscheiden sich **nur durch ihre Endungen** voneinander. Die Zahl der Endungen ist sehr übersichtlich (siehe Tabelle 10.1).

Aktiv		Passiv
-o / -m	ich	-or / -r
-s	du	-ris
-t	er/sie/es	-tur
-mus	wir	-mur
-tis	ihr	-mini
-nt	sie	-ntur
-re	Infinitiv	-ri

Tabelle 10.1: Die Endungen der Präsensstammformen

Vorteil: Vollkommen unproblematisch sind deshalb

- ✔ der **Indikativ Präsens**: *amo, amas* und so weiter; *video, vides* und so weiter; *audio, audis* und so weiter.
- ✔ das **Imperfekt**: Hier verwenden sämtliche Konjugationen das Zeichen *-ba-* für den Indikativ und das Zeichen *-re-* für den Konjunktiv: *ama**ba**m*; *vide**ba**m*; *audie**ba**m* (**Indikativ**) – *ama**re**m*; *vide**re**m*; *audi**re**m* (**Konjunktiv**).

  Weil die Silbe *-re* auch für den **Infinitiv Präsens Aktiv** verwendet wird (*ama**re**, vide**re**, audi**re***), sehen die Formen des Konjunktivs Imperfekt – zufällig, aber immer – so aus, als wäre an den Infinitiv des Verbums eine Endung gehängt worden. Infinitiv: *amare* → Konjunktiv Imperfekt: *amarem* und so weiter.

Nachteil: Es gibt Unterschiede zwischen den Konjugationsreihen bei der Bildung des **Futurs I** und des **Konjunktivs Präsens**.

Das Futur I: Bei der Bildung der Futur-I-Formen verwenden a- und e-Konjugation einerseits und i- sowie die – noch nicht besprochene – »3. Konjugation« (siehe Kapitel 14) andererseits verschiedene Tempuszeichen:

- ✔ a-/e-Konjugation: »Gespenster-Futur«: *-b- / -bi- / -bu-* : *ama**b**o, ama**bis**, ..., ama**bunt*** / *vide**b**o, vide**bis**, ..., vide**bunt***
- ✔ i-/[3.] Konjugation: »Kameeeeel-Futur«: *audi**a**m, audi**e**s, ...; audi**e**nt*

Der Konjunktiv Präsens: Das Moduszeichen für den Konjunktiv ist *-a-*. Dieses Zeichen verwenden die e- und die i-Konjugation (und auch die bereits erwähnte »3. Konjugation«): *videam* = ich sehe, ich möge sehen; *audiam* = ich höre, ich möge hören. Die a-Konjugation kann dieses *-a-* nicht verwenden, weil »a« schon der Stammauslaut ist. Deshalb verwendet sie *-e-*: *laudem, laudes* ...

Die Perfektstammformen

Vorteil: Alle Verben bilden ihre Perfekt-, Plusquamperfekt- und Futur-II-Formen mit denselben »Ausgängen«. Die Zugehörigkeit eines Verbums zu einer Konjugationsreihe spielt bei diesen Formen keine Rolle. Es genügt deshalb, sich die Formen mit einem einzigen Beispielwort einzuprägen (siehe Tabelle 10.2).

Nachteil: **Die Formenbildung** (siehe Kapitel 5): Die **Aktiv**- und die **Passivformen** des Perfekts, des Plusquamperfekts und des Futurs II werden – anders als bei den vom Präsensstamm gebildeten Formen – **nach ganz unterschiedlichen Mustern** gebildet. Das heißt, hier werden nicht einfach die Endungen ausgetauscht, um aus einer Aktiv- eine Passivform zu machen.

Die **Aktivformen** werden – ähnlich wie die des Präsensstamms – gebildet, indem an den Perfektstamm eines Verbums eine Endung beziehungsweise ein Ausgang gehängt wird. Diese Ausgänge sind bei jedem Verbum dieselben.

Perfekt		Plusquamperfekt		Futur II
Indikativ	**Konjunktiv**	**Indikativ**	**Konjunktiv**	**Indikativ**
ich habe geliebt	ich habe geliebt, möge geliebt haben	ich hatte geliebt	ich hätte geliebt	ich werde geliebt haben
amav**i**	amav**erim**	amav**eram**	amav**issem**	amav**ero**
amav**isti**	amav**eris**	amav**eras**	amav**isses**	amav**eris**
amav**it**	amav**erit**	amav**erat**	amav**isset**	amav**erit**
amav**imus**	amav**erimus**	amav**eramus**	amav**issemus**	amav**erimus**
amav**istis**	amav**eritis**	amav**eratis**	amav**issetis**	amav**eritis**
amav**erunt**	amav**erint**	amav**erant**	amav**issent**	amav**erint**
Infinitiv Perfekt Aktiv: amav**isse** = geliebt haben				

Tabelle 10.2: Die Aktivformen des Perfektstamms

Die **Passivformen** werden – anders als alle anderen lateinischen Verbalformen – »analytisch« gebildet, das heißt, sie bestehen aus mehreren, genau gesagt aus zwei Elementen: dem **Partizip Perfekt Passiv** und den Formen von *esse* (sein). Im Deutschen werden diese Formen mit denselben Elementen gebildet (siehe Tabelle 10.3).

Perfekt		Plusquamperfekt		Futur II
Indikativ	**Konjunktiv**	**Indikativ**	**Konjunktiv**	**Indikativ**
ich bin geliebt worden	ich sei geliebt worden	ich war geliebt worden	ich wäre geliebt worden	ich werde geliebt worden sein
amatus, -a, -um sum	amatus, -a, -um sim	amatus, -a, -um eram	amatus, -a, -um essem	amatus, -a, -um ero
Infinitiv Perfekt Passiv: amatus, -a, -um esse = geliebt worden sein				

Tabelle 10.3: Die Passivformen des Perfektstamms

Für all diese Formen gilt:

- ✔ Anders als im Deutschen zeigt das Partizip an, welches Geschlecht die Person oder Sache hat, von der die Rede ist, und ob es sich um eine (*-us, -a, -um*) oder um mehrere (*-i, -ae, -a*) handelt.
- ✔ »worden« hat im Lateinischen keine Entsprechung.

Die Stammformenreihen (siehe Kapitel 6): Zwar bilden alle lateinischen Verben ihre Perfekt-, Plusquamperfekt- und Futur-II-Formen auf dieselbe Weise und mit denselben Ausgängen. Es gibt aber **Unterschiede** bei der Bildung der jeweils verwendeten **Wortstämme**, das heißt des Perfektstamms (→ die Aktivformen) und des Partizipialstamms (→ die Passivformen). Einige Verben verändern sich dabei kaum, andere so stark, dass es nicht einfach ist, aus der jeweils vorliegenden Form auf das Verbum zu schließen.

Die jeweiligen Veränderungen sind – wie in anderen Sprachen auch – in den sogenannten **Stammformenreihen** zusammengefasst. Diese geben Auskunft über die jeweiligen Stämme, von denen ausgehend die Formen der verschiedenen Zeiten gebildet werden (deshalb heißen sie Stammformenreihen), also über den Präsensstamm, den Perfektstamm und das Partizip Perfekt (siehe Tabelle 10.4). Das Partizip Perfekt wird dabei jeweils nur mit der Endung *-um* anstelle von *-us, -a, -um* angegeben.

Präsens Aktiv	Perfekt Aktiv	Partizip Perfekt Passiv	Infinitiv Präsens Aktiv
do	dedi	datum	dare
ich gebe	ich habe gegeben	gegeben	geben
	→ Perfektstamm: ded- (→ Aktivformen)	→ Partizip Perfekt Passiv: datus,-a,-um (→ Passivformen)	→ Präsensstamm: da- (→ Aktiv- und Passivformen)

Tabelle 10.4: Stammformenreihe von *dare*

Die Nominalformen

Nominalformen umfassen Substantive, Adjektive (inklusive Partizipien) und Pronomina. Für alle diese Wortgruppen gilt: Bei Neutra sind Nominativ und Akkusativ Singular immer miteinander identisch, im Plural enden Nominativ und Akkusativ auf *-a*. Nur bei den Pronomina *hic, haec, hoc* und *qui, quae, quod* sehen die Neutrumformen im Nominativ und Akkusativ Plural anders aus: *haec* und *quae*. Und noch etwas gilt für alle Substantive, Adjektive und Pronomina: Dativ und Ablativ Plural haben immer dieselbe Endung.

Substantive und Adjektive

Sie haben bisher drei der fünf existierenden Deklinationssysteme kennengelernt: die a-, die o- und die 3. Deklination (siehe Kapitel 3, 8 und 9). Die Endungen dieser drei Systeme werden Ihnen wesentlich häufiger begegnen als die der beiden noch fehlenden. Zum einen, weil sie deutlich mehr Vokabeln umfassen als die beiden anderen, zum anderen, weil ihre Endungen auch bei der Beugung von Adjektiven verwendet werden (siehe Tabelle 10.5).

Für alle Deklinationssysteme gilt: Um ihre Formen zu beherrschen, genügt es, wenn Sie sich jeweils ein Beispielwort einprägen (*flamma, ventus, lex*) und sich dazu noch Folgendes merken:

a-Deklination:

✔ Die Substantive der a-Deklination sind in der Regel Feminina.

o-Deklination:

✔ Die o-Deklination umfasst drei Substantivgruppen. Neben den Maskulina auf *-us* gibt es Maskulina auf *-(e)r* und Neutra auf *-um*. Ab dem Genitiv haben sie alle dieselben Endungen. Die Neutra folgen im Nominativ und Akkusativ Plural der eingangs genannten systemübergreifenden Regel.

✔ Nur die Substantive auf *-us* haben eine eigene Endung für die Anrede (»Vokativ«): »O Herr« heißt *domine*.

3. Deklination:

✔ Sie umfasst – wie die o-Deklination – mehrere Substantivgruppen, allerdings sind sie deutlich zahlreicher als dort. Es gibt Maskulina, Feminina und Neutra. Wieder gilt: Ab dem Genitiv haben sie alle dieselben Endungen, Neutra folgen der systemübergreifenden Neutrumregel. Die Basis für die flektierten Formen weicht oft vom Nominativ ab (zum Beispiel *lex, **leg**is*).

✔ Einige Substantive (i-Stämme) haben im Genitiv Plural und im Nominativ und Akkusativ Plural bei Neutra ein *-i* **vor** der Endung, und manche von diesen enden im Ablativ Singular auf *-i*. Bei den Adjektiven ist das immer der Fall.

	a-Deklination	o-Deklination	3. Deklination
		Singular	
Nominativ	flamm**a**	vent**us** – puer – templ**um**	le**x** – orig**o** – temp**us** – Caes**ar** und andere
Genitiv	flamm**ae**	vent**i**	leg**is**
Dativ	flamm**ae**	vent**o**	leg**i**
Akkusativ	flamm**am**	vent**um**	leg**em**
Ablativ	flamm**a**	vent**o**	leg**e**
		Plural	
Nominativ	flamm**ae**	vent**i**	leg**es**
Genitiv	flamm**arum**	vent**orum**	leg**um**
Dativ	flamm**is**	vent**is**	leg**ibus**
Akkusativ	flamm**as**	vent**os**	leg**es**
Ablativ	flamm**is**	vent**is**	leg**ibus**
Adjektive	bon**us**,-a,-um – mis**er**, miser**a**, miser**um**		sapiens,-ntis – fortis,-e – acer, acris, acre
Partizipien	Partizip Perfekt Passiv: amat**us,-a,-um** = **geliebt** Partizip Futur Aktiv: amatur**us,-a,-um** = »in der Zukunft liebend« (siehe Kapitel 11)		Partizip Präsens Aktiv: ama**ns**, amant**is** = liebend (siehe Kapitel 11)

Tabelle 10.5: Übersicht über die a-, o- und 3. Deklination

Pronomina

Sie haben bisher das **Relativpronomen** *qui, quae, quod* und einige **Demonstrativpronomina** kennengelernt: *is, ea, id – hic, haec, hoc – ille, illa, illud – iste, ista, istud – ipse, ipsa, ipsum* (siehe Kapitel 7).

Bei diesen Pronomina sind generell drei Fälle problematisch: der Nominativ, der Genitiv (*-ius*) und der Dativ Singular (*-i*). Ab dem Akkusativ Singular haben sie die Endungen der a- und o-Deklination. Das **Relativpronomen** verwendet allerdings im Akkusativ Singular Maskulinum und im Dativ und Ablativ Plural die Endungen der 3. Deklination (*quem, quibus*). Zudem ändert sich dort im Genitiv und Dativ Singular die Schreibweise: Anstelle des »q« ist dort jeweils »c« der Anfangsbuchstabe (*cuius, cui,* siehe Tabelle 10.6).

Bei *hic, haec, hoc* und *qui, quae, quod* enden Nominativ und Akkusativ Plural im Neutrum ausnahmsweise nicht auf *-a*: Die Formen heißen dort *haec* und *quae. Hic, haec, hoc* bildet im Singular und im Neutrum Plural außergewöhnliche Formen und muss deshalb besonders gelernt werden (siehe Tabelle 7.3).

	is, ea, id			qui, quae, quod		
	Singular			Singular		
	Maskulinum	Femininum	Neutrum	Maskulinum	Femininum	Neutrum
Nominativ	is	ea	id	qui	quae	quod
Genitiv	eius	eius	eius	cuius	cuius	cuius
Dativ	ei	ei	ei	cui	cui	cui
Akkusativ	eum	eam	id	quem	quam	quod
Ablativ	eo	ea	eo	quo	qua	quo
	Plural			Plural		
Nominativ	ii	eae	ea	qui	quae	quae
Genitiv	eorum	earum	eorum	quorum	quarum	quorum
Dativ	iis *oder* eis	iis *oder* eis	iis *oder* eis	quibus	quibus	quibus
Akkusativ	eos	eas	ea	quos	quas	quae
Ablativ	iis *oder* eis	iis *oder* eis	iis *oder* eis	quibus	quibus	quibus

Tabelle 10.6: Demonstrativpronomen und Relativpronomen

Ein kleiner Test

Mit dem folgenden Test können Sie überprüfen, ob Sie die bisher behandelten Formen sicher beherrschen. Wenn keine Tabellen vorliegen, schreiben Sie Ihre Antworten auf ein eigenes Blatt und vergleichen Sie sie mit den unten stehenden Lösungen.

Verbalformen

1. Wie heißen die Aktiv- und die Passivendungen aller lateinischen Verben in Präsens, Imperfekt und Futur I?

Aktiv		Passiv
	ich	
	du	
	er/sie/es	
	wir	
	ihr	
	sie	

Tabelle 10.7: Test: Die Aktiv- und Passivendungen in Präsens, Imperfekt und Futur I

2. Wie enden die Infinitive (Aktiv und Passiv) im Präsens? Bilden Sie die Formen »lieben« und »geliebt werden«.

3. Welche Tempus- beziehungsweise Moduszeichen werden in allen Konjugationen zwischen Stamm und Endung geschoben, um den Indikativ und den Konjunktiv Imperfekt zu markieren? Bitte nennen Sie je ein Beispiel.

4. Welche Moduszeichen werden in der a-, e- und i-Konjugation jeweils verwendet, um den Konjunktiv Präsens zu markieren? Bitte nennen Sie je ein Beispiel.

5. Wie heißen die 1. und 2. Person Singular Futur I Aktiv von *amare, videre* und *audire*?

6. Welche Endungen beziehungsweise Ausgänge werden bei sämtlichen lateinischen Verben an den Perfektstamm angefügt, um die Aktivformen des Perfekts, Plusquamperfekts und des Futurs II zu bilden?

Perfekt		Plusquamperfekt		Futur II
Indikativ	**Konjunktiv**	**Indikativ**	**Konjunktiv**	**Indikativ**
amav	amav	amav	amav	amav
amav	amav	amav	amav	amav
amav	amav	amav	amav	amav
amav	amav	amav	amav	amav
amav	amav	amav	amav	amav
amav	amav	amav	amav	amav

Tabelle 10.8: Test: Die Endungen beziehungsweise Ausgänge der Perfektstammformen

7. Wie endet der Infinitiv Perfekt Aktiv? Bilden Sie die Form »geliebt haben«.

8. Wie heißen die folgenden Passivformen von *amare* (und analog die aller anderen lateinischen Verben)? Wiederholen Sie bei Bedarf die Formen von *esse* (Tabelle 4.15, 4.16, 4.17).

   (1) ich bin geliebt worden (Maskulinum) – (2) sie war geliebt worden – (3) ihr seid geliebt worden (Maskulinum) – (4) sie wären geliebt worden (Femininum) – (5) du wirst geliebt worden sein (Femininum) – (6) wir waren geliebt worden (Maskulinum) – (7) es sei geliebt worden

9. Wie wird der Infinitiv Perfekt Passiv gebildet? Was heißt »geliebt worden sein«?

Nominalformen

1. Welche drei Substantivgruppen umfasst die o-Deklination und welches Geschlecht haben diese Substantive jeweils? Bitte nennen Sie je ein Beispiel.

2. Ergänzen Sie die Angabe »Geschlecht« bei den a- und o-Deklinationssubstantiven und setzen Sie die fehlenden Endungen ein.

	a-Deklination	o-Deklination		3. Deklination			
Wortart	Substantiv	Substantiv		Substantiv	Adjektiv (zweiendig)		Substantiv
Geschlecht				Femininum	Mask./Fem.	Neutrum	Neutrum
	Singular						
Nominativ	flamma	ventus	templum	lex	omnis	omne	tempus
Genitiv	flamm	vent	templ	leg	omn	omn	tempor
Dativ	flamm	vent	templ	leg	omn	omn	tempor
Akkusativ	flamm	vent	templ	leg	omn	omn	temp
Ablativ	flamm	vent	templ	leg	omn	omn	tempor
	Plural						
Nominativ	flamm	vent	templ	leg	omn	omn	tempor
Genitiv	flamm	vent	templ	leg	omn	omn	tempor
Dativ	flamm	vent	templ	leg	omn	omn	tempor
Akkusativ	flamm	vent	templ	leg	omn	omn	tempor
Ablativ	flamm	vent	templ	leg	omn	omn	tempor

Tabelle 10.9: Test: Die Endungen der a-, der o- und der 3. Deklination

3. Bestimmen Sie den jeweiligen Fall und übersetzen Sie:

   (1) *is vir sapiens* (2) *illarum bonarum legum* (3) *hanc flammam utilem* (4) *iis magnis arboribus* (5) *hoc tristi tempore* (6) *horum hominum nobilium* (7) *haec ingentia bella* (8) *in ea urbe flagranti* (9) *hunc virum fortem* (10) *id templum mirabile* (11) *huic dulci puellae* (12) *eius boni imperatoris*

4. Bilden Sie die folgenden Formen von *dea,-ae, rex, regis* beziehungsweise *tempus, temporis* (Neutrum) und des Relativpronomens *qui, quae, quod*:

   (1) der König, dessen … (2) der Göttin (Dativ), die (Nominativ) … (3) die Zeiten, die … (4) die Könige, deren … (5) dem König, den … (6) die Göttinnen (Akkusativ), deren … (7) den Königen, die (Akkusativ) … (8) die Zeit, deren … (9) die Göttin (Akkusativ), der …

Lösungen

Verbalformen

1. siehe Tabelle 10.1

2. Aktiv: *-re*; Passiv: *-ri*. → *amare*; *amari*

3. Indikativ Imperfekt: *-ba-*. Beispiel: *amabam*. – Konjunktiv Imperfekt: *-re-*. Beispiel: *amarem*.

4. e- und i-Konjugation: *-a-*. Beispiele: *videam, audiam.* – a-Konjugation: *-e-*. Beispiel *amem.*

5. *amare*: *amabo, amabis* – *videre*: *videbo, videbis* – *audire*: *audiam, audies*

6. siehe die Tabellen 5.2, 5.3 und 5.4

7. *-isse.* → *amavisse*

8. (1) *amatus sum* (2) *amata erat* (3) *amati estis* (4) *amatae essent* (5) *amata eris* (6) *amati eramus* (7) *amatum sit*

9. Partizip Perfekt + *esse* → *amatus,-a,-um esse*

Nominalformen

1. Substantive auf *-us* (Maskulinum), auf *-(e)r* (Maskulinum) und auf *-um* (Neutrum). Beispiele: *ventus – puer – templum.*

2. Zu *flamma, ventus, lex* und *omnis,-e* siehe die Tabellen 9.4 und 10.5. Die Formen von *templum* lauten: Singular: *templum, templi, templo, templum, templo* Plural: *templa, templorum, templis, templa, templis.* Die Formen von *tempus* lauten: Singular: *tempus, temporis, tempori, tempus, tempore* Plural: *tempora, temporum, temporibus, tempora, temporibus.*

3. (1) Nominativ Singular: dieser weise Mann (2) Genitiv Plural: jener guten Gesetze (3) Akkusativ Singular: diese nützliche Flamme (4) Dativ oder Ablativ Plural: diesen großen Bäumen *oder*: durch diese großen Bäume (5) Ablativ Singular: in dieser traurigen Zeit (6) Genitiv Plural: dieser vornehmen Menschen (7) Nominativ oder Akkusativ Plural: diese gewaltigen Kriege (8) Ablativ Singular: in dieser brennenden Stadt (9) Akkusativ Singular: diesen tapferen Mann (10) Nominativ oder Akkusativ Singular: dieser wunderbare Tempel oder diesen wunderbaren Tempel (11) Dativ Singular: diesem süßen Mädchen (12) Genitiv Singular: dieses guten Feldherrn

4. (1) *rex, cuius...* (2) *deae, quae ...* (3) *tempora, quae ...* (4) *reges, quorum ...* (5) *regi, quem...* (6) *deas, quarum ...* (7) *regibus, quos ...* (8) *tempus, cuius ...* (9) *deam, cui ...*

Deutsch – Latein: Der Brief

Zum Abschluss dieser Bestandaufnahme noch eine besondere Übung, eine Übersetzung aus dem Deutschen ins Lateinische. Es ist ein kleiner Brief, mit dem Sie Freunde, Bekannte oder Verwandte auf Lateinisch über den Stand Ihres Lateinprojekts informieren können. Sie werden sehen, Sie können das.

Lateinische Briefe sind etwas anders strukturiert als moderne. Der Unterschied besteht in der Anrede und dem Schluss. In lateinischen Briefen nennt sich der Absender gleich zu Beginn mit der Formel: »A (Absender) grüßt B (Empfänger)«. Am Ende steht lediglich ein freundlicher Wunsch, der Name des Absenders nicht.

Wenn Sie diesen Brief übersetzen, geht es in erster Linie darum, dass Sie die Wörter in die richtigen Formen bringen. Die notwendigen Vokabeln und einen stilistischen Hinweis finden Sie weiter hinten. Verwenden Sie bei Verbalformen immer die Zeiten, die im Deutschen verwendet sind. Hier nun der Text:

(Ihr Name) grüßt (Name oder Position des Empfängers; zum Beispiel Vater, Großmutter)

(1) Wie du weißt, muss ich mich um die lateinische Sprache bemühen. (2) Es ist erstaunlich, wie vieles (lateinisch: Neutrum Plural) ich in so kurzer Zeit gehört habe (lateinisch: Konjunktiv Perfekt). (3) Ich werde einige Beispiele nennen.

(4) Caesar war ein Feind der Helvetier, Hannibal war vor den Toren, Penelope hat ihren Mann Odysseus zwanzig Jahre erwartet, am Anfang war das Wort, die Gesetze schweigen zwischen den Waffen und der Vater ist immer ungewiss. (5) Besonders bin ich durch folgende Erkenntnis bewegt worden: (6) Die Substantive der dritten Deklination sind im Nominativ des Singulars oft am Ende unterschiedlich, aber nicht im Genitiv, Dativ, Akkusativ und Ablativ; im Ablativ des Singulars aber haben einige »-i«, nicht »-e«. (7) Dies alles (lateinisch: Neutrum Plural) wird mir, wie ich hoffe, einst sehr nützlich sein.

(8) Ich bitte dich, dass du mich bald besuchst. (9) Dann werden wir lateinische Vokabeln deklinieren und konjugieren.

(10) Sorg dafür, dass du gesund bist!

Bei Aufzählungen, die mehr als zwei Bestandteile haben, werden im Lateinischen in der Regel entweder immer Bindewörter verwendet (Polysyndeton) oder nie (Asyndeton). Im Deutschen ist eine Mischform üblich. Ein Beispiel: Donald Ducks Neffen heißen auf Deutsch »Tick, Trick und Track«, auf Lateinisch *Titus, Totus, Tutus* (Asyndeton). Möglich wäre auch *Titus et Totus et Tutus* (Polysyndeton). Deshalb wird Caesars berühmtes *Veni, vidi, vici* (Asyndeton) meist auch mit der deutschen Mischform »Ich kam, sah **und** siegte« wiedergegeben.

Vokabeln: grüßen: *salutare*; mögliche Adressaten: die Großmutter: *avia,-ae*; der Großvater: *avus,-i*; die Mutter: *mater, matris*; der Vater: *pater, patris.*

(1) wie: *ut* (mit Indikativ); wissen: *scire*; müssen: *debere*; sich bemühen (um etwas): *studere* (mit Dativ); die lateinische Sprache: *lingua Latina.*

(2) erstaunlich: *mirabilis,-e*; wie: *quam*; viel: *multus,-a,-um*; so: *tam*; kurz: *brevis,-e*; die Zeit: *tempus, temporis*; hören: *audire.* – Auf die Frage »wann?« steht im Lateinischen der Ablativ.

(3) einige: *nonnulli,-ae,-a*; das Beispiel: *exemplum,-i*; nennen: *commemorare.*

(4) der Feind: *hostis,-is*; die Helvetier: *Helvetii,-orum*; der (Ehe-)Mann: *maritus,-i*; Odysseus: *Ulixes, Ulixis*; 20: *XX* (*viginti*); das Jahr: *annus,-i*; – Auf die

Frage »wie lange?« steht im Lateinischen der Akkusativ; erwarten: *exspectare*; der Anfang: *principium,-i*; das Wort: *verbum,-i*; das Gesetz: *lex, legis*; schweigen: *silere*; zwischen: *inter* + Akkusativ; die Waffen: *arma,-orum* (n.); der Vater: *pater, patris*; immer: *semper*; ungewiss: *incertus,-a,-um.*

(5) besonders: *imprimis*; der/die/das folgende: *hic, haec, hoc*; die Erkenntnis: *cognitio, cognitionis* (f.); bewegen: *moveo, movi, motum, movere.*

(6) das Substantiv: *substantivum,-i*; der/die/das dritte: *tertius,-a,-um*; die Deklination: *declinatio, declinationis*; der Nominativ: *nominativus,-i*; der Singular: *singular, singularis;* das Ende: *finis, finis* (»am Ende«: *in* + Ablativ); oft: *saepe*; unterschiedlich: *dissimilis,-e*; aber: *sed*; nicht: *non*; Genitiv, Dativ, Akkusativ, Ablativ: *genitivus, dativus, accusativus, ablativus* (jeweils o-Deklination); aber: *autem*; haben: *habere*; einige: *nonnulli,-ae,-a.*

(7) dieser, diese, dieses: *hic, haec, hoc*; ganz, jeder; Plural: alle: *omnis,-e*; mir: *mihi*; wie: *ut* (mit Indikativ); hoffen: *sperare*; einst: *olim*; sehr: *valde*; nützlich: *utilis,-e.*

(8) bitten: *orare*; dich: *te*; dass: *ut* (mit Konjunktiv); mich: *me*; bald: *mox*; besuchen: *visitare.*

(9) dann: *tum*; lateinisch: *Latinus,-a,-um*; die Vokabel: *vocabulum,-i*; deklinieren: *declinare*; konjugieren: *coniugare.*

(10) dafür sorgen: *curare*; dass: *ut* (mit Konjunktiv); gesund sein: *valere.*

Übersetzung:

Die Wortstellung ist im Lateinischen weitgehend frei. Wenn Ihre Übersetzung also in dieser Hinsicht von der folgenden abweicht, ist das kein Problem.

(Ihr Name) (Name oder Position des Adressaten im Akkusativ; zum Beispiel *aviam, avum, matrem, patrem*) *salutat.*

(1) *Ut scis, linguae Latinae studere debeo.* (2) *Mirabile* (Neutrum, wie im Deutschen: es ist erstaunlich) *est, quam multa tam brevi tempore audiverim.* (3) *Nonnulla exempla commemorabo*:

(4) *Caesar hostis Helvetiorum erat, Hannibal erat ante portas, Penelope Ulixem maritum XX (viginti) annos exspectavit, silent leges inter arma, in principio erat verbum, pater semper incertus est* (im Lateinischen Asyndeton). (5) *Imprimis hac cognitione motus* (oder: *mota*, wenn Sie weiblichen Geschlechts sind) *sum*: (6) *Substantiva tertiae declinationis in nominativo singularis in fine saepe dissimilia sunt, sed non in genitivo, dativo, accusativo, ablativo* (im Lateinischen Asyndeton)*; in ablativo singularis autem nonnulla* (Neutrum Plural, weil *substantiva* zu ergänzen ist) *habent »-i«, non »-e«.* (7) *Haec omnia, ut spero, mihi olim valde utilia erunt.*

(8) *Oro te, ut mox me visites.* (9) *Tum vocabula Latina declinabimus et coniugabimus.*

(10) *Cura, ut valeas!*

Teil III

Partizipien, Pronomina, der AcI und die »3. Konjugation«

IN DIESEM TEIL …

… gibt es keine neuen Endungssysteme mehr zu lernen. Partizipien, Pronomina und auch das letzte noch ausstehende Konjugationssystem, die »3. Konjugation«, arbeiten mit den Endungen, die Sie schon beherrschen. Mit dem Thema »AcI« betreten Sie Neuland. Der AcI ist das erste von drei syntaktischen Phänomenen, bei denen das Lateinische so stark vom Deutschen abweicht, dass eine wörtliche Übersetzung auch beim allerbesten Willen nicht mehr möglich ist. Die erforderlichen Umbaumaßnahmen sind allerdings leicht zu bewerkstelligen, Sie werden sehen.

IN DIESEM KAPITEL

Partizip Präsens

Partizip Perfekt

Partizip Futur

Kapitel 11

amans, amatus, amaturus: Die Partizipien

Auch in diesem Kapitel gibt es keine neuen Endungen zu lernen. Es geht um eine neue Wortart: die Partizipien. Sie haben im Lateinischen dieselben Endungen wie die Adjektive der a- und o-Deklination (zum Beispiel *bonus,-a,-um*; siehe Kapitel 3) und die der 3. Deklination (zum Beispiel *sapiens, sapientis*; siehe Kapitel 9).

Grundsätzliches zum Partizip

Partizipien sind **von Verben abgeleitete Adjektive**. Sie haben deshalb Nominalendungen und stimmen – wie jedes Adjektiv – in Fall, Zahl und Geschlecht mit dem Substantiv überein, auf das sie sich beziehen. Das kann man im Deutschen gut erkennenn:

Adjektiv – Partizip									
	Maskulinum			**Femininum**			**Neutrum**		
Adjektiv	ein	schön**er**	Mann	eine	schön**e**	Frau	ein	schön**es**	Kind
Partizip Präsens Aktiv	ein	lachend**er**	Mann	eine	lachend**e**	Frau	ein	lachend**es**	Kind
Partizip Perfekt Passiv	ein	geliebt**er**	Mann	eine	geliebt**e**	Frau	ein	geliebt**es**	Kind

Tabelle 11.1: Partizipien sind ihrer Form nach Adjektive.

Der Form nach unterscheiden sich Partizipien also nicht von Adjektiven, wohl aber dem »Inhalt« nach. Adjektive beschreiben eine Eigenschaft eines Nomens (zum Beispiel »schön«, »groß«, »laut«), Partizipien transportieren eine Handlung, die mit diesem Nomen verbunden ist (zum Beispiel »lachend«, »geliebt«). Sie können deshalb auch Objekte zu sich nehmen (zum Beispiel »das seine Katze waschende Mädchen«) und damit in sehr kompakter Form einigermaßen komplexe Nebenhandlungen in einen Satz einbringen.

Der Begriff »Partizip« geht auf das lateinische *particeps* = »teilhabend« zurück. Damit wird ausgedrückt, dass das Partizip sowohl an der Sphäre der Verben als auch an der der Nomina »teilhat«: Die Basis eines Partizips ist ein Verbum, das Ergebnis ist aber kein Verbum mehr, sondern ein Adjektiv, also eine Nominalform.

Die Formen der lateinischen Partizipien

Im Deutschen gibt es zwei Partizipien, das Partizip Präsens Aktiv (»liebend«) und das Partizip Perfekt Passiv (»geliebt«). Im Lateinischen gibt es eines mehr, das Partizip Futur Aktiv.

Das Partizip Präsens

Das Partizip Präsens hat, wie im Deutschen, **aktive** Bedeutung, und wird bei jedem Verbum auf dieselbe Weise gebildet: An den Wortstamm wird im Nominativ Singular die Endung *-ns* angehängt, ab dem Genitiv wird das *-ns* zu *-nt-* und es folgen die Endungen der 3. Deklination. Von *amare* heißt es:

amans (Nominativ), *amantis* (Genitiv) = liebend; einer/eine/etwas, der/die/das liebt

Bei der -i-Konjugation wird, aus klanglichen Gründen, noch ein *-e-* eingeschoben. »Hörend« heißt nicht »*audins*«, sondern *audiens*. Das ist aber, Sie werden sehen, absolut kein Problem.

Das Ergebnis ist also ein **einendiges Adjektiv der 3. Deklination** (wie zum Beispiel *sapiens, sapientis* = weise; siehe Kapitel 9). Weil diese Partizipien im Lateinischen häufig verwendet werden, ist es eminent wichtig, dass Sie sie sicher erkennen können. In Tabelle 11.2 finden Sie eine Übersicht, die Ihnen die Bestandteile und das Aussehen eines Partizips Präsens veranschaulichen soll; die Endungen sollten Ihnen bekannt sein.

Partizip Präsens									
	Maskulinum			**Femininum**			**Neutrum**		
	Singular								
Nominativ	amans			amans			amans		
Genitiv	ama	nt	is	ama	nt	is	ama	nt	is
Dativ	ama	nt	i	ama	nt	i	ama	nt	i
Akkusativ	ama	nt	em	ama	nt	em	amans		
Ablativ	ama	nt	i *oder* e	ama	nt	i *oder* e	ama	nt	i *oder* e

Partizip Präsens											
	Maskulinum				Femininum				Neutrum		
	Plural										
Nominativ	ama	nt	es		ama	nt	es		ama	nt	ia
Genitiv	ama	nt	ium		ama	nt	ium		ama	nt	ium
Dativ	ama	nt	ibus		ama	nt	ibus		ama	nt	ibus
Akkusativ	ama	nt	es		ama	nt	es		ama	nt	ia
Ablativ	ama	nt	ibus		ama	nt	ibus		ama	nt	ibus

Tabelle 11.2: Das Partizip Präsens von *amare*

Im Ablativ Singular können Partizipien entweder (wie die Adjektive der 3. Deklination) auf ***-i*** enden oder (wie die meisten Substantive) auf ***-e***. Das ist durchaus einleuchtend: Auf ***-i*** enden sie, wenn sie adjektivisch verwendet werden (zum Beispiel *ab amanti viro* = von einem liebenden Mann), auf ***-e*** enden sie, wenn sie substantivisch verwendet werden (zum Beispiel *ab amante* = von einem Liebenden).

Ein lateinisches Partizip Präsens kennen Sie wahrscheinlich schon seit vielen Jahren. Der Ausdruck »in flagranti« (ergänze: *delicto*; = »bei brennendem Verbrechen«) ist nicht nur pures Latein (siehe Kapitel 8). Die Form *flagranti* ist überdies – wie die deutsche Übersetzung »brennend« – ein Partizip Präsens (zu *flagr<u>a</u>re* = brennen). Es steht im Ablativ, und weil es adjektivisch gebraucht ist, hat es die Endung *-i*.

Zahlreiche weitere lateinische Präsenspartizipien sind als Fremdwörter ins Deutsche gekommen. Basis für die Übernahme war jeweils der auf *-nt* endende Partizipstamm, der ab dem Genitiv vor der Endung steht. Ein paar Beispiele: Ein Student ist ein »sich eifrig Bemühender« (von *studens, stud<u>e</u>nt-is*), ein Dozent ein »Lehrender« (von *docens, doc<u>e</u>nt-is*), ein Mandant ein »Beauftragender« (von *mandans, mand<u>a</u>nt-is*), ein Assistent ein »Unterstützender« (von *ass<u>i</u>stens, assist<u>e</u>nt-is*), ein Ministrant ein »Bedienender« (von *min<u>i</u>strans, ministr<u>a</u>nt-is*), ein Gratulant ein »Glück Wünschender« (von *gr<u>a</u>tulans, gratul<u>a</u>nt-is*). Von der lateinischen Betonung her erklärt sich übrigens die Endbetonung dieser Fremdwörter im Deutschen. – Sogar der Name der Stadt Koblenz geht – nicht ganz so leicht zu erkennen – auf ein lateinisches Partizip Präsens zurück: Die Römer errichteten an der Stelle, an der die Mosel in den Rhein mündet, ein Kastell und nannten es *Castellum apud confluentes* (von *confl<u>u</u>ere* = zusammenfließen), »Kastell bei den Zusammenfließenden«. Bald hieß es nur noch *Confluentes*, und das veränderte sich nach und nach zu »Koblenz«.

Das Partizip Perfekt

Das Partizip Perfekt haben Sie schon kennengelernt (siehe Kapitel 6). Es hat, wie im Deutschen, **passive** Bedeutung, und wird so gebildet: An den Wortstamm wird ein *-t-* angehängt, und es folgen die Endungen der a- und o-Deklination (wie *bonus,-a,-um* = gut). Von *amare* heißt es:

am<u>a</u>tus, -a, -um = geliebt; einer/eine/etwas, der/die/das geliebt worden ist

Das Partizip Perfekt wird – wie im Deutschen – in Kombination mit den Formen von *esse* = »sein« zur Bildung der Passivformen des Perfekts, Plusquamperfekts und des Futurs II verwendet (zum Beispiel *amatus,-a,-um sum* = ich bin geliebt worden). Ebenfalls wie im Deutschen kann es aber auch ohne *esse* als Adjektiv verwendet werden: *puella amata* = das geliebte Mädchen.

Anders als bei den Präsens-Aktiv-Partizipien gibt es bei der Bildung der Perfekt-Passiv-Partizipien unglücklicherweise Unregelmäßigkeiten (siehe Kapitel 6). Zwar haben alle Perfektpartizipien die Endungen der a- und o-Deklination, aber nicht immer wird einfach nur ein *-t-* an den Wortstamm angehängt, um den Partizipstamm zu bilden. So heißt beispielsweise das Partizip Perfekt von *iubere* (beauftragen, befehlen) keineswegs »*iubetus,-a,-um*«, sondern *iussus,-a,-um,* und das von *movere* (bewegen) nicht »*movetus,-a,-um*«, sondern *motus,-a,-um.* Entsprechende Unregelmäßigkeiten gibt es auch im Deutschen und im Englischen. Sie sind in den Stammformenreihen erfasst. Das Partizip Perfekt ist dort jeweils die dritte Form und steht in lateinischen Stammformenreihen immer in der abgekürzten Neutrumform (*iubeo, iussi, iussum, iubere*). Wenn Sie dieses Phänomen nicht mehr ganz präsent haben, wäre jetzt die passende Gelegenheit, noch einmal zu Kapitel 6 zurückzublättern.

Partizip Perfekt von Deponentien

Dem seltsamen Phänomen der Deponentien sind Sie schon begegnet (siehe Kapitel 6). Es handelt sich um Verben, die zwar passive Endungen, aber aktive Bedeutung haben. Das gilt für alle Deponensformen, und deshalb auch für das Partizip Perfekt. Das Resultat ist ein **Partizip Perfekt Aktiv**. Im Deutschen kann man diese Form allenfalls konstruieren, muss dann aber auf eine andere Formulierung, einen Nebensatz, ausweichen:

arbitratus,-a,-um = »gemeint habend« → einer/eine/etwas, der/die/das gemeint hat

Das Partizip Futur

Das Partizip Futur hat **aktive** Bedeutung und drückt aus, dass jemand etwas tun wird oder etwas tun will. Im Deutschen fehlt eine entsprechende Form (man kann sie allerdings, wie Sie gleich sehen werden, künstlich bilden). Die Basis für die Bildung des Partizips Futur ist der Partizip-Perfekt-Stamm. An ihn wird die Silbe *-ur-* angehängt, und es folgen – wie beim Partizip Perfekt – die Endungen der a- und o-Deklination. Von *amare* heißt es:

amaturus, -a, -um = »lieben werdend« → einer/eine/etwas, der/die/das lieben wird oder: »lieben wollend« → einer/eine/etwas, der/die/das die Absicht hat zu lieben

Dass das Wort »Futur« auf *-ur* endet, ist übrigens kein Zufall. Es ist die eingedeutschte Version des Partizips Futur von *esse*: *futurus,-a,-um* = »sein werdend« → einer/eine/etwas, der/die/das sein wird. *tempus futurum* ist »die Zeit, die sein wird«, verkürzt »Futur«.

Während das **Partizip Futur** wegen des darin enthaltenen *-ur-* in der Regel richtig erkannt wird, werden das **Partizip Präsens (Aktiv)** und das **Partizip Perfekt (Passiv)** immer wieder miteinander verwechselt. Das hat überaus negative Folgen für das Verständnis eines Textes. Ein Beispiel: *Vir uxorem ploratam sepelivit* (*plorare*: weinen, beweinen; *sepelire*: begraben). *ploratam* ist Partizip Perfekt Passiv und bezieht sich auf *uxorem*. Der Satz heißt also: »Ein Mann begrub seine beweinte Frau.« Das ist ein vergleichsweise normaler Vorgang. Wenn Sie aber *ploratam* für ein Partizip Präsens hielten, müssten Sie übersetzen: »Ein Mann begrub seine weinende Frau«, und das wäre eine komplett andere Geschichte.

Es ist ausgesprochen wichtig, dass Sie Partizip Präsens und Partizip Perfekt nicht miteinander verwechseln. Es hilft vielleicht, wenn Sie sich Folgendes klarmachen:

- Die Begriffe »**Präsens**« und »**Perfekt**« gehen – wie der Begriff »**Futur**« – ihrerseits auf Partizipien zurück, und zwar auf Partizipien der Zeit, die sie bezeichnen: *tempus praesens* = die anwesende, gegenwärtige Zeit – *tempus perfectum* = die beendete, abgeschlossene Zeit.
- Bei **jedem Partizip Präsens** steht ab dem Genitiv ***-nt-*** vor der Endung (zum Beispiel bei *in flagranti*). Das heißt im Umkehrschluss: Steht bei einer gebeugten Form kein ***-nt-*** vor der Endung (wie im Beispiel oben bei *ploratam*), handelt es sich nicht um ein Partizip Präsens.

Übungen zu den Partizipialformen

Am besten prägen Sie sich neue Formen ein, wenn Sie sie selbst ein paarmal gebildet haben. Tragen Sie zunächst in Tabelle 11.3 die jeweils angegebenen lateinischen Partizipien ein.

iubeo, iussi, iussum, iubere		***do, dedi, datum, dare***	
1. befehlend		1. gebend	
2. befohlen		2. gegeben	
3. »befehlen werdend«		3. »geben werdend«	

Tabelle 11.3: Übung zu den Partizipien: Übersicht

Lösungen: – ***iubere***: 1. *iubens, iubentis*; 2. *iussus,-a,-um*; 3. *iussurus,-a,-um*. – ***dare***: 1. *dans, dantis*; 2. *datus,-a,-um*; 3. *daturus,-a,-um*.

Bilden Sie jetzt die folgenden Präsenspartizipien (jeweils Nominativ und Genitiv). Sie brauchen die folgenden Vokabeln: *aperire*; *amare*; *flagrare*; *iubere*; *lacrimare*; *laudare*; *movere*; *superare*; *videre*; *vocare*.

1. liebend; 2. bewegend; 3. besiegend; 4. weinend; 5. sehend; 6. brennend; 7. öffnend; 8. rufend; 9. lobend; 10. befehlend

Lösungen: 1. *amans, amantis*; 2. *movens, moventis*; 3. *superans, superantis*; 4. *lacrimans, lacrimantis*; 5. *videns, videntis*; 6. *flagrans, flagrantis*; 7. *aperiens, aperientis*; 8. *vocans, vocantis*; 9. *laudans, laudantis*; 10. *iubens, iubentis.*

Bestimmen Sie schließlich die Fälle der in Tabelle 11.4 angegebenen Wortkombinationen und übersetzen Sie sie ins Lateinische.

1. den liebenden Ehemann (*amare*; *maritus,-i*)	
2. bewegende Lieder (*movere*; *carmen, carminis* n.)	
3. die Mauer (Akkusativ) der eroberten Stadt (*murus,-i*; *expugnare*; *urbs, urbis* f.)	
4. den heulenden Nymphen (*ululare*; *nympha,-ae*)	
5. des besiegten Soldaten (*superare*; *miles, militis*)	
6. der schweigenden Gesetze (*silere*; *lex, legis*)	
7. durch brennende Fackeln (*flagrare*; *fax, facis*)	

Tabelle 11.4: Übung zu den Partizipien: Partizip Präsens und Perfekt

Lösungen: 1. Akkusativ: *maritum amantem*; 2. Nominativ oder Akkusativ (Neutrum!): *carmina moventia*; 3. *murum urbis expugnatae*; 4. Dativ: *nymphis ululantibus*; 5. Genitiv: *militis superati*; 6. Genitiv: *legum silentium*; 7. Ablativ: *facibus flagrantibus.*

Zur Verwendung und Übersetzung der Partizipien

Im Lateinischen werden Partizipien durchaus häufiger verwendet als im Deutschen. Wörtliche Übersetzungen sind immer möglich. Oft ist es aber besser und gelegentlich sogar notwendig, auf alternative Konstruktionen auszuweichen, um zu einigermaßen lesbarem Deutsch zu kommen. Um mit den gegebenen Optionen sicher umgehen zu können, bedarf es einiger grundsätzlicher Kenntnisse über Partizipien.

Diese Kenntnisse können Ihnen auch über den Umgang mit dem Lateinischen hinaus nützlich sein. Entsprechende Probleme können sich nämlich auch beim Übersetzen aus anderen Sprachen ergeben. Ein Beispiel: Der simple englische Satz »Walking through the city Marcus got lost« ergibt, wenn man ihn wörtlich übersetzt: »Durch die Stadt gehend verirrte sich Markus.« Das ist zwar verständlich, besonders elegant aber ist es nicht. Versuchen Sie doch jetzt schon einmal, diesen Satz in vernünftiges Deutsch zu bringen. Es gibt mehrere Möglichkeiten. Notieren Sie sich Ihre Lösung(en). Wir werden gleich auf den Satz zurückkommen (siehe den Abschnitt »Adverbiale Verwendung« weiter hinten in diesem Kapitel).

Zeitverhältnis versus Zeitstufe

Partizipien drücken keine Zeitstufe (Präsens, Perfekt, Futur), sondern das Zeitverhältnis zwischen der im Partizip ausgedrückten Handlung und der des übergeordneten Verbums aus:

- ✔ Das Partizip **Präsens** bezeichnet eine **gleichzeitige**, noch andauernde Handlung.
- ✔ Das Partizip **Perfekt** bezeichnet eine **vorzeitige**, abgeschlossene Handlung.
- ✔ Das Partizip **Futur** bezeichnet eine **nachzeitige**, (unmittelbar) bevorstehende Handlung.

Hierzu zwei Beispiele:

- ✔ **Partizip Präsens:** »Die Mutter hielt ihr schreiendes Kind im Arm.« – Das bedeutet – trotz des Partizips Präsens – keineswegs, dass das Kind heute noch schreit, sondern dass es damals, als die Mutter es im Arm hielt, schrie.
- ✔ **Partizip Perfekt:** »Caesar zündete die eroberte Stadt an.« – Diese Mitteilung erhält ihre Brisanz dadurch, dass die Partiziphandlung vor der Haupthandlung liegt. Das heißt: Die Stadt ging nicht während der Eroberung zufällig in Flammen auf, sondern wurde nach der Eroberung absichtlich in Brand gesteckt.

Attributive und adverbiale Verwendung von Partizipien

Bei der Verwendung von Partizipien sind generell zwei Typen zu unterscheiden: **attributive** und **adverbiale** Partizipien.

Attributive Verwendung

Partizipien können als Attribute verwendet werden, das heißt, sie geben eine Eigenschaft eines Nomens an. Zwei Beispiele: 1. *In horto* (*hortus,-i*: der Garten) *arbores erant florentes.* 2. *Milites in castris munitis tuti erant.*

Solche Partizipien können ohne Weiteres wörtlich wiedergegeben werden: »Im Garten waren (besser: standen) blühende Bäume.« – »Die Soldaten waren in den befestigten Lagern sicher.«

Möglich wäre auch jeweils eine Übersetzung mit einem **Relativsatz**. Dabei ist unbedingt zu berücksichtigen, dass die Zeitverhältnisse richtig wiedergegeben werden: »Im Garten standen Bäume, die blühten.« – »Die Soldaten waren in den Lagern, die befestigt worden waren, sicher.«

Adverbiale Verwendung

Partizipien können Begleitumstände angeben, in denen sich ein Nomen befindet und die für die Haupthandlung relevant sind. Sie beschreiben also nicht nur das Nomen näher, sondern illustrieren auch die (im Verbum ausgedrückte) Handlung. Deshalb die Bezeichnung »adverbiales Partizip«.

Zunächst ein deutsches Beispiel: »Das Kind warf sich brüllend auf den Boden.« Das Partizip sagt Ihnen nicht primär, dass das Kind brüllte; der Fokus liegt auf dem Aspekt, wie es sich auf den Boden warf.

In diesem Fall ist die Verwendung des Partizips im Deutschen stilistisch vollkommen unproblematisch. Anders war das bei dem oben genannten englischen Satz »Walking through the city Marcus got lost«, der lateinisch so hieße: *Ambulans per urbem Marcus deerravit.* Hier war die Übersetzung »Durch die Stadt gehend verirrte sich Markus« zwar korrekt, aber grenzwertig. Wenn Sie sie oben in lesbares Deutsch umgewandelt haben, werden Sie zu folgenden Lösungen gekommen sein:

1. Während/Als er durch die Stadt ging, verirrte sich Markus. 2. Weil er durch die Stadt ging, verirrte sich Markus. 3. Markus ging durch die Stadt und verirrte sich (dabei).

Damit haben Sie die Optionen erfasst, die es neben der wörtlichen Übersetzung für die Wiedergabe adverbialer Partizipien gibt. Theoretisch formuliert heißen sie so:

- ✔ Anbindung der Partizipialhandlung an die Haupthandlung durch einen **adverbialen Nebensatz** (Version 1 und 2). Solche Nebensätze können ein **temporales** Verhältnis zwischen den beiden Handlungen herstellen (während, nachdem, als; Version 1) oder ein **logisches** Verhältnis (weil, obwohl, wobei, indem, wenn; Version 2).

  Bei dieser Lösung ist zu bedenken: Das temporale Verhältnis zwischen den beiden Handlungen ist durch das Partizip auf jeden Fall ausgedrückt (Partizip Präsens: Gleichzeitigkeit; Partizip Perfekt: Vorzeitigkeit). Wenn Sie ein logisches Verhältnis formulieren, greifen Sie inhaltlich interpretierend in den Text ein. Das ist natürlich keineswegs verboten, es will nur gut überlegt sein.

- ✔ Verbindung der beiden Handlungen durch »und« (Version 3). Dabei werden beide Handlungen syntaktisch auf eine Stufe gestellt. Diese Maßnahme nennt man **Neben-** oder **Beiordnung**.

Gebrauchsanweisung für das Übersetzen von Partizipien

Die theoretische Unterscheidung zwischen attributiv und adverbiell gebrauchten Partizipien ist vor allem deshalb von Bedeutung, weil sie das mögliche Bedeutungsspektrum von Partizipien und die verschiedenen Übersetzungsmöglichkeiten erklärt. Sie sollten diese Optionen im Kopf haben.

Wie Sie dieses Wissen in der Praxis am besten anwenden, soll Ihnen das folgende Beispiel zeigen. *Puella cantans per urbem ambulavit.*

Wichtig ist: Beginnen Sie das Übersetzen eines Satzes nie mit einem Partizip, sondern gehen Sie nach wie vor den gewohnten Weg und erfassen Sie den Satz schrittweise über Prädikat (*ambulavit* = er/sie/es ging) → Subjekt (*puella* = ein Mädchen) → Objekt (oder, wie hier, ein Adverbiale: *per urbem* = durch die Stadt). Die Hauptaussage des Satzes ist also: »Ein Mädchen ging durch die Stadt.« Erst jetzt ist das Partizip an der Reihe.

- ✔ Bestimmen Sie zuerst das Partizip (Präsens Aktiv, Perfekt Passiv, Futur Aktiv) und finden Sie über die Endung heraus, in welchem Fall es steht und welches Nomen es beschreibt. *cantans* ist Partizip Präsens Aktiv, Nominativ Singular. Es bezieht sich also auf das Subjekt des Satzes, und das ist *puella*.

- ✔ Übersetzen Sie dann das Partizip und das dazugehörige Nomen wörtlich oder mit einem Relativsatz und bauen Sie es in den Satz ein: »Ein singendes Mädchen ging durch die Stadt« (attributiv) oder »Ein Mädchen ging singend durch die Stadt« (adverbial) oder »Ein Mädchen, das sang, ging durch die Stadt«.

- ✔ Anschließend können Sie überlegen, ob eine Wiedergabe mit einem temporalen Nebensatz (Partizip Präsens: während, als – Partizip Perfekt: nachdem, als) oder mit einem logischen Nebensatz (weil, obwohl, wobei, indem, wenn) dem Original besser gerecht wird. Hier wäre möglich, aber keineswegs notwendig: »Ein Mädchen ging durch die Stadt, wobei es sang.«

- ✔ Wenn Sie noch möchten, können Sie auch eine Beiordnung versuchen. Das ist aber nicht nötig. »Ein Mädchen ging durch die Stadt und sang (dabei).«

Es gibt also, wie Sie sehen, schon bei einem so einfachen Satz eine ganze Reihe verschiedener Übersetzungsmöglichkeiten, die jeweils leicht unterschiedliche Akzente setzen. Welche dieser Optionen Sie wählen, liegt bei Ihnen. Das Ergebnis ist in jedem Fall eine – mindestens stilistische – Interpretation des Originals.

Übungen zum Übersetzen von Partizipien

Bestimmen Sie die Fälle der folgenden Wortkombinationen und übersetzen Sie sie ins Deutsche (jeweils wörtlich und mit einem Relativsatz):

1. *liberi carmina cantantes*. 2. *imperatorem milites monentem*. 3. *milites ab imperatore moniti*. 4. *Cicero ab inimicis e patria expulsus*. 5. *regi regnanti*. 6. *hostes urbem expugnaturos*. 7. *uxores hostium superatorum*. 8. *vir motus*.

Lösungen: 1. Nominativ Plural: die Lieder singenden Kinder; die Kinder, die Lieder singen. 2. Akkusativ Singular: den die Soldaten ermahnenden Feldherrn; den Feldherrn, der die Soldaten ermahnt. 3. Nominativ Plural: die vom Feldherrn ermahnten Soldaten; die Soldaten, die vom Feldherrn ermahnt worden sind. 4. Nominativ Singular: der von seinen Gegnern aus der Heimat vertriebene Cicero; Cicero, der von seinen Gegnern aus der Heimat vertrieben worden ist. 5. Dativ Singular: dem regierenden König; dem König, der regiert. 6. Akkusativ Plural: die »die Stadt erobern werdenden/wollenden« Feinde; die Feinde, die die Stadt erobern werden/wollen. 7. Genitiv Plural: die Frauen der besiegten Feinde; die Frauen der Feinde, die besiegt worden sind; 8. Nominativ Singular: der bewegte Mann; der Mann, der bewegt worden ist.

Übersetzen Sie die folgenden Sätze und geben Sie dabei die Partizipien jeweils wörtlich, mit Relativsatz und mit einem adverbialen Nebensatz wieder.

1. *Ambulans per urbem vidi puellam dulcia carmina cantantem.*
2. *Aeneas patrem penatesque umeris portans e Troia flagranti fugit.* (*fugio, fugi,* – 3: fliehen; *umerus,-i*: die Schulter)
3. *Hannibal in patriam revocatus a Romanis superatus est.*

4. *Romanos exspectantes Galli ingentes copias in collibus constituerunt.* (*constituo, constitui, constitutum* 3: aufstellen)

5. *Misericordia motus Sanctus Martinus viro misero frigore laboranti dimidium chlamydis donavit.* (*misericordia,-ae*: das Mitleid; *frigus,-oris*: die Kälte; *dimidium,-i*: die Hälfte; *chlamys, -ydis*: der Soldatenmantel)

Lösungen: 1. Durch die Stadt gehend sah ich ein süße Lieder singendes Mädchen. Als ich durch die Stadt ging, sah ich ein Mädchen, das süße Lieder sang – 2. Der seinen Vater und die Hausgötter auf den Schultern tragende Aeneas floh aus dem brennenden Troja. Aeneas, der seinen Vater ... trug, floh aus ... Troja. Seinen Vater ... tragend floh Aeneas aus ... Troja. Aeneas floh aus ... Troja, wobei er seinen Vater ... trug. – 3. Der in (seine) Heimat zurückgerufene Hannibal wurde von den Römern besiegt. Hannibal, der ... zurückgerufen worden war, wurde ... besiegt. In seine Heimat zurückgerufen wurde Hannibal ... besiegt. Als/nachdem/weil Hannibal in seine Heimat zurückgerufen worden war, wurde er ... besiegt. – 4. Die die Römer erwartenden Gallier stellten gewaltige Truppen auf den Hügeln auf. Die Gallier, die die Römer erwarteten, stellten ... auf. Die Römer erwartend stellten die Gallier ... auf. Als/Weil sie die Römer erwarteten, stellten die Gallier ... auf. – 5. Der von Mitleid bewegte Heilige Martin schenkte einem armen, unter der Kälte leidenden Mann, die Hälfte (seines) Soldatenmantels. Der Heilige Martin, der von Mitleid bewegt worden war, schenkte einem armen Mann, der unter der Kälte litt, ... Von Mitleid bewegt schenkte der Heilige Martin ... Als/Weil er von Mitleid bewegt worden war, schenkte der Heilige Martin ...

Auf einen Blick

Hier das Wichtigste zu den Partizipien im Überblick:

✔ Partizipien sind von Verben abgeleitete **Adjektive**.

✔ Im Lateinischen gibt es drei Partizipien: das Partizip Präsens, das Partizip Perfekt und das – im Deutschen nicht existierende – Partizip Futur.

✔ Das **Partizip Präsens** hat, wie im Deutschen, aktive Bedeutung.

- Es wird bei jedem Verbum gebildet, indem an den Wortstamm die Endung *-ns* angehängt wird. Ab dem Genitiv wird das *-ns* zu *-nt-*, und es folgen die Endungen der 3. Deklination: *amans* (Nominativ), *amantis* (Genitiv) = liebend; einer/eine/etwas, der/die/das liebt.
- Im Ablativ Singular endet es bei adjektivischer Verwendung auf *-i*, bei substantivischer Verwendung auf *-e*: *ab amanti viro* = von einem liebenden Mann – *ab amante* = von einem Liebenden.

✔ Das **Partizip Perfekt** hat, wie im Deutschen, passive Bedeutung.

- Es wird gebildet, indem an den Wortstamm ein *-t-* und dann die Endungen der a- und o-Deklination angehängt werden: *amatus,-a,-um* = geliebt; einer/eine/etwas, der/die/das geliebt worden ist.

- Wie im Deutschen bildet eine Reihe von Verben ihren Partizip-Perfekt-Stamm unregelmäßig (*iubere* → *iussus,-a,-um*). Solche unregelmäßigen Formen stehen an dritter Stelle in den Stammformenreihen (*iubeo, iussi, iussum, iubere*).
- Die Perfektpartizipien von **Deponentien** haben – wie alle Formen dieser Verben – aktive Bedeutung: *arbitratus,-a,-um* = »gemeint habend« → einer/eine/etwas, der/die/das gemeint hat.

✔ Das **Partizip Futur** hat aktive Bedeutung und drückt aus, dass jemand etwas tun wird oder etwas tun will. Im Deutschen fehlt eine entsprechende Form.

- Die Basis für die Bildung des Partizips Futur ist der Partizip-Perfekt-Stamm. An ihn wird die Silbe *-ur-* angehängt, und es folgen – wie beim Partizip Perfekt – die Endungen der a- und o-Deklination: *amaturus,-a,-um* = »lieben werdend« → einer/eine/etwas, der/die/das lieben wird; oder: »lieben wollend« → einer/eine/etwas, der/die/das die Absicht hat zu lieben.

✔ Partizipien drücken keine Zeitstufe (Präsens, Perfekt, Futur), sondern das Zeitverhältnis zwischen der im Partizip ausgedrückten Handlung und der des übergeordneten Verbums aus: Das Partizip **Präsens** bezeichnet eine **gleichzeitige**, noch andauernde Handlung. Das Partizip **Perfekt** bezeichnet eine **vorzeitige**, abgeschlossene Handlung. Das Partizip **Futur** bezeichnet eine **nachzeitige**, (unmittelbar) bevorstehende Handlung.

✔ Partizipien können **attributiv** (als Eigenschaft) oder **adverbial** (als Nebenhandlung) verwendet werden. Für die Übersetzung gibt es vier Optionen (Beispiel: *Puella cantans per urbem ambulavit*):

1. **wörtliche** Übersetzung: Ein singendes Mädchen ging durch die Stadt (attributiv). – Ein Mädchen ging singend durch die Stadt (adverbial).
2. Übersetzung mit einem **Relativsatz**: Ein Mädchen, das sang, ging durch die Stadt.
3. Übersetzung mit einem **adverbialen Nebensatz**: temporal (Partizip Präsens: während, als – Partizip Perfekt: nachdem, als) oder logisch (weil, obwohl, wobei, indem, wenn): Ein Mädchen ging durch die Stadt, wobei es sang.
4. **Beiordnung**: Ein Mädchen ging durch die Stadt und sang (dabei).

Übersetzungen und ein wenig Kultur

Die folgenden Einzelsätze und kleinen Geschichten sollen Ihnen helfen, Ihr Gefühl im Umgang mit Partizipien zu festigen. Dazu erhalten Sie wertvolle Informationen zu kulturellen Themen aus frühen und weniger frühen Tagen. Zunächst ein paar Vokabeln, mit denen Sie Ihren Wortschatz erweitern sollten (siehe Tabelle 11.5).

Lateinisch	Deutsch
delirare	verrückt werden (D Delirium)
consolor, consolatus sum, consolari	trösten (E to console; I consolare; F consoler)
capite damnare	zum Tod verurteilen

Lateinisch	Deutsch
implere	füllen (D implementieren)
haurio, hausi, haustum, haurire	trinken
misericordia, -ae	das Mitleid

Tabelle 11.5: Lernvokabeln

Rufen Sie sich zudem die Bedeutung der folgenden Vokabeln ins Gedächtnis: *incola,-ae*; *oppidum-i*; *parvus,-a,-um*; *prohibere*; *paene*; *admirari*; *tacere*; *mutare*; *mos, moris*; *imperator, -oris*; *sui,-orum*; *hortari*; *signum,-i*; *proelium,-i*; *do, dedi, datum, dare*; *poculum,-i*; *venenum,-i*; *spatium,-i*; *expugnare*; *mons, montis*; *mulier, mulieris*; *modus,-i*; *manere*.

Einzelne Sätze

1. a. *Incolae oppidi parvi fortiter resistentes hostes prohibuerunt.* (*fortiter* [Adverb]= tapfer; *resistere*: Widerstand leisten)

   b. *Incolae oppidi parvi fortiter resistentes hostes non prohibuerunt.*

2. *Illud spectaculum, quod »Musikantenstadl« nominatur, videns paene deliravi.*

3. *Statuam deae admiratus vir tacens templum reliquit.* (*relinquo, reliqui, relictum* 3: verlassen)

4. *Terra mutata non mutat mores.*

5. *Imperator hortatus suos signum proelii dedit.*

6. *Socrates capite damnatus amicos lacrimantes consolans poculum veneno impletum exhausit.* (*ex-haurire* ← *haurire*)

7. *Sinenses spatium cosmicum expugnaturi A.D. MMIII taiconautam emiserunt.* (*Sinenses,-ium*: die Chinesen; *taiconauta,-ae*: der Taikonaut; *emitto, emisi, emissum* 3: ausschicken)

Übersetzungen und Erklärungen:

1a. Die tapfer kämpfenden Bewohner der kleinen Stadt haben die Feinde abgewehrt. *Oder*: Die Bewohner … haben die Feinde abgewehrt, weil sie tapfer kämpften.

1b. Die tapfer kämpfenden Bewohner der kleinen Stadt haben die Feinde nicht abgewehrt. *Oder*: Die Bewohner … haben die Feinde nicht abgewehrt, obwohl sie tapfer kämpften.

2. Jene Show, die »Musikantenstadl« genannt wird, sehend, bin ich beinahe verrückt geworden. → Als ich jene Show … sah, bin ich beinahe verrückt geworden.

Sprachliches: Hier ist die Übersetzung mit einem adverbialen Nebensatz aus stilistischen Gründen zweifellos vorzuziehen.

Inhaltliches: Bei diesem Satz können Sie sehen, wie wichtig es ist, die Zeitverhältnisse genau zu beachten. Das Partizip Präsens drückt ja eine Gleichzeitigkeit der beiden Handlungen aus, und das ist für die Botschaft des Satzes von großer Bedeutung: Der »Musikantenstadl« gehörte zu der Kategorie gefährlicher Fernsehproduktionen, die beim Betrachter schon während des Zuschauens, nicht erst danach, spürbare seelische oder gar körperliche Reaktionen auslösen.

3. Der Mann, der die Statue der Göttin bewundert hatte, verließ schweigend den Tempel. *Oder*: Nachdem/Als er ... bewundert hatte, verließ der Mann schweigend den Tempel.

Sprachliches: *admiratus* ist das Partizip Perfekt des Deponens *admirari* und hat deshalb aktive Bedeutung. Weil das Deutsche kein Partizip Perfekt Aktiv kennt, ist eine wörtliche Übersetzung (»bewundert habend«) nicht recht möglich. Im Englischen wäre das kein Problem: »Having admired the statue of the goddess the man left the temple.« – Bei diesem Satz legt die Wortstellung nahe, *admiratus* adverbiell aufzufassen. Die zweite Übersetzung wäre deshalb vorzuziehen.

4. Ein verändertes Land verändert nicht die Sitten.

Inhaltliches: Dieser Satz ist nicht selbsterklärend, vor allem nicht in dieser wörtlichen Übersetzung. Er ist aber sehr wahr. Er zielt auf Leute, die glauben, durch einen Wechsel ihres Aufenthaltsorts eine Lösung ihrer persönlichen Probleme herbeiführen zu können. Das ist zwar durchaus möglich, ein Automatismus ist es freilich nicht. Denn in vielen Fällen ist nicht die Umgebung, sondern die eigene Persönlichkeit (die ist mit *mores* gemeint) die Ursache der Probleme. Die aber nimmt man eben auch in die neue Umgebung mit. Man könnte den Satz freier, aber deutlicher, so wiedergeben: »Ein Ortswechsel verändert nicht den Charakter.«

5. Der Feldherr gab das Zeichen zum Kampf, nachdem er seine Leute angefeuert (oder: ermutigt) hatte.

Sprachliches: *hortatus* ist das Partizip Perfekt des Deponens *hortari* und hat deshalb aktive Bedeutung (siehe dazu und zur Übersetzung die Erklärungen zu *admiratus* in Satz 3). – *signum proelii*: *proelii* ist *genitivus objectivus* (das Zeichen »zum Kampf«). Wenn Sie »des Kampfes« übersetzt haben, wäre das gerade noch verständlich.

Inhaltliches: Das Halten einer Rede an die Soldaten vor einer Schlacht gehörte zu den selbstverständlichen Pflichten eines Feldherrn. Vergleichbar sind die anfeuernden Ansprachen, die heute Trainer an ihre Mannschaften vor einem Fußballspiel halten. Bei antiken Geschichtsschreibern, und insbesondere bei Caesar, wird das Halten einer solchen Rede deshalb oft mindestens kurz erwähnt. Das zeigt, dass der Feldherr seine Aufgabe so erfüllt, wie man es von ihm erwarten darf.

6. Der zum Tod verurteilte Sokrates hat, (seine) weinenden Freunde tröstend, den Becher, der mit Gift gefüllt (worden) war, ausgetrunken. Oder: Nachdem Sokrates zum Tod verurteilt worden war, hat er den mit Gift gefüllten Becher ausgetrunken, wobei er seine weinenden Freunde tröstete.

Inhaltliches: **Sokrates** (479–399 v. Chr.) war vielleicht der einflussreichste aller antiken Philosophen und eine der Figuren, die das so ungeheuer dynamische 5. Jahrhundert in Athen entscheidend geprägt haben. Unsere wichtigste Quelle für seine Philosophie sind die Dialoge seines ebenso prominenten Schülers **Platon**, in denen Sokrates die dominierende Rolle spielt. Sokrates selbst hat keine Schriften verfasst, sondern seine Philosophie im Gespräch entwickelt. Im Zentrum seines Interesses stand die Suche nach echtem Wissen und wahrer Erkenntnis, ein Ziel, dem sich Menschen seiner Überzeugung nach freilich nur annähern, das sie aber nie wirklich erreichen können. Zu diesem Zweck befragte er Leute, die behaupteten, über Wissen zu verfügen, und entlarvte dieses Wissen durch präzises Nachfragen als Scheinwissen. Da Sokrates' Gesprächspartner oft prominente Persönlichkeiten waren und die Gespräche in der Regel vor Publikum stattfanden, zog er sich dadurch die Abneigung nicht weniger einflussreicher Athener zu. Diese brachten ihn im Jahr 399 mit fragwürdigen Anklagen vor Gericht und erwirkten ein Todesurteil. Die Hinrichtung hatte der Verurteilte selbst durch die Einnahme eines tödlichen Gifttranks (Schierling) im Kerker durchzuführen.

Die letzten Stunden des Sokrates hat **Platon** in seinem Dialog »**Kriton**« beschrieben. Er zeigt Sokrates in philosophischen Gesprächen mit seinen engsten Freunden, die die letzten Stunden mit ihm verbringen. Sokrates ist völlig gefasst und mit sich und der Welt im Reinen, während seine Freunde vollkommen verzweifelt sind. Mit diesem Text schuf Platon eine Art »role model« des souveränen Weisen, der auch in extremen Situationen unbeirrt bleibt und unerschütterlich zu seinen Einsichten steht. – Ein überaus einflussreiches und unbedingt lesenswertes Stück Literatur.

7. Die Chinesen, die den Weltraum erobern wollten, haben im Jahr 2003 einen Taikonauten ausgeschickt. Oder: Weil die Chinesen ... erobern wollten, haben sie ... ausgeschickt.

<u>Sprachliches</u>: Wie beim Partizip Perfekt Aktiv (Satz 3) ist auch beim Partizip Futur Aktiv (»erobern wollend«) eine wörtliche Übersetzung im Deutschen nicht recht möglich.

<u>Inhaltliches</u>: Der 15. Oktober 2003 war ein oft übersehenes Epochendatum der Weltraumfahrt. An diesem Tag schickte China zum ersten Mal ein bemanntes Raumschiff auf eine Erdumlaufbahn. Mit Erfolg. Es umrundete 14-mal die Erde und kehrte sicher zurück. Seitdem ist China neben Russland und den USA die dritte Nation, die bemannte Weltraumfahrt betreiben kann. – Selbstverständlich übernahmen die Chinesen nicht den amerikanischen oder den russischen Begriff für den Piloten, sondern prägten analog einen eigenen: Taikonaut. Dieser Begriff dokumentiert allerdings eine leichte Tendenz zur russischen Variante: Während der »Astro-naut« gezielt zu den Sternen fliegt, fliegt der »Kosmo-naut« ja schlicht ins All. Das tut auch der Taikonaut: Das chinesische Wort »Taikong« bedeutet »Weltraum«. Das allen drei Begriffen gemeinsame Suffix -naut geht übrigens auf das lateinische *nauta* = der Seemann zurück. Auch das ist kein Zufall. Die Luft<u>fahrt</u> hat zahlreiche Begriffe aus dem Bereich der See<u>fahrt</u> übernommen: Flughafen, Kapitän, Luftschiff, Raumschiff und so weiter.

Zwei längere Texte

Wenn Sie diese Sätze erfolgreich bewältigt haben, sind Sie bereit für zwei zusammenhängende Texte. Der erste erzählt – mit Partizipien reich ausgestattet – eine tragische Geschichte aus dem Alltag. Der zweite ist ein Stück Weltliteratur. Zunächst ein paar neue Vokabeln, die Sie lernen sollten (siehe Tabelle 11.6).

Lateinisch	Deutsch
sepulchrum, -i	das Grab
columba, -ae	die Taube (F colombe)
aquila, -ae	der Adler (F aigle; E eagle)
iactare	werfen
temptare	versuchen (E temptation)
lapis, lapidis m.	der Stein (D Lapislazuli)
nobis (Dativ)	uns
lapidare	steinigen (L *lapis, lapidis*)

Lateinisch	Deutsch
se (Akkusativ)	sich
digitus, -i	der Finger (D/E digital)
peccatum, -i	die Schuld, das Vergehen
te (Akkusativ)	dich
condemnare	verurteilen (E condemn)
nemo	niemand, keiner
neque = nec	und nicht, auch nicht

Tabelle 11.6: Lernvokabeln

Der Mann, die Taube und der Adler

(1) *Vir stabat ad sepulchrum lacrimans.* (2) *Tum columbam vidit in caelo volantem et aquilam columbam insectantem*[1]. (3) *Misericordia adductus*[2] *lapides in aquilam iactans columbam servare temptavit.* (4) *Lapidum iactatorum autem unus non aquilam, sed columbam fugientem*[3] *tetigit*[4]. (5) *Columba lapide tacta*[4] *in lacrimantem virum cecidit*[5].

[1] *insectari*: verfolgen; [2] *adduco, adduxi, adductum* 3: veranlassen; [3] *fugio, fugi,* – 3: fliehen; [4] *tango, tetigi, tactum* 3: berühren, treffen; [5] *cado, cecidi,* – 3: fallen, herabstürzen

Übersetzung und Erklärungen

sehr wörtlich	etwas eleganter
(1) Ein Mann stand weinend an einem Grab. (2) Da sah er eine am Himmel fliegende Taube und einen die Taube verfolgenden Adler. (3) Von Mitleid veranlasst versuchte er, Steine auf den Adler werfend, die Taube zu retten. (4) Einer der geworfenen Steine aber traf nicht den Adler, sondern die fliehende Taube. (5) Die von dem Stein getroffene Taube stürzte auf den weinenden Mann herab.	(1) Ein Mann stand an einem Grab und weinte. (2) Da sah er eine Taube, die am Himmel flog, und einen Adler, der die Taube verfolgte. (3) Von Mitleid ergriffen versuchte er die Taube zu retten, indem er Steine auf den Adler warf. (4) Einer der Steine aber, die er geworfen hatte, traf nicht den Adler, sondern die fliehende Taube. (5) Die Taube stürzte, von dem Stein getroffen, auf den weinenden Mann herab.

Tabelle 11.7: Übersetzungen zu »Der Mann, die Taube und der Adler«

Satz 3: Sollten Sie hier *misericordia* zum Subjekt gemacht haben, haben Sie einen zwar häufigen, aber dennoch unbedingt zu vermeidenden Fehler gemacht. Erinnern Sie sich: Die Form *misericordia* ist nicht eindeutig. Sie könnte zwar Nominativ, aber auch Ablativ Singular sein. *adductus* hingegen kann nur Nominativ Singular sein. Es muss sich also auf das Subjekt beziehen. Daraus folgt, dass das Subjekt ein Maskulinum sein muss, und damit fällt *misericordia* als Option weg.

Satz 4: Falls Sie hier etwas wie »Die geworfenen Steine aber trafen nicht allein den Adler ...« übersetzt haben, dann achten Sie noch nicht genau genug auf die Endungen. Zum einen stehen *lapidum* und *iactatorum* eindeutig im Genitiv und keineswegs im Nominativ Plural, zum anderen ist die Verbalform *tetigit* 3. Person Singular und nicht Plural. Hinzu kommt, dass *unus* kein Adverb (»allein«), sondern Nominativ Singular Maskulinum ist (»einer«). Wenn Sie Ihre Übersetzung mit dem Prädikat beginnen (*tetigit* = er/sie/es traf), vermeiden Sie solche Fehler leicht.

Die Ehebrecherin

Der folgende Text ist der erste längere antike Originaltext in diesem Buch. Er stammt aus der lateinischen Version des Johannesevangeliums (8.11). Falls Sie die Geschichte kennen, wird Ihnen das die Übersetzung natürlich erleichtern. Bemühen Sie sich aber trotzdem um eine sehr genaue Übersetzung. Behalten Sie auch, so gut es eben geht, die Reihenfolge der Wörter bei. Der Text ist sehr präzise gestaltet, und es kommt auf jedes Detail an, um ihn wirklich genau zu verstehen. Ein paar Hinweise dazu finden Sie in den Erklärungen nach der Übersetzung.

Der Text enthält einige Formen der Demonstrativpronomina (siehe Kapitel 7). Wiederholen Sie die kurz, bevor Sie mit dem Übersetzen beginnen.

(1) *Iesus autem perrexit*[1] *in montem Oliveti*[2]. (2) *Et diluculo*[3] *iterum*[4] *venit in templum et omnis populus venit ad eum et sedens docebat eos.*

(3) *Adducunt*[5] *autem Scribae et Pharisei*[6] *mulierem in adulterio*[7] *deprehensam*[8]. (4) *Et statuerunt eam in medio et dixerunt*[9] *ei:* (5) *»Magister, haec mulier modo*[10] *deprehensa est in adulterio.* (6) *In lege autem Moses mandavit nobis mulieres huius modi lapidare.* (7) *Tu ergo, quid dicis?«* (8) *Hoc autem dicebant temptantes eum, ut possent*[11] *accusare eum.*

(9) *Iesus autem inclinans*[12] *se deorsum*[13] *digito scribebat in terra.* (10) *Cum ergo perseverarent*[14] *interrogantes eum, erexit*[15] *se et dixit eis:* (11) *»Qui sine peccato est vestrum*[16]*, primus in illam lapidem mittat*[17]*.«* (12) *Et iterum se inclinans scribebat in terra.*

(13) *Audientes autem unus post unum exibant*[18]*, incipientes*[19] *a senioribus*[20]. (14) *Et remansit solus Iesus et mulier in medio stans.*

(15) *Erigens autem se Iesus dixit ei:* (16) *»Mulier, ubi sunt, qui te accusabant?* (17) *Nemo te condemnavit?«* (18) *Quae dixit:* (19) *»Nemo, domine.«* (20) *Dixit autem Iesus:* (21) *»Nec ego te condemnabo.* (22) *Vade*[21] *et iam amplius*[22] *noli*[23] *peccare.«*

[1] *pergo, perrexi* – 3: weitergehen; [2] *mons Oliveti*: der Ölberg; [3] *diluculum,-i*: die Morgendämmerung; [4] *iterum*: ein zweites Mal; [5] *adducunt*: sie führen heran (Präsens der 3. Konjugation; siehe Kapitel 14); [6] *Scribae et Pharisaei*: die Schriftgelehrten und Pharisäer; [7] *adulterium,-i*: der Ehebruch; [8] *deprehendo, deprehendi, deprehensum* 3: ergreifen, ertappen; [9] *dico, dixi, dictum* 3: sagen; [10] *modo* (Adverb): soeben; [11] *posse*: können; [12] *inclinare*: beugen; [13] *deorsum*: nach unten; [14] *perseverare* (+ Partizip): fortfahren(, etwas zu tun); [15] *erigo, erexi, erectum* 3: aufrichten; [16] *qui … vestrum*: wer von euch; [17] *mittere*: werfen; – *mittat* ist Konjunktiv Präsens; [18] *exire*: hinausgehen; [19] *incipere*: anfangen; [20] *senior,-oris*: der Ältere; [21] *vadere*: gehen; [22] *amplius*: weiter; [23] *noli peccare*: sündige nicht!

Übersetzung und Erklärungen:

(1) Jesus aber ging weiter zum Ölberg. (2) Und in der Dämmerung kam er zum zweiten Mal in den Tempel und alles Volk kam zu ihm und sitzend lehrte er sie (besser: und er lehrte sie, wobei er saß).

(3) Es führen aber die Schriftgelehrten und Pharisäer eine beim Ehebruch ertappte Frau heran (oder: eine Frau, die beim Ehebruch ertappt wurde). (4) Und sie stellten sie in die Mitte und sagten (zu) ihm: (5) »Meister, diese Frau ist gerade beim Ehebruch ertappt worden. (6) Im Gesetz aber hat Moses uns aufgetragen, Frauen dieser Art (besser: solche Frauen) zu steinigen. (7) Du also, was sagst du?« (8) Das aber sagten sie ihn versuchend (besser etwa: weil sie ihn in Versuchung führen wollten), damit sie ihn anklagen könnten.

(9) Jesus aber beugte sich nach unten (wörtlich: sich nach unten beugend) und schrieb mit dem Finger auf den Boden. (10) Als sie also fortfuhren, ihn zu befragen, richtete er sich auf und sagte (zu) ihnen: (11) »Wer ohne Schuld ist von euch, werfe als Erster einen Stein auf sie.« (12) Und er beugte sich wieder hinunter (wörtlich: wieder sich hinunterbeugend) und schrieb auf die Erde.

(13) Als sie (dies) aber hörten (wörtlich: Die Hörenden), gingen sie, einer nach dem anderen (wörtlich: einer nach einem), hinaus, beginnend mit den Älteren. (14) Und zurück blieb nur Jesus und die Frau, die in der Mitte stand.

(15) Sich aufrichtend aber sagte Jesus (zu) ihr: (16) »Frau, wo sind (die), die dich anklagten? (17) Hat dich keiner verurteilt?« (18) Sie sagte: (19) »Keiner, Herr.« (20) Es sagte aber Jesus: (21) »Auch ich werde dich nicht verurteilen. (22) Geh und sündige nicht mehr weiter!«

Sprachliches und Stilistisches:

Satz 2: *diluculo*: Ablativ auf die Frage »wann?« (*ablativus temporis*; vergleiche *Anno Domini*).

Satz 3: *Adducunt*: Die Anfangsstellung des Prädikats ist im Lateinischen sehr ungewöhnlich. Weil das im Deutschen auch möglich ist, sollte man es in der Übersetzung nachahmen. Der Effekt eines solchen Satzbaus nämlich ist beachtlich: Zum einen wird das Prädikat, also die geschilderte Aktion, auf diese Weise stark hervorgehoben. Zum anderen erhält der Satz eine eigene Spannung. Das Prädikat steht ja vor dem Subjekt, und so erfährt der Leser zuerst, was passiert, und erst anschließend, wer es tut. – Dass der Autor diese Technik hier einsetzt, hat einen guten Grund. Das Eindringen der Pharisäer in den Tempel steht in scharfem Kontrast zur zuvor geschilderten ruhigen Szene und markiert den Beginn der eigentlichen Handlung. Die Plötzlichkeit des Vorgangs wird noch durch einen Tempuswechsel (*adducunt* ist Präsens) unterstrichen. Auch das sollte man in der Übersetzung nachahmen.

Satz 8: *possent* ist Konjunktiv Imperfekt. Obwohl Sie diese Form noch nicht gelernt haben, können Sie sie trotzdem aufgrund der Angabe 11 (»*posse* = können«) eindeutig bestimmen. Es gilt ja die Grundregel: Bei jedem lateinischen Verbum sieht der Konjunktiv Imperfekt so aus, als wäre es der Infinitiv Präsens + Endung (siehe Kapitel 4).

Satz 11: *primus in illam lapidem mittat*: Diese Aufforderung wird oft zitiert, aber in einer nicht ganz korrekten Form. Die Ihnen vermutlich bekannte »offizielle« deutsche Version lautet: »(Wer ohne Sünde ist) werfe den ersten Stein.« *primus* ist aber Nominativ Singular

Maskulinum und bezieht sich damit auf das Subjekt des Satzes (im Griechischen Originaltext ist das genauso). Wäre es auf den Stein bezogen, müsste es *primum* heißen. Wenn der Unterschied auch marginal erscheinen mag, passt die Originalversion doch besser in den Kontext: Im Fokus des Satzes steht ja der potenzielle Werfer, nicht der Stein.

Satz 13: *incipientes a senioribus*: eigentlich »beginnend von den Älteren«. Hier besteht ein kleiner Unterschied in der Ortsauffassung zwischen dem Lateinischen und dem Deutschen. So etwas kommt gelegentlich vor, ist aber leicht zu erfassen. – Die Information ist ein nettes, genau beobachtetes Detail: Die Älteren haben in ihrem Leben genug Schuld auf sich geladen, um sofort zu begreifen, dass sie nicht infrage kommen. Die Jüngeren brauchen ein wenig Zeit, um das zu erkennen.

Satz 14: *Et remansit solus Iesus et mulier in medio stans*: Wie Satz 3 weist auch dieser Satz einige Besonderheiten auf. Zum einen steht das Prädikat wieder vor dem Subjekt am Anfang des Satzes. Zum anderen steht es im Singular, obwohl der Satz zwei Subjekte hat (*Iesus* und *mulier*). Diese kleine grammatikalische Unschärfe ist dadurch möglich, dass das Prädikat vor dem ersten der beiden Subjekte steht (das verträgt auch das Deutsche, wie Sie an der Übersetzung oben sehen können). Der Effekt dieser Konstruktion ist: Der Singular des Prädikats suggeriert dem Leser, dass nur noch eine Person im Tempel ist, und diese Erwartung wird durch *solus Iesus* scheinbar bestätigt. Erst anschließend wird mit *et mulier* noch eine zweite Person genannt und dann mit einem Partizip nachgeschoben, wo sie sich befindet (*in medio stans*). Die von den vorausgegangenen Ereignissen nahegelegte Frage, was mit der Ehebrecherin passiert ist, wird so auf höchst raffinierte Weise beantwortet. – Das ist freilich noch nicht alles: Durch die ungewöhnliche Stellung der Wörter stehen die beiden Subjekte exakt in der Mitte des Satzes. Das aber entspricht genau der Position der beiden Figuren im Tempel. Der Satz bildet also das, was er beschreibt, auch optisch ab. – Ein kleines Sprachkunstwerk!

Satz 22: *noli peccare*: Zu dieser Form des Verbots im Lateinischen siehe Kapitel 18. – *iam: iam* (schon) und *non iam* (nicht mehr) haben Sie schon kennengelernt. Hier ist *iam* durch das Verbot (sündige nicht) verneint, deshalb heißt *iam noli peccare* »sündige nicht mehr«.

Inhaltliches und Stilistisches:

Die vier Evangelien sind syntaktisch sehr einfach gehaltene Texte. Die Sätze sind in der Regel kurz und unaufwendig strukturiert. Nebensätze sind eher selten. Die einzelnen Aussagen sind überwiegend mit »und« oder einem schwachen »aber« (lateinisch *autem*) aneinandergereiht. Man nennt einen solchen Stil parataktisch (nebenordnend); der Gegenbegriff wäre hypotaktisch (unterordnend).

Der einfachen syntaktischen Gestaltung entspricht auch der Erzählstil der Texte. Schmückende Elemente wie etwa anschauliche Personen- oder Ortsbeschreibungen fehlen völlig. Es wird nichts berichtet, was nicht zum unmittelbaren Verständnis der Abläufe erforderlich wäre.

Das ist freilich nicht auf mangelnde literarische Fähigkeiten der Autoren zurückzuführen, sondern auf die Funktion der Texte. Mit ihnen sollte ja die christliche Heilsbotschaft verbreitet werden, und dies auch und vor allem unter wenig oder gar nicht gebildeten Menschen. Sie mussten deshalb leicht zu verstehen sein.

Den Autoren waren also bei der Gestaltung der Schriften relativ enge Grenzen gesetzt, und ihre Aufgabe bestand darin, innerhalb dieser Grenzen schlüssige, präzise und damit wirkungsvolle Texte zu verfassen. Die Episode von der Ehebrecherin ist ein beeindruckendes Beispiel dafür, was in einem solchen Rahmen möglich ist, wenn man es denn kann. Die Bemerkungen zu den Sätzen 3, 11, 13 und 14 sollten Ihnen die Präzision und Virtuosität deutlich machen, mit denen der Autor den Text formuliert hat.

Die recht häufige Verwendung von Partizipien in diesem Text (Satz 2, 3, 8, 9, 12, 13, 15) ist ihrerseits auf die stilistischen »Vorgaben« zurückzuführen. Wenn Sie sich die Stellen noch einmal anschauen, können Sie sehen, welche Möglichkeiten ihre Verwendung bietet. Der Autor kann so mehrere Handlungen in einen Satz packen, ohne Nebensätze zu konstruieren oder die Handlungen mit »und« aneinanderzureihen. Der parataktische Stil bleibt auf diese Weise gewahrt, ohne allzu monoton zu werden.

Ein letzter Aspekt sei noch angefügt. In Anbetracht der Knappheit der Einleitung (Satz 1 und 2: Ort, Tageszeit, Situation) erscheint das Detail, dass Jesus das Volk »sitzend« (*sedens*) gelehrt hat, auf den ersten Blick merkwürdig überflüssig. Tatsächlich aber ist es für das Folgende entscheidend wichtig.

Zum einen verleiht es der Szene einen Hauch von Ruhe und Intimität und verstärkt so den Kontrast zum Hereinplatzen der Pharisäer in Satz 3.

Zum anderen aber funktioniert Jesu grandios souveräne Reaktion auf den Anschlag der Pharisäer – sich schweigend hinunterbeugen, auf die Erde schreiben, sich aufrichten – überhaupt nur, wenn er dabei sitzt. Würde er stehen, wäre das ein merkwürdiges Herumgehampel (probieren Sie es aus), so aber ist es ausgesprochen, man möchte sagen, cool. Und eben dies ist ohne Zweifel eine der Kernfunktionen der gesamten Episode. Sie stellt Jesus in eine Reihe mit berühmten großen Weisen, die auch in Extremsituationen unerschütterlich sich selbst und ihren Ansichten treu bleiben und die diese Extremsituationen genau deshalb souverän meistern. In diese Reihe gehören Sokrates (zu ihm siehe oben), die sogenannten Sieben Weisen (siehe Kapitel 12), oder auch Archimedes (siehe Kapitel 18), und sie wurde weit über die Antike hinaus fortgeführt. Denken Sie etwa an Gandhi oder – mehrere Ebenen tiefer angesiedelt – entsprechend agierende Figuren in Actionfilmen wie beispielsweise die Rollen, die Bud Spencer verkörpert hat.

IN DIESEM KAPITEL

Die Personalpronomina

Die Possessivpronomina

Zusammengesetzte Pronomina

Die Pronominaladjektive

Der *genitivus totius*

Kapitel 12
Personal-, Possessiv- und andere Pronomina sowie der *genitivus totius*

In diesem Kapitel erweitern Sie Ihre Kenntnisse lateinischer Pronomina um die Kategorien Personal- und Possessivpronomina (persönliche und besitzanzeigende Fürwörter) und um einige wichtige weitere Pronomina. Hinzu kommt eine spezielle Funktion des Genitivs, an die Sie sich ein wenig gewöhnen müssen.

ego, tu – nos, vos: Die Personalpronomina

Die lateinischen Personalpronomina heißen *ego* (ich), *tu* (du), *nos* (wir) und *vos* (ihr). Ein eigenes Pronomen für die 3. Person (Singular: er/sie/es; Plural: sie) gibt es im Lateinischen nicht. Dafür werden die Demonstrativpronomina – am häufigsten *is, ea, id* – verwendet, die Sie schon kennengelernt haben (siehe Kapitel 7).

Die Bedeutung dieser Pronomina ist leicht zu erkennen. *Ego* hat es als Substantiv ins Deutsche geschafft (»Er hat ein gewaltiges Ego«); *tu, nos* und *vos* leben noch immer in den romanischen Sprachen weiter, am wenigsten verändert im Französischen. Diese Formen werden Ihnen in lateinischen Texten allerdings eher selten begegnen. Es sind ja die Nominative, und die sind im Lateinischen bereits in den Verbalendungen enthalten: »Ich sehe« heißt in der Regel einfach *video. Ego video* sagt man nur dann, wenn das »ich« besonders betont ist, also in Sätzen wie »Du siehst das nicht, ich aber sehe es« (*Tu hoc non vides, ego autem video*). In der

Geschichte von der Ehebrecherin am Ende von Kapitel 11 kommen zwei solche betonte Nominative vor (Satz 7 und 21), und auch das *nos* in dem Spruch *Tempora mutantur, et nos mutamur in illis* (Die Zeiten ändern sich, und wir ändern uns in ihnen; siehe Kapitel 8) gehört in diese Kategorie.

Genauso oft wie in allen anderen Sprachen werden dagegen im Lateinischen die gebeugten Formen der Personalpronomina (also »mir«, »dich« und so weiter) verwendet (siehe Tabelle 12.1).

	ich	du		wir	ihr
Nominativ	ego	tu		nos	vos
Genitiv	mei	tui		nostri / nostrum	vestri / vestrum
Dativ	mihi	tibi		nobis	vobis
Akkusativ	me	te		nos	vos
Ablativ	me	te		nobis	vobis

Tabelle 12.1: Die Formen der Personalpronomina

Die Zuordnung der gebeugten Formen zur jeweils richtigen Person macht im Großen und Ganzen keine Schwierigkeiten. Auf zwei Dinge sollten Sie allerdings achten:

✔ *tibi* (dir; für dich): Diese Form sollten Sie sich besonders gut einprägen. Wenn Sie sie nicht erkennen und deshalb im Lexikon nachschlagen, finden Sie: *tibia* = Schienbein; Flöte, *tibialia* = Beinbinden, Strumpfhosen, *tibicen* = Flötenspieler, *tibicina* = Flötenspielerin, *tibicinium* = Flötenspiel. Zwar kann die Form *tibi* von keinem dieser Wörter stammen, es taucht dann aber doch gelegentlich eine Flöte oder gar Strumpfhose in einer Übersetzung auf, wo sie absolut nichts zu suchen hat. – Erinnern Sie sich bei dieser Gelegenheit wieder daran, dass man einen lateinischen Dativ auch mit »für …« wiedergeben kann, gelegentlich sogar muss: *Non scholae* (Dativ), *sed vitae* (Dativ) *discimus* = Nicht für die Schule, sondern für das Leben lernen wir.

✔ *nos* / *vos*: Die Formen von *nos* und *vos* unterscheiden sich nur durch ihre Anfangsbuchstaben voneinander und werden deshalb gelegentlich miteinander verwechselt. Wenn Sie da einmal unsicher sind, dann denken Sie kurz ans Französische, Italienische oder Spanische. Da sind diese Pronomina ebenfalls nur durch die Anfangsbuchstaben voneinander unterschieden, und es sind dieselben Buchstaben wie im Lateinischen.

Bei einigen anderen Formen gibt es noch ein wenig Erklärungsbedarf. Die lateinischen Genitivformen zu identifizieren ist kein Problem. Alle Personalpronomina haben die Genitivendung der o-Deklination, *-i*. Deutlich schwieriger ist die Übersetzung ins Deutsche. Die Genitive der Personalpronomina werden nämlich im Deutschen kaum verwendet, und deshalb wissen viele gar nicht, wie sie heißen. Wissen Sie es? Sie heißen »meiner«, »deiner«, (»seiner/ihrer«), »unser«, »euer«, (»ihrer«) und stehen in Ausdrücken wie »gedenke meiner« oder »sie erbarmten sich meiner«. »Meiner« ist in diesen Ausdrücken *genitivus* *objectivus* (siehe Kapitel 4). »Ich« ist ja das Objekt des Gedenkens beziehungsweise des Erbarmens. Dasselbe gilt für die lateinischen Formen.

nos und *vos* haben, wie Sie in Tabelle 12.1 sehen, zusätzliche Genitivformen: *nostrum* und *vestrum*. Diese Formen stehen dann, wenn das Pronomen als sogenannter *genitivus totius* (Genitiv des Ganzen) verwendet wird.

Der *genitivus totius* (Genitiv des Ganzen) bezeichnet ein Ganzes, von dem ein Teil genannt wird. Ein Beispiel: »Im Zug waren 20 Passagiere. Zwei **der Passagiere** hatten kein Ticket.« – Im Deutschen kann in solchen Fällen auch die alternative »von«-Konstruktion (vergleiche Englisch »of« oder Französisch »de«) verwendet werden: »Zwei **von den Passagieren** hatten kein Ticket.« Wenn das »Ganze« nicht durch ein Substantiv, sondern durch ein Pronomen ausgedrückt wird, ist die »von«-Konstruktion obligatorisch: »Zwei **von ihnen** hatten kein Ticket.« – *Nostrum duo, nemo vestrum* heißt deshalb »Von uns zwei, keiner von euch«. Auch im Lateinischen gibt es Alternativkonstruktionen zum *genitivus totius*. An seiner Stelle können auch die Präpositionen *ex* und *de* verwendet werden. »Keiner von uns« kann Lateinisch also *nemo nostrum, nemo ex nobis* oder *nemo de nobis* heißen. Etwas mehr zum *genituvus totius* finden Sie weiter hinten in diesem Kapitel im Abschnitt »*(ali)quis* = irgendwer, (irgend)jemand«.

Die Ablativformen der Personalpronomina werden Ihnen hauptsächlich in Verbindung mit Präpositionen begegnen (zum Beispiel *a me* = von mir; *pro nobis* = für uns). Dabei gibt es eine Besonderheit: Wenn die Präposition *cum* verwendet wird, wird sie immer an das Pronomen angehängt. »Mit mir« heißt also nicht *cum me*, sondern *mecum*, »mit dir« = *tecum*, »mit uns« = *nobiscum*, »mit euch« = *vobiscum*. Die katholische liturgische Formel »der Herr sei mit euch« heißt deshalb lateinisch *Dominus vobiscum* (»sei« ist im Lateinischen nicht extra ausgedrückt).

sui, sibi, se. Das Reflexivpronomen der 3. Person

Anders als in der 1. und 2. Person gibt es im Lateinischen **für die dritte Person** zwei verschiedene Pronomina: ein **reflexives** (auf das Subjekt bezogen) und ein **nicht reflexives** (nicht auf das Subjekt bezogen). Weil das im Deutschen genauso ist, macht das Übersetzen dieser Formen keine Probleme. Tabelle 12.2 zeigt ein Beispiel.

Person	Deutsch		Lateinisch
1. Person	Ich sehe **mich** (im Spiegel).	reflexiv	***Me*** *video.*
	Du siehst **mich**.	nicht reflexiv	***Me*** *vides.*
2. Person	Du siehst **dich**.	reflexiv	***Te*** *vides.*
	Ich sehe **dich**.	nicht reflexiv	***Te*** *video.*
Aber:			
3. Person	Er/sie sieht **sich**.	reflexiv	***Se*** *videt.*
	Ich sehe **ihn/sie**.	nicht reflexiv	***Eum / Eam*** *video.*

Tabelle 12.2: Reflexive und nicht reflexive Personalpronomina

Dasselbe gilt dann auch im Plural: wir sehen **uns** / ihr seht **uns** (beide Male *nos*); ihr seht **euch** / wir sehen **euch** (beide Male *vos*). Aber: sie sehen **sich** (reflexiv: *se*) / wir sehen **sie** (nicht reflexiv: *eos* / *eas*). Im Englischen wird das anders gehandhabt. Da wird durchgängig zwischen reflexiver und nicht reflexiver Beziehung differenziert: »I see myself« (reflexiv), aber »You see me« (nicht reflexiv) und so weiter.

Die Formen des lateinischen Reflexivpronomens sind analog zu denen von *ego* und *tu* gebildet. Genitiv: *sui*, Dativ: *sibi*, Akkusativ: *se*, Ablativ: *se*. Einen Nominativ gibt es – wie im Deutschen – nicht; er wäre sinnlos. Der Begriff »reflexiv« wird noch öfter eine Rolle spielen, zum Beispiel gleich im folgenden Abschnitt. Merken Sie sich deshalb gut: »Reflexiv« bedeutet »auf das Subjekt bezogen«.

Die Possessivpronomina

Wie die Personalpronomina sind auch die Possessivpronomina (besitzanzeigende Fürwörter) leicht den richtigen Personen zuzuordnen (siehe Tabelle 12.3).

<table>
<tr><th>Lateinisch</th><th>Deutsch</th><th>Lateinisch</th><th>Deutsch</th></tr>
<tr><td>meus, -a, -um</td><td>mein</td><td>noster, nostra, nostrum</td><td>unser</td></tr>
<tr><td>tuus, -a, -um</td><td>dein</td><td>vester, vestra, vestrum</td><td>euer</td></tr>
<tr><td>suus, -a, -um (reflexiv)</td><td rowspan="2">sein/ihr</td><td>suus, -a, -um (reflexiv)</td><td rowspan="2">ihr</td></tr>
<tr><td>eius (nicht reflexiv)</td><td>eorum, earum, eorum (nicht reflexiv)</td></tr>
</table>

Tabelle 12.3: Die Possessivpronomina

Reflexive und nicht reflexive Possessivpronomina der 3. Person

Wie bei den Personalpronomina wird auch bei den Possessivpronomina bei der 3. Person (im Singular und im Plural) zwischen reflexiver und nicht reflexiver Beziehung unterschieden. Konkret gesagt heißt das: Es ist immer eindeutig zu erkennen, ob der Besitzer das Subjekt ist (reflexiv) oder jemand anderer (nicht reflexiv). Bei reflexiver Beziehung wird *suus,-a,-um* verwendet, bei nicht reflexiver Beziehung der Genitiv Singular beziehungsweise der Genitiv Plural von *is, ea, id*: *eius* = dessen (Maskulinum) / deren (Femininum); *eorum, earum, eorum* = deren. Diese Verwendung der Genitive von *is, ea, id* kennen Sie schon. Sie ist in einigen Übungssätzen bereits vorgekommen.

Durch diese Differenzierung ist das Lateinische klarer als das Deutsche. Hier zwei Beispiele:

- ✔ Markus kämpfte mit Paul und zerriss dabei seine Tunika.
- ✔ Im Krieg mit den Römern verwüsteten die Gallier ihre Felder.

Ob Markus seine eigene oder Pauls Tunika zerrissen hat und ob die Gallier ihre eigenen Felder oder die der Römer verwüstet haben, ist diesen Sätzen nicht eindeutig zu entnehmen. »Seine« und »ihre« können reflexiv oder nicht reflexiv sein.

Im Lateinischen wären die Besitzverhältnisse eindeutig. Wäre Markus der Besitzer der Tunika gewesen, hieße das Lateinisch: *Marcus cum Paulo pugnans tunicam* ***suam*** *laceravit.* Markus ist ja das Subjekt des Satzes. Wäre Pauls Tunika zerrissen, hieße der Satz: *Marcus cum Paulo pugnans tunicam* ***eius*** *laceravit.* Paul ist nicht das Subjekt.

Entsprechendes gilt beim zweiten Satz: *In bello cum Romanis Galli agros* ***suos*** *vastaverunt* bedeutet, dass die Felder den Galliern gehörten. *In bello cum Romanis Galli agros* ***eorum*** *vastaverunt* heißt, dass es die Felder der Römer waren. Die erste Option mag absurd erscheinen, wäre aber in diesem Fall die korrekte: In der Schlussphase des Gallischen Krieges, der in Gallien, nicht auf römischem Gebiet stattfand, brannten die Gallier tatsächlich ganze Landstriche ihrer Heimat nieder, um Caesar die Versorgung seiner Truppen zu erschweren. Militärtheoretiker prägten für ein solches Vorgehen später den Begriff »Taktik der verbrannten Erde«.

Es ist nicht schwierig, im Lateinischen ausgedrückte Besitzverhältnisse richtig zu erfassen. Steht eine Form von *suus,-a,-um,* schauen Sie einfach, wer das Subjekt ist. Dann kennen Sie den oder die Besitzer. Steht *eius* oder *eorum / earum,* ist jedenfalls klar: Das Subjekt des Satzes ist nicht der Besitzer. Bedenken Sie beim Übersetzen unbedingt, dass *suus,-a,-um* auch dann steht, wenn es sich um mehrere Besitzer handelt, wie zum Beispiel in dem Satz *Galli agros* ***suos*** *vastaverunt* (die Gallier verwüsteten **ihre** Felder). Bei Deutsch-Muttersprachlern besteht eine gewisse Tendenz, *suus* reflexartig mit »sein« wiederzugeben. Es kann hilfreich sein, die nicht reflexiven Pronomina zunächst wörtlich zu übersetzen, also *eius* mit »dessen« (Maskulinum) oder »deren« (Femininum), *eorum* und *earum* mit »deren«. Auf diese Weise sind auch im Deutschen die Besitzverhältnisse eindeutig formuliert.

Die Formen der Possessivpronomina

meus,-a,-um, tuus-a,-um, suus,-a,-um, noster,-tra,-trum und *vester,-tra,-trum* sind Adjektive. Sie richten sich – wie ihre deutschen Entsprechungen – mit ihren Endungen nach dem, was besessen wird: *Marcus tunicam suam laceravit* (Markus zerriss seine Tunika). *Marcus agrum suum vastavit* (Markus verwüstete seinen Acker).

eius und *eorum, earum, eorum* sind keine Adjektive, sondern Genitiv Singular und Plural von *is, ea, id.* Sie bleiben deshalb – wie im Deutschen – immer unverändert: *Marcus tunicam* ***eius*** *laceravit* (Markus zerriss **dessen** Tunika). *Marcus agrum* ***eius*** *vastavit* (Markus verwüstete **dessen** Acker).

Die Formen *nostrum* und *vestrum* sind nicht eindeutig. Sie können entweder die Genitive der Personalpronomina *nos* und *vos* (wir; ihr) sein. Oder sie können Formen der Possessivpronomina *noster, nostra, nostrum* und *vester, vestra, vestrum* (unser; euer) sein, nämlich Nominativ oder Akkusativ Singular Neutrum oder Akkusativ Singular Maskulinum. Das ist unpraktisch, aber im Kontext in der Regel leicht richtig zu deuten. Wichtig ist, dass Sie beide Optionen kennen.

Merken Sie sich für jeden Fall ein Beispiel: *nemo nostrum* = keiner von uns (*genitivus totius* von *nos*); *Mare Nostrum* = Unser Meer (Nominativ oder Akkusativ Singular Neutrum von *noster, nostra, nostrum* – zu diesem Begriff finden Sie weiter hinten in diesem Kapitel ein paar Bemerkungen).

Zur Verwendung der Possessivpronomina

Possessivpronomina werden im Lateinischen wesentlich seltener verwendet als im Deutschen. Dem Lateinischen liegt es fern, Besitzverhältnisse zu formulieren, die selbstverständlich sind. Im Deutschen (und in vielen anderen modernen Sprachen) ist das anders. Hier werden Besitzverhältnisse gerne penibel markiert.

»Cicero rief den Freund« beispielsweise würde arg hölzern klingen. Wir würden »seinen Freund« sagen. *Cicero amicum vocavit* hingegen wäre üblichstes Latein. In solchen Fällen ist es im Interesse einer lesbaren Übersetzung durchaus legitim, im Deutschen ein Possessivpronomen hinzuzufügen. Gelegentlich ist das sogar notwendig, um mögliche Irritationen oder Missverständnisse zu vermeiden. Wenn Sie den Satz *Paulus matrem videt* mit »Paul sieht die Mutter« übersetzen, würde sich unwillkürlich die Frage aufdrängen, wessen Mutter Paul denn sieht. Ein Römer aber würde den Satz selbstverständlich so verstehen, dass es sich um Pauls eigene Mutter handelt. Wenn Sie also das Gefühl haben, Ihre Übersetzung eines lateinischen Satzes würde durch Hinzufügung eines Possessivpronomens glatter oder verständlicher klingen, dann folgen Sie ihm.

Wenn bei offensichtlichen Besitzverhältnissen im Lateinischen dennoch einmal ein Possessivpronomen steht, ist es besonders hervorgehoben. Ein Beispiel: *Manlius consul filium suum capite damnavit.* = Der Konsul Manlius verurteilte seinen eigenen Sohn zum Tod.

Substantivierte Possessivpronomina

Wie alle Adjektive können Possessivpronomina auch als Substantive verwendet werden (siehe Kapitel 3 und 9). Wie bei den Adjektiven erkennen Sie das daran, dass in dem Satz kein Substantiv steht, auf das sich das Pronomen bezieht. Solche substantivierten Possessivpronomina stehen meistens im Plural und bezeichnen eine Gruppe von Personen (dann haben sie maskuline Endungen) oder von Dingen (dann haben sie neutrale Endungen). Lernen Sie am besten die in Tabelle 12.4 aufgelisteten Pronominalformen als eigene Vokabeln.

Personengruppen		Dinge	
sui, -orum	die Seinen *oder*: die Ihren	suum, -i	das Seine *oder*: das Ihre
	→ seine Leute / ihre Leute	mea, -orum	meine Dinge → das Meine
nostri, -orum	die Unseren → unsere Leute	sua, -orum	seine *oder*: ihre Dinge → das Seine / das Ihre

Tabelle 12.4: Substantivierte Possessivpronomina

Solche substantivierten Personalpronomina verwendet Caesar häufig. Übersetzen Sie die folgenden Sätze, um sich schon ein bisschen daran zu gewöhnen.

1. *Cum nostri advenirent, hostes se et omnia sua in silvas abdiderunt.* (*abdo, abdidi, abditum* 3: verstecken)

2. *Casear ab hostibus superatis postulavit, ut suos suaque omnia dederent.* (*dedere*: ausliefern)

Übersetzungen

1. Als die Unseren (oder: unsere Leute) ankamen, versteckten die Feinde sich und all ihre Dinge (oder: all das Ihre, all ihre Besitztümer) in den Wäldern*.

> **in silvas abdere* heißt eigentlich »in die Wälder verstecken«. *in* + Akkusativ antwortet ja auf die Frage »wohin?« Hier differieren die Ortsauffassungen im Lateinischen und Deutschen ein wenig. Der Römer fokussiert bei dieser Handlung auf die Bewegung, der Deutsche auf das Ergebnis.

2. Caesar forderte von den besiegten Feinden, dass sie die Ihren (oder: ihre Leute) und all ihre Dinge (oder: all das Ihre, all ihre Besitztümer) auslieferten.

Lesen und übersetzen

In den folgenden Textbeispielen sehen Sie Personal- und Possessivpronomina im Einsatz. Sie werden sehen: Die Probleme halten sich in Grenzen, und einiges kennen Sie schon lange.

Zunächst wieder ein paar neue Vokabeln, die Sie Ihrem Wortschatz hinzufügen sollten (siehe Tabelle 12.5). Gleich am Anfang steht eine wichtige zweite Bedeutung des Ihnen längst bekannten *et*. Die werden Sie noch öfter brauchen. Wenn *et* als »und« übersetzt keinen rechten Sinn ergibt, greifen Sie zu »auch«.

Lateinisch	Deutsch
et	und; auch
sicut	so wie, wie
hodie	heute
cotidianus, -a, -um	täglich

Lateinisch	Deutsch
alter, altera, alterum	der, die, das andere (von zweien)
avus, -i	der Großvater, Vorfahre
spoliare (+ Ablativ)	(einer Sache) berauben

Tabelle 12.5: Lernvokabeln

Wiederholen Sie zudem die folgenden Vokabeln: *caelum,-i*; *regnum,-i*; *voluntas,-atis*; *panis, -is*; *liberare*; *malus,-a,-um*; *potestas,-atis*; *levis,-e*; *sol, solis*; *ignorare.*

Das »Vaterunser«

Diesen Text können Sie vermutlich weitgehend lesen, weil Sie seine deutsche Version auswendig kennen. Der etwas seltsame Name des »Vaterunser« erklärt sich so: Es war in der Antike üblich, Texte nach ihren Anfangswörtern zu betiteln. Beim christlichen

Glaubensbekenntnis (»Credo«) ist Ihnen das schon begegnet (siehe Kapitel 9). Dieser Tradition folgt auch die Benennung des Vaterunsers. Es beginnt mit den Worten *Pater noster*, und das wurde in derselben Wortreihenfolge ins Deutsche übertragen.

Lesen Sie den Text Zeile für Zeile durch und versuchen Sie, jede lateinische Form zu bestimmen. Sie werden einige Formen der Personal- und Possessivpronomina finden und zudem eine Reihe von Konjunktiv-Präsens-Formen. Erinnern Sie sich: Das Moduszeichen für den Konjunktiv Präsens ist bei allen Konjugationen ein *-a-* vor der Endung. Nur bei der a-Konjugation nicht. Dort ist es ein *-e-* (siehe Kapitel 4). Gelegentlich werden Sie feststellen, dass die »offizielle« deutsche Version nicht ganz wörtlich ist.

Pater noster, qui es in caelis,
sanctificetur[1] *nomen tuum.*
Adveniat regnum tuum.
Fiat[2] *voluntas tua,*
sicut in caelo, et in terra.
Panem nostrum cotidianum da nobis hodie.
Et dimitte[3] *nobis debita*[4] *nostra,*
sicut et nos dimittimus debitoribus[5] *nostris.*
Et ne nos inducas[6] *in temptationem,*
sed libera nos a malo.
Quia[7] *tuum est regnum, et potestas, et gloria in saecula*[8].
Amen!

[1] *sanctificare*: heiligen; [2] *fiat* kommt von dem sehr unregelmäßigen Verbum *fieri* = werden, entstehen, geschehen (siehe Kapitel 18). Auch bei diesem Verbum wird der Konjunktiv Präsens durch *-a-* markiert; [3] *dimittere*: vergeben; [4] *debitum,-i*: die Schuld; [5] *debitor,-oris*: der Schuldner; [6] *inducere*: hineinführen; [7] *quia* = *hier*: denn (im klassischen Latein heißt *quia* ausschließlich »weil«); [8] *in saecula*: für alle Zeiten

Sehr wörtliche Übersetzung

Vater unser, der du bist in den Himmeln, / geheiligt werde dein Name. / Es komme dein Reich. / Es geschehe dein Wille, / (so) wie im Himmel, auch auf der Erde. / Unser tägliches Brot gib uns heute. / Und vergib uns unsere Schuld, /(so) wie auch wir vergeben unseren Schuldnern. / Und führe uns nicht in Versuchung, / sondern erlöse uns von dem Bösen. //

Denn dein ist das Reich und die Macht und die Herrlichkeit für alle Zeiten. / Amen!

Bekannte Begriffe und ein paar Einzelsätze

1. a. *Alter Ego*; b. *Vade mecum!* (*vadere* = gehen); c. *Paternoster* (Fremdwort im Deutschen); d. *Mare Nostrum*

2. *Sit tibi terra levis.* (Spruch auf Grabinschriften)

3. *Etiam si omnes, ego non.*

4. *Da mihi solem, dabo tibi horam.* (Aufschrift auf Sonnenuhren)

5. *Romulus et Remus avum suum diu ignorabant. Avus eorum ab Amulio, fratre suo, regno spoliatus erat.*

Übersetzungen und Erklärungen

Satz 1a: Ein anderes Ich. – Dieser Begriff geht auf die antike Definition des wahren Freundes zurück. Der sei wie ein zweites Ich. Heute kann er noch immer in diesem Sinn auf eine Person angewendet werden, der jemand besonders eng verbunden ist. In der Psychologie steht er zudem für die zweite Identität in einer gespaltenen Persönlichkeit, im kulturellen Bereich für die zweite Existenz bei Menschen, die in irgendeiner Form ein Doppelleben führen.

Satz 1b: Geh mit mir! – Aus diesen Wörtern wurde im ausgehenden Mittelalter das Substantiv »Vademecum« gebildet. Es bezeichnete ursprünglich Ratgeber in Buchform, die so dimensioniert sind, dass man sie leicht mitnehmen kann, also eine Art Vorläufer des Taschenbuchs. Ein Vademecum sagte also gewissermaßen zu seinem Besitzer: »Geh mit mir!«, und meinte damit: »Nimm mich mit!« Heute wird der Begriff als Synonym für »Handbuch« oder »Leitfaden« verwendet, unabhängig von seiner Transportabilität. – 1897 kam in Schweden eine andere Art von Vademecum auf den Markt. Es war der Name einer Zahnpasta, die es noch immer gibt.

Satz 1c: Paternoster. – Dieses Fremdwort gibt es im Deutschen zweimal, einmal als Neutrum und einmal als Maskulinum. Das Paternoster ist das »Vaterunser«. Der Paternoster ist eine fast ausgestorbene Art des Personenaufzugs, bei dem mehrere türlose Kabinen, die an zwei Drahtseilen aufgehängt sind, in einer Kreisbewegung von oben nach unten und wieder zurück fahren. Die Konstruktion erinnert optisch an die katholische Gebetskette, den »Rosenkranz«, und daher hat der Aufzug seinen Namen: Bei einem Rosenkranzgebet hat das »Vaterunser« zentrale Bedeutung.

Satz 1d: Unser Meer. – Das war der lateinische Name, den die italienische Marine ihrer Ende 2013 gestarteten Operation zur Rettung schiffbrüchiger Flüchtlinge auf dem Mittelmeer gegeben hat. Diese von Italien allein finanzierte Initiative wurde Ende 2014 von der wie stets solidarischen EU durch die »Operation Triton« (Triton war ein antiker Meeresgott) ersetzt. Ihre Aktivitäten wurden auf küstennahe Gewässer beschränkt, und damit entfiel die kostenintensive Rettung Schiffbrüchiger auf hoher See.

Satz 2: Die Erde sei dir (oder: für dich) leicht. Dieser freundliche Wunsch findet sich häufig auf antiken Grabsteinen. Gemeint ist: Der Tote soll die Erde, die auf ihm liegt, nicht als Last empfinden. Weil das Gravieren von Grabsteinen schon in der Antike kostspielig war, lesen wir den Spruch oft nur in abgekürzter Form: *s.t.t.l.*

Satz 3: Auch wenn alle, ich nicht. – Hier fehlt ein Prädikat. Zu ergänzen wäre etwas wie »es tun«. – Der Satz ist ein dezidiertes Statement gegen unkritisches Mitläufertum und ein pointiertes Bekenntnis zum selbstbestimmten Denken in Zeiten, in denen der Mainstream nicht akzeptable Richtungen einschlägt. Auch ein bekennender Mitläufer könnte seine Haltung freilich Lateinisch attraktiv bündig formulieren: *Si omnes, et ego* (Wenn alle, ich auch).

Satz 4: Gib mir Sonne, (und) ich werde dir die Stunde (an-)geben.

Satz 5: Romulus und Remus kannten ihren Großvater lange Zeit nicht. Ihr (oder: Deren) Großvater war von Amulius, seinem (eigenen) Bruder, der Herrschaft beraubt worden.

Sprachliches: Ein Beispiel für die Verwendung von reflexiven und nicht reflexiven Possessivpronomina. In der deutschen Übersetzung steht in beiden Sätzen das Possessivpronomen »ihr«. In beiden Fällen sind Romulus und Remus die Besitzer und der Großvater das, was sie besitzen. Im ersten Satz aber sind die Besitzer das Subjekt, deshalb muss *suum* (reflexiv) stehen, im zweiten Fall sind sie nicht das Subjekt, deshalb muss *eorum* (nicht reflexiv) stehen. Das reflexive *suo* bei *fratre* erklärt sich entsprechend: Der Besitzer, *avus*, ist das Subjekt des Satzes.

Inhaltliches: Romulus und Remus sind die mythischen Gründer Roms. Sie kennen sie mindestens vom Sehen. Es sind die beiden, die oft als Kinder unter einer Wölfin sitzend abgebildet wurden. Ihre hochdramatische Geschichte beginnt damit, dass ihr Großvater Numitor, der rechtmäßige König von Alba Longa, von seinem Bruder Amulius vom Thron gestoßen und aus der Stadt vertrieben wurde. Als Numitors Tochter Rhea Silvia später männliche Zwillinge und damit potenzielle Rächer des Unrechts zur Welt brachte, ließ der böse König die Kinder in einem Weidenkorb im Tiber aussetzen. Sie ertranken aber nicht, sondern wurden ans Ufer getragen, von einer Wölfin gesäugt und dann von einem Hirten und seiner Frau aufgenommen. Bei diesen wuchsen sie auf, ohne ihre wahre Identität zu kennen. Als die wahren Verhältnisse ans Licht kamen, töteten sie Amulius und setzten ihren Großvater wieder als König ein. Anschließend beschlossen sie, eine eigene Stadt zu gründen. Dabei kam es zu einem heftigen Streit, bei dem Romulus seinen Bruder tötete.

Weitere Pronomina

Mit den Personal-, den Possessiv-, den Demonstrativ- und den Relativpronomina haben Sie die am häufigsten verwendeten Gruppen von Pronomina kennengelernt. Ein paar weitere Pronomina sollten Sie diesem Bestand noch hinzufügen. Neue Formen gibt es nicht zu lernen. Die Endungssysteme der Pronomina kennen Sie schon.

»Zusammengesetzte« Pronomina

Einige wichtige lateinische Pronomina wurden dadurch gebildet, dass dem Demonstrativpronomen *is, ea, id* oder dem Relativpronomen *qui, quae, quod* kurze Silben hinzugefügt wurden. Diese Silben bleiben in allen Fällen unverändert. Gebeugt wird jeweils nur der »*is, ea, id*«- beziehungsweise der »*qui, quae, quod*«-Bestandteil dieser Pronomina. Wenn Sie also die Formen dieser beiden Pronomina beherrschen, beherrschen Sie auch schon die der »zusammengesetzten« Pronomina. Rekapitulieren Sie sie kurz, bevor Sie weiterlesen (siehe Tabelle 7.2 und 7.10).

idem, eadem, idem = der-, die-, dasselbe

Das Pronomen *idem, eadem, idem* (der-, die-, dasselbe) ist durch die Kombination von *is, ea, id* mit der Nachsilbe *-dem* gebildet worden. In drei Fällen ist diese Kombination nicht ohne Folgen für den »*is, ea, id*«-Bestandteil geblieben. Er hat sich im Lauf der Zeit durch die Aussprache etwas verändert:

- ✔ Nominativ Singular: Er müsste eigentlich *isdem, eadem, iddem* heißen. Im Maskulinum ist aber das »s« und im Neutrum ein »d« weggefallen. Dadurch sehen unglücklicherweise das Maskulinum und das Neutrum gleich aus.
- ✔ Akkusativ Singular: Er müsste im Maskulinum *eumdem*, im Femininum *eamdem* und im Neutrum – wie der Nominativ – *iddem* heißen. Hier ist im Neutrum natürlich dasselbe passiert wie im Nominativ. Bei der Maskulinum- und der Femininumform wurde das »m« zu einem »n«. Der Akkusativ Singular heißt also: *eundem, eandem, idem.*
- ✔ Genitiv Plural: Wie beim maskulinen und femininen Akkusativ Singular wurde hier »m« jeweils zu »n«. Aus *eorumdem, earumdem, eorumdem* wurde *eorundem, earundem, eorundem.*

Die übrigen Formen sind genauso, wie zu erwarten ist. Überprüfen Sie kurz, ob Sie sie im Griff haben. Fügen Sie in den folgenden – zugegeben etwas sinnfreien – Satz die jeweils fehlenden Formen von *idem, eadem, idem* ein. Um die Formen zu bilden, brauchen Sie nur die jeweils passende Form von *is, ea, id* einzusetzen und *-dem* anzuhängen. Auf Deutsch heißt der Satz so: »Derselbe König und dieselbe Königin desselben Volkes haben dieselben Männer und dieselben Frauen gesehen und ihnen und denselben Kindern dieselben Dinge (im Lateinischen nur Neutrum Plural des Pronomens) gegeben, die sie demselben Mann gegeben hatten.«

Lateinisch: _______ *rex et* _______ *regina* _______ *gentis* _______ *viros et* _______ *feminas viderunt iisque et* _______ *liberis* _______ *dederunt, quae* _______ *viro dederant.*

Lösungen: *Idem; eadem; eiusdem; eosdem; easdem; iisdem; eadem; eidem*

Auf der Basis von *qui, quae, quod* gebildete Pronomina

Eine Reihe lateinischer Pronomina ist auf der Basis von *qui, quae, quod* gebildet worden. In welchem Fall so ein Pronomen steht, ist deshalb recht leicht zu erkennen. Gebeugt wird nur der »*qui, quae, quod*«-Bestandteil, und diese Formen kennen Sie ja schon.

Probieren Sie es aus und bestimmen Sie die Fälle, in denen die folgenden Pronomina stehen: (1) *quemque,* (2) *alicuius,* (3) *quosdam,* (4) *quibusdam,* (5) *aliquas,* (6) *cuique.*

Lösungen: (1) Akkusativ Singular Maskulinum, (2) Genitiv Singular, (3) Akkusativ Plural Maskulinum, (4) Dativ oder Ablativ Plural, (5) Akkusativ Plural Femininum, (6) Dativ Singular

Drei dieser Pronomina sollten Sie sich ihrer Häufigkeit wegen gut einprägen. Es sind die Indefinitpronomina (unbestimmte Fürwörter) »jeder«, »jemand« und »irgendwer«. Sie kommen dann zum Einsatz, wenn über etwas Allgemeines oder etwas Nichtkonkretes gesprochen wird.

Etwas Grundsätzliches vorweg: Bei allen auf der Basis von *qui, quae, quod* gebildeten Pronomina gibt es zwei leicht unterschiedliche Nominativreihen. Der Grund dafür ist: Diese Pronomina können – wie alle anderen auch – substantivisch oder adjektivisch verwendet werden. Wenn sie substantivisch verwendet werden, steht bei einigen im Nominativ *quis* (wer) anstelle von *qui* und *quid* (was) anstelle von *quod*. Beim Übersetzen wird Sie das nicht irritieren. Lernen Sie deshalb bei den folgenden Pronomina jeweils nur eine der beiden Versionen. Das genügt vollkommen.

quisque = jeder

Komplett lauten die Nominative von *quisque* (jeder) wie in Tabelle 12.6 gezeigt.

substantivisch		adjektivisch	
quisque, quidque	jeder, jedes	quisque, quaeque, quodque	jeder, jede, jedes

Tabelle 12.6: quisque

Am besten merken Sie sich dieses Pronomen mit einem handlichen Beispiel. Das Sprichwort »Jeder ist sich selbst der Nächste« heißt auf Lateinisch kurz und bündig: *Quisque sibi proximus* (*proximus,-a,-um:* der, die, das Nächste).

quidam = einer, jemand, (ein gewisser)

quidam wird dann verwendet, wenn von jemand Bestimmtem die Rede ist, der aber nicht genau benannt wird. Ein Beispiel: *In foro quidam* (oder: *vir quidam*) *me salutavit, quem antea in theatro videram.* = Auf dem Forum hat mich einer (oder: ein Mann) gegrüßt, den ich vorher im Theater gesehen hatte. Komplett lauten die Nominative von *quidam* wie in Tabelle 12.7.

substantivisch		adjektivisch	
quidam, quaedam, quiddam	einer, eine, eines; (ein gewisser)	quidam, quaedam, quoddam	ein, eine, ein; (ein gewisser)

Tabelle 12.7: quidam

Bei diesem Pronomen hat sich – analog zu *idem, eadem, idem* – der »*qui, quae, quod*«-Bestandteil durch die Kombination mit der Silbe *-dam* in zwei Fällen etwas verändert: Der **Akkusativ Singular** heißt im Maskulinum *quendam* (nicht *quemdam*) und im Femininum *quandam* (nicht *quamdam*). Die **Genitiv-Plural**-Formen heißen *quorundam* und *quarundam* (statt *quorumdam* und *quarumdam*).

In Lexika und Grammatiken finden Sie für *quidam* meist die Bedeutung »ein gewisser« angegeben. Diese Übersetzung passt allerdings nur in den seltensten Fällen. Wenn Sie sie bei dem Beispiel oben verwenden würden (»ein Gewisser« oder »ein gewisser Mann«), klänge das eher seltsam. In den meisten Fällen kommen Sie mit »einer« oder »jemand« gut hin. Wenn *quidam* adjektivisch verwendet wird, genügt im Deutschen meistens der unbestimmte Artikel (*vir quidam* = ein Mann).

(ali)quis = irgendwer, (irgend)jemand

Komplett lauten die Nominative von *(ali)quis* (irgendwer, irgendjemand) wie in Tabelle 12.8.

substantivisch		adjektivisch	
(ali)quis, (ali)quid	irgendwer, irgendetwas; jemand, etwas	(ali)quis, (ali)qua, (ali)quod	irgendein, irgendeine, irgendein

Tabelle 12.8: (ali)quis

aliquis bezeichnet jemand völlig Unbestimmten. *In foro aliquis* (oder: *aliqui vir*) *me salutavit* würde zum Beispiel bedeuten, dass der Grüßende ein Unbekannter war. Wenn Sie das mit »Auf dem Forum hat mich irgendeiner/irgendjemand (oder: irgendein Mann) gegrüßt« wiedergeben, ist das auch im Deutschen erkennbar. Oft können Sie im Deutschen das »irgend-« auch weglassen. Sie haben da Gestaltungsspielraum.

Bei den Formen dieses Pronomens müssen Sie zwei Besonderheiten beachten:

- ✔ Bei den adjektivischen Formen heißt der Nominativ Singular Femininum und auch der Nominativ und der Akkusativ Plural Neutrum *aliqua* anstelle des zu erwartenden *aliquae*. Das wird Sie beim Übersetzen kaum irritieren.
- ✔ Deutlich wichtiger ist Folgendes: In Tabelle 12.8 ist das *ali-* jeweils eingeklammert. Das bedeutet, dass es gelegentlich wegfällt. Es bleiben dann nur die Formen von *quis, quid* beziehungsweise *qui, quae, quod* übrig. Das ist zum Beispiel nach *si* (wenn) der Fall: *Si quis quid te rogat, responde!* (Wenn jemand dich etwas fragt, antworte!)

Häufig wird *(ali)quis, (ali)quid* in Verbindung mit einem *genitivus totius* verwendet. Ein Beispiel: *In foro cantans Dieter aliquid pecuniae merere conatus est.* Wörtlich übersetzt heißt das: Auf dem Forum singend versuchte Dieter, (irgend)etwas des Geldes zu verdienen. »(Irgend-)Etwas des Geldes« ist gerade noch verständlich, aber man sollte es nicht dabei belassen. Schon besser wäre »etwas an Geld«, noch besser »etwas Geld« oder einfach nur »Geld«.

Daran muss man sich ein bisschen gewöhnen. Übersetzen Sie die Ausdrücke (1) *(ali)quid novi*, (2) *(ali)quis hominum*, (3) *(ali)quid consilii* und (4) *(ali)quid salutis* zuerst wörtlich und suchen Sie dann eine akzeptablere Formulierung.

Lösungen: 1. (irgend)etwas des Neuen → (irgend)etwas Neues; 2. (irgend)einer der Menschen → (irgend)ein Mensch; 3. (irgend)etwas des Plans → (irgend)ein Plan; 4. (irgend)etwas der Rettung → (irgend)eine Rettung

Ein weltberühmter Satz und zwei militärische Szenen

Überprüfen Sie mit den drei folgenden Sätzen, ob Sie die Pronomina im Kontext richtig deuten können. Rekapitulieren Sie zuvor, was die folgenden Vokabeln bedeuten: *castra, -orum*; *propulsare*; *mos, moris*; *clamare*; *inopia,-ae*; *frumentum,-i*; *invenire*; *conari.*

1. *Si quis te percusserit in dextera maxilla tua, praebe illi et alteram.* (*percutio, percussi, percussum* 3: schlagen; *maxilla,-ae*: die Wange; *praebere*: hinhalten, darreichen)

2. *Hostes ab expugnatione castrorum propulsati suo more clamaverunt, ut aliquis ex nostris ad colloquium veniret.* (*expugnatio,-onis*: die Eroberung; *colloquium,-i*: die Unterredung)

3. *Inopia adducti milites in agris hostium aliquid frumenti invenire conati sunt.* (*adduco, adduxi, adductum* 3: veranlassen)

Übersetzungen:

1. Wenn dich einer auf deine rechte Wange geschlagen hat, halte ihm auch die andere hin. (Matthäus 5,39) – *percusserit*: Das ist Konjunktiv Perfekt. Das Lateinische ist in der Zeitenfolge penibler als das Deutsche. In der offiziellen deutschen Version heißt es »Wenn dich einer … schlägt«. Der Konjunktiv wäre im Deutschen ganz unpassend und muss deshalb mit Indikativ wiedergegeben werden. – *in dextera maxilla tua*: Wörtlich: »auf deiner rechten Wange«. *maxilla* steht im Ablativ auf die Frage »wo?«. Hier liegt wieder eine kleine Differenz in der Ortsauffassung zwischen dem Lateinischen und dem Deutschen vor. Das Lateinische fokussiert auf die Stelle, an der der Schlag ankommt, das Deutsche auf die Bewegung.

2. Die von der Eroberung des Lagers abgehaltenen Feinde riefen ihrer Sitte entsprechend, dass einer von unseren Leuten zu einer Unterredung komme (besser: kommen sollte). – *Hostes … propulsati*: Hyperbaton.

3. Von Not veranlasst versuchten die Soldaten, auf den Feldern der Feinde Getreide (oder: etwas an Getreide) zu finden.

Die Pronominaladjektive

Einige Adjektive, die der a- und o-Deklination angehören, zeigen eine merkwürdige Besonderheit. Sie verwenden im Genitiv und im Dativ Singular die Pronominalendungen *-ius* (Genitiv) und *-i* (Dativ). Man nennt sie »Pronominaladjektive«. Ab dem Akkusativ haben sie dann wieder die Endungen der a- und o-Deklination. Eines dieser Adjektive ist *unus,-a,-um* = ein(er), eine, ein(es); einzig (siehe Tabelle 12.9).

	Maskulinum	Femininum	Neutrum
Nominativ	unus	una	unum
Genitiv	←	unius	→
Dativ	←	uni	→
Akkusativ	unum	unam	unum
Ablativ	uno	una	uno

Tabelle 12.9: Das Pronominaladjektiv *unus,-a,-um* = ein(er), eine, ein(es); einzig

Im Zusammenhang sieht das dann beispielsweise so aus: (1) *Parentes mortem unius filii plorabant.* (2) *Cives civitatis gubernationem uni viro mandaverunt.* (*gubernatio,-onis*: die Leitung). Was heißt das auf Deutsch?

Lösungen: (1) Die Eltern beweinten den Tod ihres einzigen Sohnes. (2) Die Bürger vertrauten die Leitung des Staates einem (einzigen) Mann an.

Die Zahl dieser Adjektive ist sehr überschaubar (siehe Tabelle 12.10). Viele kennen Sie bereits.

Lateinisch	Deutsch
alter, altera, alterum	der, die, das andere
uter, utra, utrum	wer von beiden
uterque, utraque, utrumque	jeder, jede, jedes von beiden; beide
neuter, neutra, neutrum	keiner, keine, keines von beiden (D Neutrum)

Lateinisch	Deutsch
nullus, -a, -um	kein(er), keine, kein(es)
solus, -a, -um	allein, nur
totus, -a, -um	ganz

Tabelle 12.10: Pronominaladjektive

Auf einen Blick

Die wichtigsten Punkte aus diesem Kapitel in Kürze:

✔ Die Personalpronomina

- Die lateinischen Personalpronomina heißen *ego, tu – nos, vos* (ich, du – wir, ihr). Ein eigenes Pronomen für die 3. Person (Singular und Plural) gibt es nicht. Dafür werden die Demonstrativpronomina – am häufigsten *is, ea, id* – verwendet.
- Der Genitiv der Personalpronomina (*mei, tui – nostri, vestri* = meiner, deiner – unser, euer) wird nur als ***genitivus objectivus*** in Ausdrücken wie »gedenke meiner«, »erbarme dich unser« verwendet.
- *nos* und *vos* haben eine zusätzliche Genitivform: *nostrum* und *vestrum.* Diese Form wird als ***genitivus totius*** (Genitiv des Ganzen) verwendet (*nemo nostrum, duo vestrum* = keiner von uns, zwei von euch).
- Bei Bezug auf das Subjekt des Satzes wird – wie im Deutschen – in der 3. Person (Singular und Plural) ein spezielles Pronomen verwendet: das **Reflexivpronomen** (Deutsch: Genitiv: seiner/ihrer, Dativ/Akkusativ: sich; Lateinisch: *sui, sibi, se*).

✔ Die Possessivpronomina

- Die Possessivpronomina sind – wie im Deutschen – Adjektive und richten sich mit ihren Endungen nach dem, was besessen wird (*Marcus tunicam suam laceravit.* – Markus zerriss seine Tunika).
- Das Possessivpronomen der 3. Person (Singular und Plural), *suus,-a,-um* (sein; ihr), ist **reflexiv**. Es steht dann, wenn der Besitzer das Subjekt ist. Ist der Besitzer nicht das Subjekt, werden die Genitive von *is, ea, id* (*eius* = dessen; deren; *eorum, earum, eorum* = deren) verwendet.

✔ »Zusammengesetzte« Pronomina

- Einige Pronomina wurden durch Anfügung einer kurzen Silbe an das Demonstrativpronomen *is, ea, id* oder das Relativpronomen *qui, quae, quod* gebildet. Gebeugt wird jeweils nur der »*is, ea, id*«- beziehungsweise der »*qui, quae, quod*«-Bestandteil dieser Pronomina.
- Besonders häufige Pronomina dieser Art sind *idem, eadem, idem* = der-, die-, dasselbe und die Indefinitpronomina *quisque, quidque* = jeder, jedes; *quidam, quiddam* = einer, etwas; *(ali)quis, (ali)quid* = (irgend)einer, (irgend)etwas.
- Bei *idem, eadem, idem* und *quidam, quiddam* sind bei einigen Formen durch die Aussprache leichte lautliche Veränderungen eingetreten (zum Beispiel *eumdem* → *eundem*).
- Bei *aliquis, aliquid* fällt das *ali-* gelegentlich weg: *Si quis quid te rogat, responde!* = Wenn jemand dich etwas fragt, antworte!

✔ Die Pronominaladjektive

Einige Adjektive der a- und o-Deklination verwenden im Genitiv und im Dativ Singular die Pronominalendungen *-ius* (Genitiv) und *-i* (Dativ). Ihre Zahl ist überschaubar.

✔ Der *genitivus totius*

Der ***genitivus totius*** (Genitiv des Ganzen) bezeichnet ein Ganzes, von dem ein Teil genannt wird (zwei **der Passagiere**). Wird das »Ganze« durch ein Pronomen ausgedrückt, muss im Deutschen die alternative »von«-Konstruktion verwendet werden (zwei **von ihnen**). Solche Alternativkonstruktionen gibt es auch im Lateinischen: *duo eorum* = *duo ex iis* = *duo de iis*. Bei Verbindungen von *(ali)quis, (ali)quid* mit dem *genitivus totius* sind gelegentlich andere Übersetzungsoptionen vorzuziehen: *aliquid novi* = etwas des Neuen = etwas Neues.

Übersetzungen und ein wenig Kultur

Pronomina finden sich häufig in pointierten Sprüchen und Sprichwörtern. Solche Sätze eignen sich deshalb sehr gut dazu, sich Pronomina einzuprägen. Die Sätze 1 bis 8 bieten Ihnen eine Auswahl. Lernen Sie auswendig, was Ihnen gefällt. Darüber hinaus erfahren Sie wieder ein paar Details zum Gallischen Krieg und etwas über die Sieben Weisen. Zuerst aber werden Sie Zeuge einer Beziehungstragödie aus jüngerer Vergangenheit. Wenn Ihnen die Namen der Protagonisten nichts sagen, spielt das keine Rolle. Die Geschichte ist exemplarisch.

Zunächst ein paar Vokabeln, mit denen Sie Ihren Wortschatz erweitern sollten (siehe Tabelle 12.11).

Lateinisch	Deutsch
imprimis	besonders, vor allem
at	aber
haerere	hängen, hängen bleiben
indicare	bezeichnen

Lateinisch	Deutsch
nihil = nil	nichts
aut … aut	entweder … oder
faber, fabri	Handwerker; Schöpfer (D Fabrik; Homo Faber)

Tabelle 12.11: Lernvokabeln

Außerdem werden Sie die folgenden Vokabeln brauchen: *olim*; *cur*; *uxor, uxoris*; *putare*; *tum*; *itaque*; *semper*; *sol, solis*; *ipse, ipsa, ipsum*; *imperium,-i*; *potiri*; *dux, ducis*; *sapiens, sapientis*; *expugnare*; *debere*; *portare*.

Stefan, Thomas und Claudia

Stephanus Effenberg et Thomas[1] *Strunz olim amici erant, hodie autem inimici sunt. Cur? Stephanus Thomae uxorem, quae Claudia Strunz appellabatur, amavit. Itaque dixit*[2]*: »Uxorem eius amo.« Multi autem – et imprimis Thomas ipse – putabant: »Uxor Thomae eum liberosque suos amat.« Sed Claudia dixit: »Liberi mei a me amantur, at non Thomas.« Tum Thomam liberosque reliquit*[3] *et Stephano nupsit*[4].

[1] *Thomas,-ae*: Thomas; [2] *dico, dixi, dictum* 3: sagen; [3] *relinquo, reliqui, relictum* 3: verlassen; [4] *nubo, nupsi, nuptum* 3 (mit Dativ): (jemanden) heiraten

Übersetzung: Stefan Effenberg und Thomas Strunz waren einst Freunde, heute aber sind sie Feinde. Warum? Stefan liebte Thomas' Frau, die Claudia Strunz hieß (wörtlich: genannt wurde). Deshalb sagte er: »Ich liebe dessen/seine Frau.« Viele aber – und vor allem Thomas selbst – glaubten: »Thomas' Frau liebt ihn und ihre Kinder.« Aber Claudia sagte: »Meine Kinder werden von mir geliebt, aber nicht Thomas.« Dann verließ sie Thomas und ihre Kinder und heiratete Stefan.

Einzelsätze

1. *Aut omnia aut nihil.*
2. *Faber quisque fortunae suae.*
3. *Suum cuique.*
4. *Semper aliquid haeret.*
5. *Idem vocabulum non semper idem indicat.*
6. *De nihilo nihil.*
7. *Nil novi sub sole.*
8. *Nosce te ipsum!* (*noscere*: erkennen)

9. *Bello Gallico Romani totius Galliae imperio potiti sunt.*

10. *Ariovistus, dux Germanorum, a Caesare postulavit, ut ex suis legatis aliquem ad se mitteret.*

Übersetzungen und Erklärungen:

1. Entweder alles oder nichts. – *omnia* ist, wieder einmal, Neutrum Plural.

2. Jeder (ergänze: ist) der Schöpfer seines eigenen Schicksals. – Daraus wurde das deutsche »Jeder ist seines Glückes Schmied«.

3. Jedem das Seine. – Dieser in antiken staatstheoretischen Überlegungen entwickelte Gedanke stand – auf Deutsch – in großen Lettern über dem Haupttor des Konzentrationslagers Buchenwald. Die Verwendung der Formulierung im öffentlichen Raum ist deshalb in Deutschland noch immer hochproblematisch. Wenig geschichtsbewusste Unternehmen und Organisationen, die sie in Werbekampagnen einsetzen, müssen diese regelmäßig nach kürzester Zeit zurückziehen (zum Beispiel die Schüler-Union Nordrhein-Westfalen im Jahr 2009).

4. Es bleibt immer etwas hängen. – Gemeint ist: Jede Art von übler Nachrede hinterlässt bleibende Spuren, auch wenn sie jeder Grundlage entbehrt. Die lateinische Formulierung stammt von dem englischen Staatsmann und Philosophen Francis Bacon, der dabei auf eine Passage des griechischen Schriftstellers Plutarch zurückgriff.

5. Dieselbe Vokabel bezeichnet nicht immer dasselbe. – In allen Sprachen gibt es Wörter mit einem großen Bedeutungsspektrum. Ein »Hof« beispielsweise kann ein Platz in einem Gebäudekomplex sein, aber auch ein Bauernhof, ein Königshof oder der Lichtkranz um Sonne oder Mond. Deshalb gibt es auch so gut wie keine ganz und gar bedeutungsgleichen Wörter (Synonyme) – weder innerhalb einer Sprache noch zwischen verschiedenen Sprachen. Wenn Sie »Hof« zum Beispiel ins Englische übersetzen wollten, müssten Sie aus vielen Möglichkeiten auswählen: yard, farm, court, Royal household, corona, aber auch lot, courtyard oder backyard stünden zur Verfügung.

6. Aus nichts (ergänze: wird/entsteht) nichts. – Ein Kerngedanke früher philosophischer Überlegungen zu den physikalischen Prinzipien, die der Entstehung und dem Funktionieren der Welt zugrunde liegen. Damit wurde sowohl die Ewigkeit der Materie postuliert als auch die Kausalität aller Veränderungen, denen sie ausgesetzt ist. Diese These war unter anderem später ein wichtiges Argument gegen das von der Bibel nahegelegte Modell der Erschaffung der Welt aus dem Nichts (*creatio ex nihilo*). – Heute wird der Spruch in der Form »Von nichts kommt nichts« gerne von besorgten Eltern verwendet, um allzu entspannte Kinder zu – meist schulischer – Aktivität zu bewegen. Er ist damit eines von vielen Beispielen für die banalisierende Kraft des Kontexts. Anderen antiken Konzepten ging es kaum besser: Pluto, der Gott der Unterwelt, mutierte zum Hund von Micky Maus, und Mars, der Kriegsgott, zum Schokoriegel.

7. (Ergänze: Es gibt) nichts Neues unter der Sonne. – Diese bündige Formulierung des Konzepts »History repeating« entstammt dem Buch Kohelet (Prediger) des Alten Testaments (1,9). – *novi* ist ein *genitivus totius* (wörtlich: nichts des Neuen).

8. Erkenne dich selbst! – Dieser Spruch war – auf Griechisch (*Gnothi seauton*) – auf einer Säule des berühmten Apollon-Tempels von Delphi zu lesen. Er spielte eine zentrale Rolle in philosophischen Diskussionen und wurde unterschiedlich interpretiert. Zum einen – eher pessimistisch – als Aufforderung an den Menschen, sich die Hinfälligkeit und Begrenztheit seiner Gattung (im Unterschied zur Vollkommenheit der Götter) bewusst zu machen. Zum anderen – eher optimistisch – als Auftrag, eine detaillierte Analyse der menschlichen Beschränktheit zur Basis für eine konsequente Ausschöpfung der menschlichen Möglichkeiten zu machen.

9. Durch den Gallischen Krieg haben sich die Römer der Herrschaft über ganz Gallien bemächtigt. – Dieser kurze Satz enthält einiges, was das Lateinübersetzen gelegentlich schwierig macht: *totius Galliae* ist *genitivus objectivus* zu *imperio* (»die Herrschaft ganz Galliens« würde bedeuten, dass Gallien die Herrschaft ausübt). *imperio* steht im Ablativ, weil *potiri* den Ablativ verlangt. *potiri* ist ein Deponens.

10. Ariovist, der Anführer der Germanen, forderte von Caesar, dass er von seinen Gesandten einen zu ihm schicke. – Die beiden reflexiven Formen *suis* und *se* müssen sich hier auf zwei verschiedene Personen beziehen: *suis* auf das Subjekt des *ut*-Satzes, also auf Caesar, *se* auf das Subjekt des Hauptsatzes, also auf Ariovist. Nur so ergibt das Ganze einen Sinn.

In Würde fliehen

Bias, unus ex septem sapientibus, olim e Priene[1]*, patria sua, quae a quibusdam hostibus expugnata erat, fugere debuit. Cum ab alio quodam ex fugientibus*[2] *rogaretur, cur nihil secum asportaret*[3]*, respondit: »Omnia mea mecum porto.«*

[1] *Priene*: eine griechische Stadt in Kleinasien; [2] *fugere*: fliehen; [3] *asportare*: wegtragen

Übersetzung: Bias, einer von den Sieben Weisen, musste einst aus Priene, seiner Vaterstadt, die von (gewissen) Feinden erobert worden war, fliehen. Als er von einem anderen (der) Fliehenden gefragt wurde, warum er nichts mit sich wegtrug (oder: wegtrage), antwortete er: »Alle meine Dinge (im Lateinischen Neutrum Plural; besser: all das Meine) trage ich mit (besser: bei) mir.« – Ein berühmter Satz, der die Unabhängigkeit des wahren Weisen von materiellen Gütern auf den Punkt bringt.

Sprachliches: *rogaretur* und *asportaret*: Beide Verben stehen im Konjunktiv Imperfekt; *rogaretur* wegen des *cum* (als), *asportaret*, weil der *cur*-Teilsatz ein indirekter Fragesatz ist. Bei der Übersetzung muss *rogaretur* – wie immer bei *cum*-Sätzen – mit dem Indikativ wiedergegeben werden, bei *asportaret* haben Sie die Wahl.

Inhaltliches: Die sogenannten Sieben Weisen sind eine Gruppe griechischer Staatsmänner und Philosophen, die im 6. Jahrhundert v. Chr. gelebt haben und die nicht zuletzt durch ihre Fähigkeit, ihre tiefen Einsichten pointiert zu formulieren, große Berühmtheit erlangt haben. Solche Formulierungen wurden vielfach in Anekdoten eingebettet überliefert. Später konstruierte man die Gruppe der Sieben Weisen und suggerierte damit, dass diese Männer eine Art Philosophenklub gebildet hätten. Tatsächlich aber gab es zwischen ihnen außer ihrer Lebenszeit und ihrer Klugheit keine Berührungspunkte. Die im Laufe der Zeit angefertigten Listen von Mitgliedern dieser fiktiven Gruppe differieren zum Teil erheblich. Nimmt man sie alle zusammen, kommt man auf über 20 »Sieben Weise«. – Dass man die Gruppe jeweils aus sieben Mitgliedern bestehen ließ, ist kein Zufall. Die Sieben ist eine Art magische Zahl, die in verschiedenen Kontexten und Kulturen eine große Rolle spielt. Denken Sie nur an die sieben Wochentage, die sieben Todsünden, die sieben Weltwunder, die sieben Hügel, auf denen Rom erbaut wurde, die sieben freien Künste (*septem artes liberales*; siehe Kapitel 8) oder an die sieben Zwerge und die »Glorreichen Sieben«.

Verdrängungsprozesse in Germanien

Wenn Caesar von »Germanien« und »Gallien« spricht, redet er nicht von homogenen Staatsgebilden, sondern lediglich von den Gebieten links (Gallien) und rechts (Germanien) des Rheins. Die dort lebenden Stämme bekämpften sich vielfach untereinander. Der mächtigste unter den germanischen Stämmen waren die Sueben. Mehrfach berichtet Caesar von anderen germanischen Stämmen, die unter ihrer Gewalt zu leiden hatten. Einige von ihnen waren sogar gezwungen, deshalb ihre Gebiete zu verlassen, und so kam es zu Wanderbewegungen, deren Folgen wiederum andere Stämme betrafen.

Der folgende Text beschreibt einen solchen Vorgang. Akteure sind die Menapier, ein gallischer Stamm, die Usipeter und die Tenkterer, zwei germanische Stämme, sowie die schrecklichen Sueben. Der zweite Satz ist recht komplex gebaut. Seine Übersetzung wird deshalb etwas Zeit in Anspruch nehmen. Nehmen Sie sich diese Zeit und gehen Sie – wie immer – schrittweise vor. Verschaffen Sie sich zuerst einen Überblick über die Struktur des Satzes. Den Weg weisen Ihnen die Prädikate und die Kommata. Wenn Sie die Hauptaussage der einzelnen Teilsätze erfasst haben, werden noch einige Wörter übrig bleiben. Zwei von ihnen sind Partizipien. Bestimmen Sie sie und ordnen Sie sie dem jeweiligen Bezugswort zu. Dann können Sie auch die noch übrigen Wörter in den Satz einbauen. Zunächst in Tabelle 12.12 einige neue Lernvokabeln.

Lateinisch	Deutsch
ripa, -ae	Ufer
Rhenus, -i	der Rhein
tantus, -a, -um	so groß

Lateinisch	Deutsch
perterrere	in Angst versetzen
demigrare	verlassen, ausziehen
cis mit Akkusativ	diesseits

Tabelle 12.12: Lernvokabeln

Zudem sollten Sie sich die Bedeutung der folgenden Vokabeln wieder in Erinnerung rufen: *aedificium,-i*; *vicus,-i*; *vis*; *sedes, sedis*; *flumen, fluminis* n.; *prohibere*.

(1) *Menapii ad utramque ripam Rheni agros, aedificia vicosque habebant.* (2) *Sed cum Usipetes et Tencteri, qui per vim Sueborum agris expulsi*[1] *novas sedes quaerere*[2] *debebant, in eorum regiones pervenirent, Menapii tanta hominum multitudine perterriti ex iis aedificiis, quae trans flumen habuerant, demigraverunt et cis Rhenum Germanos flumen transire*[3] *prohibebant.*

[1] *expello, expuli, expulsum* 3: vertreiben; [2] *quaerere*: suchen; [3] *transire*: überqueren

Übersetzung: (1) Die Menapier hatten an beiden Ufern (wörtlich: an jedem Ufer von beiden) des Rheins Felder, Gebäude und Dörfer. (2) Aber als die Usipeter und Tenkterer, die, durch die Gewalt der Sueben von ihren Feldern (oder: von ihrem Land) vertrieben (oder: weil/ nachdem sie ... vertrieben worden waren), neue Wohnsitze suchen mussten, in deren/ihre Gebiete kamen, zogen die Menapier, von einer so großen Menge an Menschen in Angst versetzt (oder: die ... in Angst versetzt worden waren; oder: weil sie ... in Angst versetzt worden waren), aus den Gebäuden aus, die sie jenseits des Flusses hatten, und hielten diesseits des Rheins die Germanen (davon) ab, den Fluss zu überqueren.

Inhaltliches: *cis* (Satz 2): Caesar beschreibt Gallien und Germanien aus der Perspektive seines Operationsgebiets, in der Regel also von Gallien aus. Gallien liegt deshalb »diesseits« des Rheins (*cis Rhenum*), Germanien »jenseits« (*trans Rhenum*).

Sprachliches zu Satz 2

Zur Struktur des Satzes: *Sed cum Usipetes et Tencteri*: Dieser Teilsatz kann noch nicht komplett sein. Er enthält kein Prädikat. Weil nach *cum* kein Ablativ steht, handelt es sich sicher nicht um die Präposition (mit), sondern um die Konjunktion (mit Konjunktiv: »als«, »weil«; mit Indikativ: »wenn«). Der Teilsatz muss also ein *cum*-Nebensatz sein. – *qui ... debebant*: Das ist eindeutig ein kompletter Relativsatz. – *in ... pervenirent*: *pervenirent* ist Konjunktiv Imperfekt. Hier schließt sich also der *cum*-Satz. *cum* bedeutet »als« oder »weil«. – *Menapii ... aedificiis*: Wieder fehlt ein Prädikat. Der Teilsatz ist also noch nicht komplett. – *quas ... habuerant*: Wieder ein kompletter Relativsatz. – *demigraverunt ... prohibebant*: Hier schließt sich der *Menapii*-Satzteil. Er hat zwei Prädikate, enthält also zwei Handlungen, und beide stehen im Indikativ (Perfekt und Imperfekt). Dieser Teilsatz muss der Hauptsatz sein.

Zu den Partizipien: *expulsi* (Zeile 2) und *perterriti* (Zeile 3) sind Perfekt-Passiv-Partizipien. Sie bedeuten »vertrieben« und »in Angst versetzt«. Sie beziehen sich jeweils auf das Subjekt des Teilsatzes, in dem sie stehen: *qui ... expulsi*; *Menapii ... perterriti*. Sie beschreiben also entweder die Subjekte näher (attributiv) oder bringen eine auf die Subjekte bezogene Nebenhandlung in den Satz ein (adverbial). Wenn Sie den Kern der Teilsätze übersetzt haben (»die neue Wohnsitze suchen mussten«; »die Menapier zogen aus den Gebäuden aus«), können Sie die in den Partizipien gegebenen Zusatzinformationen so einbauen, wie es Ihnen am passendsten erscheint (siehe die Übersetzung). *per vim Sueborum* (durch die Gewalt der Sueben) und *tanta hominum multitudine* (durch eine so große Menge an Menschen) sind den Partizipien dann recht leicht zuzuordnen.

Quiz 5 (Kapitel 11 & 12)

Zum Abschluss des Kapitels wieder ein kleines Quiz, diesmal zu den Kapiteln 11 und 12.

Die Fragen

1. Die »amtliche« deutsche Übersetzung des berühmten Satzes Jesu: »*Qui sine peccato est vestrum, primus in illam lapidem mittat*« ist »Wer von euch ohne Sünde ist, der werfe den ersten Stein auf sie.« Sie ist nicht ganz korrekt. Welche Form ist falsch übersetzt? – Wie müsste es richtig heißen?

2. Wo und in welchem Jahrhundert lebte Sokrates?

3. In welchem Verhältnis standen Sokrates und Platon zueinander?

4. Die Deponentien *hortari* und *cohortari* bezeichnen in militärischem Kontext eine selbstverständliche Verpflichtung römischer Feldherren. Welche ist das?

5. Auf welche lateinische Form geht das Wort Futur zurück? – Was bedeutet diese Form?

6. Auf welche lateinischen Wortformen gehen die Wörter Student, Dozent, Mandant und Assistent zurück? – Wie lauten die wörtlichen deutschen Übersetzungen?

7. Was heißt auf Lateinisch: Geh mit mir!; das andere Ich; Vaterunser; unser Meer?

8. Was heißt *Quisque sibi proximus*?

9. Ergänzen Sie die fehlenden Endungen: *Host___ s___, su___, su___ omni___* dediderunt (= Die Feinde lieferten sich, ihre Leute (und) all ihre Dinge/Habe aus).

10. Was heißt *Suum cuique*? – Wo war dieser Satz in deutscher Übersetzung angebracht?

Die Antworten

1. *primus*. Das ist Nominativ Singular Maskulinum und bezieht sich nicht auf den Akkusativ *lapidem* (den Stein). – » ...., der werfe als erster auf sie einen Stein.« (siehe Kapitel 11).

2. In Athen; im 5. Jahrhundert v. Chr. (479-399 v. Chr.) (siehe Kapitel 11).

3. Platon war der prominenteste Schüler des Sokrates. Seine Schriften sind unsere wichtigste Quelle für Sokrates' Philosophie (siehe Kapitel 11).

4. Das Halten einer anfeuernden Rede an die Soldaten vor einer Schlacht (siehe Kapitel 11).

5. Auf das Partizip Futur von *esse*: *futurus,-a,-um* = »sein werdend« → einer/eine/etwas, der/die/das sein wird. – *tempus futurum* ist »die Zeit, die sein wird«, verkürzt Futur (siehe Kapitel 11).

6. Auf die Präsens-Partizipien *studens, student-is* (← *studere*), *docens, docent-is* (← *docere*), *mandans, mandant-is* (← *mandare*), *assistens, assistent-is* (← *assistere*). – Student = eine sich eifrig bemühende Person; Dozent = eine lehrende Person; Mandant = eine beauftragende Person; Assistent = eine unterstützende Person. Das Geschlecht der jeweiligen Person ist genau wie in den Übersetzungen im Lateinischen nicht festgelegt (siehe Kapitel 11).

7. *Vade mecum!*; *alter ego*; *pater noster*; *mare nostrum* (siehe Kapitel 12).

8. Jeder (ist) sich selbst der Nächste (siehe Kapitel 12).

9. *Hostes se, suos, sua omnia tradiderunt* (siehe Kapitel 12).

10. Jedem das Seine. – Über dem Haupttor des Konzentrationslagers Buchenwald (siehe Kapitel 12).

IN DIESEM KAPITEL

Der AcI

Die indirekte Rede

Kapitel 13

Scio me nihil scire: Der AcI

In diesem Kapitel geht es um Syntaktisches. Sie lernen eine lateinische Konstruktion kennen, deren Übersetzung ins Deutsche gewisse Umbaumaßnahmen erfordert. Erfreulicherweise folgen diese Umbaumaßnahmen immer demselben Schema. Wenn Sie dieses Schema verinnerlicht haben, ist das Problem entschärft. Die Konstruktion heißt *Accusativus cum Infinitivo* (Akkusativ mit Infinitiv), abgekürzt AcI. Diese Konstruktion wird nicht zuletzt nach Verben, die »sagen, sich äußern« bedeuten, verwendet. Deshalb taucht sie auch immer dann auf, wenn ein Gedanke oder ein Ausspruch nicht wörtlich, sondern indirekt wiedergegeben wird (»indirekte Rede«). Wie das dann aussieht, werden Sie ebenfalls erfahren.

Der AcI im Deutschen, im Lateinischen und im Englischen

Den AcI gibt es auch im Deutschen: »Ich höre dich (Akkusativ) singen (Infinitiv).« Lateinisch hieße das *Audio te cantare*. Wenn das Phänomen auf solche Fälle beschränkt wäre, müsste man nicht weiter darüber sprechen. Der lateinische Satz lässt sich ja problemlos wörtlich ins Deutsche übertragen.

Unglücklicherweise gibt es aber lateinische AcIs, die sich nicht einfach wörtlich ins Deutsche übertragen lassen, und das hat zwei Gründe:

- Der lateinische AcI kann auch mit **passiven Infinitiven** und mit den **Infinitiven aller Zeiten** gebildet werden. Im Deutschen geht das nicht. Zwei Beispiele: *Audio te laudari* hieße wörtlich übersetzt: »Ich höre dich gelobt werden«, *Audio te bene cantavisse* »Ich höre dich gut gesungen haben«.
- Im Deutschen gibt es den AcI nur nach Verben der Wahrnehmung (hören, sehen und dergleichen). Im Lateinischen steht er auch nach anderen Verben, nämlich nach Verben, die »glauben« oder »meinen« bedeuten, und nach Verben, die »sich äußern, sagen« heißen: *Puto eum lacrimare* = »Ich glaube ihn weinen«. *Liberi clamant canem venire* (*canis,-is*: der Hund) = »Die Kinder schreien einen Hund kommen«.

Wie dieses Problem zu lösen ist, wissen Sie im Grunde längst. Im Englischen nämlich gibt es ebenfalls AcI-Konstruktionen, die nicht wörtlich ins Deutsche zu übersetzen sind. Ein Beispiel: Sie werden den Satz »I want him (Akkusativ) to come (Infinitiv)« mühelos verstehen. Sie würden ihn aber kaum mit »Ich will ihn kommen« übersetzen, sondern mit »Ich will, dass er kommt.« Sie bilden also einen »dass«-Satz und machen aus dem Akkusativ (him) einen Nominativ (er) und aus dem Infinitiv (to come) die passende Verbalform (kommt). Wenn Sie sich das klarmachen, haben Sie auch schon den Schlüssel zur Übersetzung lateinischer AcIs in der Hand.

Ein AcI muss mit einem »dass«-Satz wiedergegeben werden. In diesem »dass«-Satz wird der Akkusativ des AcI zum Subjekt (Nominativ), der Infinitiv zum dazu passenden Prädikat.

Probieren Sie das gleich mit den vier Beispielsätzen aus, die Sie gerade gelesen haben: (1) *Audio te laudari.* (2) *Audio te bene cantavisse.* (3) *Puto eum lacrimare.* (4) *Liberi clamant canem venire.* Sie ergeben auf diese Weise ganz unauffällige deutsche Sätze.

Lösungen: 1. Ich höre, dass du gelobt wirst. 2. Ich höre, dass du gut gesungen hast. 3. Ich glaube, dass er weint. 4. Die Kinder schreien, dass ein Hund kommt.

Am besten merken Sie sich das Ganze mit einem markanten Beispiel. Lernen Sie den folgenden Merksatz auswendig. Seine deutsche Version kennen Sie sicherlich. Wenn Sie sich oder auch jemand anderem genau erklären können, warum er so zu übersetzen ist, haben Sie das Prinzip des AcI-Übersetzens im Kopf.

Merksatz: *Scio me nihil scire.* = Ich weiß, dass ich nichts weiß.

Dieser Satz wurde Sokrates in den Mund gelegt, in den erhaltenen Quellen steht er nicht. Er soll die Basis seines Philosophierens auf den Punkt bringen (siehe Kapitel 11). Fachleute haben zu Recht eingewendet, dass der Satz das, ganz genau genommen, nicht korrekt tut. Weil Sokrates sich seines Nichtwissens bewusst war, wusste er ja immerhin dieses eine. Er hätte also vielleicht eher gesagt: »Ich weiß, dass ich nicht weiß.« Merken Sie sich den Satz trotzdem so, wie er oben steht. In dieser Form ist er berühmt geworden.

Ob Sie das Prinzip des AcI erfasst haben, können Sie gleich testen. Übersetzen Sie die folgenden AcI-haltigen Sätze. Beginnen Sie – wie immer – mit dem Prädikat und dem Subjekt des Satzes und wenden Sie sich erst dann dem AcI zu.

(1) *Scio eam venire.* (2) *Pater iussit liberos tacere.* (3) *Omnes sciunt Romam caput Italiae esse.* (4) *Parentes liberos ridere audiunt.* (5) *Romani Germanos periculosos esse putabant.* (6) *Audivimus quemque sibi proximum esse.* (*proximus,-a,-um:* der, die, das Nächste)

Lösungen: 1. Ich weiß, dass sie kommt. 2. Der Vater befahl, dass die Kinder schweigen. 3. Alle wissen, dass Rom die Hauptstadt Italiens ist. 4. Die Eltern hören, dass die Kinder lachen. 5. Die Römer glaubten, dass die Germanen gefährlich sind. 6. Wir haben gehört, dass jeder sich (selbst) der Nächste ist.

Akkusativ- und Infinitivformen

Die Bausteine eines AcI sind Akkusativ und Infinitiv. Die müssen Sie sicher erkennen können. Deshalb ein kurzer Überblick über die Formen.

Die Akkusative

Setzen Sie in Tabelle 13.1 die fehlenden Endungen von *flamma,-ae, ventus,-i* und *lex, legis* ein. In den beiden rechten Spalten finden Sie die Akkusativendungen der u- und der e-Deklination. Sie werden diese beiden Systeme in Kapitel 15 im Detail kennenlernen. Nehmen Sie die Akkusativendungen aber schon jetzt zur Kenntnis und vergleichen Sie sie mit denen der anderen drei Konjugationen. Welche Muster sind zu erkennen?

	a-Deklination	o-Deklination	3. Deklination	u-Deklination	e-Deklination
Akkusativ Singular	flamm-	vent-	leg-	exercit-um	r-em
Akkusativ Plural	flamm-	vent-	leg-	exercit-us	r-es

Tabelle 13.1: Die Akkusativendungen der a-, der o- und der 3. Deklination

Erinnern Sie sich zudem: Bei allen Neutra ist der Akkusativ Singular mit dem Nominativ identisch. Im Plural enden alle Neutra im Nominativ und Akkusativ auf *-a*.

Lösungen: *flammam, flammas; ventum, ventos; legem; leges*

Wenn Sie diese Endungen nebeneinanderhalten, sehen Sie: Alle Singular-Akkusative enden auf Vokal plus *m*, alle Plural-Akkusative auf Vokal plus *s*. Dieser Vokal ist bei den »vokalischen Deklinationen« (a-, o-, u- und e-Deklination) identisch mit dem Vokal, der dem jeweiligen System den Namen gegeben hat. Einzige Ausnahme ist der Akkusativ Singular der o-Deklination. Und noch etwas: Die Akkusativendungen der 3. Deklination sind identisch mit denen der e-Deklination.

Die Infinitive

Weil im lateinischen AcI sämtliche Infinitive verwendet werden können, ist es wichtig, dass Sie sie auf Anhieb erkennen und richtig identifizieren können. Es gibt sechs Infinitive: je einen aktiven und einen passiven für Gegenwart, Vergangenheit und Zukunft. Vier von ihnen haben Sie schon kennengelernt.

- ✔ **Infinitiv Präsens Aktiv:** Präsensstamm + *-re*, zum Beispiel *amare* (lieben)
- ✔ **Infinitiv Präsens Passiv:** Präsensstamm + *-ri*, zum Beispiel *amari* (geliebt werden)
- ✔ **Infinitiv Perfekt Aktiv:** Perfektstamm + *-isse*, zum Beispiel *amavisse* (geliebt haben)
- ✔ **Infinitiv Perfekt Passiv:** Partizip Perfekt Passiv + *esse*, zum Beispiel *amatus,-a,-um esse* (geliebt worden sein).

Hinzu kommt noch der **Infinitiv Futur Aktiv**. Er ähnelt dem Infinitiv Perfekt Passiv: Er besteht aus dem Partizip Futur + *esse*, zum Beispiel *amaturus,-a,-um esse* (lieben werden, lieben wollen).

Der **Infinitiv Futur Aktiv** ist eine höchst ungewöhnliche Verbalform. Er ist die einzige lateinische Aktivform, die aus zwei Elementen besteht (dem Partizip und *esse*). So werden sonst nur Passivformen gebildet: die des Perfekts, die des Plusquamperfekts und die des Futurs II (siehe Kapitel 5). Achten Sie also bei mit *esse* gebildeten Infinitivformen genau darauf, ob davor ein Partizip Perfekt Passiv oder ein Partizip Futur Aktiv steht. Wesentlich häufiger werden Ihnen die Perfekt-Passiv-Formen begegnen.

Den **Infinitiv Futur Passiv** gibt es zwar, Sie brauchen ihn sich aber nicht zu merken. Er kommt so selten vor, dass Sie ihn längst wieder vergessen hätten, wenn er Ihnen wirklich einmal begegnen würde. Deshalb kennen ihn auch viele Leute nicht, die lange Latein gelernt haben. Wenn Sie so jemanden kennen, können Sie ihn ja einmal danach fragen. Die Form ist ausgesprochen eigenartig. Von *amare* heißt sie *amatum iri* (»geliebt werden werden«; in der Zukunft geliebt werden). Tabelle 13.2 gibt einen Überblick über die Infinitivformen am Beispiel von *amare*.

	Aktiv		Passiv	
Präsens	amare	lieben	amari	geliebt werden
Perfekt	amavisse	geliebt haben	amatus, -a, -um esse	geliebt worden sein
Futur	amaturus, -a, -um esse	lieben werden; lieben wollen	[amatum iri	in der Zukunft geliebt werden]

Tabelle 13.2: Die Infinitive der drei Zeitstufen

Nach diesen Mustern bilden alle lateinischen Verben ihre Infinitive. Es gibt allerdings eine markante Abweichung. Sie betrifft die 3. Konjugation, die Sie ausführlich im nächsten Kapitel kennenlernen werden. Dort sieht der Infinitiv Präsens Passiv anders aus als bei den anderen Verben (siehe Tabelle 14.7). Das soll Sie aber jetzt noch nicht beunruhigen.

Überprüfen Sie kurz, ob Sie die Infinitive beherrschen. Bilden Sie die beiden Präsens- und die beiden Perfekt-Infinitive sowie den Infinitiv Futur Aktiv der folgenden Verben auf Lateinisch und auf Deutsch: (1) *audio, audivi, auditum, audire*; (2) *video, vidi, visum, vid<u>e</u>re*; (3) *iubeo, iussi, iussum, iub<u>e</u>re*; (4) *sentio, sensi, sensum, sentire.*

Lösungen: (1) Präsens: *audire* (hören) – *audiri* (gehört werden); Perfekt: *audivisse* (gehört haben) – *auditus,-a,-um esse* (gehört worden sein); Futur Aktiv: *auditurus,-a,-um esse* (hören werden). (2) Präsens: *videre* (sehen) – *videri* (gesehen werden); Perfekt: *vidisse* (gesehen haben) – *visus,-a,-um esse* (gesehen worden sein); Futur Aktiv: *visurus,-a,-um esse* (sehen werden). (3) Präsens: *iubere* (beauftragen, befehlen) – *iuberi* (beauftragt werden); Perfekt: *iussisse* (befohlen haben, beauftragt haben) – *iussus,-a,-um esse* (beauftragt worden sein); Futur Aktiv: *iussurus,-a,-um esse* (befehlen werden, beauftragen werden). (4) Präsens: *sentire* (fühlen) – *sentiri* (gefühlt werden); Perfekt: *sensisse* (gefühlt haben) – *sensus,-a,-um esse* (gefühlt worden sein); Futur Aktiv: *sensurus,-a,-um esse* (fühlen werden).

Wichtige Details

Wenn Sie die Formen im Griff haben, sind Sie für das Übersetzen aller AcIs gerüstet. Ein paar wichtige Details sind allerdings noch zu beachten.

Zeitverhältnis versus Zeitstufe

Wenn Ihnen die Überschrift dieses Abschnitts bekannt vorkommt, liegen Sie ganz richtig. Sie sind ihr schon im Abschnitt über die Partizipien begegnet (siehe Kapitel 11). Wie die Partizipien drücken auch die Infinitive keine Zeitstufe (Präsens, Perfekt, Futur), sondern das Zeitverhältnis zwischen der im Infinitiv ausgedrückten Handlung und der des übergeordneten Verbums aus:

- ✔ Der Infinitiv **Präsens** bezeichnet eine **gleichzeitig stattfindende** Handlung.
- ✔ Der Infinitiv **Perfekt** bezeichnet eine **vorzeitige**, schon abgeschlossene Handlung.
- ✔ Der Infinitiv **Futur** bezeichnet eine **nachzeitige**, bevorstehende oder beabsichtigte Handlung.

Beim Übersetzen müssen Sie darauf achten, dass diese Zeitverhältnisse im Deutschen erkennbar sind. Anders als im Lateinischen gibt es im Deutschen oft mehrere Formulierungsoptionen. Tabelle 13.3 zeigt ein Beispiel.

Hauptsatz	**AcI**			
	A(kkusativ)		I(nfinitiv)	
Legati imperatori nuntiaverunt	*hostes*	*agros*	*vastare.*	Infinitiv Präsens
			vastavisse.	Infinitiv Perfekt
			vastaturos esse.	Infinitiv Futur

Tabelle 13.3: AcI mit Infinitiven der drei Zeitstufen

Infinitiv Präsens: Der Infinitiv Präsens sagt Ihnen, dass *vastare* gleichzeitig mit *nuntiatum est* stattfindet. Im Deutschen haben Sie zwei Möglichkeiten, um diese Situation zu beschreiben: 1. Die Gesandten meldeten dem Feldherrn, dass die Feinde die Felder verwüsteten. 2 …., dass die Feinde die Felder verwüsten.

Infinitiv Perfekt: Jetzt hat das Verwüsten vor dem Melden stattgefunden. Wieder haben Sie im Deutschen zwei Optionen: 1. Die Gesandten meldeten dem Feldherrn, dass die Feinde die Felder verwüstet hatten. 2 …., dass die Feinde die Felder verwüstet haben.

Es ist durchaus wichtig, die Zeitverhältnisse korrekt wiederzugeben. Im ersten Fall (Infinitiv Präsens) könnte der Feldherr noch eingreifen und den Prozess aufhalten, im zweiten Fall (Infinitiv Perfekt) ist die Verwüstung bereits abgeschlossen, der Feldherr kann nichts mehr dagegen tun.

Infinitiv Futur: Das Verwüsten steht bevor. Weil der Infinitiv Futur auch eine Absicht ausdrücken kann, gibt es, je nach Kontext, folgende Möglichkeiten: 1. Die Gesandten meldeten dem Feldherrn, dass die Feinde die Felder verwüsten werden. 2 …., dass die Feinde beabsichtigen, die Felder zu verwüsten.

Keine Nominative im AcI

In einem AcI kann kein Nominativ stehen. Das Subjekt steht im AcI ja im Akkusativ, und deshalb muss alles, was sich auf dieses Subjekt bezieht, ebenfalls im Akkusativ stehen.

Das betrifft zum einen Adjektive und Appositionen, die das Subjekt beschreiben. Zwei Fälle dieser Kategorie waren schon unter den Beispielsätzen: *Romani Germanos periculosos esse putabant* (Die Römer glaubten, dass die Germanen gefährlich sind) und *Audivimus quemque sibi proximum esse* (Wir haben gehört, dass jeder sich selbst der Nächste ist). Die Adjektive *periculosos* und *proximum* stehen jeweils im Akkusativ, weil sie sich auf *Germanos* beziehungsweise *quemque* beziehen. Bei einem deutschen AcI ist das übrigens nicht anders: »Ich sehe Dieter, ein**en** ungeheuer schön**en** Mann, spazieren gehen.«

Zum anderen betrifft es die beiden Infinitive, die mit Partizip und *esse* gebildet werden, also den Infinitiv Perfekt Passiv (*amatus,-a,-um esse*) und den Infinitiv Futur Aktiv (*amaturus,-a, -um esse*). Das Partizip hat bei diesen Infinitiven immer die Endung, die zum jeweiligen Subjekt passt. Ein Beispiel dafür haben Sie gerade gesehen (siehe Tabelle 13.3). In dem Satz *Legati imperatori nuntiaverunt hostes agros vastaturos esse* ist *vastaturos* Akkusativ Plural Maskulinum, weil es zu *hostes* passen muss. Entsprechend heißt der Satz »Der Gesandte meldete, dass die Stadt erobert worden war« auf Lateinisch: *Legatus nuntiavit urbem occupat**am** esse.*

se als Subjekt im AcI

Wenn der AcI das gleiche Subjekt hat wie der ganze Satz und dieses Subjekt in der 3. Person (Singular oder Plural) steht, dann steht im AcI der Akkusativ des Reflexivpronomens: *se*. Das Pronomen bezieht sich ja auf das Subjekt des ganzen Satzes. Zwei Beispiele sollen das veranschaulichen:

- ✔ *Socrates declaravit se mortem non timere.* = Sokrates erklärte, dass er den Tod nicht fürchte.

✔ *Romani declaraverunt se Hannibalem superaturos esse.* = Die Römer erklärten, dass sie Hannibal besiegen werden.

Das erleichtert das Übersetzen deutlich. Wenn Sie einen AcI erkennen, der mit *se* beginnt, dann schauen Sie, wer das Subjekt des übergeordneten Verbums ist, und setzen in den dass-Satz das entsprechende Personalpronomen, also »er« oder »sie«, ein. Üben Sie das mit den folgenden Sätzen ein wenig ein.

(1) *Vir sensit se sero venisse.* (*sero*: zu spät) (2) *Liberi clamaverunt se liberos non esse.* (3) *Thomas se a Claudia amari putabat.* (4) *Caesar declaravit se celeriter venturum esse.* (*celeriter*: schnell) (5) *Milites viderunt se ab hostibus circumventos esse.* (*circumvenire*: umzingeln)

Lösungen: 1. Der Mann merkte, dass er zu spät gekommen war. 2. Die Kinder schrien, dass sie nicht frei sind (oder: seien). 3. Thomas glaubte, dass er von Claudia geliebt wird (oder: werde). 4. Caesar erklärte, dass er schnell kommen wird (oder: werde). 5. Die Soldaten sahen, dass sie von den Feinden umzingelt worden waren.

Das *se* als Subjekt im AcI macht speziell Deutsch-Muttersprachlern gelegentlich Schwierigkeiten. Sie tendieren dazu, *se* instinktiv mit »sich« zu übersetzen. Dieser Tendenz kommt unglücklicherweise entgegen, dass es im Deutschen Ausdrücke wie »er dachte sich«, »er schwor sich« oder »er sagte sich« gibt. Schon relativ simple AcI-Sätze wie *Dieter iuravit se venturum esse* (Dieter schwor, dass er kommen wird) werden deshalb leicht mit »Dieter schwor sich, kommen zu werden« übersetzt. Bei komplexeren Sätzen wird es dann schnell sehr unübersichtlich. Leider hilft es wenig, dass *iuravit se* schon deshalb nicht »er schwor sich« heißen kann, weil dieses »sich« im Deutschen Dativ ist und im Lateinischen *sibi* heißen müsste. An solche Feinheiten denkt man im Ringen mit einem lateinischen Satz meistens nicht. Wirksamer ist es, wenn Sie sich merken: Ausdrücke wie »sich denken«, »sich schwören« oder »sich sagen« gibt es im Lateinischen nicht.

Mehrere Akkusative im AcI

Sie haben vielleicht bemerkt, dass in einigen der Beispiel- und Übungs-AcIs mehrere Akkusative vorkamen. In dem Satz *Legati imperatori nuntiaverunt hostes agros vastare* (siehe Tabelle 13.3) zum Beispiel steht sowohl *hostes* als auch *agros* im Akkusativ; bei *Socrates declaravit se mortem non timere* sind *se* und *mortem* Akkusative. Die ersten Akkusative (*hostes*; *se*) waren jeweils das Subjekt des AcI. Sie mussten deshalb als Nominative wiedergegeben werden. Die zweiten Akkusative (*agros*; *mortem*) waren das Objekt zu *vastare* beziehungsweise *timere*. Sie blieben auch in der Übersetzung Akkusative.

Diese Übersetzungen werden schon vom Sinn her nahegelegt: Es ist unwahrscheinlich, dass die Felder die Feinde verwüsten oder dass der Tod den Sokrates fürchtet. Sie werden aber – und das ist wichtiger – auch von der Wortstellung nahegelegt. Merken Sie sich: **Wenn zwei oder mehr Akkusative in einem AcI stehen, ist in aller Regel der erste Akkusativ der, der als Subjekt aufzufassen ist.** Ausnahmen sind ausgesprochen selten und fast ausschließlich poetischen oder absichtlich mehrdeutigen Texten wie Orakelsprüchen vorbehalten.

Ein berühmtes Beispiel ist die Antwort, die Pyrrhus vom delphischen Orakel auf die Frage erhalten hat, wie sein Feldzug gegen die Römer enden würde. Sie lautete: *Aio te, Aeacida, Romanos vincere posse.*

Diese Antwort besteht zwar größtenteils aus Vokabeln, die Sie noch nicht kennen. Weil Sie aber inzwischen eine Menge Latein gelernt haben, werden Sie die Raffinesse des Spruchs nachvollziehen können, wenn Sie wissen: *aio* = ich sage; *Aeacida* = Nachkomme des Aiakos (Vokativ), *vincere* = (be-)siegen; *posse* = können. – Also: Wenn Sie Pyrrhus gewesen wären, hätten Sie dann den Feldzug unternommen oder nicht?

Vielleicht hätten Sie es getan. Nach der eben gelernten Regel müsste der Satz ja heißen: »Ich sage, o Nachkomme des Aiakos, dass du die Römer besiegen kannst.« So etwas hört man als König natürlich gerne. Vielleicht hätten Sie sich aber auch daran erinnert, dass ganz gelegentlich von dieser Regel abgewichen wird. Wäre das hier der Fall, hieße der Satz: »Ich sage, o Nachkomme des Aiakos, dass dich die Römer besiegen können.«

Pyrrhus jedenfalls ist losgefahren, und er hat die Römer ja auch tatsächlich mehrfach besiegt. Am Ende aber siegten die Römer, und so waren beide Auslegungen des Spruchs korrekt. – Sie sehen, es hat wenig Sinn, Wahrsager oder Horoskope nach der eigenen Zukunft zu befragen. Wenn die Antwort halbwegs professionell formuliert ist, sind spätere Reklamationen in der Regel zwecklos.

Wir bauen lateinische AcIs

Auch für den AcI gilt: Wenn Sie selbst aktiv lateinische Versionen bilden, können Sie am sichersten erkennen, ob noch irgendwelche Unklarheiten bestehen. Übersetzen Sie deshalb die folgende interessante Geschichte ins Lateinische.

(1) Sokrates wusste, dass er nichts weiß. (2) Auch Dieter weiß, dass Sokrates, der berühmte Philosoph, nichts wusste. (3) Aber Sokrates wusste nicht, dass Dieter nichts weiß. (4) Denn zu den Zeiten des Sokrates hat Dieter noch nicht gelebt. (5) Wenn Sokrates aber Dieter kennengelernt hätte, hätte er genau gewusst, dass dieser nichts weiß.

Die Vokabeln, die Sie brauchen, sind gleich angegeben. Zudem sollten Sie wissen, wie der Konjunktiv Plusquamperfekt gebildet wird (bei Bedarf blättern Sie kurz zu Tabelle 5.3 zurück).

Vokabeln: (1) Sokrates: *Socrates,-is*; wissen: *scio, scivi, scitum, scire.* (2) auch: *etiam*; Dieter: *Dieter, Dieteri*; der Philosoph: *philosophus,-i*; berühmt: *clarus,-a,-um.* (3) aber: *sed*; nicht wissen: *nescio, nescivi, nescitum, nescire.* (4) denn: *nam*; Zeit: *tempus,-oris* – im Lateinischen steht auf die Frage »wann?« der bloße Ablativ (*ablativus temporis*); noch nicht: *nondum*; leben: *sum, fui, –, esse.* (5) wenn: *si*; aber: *autem* (nicht an erster Stelle im Satz); kennenlernen: *nosco, novi, notum* 3; genau wissen: *non ignorare*; dieser: Verwenden Sie hier sowohl *is, ea, id* als auch *hic, haec, hoc.*

Lösungen (die Akkusative und Infinitive der AcIs sind unterstrichen): 1. *Socrates scivit se nihil scire.* 2. *Etiam Dieter scit Socratem, philosophum clarum, nihil scivisse.* 3. *Sed Socrates nescivit* (oder: *nesciebat*) *Dieterum nihil scire.* 4. *Nam temporibus Socratis Dieter nondum fuit* (oder: *erat*). 5. *Si Socrates autem Dieterum novisset, non ignoravisset eum* (oder: *hunc*) *nihil scire.*

Die Identifikation eines AcI

Wie man einen AcI übersetzt und worauf dabei zu achten ist, wissen Sie jetzt. Es bleibt noch die Frage, wie Sie am sichersten erkennen können, dass sich in einem Satz ein AcI befindet.

Das wichtigste Signal dafür, dass ein Satz einen AcI enthält, ist der Infinitiv. Erweitern Sie deshalb ab jetzt die Kriterien, mit denen Sie sich einen Überblick über die Struktur eines Satzes verschaffen, um diese Kategorie und markieren Sie neben Prädikaten und Nebensätzen auch Infinitive, die Sie wahrnehmen. Anschließend stellen Sie sich – wie bei Konjunktiven – die Frage, weshalb der Infinitiv in dem Satz steht. Die Antwort gibt Ihnen das jeweils übergeordnete Verbum, also das, von dem der Infinitiv abhängt. Es gibt nur drei Möglichkeiten:

- ✔ Der Infinitiv ist Teil eines AcI. Das heißt, das übergeordnete Verbum ist eines, das einen AcI verlangt. Das ist die wahrscheinlichste Option.
- ✔ Der Infinitiv hängt von einem **»infinitivregierenden« Verbum** ab, das heißt von einem Verbum, das einen Infinitiv verlangt. Solche Verben sind beispielsweise müssen, können, wollen, versuchen, anfangen oder beschließen (»wir mussten gehen«, »er konnte singen«, »ich versuchte zu fliegen« und so weiter).
- ✔ Der Infinitiv ist Teil eines NcI. Diese Konstruktion ist dem AcI verwandt, kommt aber erheblich seltener vor und ist bereits bei der Übersetzung des übergeordneten Verbums zu erkennen (siehe Kapitel 18).

Im Umkehrschluss bedeutet das: Wenn das übergeordnete Verbum kein infinitivregierendes Verbum ist (was leicht zu erkennen ist) und wenn kein NcI vorliegt (was ebenfalls leicht zu erkennen ist), dann ist der Infinitiv Teil eines AcI.

Welche Verben sind es nun, die im Lateinischen einen AcI verlangen? Zum einen sind es – wie im Deutschen – die **Verben der Wahrnehmung** (sehen, hören, fühlen und dergleichen). Zum anderen gilt, anders als im Deutschen: **Der AcI steht nach Verben des Mitteilens und des Meinens.** Diese beiden Kategorien müssen Sie sich so weit gefasst denken, wie Sie nur können: »Mitteilen« umfasst jede Form der Äußerung von flüstern über berichten, klagen, darlegen, schreiben, singen bis hin zu brüllen. »Meinen« reicht von vermuten, ahnen über glauben, denken, annehmen bis hin zu überzeugt sein und wissen.

Das klingt im Augenblick vielleicht noch etwas schwammig, aber Sie werden sehen: Wenn Sie ein wenig mehr Erfahrung im Übersetzen von AcIs gesammelt haben, werden Sie schon am übergeordneten Verbum erkennen können, dass der Satz einen AcI enthält. Eine Liste wichtiger Verben, die den AcI verlangen, finden Sie in Tabelle 13.5 und Tabelle 13.6.

Ein Beispiel zur Satzanalyse

Der folgende Satz ist komplexer strukturiert als die bisherigen. Legen Sie ihn sich nach dem üblichen Muster zurecht, bevor Sie mit dem Übersetzen beginnen. Wenn Sie dabei Probleme haben, gehen Sie die anschließenden Erklärungen durch, die Ihnen die einzelnen Schritte zeigen.

Fügen Sie vorher noch die in Tabelle 13.4 aufgelisteten Vokabeln Ihrem Wortschatz hinzu. Die drei ersten sind wichtige Verben der 3. Konjugation, die im folgenden Kapitel behandelt wird. Lernen Sie sie schon jetzt, das entlastet Sie ein wenig. Achten Sie beim Lernen auf die Betonungen (die betonten Vokale sind unterstrichen): Die Infinitive der Verben der 3. Konjugation werden nicht auf dem *-e-* betont, sondern davor.

Lateinisch	Deutsch
occido, occidi, occisum, occidere	töten
constituo, constitui, constitutum, constituere	festsetzen, beschließen
contendo, contendi, contentum, contendere	behaupten; sich anstrengen; eilen; kämpfen
eo (Adverb)	dorthin

Tabelle 13.4: Lernvokabeln

Zudem sollten Sie sich an folgende Vokabeln erinnern: *oppidum,-i*; *multitudo,-inis*; *incola, -ae*; *iam*; *iter magnum*; *desperare*; *servare.*

Cum imperatori a legato nuntiatum esset hostes oppidum magna cum multitudine militum oppugnare multosque iam oppidi incolas ab iis occisos esse, constituit magnis itineribus eo contendere, ut hostes, qui multa iam oppida expugnaverant, propulsaret et incolas desperantes servaret.

Erklärungen und Übersetzung:

Schritt 1. Die Verbalformen: Als Erstes sollten Sie alle Verbalformen markieren und bestimmen. Markieren Sie die Infinitive anders als die finiten Verbalformen.

Das Ergebnis ist: *nuntiatum esset* (Konjunktiv Plusquamperfekt Passiv); *oppugnare* (Infinitiv Präsens Aktiv); *occisos esse* (Infinitiv Perfekt Passiv); *constituit* (Indikativ Perfekt Aktiv); *contendere* (Infinitiv Präsens Aktiv); *expugnaverant* (Indikativ Plusquamperfekt Aktiv); *propulsaret* (Konjunktiv Imperfekt Aktiv); *servaret* (Konjunktiv Imperfekt Aktiv). Wenn Ihnen zudem das Partizip Präsens *desperantes* bereits aufgefallen ist – umso besser, aber damit müssen Sie sich erst relativ spät beschäftigen. – Der Satz enthält also drei Konjunktive, zwei Indikative und drei Infinitive.

Daraus können Sie schon einige wichtige Schlüsse ziehen: Die Konjunktivformen stehen höchstwahrscheinlich in Nebensätzen, von den beiden Indikativen dürfte der Indikativ Perfekt das Prädikat des Hauptsatzes sein, der Indikativ Plusquamperfekt, der ja vorher Geschehenes wiedergibt, dürfte in einem Nebensatz stehen. Und: In dem Satz könnten ein, zwei oder drei AcIs vorkommen.

Schritt 2. Ermittlung der Satzstruktur: Jetzt sollten Sie auf der Basis dieses Befunds die Struktur des Satzes ermitteln, also Hauptsatz und Nebensätze lokalisieren und diese mit Klammern markieren. Im Grunde ist das relativ einfach, wenn Sie sich an zwei Grundregeln erinnern:

- ✔ Teilsätze sind durch Kommata voneinander abgetrennt.
- ✔ Ein Teilsatz ist nur dann vollständig, wenn er ein Prädikat enthält. Fehlt ein Prädikat, ist der Teilsatz durch einen Einschub unterbrochen.

Der erste Teilsatz reicht offenbar von *cum* bis *occisos esse*. Das sieht gut aus: Er enthält, wie Sie an Ihrer Markierung der Verbalformen sofort sehen können, ein Prädikat (*nuntiatum esset*), und dieses Prädikat steht im Konjunktiv. Das dürfte auf das *cum* zurückzuführen sein, das also »als, nachdem« oder »weil« heißt. Machen Sie sicherheitshalber die Gegenprobe: Nach *cum* steht kein Ablativ (*imperatori* ist Dativ), also ist es nicht die Präposition »mit«.

Der zweite Teilsatz reicht von *constituit* bis *contendere*. Auch der scheint vollständig zu sein. Weil er nicht durch ein Signalwort (Konjunktion oder Pronomen) als Nebensatz markiert ist, dürfte das der Hauptsatz sein.

Es folgt *ut hostes*. Hier beginnt auf jeden Fall ein Nebensatz, weil *ut* eine unterordnende Konjunktion ist. Er ist aber noch nicht vollständig, weil er kein Prädikat enthält.

qui bis *expugnaverant* ist eindeutig ein kompletter Relativsatz. Er ist offenbar in den *ut*-Satz eingeschoben, der dann mit *propulsaret* bis *servaret* zu Ende geführt wird. Die beiden Prädikate stehen im Konjunktiv, und deshalb heißt *ut* hier »dass, damit, sodass«.

Das Ergebnis der Schritte 1 und 2 sollte in Ihrem Text etwa so umgesetzt sein:

[*Cum imperatori a legato* <u>*nuntiatum esset*</u> *hostes oppidum magna cum multitudine militum* ***oppugnare*** *multosque oppidi incolas iam ab iis* ***occisos esse***,] <u>*constituit*</u> *magnis itineribus eo* ***contendere***, [*ut hostes*, [*qui multa iam oppida* <u>*expugnaverant*</u>,] <u>*propulsaret*</u> *et incolas desperantes* <u>*servaret*</u>.]

Schritt 3. <u>Übersetzung der einzelnen Satzteile</u>: Es ist nicht zwingend notwendig, aber durchaus zu empfehlen, mit dem **Hauptsatz** zu beginnen, also mit <u>*constituit*</u> *magnis itineribus eo* ***contendere***. Er enthält einen Infinitiv: *contendere*. Das übergeordnete Verbum ist *constituit* = er/sie/es hat beschlossen. *contendere* ist also nicht Teil eines AcI, sondern von einem infinitivregierenden Verbum abhängig: »Er/sie/es hat beschlossen zu behaupten / sich anzustrengen / zu eilen / zu kämpfen«. Welche Bedeutung von *contendere* hier passt, muss der Kontext ergeben. Übrig ist noch *magnis itineribus* und *eo*. Beginnen Sie mit dem Einfacheren: *eo* heißt »dorthin«, dann dürfte *contendere* hier »eilen« heißen. – *magnis itineribus* ist Dativ oder Ablativ Plural. Ein Dativ ergibt im Kontext keinen Sinn, ein Ablativ schon: »durch Eilmärsche« oder besser: »in Eilmärschen«. – Der Hauptsatz heißt also: »Er/sie/es hat beschlossen, in Eilmärschen dorthin zu eilen.«

Jetzt kommen die **Nebensätze**. Beginnen Sie mit dem ersten: *nuntiatum esset* ist eine Passivform und heißt »**es** wäre gemeldet worden« (*nuntiat**um*** ist Neutrum). Weil der Konjunktiv aber wegen des *cum* steht, müssen Sie im Deutschen den Indikativ verwenden: *cum nuntiatum esset* = »Als/Nachdem gemeldet worden **war**«. *imperatori* und *a legato* sind leicht einzubauen: »als dem Feldherrn von einem Gesandten gemeldet worden war«. – Die markierten Infinitive *oppugnare* und *occisos esse* zeigen Ihnen, wie es weitergehen muss: Das übergeordnete Verbum *nuntiare* ist ein Verb des Mitteilens und verlangt den AcI. Übersetzen Sie zuerst bis zum ersten Infinitiv: *oppugnare* = belagern. Der erste Akkusativ ist *hostes*. Also heißt der AcI: »dass die Feinde belagerten (oder: belagern)«. *oppidum* ist leicht einzubauen: Es beantwortet die Frage, wen oder was die Feinde belagern. Erst jetzt nehmen Sie sich *magna cum multitudine militum* vor: »mit einer großen Menge von Soldaten«. – Jetzt folgt der zweite Teil des AcI: *multosque* (= *et multos*) *iam oppidi incolas ab iis occisos esse*.

occisos esse ist Infinitiv Perfekt Passiv und heißt »getötet worden sein«. Am Anfang des Teils steht der Akkusativ *multos ... incolas* (Hyperbaton). Der AcI heißt also »und dass viele Einwohner getötet worden waren«. *oppidi, iam* und *ab iis* ist jetzt leicht einzubauen.

Die beiden anderen Nebensätze sind wesentlich einfacher. Bemerkenswert sind da nur das Hyperbaton *multa ... oppida* und das Partizip Präsens *desperantes*, das zu *incolas* gehört.

Schritt 4. Übersetzung des ganzen Satzes: Als dem Feldherrn von einem Gesandten gemeldet worden war, dass die Feinde mit einer großen Menge an Soldaten die Stadt belagerten und schon viele Bewohner der Stadt von ihnen getötet worden waren, beschloss er, in Eilmärschen dorthin zu eilen, damit er die Feinde, die schon viele Städte erobert hatten, zurückschlage und die verzweifelnden Bewohner rette.

Jetzt sind noch kosmetische Korrekturen möglich: Anstelle von »eilen« könnten Sie etwas wie »sich begeben« einsetzen, um die unschöne Doppelung von »eilen« und »in Eilmärschen« zu vermeiden. Außerdem können Sie den »damit«-Satz am Ende durch eine glattere »um ... zu«-Konstruktion ersetzen: »um die Feinde, die schon viele Städte erobert hatten, zurückzuschlagen und die verzweifelten Bewohner zu retten«.

Auf einen Blick

Hier die Regeln zum AcI im Überblick:

✔ Den **AcI** (*Accusativus cum Infinitivo* = Akkusativ mit Infinitiv) gibt es auch im Deutschen: »Ich höre dich (Akkusativ) singen (Infinitiv).« Er kann im Deutschen allerdings nur von Verben der Wahrnehmung (hören, sehen und dergleichen) abhängen, und er kann nur mit dem Infinitiv Präsens Aktiv gebildet werden.

✔ Im Lateinischen verlangen auch **Verben des Mitteilens** (im weitesten Sinne) und **Verben des Meinens** (im weitesten Sinne) den AcI. Zudem können im Lateinischen sämtliche Infinitive im AcI verwendet werden.

✔ Beim Übersetzen ins Deutsche sind deshalb **Umbaumaßnahmen** erforderlich. Sie folgen immer demselben Schema:

- Ein AcI ist mit einem »dass«-Satz wiederzugeben.
- In diesem »dass«-Satz wird der Akkusativ des AcI zum Subjekt (Nominativ), der Infinitiv zum dazu passenden Prädikat.

✔ Es gibt sechs **Infinitive**: Je einen aktiven und einen passiven für Gegenwart, Vergangenheit und Zukunft. Präsens: *amare* (= lieben) – *amari* (= geliebt werden); Perfekt: *amavisse* (= geliebt haben) – *amatus,-a,-um esse* (geliebt worden sein); Futur: *amaturus,-a,-um esse* (lieben werden). Der Infinitiv Futur Passiv (*amatum iri* = geliebt werden werden) kommt so gut wie nie vor.

✔ Wichtige Details:

- Die **Infinitive** drücken keine Zeitstufe (Präsens, Perfekt, Futur), sondern das Zeitverhältnis zwischen der im Infinitiv ausgedrückten Handlung und der des übergeordneten Verbums aus: Die **Präsens-Infinitive** bezeichnen eine **gleichzeitig stattfindende** Handlung. Die **Perfekt-Infinitive** bezeichnen eine **vorzeitige**, abgeschlossene Handlung. Die **Futur-Infinitive** bezeichnen eine **nachzeitige**, bevorstehende oder beabsichtigte Handlung. Diese Zeitverhältnisse müssen in der Übersetzung abgebildet werden.

- In einem AcI gibt es **keine Nominative**. Alles, was im deutschen »dass«-Satz im Nominativ steht, steht im lateinischen AcI im Akkusativ. Das betrifft nicht zuletzt die mit Partizipien gebildeten Infinitive (Perfekt Passiv und Futur Aktiv): *Legatus nutiavit urbem occupat**am** esse. – Legatus declaravit Caesarem ventur**um** esse.*

- Wenn der AcI **das gleiche Subjekt** hat wie der ganze Satz und dieses Subjekt **in der 3. Person (Singular oder Plural)** steht, wird es im AcI durch ***se*** ausgedrückt: *Socrates declaravit **se** mortem non timere* (Sokrates erklärte, dass **er** den Tod nicht fürchte).

- Wenn **zwei oder mehr Akkusative** in einem AcI stehen, ist in aller Regel der erste Akkusativ der, der als Subjekt aufzufassen ist.

✔ Zu identifizieren ist ein AcI am sichersten über den Infinitiv. Wenn ein Satz einen Infinitiv enthält, ist die Wahrscheinlichkeit hoch, dass dieser Infinitiv Teil eines AcI ist. Sicherheit gibt ein Blick auf das Verbum, dem der Infinitiv untergeordnet ist. Handelt es sich dabei um ein Verbum des Mitteilens, des Meinens oder der Wahrnehmung, liegt ein AcI vor. Wenn nicht, hängt der Infinitiv wahrscheinlich von einem »infinitivregierenden« Verbum wie »müssen«, »sollen«, »beschließen« oder dergleichen ab.

Vokabeln, Übersetzungen und ein wenig Kultur

Zunächst finden Sie eine Übersicht über häufig verwendete Verben, die den AcI verlangen. Viele von ihnen kennen Sie bereits, einige sind neu. Anschließend haben Sie noch einmal Gelegenheit, den Umgang mit dem AcI mit einigen Übungssätzen zu trainieren, zum wiederholten Male etwas über die Flucht und die Irrfahrten des Aeneas zu lesen und Ihr Wissen über Caesar ein wenig zu erweitern.

Häufig vorkommende Vokabeln, die den AcI verlangen

Einige Vokabeln, die den AcI verlangen, werden so oft verwendet, dass es sich lohnt, sie auswendig zu lernen. Ein paar von ihnen gehören der 3. Konjugation an (siehe Kapitel 14).

Achten Sie beim Lernen genau auf die Betonung. Die Kategorie »Verben des Mitteilung« umfasst jede Form des Sprechens oder Sichäußerns (siehe Tabelle 13.5).

Lateinisch	Deutsch	Lateinisch	Deutsch
nuntiare	melden	demonstrare	zeigen, darlegen
narrare	erzählen	declarare	erklären
negare	sagen, dass nicht; leugnen, ablehnen, verweigern	iubeo, iussi, iussum, iubere	befehlen
iurare	schwören		
Verben der 3. Konjugation			
dico, dixi, dictum, dicere	sagen	scribo, scripsi, scriptum, scribere	schreiben

Tabelle 13.5: Häufige Verben, die den AcI verlangen: Verben des Mitteilens

iubere (befehlen) steht meistens mit einem AcI. Gelegentlich wird es aber auch einfach als infinitivregierendes Wort verwendet. Was jeweils vorliegt, ist bei der Übersetzung schnell zu erkennen. Zwei Beispiele: *Caesar milites castra collocare iussit* = Caesar befahl, dass die Soldaten ein Lager aufstellen. (AcI) *Caesar castra collocare iussit* = Caesar befahl, ein Lager aufzustellen. (kein AcI) Wenn Sie den zweiten Satz als AcI behandeln würden, käme heraus: »Caesar befahl, dass das Lager aufstellt.« Sie würden gleich merken, dass das wohl nicht sein kann.

In der Kategorie »Verben des Meinens«, die auch »wissen« (*scire*) mit einschließt, ist eine Gruppe von Vokabeln hervorzuheben, die Sie immer mit »glauben«, »meinen« oder »der Meinung sein« übersetzen können. Sie haben diese Wörter schon kennengelernt: *putare*; *existimare*; *censeo, censui, censum, censere*; *arbitror, arbitratus sum, arbitrari* (Deponens!). Hinzuzufügen ist noch ein Verbum der 3. Konjugation. Es ist das Wort, nach dem das christliche Glaubensbekenntnis benannt ist: *credo, credidi, creditum, credere.*

Zu den »Verben der Wahrnehmung« gehören neben Verben der sinnlichen Wahrnehmung (hören, sehen, fühlen und dergleichen) auch Verben der geistigen Wahrnehmung (siehe Tabelle 13.6).

Lateinisch	Deutsch
invenio, inveni, inventum, invenire	} finden, herausfinden, erfahren
reperio, repperi, repertum, reperire	
comperio, comperi, compertum, comperire	erfahren
Verben der 3. Konjugation	
cognosco, cognovi, cognitum, cognoscere	} erkennen, erfahren
intellego, intellexi, intellectum, intellegere	
animadverto, animadverti, animadversum, animadvertere	bemerken, wahrnehmen

Tabelle 13.6: Häufige Verben, die den AcI verlangen: Verben der Wahrnehmung

Übersetzungen

Zunächst ein paar Vokabeln, mit denen Sie Ihren Wortschatz erweitern sollten (siehe Tabelle 13.7 und Tabelle 13.8). Auch unter ihnen finden sich bereits einige Verben der 3. Konjugation. Achten Sie wieder auf die Betonung.

Lateinisch	Deutsch	Lateinisch	Deutsch
canis, -is m.	der Hund	tertius, -a, -um	der, die, das dritte
appareo, apparui, – , apparere	erscheinen, auftauchen	optimus, -a, -um	der, die, das beste
barbarus, -a, -um	ungebildet, roh	crudelitas, crudelitatis f.	die Grausamkeit

Tabelle 13.7: Lernvokabeln

Lateinisch	Deutsch
Verben der 3. Konjugation	
relinquo, reliqui, relictum, relinquere	verlassen, zurücklassen (D Relikt)
fugio, fugi, – , fugere	fliehen (L *fuga*)
quaero, quaesivi, quaesitum, quaerere	fragen, suchen (E question)
consido, consedi, consessum, considere	sich niederlassen (L *sedes,-is*)

Tabelle 13.8: Lernvokabeln: Verben der 3. Konjugation

Rufen Sie sich zudem die Bedeutung der folgenden Vokabeln ins Gedächtnis: *numquam; errare; occupare; ingens, ingentis; subito; delere; postea; novus,-a,-um; sedes,-is; sui,-orum; valde; princeps, principis; flere; urgere; fines,-ium; pars, partis; totus,-a,-um; ibi; summus, -a,-um; superbia,-ae; imperare; orare; auxilium.*

Einzelsätze

1. *Qui numquam se errare putat, errat.*
2. *Homerus narrat regiam Ulixis a procis Penelopae, qui Ulixem mortuum esse putaverunt, esse occupatam.* (*regia,-ae*: der Palast; *procus,-i*: der Freier; *mortuus,-a,-um*: tot)
3. *Liberi dixerunt canem malum, bestiam ingentem, subito apparuisse et pilam novam delevisse.* (*pila,-ae*: der Ball).
4. *Caesari nuntiatum est Helvetios fines suos relinquere constituisse.*
5. *Vergilius narrat Aeneam fugientem patrem e flagranti Troia, quae a Graecis post X annos dolo expugnata erat, portavisse posteaque per VII annos per maria errantem novam sedem sibi suisque quaesivisse.* (*dolus,-i*: die List)
6. *Caesarem scimus Cleopatram, Aegyptiorum reginam, quae summa omnium feminarum erat pulchritudine, valde amavisse.* (*Aegyptii,-orum:* die Ägypter; *pulchritudo,-inis* f.: die Schönheit)

Übersetzungen und Erklärungen:

1. Wer glaubt, dass er sich niemals irrt, irrt sich. – *se* ist das Subjekt des AcI. In der Übersetzung entspricht ihm also das »er« im »dass«-Satz, nicht das »sich« (das steckt im lateinischen *errare* = »sich irren«).

2. Homer erzählt, dass der Palast des Odysseus von den Freiern der Penelope, die glaubten, dass Odysseus tot sei, besetzt wurde.

3. Die Kinder sagten, dass ein böser Hund, ein gewaltiges Tier, plötzlich aufgetaucht ist (oder: sei) und den (besser: ihren) neuen Ball kaputt gemacht hat (oder: habe). – Bei der Wiedergabe von Aussagen können Sie im Deutschen entweder den Indikativ (ist; hat) oder den Konjunktiv (sei; habe) verwenden. Der Indikativ suggeriert, dass die Aussage richtig ist, der Konjunktiv bedeutet: So ist das gesagt worden. Ob es stimmt, bleibt offen.

4. Caesar wurde gemeldet, dass die Helvetier beschlossen haben, ihr Gebiet zu verlassen.

Sprachliches: *Caesari*: Das ist Dativ. Caesar wird nach der 3. Deklination gebeugt. – *nuntiatum est*: wörtlich »es ist gemeldet worden«. Das »es« steckt in der lateinischen Neutrumendung *-um*. Solche unpersönlichen Passivformen kommen nicht selten vor. Gelegentlich ist eine aktive Übersetzung mit »man« eleganter. Sie könnten also auch »Man meldete Caesar« übersetzen. Andere häufige Beispiele sind: *pugnatum est* = »es ist gekämpft worden / es wurde gekämpft; man kämpfte« und *cognitum est* (von *cognoscere*) = »es ist erkannt/ erfahren worden; man erkannte/erfuhr«. – *relinquere constituisse*: Hier stehen zwei Infinitive nebeneinander. Sie haben verschiedene Ursachen: *constituisse* ist der Infinitiv des AcI, der von *nuntiatum est* abhängig ist. *relinquere* steht im Infinitiv, weil *constituere* (beschließen) ein infinitivregierendes Verbum ist.

Inhaltliches: Der Auszug der Helvetier aus ihrem Gebiet bot Caesar den ersten Anlass zu einer militärischen Operation außerhalb seines eigentlichen Zuständigkeitsbereichs (siehe dazu weiter hinten die Einleitung zu »Die Gallier bitten Caesar um Hilfe«). Die Helvetier zogen Richtung Westen durch die Gebiete gallischer Stämme, die mit den Römern Bündnisverträge geschlossen hatten. Dabei, so berichtet Caesar in *De bello Gallico*, richteten sie beträchtlichen Schaden an, und deshalb musste er auf Bitten und zum Schutz der verbündeten Gallier eingreifen.

5. Vergil erzählt, dass Aeneas, als er floh (oder: der fliehende Aeneas), seinen Vater aus dem brennenden Troja, das von den Griechen nach zehn Jahren durch eine List erobert worden war, trug und später sieben Jahre lang über das Meer irrend einen neuen Wohnsitz für sich und die Seinen suchte. – *fugientem*: Von der Form her könnte sich das Partizip (fliehend) sowohl auf *Aeneam* als auch auf *patrem* beziehen. Weil Anchises aber sehr gebrechlich war und nicht mehr gehen konnte, passt es deutlich besser zu Aeneas. – *errantem*: Auch hier entscheidet der Sinn des Satzes, auf welchen Akkusativ das Partizip zu beziehen ist. Es kommt nur Aeneas infrage. – *sibi suisque*: Die Übersetzung des Dativs mit der präpositionalen Alternative »für« bietet sich hier an. Die Übersetzung »sich und den Seinen« wäre auch möglich, dann müssten Sie es aber vor »einen neuen Wohnsitz« stellen.

6. Wir wissen, dass Caesar Kleopatra, die Königin der Ägypter, die die schönste aller Frauen war, sehr geliebt hat. – *quae summa omnium feminarum erat pulchritudine*: Wörtlich heißt

das: »die von der höchsten Schönheit aller Frauen war« (*ablativus qualitatis*). Das ist aber kaum mehr Deutsch.

Inhaltliches: Die Liebesaffäre von Caesar und Kleopatra ist eine der berühmtesten der Weltgeschichte. Sie ist aus vielen Gründen erstaunlich. Caesar riskierte mit dieser Liaison, die im Jahr 48 v. Chr. begann, eine Menge: Zum einen nahm er sich die Zeit, mit Kleopatra eine ausgiebige Nilkreuzfahrt zu machen, obwohl er sich in der Anfangsphase des Bürgerkriegs (49–45 v. Chr.) befand, dessen Ausgang noch durchaus offen war. Zum anderen gefährdete er sein Image in Rom massiv. Seine Gegner konnten die Verbindung mit der Pharaonin propagandistisch ausschlachten und das Szenario einer ägyptischen Herrscherin über Rom heraufbeschwören. Diese irrationalen Aspekte sind nicht recht mit dem Bild von Caesar als einem nüchtern kalkulierenden, kühlen Strategen in Einklang zu bringen. Es scheint, als sei Kleopatra eine überaus faszinierende Persönlichkeit gewesen, die weitaus mehr als nur ihre offenbar außergewöhnliche körperliche Attraktivität zu bieten hatte. Dass sie nach Caesars Ermordung auch dessen Vertrauten und Nachfolger Antonius für sich gewinnen konnte, ist dafür ein starkes Indiz. Diese Verbindung war alles in allem sogar noch spektakulärer als die Liaison mit Caesar und wurde unzählige Male künstlerisch verarbeitet. Die berühmtesten Resultate sind William Shakespeares Drama »Antony and Cleopatra« und der zu Recht mit vier Oscars prämierte Monumentalfilm »Cleopatra« von Joseph L. Mankiewicz aus dem Jahr 1963 mit Liz Taylor, Rex Harrison und Richard Burton. Wenn Sie den noch nicht gesehen haben, holen Sie das so schnell wie möglich nach. Sie werden es nicht bereuen.

Die Gallier bitten Caesar um Hilfe

Caesar war im Grunde nicht autorisiert, einen Krieg in Gallien zu führen. Er war als Statthalter im südlichen Teil Galliens eingesetzt, der bereits unter römischer Herrschaft stand. Militärische Operationen nördlich dieses Gebiets hätten einer Genehmigung durch den römischen Senat bedurft. Einzige Ausnahme war die Abwehr einer akuten Gefahr. In seinem Bericht über den Gallischen Krieg begründet Caesar deshalb seine ersten Aktionen vor allem damit, dass er auf Hilferufe einiger gallischer Stämme reagieren musste, die zwar außerhalb des römischen Territoriums lebten, aber Bündnisverträge mit den Römern geschlossen hatten. Einer dieser Hilferufe betraf die Helvetier (siehe weiter vorn zu Satz 4). Ein anderer die Germanen, die unter ihrem König Ariovist den Rhein überquert hatten und ein Schreckensregiment im Gebiet der gallischen Sequaner führten. Um ihn geht es im folgenden Text. Ob diese Hilferufe tatsächlich in dieser Form an Caesar ergangen sind, ist kaum sicher zu sagen.

(1) *Principes Gallorum ad Caesarem venerunt eique flentes dixerunt se a Germanis vehementer*[1] *urgeri.* (2) (*Dixerunt*) *Ariovistum, regem Germanorum, virum barbarum ac temerarium*[2]*, in finibus Sequanorum*[3] *consedisse tertiamque partem agri eorum, qui esset optimus totius Galliae, occupavisse ibique summa superbia et crudelitate imperare.* (3) (*Dixerunt*) *se orare, ut Caesar sibi auxilium ferret*[4]*.*

[1] *vehementer* (Adverb): heftig; [2] *temerarius,-a,-um*: verwegen; [3] *Sequani,-orum*: die Sequaner (ein gallischer Stamm); [4] *ferre*: bringen.

Übersetzung: 1. Die Anführer (oder: Fürsten) der Gallier kamen zu Caesar und sagten ihm weinend (oder: unter Tränen), dass sie von den Germanen heftig unter Druck gesetzt werden (oder: würden). 2. Sie sagten, dass Ariovist, der König der Germanen, ein roher und verwegener Mann, sich im Gebiet der Sequaner niedergelassen hatte (besser: habe) und den dritten Teil (oder: ein Drittel) ihres Landes, das das beste ganz Galliens sei, besetzt hatte (besser: habe) und dort mit höchstem (besser: größtem) Hochmut und höchster Grausamkeit herrschte (besser: herrsche). 3. Sie sagten, dass sie bäten, dass Caesar ihnen Hilfe bringe.

Grammatikalisches: Satz 2: *totius Galliae*: *totus,-a,-um* gehört zu den Pronominaladjektiven und hat im Genitiv deshalb die Pronominalendung *-ius* (siehe Kapitel 12). – *ut Caesar sibi auxilium ferret*: Das Reflexivpronomen *sibi* kann sich theoretisch auf das Subjekt des *ut*-Satzes (Caesar) oder auf das Subjekt des ganzen Satzes (sie) beziehen. Welche Beziehung vorliegt, ergibt sich aus dem Kontext. Wäre es hier auf Caesar bezogen, hieße der Satz »dass Caesar sich Hilfe bringe«, und das wäre Unsinn.

Stilistisches: Die Situation wird nicht von einem objektiven Berichterstatter, sondern mit den Worten der gallischen Fürsten beschrieben. Damit dies deutlich wird, sind in der Übersetzung die jeweils in Klammern angegebenen Konjunktive den Indikativen unbedingt vorzuziehen (siehe auch weiter vorn zu Satz 3). Das Lateinische hat diese Option nicht. Da kann nur der Infinitiv stehen. In Nebensätzen allerdings, die von AcIs abhängig sind, kann auch das Lateinische entsprechend differenzieren. Sie sehen das an dem Relativsatz *qui esset optimus totius Galliae* im zweiten Satz. Er steht im Konjunktiv.

Am Anfang von Satz 2 und 3 ist *Dixerunt* jeweils eingeklammert. Das soll Ihnen zeigen: In einem lateinischen Originaltext würde *Dixerunt* jeweils fehlen. Wenn Sie die deutsche Übersetzung lesen, werden Sie spüren, warum das so wäre. Auch im Deutschen klingt die Wiederholung des »sie sagten« merkwürdig. Nehmen Sie sich kurz Zeit und überlegen Sie, wie Sie Satz 2 und 3 im Deutschen ohne diese Wiederholung formulieren würden.

Die Lösung wäre: »2. Ariovist, der König der Germanen … habe sich im Gebiet der Sequaner niedergelassen und den dritten Teil ihres Landes … besetzt und herrsche dort mit größtem Hochmut und höchster Grausamkeit. 3. Sie bäten, dass Caesar ihnen Hilfe bringe.« Die Konjunktive machen ausreichend deutlich, dass diese Sätze noch immer von den gallischen Fürsten gesprochen werden. Es ist überflüssig, das jedes Mal mit einem »sie sagten« zu betonen. Entsprechend ist es im Lateinischen. Da zeigen die AcI-Konstruktionen, dass noch immer die Worte der Fürsten wiedergegeben werden. Dieses Phänomen bezeichnet man als »indirekte Rede«.

Eine indirekte Rede (lateinisch *Oratio obliqua*) liegt immer vor, wenn eine Aussage oder ein Gedanke nicht wörtlich (direkt) wiedergegeben wird (Er sagte: »Ich habe keine Lust mehr!«), sondern an ein Verbum des Mitteilens, Meinens oder der Wahrnehmung angehängt, also indirekt wiedergegeben wird (»Er sagte, dass er keine Lust mehr habe« oder »Er sagte, er habe keine Lust mehr«). Wenn die Aussage aus mehreren Sätzen besteht, wird das übergeordnete Verbum ab dem zweiten Satz weggelassen. Im Deutschen stehen diese Sätze dann im Konjunktiv. Im Lateinischen stehen die Hauptsätze im AcI, die Nebensätze im Konjunktiv. Unter Umständen kann das übergeordnete Verbum auch vor der gesamten indirekten Rede stehen: »Er sagte Folgendes: Er habe keine Lust mehr. Deshalb werde er jetzt nach Hause gehen und fernsehen. Wer wolle, könne ihn gerne begleiten …«

Wenn Sie also mit einem lateinischen Satz konfrontiert werden, dessen Hauptsatz kein Prädikat enthält und im AcI steht, dann führt dieser Satz eine indirekte Rede aus dem vorausgehenden Satz fort.

Sollten Sie sich bei der Übersetzung einer solchen lateinischen in eine deutsche indirekte Rede unsicher fühlen, fügen Sie einfach – so wie das im Text oben mit *dixerunt* gemacht wurde – das Prädikat des vorausgehenden Satzes in den vorliegenden ein und übersetzen Sie mit einem dass-Satz. Wenn Sie das Prädikat des dass-Satzes im Deutschen in den Konjunktiv setzen, brauchen Sie anschließend nur das eingefügte Prädikat und das »dass« wieder zu streichen und den Konjunktiv weiter vorzuziehen. Schon haben Sie eine perfekte deutsche indirekte Rede. Ein Beispiel: »(Sie sagten, dass) sie sich sehr über das Geschenk gefreut hätten.« → »Sie hätten sich sehr über das Geschenk gefreut.«

Das alles klingt vielleicht etwas beunruhigend. Gehen Sie die beiden folgenden Texte durch und schauen Sie, wie schlimm es wirklich ist. Den ersten Text sollen Sie nicht übersetzen. Versuchen Sie, ihn zu verstehen. Es ist die Geschichte von dem Mann, der Taube und dem Adler, die Sie im letzten Teil von Kapitel 11 schon übersetzt haben. Wenn Sie sich nicht mehr genau erinnern, blättern Sie kurz zurück. Jetzt ist die Geschichte als Erzählung des Mannes formuliert.

Text 1: *Vir narravit: Se lacrimantem ad sepulchrum stetisse. Tum se columbam vidisse in caelo volantem et aquilam columbam insectantem. Misericordia adductum se lapides in aquilam iactantem columbam servare temptavisse. Lapidum iactatorum autem unum non aquilam, sed columbam fugientem tetigisse. Columbam lapide tactam in se cecidisse.*

Falls Sie kontrollieren wollen, ob Sie alles richtig verstanden haben, hier eine Übersetzung (die lateinischen Akkusative und Infinitive sind jeweils in Klammern eingefügt): Der Mann erzählte: Er (*se*) habe weinend (*lacrimantem*) an einem Grab gestanden (*stetisse*). Da habe er (*se*) eine am Himmel fliegende Taube gesehen (*vidisse*) und einen die Taube verfolgenden Adler (einen Adler, der die Taube verfolgte). Von Mitleid veranlasst (*adductum*) habe er (*se*) versucht (*temptavisse*), Steine auf den Adler werfend (*iactantem*) die Taube zu retten. Von den geworfenen Steinen aber habe einer (*unum*) nicht den Adler, sondern die fliehende Taube getroffen (*tetigisse*). Die von dem Stein getroffene (*tactam*) Taube (*columbam*) sei auf ihn gefallen (*cecidisse*).

Der zweite Text erzählt die komplette Geschichte von den Kindern, ihrem neuen Ball (*pila, -ae*) und dem bösen Hund, die oben in Satz 3 angeklungen ist. Er enthält einige sehr lernenswerte neue Vokabeln (siehe Tabelle 13.9).

Lateinisch	Deutsch
tres (m. und f.), tria (n.)	drei
niger, nigra, nigrum	schwarz
magna voce	mit lauter Stimme, laut
latrare	bellen
dens, dentis	der Zahn (D Dentist)

Tabelle 13.9: Lernvokabeln

Zudem sollten Sie sich die Bedeutung der folgenden Vokabeln in Erinnerung rufen: *rogare*; *quis*; *amicus,-i*; *delectare*; *tum*; *caput, capitis* n.; *in omnes partes*; *iacere*; *acer, acris, acre.*

Text 2: *Cum parentes liberos rogarent, quis eorum novam pilam delevisset, liberi narraverunt: Se cum amicis in horto*[1] *fuisse et ridentes in sole pila lusisse*[2]. *Illum ludum*[3] *se valde delectavisse. Tum se audivisse aliquid mussitationis*[4], *et subito canem nigrum ingenti magnitudine e fruticibus*[5] *apparuisse. Se putare illum tria capita habuisse tresque caudas*[6]. *Cum canis magna voce latrans in se irrueret*[7], *se perterritos in omnes partes fugisse. Canem autem pilam in medio caespite*[8] *iacentem vidisse eamque dentibus acribus laceravisse*[9].

[1] *hortus,-i*: der Garten; [2] *ludo, lusi, lusum, ludere*: spielen; [3] *ludus,-i*: das Spiel; [4] *mussitatio, -onis*: das Knurren; [5] *frutex, fruticis*: der Busch; [6] *cauda,-ae*: der Schwanz; [7] *irruere* (*in aliquem*): (auf jemanden) losstürmen; [8] *caespes, caespitis*: der Rasen, die Wiese; [9] *lacerare*: zerreißen.

Übersetzung: Als die Eltern ihre Kinder fragten, wer von ihnen den neuen Ball (oder: wer ihren neuen Ball) kaputt gemacht habe, erzählten die Kinder: Sie seien mit Freunden im Garten gewesen und hätten lachend in der Sonne mit dem Ball (*pila* ist Ablativ) gespielt. Dieses Spiel habe ihnen großen Spaß gemacht (wörtlich: habe sie [*se*] sehr erfreut). Da hätten sie ein Knurren (wörtlich: etwas das Knurrens; *genitivus totius*) gehört, und plötzlich sei ein schwarzer Hund von ungeheurer Größe (*ablativus qualitatis*) aus den Büschen aufgetaucht. Sie glaubten, dass er drei Köpfe gehabt habe und drei Schwänze. Als der Hund laut (wörtlich: mit lauter Stimme) bellend auf sie losgestürzt sei, seien sie erschrocken (oder: entsetzt) in alle Richtungen geflohen. Der Hund aber habe den mitten auf dem Rasen liegenden Ball gesehen und ihn mit seinen scharfen Zähnen zerrissen.

IN DIESEM KAPITEL

Die 3. Konjugation

Ortsangaben

Die Zahlwörter von eins bis sechs

Kapitel 14
rego, rexi, rectum, regere: Die 3. Konjugation

In diesem Kapitel geht es wieder um Verben. Sie lernen das letzte noch ausstehende Konjugationssystem kennen, die sogenannte 3. Konjugation. Wenn Sie die a-, e- und die i-Konjugation im Griff haben, beherrschen Sie auch die 3. Konjugation bereits. Was die Formen betrifft, ist dieses Kapitel also vor allem eine Gelegenheit zur Wiederholung. Gehen Sie deshalb am besten noch einmal die zusammenfassenden Übersichten zu den Verbalformen in Kapitel 10 durch, bevor Sie weiterlesen. Sie werden die Formen der 3. Konjugation dann mühelos erfassen.

Perfekt, Plusquamperfekt und Futur II

Im Perfekt, Plusquamperfekt und Futur II bilden die Verben der 3. Konjugation ihre Formen genauso wie sämtliche anderen lateinischen Verben. Sie haben schon eine Reihe dieser Formen übersetzt. Bei mehreren Übungstexten in den Kapiteln 6 bis 13 sind Verben der 3. Konjugation mit ihren Stammformen angegeben.

Was die Formenbildung betrifft, gibt es also in diesem Bereich gar nicht Neues zu lernen. Das gilt leider nicht für die Basis dieser Formen, also für den Perfekt- und den Partizipialstamm. Sämtliche Verben der 3. Konjugation bilden diese Stämme »unregelmäßig«, und nicht wenige verändern sich dabei stark. Weil viele dieser Verben ausgesprochen häufig verwendet werden, sollten Sie sich ihre Stammformen möglichst gut einprägen. Eine Basisausstattung finden Sie in den Tabellen 14.8 bis 14.14.

Präsens, Imperfekt und Futur I: Die Präsensstammformen

Auch was die vom Präsensstamm aus gebildeten Formen betrifft, folgt die 3. Konjugation demselben Muster wie die drei anderen Konjugationen: Person und Aktionsart (Aktiv oder Passiv) werden durch die **Endungen** markiert, Tempus und Modus (Indikativ oder Konjunktiv) durch die **Vokale beziehungsweise Silben, die vor der Endung stehen**.

Was die Endungen angeht, gab es keine Unterschiede zwischen den verschiedenen Konjugationssystemen, und dabei bleibt es auch. Alle lateinischen Verben, also auch die der 3. Konjugation, verwenden dieselben.

Bei den Vokalen beziehungsweise Silben vor den Endungen gab es Unterschiede beim **Indikativ Präsens** (*amo, amas ... amant*; – *video, vides ... vident*; – *audio, audis ... audiunt*), beim **Konjunktiv Präsens** (*amem, ames ...*; – *videam, videas ...*; *audiam, audias ...*) und beim **Futur I** (*amabo, amabis ... amabunt*; *videbo, videbis ... videbunt*; – *audiam, audies ...*). Wie die Formen der 3. Konjugation im Einzelnen aussehen, wird gleich zu erklären sein. Generell sei aber schon gesagt: Sie können diese Formen problemlos identifizieren, wenn Sie die der i-Konjugation im Griff haben.

Es gilt die Faustregel: Die Vokale beziehungsweise Silben, die bei den Präsensstammformen der 3. Konjugation **vor den Endungen** stehen, sind fast ausschließlich dieselben wie bei den Verben der i-Konjugation (*audire*).

Die Signale, die Sie beim Bestimmen einer Verbalform beachten müssen, sind Ihnen also auch bei den Formen der 3. Konjugation bereits bekannt. Prüfen Sie das nach und übersetzen Sie auf der Basis dieser Faustregel die folgenden Formen des Verbums *regere* = »herrschen, beherrschen«: (1) *regebantur*; (2) *regit*; (3) *reget*; (4) *regat*; (5) *regeremus*; (6) *regunt*.

Lösungen (in Klammern stehen zum Vergleich jeweils die entsprechenden Formen von *audire*): 1. sie wurden beherrscht (← → *audiebantur*); 2. er/sie/es herrscht (← → *audit*); 3. er/sie/es wird herrschen (← → *audiet*); 4. er/sie/es herrsche oder: möge herrschen (Konjunktiv Präsens; ← → *audiat*); 5. wir würden herrschen (Konjunktiv Imperfekt; ← → *audiremus*); 6. sie herrschen (← → *audiunt*).

Die Formenreihen im Einzelnen

Bei den meisten Verben der 3. Konjugation endet der Wortstamm nicht auf einen Vokal, sondern auf einen Konsonanten. Deshalb ist die 3. Konjugation auch nicht nach einem Vokal benannt. Wenn nun an diese Konsonantenstämme die Endungen oder die Tempus- und Moduszeichen angehängt werden, stoßen sehr oft Konsonanten zusammen und es ergeben sich Formen, die kaum vernünftig auszusprechen sind. Um das zu vermeiden, wurden in solchen Fällen zwischen den Stamm und die Endung Vokale eingeschoben. Diese Vokale sind – wie oben in der Faustregel formuliert – fast ausschließlich dieselben, die bei der i-Konjugation vor den Endungen stehen. Die Formen werden Ihnen also schnell vertraut sein. In den Tabellen 14.1 bis 14.6 finden Sie immer die Formen der i-Konjugation zum Vergleich mit angegeben.

Der Indikativ Präsens

Ohne eingeschobenen Vokal würden die Indikativ-Präsens-Formen von *regere* = »herrschen, beherrschen« so heißen: *rego, regs, regt, regmus, regtis, regnt.* Bei den Passivformen sähe es nicht besser aus. Hier mussten Vokale eingeschoben werden. Lediglich die 1. Person Singular ist problemlos zu artikulieren, und deshalb blieb sie unverändert (siehe Tabelle 14.1).

Aktiv				Passiv		
Lateinisch	**Deutsch**	**i-Konjugation**		**Lateinisch**	**Deutsch**	**i-Konjugation**
rego	ich herrsche	audio		regor	ich werde beherrscht	audior
regis	du herrschst	audis		regeris*	du wirst beherrscht	audiris
regit	er/sie/es herrscht	audit		regitur	er/sie/es wird beherrscht	auditur
regimus	wir herrschen	audimus		regimur	wir werden beherrscht	audimur
regitis	ihr herrscht	auditis		regimini	ihr werdet beherrscht	audimini
regunt	sie herrschen	audiunt		reguntur	sie werden beherrscht	audiuntur

Tabelle 14.1: Die Indikativ-Präsens-Formen der 3. Konjugation

*Bei dieser Form trifft die Faustregel nicht zu. Anstelle des zu erwartenden »*regiris*« heißt sie *regeris*.

Optisch sind diese Formen in der 3. und in der i-Konjugation fast alle identisch. Akustisch gibt es allerdings einen Unterschied: Formen mit einem *-i-* vor der Endung, die mehr als zwei Silben haben, werden in der 3. Konjugation auf der drittletzten Silbe betont (*regimus*), in der i-Konjugation auf der vorletzten (*audimus;* Ausnahme: *audimini*).

Der Konjunktiv Präsens

Das Moduszeichen für den Konjunktiv Präsens ist bei allen lateinischen Verben (außer bei denen der a-Konjugation und bei *esse*) der Vokal *-a-* (siehe Tabelle 14.2).

Aktiv				Passiv		
Lateinisch	**Deutsch**	**i-Konjugation**		**Lateinisch**	**Deutsch**	**i-Konjugation**
regam	ich herrsche	audiam		regar	ich werde beherrscht	audiar
regas	du herrschest	audias		regaris	du werdest beherrscht	audiaris
regat	er/sie/es herrsche	audiat		regatur	er/sie/es werde beherrscht	audiatur

Aktiv				Passiv		
Lateinisch	**Deutsch**	**i-Konjugation**		**Lateinisch**	**Deutsch**	**i-Konjugation**
regamus	wir herrschen	audiamus		regamur	wir werden beherrscht	audiamur
regatis	ihr herrschet	audiatis		regamini	ihr werdet beherrscht	audiamini
regant	sie herrschen	audiant		regantur	sie werden beherrscht	audiantur

Tabelle 14.2: Die Konjunktiv-Präsens-Formen der 3. Konjugation

Der Indikativ Imperfekt

Der Indikativ Imperfekt ist leicht zu erkennen (siehe Tabelle 14.3). Er wird in der 3. Konjugation genauso gebildet wie in den drei anderen Konjugationen: Zwischen Stamm und Endung wird das nicht zu übersehende Tempuszeichen *-ba-* eingefügt. Weil dieses *-ba-* aber mit dem konsonantischen Stammauslaut kollidieren würde (*regbam, regbas ...*), wurde davor noch ein *-e-* eingeschoben. Auch dieses *-e-* kennen Sie von den Formen der i-Konjugation her. Für das Bestimmen der Form ist es irrelevant.

Aktiv				Passiv		
Lateinisch	**Deutsch**	**i-Konjugation**		**Lateinisch**	**Deutsch**	**i-Konjugation**
regebam	ich herrschte	audiebam		regebar	ich wurde beherrscht	audiebar
regebas	du herrschtest	audiebas		regebaris	du wurdest beherrscht	audiebaris
regebat	er/sie/es herrschte	audiebat		regebatur	er/sie/es wurde beherrscht	audiebatur
regebamus	wir herrschten	audiebamus		regebamur	wir wurden beherrscht	audiebamur
regebatis	ihr herrschtet	audiebatis		regebamini	ihr wurdet beherrscht	audiebaimini
regebant	sie herrschten	audiebant		regebantur	sie wurden beherrscht	audiebantur

Tabelle 14.3: Die Indikativ-Imperfekt-Formen der 3. Konjugation

Der Konjunktiv Imperfekt

Der Konjunktiv Imperfekt wird – wie in den anderen Konjugationen – durch Einschieben von *-re-* zwischen Stamm und Endung gebildet. Wie beim Indikativ Imperfekt ergäbe sich auch hier eine Konsonantenkollision (*regrem, regres ...*), und so wurde auch hier noch ein *-e-* eingefügt.

Das Resultat ist dasselbe wie bei allen lateinischen Verben: Der Konjunktiv Imperfekt sieht so aus, als wäre es der Infinitiv Präsens Aktiv + Endung: *regere* ← → *regerem, regeres …* (siehe Tabelle 14.4).

Aktiv		
Lateinisch	**Deutsch**	**i-Konjugation**
regerem	ich herrschte, würde herrschen	audirem
regeres	du herrschtest, würdest herrschen	audires
regeret	er/sie/es herrschte, würde herrschen	audiret
regeremus	wir herrschten, würden herrschen	audiremus
regeretis	ihr herrschtet, würdet herrschen	audiretis
regerent	sie herrschten, würden herrschen	audirent
Passiv		
Lateinisch	**Deutsch**	**i-Konjugation**
regerer	ich würde beherrscht werden	audirer
regereris	du würdest beherrscht werden	audireris
regeretur	er/sie/es würde beherrscht werden	audiretur
regeremur	wir würden beherrscht werden	audiremur
regeremini	ihr würdet beherrscht werden	audiremini
regerentur	sie würden beherrscht werden	audirentur

Tabelle 14.4: Die Konjunktiv-Imperfekt-Formen der 3. Konjugation

Das Futur I

Bei der Bildung des Futurs folgt die 3. Konjugation demselben Muster wie die i-Konjugation. Sie verwendet also nicht das »Gespenster-Futur« (*amabo, amabis … amabunt; – videbo, videbis … videbunt*), sondern das »Kameeeeel-Futur« (siehe Tabelle 14.5).

Aktiv		
Lateinisch	**Deutsch**	**i-Konjugation**
regam	ich werde herrschen	audiam
reges	du wirst herrschen	audies
reget	er/sie/es wird herrschen	audiet
regemus	wir werden herrschen	audiemus
regetis	ihr werdet herrschen	audietis
regent	sie werden herrschen	audient

Passiv		
Lateinisch	**Deutsch**	**i-Konjugation**
regar	ich werde beherrscht werden	audiar
regeris	du wirst beherrscht werden	audieris
regetur	er/sie/es wird beherrscht werden	audietur
regemur	wir werden beherrscht werden	audiemur
regemini	ihr werdet beherrscht werden	audiemini
regentur	sie werden beherrscht werden	audientur

Tabelle 14.5: Die Futur-I-Formen der 3. Konjugation

Die Imperative

Richtet sich ein Befehl an eine Person, wird an den Stamm – anders als in der i-Konjugation – ein *-e* angehängt. Diese Form kennen Sie bereits aus dem Satz *Vade mecum!* (Geh mit mir!); *vadere* ist ein Verbum der 3. Konjugation. Sind mehrere Personen angesprochen, sieht der Imperativ genauso aus wie bei den Verben der i-Konjugation (siehe Tabelle 14.6). Er wird allerdings anders betont.

Lateinisch	Deutsch	i-Konjugation
rege!	herrsche!	audi!
regite!	herrscht!	audite!

Tabelle 14.6: Die Imperative der 3. Konjugation

Drei Verben der 3. Konjugation weichen im Singular von diesem Schema ab. Bei ihnen fehlt das *-e*. Diese Verben sind *dicere* (sagen), *ducere* (führen) und *facere* (machen, tun). »Sag, führe und tu!« heißt lateinisch also »*Dic, duc et fac!*«, und das klingt seltsam ähnlich wie die Namen von Donald Ducks Neffen »Tick, Trick und Track«. Dafür kann das Lateinische allerdings nichts. *Fac* kennen Sie übrigens, wenn Ihnen das Wort »Faktotum« etwas sagt, das im Sinn von »Mädchen für alles« verwendet wird. *Fac totum!* heißt »Tu alles!«

Die Infinitive

Der **Infinitiv Präsens Aktiv** wird, wie in allen Konjugationen, durch Anhängen der Endsilbe *-re* an den Wortstamm gebildet. Davor wird noch ein *-e-* eingeschoben. Dadurch ist der Infinitiv Präsens Aktiv der 3. Konjugation optisch mit dem der e-Konjugation identisch: *regere – videre*. Er ist deshalb mühelos zu erkennen.

Es gibt einen entscheidenden **akustischen** Unterschied zwischen den Infinitiv-Präsens-Aktiv-Formen der e-Konjugation und denen der 3. Konjugation. Bei der e-Konjugation wird die vorletzte Silbe betont (*videre*), bei der 3. Konjugation die drittletzte (*regere*). Das müssen Sie beim Vokabelnlernen unbedingt sorgfältig beachten, damit Sie sich beim Bestimmen einer Form nicht am falschen System orientieren.

Der **Infinitiv Präsens Passiv** der 3. Konjugation ist eine höchst unangenehme Form (siehe Tabelle 14.7). Bei der a-, e- und i-Konjugation ist er leicht zu erkennen: Er wird durch Anhängen der Silbe *-ri* an den Wortstamm gebildet: *amari* = geliebt werden; *videri* = gesehen werden; *audiri* = gehört werden. Analog müsste er von *regere* »*regeri*« heißen. Das tut er aber leider nicht: »Beherrscht werden« heißt lediglich *regi*.

	Lateinisch	Deutsch
Aktiv	regere	herrschen
Passiv	regi	beherrscht werden

Tabelle 14.7: Die Präsens-Infinitive der 3. Konjugation

Der Infinitiv Präsens Passiv der 3. Konjugation (*regi* = beherrscht werden) kann leicht mit der 1. Person Singular Perfekt Aktiv (zum Beispiel *veni* = ich bin gekommen) verwechselt werden. Beide Formen enden ja nur auf *-i*. Zwar sind die beiden Formen nur bei sehr wenigen Verben wirklich miteinander identisch (»ich habe geherrscht« heißt zum Beispiel nicht *regi*, sondern *rexi*), aber das erkennt man erst bei genauerem Nachdenken beziehungsweise Nachschlagen im Lexikon. Immerhin ist es praktisch unmöglich, die jeweils falsche Form sinnvoll in einen Satz einzubauen. Ein untrügliches Alarmzeichen ist, wenn plötzlich in einem Satz ein »Ich« vorkommen würde, das überhaupt nicht in den Kontext passt. Prägen Sie sich deshalb die beiden Optionen gut ein, und wenn Sie beim Übersetzen eine solche Form nicht im Satz unterbringen können, denken Sie an die Alternative.

Die folgenden Sätze enthalten AcIs (siehe Kapitel 13) und Verbalformen, die auf -i enden. Versuchen Sie Ihr Glück!

1. *Imperator copias e castris educi iussit.* (*educo, eduxi, eductum* 3: herausführen)
2. *Dulci in somnio vidi Donaldum Trumpum ab extraterrestribus in spatium cosmicum abduci.* (*somnium,-i*: der Traum; *abduco, abduxi, abductum* 3: wegführen, verschleppen, entführen)
3. *Scimus nonnullos populos a tyrannis regi eosque tyrannos interdum a multis civibus amari et ut deos coli.* (*interdum*: manchmal; *colo, colui, cultum* 3: verehren)
4. *Legati Caesari nuntiant agros Sequanorum ab Helvetiis vastari, liberos in servitutem abduci, oppida expugnari.* (*Sequani,-orum*: die Sequaner; *abducere*: siehe Satz 2)

Übersetzungen

1. Der Feldherr befahl, dass die Truppen aus dem Lager herausgeführt werden.

2. In einem süßen Traum sah ich, dass Donald Trump von Außerirdischen in den Weltraum entführt wird.

3. Wir wissen, dass einige Völker von Tyrannen beherrscht werden und diese Tyrannen manchmal von vielen Bürgern geliebt und wie Götter verehrt werden.

4. Die Gesandten melden Caesar, dass die Felder der Sequaner von den Helvetiern verwüstet (werden), die Kinder in die Sklaverei verschleppt (werden), die Städte erobert werden.

Was die Formen der Verben der 3. Konjugation betrifft, sind Sie jetzt umfassend informiert. Jetzt geht es darum, die wichtigsten Vokabeln zu lernen. Sie kommen häufig vor, und deshalb lohnt es sich sehr, sie sich zu merken. Sie ersparen sich damit viel mühsames Blättern im Lexikon. Einige von ihnen haben Sie schon am Ende von Kapitel 13 gelernt.

Stammformen wichtiger Verben der 3. Konjugation

Alle Verben der 3. Konjugation bilden ihren Perfekt- und Partizipialstamm unregelmäßig. Sie sollten deshalb möglichst die kompletten Stammformenreihen lernen (siehe dazu Kapitel 6). Was die Bedeutung der Verben betrifft, werden Sie oft auf Bekanntes stoßen: Viele dieser Verben haben in modernen Sprachen Karriere gemacht. Basis dafür war entweder der Präsensstamm oder der Partizip-Perfekt-Stamm, gelegentlich auch beide. Decken Sie also zuerst wieder die deutsche Bedeutung zu und versuchen Sie, sie zu erraten.

Perfektstamm ohne Veränderung

Tabelle 14.8 listet Verben auf, bei denen der Perfektstamm mit dem Präsensstamm identisch ist. Bei den Perfektpartizipien gibt es meistens Veränderungen.

1. Person Singular Präsens Aktiv	1. Person Singular Perfekt Aktiv	Partizip Perfekt Passiv	Infinitiv Präsens Aktiv	Deutsch
bibo	bibi	–	bibere	trinken (I bere)
defendo	defendi	defensum	defendere	verteidigen (D defensiv; E defend)
incendo	incendi	incensum	incendere	anzünden, in Brand setzen
occido	occidi	occisum	occidere	niederhauen, töten
statuo	statui	statutum	statuere	} aufstellen, festsetzen, beschließen (D Statut; E constitution)
constituo	constitui	constitutum	constituere	
verto	verti	versum	vertere	wenden (D Version)
animadverto	animadverti	animadversum	animadvertere	wahrnehmen, bemerken
volvo	volvi	volutum	volvere	wälzen, rollen (D Re-volver, Re-volution, Volvo)

Tabelle 14.8: Stammformenreihen wichtiger Verben der 3. Konjugation, Teil 1

bibere ist das lateinische Wort für genussvolles Trinken. In der Regel ist Wein im Spiel, wenn es verwendet wird. Wenn es lediglich um Flüssigkeitsaufnahme geht, verwendet man *haurire*. Das ist Ihnen schon beim Leeren des Giftbechers durch Sokrates begegnet. Lustvolle Bekenntnisse zum Weingenuss finden sich mehrfach in römischen Grabinschriften. Übersetzen Sie die folgende:

Dum vixi, bibi libenter. Bibite vos, qui vivitis! (*dum*: solange; *vivo, vixi, victum* 3: leben; *libenter* Adverb: gerne)

Übersetzung: Solange ich gelebt habe, habe ich gerne getrunken. Trinkt (ergänze: auch) ihr, die ihr lebt!

Eine besondere Wortverbindung sollten Sie sich zusätzlich merken: *terga vertere* heißt »die Flucht ergreifen«; *tergum,-i*: der Rücken, *vertere*: wenden. Wörtlich heißt *terga vertere* also »die Rücken wenden«, aber das ist beim Übersetzen nicht leicht richtig zu deuten.

In dem folgenden kurzen Text kommen die meisten der oben aufgelisteten Vokabeln vor. Rufen Sie sich in Erinnerung, dass *timere, ne* + Konjunktiv »fürchten, dass« heißt und wie sich die Formen von *vis* (die Kraft, Gewalt) und *vir* (der Mann) voneinander unterscheiden (siehe Tabelle 8.11). Dann sollten Sie ihn gut übersetzen können.

Hostes cum copias nostras advenire animadvertissent, timentes, ne occiderentur, terga verterunt seque in oppidum receperunt. Ibi statuerunt (oder: *constituerunt*) *oppidum omnibus viribus defendere.* (*se recipere*: sich zurückziehen; Perfekt: *recepi*)

Übersetzung: Als die Feinde bemerkt hatten, dass (AcI) unsere Truppen ankamen, ergriffen sie, fürchtend, dass sie getötet werden, (besser: aus Furcht, getötet zu werden,) die Flucht und zogen sich (*seque = et se*) in die (oder: ihre) Stadt zurück. Dort beschlossen sie, die Stadt mit allen Kräften zu verteidigen.

Perfektstamm mit *-v-* und mit *-u-*

Tabelle 14.9 listet Verben auf, die sich bereits im Perfektstamm deutlich gegenüber dem Präsensstamm verändern.

1. Person Singular Präsens Aktiv	1. Person Singular Perfekt Aktiv	Partizip Perfekt Passiv	Infinitiv Präsens Aktiv	Deutsch
Perfektstamm mit *-v-*				
cresco	crevi	cretum	crescere	wachsen, zunehmen
cognosco	cognovi	cognitum	cognoscere	erkennen, kennenlernen, erfahren (D inkognito; E recognize)
peto	petivi	petitum	petere	anstreben, verlangen, erbitten; (einen Ort) aufsuchen (D Petition)

1. Person Singular Präsens Aktiv	1. Person Singular Perfekt Aktiv	Partizip Perfekt Passiv	Infinitiv Präsens Aktiv	Deutsch
quaero	quaesivi	quaesitum	quaerere	fragen, sich erkundigen, suchen (E question)
requiesco	requievi	–	requiescere	ruhen, sich ausruhen
Perfektstamm mit *-u-*				
colo	colui	cultum	colere	verehren, pflegen (D Kult; L *agricultura*)
incolo	incolui	incultum	incolere	wohnen, bewohnen (L *incola*)
pono	posui	positum	ponere	setzen, stellen, legen (D Position)

Tabelle 14.9: Stammformenreihen wichtiger Verben der 3. Konjugation, Teil 2

Das Perfekt von *cognoscere* (erkennen, kennenlernen, erfahren) kann oft mit dem Präsens »kennen, wissen« übersetzt werden: *cognovimus* = wir haben erfahren, kennengelernt, erkannt = wir kennen, wissen. Welche Übersetzung besser passt, hängt vom Kontext ab. Es kommt darauf an, ob eher der Vorgang des Erkennens oder das Resultat im Vordergrund steht.

requiescere kennen Sie schon lange, aber womöglich, ohne es zu wissen. Die oft auf Grabsteinen zu lesende Inschrift R.I.P. steht nämlich ursprünglich keineswegs für »Rest In Peace«, wie Sie vielleicht angenommen haben. Es wäre ja auch merkwürdig, wenn beispielsweise auf deutschen Grabsteinen eine englische Inschrift angebracht würde. R.I.P. ist die Abkürzung des lateinischen Satzes *Requiescat In Pace. Requiescat* ist Konjunktiv Präsens und ist – anders als die englische Version – mehr ein netter Wunsch als ein Befehl: »Er/sie möge ruhen.« Weil das Englische das lateinische Wort für Frieden übernommen hat, konnte es auch die Abkürzung übernehmen und mit englischen Wörtern auflösen. – Wenn Sie die lateinische Version auswendig lernen, was keine große Mühe ist, haben Sie ein Beispiel für das *-a-* als Moduszeichen für den Konjunktiv Präsens im Kopf.

Übersetzen Sie noch den folgenden kurzen Text. Er beschreibt typische Aktionen aus Caesars Kriegszug in Gallien:

Caesar cum cognovisset eam regionem a Nerviis incoli, de eorum natura moribusque quaesivit. Repperit eos esse homines feros magnaeque virtutis, qui numquam se pacem a Romanis petituros esse declaravissent. Cum haec comperisset, castra ponere constituit. (*Nervii,-orum*: die Nervier; *ferus,-a,-um*: wild)

Übersetzung: Als Caesar erfahren hatte, dass (AcI) diese Gegend von den Nerviern bewohnt wurde (*incoli* ist Infinitiv Präsens Passiv von *incolere*), erkundigte er sich über ihr Wesen und ihre Sitten. Er fand heraus, dass (AcI) sie wilde Menschen und von großer Tapferkeit (*genitivus qualitatis*) seien, die erklärt hätten, dass (AcI) sie (*se*) niemals Frieden von den Römern erbitten würden. Als er das (*haec* ist Neutrum Plural; wörtlich: diese Dinge) erfahren hatte, beschloss er, ein Lager aufzustellen.

Perfektstamm mit *-s-*

Mit *-s-* gebildete Perfektstämme sind deshalb unangenehm, weil das *-s-* meistens den letzten Konsonanten des Präsensstamms ersetzt (siehe Tabelle 14.10). Dadurch ist das Nachschlagen solcher Wörter im Lexikon etwas mühsam. Wenn man dabei nicht gut konzentriert ist, kann es auch zu ärgerlichen Verwechslungen kommen. Ein Beispiel: Das Perfekt von *mitto* (ich schicke) heißt *misi*. Wenn Sie das wissen, ist der Satz *Hostes legatos miserunt* mühelos zu übersetzen. Wenn Sie aber im Lexikon unter *mis...* nachschlagen, finden Sie *miseror*, und das heißt »beklagen, bejammern«. Zwar kann die Form *miserunt* nicht von *miseror* kommen, aber das wird leicht übersehen. Lernen Sie diese Verben also genau. Sie werden die investierte Zeit später mehrfach einsparen.

1. Person Singular Präsens Aktiv	1. Person Singular Perfekt Aktiv	Partizip Perfekt Passiv	Infinitiv Präsens Aktiv	Deutsch
Perfektstamm mit *-s-*				
claudo	clausi	clausum	claudere	schließen (D Klausur)
divido	divisi	divisum	dividere	teilen, trennen (D Division, dividieren)
gero	gessi	gestum	gerere	tragen; durchführen, tun
mitto	misi	missum	mittere	schicken, loslassen; werfen (D Mission)
amitto	amisi	amissum	amittere	verlieren
premo	pressi	pressum	premere	drücken, bedrängen (D Presse; E pressure)
scribo	scripsi	scriptum	scribere	schreiben (D Manuskript)
Perfektstamm mit Konsonant plus *-s-* → *-x-*				
dico	dixi	dictum	dicere	sagen, sprechen
duco	duxi	ductum	ducere	führen (L *dux, ducis*)
intellego	intellexi	intellectum	intellegere	einsehen, verstehen (D Intellekt, intelligent)
rego	rexi	rectum	regere	lenken, (be-)herrschen (L *rex*; D regieren, Regie)
traho	traxi	tractum	trahere	ziehen, schleppen (D Traktor)
vivo	vixi	victum	vivere	leben (L *vita*; I viva!)

Tabelle 14.10: Stammformenreihen wichtiger Verben der 3. Konjugation, Teil 3

vivere bedeutet »leben, am Leben sein« im Unterschied zu »tot sein«. Das deutsche »leben« im Sinn von »existieren« heißt auf Lateinisch *esse*. Sie kennen das bereits: Mit dem Satz *Cogito, ergo sum* (Ich denke, also bin ich) wollte René Descartes nicht sagen, dass seine Fähigkeit zu denken beweist, dass er nicht tot ist, sondern dass er überhaupt existiert.

Angaben über die Lebenszeit einer Person werden im Lateinischen deshalb nicht mit *vivere,* sondern mit *esse* gemacht. Ein Beispiel: »Nero lebte im 1. Jahrhundert n. Chr.« hieße lateinisch *Nero primo post Christum natum saeculo fuit.*

gerere (tragen; durchführen, tun) kommt bei Caesar sehr häufig vor. Merken Sie sich den Ausdruck *bellum gerere* = Krieg führen. – Auch an Stellen, an denen die Erzählung von einer Handlung zu einer anderen übergeht, kommt *gerere* oft zum Einsatz. Recht typisch wären Formulierungen wie diese: *Dum haec geruntur, Caesar milites in castra reducit.* = Während dies(e Dinge; *haec* ist Neutrum Plural) getan wird (besser: geschieht), führt Caesar seine Soldaten ins Lager zurück.

Die folgenden Nachrichten sind ein wenig beliebig aneinandergereiht, dafür enthalten sie alle Verben dieses Abschnitts. Achten Sie beim Übersetzen genau auf die Verbalformen.

Porta clauditur, divisor dividit, Caesar bellum cum Gallis gessit, legati missi sunt, senex crines amisit, multae gentes premebantur a Suebis, scriptor scribit, rex regit, tractor trahit, dux se ducere dicit, vitam iucundam vivamus – haec omnia intellegimus! (*crinis,-is*: das Haar; *iucundus,-a,-um*: angenehm)

Übersetzung: Die Tür wird geschlossen, der Divisor teilt, Caesar hat Krieg gegen die Gallier geführt, Gesandte wurden geschickt, der Greis hat seine Haare verloren, viele Völker wurden von den Sueben bedrängt, der Schriftsteller schreibt, der König herrscht, der Traktor zieht, der Anführer sagt, dass (AcI) er (*se*) führt, lasst uns ein angenehmes Leben leben – dies alles (lateinisch: Neutrum Plural) verstehen wir!

Perfektstamm mit Veränderung oder Dehnung des Stammvokals

Von *legere* (lesen) abgesehen verändern sich auch die in Tabelle 14.11 aufgelisteten Verben im Perfektstamm deutlich gegenüber dem Präsensstamm.

1. Person Singular Präsens Aktiv	1. Person Singular Perfekt Aktiv	Partizip Perfekt Passiv	Infinitiv Präsens Aktiv	Deutsch
ago	egi	actum	agere	treiben, betreiben, tun, verhandeln (D agieren)
cogo	coegi	coactum	cogere	zusammenziehen; zwingen
lego	legi	lectum	legere	lesen, sammeln (D Legende, Lektüre)
deligo	delegi	delectum	deligere	auswählen
relinquo	reliqui	relictum	relinquere	zurücklassen, verlassen (D Relikt)
vinco	vici	victum	vincere	siegen, besiegen (L *victoria*; Caesar: »*Veni, vidi, vici.*«)

Tabelle 14.11: Stammformenreihen wichtiger Verben der 3. Konjugation, Teil 4

agere bedeutet allgemein »mit etwas beschäftigt sein, etwas betreiben«. *Quid agis?* (wörtlich: Was treibst du?) war deshalb eine übliche Grußformel im Sinne des deutschen »Wie geht's?« Alternativ konnte man auch fragen »*Quid agitur*?« (wörtlich: Was wird betrieben? Was passiert?). Das entspricht recht genau dem saloppen deutschen »Was läuft?« oder »Was geht?« – Caesar verwendet *agere* häufig in der spezifischen Bedeutung »verhandeln«.

Wenn Sie sich erinnern, dass *licet* »es ist erlaubt« bedeutet, sollten Sie den folgenden Satz lösen können: *Principes civitatum suos reliquerunt et a Caesare petiverunt, ut sibi secreto cum eo agere liceret.* (*secreto* [Adverb] geheim, ohne Zeugen).

Übersetzung: Die Anführer der Stämme ließen ihre Leute zurück (oder: verließen ihre Leute) und verlangten (oder: erbaten) von Caesar, dass es ihnen (das Reflexivpronomen *sibi* bezieht sich auf das Subjekt des Hauptsatzes) erlaubt sei, mit ihm ohne Zeugen zu verhandeln.

Ob *cogere* »zusammenziehen« oder »zwingen« bedeutet, können Sie an der Konstruktion erkennen. Wenn es »zusammenziehen« heißt, hat es ein Akkusativobjekt bei sich, zum Beispiel: *Hostes copias coegerunt* = Die Feinde zogen ihre Truppen zusammen. – In der Bedeutung »zwingen« ist es, wie sein deutsches Pendant, ein infinitivregierendes Verbum. Ein Beispiel: *Helvetii victi a Caesare in fines suos redire coacti sunt* (*redire*: zurückkehren) = Die besiegten Helvetier wurden von Caesar gezwungen, in ihre Gebiete zurückzukehren.

Perfektstamm mit Reduplikation

1. Person Singular Präsens Aktiv	1. Person Singular Perfekt Aktiv	Partizip Perfekt Passiv	Infinitiv Präsens Aktiv	Deutsch
Perfektstamm mit Reduplikation (Verdoppelung)				
disco	didici	–	discere	lernen (L *disciplina*)
pello	pepuli	pulsum	pellere	stoßen, schlagen, vertreiben (D Puls)
expello	expuli	expulsum	expellere	vertreiben (E expel)
tango	tetigi	tactum	tangere	berühren (D Tangente, Takt)
abdo	abdidi	abditum	abdere	verstecken, verbergen
condo	condidi	conditum	condere	gründen, bauen
credo	credidi	creditum	credere	glauben (D Credo; Kredit; E incredible)
dedo	dedidi	deditum	dedere	übergeben, ausliefern, hingeben
perdo	perdidi	perditum	perdere	zugrunde richten, verlieren, vergeuden (F perdu)
trado	tradidi	traditum	tradere	übergeben, überliefern, berichten (E trade; D Tradition)

Tabelle 14.12: Stammformenreihen wichtiger Verben der 3. Konjugation, Teil 5

Dem Verbum *discere* (lernen) sind Sie schon ganz am Anfang dieses Buches begegnet. Es ist das Prädikat in dem Satz *Non scholae, sed vitae discimus.* Die Diskothek oder Disco hat leider nichts mit *discere* zu tun. Diese Wörter gehen auf das griechische Wort »diskos« (lateinisch *discus*) = »die Scheibe« zurück. In der Disco wurden »heiße Scheiben« (Schallplatten) aufgelegt. So sagte man das vor langer Zeit.

Das Partizip Perfekt von *condere* (gründen) taucht in einem römischen Datierungssystem aus vorchristlicher Zeit auf. Wie die Zeitrechnung *ante/post Christum natum* setzte auch dieses System einen Fixpunkt in der Vergangenheit und rechnete von diesem aus vorwärts (allerdings selten rückwärts). Dieser Fixpunkt war die Gründung Roms (753 v. Chr.), das die Römer auch einfach »die Stadt« (*urbs, urbis*) nannten. Sie datierten deshalb (*ante*)*/post urbem conditam*. Wörtlich heißt das »(vor)/nach der gegründeten Stadt«, aber analog zu *ante/post Christum natum* übersetzen wir »(vor)/nach der Gründung der Stadt«. Dieses System wurde erstaunlich spät, erst im 1. Jahrhundert v. Chr., entwickelt, und es hat sich auch nicht flächendeckend durchgesetzt. Römische Historiker und auch offizielle Inschriften blieben in der Regel bei dem älteren, für uns etwas merkwürdigen System: Die Jahre wurden nach den jeweils amtierenden Konsuln benannt (siehe Kapitel 17). – ***Ab urbe condita*** (»Von der Gründung der Stadt an«) war der Titel eines der bedeutendsten Geschichtswerke der Antike. Es umfasste die römische Geschichte von ihren Anfängen bis in die Gegenwart des Autors, der **Livius** hieß. Diese Gegenwart war die Zeit des Kaisers Augustus (30 v. bis 14 n. Chr.), und das ist kaum ein Zufall. Die Rückbesinnung auf die eigenen Wurzeln war einer der Wege, auf dem die Römer am Ende des 1. Jahrhunderts v. Chr. nach einer langen Phase desaströser innerer Auseinandersetzungen, die in drei Bürgerkriegen gipfelten, neue Orientierung zu finden versuchten.

tradere kann »übergeben« in zweierlei Hinsicht heißen. Entweder bedeutet es konkret »jemandem etwas geben«. Oder es bedeutet, ein Ereignis »der Erinnerung übergeben, weitergeben«, und so kommt es zur Bedeutung »überliefern, berichten«. Das englische »trade« und das deutsche »Tradition«, die beide auf *tradere* zurückgehen, spiegeln dieses Bedeutungsspektrum wider.

dedere bedeutet ebenfalls »übergeben«, aber in einem engeren Sinn: Es hat meistens etwas Unfreiwilliges. Bei Caesar wird es oft in Verbindung mit *se* verwendet: *se dedere* = sich ausliefern, kapitulieren. Gelegentlich wird dem *se* noch ein *suaque omnia* (»und all seine/ihre Dinge« oder: »und all das Seine/Ihre«) hinzugefügt: *Hostes se suaque omnia dediderunt* (Die Feinde lieferten sich und all ihre Habe aus) bedeutet eine totale Kapitulation. Das dazu passende Substantiv sollten Sie sich gleich mit dazu merken: *deditio, deditionis* = die Kapitulation. Anstelle von *se* (*suaque omnia*) *dedere* kann deshalb auch *in deditionem venire* (wörtlich: zur Kapitulation kommen) für »sich unterwerfen, kapitulieren« stehen.

Verben, deren Präsensstamm auf -i endet

Bei einer relativ kleinen Gruppe von Verben der 3. Konjugation endet der Präsensstamm nicht auf einen Konsonanten, sondern auf *-i* (siehe Tabelle 14.13). Bei diesen Verben sehen die Formen deshalb fast ausnahmslos exakt so aus wie die der i-Konjugationsverben. Nicht zu sehen ist dieses *-i* allerdings bei den Infinitiven. Sie werden genauso gebildet wie bei allen anderen Verben der 3. Konjugation.

1. Person Singular Präsens Aktiv	1. Person Singular Perfekt Aktiv	Partizip Perfekt Passiv	Infinitiv Präsens Aktiv	Deutsch
capio	cepi	captum	capere	ergreifen, fangen, gefangen nehmen, erobern (D kapieren; E capture)
accipio	accepi	acceptum	accipere	annehmen, empfangen (D akzeptieren; E accept)
incipio	**coepi**	inceptum	incipere	anfangen, beginnen
recipio	recepi	receptum	recipere	zurücknehmen, zurückziehen; erhalten, aufnehmen (E receive)
cupio	cupivi	cupitum	cupere	wünschen, begehren (L *cupidus,-a,-um*)
facio	feci	factum	facere	machen, tun, handeln (D Fakt; F faire)
interficio	interfeci	interfectum	interficere	töten
conficio	confeci	confectum	conficere	durchführen, vollenden, zustande bringen (D Perfekt; perfekt)
perficio	perfeci	perfectum	perficere	
fugio	fugi	–	fugere	meiden, fliehen (L *fuga*)
iacio	ieci	iactum	iacere	werfen
rapio	rapui	raptum	rapere	an sich reißen, rauben (D rapid; E rape)

Tabelle 14.13: Stammformenreihen wichtiger Verben der 3. Konjugation, i-Stämme

Caesar verwendet all diese Verben sehr häufig. Sie sollten sie sich also gut einprägen. Einige von ihnen seien ein wenig erläutert.

recipere kommt bei Caesar in seinen beiden Bedeutungsrichtungen vor. Es kann ein militärisches Manöver bezeichnen, dann heißt es »zurücknehmen, zurückziehen« (zum Beispiel *equites recipere* = die Reiter zurücknehmen). Besonders häufig wird es in Verbindung mit *se* verwendet: *se recipere* = sich zurückziehen. – Es kann aber auch »aufnehmen« bedeuten (zum Beispiel: *Incolae oppidi fugientes receperunt* = Die Bewohner der Stadt nahmen die Flüchtenden auf).

facere ist ein beinahe allgegenwärtiges Wort. Es bedeutet »machen, tun, handeln« im allerweitesten Sinn und kann in praktisch jedem Kontext verwendet werden (vergleichbar ist annähernd das englische »to do«). Eine wörtliche Übersetzung passt deshalb zwar oft, aber nicht immer. Erinnern Sie sich: *iter facere* heißt wörtlich »einen Marsch machen«, deutlich besser klingt aber »marschieren«. Wie würden Sie die folgenden häufigen Wortverbindungen übersetzen? (1) *proelium facere*; (2) *iniuriam facere*; (3) *pacem facere*; (4) *praedam facere*; (5) *pontem facere*; (6) *finem iniuriarum facere*; (7) *imperata facere*.

Lösungen: 1. eine Schlacht schlagen; 2. Unrecht tun; 3. Frieden schließen; 4. Beute machen; 5. eine Brücke bauen; 6. »ein Ende der Ungerechtigkeiten machen«, den Ungerechtigkeiten ein Ende setzen; 7. »befohlene Dinge (*imperata* ist Partizip Perfekt Passiv von *imperare*, Neutrum Plural) tun«, Befehle ausführen, Anordnungen ausführen.

iacio, ieci, iactum, iacere = werfen: Zu diesem Wort gibt es unpraktischerweise ein stammgleiches Pendant in der e-Konjugation: *iaceo, iacui, –, iacere* = liegen. *iacere* ist sozusagen das Resultat von *iacere*: Was jemand wirft (*iacit*), liegt anschließend da (*iacet*). Wirklich identisch – jedenfalls optisch – sind bei den beiden Verben nur der Infinitiv Präsens Aktiv und deshalb auch der Konjunktiv Imperfekt. Die Unterschiede in den anderen Formen bestehen aber vor allem in dem *-e-* oder *-i-* im Wortinneren, und das ist wenig spektakulär (zum Beispiel *iaciebam* = ich warf – *iacebam* = ich lag). Merken Sie sich also diese beiden Verben gut. Im Kontext ergibt immer nur eines von beiden einen Sinn. Und merken Sie sich dazu: Passive Formen stammen auf jeden Fall von *iacere* = werfen. Ein Passiv von »liegen« gibt es nicht.

Eine solche Passivform steht in einem der bekanntesten Sätze der Weltgeschichte. Caesar soll ihn gesagt haben. Sie kennen ihn vermutlich entweder in der Version »Die Würfel sind gefallen« oder in der Version »Der Würfel ist gefallen«. Keine von beiden ist ganz korrekt. Das lateinische Original heißt *Alea iacta est* (*alea* = der Würfel). Es ist also nur ein Würfel, und der ist nicht gefallen, sondern »geworfen (worden)«. Das ist nicht dasselbe: Wenn ein Würfel gefallen ist, ist das Ergebnis bekannt. Wenn er »geworfen« ist, ist er noch in Bewegung, aber das Ergebnis steht noch nicht fest. Beim Roulette wäre das die »rien ne va plus«-Phase: die Kugel rollt noch. Was aber bei beiden Versionen gleich ist, ist: Das Spiel ist gestartet und nicht mehr aufzuhalten, und genau das wollte Caesar sagen. Details finden Sie am Ende dieses Kapitels in den Erläuterungen zu Satz 9.

Deponentien der 3. Konjugation

Auch in der 3. Konjugation gibt es Deponentien, also Verben, die passive Formen, aber aktive Bedeutung haben (siehe Kapitel 6). Diese Verben müssen Sie sich besonders gut einprägen. Sie sind lästige Fehlerquellen. Zur Erinnerung: Bei den Deponentien sehen die Stammformenreihen wegen des nicht existierenden Perfekt-Aktiv-Stamms anders aus als bei den »normalen« Verben (siehe Tabelle 14.14). Sie bestehen nur aus drei Formen: 1. Person Singular Präsens, 1. Person Singular Perfekt und Infinitiv Präsens.

1. Person Singular Präsens	1. Person Singular Perfekt	Infinitiv Präsens	Deutsch
Konsonantenstämme			
loquor	locutus sum	loqui	sprechen, reden
colloquor	collocutus sum	colloqui	sich unterhalten, sich besprechen (D Kolloquium)
patior	passus sum	pati	dulden, ertragen, leiden (D Passiv, Patient)
proficiscor	profectus sum	proficisci	aufbrechen, marschieren, reisen
sequor	secutus sum	sequi (+ Akkusativ)	folgen, verfolgen – zum Beispiel: *hostem sequitur* = er verfolgt den Feind oder: er folgt dem Feind

1. Person Singular Präsens	1. Person Singular Perfekt	Infinitiv Präsens	Deutsch
consequor	consecutus sum	consequi	verfolgen; einholen, erreichen (D Konsequenz)
persequor	persecutus sum	persequi	
utor	usus sum	uti (+ Ablativ)	gebrauchen, anwenden, benutzen – zum Beispiel: *vehiculo utitur* = er benutzt ein Fahrzeug
i-Stämme			
aggredior	agressus sum	aggredi	angreifen (D aggressiv)
egredior	egressus sum	egredi	hinausgehen, verlassen
progredior	progressus sum	progredi	vorwärtsgehen, vorrücken (E progress)
transgredior	transgressus sum	transgredi	hinübergehen, überschreiten, überqueren
morior	mortuus sum	mori	sterben
nascor	natus sum	nasci	geboren werden
Semideponens (nur im Präsensstamm Deponens; im Perfekt mit normalen Aktivformen)			
revertor	reverti	reverti	zurückkehren

Tabelle 14.14: Stammformenreihen wichtiger Verben der 3. Konjugation, Deponentien

Besondere Beachtung sollten Sie den Deponentien *sequi* + Akkusativ (folgen, verfolgen) und *uti* + Ablativ (gebrauchen, anwenden, benutzen) schenken. Sie gehören zu den relativ wenigen lateinischen Verben, die im Lateinischen einen anderen Fall nach sich ziehen als ihre deutschen Entsprechungen. Merken Sie sich die in Tabelle 14.14 angegebenen Beispiele gut. Anderen häufig vorkommenden Verben dieser Art sind Sie schon begegnet: *studere* + Dativ = »sich um etwas bemühen, ewas anstreben« und *potiri* + Ablativ = sich einer Sache bemächtigen (siehe Tabelle 6.6).

proficisci ist ein sehr häufig verwendetes Wort. Es kann den Beginn oder die Durchführung eines Marsches oder einer Reise bezeichnen (»aufbrechen« – »maschieren, reisen«). Merken Sie sich: Wenn Caesar das Wort verwendet, heißt es nie »reisen«. In *De bello Gallico* wird viel aufgebrochen und marschiert, aber Touristen sind dort nie unterwegs.

Übungssätze mit Deponentien

Eine besondere Herausforderung bei der Übersetzung von Deponentien stellen die Perfektpartizipien dar (siehe Kapitel 11). Sie haben ja aktive Bedeutung und können deshalb kaum wörtlich ins Deutsche übersetzt werden (zum Beispiel: *hostes nostros aggressi* = »die unsere Leute angegriffen habenden Feinde«). Bilden Sie in solchen Fällen immer einen Nebensatz: »Die Feinde, die unsere Leute angegriffen haben« (attributiv) oder »Nachdem/weil die Feinde unsere Leute angegriffen haben« (adverbial). In den folgenden Übungssätzen werden Sie auch, aber nicht nur, auf einige solcher Partizipien stoßen.

Rufen Sie sich vor dem Übersetzen noch die Bedeutung der folgenden Vokabeln in Erinnerung: *canis; magna voce; latrare; frustra; antea; ne* + Konjunktiv; *iter magnum; potiri* (+ Ablativ); *postquam* (immer mit Indikativ Perfekt); *delere; ergo.*

1. *Canis felem magna voce latrans frustra secutus ad dominum revertitur.* (*feles, felis*: die Katze)

2. *Caesar cum militibus flumen transgressus pontem, quem antea fecerat, rescindi iussit, ne hostes se sequi possent. Tum itinere magno in castra revertit.* (*rescindere*: abreißen; *posse*: können)

3. *Graeci dolo usi Troia potiti sunt. Postquam urbem ceperunt et deleverunt multosque Troianos interfecerunt, in Graeciam profecti sunt.* (*dolus,-i*: die List)

4. *Hic mortui vivunt, hic muti loquuntur.* (*mutus,-a,-um*: stumm)

5. *Bibens morieris; non bibens nihilo minus morieris. Ergo bibamus!* (*nihilo minus*: »um nichts weniger«, nichtsdestotrotz, trotzdem)

6. *Parturient montes, nascetur ridiculus mus.* (*parturire*: in den Wehen liegen, kreißen; *mus, muris*: die Maus)

7. *Suebi vinum ad se importari non patiebantur.* (*Suebi,-orum*: die Sueben)

Übersetzungen und Erklärungen:

1. Der Hund, der die Katze laut bellend vergeblich verfolgt hat, kehrt zu seinem Herrn zurück (oder: Nachdem der Hund … verfolgt hat, kehrt er … zurück).

2. Als Caesar mit seinen Soldaten den Fluss überschritten hatte, befahl er, dass die Brücke, die er vorher gebaut hatte, abgerissen wird (*rescindi* ist Infinitiv Präsens Passiv), damit die Feinde ihm nicht folgen (oder: ihn nicht verfolgen) konnten. Dann kehrte er in einem Eilmarsch ins Lager zurück. – Auch wenn Sie das sehr unregelmäßig gebeugte Verbum *posse* noch nicht gelernt haben (siehe Kapitel 18), können Sie der Angabe »*posse* = können« entnehmen, dass *possent* Konjunktiv Imperfekt sein muss. Die Form sieht aus, als wäre sie der Infinitiv + Endung.

3. Die Griechen, die eine List angewendet hatten, bemächtigten sich Trojas (oder: Weil/nachdem sie eine List angewendet hatten, bemächtigten sich die Griechen Trojas). Nachdem sie die Stadt erobert und zerstört (hatten) und viele Trojaner getötet hatten, sind sie nach Griechenland aufgebrochen. – Die Griechen waren mit Schiffen nach Troja gezogen. *proficisci* kann hier deshalb nicht »marschieren« heißen.

4. Hier leben die Toten, hier sprechen die Stummen. – Dieser stimmungsvolle Satz entstammt keiner apokalyptischen Vision. Man kann ihn als Inschrift in einigen Bibliotheken finden, zum Beispiel in der Alten Universitätsbibliothek Erfurt.

5. Wenn du trinkst (wörtlich: trinkend), wirst du sterben. Wenn du nicht trinkst (wörtlich: nicht trinkend), wirst du nichtsdestotrotz sterben. Also lass uns trinken!

6. Berge werden kreißen, geboren werden wird eine lächerliche Maus. – Dieses wunderbar anschauliche Bild steht für das, was das deutsche »Viel Lärm um nichts« deutlich blasser ausdrücken will: eine enorme Diskrepanz zwischen Aufwand und Ertrag. Die lateinische Formulierung stammt von Horaz, dem neben Vergil und Ovid prominentesten Dichter der augusteischen Zeit. Um die Wucht des Bildes zu ermessen, bedenken Sie, mit wie großen Schmerzen für die Mutter die Geburt eines Menschen verbunden ist, und versuchen Sie sich dann vorzustellen, was für ein Getöse wohl ein in den Wehen liegender Berg veranstalten würde, in den ja recht viele gebärende Frauen hineinpassen würden. Horaz aber spricht von mehreren Bergen …

7. Die Sueben duldeten nicht, dass (AcI) Wein zu ihnen eingeführt wird.

Auf einen Blick

Die **3. Konjugation** umfasst Verben, deren Stamm auf einen Konsonanten endet, und eine kleinere Gruppe von Verben, deren Stamm auf ein *-i* endet. Sie bilden ihre Formen nach denselben Mustern wie die Verben der anderen Konjugationen.

Perfekt, Plusquamperfekt und Futur II:

✔ Die Formen des **Perfekts**, **Plusquamperfekts** und des **Futurs II** werden auf der Basis des **Perfekt-** beziehungsweise des **Partizipialstamms** gebildet. Die jeweils angehängten Endungen beziehungsweise Ausgänge sind bei allen lateinischen Verben dieselben.

Präsens, Imperfekt und Futur I:

✔ Die Formen des **Präsens**, **Imperfekts** und des **Futurs I** werden auf der Basis des **Präsensstamms** gebildet. Auch hier sind die **Endungen** bei allen lateinischen Verben dieselben.

✔ Bei den **Vokalen** beziehungsweise **Silben vor den Endungen**, die das **Tempus** und den **Modus** (**Indikativ** oder **Konjunktiv**) markieren, differieren die Konjugationen im Präsens und im Futur voneinander. **Die Verben der 3. Konjugation verwenden hier dieselben Signale wie die Verben der i-Konjugation**. Bei einigen Formen weicht aber die Wortbetonung von der der i-Konjugationsformen ab.

- Im **Indikativ Präsens** steht bei der 3. Person Plural ein *-u-* vor der Endung, bei allen anderen Personen ein *-i-*. Bei den Verben, deren Stamm auf einen Konsonanten endet, fehlt dieses *-i-* in der 1. Person Singular: *rego, regis, regit – regimus, regitis, regunt* (vergleiche *audio, audis, audit – audimus, auditis, audiunt*).

- Das Moduszeichen für den **Konjunktiv Präsens** ist *-a-*: *regam, regas, regat – regamus, regatis, regant* (vergleiche *audiam, audias, audiat – audiamus, audiatis, audiant*).

- Das **Futur I** wird durch ein *-a-* bei der 1. Person Singular und durch ein *-e-* bei allen anderen Personen markiert (»Kameeeeel-Futur«): *regam, reges,* *reget – regemus, regetis, regent* (vergleiche *audiam, audies, audiet – audiemus, audietis, audient*).

- Die Formen des **Imperfekts** werden bei allen Konjugationen mit denselben Zeichen markiert. Der **Indikativ** Imperfekt mit dem Tempuszeichen *-ba-* (*amabam; videbam; audiebam; regebam*), der **Konjunktiv** Imperfekt mit dem Moduszeichen *-re-* (*amarem; viderem; audirem; regerem*). Wie bei allen lateinischen Verben gilt auch bei den Verben der 3. Konjugation: Der Konjunktiv Imperfekt sieht aus, als wäre es der Infinitiv + Endung (*regere* ← → *regerem*).

✔ Der **Imperativ** der 3. Konjugation endet im Singular auf *-e*, im Plural, wie in der i-Konjugation, auf *-ite* (*rege* = herrsche!; *regite* = herrscht! – vergleiche *audite* = hört!).

✔ Die **Infinitivformen** sind besonders zu beachten: Der **Infinitiv Präsens Aktiv** (*regere*) ist optisch mit dem der e-Konjugation (*videre*) identisch, wird aber nicht auf der vorletzten, sondern auf der drittletzten Silbe betont: *regere*, aber *videre*. – Der **Infinitiv Präsens Passiv** endet anders als bei den anderen Konjugationen nur auf *-i*: *regi*, aber *amari; videri; audiri*. Er kann deshalb leicht mit der 1. Person Singular Perfekt Aktiv verwechselt werden.

Übersetzungen sowie ein wenig Grammatik und Kultur

Mit den folgenden Sätzen und kleinen Texten können Sie den Umgang mit Verben der 3. Konjugation trainieren. Sie werden dabei wieder einige pointierte Aussagen zu grundlegenden Lebensfragen kennenlernen. Zudem werden Ihnen Jesus, der Apostel Petrus und die Heiligen Drei Könige begegnen, die römischen Dichter Catull und Properz sowie die Hauptakteure der Tragödie, die zur Vertreibung der Könige aus Rom geführt hat. Auch Caesar bekommt seinen Auftritt, und dazu gibt es neue Informationen zur römischen Geschichte. Die Mühe wird sich also lohnen.

Grammatikalisches und Vokabeln

Um die Texte übersetzen zu können, müssen Sie Ihre Grammatik- und Wortschatzkenntnisse noch ein wenig erweitern.

Ortsangaben im Lateinischen

Grundsätzlich gilt: Auf die Frage »**wohin?**« steht im Lateinischen der **Akkusativ**, auf die Fragen »**wo?**« der **Ablativ**. Deshalb können die Präpositionen *in* und *sub*, die auf beide Fragen antworten können, sowohl mit dem Akkusativ als auch mit dem Ablativ stehen: *in Italiam* = nach Italien (wohin?); *in Italia* = in Italien (wo?). – *sub mensam* = unter den Tisch (wohin?) – *sub mensa* = unter dem Tisch (wo?).

In der Regel werden lokale Verhältnisse mit Präpositionen ausgedrückt (*in*; *sub*; *ex*; *ab*; *ante*; *trans* und dergleichen) und sind deshalb mit ein wenig Konzentration leicht richtig zu erfassen. Eine Besonderheit stellen allerdings Städte und kleinere Inseln dar (große Inseln wie Britannien, Kreta oder Sizilien wurden offenbar als Länder aufgefasst).

- ✔ Auf die Frage »wohin?« stehen Städte und kleinere Inseln im **bloßen Akkusativ**, also ohne *in*. »Nach Rom« heißt also lediglich *Romam*, »nach Karthago« *Carthaginem* und so weiter.
- ✔ Auf die Frage »wo?« stehen Städte und kleinere Inseln im **bloßen Ablativ**. Auch hier fehlt das *in*. »In Karthago« heißt also lediglich *Carthagine*, »in Athen« *Athenis* (Athen ist im Lateinischen Plural: *Athenae,-arum*) und so weiter.

Mit diesem Phänomen kann man gut umgehen. Man muss es eigentlich nur einmal kennengelernt haben. Was sollten Sätze wie *Caesar Romam profectus est* oder *Hannibal Carthagine versatur* schon anderes heißen als »Caesar brach nach Rom auf« und »Hannibal hält sich in Karthago auf«.

Unangenehmerweise gibt es aber eine weitere Besonderheit, und die kann Verwirrung stiften. Konkret sieht sie beispielsweise so aus: »In Rom« heißt nicht »*Roma*«, sondern *Romae*, »in Korinth« (Korinth = *Corinthus,-i*) heißt nicht »*Corintho*«, sondern *Corinthi*. Welche Regel dahintersteckt, wird gleich zu erklären sein. Weil Sie diesem Phänomen aber hauptsächlich bei sehr prominenten Städten begegnen werden, genügt es vollkommen, wenn Sie sich die beiden genannten Beispiele merken: in Rom = *Romae*, in Korinth = *Corinthi*. Merken Sie sich dazu, dass man diese Formen als **Lokative** bezeichnet.

Bei *Romae* = »in Rom« und *Corinthi* = »in Korinth« sieht es so aus, als stünden Rom und Korinth jeweils im Genitiv. In manchen Latein-Kurzgrammatiken wird das auch behauptet. Das ist allerdings reiner Unsinn. Tatsächlich sehen die beiden Formen nur wie die Genitive aus, sind aber uralte Formen, die noch aus einer Zeit stammen, in der es für die Antwort auf die Frage »wo?« einen eigenen Fall gegeben hat: den **Lokativ**. Die Endung des Lokativs war *-i*. – Die Funktion des Lokativs wurde im Laufe der Zeit durch den Ablativ übernommen, aber bei Städtenamen, die auf *-a*, *-us* und *-um* enden, blieb die alte Lokativform erhalten. Das lag vermutlich an der großen Häufigkeit solcher Städtenamen in Italien. – Dass auch *Romae* eine Lokativform auf *-i* sein soll, mag Sie überraschen. Erinnern Sie sich aber, dass *ae* in der Antike nicht für den Laut »ä«, sondern für »ai« stand. Deshalb hieß Caesar zu seiner Zeit ja auch »Kaisar«. – Das Lokativ-i findet sich auch noch bei einigen Ortsadverbien: *ubi* (wo) und *ibi* (dort) kennen Sie schon. Andere sind *humi* (auf dem Boden) und *domi* (zu Hause).

Die Zahlwörter eins bis sechs

Wie Sie sich vielleicht erinnern, kennen Sie die römischen Zahlwörter sieben, acht, neun und zehn bereits, seit Sie die deutschen Monatsnamen kennen. Sie müssen von September, Oktober, November und Dezember lediglich das -ber wegnehmen, und schon haben Sie sie (siehe Einführung). Bei »dezem« müssen Sie allerdings das »z« durch ein »c« ersetzen. Auch die Zahlwörter von eins bis sechs werden Sie kaum überraschen. Sie lauten *unus, -a,-um*; *duo, duae, duo*; *tres, tria*; *quattuor, quinque, sex*.

Die Zahlwörter von vier bis sechs sind vollkommen unproblematisch. Die von eins bis drei allerdings verdienen eine gewisse Aufmerksamkeit. Sie werden nämlich, wie Sie an den Grundformen schon erkennen können, gebeugt. Sie sind Adjektive. Beim Übersetzen aus dem Lateinischen ist das im Großen und Ganzen kein Problem. Sie sollten die Formen aber einmal gesehen haben. Einige von ihnen sind etwas eigenartig. *Unus,-a,-um* kennen Sie bereits. Es hat im Genitiv und im Dativ die Pronominalendungen *-ius* und *-i,* ansonsten die Endungen der a- und o-Deklination (siehe Tabelle 12.9). Wie *duo* und *tres* ihre Formen bilden, zeigt Tabelle 14.15.

	duo, duae, duo = zwei				**tres, tria = drei**		
	Maskulinum	**Femininum**	**Neutrum**		**Maskulinum**	**Femininum**	**Neutrum**
Nominativ	duo	duae	duo		tres	tres	tria
Genitiv	duorum	duarum	duorum		trium	trium	trium
Dativ	duobus	duabus	duobus		tribus	tribus	tribus
Akkusativ	duo / duos	duas	duo		tres	tres	tria
Ablativ	duobus	duabus	duobus		tribus	tribus	tribus

Tabelle 14.15: Die Formen von *duo, duae, duo* und *tres, tria*

Vokabeln

In Tabelle 14.16 und Tabelle 14.17 finden Sie Vokabeln, die Sie Ihrem Wortschatz hinzufügen sollten.

Lateinisch	Deutsch
quo?	wohin?
vadere	gehen (L *vade mecum*)
dives, divitis	reich
ultimus, -a, -um	der, die, das letzte
bellum civile	der Bürgerkrieg

Lateinisch	Deutsch
alea, -ae	der Würfel
quintus, -a, -um	der, die, das fünfte
velut	wie, wie zum Beispiel
alter – alter	der eine – der andere (von zweien)

Tabelle 14.16: Lernvokabeln

ante (vor) und *post* (nach) haben Sie bereits als Präpositionen kennengelernt, die den Akkusativ verlangen (zum Beispiel *ante / post Christum natum*). Beide Wörter können aber auch als Adverbien verwendet werden (siehe Tabelle 14.17). Dann haben sie kein Bezugswort und bedeuten »vorher, früher« beziehungsweise »danach, später«.

Lateinisch	Wortart	Deutsch	Beispiel
ante	Präposition + Akkusativ	vor	*ante portas* = vor den Toren
	Adverb	vorher, früher	*anno ante* = im Jahr davor; ein Jahr zuvor

Lateinisch	Wortart	Deutsch	Beispiel
post	Präposition + Akkusativ	nach	*post urbem conditam* = nach der Gründung der Stadt
	Adverb	danach, später	*C annis post* = hundert Jahre später

Tabelle 14.17: *ante* und *post* als Präpositionen und Adverbien

Erinnern Sie sich zudem an die folgenden Vokabeln: *idem, eadem, idem; initium,-i; pauci, -ae,-a; hora,-ae; proelium,-i; non solum ..., sed etiam; condicio,-onis; civitas,-atis; carmen, -inis; sic; cupido,-inis.*

Kurze und sehr kurze Texte

1. *Dictum, factum.*
2. *Quo vadis?*
3. *Divide et impera!*
4. *Neminem pecunia divitem fecit.*
5. *Duo cum faciunt idem, non est idem.*
6. *Christus mansionem benedicat!* (*mansio,-onis*: das Haus; *benedicere*: segnen)
7. *Quod edi, bibi, mecum habeo. Quod reliqui, perdidi.* (*edo, edi, esum* 3: essen) (Grabinschrift)
8. *Traditum est Tarquinium Superbum, ultimum regem Romae, a Romanis annis CCXLIII post urbem conditam expulsum esse.*
9. *Caesar cum anno XLIX ante Christum natum Rubiconem flumen cum militibus transgressus esset, ut Romam proficisceretur, dixit aleam esse iactam. Id erat initium belli civilis. Duobus annis post, cum Pharnacem regem paucis horis proelio superavisset, in epistula quadam scripsit se venisse, vidisse, vicisse.* (*Rubico, Rubiconis*: der Rubikon; *Pharnaces,-is*: Pharnakes)

<u>Übersetzungen und Erklärungen</u>:

1. Gesagt, getan.

2. Wohin gehst du? – Diese berühmte Frage stammt aus einer Erzählung in den sogenannten Petrusakten. Als der Apostel Petrus vor den Christenverfolgungen unter Kaiser Nero aus Rom floh, kam ihm Christus entgegen. Petrus fragte ihn: »*Domine, quo vadis?*« Christus antwortete: »Ich komme nach Rom, um mich ein zweites Mal kreuzigen zu lassen.« Petrus verstand die Botschaft und kehrte nach Rom zurück, wo er gefangen genommen und gekreuzigt wurde. – Dieser Stoff inspirierte den polnischen Schriftsteller Henryk Sienkiewicz zu seinem historischen Roman »Quo vadis« (1896), der – wie dessen Verfilmung aus dem

Jahr 1951 mit dem grandiosen Peter Ustinov in der Rolle des Nero – ein Welterfolg wurde. Beides ist unbedingt zur Lektüre beziehungsweise Betrachtung zu empfehlen. Sollten Sie Rom besuchen, versäumen Sie nicht eine kleine Wanderung auf der *Via Appia Antica.* Dort steht an der Stelle, an der die Begegnung stattgefunden haben soll, die Kirche »*Domine, Quo Vadis*«, in der Sie eine Kopie der Fußabdrücke Jesu besichtigen können.

3. Teile und herrsche! – Dieser Satz ist eine Anweisung für bequemes Regieren. Der Regent soll dafür sorgen, dass seine Untertanen in möglichst viele, womöglich miteinander konkurrierende Untergruppen aufgespalten sind. So sind sie leichter beherrschbar.

4. Niemanden hat Geld reich gemacht. – Diese Aussage des römischen Philosophen Seneca (1 v. bis 65 n. Chr.) ist nur scheinbar paradox. Es kommt eben darauf an, wie man »reich« definiert. Für einen Philosophen haben materieller Besitz und wahrer Reichtum nichts miteinander zu tun. Dass Seneca selbst einer der wohlhabendsten Männer Roms war, wurde und wird ihm von seinen Kritikern immer wieder als gewisse Inkonsequenz vorgeworfen.

5. Wenn zwei dasselbe tun, ist es nicht dasselbe. – Das heißt, die (positive oder negative) Qualität einer Handlung beruht keineswegs lediglich auf der Tat selbst, sondern auch auf ihren Begleitumständen. Diese Einsicht ist nicht zuletzt eine essenzielle Grundlage vernünftiger Rechtsprechung.

6. Christus segne das Haus! – Die Sternsinger, die, als die Heiligen Drei Könige verkleidet, zwischen dem 25. Dezember und dem 6. Januar in katholisch geprägten Gegenden von Haus zu Haus ziehen, markieren die von ihnen besuchten Häuser mit der Aufschrift C+M+B. Die heute »amtliche« Auflösung dieser drei Buchstaben ist der Satz, den Sie gerade übersetzt haben. Dass sie für die Namen der Heiligen Drei Könige (Caspar, Melchior, Balthasar) stehen, wird zwar oft angenommen, ist aber vermutlich nicht richtig.

7. Was ich gegessen habe, (ergänze: was ich) getrunken habe, habe ich bei mir. Was ich zurückgelassen habe, habe ich vergeudet. – Eine leicht unzufriedene und den Erben gegenüber reichlich uncharmante Lebensbilanz.

8. Es ist überliefert, dass (AcI) Tarquinius Superbus, der letzte König Roms, von den Römern 243 Jahre nach der Gründung der Stadt vertrieben wurde. – Näheres zu diesem hochdramatischen und einschneidenden Ereignis in der Geschichte Roms finden Sie am Ende dieses Kapitels.

9. Als Caesar im Jahr 49 v. Chr. den Fluss Rubikon mit seinen Soldaten überschritten hatte, um nach Rom zu marschieren (wörtlich: damit er nach Rom marschierte), sagte er, dass (AcI) der Würfel geworfen (worden) sei. Das war der Anfang des Bürgerkriegs. Zwei Jahre später, als er den König Pharnakes in wenigen Stunden in einer Schlacht besiegt hatte, schrieb er in einem Brief (*quadam* bleibt am besten unübersetzt), dass (AcI) er (*se*) gekommen sei, gesehen habe, gesiegt habe.

Sprachliches: *Caesar cum*: Das den Nebensatz einleitende *cum* steht hier erst an zweiter Stelle. Das kommt öfter vor, in der Regel dann, wenn – wie hier – das Subjekt des Nebensatzes auch das des Hauptsatzes ist. Etwas verwirrend kann an dieser Stelle sein, dass nach *cum* gleich ein Ablativ steht (*anno*). Man könnte deshalb glauben, dass *cum* hier die Präposition »mit« ist. Das wäre fatal: Damit wäre die Satzstruktur nicht mehr richtig zu erfassen und man hätte zudem das recht sinnlose »mit dem Jahr 49 v. Chr.« im Text stehen. Wenn Sie vom Prädikat (*transgressus esset*) ausgehen und das als Konjunktiv Plusquamperfekt identifizieren, werden Sie deutlich auf das *cum* verwiesen und vermeiden diesen Fehler problemlos.

Inhaltliches: Der Spruch *Alea iacta est* (siehe weiter vorn zu *iacio, ieci, iactum, iacere*) illustriert einen entscheidenden Punkt in der römischen Geschichte. Caesar überschritt im Jahr 49 v. Chr. mit seinen Truppen den **Rubikon** in südlicher Richtung. Der Rubikon war ein in West-Ost-Richtung fließender Fluss in Oberitalien, der etwa beim heutigen Rimini in die Adria mündete. Er markierte nach römischer Auffassung die Nordgrenze Italiens. Das Gebiet zwischen Rubikon und Alpen, das von Kelten besiedelt war, rechneten die Römer bereits zu Gallien und nannten es *Gallia Cisalpina* (Gallien diesseits der Alpen). Ein Überschreiten des Rubikon Richtung Süden mit einem Heer ohne ausdrückliche Genehmigung des römischen Senats bedeutete eine Kriegserklärung an Rom. Das galt nicht nur für Angehörige fremder Völker, sondern auch für römische Feldherrn. Mit seiner Überquerung des Rubikon eröffnete Caesar deshalb einen Bürgerkrieg, der fast fünf Jahre dauern sollte (49–45 v. Chr.). Caesars prominenteste Gegner waren der bedeutende Feldherr **Pompeius** und der entschiedene Republikaner **Cato der Jüngere** (lateinisch *Cato minor*). Der Satz *Alea iacta est* sollte zum Ausdruck bringen, dass der durch das Überschreiten des Rubikon in Gang gesetzte Prozess nicht mehr aufgehalten werden konnte. Dass Caesar den Würfel aber nicht als »gefallen«, sondern als »geworfen« bezeichnet, ist der Situation sehr angemessen: Wie das Ganze enden würde, war zu diesem Zeitpunkt vollkommen unabsehbar.

Längere Texte

Im folgenden Text geht es um die römischen Dichter Catull und Properz, deren Werke zu den bedeutendsten der römischen Literatur zählen. Einige Details dazu finden Sie in den Erklärungen zum Text.

De Catullo[1] et Propertio[2] eorumque carminibus

Quintum Catulli carmen his verbis incipit: »Vivamus, mea Lesbia, atque amemus!« Catullus eodem tempore erat, quo Caesar et Cicero, quorum alter anno XLIV, alter anno XLIII ante Christum natum occisus est. Carmina eius non solum de amore Lesbiae scripta sunt, sed etiam de multis aliis rebus[3] velut de amicis, de inimicis, de fabulis[4], de condicione civitatis et de Caesare, quem Catullus vehementer[5] insectatur[6]. Circiter XV annis post Caesaris et Ciceronis mortem, initio saeculi Augusti, Propertius elegias[7] de amore Cynthiae edidit[8], quarum prima sic incipit:

Cynthia prima suis miserum me cepit ocellis[9]
contactum[10] nullis ante cupidinibus.

Eodem tempore etiam Tibullus[11] elegias scripsit.

[1] *Catullus,-i*: Catull; [2] *Propertius,-i*: Properz; [3] *rebus* ist Ablativ Plural von *res, rei*: das Ding, die Sache (siehe Kapitel 15); [4] *fabula,-ae*: die Erzählung, der Mythos; [5] *vehementer* (Adverb): heftig; [6] *insectari*: angreifen; [7] *elegia,-ae*: die Elegie; [8] *edo, edidi, editum* 3: herausgeben, veröffentlichen; [9] *ocellus,-i*: das Auge; [10] *contingo, contigi, contactum* 3: *tangere*; [11] *Tibullus,-i*: Tibull.

Übersetzung und Erklärungen:

Von Catull und Properz und ihren Gedichten

Das fünfte Gedicht Catulls (*quintum ... carmen*: Hyperbaton) beginnt mit diesen Worten: »Lass uns leben, meine Lesbia, und lass uns lieben!« (*vivamus* und *amemus* sind Präsens Konjunktive). Catull lebte zur selben Zeit, in der Caesar und Cicero (ergänze: lebten; besser: Catull lebte zur selben Zeit wie Caesar und Cicero), von denen der eine im Jahr 44, der andere im Jahr 43 v. Chr. getötet wurde. Seine Gedichte handeln nicht nur von der Liebe zu Lesbia (*Lesbiae* ist *genitivus objectivus*) (wörtlich: sind nicht nur über die Liebe zu Lesbia geschrieben), sondern auch von vielen anderen Dingen (besser: Themen) wie zum Beispiel von Freunden, von Feinden, von Mythen, vom Zustand des Staats und von Caesar, den Catull heftig angreift. Etwa 15 Jahre nach Caesars und Ciceros Tod, am Beginn des Augusteischen Zeitalters (wörtlich: des Zeitalters des Augustus), veröffentlichte Properz Elegien über seine Liebe zu Cynthia, deren erste so beginnt:

Cynthia hat als Erste mich Armen mit ihren Augen (*suis . . ocellis*: Hyperbaton) gefangen, / (mich,) den zuvor von keinen Leidenschaften berührten (besser: mich, den zuvor noch keine Liebe berührt hatte).

Zur selben Zeit verfasste auch Tibull Elegien.

Inhaltliches: Catull, Properz und der am Ende des Textes genannte Tibull sind drei der vier großen römischen Liebesdichter. Der vierte war der schon mehrfach erwähnte Ovid, dessen Erstlingswerk, die *Amores*, diesem Thema gewidmet ist. Sie alle schrieben ihre Gedichte im 1. Jahrhundert v. Chr.: Catull, der Älteste, in den Jahren um 60 v. Chr., Properz und Tibull in den Jahren um 30 v. Chr., also am Beginn der augusteischen Zeit, Ovid, der Jüngste, gut zehn Jahre danach. Sie alle beschreiben in ihren Gedichten Szenen einer »Beziehung«, und sie alle tun dies in der Ich-Form, also so, als würden sie sie selbst erleben. Die besungenen Frauen sind ausgesprochen attraktiv und von bemerkenswerter Selbstständigkeit. Das führt sowohl zu glückhaften Momenten als auch zu niederschmetternden Krisen, die schließlich in einer Trennung des Dichters von der Geliebten enden.

Catulls Gedichte waren in vielfacher Hinsicht bahnbrechend. Zum einen etablierte er das Genre der Liebesdichtung in Rom. Seine Nachfolger Properz, Tibull und Ovid nehmen in ihren Gedichten mehrfach explizit oder mit deutlichen Anspielungen auf ihn Bezug. Während sie ihre Werke aber ausschließlich diesem Thema widmen, sind die erotischen Gedichte bei Catull nur ein Teil eines groß angelegten literarischen Experiments. Er ist der Erste, der in großem Stil sogenannte Kleinpoesie (im Unterschied zu den »großen« Formen Epos und Tragödie) in lateinischer Sprache verfasst und den ausgefeilten Produktionen griechischer Literaten in diesem Bereich Gleichrangiges gegenübergestellt hat. So erklärt sich die Vielfalt der von ihm bearbeiteten Themen, und so erklärt sich auch die Vielfalt der von ihm gewählten Gedichtformen. Catull experimentiert mit einer großen Zahl verschiedener Versmaße.

Seine Nachfolger in der Liebesdichtung tun das nicht. Sie verwenden ausschließlich den Gedichttyp »Elegie« und schaffen mit ihren Werken eine neue Untergattung dieser Form: die »römische Liebeselegie«. In dieser Gattung wird eine Existenz als (überwiegend unglücklich) Liebender als einzig denkbare und dem Dichter gemäße Lebensform konstruiert und besungen und den traditionellen römischen Moral- und Karrierevorstellungen dezidiert entgegengestellt. Weil die Liebeselegiker bei ihrer Ablehnung der üblichen Lebensformen speziell eine militärische Karriere entschieden ablehnen (mit dem Argument, dass ihr Kampf um die Geliebte den Tätigkeiten eines Soldaten durchaus entspreche), hat man in ihren Gedichten Parallelen zur »Make Love, Not War«-Bewegung der späten 60er-Jahre des vergangenen Jahrhunderts gesehen. Wenn man beim Ziehen solcher Parallelen sehr behutsam ist, ist das nicht ganz von der Hand zu weisen. Zwei Aspekte dürfen dabei aber nicht außer Acht gelassen werden: Die Elegiker waren keine »Pazifisten« im modernen Sinn und: Sie verstanden sich in erster Linie als Dichter, die mit ihren Werken unsterblichen Ruhm erlangen wollten.

De L. Iunio Bruto

Der folgende Text ist in zwei Teile geteilt. Er berichtet von den Taten eines großen römischen Helden. Tabelle 14.18 enthält wieder lernenswerte Vokabeln.

Lateinisch	Deutsch
quondam	einst, einmal
oraculum, -i	das Orakel; der Orakelspruch
Apollo, -inis	Apoll
iterum (Adverb)	ein zweites Mal, abermals
summa imperii	die höchste Macht

Lateinisch	Deutsch
matrona, -ae	die Matrone (eine ehrbare römische Frau) (L *mater, matris*)
pudicitia, -ae	Schamhaftigkeit, Sittsamkeit
creare	erschaffen; wählen (D kreieren)
prae-dicere	vorher-sagen, prophezeien

Tabelle 14.18: Lernvokabeln

Rekapitulieren Sie zudem vor dem Übersetzen noch die folgenden Vokabeln: *pars, partis*; *primus,-a,-um*; *tristis,-e*; *omen,-inis*; *terrere*; *comes, comitis*; *tenere; sacerdos,-otis*; *autem*; *sententia,-ae*; *solus,-a,-um*; *-ne* in Fragesätzen; *do, dedi, datum, dare*; *secundus,-a,-um*; *summus,-a,-um*; *ira,-ae*; *tum*; *civis,-is*; *hortari*; *itaque*; *debere*; *ita*; *ut* + Indikativ.

Pars prima

Filii Tarquinii Superbi, regis Romae, quondam ad oraculum Delphicum profecti sunt, ut Apollinem consulerent[1]*, quod Tarquinius tristi omine perterritus erat. Inter comites eorum erat L. Iunius Brutus, qui per multos annos se imbecillum*[2] *esse simulaverat*[3]*. Cum reguli*[4] *oraculum de omine accepissent, deum iterum consuluerunt quaerentes: »Quis nostrum Romae summam imperii tenebit?« Et Pythia, Apollinis sacerdos, respondit: »Imperii summam Romae habebit, qui vestrum primus osculum*[5] *matri dederit.« Eius autem oraculi sententiam Brutus solus intellexit. (Intelexistine et tu, o lector*[6]*, hanc sententiam? Cui tu dedisses osculum?)*

[1] *consulere*: um Rat bitten [2] *imbecillus,-a,-um*: schwachsinnig; [3] *simulare*: vortäuschen; [4] *regulus,-i*: der Königssohn; [5] *osculum,-i*: der Kuss; [6] *lector,-oris*: der Leser.

Pars secunda

Postea, cum unus ex Tarquinii filiis Lucretiam, matronam summae pudicitiae, stupravisset[1] *et illa infamiam*[2] *non patiens se occidisset, Brutus ira captus iuravit se regem e Roma expulsurum et finem regni facturum esse. Tum ad regiam*[3] *progressus est omnes in via cives hortans, ut se sequerentur et Tarquinium ex urbe expellerent. Itaque Tarquinius cum suis anno DX ante Christum natum e Roma fugere debuit. Romani autem Brutum primum consulem creaverunt et ita ei summam imperii Romae tradiderunt, ut oraculum praedixerat.*

[1] *stuprare*: vergewaltigen; [2] *infamia,-ae*: die Schande; [3] *regia,-ae*: der Palast

<u>Übersetzungen und Bemerkungen</u>:

Von Lucius Junius Brutus

Erster Teil

Die Söhne des Tarquinius Superbus, des Königs von Rom, reisten einst zum Orakel von Delphi (wörtlich: zum delphischen Orakel), damit sie Apoll um Rat fragten (besser: um Apoll um Rat zu fragen), weil Tarquinius von einem düsteren Vorzeichen in Angst versetzt worden war. Unter ihren Begleitern war Lucius Junius Brutus, der viele Jahre so getan hatte, als wäre er schwachsinnig (wörtlich: der ... vorgetäuscht hatte, dass er schwachsinnig sei). Als die Königssöhne das Orakel über das Vorzeichen erhalten hatten, baten sie den Gott ein zweites Mal um Rat, fragend (besser: indem sie fragten, oder: und fragten): »Wer von uns wird in Rom (*Romae* ist Lokativ) die höchste Macht haben?« Und Pythia, die Priesterin Apolls, antwortete: »Die höchste Macht in Rom wird haben, wer von euch als Erster der Mutter einen Kuss gibt.« (wörtlich: gegeben haben wird; *dederit* ist Futur II). Die Bedeutung dieses Spruchs aber erkannte (oder: verstand) nur Brutus (wörtlich: Brutus allein). (Hast auch du, o Leser, diese Bedeutung verstanden? Wem hättest du den Kuss gegeben?)

Zweiter Teil

Später, als einer der Söhne des Tarquinius Lucretia, eine Matrone von höchster Sittsamkeit (*summae pudicitiae* ist genitivus qualitatis) vergewaltigt hatte und jene (oder: und sie; oder: und diese), die Schande nicht ertragend (besser: weil sie die Schande nicht ertrug), sich umgebracht hatte, schwor Brutus, von Zorn ergriffen, dass (AcI) er (*se*) den König aus Rom vertreiben und der Königsherrschaft ein Ende setzen werde (wörtlich: ein Ende der Königsherrschaft machen werde). Dann zog er zum Palast des Königs und forderte auf dem Weg alle Bürger (*omnes ... cives*: Hyperbaton) auf, ihm (*se*; Akkusativ, weil *sequi* den Akkusativ verlangt) zu folgen und Tarquinius aus der Stadt zu vertreiben (wörtlich: alle Bürger ermahnend, dass sie ihm folgten ...). Deshalb musste Tarquinius mit den Seinen im Jahr 510 v. Chr. aus Rom fliehen. Die Römer aber wählten Brutus zum ersten Konsul und übergaben ihm so die höchste Macht in Rom, wie es das Orakel vorausgesagt hatte.

<u>Inhaltliches</u>: Teil 1: Brutus hatte als kleines Kind als Einziger die Ermordung seiner Familie durch Tarquinius Superbus überlebt. Um nicht als potenzieller Rächer zu erscheinen, stellte er sich schwachsinnig und tat dies so überzeugend, dass der König ihn sogar ohne Bedenken mit seinen Söhnen umgehen ließ. Die Delphi-Episode zeigt, wie klug er in Wirklichkeit war. Das Orakel meinte mit »Mutter« nämlich keineswegs die leibliche Mutter, sondern die

heimatliche Erde. Deshalb ließ sich Brutus gleich nach der Landung in Italien auf den Boden fallen und küsste ihn unbemerkt.

Teil 2: Lucius Junius Brutus und Lucretia gehören – wie Cincinnatus (siehe Kapitel 5) – zu den legendären Heldenfiguren, mit denen die Römer wichtige Ereignisse ihrer Geschichte als Resultate hervorragender Leistungen (*virtutes*) oder fataler Fehlleistungen Einzelner darstellten. Die Vertreibung des Tarquinius Superbus markiert einen entscheidenden Einschnitt in der römischen Geschichte: den Übergang von der Monarchie zur Republik. Aus diesen Geschichten ergab sich ein Idealbild des römischen Bürgers und seiner typischen Charaktereigenschaften (*mores*), das durch Hinweis auf diese legendären Beispiele (*exempla*) stets abrufbar war. Wie nahe das lag, zeigt eindrucksvoll das Beispiel des Anführers der Verschwörung gegen Caesar. Er war ebenfalls ein Brutus und rechtfertigte seine Tat, die die Rettung der *res publica* zum Ziel hatte, nicht zuletzt mit dem Hinweis auf seinen berühmten Ahnen. Dessen Vorbild bedeute für ihn eine Verpflichtung.

Die klarste theoretische Formulierung und umfassendste literarische Umsetzung dieses Konzepts findet sich in dem oben genannten Werk ***Ab urbe condita*** des Historikers **Livius**. Es ist wenig erstaunlich, dass diese Heldenfiguren etwas holzschnittartig gezeichnet sind und tiefer gehende Psychologisierungen oder individualisierte Darstellungen weitgehend ausblieben. Sie erinnern vielfach an die ihrerseits meist recht einfach strukturierten Heldenfiguren amerikanischer Wildwestfilme aus den 1950er- und frühen 1960er-Jahren (auch diese hatten – neben anderen – zweifellos eine gewisse identitätsstiftende Funktion). – Sehr deutlich wird der limitierte Blick auf diese Figuren bei der Darstellung der weiblichen Vertreter dieses Typs. Lucretia ist dafür ein markantes Beispiel. Sie gibt eine überraschende Begründung für ihren Beschluss, sich umzubringen (Livius, 1.58.10): Keine Frau, die in Unzucht lebe, solle sich je auf sie als Vorbild berufen können. Lucretia will also dem Missbrauch ihres Schicksals vorbeugen, das andere Frauen zur Bemäntelung unmoralischen Verhaltens vorbringen könnten. Eine Frau, die das täte, müsste sich dann ja konsequenterweise ebenfalls umbringen. Dass ein Opfer einer Vergewaltigung kurz nach dem Verbrechen primär in solchen Kategorien denkt, erscheint heute – hoffentlich – etwas verstörend. Es entspricht aber offenbar ganz den (männlich geprägten) Vorstellungen von vorbildhaftem weiblichem Verhalten bei den Römern. Und nicht nur bei ihnen. Lucretia wurde auch im späten Mittelalter, in der Renaissance und darüber hinaus immer wieder als leuchtendes Vorbild weiblicher Tugend gefeiert.

Quiz 6 (Kapitel 13 & 14)

Zum Abschluss des Kapitels wieder ein kleines Quiz, diesmal zu den Kapiteln 13 und 14.

Die Fragen

1. Wem wird der Satz *Scio me nihil scire* zugeschrieben? – Wie ist er zu übersetzen und für welche lateinische Konstruktion eignet er sich bestens als Merksatz?

2. Welche Formen von *amare* sind *amare, amavisse, amatus,-a,-um esse*?

3. Mit wem ging Kleopatra nach Caesars Tod eine Liebesbeziehung ein?
4. Caesar berichtet in *De bello Gallico* mehrfach, dass gallische Stammesführer ihn dringend um Hilfe gegen Angreifer baten. Welchen Volksstämmen gehörten solche Angreifer an?
5. Woher kennen Sie die Vokale beziehungsweise Silben bereits, die bei den Präsensstammformen der 3. Konjugation vor den Endungen stehen?
6. Das Wort Faktotum geht auf lateinisch *Fac totum!* zurück. Was heißt das?
7. Auf welche Verben der 3. Konjugation gehen die folgenden deutschen und englischen Fremd- und Lehnwörter zurück?

   1. Statut; 2. constitution; 3. Volvo; 4. recognize; 5. Petition; 6. Position; 7. Mission; 8. Klausur

8. Auf welchen lateinischen Satz geht die Abkürzung R.I.P zurück? – Bestimmen Sie die Form des Verbums.
9. Caesars berühmter Spruch *Alea iacta est* wird in der Regel mit »Die Würfel sind gefallen« übersetzt. Das ist nicht ganz korrekt. Wie heißt es genau? – Bei welcher Gelegenheit soll Caesar das gesagt haben und was war die Folge seiner Handlung?
10. Auf welche Verben der 3. Konjugation gehen die folgenden deutschen und englischen Fremd- und Lehnwörter zurück?

   1. agieren, Aktion; 2. Tangente; 3. Tradition; trade; 4. Fakt; 5. Traktor; 6. Sequenz; 7. progress

11. Auslöser der Vertreibung des letzten römischen Königs war die Vergewaltigung einer Römerin durch einen seiner Söhne. Wie hieß dieser König und wie das Vergewaltigungsopfer? – Wie hieß der Anführer des Aufstands gegen den König? – Durch welche Tat wurde ein gleichnamiger Vertreter seiner Familie fast 500 Jahre später berühmt?
12. Welcher römische Geschichtsschreiber hat die Geschichte von der Vertreibung des letzten Königs aus Rom im Jahr 510 v. Chr. ausführlich geschildert? Wie hieß sein Werk und unter welchem Kaiser hat er es geschrieben?
13. Wie heißen die vier großen römischen Liebesdichter? – In welchem Jahrhundert verfassten sie ihre Texte? – Welcher dieser Dichter war ein Zeitgenosse Caesars?

Die Antworten

1. Sokrates. – Ich weiß, dass ich nichts weiß. Merksatz für den AcI (siehe Kapitel 13).
2. Infinitive: Präsens Aktiv (= lieben); Perfekt Aktiv (geliebt haben); Perfekt Passiv (geliebt worden sein) (siehe Kapitel 13).
3. Mit Antonius, Caesars Vertrautem und Nachfolger (siehe Kapitel 13).

4. Den Galliern (Caesar rechnet auch die Helvetier zu den Galliern) und den Germanen (siehe Kapitel 13).

5. Von den Formen der i-Konjugation (siehe Kapitel 14).

6. Tu alles! (siehe Kapitel 14)

7. 1. *statuere* = aufstellen, festsetzen, beschließen; 2. *constituere* = aufstellen, festsetzen, beschließen; 3. *volvere* = wälzen, rollen; 4. *cognoscere* = erkennen, kennenlernen, erfahren; 5. *petere* = anstreben, verlangen, erbitten; 6. *pono, posui, positum, ponere* = setzen, stellen, legen; 7. *mitto, misi, missum, mittere* = schicken, loslassen, werfen; 8. *claudo, clausi, clausum, claudere* = schließen (siehe Kapitel 14).

8. *Requiescat in Pace* (= Er/sie/es möge in Frieden ruhen). – *requiescat* = 3. Person Singular Aktiv (*-t*), Konjunktiv Präsens (*-a-*) (siehe Kapitel 14).

9. Der Würfel ist geworfen worden. – Anlässlich seiner Überquerung des Flusses Rubikon; Caesar löste damit einen Bürgerkrieg aus, der fast 5 Jahre dauerte (49–45 v. Chr.) (siehe Kapitel 14).

10. 1. *ago, egi, actum, agere* = treiben, betreiben, tun, verhandeln; 2. *tangere* = berühren; 3. *tradere* = übergeben, überliefern, berichten; 4. *facio, feci, factum, facere* = machen, tun, handeln; 5. *traho, traxi, tractum, trahere* = ziehen, schleppen; 6. *sequor, secutus sum, sequi* (Deponens) = folgen, verfolgen; 7. *progredior, progressus sum, progredi* (Deponens) = vorwärtsgehen, vorrücken (siehe Kapitel 14).

11. Tarquinius Superbus; Lucretia. – L. Iunius Brutus. – Durch die Ermordung Caesars im Jahr 44 v. Chr. (siehe Kapitel 14).

12. Livius. – *Ab urbe condita* (= Von der Gründung der Stadt an); Augustus (siehe Kapitel 14).

13. Catull, Tibull, Properz, Ovid. – Im 1. Jahrhundert v. Chr. – Catull (siehe Kapitel 14).

Teil IV
Was jetzt noch fehlt – letzte Formen und zwei syntaktische Phänomene

IN DIESEM TEIL ...

... kommen Sie mit Ihrem Latein zu Ende. Sie lernen die letzten noch fehlenden Formen kennen und drei syntaktische Phänomene, bei denen das Lateinische ähnlich wie beim AcI vom Deutschen abweicht. Die Formen umfassen die zwei noch ausstehenden Deklinationssysteme (u- und e-Deklination), die Bildung von Adverbien und Steigerungsformen bei Adjektiven, dazu drei Verben, die wie *esse* in keines der vier Konjugationssysteme passen, sowie die sogenannten nd-Formen. Die drei syntaktischen Phänomene haben eindrucksvolle Namen: relativer Satzanschluss, Ablativus absolutus und NcI. Seien Sie also gespannt!

IN DIESEM KAPITEL

Die Substantive der u-Deklination

Die Substantive der e-Deklination

Relativer Satzanschluss

Kapitel 15
Die u- und e-Deklination und der relative Satzanschluss

Sie lernen in diesem Kapitel die beiden noch ausstehenden Deklinationssysteme kennen, die u- und die e-Deklination. Hinzu kommt eine besondere Verwendungsform des Relativpronomens (*qui, quae, quod*): der relative Satzanschluss.

exercitus und *res*: Die Substantive der u- und e-Deklination

Die u- und die e-Deklination umfassen erheblich weniger Vokabeln als die drei anderen Deklinationssysteme. Von diesen Vokabeln gehören aber einige zu den ausgesprochen häufig verwendeten, und deshalb führt kein Weg an den Deklinationen vorbei. Was ihre Formen betrifft, sind sie erfreulich überschaubar. Sie funktionieren wie die a-Deklination, das heißt, die Basis für die einzelnen Fälle bleibt – anders als bei der 3. Deklination – immer konstant und es gibt auch keine verschiedenen Wortgruppen. Und noch etwas Beruhigendes: Es gibt nur Substantive, keine Adjektive, die nach diesen Systemen gebeugt werden.

Die u-Deklination

Alle Substantive der u-Deklination, die auch als 4. Deklination bezeichnet wird, werden nach dem Schema gebeugt, das Tabelle 15.1 zeigt. Das Beispielwort ist gleich eines, das Ihnen sehr häufig begegnen wird: *exercitus* (das Heer). Man könnte glauben, dieses Wort gehöre der o-Deklination an. Es geht aber ganz anders weiter.

Fall	Singular	Deutsch		Plural	Deutsch
Nominativ	exercit**us**	das Heer		exercit**us**	die Heere
Genitiv	exercit**us**	des Heers		exercit**uum**	der Heere
Dativ	exercit**ui**	dem Heer		exercit**ibus**	den Heeren
Akkusativ	exercit**um**	das Heer		exercit**us**	die Heere
Ablativ	exercit**u**	durch das Heer		exercit**ibus**	durch die Heere

Tabelle 15.1: Die Formen der Substantive der u-Deklination

Wie Sie sehen, sind vier dieser Formen eindeutig (*exercitui, exercitum, exercitu, exercituum*), zwei nicht (*exercitus, exercitibus*). Von den nicht eindeutigen Formen ist die zweite ganz unproblematisch: Dass Dativ und Ablativ Plural auf *-ibus* enden, ist nichts Neues. In der 3. Deklination ist das genauso. Die andere allerdings bedarf höchster Aufmerksamkeit.

Die Endung *-us* kann in der u-Deklination vier Fälle bezeichnen (Nominativ und Genitiv Singular und Nominativ und Akkusativ Plural). Das ist schon im Prinzip problematisch. Es wird aber dadurch noch problematischer, dass man bei *-us* unwillkürlich an den Nominativ Singular der o-Deklination denkt und deshalb die anderen Optionen nicht in Betracht zieht. Um dies zu vermeiden, müssen Sie dreierlei tun: 1. Prägen Sie sich die Optionen der u-Deklination genau ein. 2. Lernen Sie auch die Substantive der u-Deklination unbedingt mit dem Genitiv, also »*exercitus, exercitus* = das Heer«. Wenn Sie diese Kombination im Kopf haben, wissen Sie sofort, in welchem System Sie sich befinden. 3. Wenn Sie ein Wort im Lexikon nachschlagen, dessen Nominativ auf *-us* endet, vergessen Sie nicht, auch den dort angegebenen Genitiv zu beachten.

Wie unterschiedlich die Formen der o- und der u-Deklination sind, wird am besten deutlich, wenn man sie nebeneinanderhält. Dafür bietet sich ein sehr prominentes Beispiel an, der Heilige Geist. Er heißt lateinisch *Spiritus Sanctus* und muss, wie der christliche Gott, großgeschrieben werden. *Spiritus,-us* gehört der u-Deklination an, *sanctus,-a,-um* wird nach der a- und o-Deklination gebeugt (siehe Tabelle 15.2). Ergänzen Sie also die fehlenden Endungen, auch wenn die Pluralbildung, theologisch betrachtet, eigentlich nicht zulässig ist.

Fall	u-Deklination	o-Deklination		u-Deklination	o-Deklination
	Singular			**Plural**	
Nominativ	Spirit	Sanct		Spirit	Sanct
Genitiv	Spirit	Sanct		Spirit	Sanct
Dativ	Spirit	Sanct		Spirit	Sanct
Akkusativ	Spirit	Sanct		Spirit	Sanct
Ablativ	Spirit	Sanct		Spirit	Sanct

Tabelle 15.2: Die Formen der u- und der o-Deklination

Lösungen: Singular: *Spiritus Sanctus; Spiritus Sancti; Spiritui Sancto; Spiritum Sanctum; Spiritu Sancto.* Plural: *Spiritus Sancti; Spirituum Sanctorum; Spiritibus Sanctis; Spiritus Sanctos; Spiritibus Sanctis.*

Wenn Sie diese Aufgabe fehlerfrei gelöst haben, können Sie auch die Formel »Im Namen des Vaters und des Sohnes und des Heiligen Geistes« korrekt ins Lateinische übersetzen. Versuchen Sie es (der Name = *nomen, nominis*).

Mit dieser Fähigkeit sind Sie vor einem Fehler sicher, der gelegentlich in Film- oder Fernsehproduktionen gemacht wird. Wenn dort ein katholischer Geistlicher auftritt, wird ihm gerne ein lateinischer Spruch in den Mund gelegt, vor allem dann, wenn die Handlung in Bayern spielt. *In nomine Patris et Filii et Spiritus Sancti* ist dabei eine oft gewählte Option, aber nicht immer ist das Latein der Drehbuchautoren ausreichend gut. Einige beugen den Geist nach der o-Deklination.

Das Geschlecht der Substantive der u-Deklination

Wie Sie an *Spiritus Sanctus* sehen können, sind die Substantive der u-Deklination Maskulina. Es gibt nur ganz wenige Ausnahmen. Zwei kommen häufig vor. Es wäre deshalb gut, wenn Sie sich die merken könnten: *domus,-us* (das Haus) und *manus,-us* (die Hand; die Schar) sind Feminina – »das schöne Haus« heißt also *domus pulchra,* »die kleine Hand« oder auch »die kleine Schar« *manus parva.*

Eine weitere Ausnahme sei nur der Vollständigkeit halber erwähnt: *cornu,-us* (das Horn) ist Neutrum. Weil es Neutrum ist, heißt auch der Akkusativ Singular *cornu,* der Ablativ Singular muss ohnehin *cornu* heißen, und aus irgendwelchen Gründen heißt auch der Dativ Singular so. Das Wort kommt aber so selten vor, dass Sie es sich nicht zu merken brauchen. Das Lexikon klärt Sie im Ernstfall auf.

Basiswortschatz: wichtige Substantive der u-Deklination

Die wichtigsten Substantive der u-Deklination sind schnell gelernt (siehe Tabelle 15.3). Zum einen sind sie nicht besonders zahlreich, zum anderen werden Sie sie fast alle über moderne Sprachen oder über das Lateinische kennen.

Lateinisch	Deutsch	Lateinisch	Deutsch
aditus, -us	der Zugang	manus, -us *f.*	die Hand, der Arm; die Schar (D manuell; I/S mano; F main)
adventus, -us	die Ankunft (D Advent)	metus, -us	die Furcht
casus, -us	der Fall, Zufall, das Ereignis (E case)	motus, -us	die Bewegung, der Aufstand
consulatus, -us	das Konsulat	passus, -us	der (Doppel-)Schritt (= 1,5 Meter)
conventus, -us	die Versammlung (L *convenire*; D Konvent)	portus, -us	der Hafen (L *porta*; E airport)
cursus, -us	der (Wett-)Lauf, die Laufbahn, der Kurs	principatus, -us	die führende Stellung; der Prinzipat (= die römische Kaiserzeit) (L *princeps, principis*)

Lateinisch	Deutsch	Lateinisch	Deutsch
domus, -us *f.*	das Haus (L *dominus*; D Dom)	magistratus, -us	das Amt, der Beamte
equitatus, -us	die Reiterei, Kavallerie (L *equus, -i*; *eques, equitis*)	reditus, -us	die Rückkehr
eventus, -us	das Ereignis, der Erfolg (L *evenire*; E event)	senatus, -us	der Senat
exercitus, -us	das Heer (L *exercere*)	sensus, -us	die Empfindung, der Sinn, Verstand (L *sentire*; E sense)
exitus, -us	der Ausgang, das Ergebnis (E exit)	spiritus, -us	der Geist (L *Spiritus Sanctus*; E spirit)
fluctus, -us	das Fließen, die Flut (D Flut)	status, -us	der Zustand (L *stare*; D Status)
fructus, -us	die Frucht, der Ertrag (D Frucht)	usus, -us	der Gebrauch, Nutzen; die Erfahrung (L *uti*; D Usus; E use)
impetus, -us	der Angriff, Ansturm; die Wucht	vultus, -us	der Gesichtsausdruck, die Miene, der Blick

Tabelle 15.3: Wichtige Substantive der u-Deklination

Der Begriff *passus,-us* (der Doppelschritt) wird Ihnen fast ausschließlich bei der Angabe von Strecken oder Entfernungen begegnen. Er bezeichnete eine Länge von zwei Schritten (1,50 Meter). Distanzen wurden in *milia passuum* gemessen. Das heißt wörtlich »1.000 der Doppelschritte«. Aus dieser Maßeinheit wurde dann die »Meile«, und so ist *milia passuum* auch zu übersetzen: *milia passuum C* = 100 Meilen. Die Zahl 1.000 taucht also in der Übersetzung nicht mehr auf. Das wird oft übersehen, und so kommen gigantische Entfernungen zustande. Solche Angaben sind meist mit dem Zusatz *circiter* (ungefähr, etwa) versehen. Übersetzen Sie den folgenden Satz: *Caesar cum exercitu ab eo loco circiter milia passuum L aberat.* (*abesse*: entfernt sein)

Übersetzung: Caesar war mit seinem Heer etwa 50 Meilen von diesem Ort entfernt.

domus,-us (das Haus) ist in zweifacher Hinsicht bemerkenswert: Es ist nicht nur Femininum, es verwendet auch in einigen Fällen die Endungen der o-Deklination: Der Ablativ heißt nicht *domu*, sondern immer *domo*, und im Genitiv und Akkusativ Plural kann *domus* die Endungen beider Deklinationen haben: Genitiv Plural: *domuum* oder *domorum*; Akkusativ Plural: *domus* oder *domos*. Merken Sie sich zudem noch zwei von *domus* abgeleitete Adverbien, die häufig vorkommen: *domum* = nach Hause; *domi* = zu Hause (Lokativ; siehe Kapitel 14).

Dass *manus,-us* »die Hand« heißt, liegt wegen der zahlreichen Übernahmen des Wortes in moderne Sprachen nahe (siehe Tabelle 15.3). Das ist praktisch, aber auch ein kleines Problem. Man denkt deshalb nämlich kaum an die andere Bedeutung des Wortes: »die Schar«. Wenn sich nun, was bei Caesar oft vorkommt, eine *manus* im Wald versteckt, auf ein römisches Lager losstürmt oder dergleichen tut, bekommen solche eher simplen realistischen

Szenen einen arg surrealen Touch, wenn Sie nur an die Bedeutung »Hand« denken. Übersetzen Sie beispielsweise den folgenden Satz: *Hostes magna manu ex silva in nostros impetum fecerunt.* – Merken Sie sich zudem noch den Ausdruck *manus tendere* (*tendo, tetendi, tensum* 3: ausstrecken) = die Hände (oder: die Arme) ausstrecken. Diese Geste ist ein Ausdruck der Verzweiflung. Sie unterstreicht oft Bitten um Hilfe oder um Schonung. Auch dazu ein Beispiel: *Incolae oppidi manus tendentes pacem petiverunt.*

Übersetzungen: Die Feinde machten mit einer großen Schar aus dem Wald heraus einen Angriff auf unsere Leute (besser: griffen … unsere Leute an). – Die Bewohner der Stadt baten, ihre Arme ausstreckend, um Frieden (oder: Die Bewohner der Stadt baten um Frieden, wobei sie ihre Arme ausstreckten).

Die e-Deklination

Die e-Deklination wird auch als 5. Deklination bezeichnet. Die Endungen, die sie verwendet, zeigt Tabelle 15.4. Auch hier ist das Beispielwort eines, das überaus häufig vorkommt: *res* = die Sache, das Ding. Es ist das kürzeste lateinische Substantiv.

Fall	Singular	Deutsch		Plural	Deutsch
Nominativ	**res**	die Sache, das Ding		**res**	die Sachen, die Dinge
Genitiv	**rei**	der Sache, des Dings		**rerum**	der Sachen, der Dinge
Dativ	**rei**	der Sache, dem Ding		**rebus**	den Sachen, den Dingen
Akkusativ	**rem**	die Sache, das Ding		**res**	die Sachen, die Dinge
Ablativ	**re**	durch die Sache, durch das Ding		**rebus**	durch die Sachen, durch die Dinge

Tabelle 15.4: Die Formen der Substantive der e-Deklination

Wenn Sie sich ein wenig mit Rätseln auskennen, kennen Sie wahrscheinlich den Ablativ Plural von *res* bereits. »Rebus«-Rätsel sind Bilderrätsel. Sie heißen so, weil sie nicht mit Buchstaben, also mit Zeichen, sondern »durch die Dinge« selbst nach etwas fragen.

Die Formen der e-Deklinationssubstantive sind – vom Genitiv Singular abgesehen – denen der 3. Deklination sehr ähnlich, vielfach mit ihnen identisch. Ergänzen Sie die fehlenden Endungen und sehen Sie selbst (siehe Tabelle 15.5).

Fall	e-Deklination	3. Deklination		e-Deklination	3. Deklination
	Singular			**Plural**	
Nominativ	res	rex		r	reg
Genitiv	r	reg		r	reg
Dativ	r	reg		r	reg
Akkusativ	r	reg		r	reg
Ablativ	r	reg		r	reg

Tabelle 15.5: Die Formen der u- und der 3. Deklination

Lösungen: Singular: *res – rex; rei – regis; rei – regi; rem – regem; re – rege.* Plural: *res – reges; rerum – regum; rebus – regibus; res – reges; rebus – regibus.*

Das Geschlecht der Substantive der e-Deklination

Die Substantive der e-Deklination sind Feminina. Das merken Sie sich am leichtesten mit einer sehr prominenten Wortkombination: *res publica. – publicus,-a,-um* heißt »öffentlich«, *res publica* ist also, wörtlich übersetzt, »die öffentliche Sache«. So aber dürfen Sie es nicht wiedergeben. Für die Römer bedeutete es »der Staat« oder »die Republik«. Zu diesem Begriff wird unten noch mehr zu sagen sein. Zunächst soll er dazu dienen, die Formen der e-Deklination in Kombination mit denen der a-Deklination zu rekapitulieren. Ergänzen Sie die fehlenden Endungen in Tabelle 15.6.

Fall	e-Deklination	a-Deklination	e-Deklination	a-Deklination
	Singular		Plural	
Nominativ	r	public	r	public
Genitiv	r	public	r	public
Dativ	r	public	r	public
Akkusativ	r	public	r	public
Ablativ	r	public	r	public

Tabelle 15.6: Die Formen der e- und der a-Deklination

Lösungen: Singular: *res publica, rei publicae, rei publicae, rem publicam, re publica.* – Plural: *res publicae, rerum publicarum, rebus publicis, res publicas, rebus publicis.*

Was das Geschlecht betrifft, ist die einzige prominente Ausnahme der e-Deklination das Wort *dies, diei* = der Tag, Termin. Es ist in der Regel Maskulinum, in der Bedeutung »Termin« aber ist es Femininum (zum Beispiel *die certa* = zum bestimmten Termin).

Basiswortschatz: wichtige Substantive der e-Deklination

Die wichtigsten Substantive der e-Deklination sind ausgesprochen überschaubar (siehe Tabelle 15.7).

Lateinisch	Deutsch
acies, -ei	die Schlachtreihe, Schlachtordnung
dies, -ei *m./f.*	der Tag, Termin (E diary)
res, rei	das Ding, die Sache, die Angelegenheit (D real)

Lateinisch	Deutsch
species, -ei	das Aussehen, die Gestalt, die Art (E species; D speziell)
spes, -ei	die Hoffnung (L *sperare*)
fides, -ei	die Treue, das Vertrauen

Tabelle 15.7: Wichtige Substantive der e-Deklination

spes (die Hoffnung) wird meist mit einem *genitivus objectivus* verbunden. Was heißt also *spes victoriae, spes fugae, spes salutis, spes praedae, spes domum reditionis* (*reditio,-onis*: die Rückkehr)?

Lösungen: die Hoffnung auf den Sieg, die Hoffnung auf Flucht, die Hoffnung auf Rettung, die Hoffnung auf Beute, die Hoffnung auf eine Rückkehr nach Hause

Zum Bedeutungsspektrum von *res, rei*

Das wichtigste dieser wichtigsten Substantive ist zweifellos *res*. Weil es nichts Konkretes bedeutet, kann es beinahe für alles stehen, was keine Person ist. In der Regel werden Sie verstehen, was gemeint ist, wenn Sie *res* mit »Ding«, »Sache« oder »Angelegenheit« übersetzen. Besonders elegantes Deutsch ist das allerdings in vielen Fällen nicht, und eine Umformulierung wäre ratsam. Oft können Sie *res* dabei einfach weglassen. Ein Beispiel: *Ea res Caesari nuntiata est.* Anstelle des wörtlichen und arg hölzernen »Diese Sache wurde Caesar gemeldet« hätten Sie eine Reihe von Optionen: »diese Angelegenheit«, »dieser Vorgang«, »dieses Ereignis« und so weiter – es kommt darauf an, was vorher berichtet wurde. Wenn sich kein passender Begriff aufdrängt, können Sie auch einfach »Das wurde Caesar gemeldet« übersetzen.

Die folgenden Beispiele sollen Ihnen ein Gefühl für das Spektrum geben, in dem Sie sich beim Übersetzen von *res* bewegen können. Es wäre gut, wenn Sie sich die Wortverbindungen merken könnten. Sie werden Ihnen sicher wieder begegnen.

hac re oder *ea re* oder *qua re*: wörtlich: »durch diese Sache«, besser: »dadurch, deshalb«. So wird oft am Satzanfang auf einen gerade geschilderten Vorgang Bezug genommen. Ein Beispiel: *Liberi magna voce clamantes luserunt. Ea re* (*Hac re* / *Qua re*) *adductus senex custodes publicos vocavit.* (*custodes publici*: die öffentlichen Wächter, die Polizei). = Die Kinder spielten laut schreiend (besser: und schrien dabei laut). Dadurch veranlasst rief der alte Mann die Polizei. – *qua re* wird sehr oft als ein Wort geschrieben (*quare*). Es kann auch Fragesätze einleiten. Dann heißt es »weshalb, warum«.

ob eam rem oder *quam ob rem*: wörtlich: »wegen dieser Sache«, besser: »deswegen«.

rem gerere: wörtlich: »eine Sache durchführen«, besser: »eine Tat vollbringen, handeln«. Auf diesem Ausdruck basiert *res gestae*, das entweder »getane Dinge« = »Geschehnisse, Ereignisse« bedeuten kann oder »vollbrachte Taten« oder einfach »Taten« (*gestae* ist Nominativ Plural Femininum des Partizips Perfekt Passiv von *gerere*). In der Bedeutung »Taten« ist der Begriff immer positiv konnotiert. Er wurde deshalb oft als Titel für Berichte über denkwürdige Leistungen bedeutender Männer verwendet. Der berühmteste dieser Tatenberichte sind die von Kaiser Augustus selbst verfassten *Res gestae Divi Augusti* (»Die Leistungen des vergöttlichten Augustus«). Die vollständigste erhaltene Version dieses Textes wurde im 16. Jahrhundert als zweisprachige (Lateinisch und Griechisch) Inschrift an den Wänden eines Tempels im türkischen Ankara entdeckt. Weil Ankara in der Antike Ancyra hieß, nennt man diese Inschrift *Monumentum Ancyranum*. – In nachklassischer Zeit wurde *res* weggelassen und nur das Partizip Perfekt von *gerere* im Neutrum Plural verwendet: *gesta* sind »(vollbrachte) Taten«. Eine im 14. Jahrhundert verfasste und weit verbreitete Sammlung moralisierend-belehrender Erzählungen aus der Römerzeit trägt deshalb den Titel *Gesta Romanorum*. – Auch der Begriff »Regesten«, mit dem Historiker amtliche Urkundensammlungen bezeichnen, geht auf *res gestae* zurück.

Zudem taucht *res* häufig in Verbindung mit Adjektiven auf. Merken Sie sich die folgenden Ausdrücke:

res frumentaria: wörtlich: »die das Getreide, den Proviant betreffende Sache«, besser: »die Verpflegung, der Proviant«. Die Versorgung der Soldaten mit Lebensmitteln auf feindlichem Gebiet war eine gewaltige logistische Herausforderung, und nicht selten kam es zu gefährlichen Engpässen. Ein Beispiel: *Nostri propter inopiam rei frumentariae se recipere coeperunt* = Unsere Leute begannen wegen des Mangels an Verpflegung (oder: an Proviant), sich zurückzuziehen.

res militaris: wörtlich »die militärische Angelegenheit«, besser: »das Kriegswesen«. Wenn jemandem *magnus in re militari usus* attestiert wird (*magnus … usus*: Hyperbaton), heißt das »große Erfahrung im Kriegswesen«. Das kann auch mit einem Adjektiv gesagt werden: *peritus rei militaris* = erfahren im Kriegswesen.

res futurae: wörtlich »die zukünftigen Dinge«, besser: »die Zukunft«.

res publica: Mit diesem Begriff bezeichneten die Römer zunächst die Staatsform, mit der sie nach der Vertreibung des letzten Königs Tarquinius Superbus im Jahr 510 v. Chr. die Monarchie ersetzten (siehe Kapitel 14). Die damit einsetzende Epoche der römischen Geschichte nennt man deshalb die »republikanische Zeit«. An der Spitze des Staates standen jetzt zwei Konsuln, die jeweils nur ein Jahr im Amt waren. Die entscheidenden politischen Beratungen wurden zunächst von der adligen Oberschicht im Senat geführt, doch nach und nach erkämpfte sich das einfache Volk mehr und mehr Mitbestimmungsrechte. – Als die Römer dann im 1. Jahrhundert v. Chr. begannen, sich auf Lateinisch mit grundsätzlichen staatsphilosophischen Fragen auseinanderzusetzen (vorher taten sie das, wenn überhaupt, nur auf Griechisch), verwendeten sie den Begriff *res publica* generell für »Staat« als lateinische Entsprechung für das griechische Wort »politeia«. Bahnbrechend war **Ciceros** im Jahr 54 v. Chr. verfasste staatsphilosophische Schrift *De re publica*, mit der er ein römisches Gegenstück zu Platons »Politeia« schuf. Der Titel seines Werkes ist zugleich eine Verbeugung vor dem großen Vorgänger und eine Aufforderung an den Leser, die beiden sehr unterschiedlichen Texte miteinander zu vergleichen.

Auch in einem anderen Bereich philosophischen Forschens spielt *res* eine wichtige Rolle. Der Plural *res* konnte als Sammelbegriff für alle Dinge, die existieren, verwendet werden. **Lukrez** (lateinisch *Lucretius*), ein Zeitgenosse Ciceros, betitelte sein grandioses Lehrgedicht, in dem er die naturphilosophischen Prinzipien der Lehre des Griechen Epikur in über 6.000 Versen darstellt, *De rerum natura* (»Über die Natur der Dinge« oder »Vom Wesen des Alls«). Epikur hatte seiner Lehre die Auffassung der »Atomisten« zugrunde gelegt, dass alles, was existiert, auch die Seele, aus kleinsten unteilbaren Teilchen, den Atomen, besteht. Weil seine eigenen diesbezüglichen Texte und auch die seiner Vorläufer größtenteils verloren sind, ist das Werk des Lukrez die umfangreichste Abhandlung zu dieser These, die aus der Antike erhalten ist.

Übungen und Übersetzungen zur u- und e-Deklination

Bestimmen und übersetzen Sie die folgenden Formen. Sie entstammen allen fünf Deklinationssystemen. Wenn mehrere Lösungen möglich sind, ist deren Zahl in Klammern angegeben.

magnos exercitus; *domum* (2); *domuum*; *dominum*; *rei publicae* (2); *bonus dies*; *parva manu*; *bonae spes*; *hac re*; *militum*; *aciem*; *fluctus* (4); *senatui*; *rei frumentariae* (2); *imperatores* (2); *res* (3).

Lösungen: *magnos exercitus*: Akkusativ Plural: große Heere – *domum*: 1. Akkusativ Singular: das Haus; 2. Adverb: nach Hause – *domuum*: Genitiv Plural: der Häuser – *dominum*: Akkusativ Singular: den Herrn – *rei publicae*: 1. Genitiv Singular: des Staates; 2. Dativ Singular: dem Staat – *bonus dies*: Nominativ Singular: der gute Tag – *parva manu*: Ablativ Singular: mit einer kleinen Schar (oder: Hand) – *bonae spes*: Nominativ Plural: gute Hoffnungen – *hac re*: Ablativ Singular: durch diese Sache, dadurch – *militum*: Genitiv Plural: der Soldaten – *aciem*: Akkusativ Singular: die Schlachtreihe – *fluctus*: 1. Nominativ Singular: die Woge; 2. Genitiv Singular: der Woge; 3. Nominativ Plural: die Wogen; 4. Akkusativ Plural: die Wogen – *senatui*: Dativ Singular: dem Senat – *rei frumentariae*: 1. Genitiv Singular: des Proviants; 2. Dativ Singular: dem Proviant – *imperatores*: Nominativ oder Akkusativ Plural: die Feldherrn – *res*: 1. Nominativ Singular: die Sache; 2. Nominativ Plural: die Dinge; 3. Akkusativ Plural: die Dinge.

Übersetzungen und ein wenig Kultur

Mit den folgenden Texten können Sie überprüfen, ob Ihnen die Substantive der u- und der e-Deklination noch Probleme bereiten. Überdies werden Sie ein paar Begriffen begegnen, die noch heute verwendet werden, und einem der guten römischen Kaiser. Und Sie werden neue Aspekte von Ciceros Biografie kennenlernen. Zunächst wieder ein paar häufige Vokabeln (siehe Tabelle 15.8).

Lateinisch	Deutsch
ater, atra, atrum	dunkel, schwarz, unheilvoll
priusquam	bevor

Lateinisch	Deutsch
desisto, destiti, – , desistere	aufhören
pervenire	ankommen, an ein Ziel kommen, erreichen

Tabelle 15.8: Lernvokabeln

Wiederholen Sie vor dem Übersetzen noch die folgenden Vokabeln: *medius,-a,-um*; *lavare*; *perdo, perdidi, perditum, perdere*; *aptus,-a,-um*; *opus, operis* n.; *clarus,-a,-um*; *continere*; *lingua,-ae*; *reperire*; *inimicus,-i*; *relinquere*; *cogo, coegi, coactum, cogere*; *post*; *licet*; *egredior, egressus sum, egredi*; *in deditionem venire*; *terga vertere*; *nec*; *fugere*; *memoria tenere*; *occido, occidi, occisum, occidere*; *pello, pepuli, pulsum, pellere*.

1. (a) *Status quo.* (b) *in medias res.* (c) *dies ater.* (d) *manu scriptum*; *manu factum.*

2. *Manus manum lavat.*

3. *Habet Fortuna longas manus.*

4. *Diem perdidi.*

5. *Manus nostrae ad multas res aptae sunt.*

6. *Cognovimus tria clarorum Romanorum opera, quorum tituli vocabulum »rem« continent: Ciceronis »De re publica«, Lucretii »De rerum natura«, Augusti »Res gestae Divi Augusti«. Opus Augusti, quod Ancyrae in pariete templi duabus linguis inscriptum repertum est, etiam »Monumentum Ancyranum« appellatur.* (*titulus,-i*: der Titel; *divus,-a,-um*: vergöttlicht, göttlich; *Ancyrae*: Lokativ von Ancyra)

7. *Anno LVIII ante Christum natum Cicero ab inimicis Romam relinquere et in exilium ire coactus est. Anno post ei domum redire licuit.* (*ire*: gehen; *redire*: zurückkehren)

8. *Incolae ex oppido egressi manus tendentes pacem petiverunt seque in deditionem venire clamaverunt.*

9. *Omnes hostes terga verterunt nec fugere destiterunt, priusquam ad flumen Rhenum milia passuum ex eo loco, quo proelium factum erat, circiter L pervenerunt.*

10. *Caesar memoria tenebat L. Cassium consulem ab Helvetiis occisum* (*esse*) *exercitumque eius pulsum* (*esse*) *et sub iugum missum esse.* (*sub iugum mittere*: unters Joch schicken. – Das war eine besondere Form der Demütigung besiegter Feinde.)

Übersetzungen und Erklärungen:

1. (a) Mit »Status quo« bezeichnet man den gegenwärtigen Zustand einer Sache. Die Formulierung ist stark abgekürzt. Vollständig müsste sie etwa heißen *Status, quo res est*, also »der Zustand, in dem (*quo* ist Ablativ) sich die Sache befindet«. In Streitfällen wird auch gelegentlich der »Status quo ante« als mögliche Lösung ins Spiel gebracht, also der Zustand, in dem sich die Sache, um die es geht, vor dem Beginn der Auseinandersetzung befunden hat. Das ist zum Beispiel bei territorialen Fragen nach militärischen Auseinandersetzungen der Fall.

1. (b) in die Mitte der Dinge oder: mitten hinein in die Dinge

Sprachliches: *medius,-a,-um* ist hier nicht in der Bedeutung »der, die, das mittlere« (von mehreren) verwendet, sondern in der Bedeutung »mitten, in der Mitte von« (siehe Kapitel 3). Weil *in* hier mit dem Akkusativ konstruiert ist, antwortet es auf die Frage »wohin?«

Inhaltliches: Die Formulierung wird heute meist in Verbindung mit »gehen« verwendet: »In medias res (oder auch: Medias in res) gehen« bedeutet »gleich zur Sache kommen«. Geprägt wurde sie von dem römischen Dichter Horaz. Er beschrieb damit in seiner *Ars poetica* (»Die Dichtkunst«) die literarische Technik, eine längere Geschichte nicht von Beginn an chronologisch zu erzählen, sondern in der Mitte oder kurz vor ihrem Ende einsetzen zu lassen und die davor liegenden Geschehnisse nach und nach in Rückblenden nachzutragen. Das klassische Vorbild für diese Technik sind die Epen Homers, die »Ilias« und die »Odyssee«. Nach ihrem Muster wurden und werden noch immer zahllose Texte (und Filme) gestaltet. Achten Sie einmal darauf.

1. (c) ein schwarzer Tag. – So wurden im römischen Kalender Tage genannt, an denen eine Katastrophe passiert war und an denen deshalb womöglich auch künftig mit Unheil zu rechnen war. Solche Tage verlangten spezielle kultische Maßnahmen zur Besänftigung der Götter. Anlass für diese Praxis war eine verheerende Niederlage, die die Römer im Jahr 390 (oder 387) v. Chr. gegen ein Gallierheer erlitten hatten und die zu einer demütigenden

Eroberung Roms geführt hatte. Dieses Ereignis, die »Schlacht an der Allia«, prägte das Gallierbild der Römer nachhaltig. – Heute wird der Begriff »ein schwarzer Tag« generell für einen Unglückstag verwendet.

1. (d) etwas mit der Hand Geschriebenes; etwas mit der Hand Gemachtes. – Diese Begriffe bezeichnen individuelle Anfertigungen im Unterschied zu maschinell hergestellten Gegenständen. Wenn Sie das möchten, könnten Sie deshalb beispielsweise einen handgestrickten Pullover als »Manufakt« bezeichnen, auch wenn sich dieser Begriff im Unterschied zum »Manuskript« im Deutschen nicht etabliert hat.

2. Eine Hand wäscht eine Hand. – Die amtliche deutsche Version dieses Sprichworts ist natürlich »Eine Hand wäscht die andere«. Gemeint ist, dass sich Leute gegenseitig Gefälligkeiten irgendwelcher Art erweisen, also die Hand des einen die des anderen wäscht und umgekehrt. Die Basis dieses Sprichworts ist der alltägliche Vorgang des Händewaschens, aber genau bedacht passt das Bild nicht recht zum Sinn des Sprichworts. Zwar wäscht beim Händewaschen in der Tat die eine Hand die andere, aber diese beiden Hände haben denselben Besitzer.

3. Das Schicksal hat lange Hände (besser: Arme). – Das heißt, dem Schicksal kann man nicht entkommen. Dass das Lateinische hier das Wort *manus* verwendet, soll nicht heißen, dass die Römer sich das Schicksal mit besonders langen Händen ausgestattet vorgestellt haben. Der Ausdruck fokussiert vielmehr auf den Teil des Arms, der die eigentliche Bedrohung darstellt: Mit den Händen packt das Schicksal ja zu, wenn es sein Opfer dank seiner langen Arme erreicht hat. – Auch im Deutschen verwendet man die Metapher »der lange Arm«, um das Wirken von Institutionen, Personen oder abstrakten Mächten zu beschreiben, das zwar womöglich mit Verzögerung, aber doch unabwendbar eintritt (zum Beispiel »der lange Arm des Gesetzes«).

4. Ich habe den Tag vergeudet. – Das soll der römische Kaiser Titus (Regierungszeit 79–81 n. Chr.) eines Abends ausgerufen haben, als ihm auffiel, dass er an diesem Tag noch niemandem etwas Gutes getan hatte. Titus wurde – wie Sie an dieser Anekdote sehen können – von antiken Historikern recht positiv bewertet. Dasselbe gilt für seinen Vater und Vorgänger **Vespasian** (Regierungszeit 69–79 n. Chr.). In schärfstem Kontrast dazu steht die allgemeine Einschätzung der Herrschaft von Titus' Bruder **Domitian,** der ihm nachfolgte. Sie gilt als Schreckensregime.

5. Unsere Hände sind zu vielen Dingen (besser: zu vielem) geeignet.

6. Wir kennen (oder: Wir haben … kennengelernt) drei Werke (*tria … opera*: Hyperbaton) berühmter Römer, deren Titel das Wort »res« enthalten: Ciceros »Über den Staat«, Lukrez' »Von der Natur der Dinge« und Augustus' »Die Taten des vergöttlichten Augustus«. Das Werk des Augustus, das in Ancyra auf der Wand eines Tempels in zwei Sprachen eingeschrieben gefunden wurde, wird auch »Monumentum Ancyranum« genannt.

7. Im Jahr 58 v. Chr. wurde Cicero von seinen Gegnern gezwungen, Rom zu verlassen und ins Exil zu gehen. Ein Jahr später war es ihm erlaubt, nach Hause zurückzukehren. – Das Jahr 58 markiert einen dramatischen Tiefpunkt in der überaus wechselvollen Biografie Ciceros. Nur fünf Jahre zuvor hatte Cicero beinahe Unmögliches erreicht. Obwohl er der

Erste seiner Familie war, der in den Senat aufgenommen wurde (man nannte solche Männer *homo novus*, »neuer Mensch«, was despektierlich gemeint war), bekleidete er im Jahr 63 v. Chr. das höchste Amt in Rom, das **Konsulat.** Dieses Amt wurde sonst fast ausschließlich an Mitglieder alteingesessener Senatorenfamilien vergeben. Es gelang ihm in diesem Jahr, beinahe im Alleingang eine gefährliche Verschwörung gegen den Staat aufzudecken (die Verschwörung des Catilina). Dafür wurde er mit einer seltenen Auszeichnung bedacht. Er erhielt den Ehrentitel *pater patriae* (Vater des Vaterlands). – Es ist mehr als nachvollziehbar, dass Cicero nun glaubte, in den römischen Senatorenkreisen voll akzeptiert und entsprechend abgesichert zu sein. In den heftigen politischen Turbulenzen der folgenden Jahre aber, in deren Zentrum der hochumstrittene Caesar stand, erwies sich das als Irrtum. Cicero bot ein leichtes Ziel für Angriffe, die sich gegen eher konservative Kreise im Senat richteten. Die Attacken brachten ihn in arge Bedrängnis, und er fand nicht den Rückhalt, der notwendig gewesen wäre, um sie abzuwehren. Deshalb musste er nur fünf Jahre nach seinem größten Triumph freiwillig ins Exil gehen, um Schlimmeres zu vermeiden. Zwar gelang es seinen Unterstützern, allen voran dem prominenten Feldherrn Pompeius, ihn nach einem Jahr wieder nach Rom zurückzuholen. Ciceros politische Karriere war aber jetzt für lange Zeit auf Eis gelegt.

8. Die Bewohner, die aus ihrer Stadt herausgekommen waren (*egressi* ist Partizip Perfekt des Deponens *egredi*; wörtlich: die aus ihrer Stadt herausgegangen seienden Bewohner), streckten ihre Arme aus (wörtlich: ihre Arme ausstreckend), baten um Frieden und riefen, dass (AcI) sie (*seque = et se*) sich ergeben (oder: kapitulieren).

9. Alle Feinde ergriffen die Flucht und hörten nicht auf zu fliehen, bevor sie an den Fluss Rhein gekommen waren, etwa 50 Meilen von dem Ort entfernt, an dem die Schlacht geschlagen worden war.

10. Caesar erinnerte sich, dass (AcI) der Konsul Lucius Cassius von den Helvetiern getötet und dessen Heer geschlagen und unters Joch geschickt worden war.

Sprachliches: Dass die beiden ersten *esse*-Formen eingeklammert sind, soll Ihnen zeigen, dass sie in einem lateinischen Original weggelassen würden. Im Deutschen ist das entsprechend: Im dass-Satz steht nur ein Mal »war«.

Inhaltliches: »Ein Heer unters Joch schicken« bedeutete, dass besiegte und gefangen genommene Gegner gezwungen wurden, unter einem Ochsenjoch, das auf dem Boden aufgestellt wurde, hindurchzukriechen. Die Sieger fanden das zum Brüllen komisch. Ein vergleichbarer und ähnlich lustiger militärischer Brauch war später das Spießrutenlaufen.

Relativer Satzanschluss

Zum Abschluss dieses Kapitels noch eine kleine stilistische Besonderheit des Lateinischen: Anstelle eines Demonstrativpronomens (*is, ea, id*; *hic, haec, hoc*; *ille, illa, illud*) kann am Anfang eines Satzes auch das Relativpronomen (*qui, quae, quod*) verwendet werden. Dieses Phänomen heißt »relativer Satzanschluss«. Das soll sagen: Ein Satz wird mit einem Relativpronomen an den vorherigen angeschlossen. Tabelle 15.9 zeigt Ihnen ein Beispiel.

Satz 1:	Romani cum Pyrrho pugnabant.	
	mit Demonstrativpronomen:	**mit relativem Satzanschluss:**
Satz 2:	**Hic** elephantos in exercitu habebat.	**Qui** elephantos in exercitu habebat.

Tabelle 15.9: Relativer Satzanschluss

Zu übersetzen sind beide Varianten mit: »Die Römer kämpften mit Pyrrhus. **Dieser** (oder: **Er**) hatte Elefanten in seinem Heer.« Das heißt: Ein solches **Relativpronomen** muss mit einem **Demonstrativpronomen** (dieser, diese, dieses) oder einem **Personalpronomen** (er, sie, es) wiedergegeben werden. Das ist kein besonderes Problem, es ist nur ein wenig gewöhnungsbedürftig. Die folgenden Sätze sollen Ihnen dabei helfen. Wiederholen Sie, falls nötig, noch kurz die Formen von *qui, quae, quod* (siehe Tabelle 7.10).

1. *Thomas Claudiam amabat. Quae autem amore Stephani capta est.*
2. *Hannibal exercitum Romanorum ad Cannas delevit. Quam cladem Romani semper memoria tenebant.* (*Cannae,-arum*: Cannae)
3. *Helvetii fines suos angustos esse censebant. Qua re adducti patriam relinquere constituerunt.* (*angustus,-a,-um*: eng)
4. *Felem videns mus parvus se abdidit. Quem feles invenire non potuit.* (*feles,-is*: die Katze; *mus, muris*: die Maus; *possum, potui, –, posse*: können)
5. *Vidi spectaculum, quod »Musikantenstadl« nominatur. Quod me vehementer vexavit.* (*vexare*: quälen)
6. *Cum bellum Gallicum confectum esset, Caesar iterum consulatui studebat. Quem honorem inimici ei negaverunt.* (*honor,-oris*: das Amt)
7. *Filius Tarquinii Superbi, regis Romae, Lucretiam stupravit. Qua re adducti Romani regem ex urbe expulerunt.* (*stuprare*: vergewaltigen)

Übersetzungen:

1. Thomas liebte Claudia. Diese (oder: Sie) aber ist von Liebe zu Stephan (*Stephani* ist *genitivus objectivus*) ergriffen worden.

2. Hannibal vernichtete das Heer der Römer bei Cannae. Diese Niederlage hatten die Römer immer im Gedächtnis.

3. Die Helvetier glaubten (oder: waren der Meinung), dass (AcI) ihre Gebiete eng waren (oder: seien). Durch diese Sache (besser: Dadurch) veranlasst beschlossen sie, ihre Heimat zu verlassen.

4. Als sie die Katze sah (wörtlich: Die Katze sehend), versteckte sich die kleine Maus. Die Katze konnte diese (besser: sie) nicht finden.

5. Ich habe das Spektakel (oder: Schauspiel), das »Musikantenstadl« heißt, gesehen. Dieses (besser: Es) hat mich heftig gequält.

6. Als der Gallische Krieg beendet (worden) war, strebte Caesar ein zweites Mal das Konsulat an (*consulatui* ist Dativ, weil *studẹre* mit Dativ steht). Dieses Amt verweigerten ihm seine Gegner.

7. Ein Sohn des Tarquinius Superbus, des Königs von Rom, vergewaltigte Lucretia. Durch diese Sache (besser: Dadurch) veranlasst vertrieben die Römer den König aus der Stadt.

Relativer Satzanschluss bei Nebensätzen

Bei den Beispielen, die Sie gerade übersetzt haben, waren die mit dem Relativpronomen eingeleiteten Sätze jeweils Hauptsätze. Wenn ein solcher Satz aber ein Nebensatz ist, rückt die Konjunktion, die den Nebensatz markiert (also *cum, ut, si, postquam* oder dergleichen) nach hinten. Das Relativpronomen muss beim relativen Satzanschluss immer **am Anfang des Satzes** stehen. Beim Übersetzen müssen Sie die Reihenfolge wieder umdrehen. Ein Beispiel:

Dieter Nadiam amabat. ***Quam cum*** *reliquisset, Veronam cepit.* = Dieter liebte Nadja. **Als** (*cum*) er **sie** (oder: **diese;** *Quam*) verlassen hatte, eroberte er Verona.

Auch hierzu ein paar Übungssätze. Rufen Sie sich ins Gedächtnis, was die folgenden Vokabeln bedeuten: *transgredior, transgressus sum, transgredi*; *lapis, lapidis*; *ne* mit Konjunktiv; *parẹre*; *arma,-orum*; *vulnerare*; *utor, usus sum, uti* mit Ablativ.

1. *Caesar Galliam expugnavit. Quod bellum cum confecisset, Rubiconem cum exercitu transgressus est.*

2. *Hostes oppidum oppugnabant. Quos ut prohiberent, incolae oppidi lapides e muro iecerunt.*

3. *Pluto Orpheo imperabat, ne respiceret. Cui si Orpheus paruisset, Eurydicem ab inferis ad vitam reducere potuisset.* (*re-spịcere*: zurückschauen; *inferi,-orum*: die Toten, die Unterwelt; *possum, potui, –, posse*: können)

4. *Hercules leonem Nemeaeum interfecit. Quem cum armis vulnerare non posset, Hercules manibus uti debuit.* (*Nemeaeus, a, um*: nemeisch [das heißt aus der Gegend von Nemea]; *leo, leonis*: der Löwe; *posse*: können)

Übersetzungen:

1. Caesar eroberte Gallien. Als (*cum*) er diesen (*Quod*) Krieg beendet hatte, überschritt er den Rubikon mit seinem Heer.

2. Die Feinde belagerten die Stadt. Damit (*ut*) sie diese (*Quos*) abwehrten (besser: Um sie abzuwehren), warfen die Bewohner der Stadt Steine von der Stadtmauer.

3. Pluto befahl Orpheus, nicht zurückzuschauen (wörtlich: dass er nicht zurückschaue). Wenn (*si*) Orpheus ihm (*Cui*) gehorcht hätte, hätte er Eurydike von den Toten (oder: aus der Unterwelt) ins Leben zurückführen können.

4. Herkules tötete den Nemeischen Löwen. Weil (*cum*) er diesen (*Quem*) mit Waffen nicht verletzen konnte, musste Herkules seine Hände benutzen (*manibus* ist Ablativ, weil *uti* mit

dem Ablativ steht). – Herkules wird immer mit einem Löwenfell dargestellt. Es ist das Fell des Nemeischen Löwen.

Die folgende Übung fasst das Phänomen »relativer Satzanschluss« zusammen und bietet Ihnen die Gelegenheit, die Pronominalformen noch einmal zu rekapitulieren. Zunächst finden Sie einen Text zur Übersetzung. Es ist die Geschichte vom Mann, der Taube und dem Adler aus Kapitel 11 in einer mit relativen Satzanschlüssen übersäten und etwas erweiterten Version, die sogar einen AcI enthält. Anschließend sollen Sie die relativen Satzanschlüsse durch »normale« ersetzen. Das sollte eventuell verbliebene Unsicherheiten beheben. Für die Übersetzung sollten Sie die folgenden Vokabeln parat haben: *quidam, quaedam, quoddam; sequor, secutus sum, sequi; tango, tetigi, tactum, tangere; conari; morior, mortuus sum, mori; existimare; accusare.*

Übung 1: Übersetzen Sie: (1) *Cum vir quidam ad sepulchrum staret, aquila columbam secutus est.* (2) *Quas cum vidisset, vir lapides collegit*[1]. (3) *Quibus lapidibus aquilam tangere conatus est.* (4) *Quorum autem unus columbam tetigit.* (5) *Quae de calo in virum cecidit*[2]. (6) *Quam mortuam esse existimans vir deos accusavit.* (7) *Quos cum accusaret, uberes*[3] *lacrimas fudit*[4].

[1] *colligo, collegi, collectum* 3: sammeln; [2] *cado, cecidi,* – 3: fallen; [3] *uber,-eris*: reichlich, ergiebig; [4] *fundo, fudi, fusum* 3: vergießen.

Übung 2: Ersetzen Sie die Relativpronomina in den Sätzen 2 bis 7 durch die jeweiligen Formen von *is, ea, id* und *hic, haec, hoc* in Tabelle 15.10.

relativer Satzanschluss	is, ea, id	hic, haec, hoc	
(2) Quas			cum vidisset, vir lapides collegit.
(3) Quibus			lapidibus aquilam tangere conatus est
(4) Quorum			autem unus columbam tetigit.
(5) Quae			de calo in virum cecidit.
(6) Quam			mortuam esse existimans vir deos accusavit.
(7) Quos			cum accusaret, uberes lacrimas fudit.

Tabelle 15.10: Ersetzen von relativem Satzanschluss durch Demonstrativpronomina

Lösungen:

Übung 1: (1) Als ein Mann (*quidam* = »ein gewisser« bleibt am besten unübersetzt) an einem Grab stand, verfolgte ein Adler eine Taube. (2) Als er diese (oder: sie) gesehen hatte, sammelte der Mann Steine. (3) Mit diesen Steinen versuchte er, den Adler zu treffen. (4) Deren einer (oder: Einer von diesen) aber traf die Taube. (5) Diese (oder: Sie) fiel vom Himmel herab auf den Mann. (6) Glaubend (besser: Weil er glaubte), dass (AcI) diese (oder: sie) gestorben sei, klagte der Mann die Götter an. (7) Während er diese anklagte, vergoss er reichlich Tränen.

Übung 2: (2) *Eas*; *Has.* (3) *Iis*; *His.* (4) *Eorum*; *Horum.* (5) *Ea*; *Haec.* (6) *Eam*; *Hanc.* – (7) *Eos*; *Hos.*

Auf einen Blick

Zur u-Deklination:

- ✔ Die Endungen der u-Deklination sind: Singular: *-us, -us, -ui, - um, -u*; Plural: *-us, -uum, -ibus, -us, -ibus*. Besonders zu beachten ist, dass die Endung *-us* vier Fälle bezeichnen kann (Nominativ und Genitiv Singular; Nominativ und Akkusativ Plural).
- ✔ Die Substantive der u-Deklination sind Maskulina. Prominente Ausnahmen sind *manus,-us* (Hand, Arm; Schar) und *domus,-us* (Haus). Sie sind Feminina. *Domus* bildet zudem einige Formen nach der o-Deklination.

Zur e-Deklination:

- ✔ Die Endungen der e-Deklination sind: Singular: *-es, -ei, -ei, -em, -e*; Plural: *-es, -erum, -ebus, -es, -ebus*. Sie sind in vielen Fällen denen der 3. Deklination sehr ähnlich, teilweise mit ihnen identisch.
- ✔ Die Substantive der e-Deklination sind Feminina. Prominente Ausnahme ist *dies, -ei* (Tag, Termin), das meist Maskulinum ist.

Relativer Satzanschluss:

- ✔ Am Anfang eines Satzes kann im Lateinischen ein **Relativpronomen** (also eine Form von *qui, quae, quod*) anstelle eines **Demonstrativpronomens** (*is, ea, id; hic, haec, hoc; ille, illa, illud*) verwendet werden (**relativer Satzanschluss**). Im Deutschen ist das nicht nachzumachen. Bei der Übersetzung muss deshalb das Relativpronomen mit einem Demonstrativ- (dieser, diese, dieses) oder einem Personalpronomen (er, sie, es) wiedergegeben werden: *Quae dixit* = Diese/ Sie sagte.
- ✔ Bei dieser Konstruktion muss das Relativpronomen immer **am Anfang des Satzes** stehen. Wenn der Satz mit einem Nebensatz beginnt, rückt deshalb die den Nebensatz einleitende Konjunktion (*cum, ut, si, postquam* oder dergleichen) nach hinten. Auch das ist im Deutschen nicht nachzuahmen: *Quem cum Caesar videret, ...* = Als Caesar diesen/ihn sah, ...

Zwei Texte zum Schluss

Die beiden folgenden Texte machen Sie mit zwei bemerkenswerten Frauen bekannt. Die erste hat es womöglich nie gegeben. Es ist die Nymphe Kalypso, bei der Odysseus die letzten sieben Jahre seiner Irrfahrten verbracht hat. Die zweite ist eine Römerin, die es zwar gegeben hat, von der wir aber nicht mehr wissen, als Ihnen der Text mitteilen wird. Das ist aber, genau betrachtet, nicht wenig. Tabelle 15.11 enthält wieder einige Vokabeln, die Sie sich merken sollten.

Lateinisch	Deutsch
retinere	zurückhalten, festhalten (L *tenere*)
dimittere	weggehen lassen, wegschicken (L *mittere*)
permittere	erlauben (L *mittere*)
ac	und
donec	bis
natus, -i	der Sohn, das Kind (L *nasci*)
imperatum, -i	das Befohlene, der Befehl, die Anweisung
invitus, -a, -um	unwillig, nicht einverstanden, »dagegen«
sepulchrum, -i	das Grab
ratis, -is	das Floß
haud	nicht
lana, -ae	die Wolle, die Wollarbeit

Tabelle 15.11: Lernvokabeln

Zudem werden Sie auf zwei Besonderheiten stoßen, die Ihnen auch in anderen Texten begegnen können.

- ✔ **Jupiter,** der höchste Gott der Römer (griechisch Zeus), wird nach der 3. Deklination gebeugt. Die Endungen sind also nichts Neues. Ab dem Genitiv aber verändert sich das Wort so beträchtlich, dass man »Jupiter« nicht mehr darin erkennt. Die Formen sehen so aus. Nominativ: *Iupiter* oder *Iuppiter*; Genitiv: *Iovis*; Dativ: *Iovi*; Akkusativ: *Iovem*; Ablativ: *Iove.* Lernen Sie Jupiter also mit dem Genitiv als eigene Vokabel: *Iupiter, Iovis.*

Die Formen von *Iupiter* sind so zu erklären: Als Ursprung des Wortes hat man »*Dieu pater*« rekonstruiert. Das war ein Vokativ, also eine Anredeform, und entsprach dem Griechischen »Zeu pater« = Vater Zeus. Dieser Vokativ wurde zum Nominativ gemacht und veränderte sich nach und nach zu *Iupiter.* Ab dem Genitiv wurde der Bestandteil *-piter* (Vater) weggelassen.

- ✔ *nominarunt* (»Über Claudia«, Vers 3): Diese Form kommt von *nominare* = nennen. Eigentlich müsste sie *nominaverunt* heißen. Es fehlt also *-ve-*. Solche **verkürzten Formen** gibt es bei allen Verben, deren Perfektstamm mit *-v-* gebildet wird, zum Beispiel *audisset* statt *audivisset, mandarunt* statt *mandaverunt* oder *delerant* statt *deleverant.* Sie sind freilich weit in der Minderzahl.

Die folgenden Vokabeln sollten Sie noch kurz rekapitulieren: *socius,-i; amitto, amisi, amissum, amittere; incolere; iubeo, iussi, iussum, iubere; ingens, ingentis; oculus,-i; misericordia, -ae; pulcher, pulchra, pulchrum; maritus,-i; cor, cordis; creare; sermo,-onis.*

Die Nymphe Kalypso

Ulixes cum naufragio[1] *omnes socios amisisset, enatavit*[2] *in insulam Ogygiam, quam Calypso nympha incolebat. Quae specie Ulixis capta septem annos eum retinuit neque a se dimittere voluit*[3]*, donec Mercurius ab Iove iussus nymphae denuntiavit*[4]*, ut eum dimitteret. Calypso invita imperatum fecit et Ulixi permisit, ut ratem faceret Ogygiamque relinqueret. Quam ratem Neptunus ingentibus fluctibus delevit, quod Ulixes Polyphemum Cyclopem*[5]*, qui unus* *ex Neptuni filiis erat, oculo privaverat*[6]*. Quod cum Leucothea, dea maris, vidisset, misericordia mota Ulixem servavit.*

[1] *naufragium,-i*: der Schiffbruch; [2] *enatare*: hinausschwimmen, sich retten; [3] *volo, volui, –, velle*: wollen; [4] *denuntiare*: eine Anweisung geben; [5] *Cyclops,-opis*: der Zyklop; [6] *privare* (mit Ablativ): (einer Sache) berauben

Übersetzung: Als Odysseus durch einen (oder: bei einem) Schiffbruch alle Gefährten verloren hatte, rettete er sich auf die Insel Ogygia, die die Nymphe Kalypso bewohnte. Diese (relativer Satzanschluss), vom Aussehen des Odysseus gefangen, hielt ihn sieben Jahre fest und wollte ihn nicht von sich weggehen lassen, bis der von Jupiter beauftragte Merkur (oder: Merkur, der von Jupiter beauftragt worden war,) der Nymphe die Anweisung gab, dass sie ihn weggehen lasse (oder: ihn weggehen zu lassen). Calypso, die nicht einverstanden war, (wörtlich: die nicht einverstandene Calypso) führte die Anweisung aus (wörtlich: tat das Befohlene) und erlaubte Odysseus, ein Floß zu bauen und Ogygia zu verlassen (wörtlich: dass er ein Floß baue und Ogygia verlasse). Dieses (relativer Satzanschluss) Floß zerstörte Neptun mit gewaltigen Wogen, weil Odysseus den Zyklopen Polyphem, der einer von Neptuns Söhnen war, seines Auges beraubt hatte. Als Leukothea, eine Meeresgöttin, dies (relativer Satzanschluss) gesehen hatte, rettete sie Odysseus, von Mitleid bewegt.

Über Claudia

Dass es bis zur Mitte des 1. Jahrhunderts v. Chr. gedauert hat, bis in Rom die ersten Liebesgedichte veröffentlicht wurden (Catull; siehe Kapitel 14), bedeutet natürlich nicht, dass die Römer bis dahin das Gefühl »Liebe« nicht gekannt hätten. Sie waren zwar die Römer, aber auch Menschen. Gefühle zu haben und Gefühle poetisch zu verarbeiten und zu publizieren sind freilich zwei verschiedene Dinge. Das Zweite setzt nicht nur die Bereitschaft eines Dichters voraus, dergleichen zu formulieren, sondern auch die Bereitschaft eines Publikums, es zu lesen. Man darf sicher feststellen, dass die Römer lange Zeit kein solches Publikum abgaben. Das hing ohne Zweifel mit dem sehr lange gepflegten Selbstverständnis der gebildeten römischen Oberklasse zusammen, denn nur Angehörige dieser Schicht kamen für die Produktion und für die Lektüre ausgefeilter Lyrik in Betracht. In den patriarchalisch geprägten römischen Wert- und Moralvorstellungen war für öffentliche Bekenntnisse zu weichen Gefühlen und gar zu einer Unterwerfung unter die Macht Amors kein Platz. Es bedurfte der fundamentalen Erschütterung dieser Wertvorstellungen, die mit den dramatischen gesellschaftlichen Krisen des 1. Jahrhunderts einherging, damit ihre selbstverständliche Gültigkeit hinterfragt und nach neuen Parametern gesucht wurde. Das oblag – wie meist – der jüngeren Generation.

Wenn Catulls erotische Gedichte auch die ältesten römischen Liebesgedichte sind – sie entstanden um 60 v. Chr. –, waren sie keineswegs die ersten lateinischen Texte, in denen Liebe eine Rolle spielte. In den etwa 100 Jahre vor Catull verfassten **Komödien** des **Plautus** und des **Terenz** sind Liebesaffären meist treibende Faktoren der Handlung. Diese Stücke waren freilich nicht primär für ein gebildetes Adelspublikum geschrieben, sondern nicht zuletzt für das »einfache Volk«. Das Phänomen Liebe war den Römern, wie gesagt, keineswegs fremd.

Der folgende Text ist zwar beileibe kein erotischer Text. Er ist aber ein recht deutliches Indiz dafür, dass römische Frauen auch vor Catull durchaus nicht ausschließlich in ihrer

Funktion als Mütter und Haushaltsorganisatorinnen (*matrona*; *domina*) gesehen wurden. Es ist eine bemerkenswert ausführliche, in Versen formulierte Grabinschrift, die wohl Ende des 2. Jahrhunderts v. Chr. entstanden ist. Wenn Sie die unterstrichenen Vokale betonen, ergibt sich der Versrhythmus (an einigen Stellen werden Silben nicht ausgesprochen: Vers 1: *paulum' st*; *adst' ac*; Vers 2: *sepuchlr' haud*; Vers 7: *t' aut' incessu*)

Hospes, quod dico, paulum[1] *est. Adsta*[2] *ac perlege*[3]*!*

Hic est sepulchrum haud[4] *pulchrum pulchrae feminae.*

Nomen parentes nominarunt[5] *Claudiam.*

Suum maritum corde dilexit[6] *suo.*

Natos duos creavit. Horum alterum

in terra linquit[7]*, alium sub terra locat*[8]*.*

Sermone lepido[9]*, tum autem incessu*[10] *commodo*[11] (ergänze: *erat*).

Domum servavit, lanam fecit. Dixi, abi[12]*!*

[1] *paulum,-i*: ein Weniges, eine Kleinigkeit; [2] *adstare*: stehen bleiben; [3] *perlegere* ← *per-legere*; [4] *haud*: nicht; [5] *nominarunt* = *nominaverunt* (siehe oben); [6] *diligo, dilexi, dilectum* 3: lieben; [7] *linquere* = *relinquere*; [8] *locare*: legen; [9] *lepidus,-a,-um*: reizend, charmant; [10] *incessus,-us*: der Gang; [11] *commodus,-a,-um*: angemessen; [12] *abire*: weggehen

Übersetzung und Bemerkungen:

Übersetzung: (1) Fremder, was ich sage, ist eine Kleinigkeit (oder: wenig). Bleib stehn und lies durch! (2) Hier ist das nicht schöne Grab einer schönen Frau. (3) Ihre Eltern gaben ihr den Namen Claudia. (4) Ihren Mann liebte sie von Herzen (wörtlich: mit ihrem Herzen). (5) Zwei Söhne brachte sie zur Welt. Von diesen lässt sie einen (6) auf der Erde zurück, den anderen legt sie unter die Erde. (7) Ihre Sprache war charmant, ihr Gang aber angemessen (wörtlich: Sie war von charmanter Sprache, dann aber von angemessenem Gang; *sermone* und *incessu* stehen jeweils im *ablativus qualitatis*). (8) Sie hütete (oder: versorgte) das Haus, sie machte Wollarbeit. Ich habe gesprochen, geh weg!

Sprachliches: *Hic est sepulchrum* (Vers 2): Wenn Sie hier »Dies ist das Grab« übersetzt haben, ist das zwar verständlich, aber es ist nicht richtig. Erinnern Sie sich: Die Form *hic* kann zwar von *hic, haec, hoc* kommen, sie kann aber auch das Ortsadverb »hier« sein. An dieser Stelle muss es das Adverb sein. *sepulchrum* ist Neutrum, und deshalb müsste »dies ist das Grab« *hoc est sepulchrum* heißen.

Inhaltliches: Dieser Text hat einiges mit anderen Texten gemeinsam, die Sie schon übersetzt haben. Zum einen spricht er, wie die anderen Grabinschriften, die Sie gelesen haben, den Leser direkt an. Zum anderen ist er syntaktisch sehr einfach gehalten, und das erinnert an die Geschichte von Jesus und der Ehebrecherin (siehe Kapitel 11). In beiden Punkten geht er jedoch deutlich über die anderen Texte hinaus. Die Ansprache an den Leser ist expliziter als in den anderen Inschriften, die syntaktische Anspruchslosigkeit erheblich größer als in der Johannes-Passage: Es gibt keinen einzigen Nebensatz und auch kein Partizip. Es ist also ein auf den ersten Blick recht unspektakulärer Text. Bei genauerem Hinsehen erzählt er jedoch mehr, als es zunächst den Anschein hat.

Vers 1: Dass Inschriften den Leser direkt ansprechen, ist ein gängiges Motiv. Die Ansprache *hospes* (Fremder) ist nicht unüblich. In anderen Grabinschriften sprechen die Toten, hier ist es offenbar der Grabstein. Und dieser Grabstein hat durchaus einen Charakter. Er ist offenbar gebildet, denn er kann sich in Versen ausdrücken. Und: Er wirkt zunächst ein wenig ruppig (»Bleib stehn und lies!«).

Vers 2: Die erste Information, die der Grabstein gibt, ist, dass es sich um das Grab einer Frau handelt. Die Formulierung *Hic est* erinnert zunächst an konventionelle Formulierungen: *Hic situs est* oder *Hic iacet* (Hier liegt) sind gängige Formeln. Dann aber geht es ungewöhnlich weiter: – *sepulchrum haud pulchrum*: Hier handelt es sich um ein Wortspiel. Das Wort *sepulchrum* (= Grab) wurde in der Antike auf *sine pulchritudine* (ohne Schönheit) zurückgeführt. Diese Erklärung war zwar falsch, aber weit verbreitet. Man bezeichnet solche Irrtümer als »Volksetymologie«. Der Grabstein greift diese Volksetymologie auf. Weil er dabei zwei Wörter kombiniert, die – in diesem Fall nur scheinbar – miteinander verwandt sind (*sepulchrum – pulchrum*), produziert er eine rhetorische Stilfigur, eine *figura etymologica*. Vergleichbar sind Formulierungen wie »ein schönes Leben leben«. Sie sehen: Der Grabstein kann nicht nur in Versen sprechen, er weiß auch, sich pointiert auszudrücken. – *pulchrae feminae*: Die Mitteilung, dass die Frau schön war, stellt natürlich einen reizvollen Kontrast zu dieser *figura etymologica* dar. Sie ist aber auch inhaltlich bemerkenswert. Haben Sie jemals einen Grabstein gesehen, auf dem die Schönheit des oder der Verstorbenen erwähnt wäre? Hinzu kommt: Ihre Schönheit ist das Erste, was der Leser über die Frau erfährt.

Vers 3: *Nomen nominarunt*: Erst jetzt wird der Name der Frau mitgeteilt, und wieder mit einer *figura etymologica* (*nomen nominarunt*). Im Deutschen lässt sie sich, wie schon die in Vers 2, nicht nachmachen.

Vers 4: Dass Claudia ihren Mann geliebt hat, erweist sie natürlich als treue Ehefrau. Diese Mitteilung steht ganz im Einklang mit gängigen römischen – und nicht nur römischen – Moralvorstellungen. Die Formulierung *corde suo* (mit ihrem Herzen, von ganzem Herzen) ist aber ungewöhnlich und suggeriert eine besonders enge Zuneigung. Auf heutigen Grabsteinen ist für Derartiges kein Platz. Und auch in Todesanzeigen sind entsprechende Mitteilungen in der Regel etwas zurückhaltender formuliert (liebend, fürsorglich …).

Vers 5 und 6: Diese Verse sagen: Claudia war zweifache Mutter. Einer ihrer Söhne ist noch am Leben, der andere nicht. Sie sagen aber noch mehr. Um das zu erkennen, ist es allerdings entscheidend, den Tempuswechsel bei den Verbalformen ernst zu nehmen. In den gängigen Übersetzungen des Textes wird das in der Regel nicht getan. *nominarunt* (Vers 3) und *dilexit* (Vers 4) waren Perfektformen, *linquit* und *locat* stehen im Präsens. Der Grabstein blickt jetzt nicht mehr auf das Leben Claudias zurück, sondern er schildert eine Szene, die sich sozusagen vor seinen Augen abspielt: Claudia lässt einen ihrer Söhne auf der Erde zurück, den anderen legt sie unter die Erde. Weil Claudia aber tot ist (sie lässt ja einen Sohn zurück), kann damit nur der Moment ihrer Bestattung gemeint sein, und das heißt: Claudia nimmt einen ihrer Söhne mit ins Grab, sie wird gemeinsam mit ihm beerdigt. Die Vermutung liegt nahe, dass sie gemeinsam mit ihrem Sohn gestorben ist. Das kann bei einem Unfall passiert sein, näher liegt aber die Annahme, dass sie bei der Geburt gestorben ist. Das wäre keineswegs ungewöhnlich. Und wer weiß, vielleicht war es eine Zwillingsgeburt, die nur eines der

Kinder überlebt hat. Der Grabstein lässt die Details diskret offen. So viel aber legt er nahe: Claudia ist keines natürlichen Todes gestorben, und sie ist höchstwahrscheinlich nicht besonders alt geworden.

Vers 7: Claudia war nicht nur schön (Vers 2) und ihrem Mann von Herzen zugetan (Vers 4). Sie war auch »von charmanter Sprache«, das heißt, sie war eine charmante Unterhalterin. Auch diese Mitteilung gehört keineswegs zum Standardrepertoire von Grabinschriften, und sie ist auch nicht ohne Brisanz. Charmante Unterhaltung gehörte durchaus nicht zur traditionellen Jobbeschreibung einer römischen *matrona*. Deren Tätigkeitsprofil bestand aus ehelicher Treue, Gebären und Aufziehen von Kindern sowie der Organisation des Haushalts. Für anregende Konversation waren andere Frauen zuständig, und das zeigt die zweite Hälfte dieses Verses. Dass Claudia »von angemessenem Gang« war, soll sie gegen Frauen abgrenzen, die »von nicht angemessenem Gang« waren. Das waren Prostituierte, von denen die anspruchsvolleren über bemerkenswerte Bildung verfügten. *tum autem* (»dann aber, dabei aber«) soll entsprechende Assoziationen, die *sermone lepido* im Hinblick auf Claudia evozieren könnte, unmissverständlich als verfehlt markieren.

Vers 8: Was eben betont wurde, wird jetzt abgerundet: Claudia hat ihren Haushalt tadellos geführt. – *lanam facere* (Wollarbeit machen) ist in antiken Texten geradezu ein Synonym für die Erfüllung der Aufgaben einer ehrbaren Frau. Gemeint sind damit Tätigkeiten wie Wolle spinnen und weben. Vielleicht haben Sie schon einmal gehört, dass Penelope, die Frau des Odysseus, ihre zudringlichen Freier eine Zeit lang damit in Schach hält, dass sie vorgibt, ein Leichentuch für ihren Schwiegervater fertigstellen zu müssen, bevor sie sich für einen von ihnen entscheiden kann. Die Freier akzeptieren das ohne Widerspruch. Freilich trennt Penelope das, was sie tagsüber gewoben hat, nachts wieder auf, um den Prozess in die Länge zu ziehen. Es dauert immerhin drei Jahre, bis die – offenbar nicht besonders scharfsinnigen – Freier die List durchschauen. – Auch in der Lucretia-Geschichte, die zur Vertreibung der Könige aus Rom geführt hat (siehe Kapitel 14), spielt das Motiv eine entscheidende Rolle. Lucretias Vergewaltiger fasst seinen scheußlichen Plan, nachdem er Lucretia abends im Kreis ihrer Sklavinnen bei der Wollarbeit gesehen hat. Die Kombination von weiblicher Schönheit und demonstrativer Anständigkeit macht Lucretia für ihn unwiderstehlich. – Am Ende des Verses schickt der Grabstein den Leser wieder weg. Er tut dies genauso ruppig, wie er ihn im ersten Vers zur Lektüre aufgefordert hat.

Natürlich transportiert diese Grabinschrift ein sehr traditionelles Frauenbild. Claudia war eine treue Ehefrau und Mutter und erfüllte ihre Pflichten im Haus zuverlässig. Dass hier aber weit mehr beklagt wird als der Verlust einer tadellos funktionierenden Hausfrau, ist deutlich zu spüren. Wie repräsentativ dieser Blick auf eine Gattin für die Römer dieser Zeit ist, lässt sich freilich nicht sagen. Dafür fehlen verwertbare Quellen. Man tut jedoch sicher gut daran, die »offiziell« formulierten Kategorien nicht uneingeschränkt mit der Lebenswirklichkeit gleichzusetzen. Das gilt – nebenbei gesagt – für jede Epoche der Kulturgeschichte.

IN DIESEM KAPITEL

Die Bildung von Adverbien aus Adjektiven

Die Steigerung von Adjektiven und Adverbien

Die Bildung von Vergleichen

Kapitel 16
Die Bildung von Adverbien und Steigerungsformen

Sie erfahren in diesem Kapitel, wie im Lateinischen aus Adjektiven Adverbien werden und wie das Lateinische aus einem »starken« einen »stärkeren« und den »stärksten« macht und aus »viel« »mehr« und »am meisten«. Dazu werden Sie sehen, wie Vergleiche formuliert werden.

Citius, altius, fortius: Adverbien und die Steigerungsformen

Die Regeln zur Bildung von Adverbien aus Adjektiven und zur Steigerung von Adjektiven und Adverbien im Lateinischen sind sehr überschaubar.

longe, fortiter und *sapienter*: Die Bildung von Adverbien aus Adjektiven

Adjektive beschreiben, wie Personen oder Dinge sind. Adverbien beziehen sich, wie schon ihr Name sagt, auf Verben und beschreiben, in welcher Weise etwas geschieht. Ein Beispiel: Adjektiv: »Kleopatra ist schön.« Adverb: »Kleopatra singt schön«.

Deutsch-Muttersprachlern ist der Unterschied zwischen Adjektiv und Adverb oft nicht präsent. Das liegt daran, dass beide Wortarten im Deutschen in ihrer Grundform identisch aussehen. In anderen Sprachen ist das anders. Im Englischen zum Beispiel werden Adverbien dadurch markiert, dass an ein Adjektiv -ly angehängt wird: »He is a slow driver« (Adjektiv), »He drives slowly« (Adverb).

Im Lateinischen werden Adverbien folgendermaßen gebildet:

✔ Bei Adjektiven der a- und o-Deklination wird an den Wortstamm ein *-e* angefügt (siehe Tabelle 16.1).

Adjektiv		Adverb
longus, -a, -um	→	longe

Tabelle 16.1: Adverbbildung bei Adjektiven der a- und o-Deklination

✔ Bei Adjektiven der 3. Deklination wird an den Wortstamm *-ter* oder *-iter* angefügt (siehe Tabelle 16.2).

Adjektiv		Adverb
sapiens, sapientis	→	sapienter
fortis, -e	→	fortiter

Tabelle 16.2: Adverbbildung bei Adjektiven der 3. Deklination

Diese Formen sind eindeutig und machen beim Übersetzen erfahrungsgemäß keine Schwierigkeiten. Probieren Sie es aus und übersetzen Sie: (1) *Vir fortis fortiter pugnat.* (2) *Vir sapiens sapienter dicit.* (3) *Ariovistus superbus superbe et crudeliter imperavit.*

Übersetzungen: 1. Ein tapferer Mann kämpft tapfer. 2. Ein weiser Mann spricht weise. 3. Der hochmütige Ariovist herrschte hochmütig und grausam.

Einige wenige Adjektive weichen bei der Bildung ihrer Adverbien von diesem Schema ab. Zum Beispiel heißt das Adverb zu *bonus,-a,-um* nicht »*bone*«, sondern – wie heute noch im Italienischen – *bene,* das Adverb von *facilis,-e* heißt meist nicht »*faciliter*«, sondern *facile.* Das ist aber kein Grund zur Beunruhigung. Unregelmäßig gebildete Adverbien sind als eigene Stichwörter im Lexikon angegeben.

Grundsätzlich anders werden die **Adverbien von Komparativen** (»länger«, »tapferer« und dergleichen) gebildet. Sie enden immer auf *-ius.* »Länger« heißt als Adverb also *longius,* »tapferer« *fortius.* Das merken Sie sich am besten, indem Sie die lateinische Originalversion des Mottos der Olympischen Spiele auswendig lernen. Sie geht nicht auf die Antike zurück, sondern auf den Initiator der modernen Olympischen Spiele, Pierre de Coubertain (1863–1937), der wiederum auf eine Formulierung des Dominikanerpaters Henri Didon zurückgriff. Das Motto reiht die Adverbien der Komparative von *citus,-a,-um* (schnell), *altus,-a,-um* (hoch) und *fortis,-e* (stark, tapfer) aneinander und heißt: *Citius, altius, fortius* (Schneller, höher, stärker). Wie so oft ist die gängige deutsche Version (»Schneller, höher, weiter«) keine ganz korrekte Wiedergabe des Originals. – Dieses Motto hatte nicht zuletzt politischen Charakter. Es sollte demonstrieren, dass es bei den Olympischen Spielen ausschließlich um sportliche Leistung geht und soziale und wirtschaftliche Schranken bei dieser Veranstaltung außer Kraft gesetzt sind.

longus, longior, longissimus: Die Steigerung von Adjektiven

Tabelle 16.3 zeigt Ihnen die Steigerungsformen lateinischer Adjektive. Auch hier sind die Regeln leicht zu erfassen:

- ✔ Der **Komparativ** eines lateinischen Adjektivs wird gebildet, indem an den Wortstamm die Endung *-ior* (Maskulinum und Femininum) beziehungsweise *-ius* (Neutrum) angefügt wird.
- ✔ Der **Superlativ** wird gebildet, indem an den Wortstamm *-issimus, -a, -um* angefügt wird. Bei einigen Adjektiven wird nur *-imus, -a, -um* angehängt und davor ein Konsonant verdoppelt (zum Beispiel *pulcher, pulchra, pulchrum* → *pulcherrimus, -a, -um*).

Form	Lateinisch	Deutsch
Positiv	longus, -a, -um	lang
Komparativ	longior, longius	länger; ziemlich lang
Superlativ	a. longissimus, -a, -um	der, die, das längste; sehr lang
	b. facillimus, -a, -um	der, die, das leichteste; sehr leicht

Tabelle 16.3: Die Steigerung von Adjektiven

Zu den Formen

Die **Superlativformen** auf *-issimus, -a, -um* sind leicht zu erkennen. Das Italienische bildet den Superlativ noch immer mit *-issim-*, und weil seit einiger Zeit Marketingexperten diese Form lieb gewonnen haben, ist sie in den absurdesten Versionen in Markennamen und Claims überall präsent. Auch die Superlativformen auf *-imus* machen erfahrungsgemäß kaum Schwierigkeiten.

Genauere Betrachtung verdienen die **Komparativformen.** Lateinische Komparative sind **zweiendige Adjektive der 3. Deklination** (siehe Tabelle 9.6). Das heißt, sie haben im Nominativ Singular zwei Endungen: eine für Maskulinum und Femininum, eine andere für das Neutrum. Anders als die Adjektive der 3. Deklination sind sie aber keine i-Stämme: Sie haben ab dem Genitiv genau dieselben Endungen wie *lex, legis*. Eine Übersicht über die Formen zeigt Ihnen Tabelle 16.4.

	Singular				Plural		
	Maskulinum	**Femininum**	**Neutrum**		**Maskulinum**	**Femininum**	**Neutrum**
Nominativ	longior	longior	longius		longiores	longiores	longiora
Genitiv	longioris	longioris	longioris		longiorum	longiorum	longiorum
Dativ	longiori	longiori	longiori		longioribus	longioribus	longioribus
Akkusativ	longiorem	longiorem	longius		longiores	longiores	longiora
Ablativ	longiore	longiore	longiore		longioribus	longioribus	longioribus

Tabelle 16.4: Die Endungen der Komparative

Wenn Sie also die Endungen der 3. Deklination im Griff haben, werden Ihnen auch die Komparative keine Probleme machen. Sie sind wegen des vor der Endung stehenden *-ior-* im Großen und Ganzen gut als Komparative zu identifizieren.

Zwei Komparativformen sind nicht ganz leicht als solche zu erkennen:

Der Genitiv Plural (*longiorum*): Er enthält zwar das Komparativsignal *-ior-*, aber weil die Genitiv-Plural-Endung der 3. Deklination lediglich *-um* ist, sieht die Form insgesamt aus wie ein Genitiv Plural der o-Deklination (zum Beispiel *ventus,-i* → *ventorum*). Auf den ersten Blick könnte man deshalb *longiorum* für eine »normale« Positivform halten. Die aber müsste *longorum* heißen. Der Unterschied besteht lediglich in dem *-i-*, und das wird leicht übersehen.

Nominativ und Akkusativ Neutrum Singular (*longius*): Auch diese Form kann leicht mit einer Positivform verwechselt werden: *longius* unterscheidet sich nur durch das *-i-* von der maskulinen Nominativ-Singular-Form *longus*. Eine Verwechslung hat besonders unangenehme Folgen, weil dabei ein Neutrum für ein Maskulinum gehalten wird. – *longius* bietet aber noch ein zweites Problem: Es kann ja auch das Adverb des Komparativs sein, wie in *Citius, altius, fortius* (= Schneller, höher, stärker): *longius tempus* = längere Zeit (Adjektiv, Nominativ oder Akkusativ Singular Neutrum; *tempus,-oris* ist Neutrum) – *longius cantabat* = er sang länger oder: ziemlich lang (Adverb). – Prägen Sie sich diese Form also gut ein, damit Sie bei Bedarf die verschiedenen Optionen parat haben.

Eine besondere Wortverbindung, die einen Komparativ enthält, sollten Sie sich gut merken. Sie wird von Caesar oft verwendet und kann das Übersetzen unangenehm erschweren, wenn man sie nicht kennt. (*aliquem*) *certiorem facere* heißt wörtlich »(jemanden) sicherer machen« (*certus,-a,-um* = sicher). Gemeint ist »(jemanden) benachrichtigen, informieren«. Deshalb kann es auch einen AcI nach sich ziehen. Meist steht es im Passiv: *Caesar certior factus est* = Caesar wurde benachrichtigt. Wenn man das einmal übersetzt hat, verliert es seinen Schrecken. Zwei Beispiele: (1) *Legati Caesarem de rebus gestis certiorem faciunt.* (2) *Caesar a nuntiis certior factus est hostes trans flumen consedisse ibique adventum Romanorum exspectare.*

<u>Übersetzungen</u>: 1. Die Gesandten informieren Caesar über die Ereignisse (wörtlich: über die getanen Dinge). 2. Caesar wurde von Boten benachrichtigt, dass (AcI) die Feinde sich jenseits des Flusses niedergelassen hätten und dort die Ankunft der Römer erwarteten.

Zur Übersetzung der Steigerungsformen

Wie in Tabelle 16.3 angegeben, gibt es für Komparativ und Superlativ jeweils zwei Übersetzungsmöglichkeiten: *longior* kann mit »länger« oder mit »ziemlich lang« wiedergegeben werden, *longissimus* mit »der längste« oder »sehr lang«.

Theoretisch formuliert heißt das: Im Lateinischen drücken Komparativ und Superlativ entweder einen **höheren** (Komparativ) und einen **höchsten** Grad (Superlativ) aus, oder einen **ziemlich hohen** (Komparativ) und einen **sehr hohen** (Superlativ) Grad. Das können auch deutsche Komparative und Superlative, aber durchaus nicht alle. Zwei Beispiele: In dem Satz »Claudia war über längere Zeit öfter hier« bedeuten die Komparative nicht, dass Claudia länger und öfter hier war als jemand anders, sondern dass sie ziemlich lange ziemlich oft hier war. Und mit Sätzen wie »Die süßesten Düfte lagen in der Luft« soll nicht gesagt werden, dass es die süßesten Düfte waren, die es gibt und je gegeben hat, sondern dass die Düfte sehr süß waren.

In der Regel werden bei Komparativen und Superlativen die wörtlichen Übersetzungen angemessen sein. Übersetzen Sie sie deshalb immer zuerst mit deutschen Komparativen und Superlativen. Wenn das Ergebnis merkwürdig klingt, greifen Sie zur Alternative.

Die Formulierung von Vergleichen

Wenn zwei Dinge miteinander verglichen werden, stehen im Lateinischen zwei Konstruktionen zur Verfügung. Die eine entspricht genau der deutschen Konstruktion, die andere ganz und gar nicht. Für den Beispielsatz, den ich gewählt habe, muss ich um Nachsicht bitten. Er stand in meinem Lateinbuch in der Schule und hat sich mir wegen seiner rührend falschen Aussage derart eingeprägt, dass er sehr wirkungsvoll sein muss. Ich möchte ihn deshalb an Sie weitergeben. Der Satz behauptete: »Kein Tier ist größer als der Elefant.« Lateinisch kann das folgendermaßen formuliert werden:

- ✔ mit *quam* = als (analog zum Deutschen): *Nulla bestia maior est quam elephantus.*
- ✔ mit *ablativus comparationis* (Ablativ des Vergleichs): *Nulla bestia maior est elephanto.* Bei dieser Konstruktion wird also das, womit verglichen wird, in den Ablativ gesetzt. Ein Pendant zum deutschen »als« gibt es nicht.

Die *Ablativus-comparationis*-Konstruktion wirkt zwar eigenartig, ist aber kein nennenswertes Übersetzungsproblem. Man muss eigentlich nur wissen, dass es sie gibt. Der Kontext zwingt geradezu zu einer richtigen Übersetzung. Übersetzen Sie die folgenden Sätze. (1) *Nullus poeta clarior est Homero.* (2) *Neminem Caesar vehementius Cleopatra amabat.* (3) *Caesar declaravit Helvetios reliquis Gallis fortiores esse.*

<u>Übersetzungen</u>: 1. Kein Dichter ist berühmter als Homer. 2. Niemanden liebte Caesar heftiger als Kleopatra. 3. Caesar erklärte, dass (AcI) die Helvetier tapferer seien als die übrigen Gallier.

Besonderheiten der Steigerung

Einige Adjektive bilden ihre Steigerungsformen von anderen Wortstämmen. Wie bei den unregelmäßig gebildeten Adverbien stehen auch diese Formen als eigene Stichwörter im Lexikon. Die wichtigsten sind allerdings so häufig, dass es sich lohnt, sie zu lernen. Die Bedeutung der meisten von ihnen werden Sie ohnehin erkennen. Sie sind in Tabelle 16.5 aufgelistet.

Positiv	Deutsch	Komparativ	Deutsch	Superlativ	Deutsch
bonus, -a, -um	gut	melior, -ius	besser	optimus, -a, -um	der, die, das beste
malus, -a, -um	schlecht	peior, peius	schlechter	pessimus, -a, -um	der, die, das schlechteste
magnus, -a, -um	groß	maior, -ius	größer	maximus, -a, -um	der, die, das größte
parvus, -a, -um	klein	minor, -us	kleiner	minimus, -a, -um	der, die, das kleinste
multi, -ae, -a	viele	plures, -a	mehr	plurimi, -ae, -a	die meisten; sehr viele
multum (Adverb)	sehr	plus (quantitativ)	mehr	plurimum	am meisten; sehr viel
–		magis (qualitativ)	mehr	maxime	am meisten; sehr viel

Tabelle 16.5: Unregelmäßige Steigerung

Zwei dieser Formen werden oft als Substantive verwendet und haben als solche eine besondere Bedeutung:

maiores,-um = die Vorfahren. Wenn Sie sich an den Ausdruck *mos maiorum* (= die Sitte der Vorfahren) erinnern (siehe Kapitel 8), ist das keine ganz große Neuigkeit mehr für Sie. – Eigentlich heißt *maiores* ja »die Größeren«. Es gibt aber den Ausdruck *maior natu* = »größer im Hinblick auf die Geburt« = älter. *natu* fällt in der Regel weg, wenn es eindeutig nicht um die Körpergröße, sondern um das Alter einer Person geht. Mit *maior* (älter) und seinem Gegenstück *minor* (jünger) werden auch namensgleiche Persönlichkeiten voneinander unterschieden: *Cato maior* = Cato der Ältere, *Cato minor* = Cato der Jüngere.

optimi,-orum = die Aristokraten, Optimaten. So nannten sich die römischen Adeligen in aller Bescheidenheit selbst. Ihre griechischen Standesgenossen standen ihnen da in nichts nach. In dem Wort Aristokrat steckt das Adjektiv *aristos* = der beste.

Übersetzungstexte zu den Adverbien und den Steigerungsformen der Adjektive

Mit den folgenden Sätzen können Sie den Umgang mit Adverbien und Steigerungsformen trainieren. Sie werden sehen, das ist kein besonderes Problem. Unter den Einzelsätzen befinden sich wieder einige sehr prägnante und gelungene Formulierungen. Vielleicht wollen Sie sich die eine oder andere ja merken. Erweitern Sie zuerst Ihren Wortschatz um einige Vokabeln (siehe Tabelle 16.6).

Lateinisch	Deutsch
propior, propius	näher
timidus, -a, -um	ängstlich, furchtsam, scheu
nil (*oder*: nihil) nisi	»nichts wenn nicht«, nichts außer, nur
quisquis, quidquid	wer auch immer, was auch immer
immortalitas, -atis	die Unsterblichkeit

Lateinisch	Deutsch
proximus, -a, -um	der, die, das nächste
ardeo, arsi, arsum, ardere	brennen
fallo, fefelli, – , fallere	täuschen, betrügen
extremus, -a, -um	der, die, das äußerste, letzte

Tabelle 16.6: Lernvokabeln

Die folgenden Vokabeln werden Sie zusätzlich brauchen: *iudicare*; *mortuus,-a,-um*; *plenus, -a,-um*; *sententia,-ae*; *brevis,-e*; *simplex, simplicis*; *bellum civile*; *miser, misera, miserum*; *saepe*; *postremo*; *poculum,-i*; *consolari*; *haurire.*

1. *E pluribus unum.*
2. *Ubi bene, ibi patria.* (*bene est:* es geht gut)
3. *Boni de bonis bene iudicant, mali male.*
4. *Mihi tunica propior est quam pallium. Mihi tunica propior pallio est.* (*pallium,-i*: der Mantel)
5. *Canes timidi vehementius latrant.*
6. *Asinus asino pulcherrimus.*
7. *De mortuis nil nisi bene.*
8. *Bonus intra, melior exi!* (*intrare*: eintreten, *exire*: hinausgehen) (Tempelinschrift)
9. *Plenus venter non studet libenter.* (*venter, ventris* m.: der Bauch, Magen; *libens, -ntis*: gerne)
10. *Quidquid agis, prudenter agas et respice finem.* (*respicere*: berücksichtigen, bedenken)
11. *Nam tua res agitur, paries cum proximus ardet.* (*paries, parietis*: die Wand)
12. *Vir prudens sententiam suam breviter dicit ac simpliciter.*
13. *Nihil bello civili miserius.*
14. *Nemo hominum deos saepius fefellit quam Sisyphus.*

15. *Socrates extremis vitae horis plurimum disputavit de immortalitate animi. Postremo poculum cicuta impletum tranquille et amicos lacrimantes consolans hausit.* (*cicuta, -ae*: der Schierling)

16. *Clarissima haec est definitio rei publicae, quam proposuit Cicero: Est res publica res populi.*

Übersetzungen und Erklärungen:

1. Aus mehreren eines. – Dieser Spruch steht auf dem »Großen Siegel« der USA, das 1782 gestaltet wurde. Darauf ist ein Weißkopfadler abgebildet, der ein Schriftband mit dieser Aufschrift im Schnabel hält. Der Spruch zielt auf die Vereinigung der (damals 13; daher die 13 Streifen auf der amerikanischen Flagge) Staaten unter einer gemeinsamen Regierung. Heute ist er Bestandteil des Designs aller Dollarnoten.

2. Wo es (einem) gut geht, da ist (seine) Heimat.

3. Die Guten urteilen über die Guten gut, die Schlechten schlecht. – Das klingt überzeugend und stimmt wahrscheinlich. Als gefühlt Guter kommt man kaum umhin, an Figuren wie Donald Trump und seine Anhänger zu denken. Man muss allerdings einräumen, dass auch diese den Spruch problemlos auf ihre Gegner anwenden könnten. Die Frage ist eben: Wer definiert »gut« und »schlecht«?

4. Mir ist die Tunika näher als der Mantel.

Sprachliches: Beide Sätze bedeuten dasselbe. Im ersten ist der Vergleich – analog zum Deutschen – mit *quam* formuliert, im zweiten – ganz Lateinisch – mit einem *ablativus comparationis.*

Inhaltliches: Dieses Sprichwort will sagen, dass einem das wichtiger ist, was einem näher ist. Die Kleidungsstücke *tunica* und *pallium* bilden Nähe und Distanz ab: Die römische Garderobe bestand aus drei Schichten. Die *tunica* trug man direkt auf dem Körper, darüber die *toga,* und bei schlechtem Wetter darüber noch ein *pallium.* – Im Deutschen gibt es mehrere Sprichwörter mit ähnlicher Aussage, zum Beispiel »Blut ist dicker als Wasser« – da werden Verwandte und Bekannte einander gegenübergestellt. Auch eine direkte Übersetzung des lateinischen Sprichworts gibt es: »Mir ist das Hemd näher als der Rock.« Mit Rock ist dabei allerdings nicht das Damenbekleidungsstück gemeint (das wird ja auch recht direkt auf dem Körper getragen), sondern eine Jacke. Die Übersetzung ist schon etwas älter und wurde offenbar nicht mehr von jedem verstanden. Deshalb existiert auch die neuere und reichlich sinnlose Variante »Das Hemd ist mir näher als die Hose«, die wie ein missglückter Versuch männlicher Emanzipation wirkt.

5. Ängstliche Hunde bellen heftiger (oder: ziemlich heftig). – Das deutsche »Hunde, die bellen, beißen nicht« geht in die gleiche Richtung. Das gab es auch lateinisch: *Canis sine dentibus latrat.*

6. Der Esel ist dem Esel (besser: für den Esel) der Schönste. – Ein hübsches Bild für die Subjektivität ästhetischer Urteile.

7. Über Tote (ergänze: soll man) nichts, wenn nicht gut (ergänze: reden).

Sprachliches: Die Übersetzung: »Über Tote nur Gutes«, die man oft liest, ist durchaus vertretbar: *nihil nisi* kann mit »nur« wiedergegeben werden, und *bene dicere* wurde genau in diesem Sinn von den Römern verwendet: »gut über jemanden sprechen« = »Gutes über ihn sagen«. Aus inhaltlichen Gründen (siehe das Folgende) scheint mir die wörtliche Übersetzung allerdings treffender.

Inhaltliches: Kritiker dieses Spruchs wenden ein, dass er kaum generelle Gültigkeit hat, und führen anerkannte Bösewichter und Verbrecher als Beispiele an. Dem ist kaum zu widersprechen. Wendet man ihn freilich im persönlichen Bereich an, enthält er durchaus Bedenkenswertes. Zum einen ist er ein Gebot der Pietät und auch der Fairness: Tote können sich ja nicht mehr verteidigen. Zum anderen kann er als Mahnung verstanden werden, mit persönlichen Konflikten irgendwann einmal abzuschließen und sich nicht krampfhaft daran zu klammern. Ob man deshalb gleich »nur Gutes« über einen Verstorbenen sagen soll, ist allerdings eine andere Frage. Daraus wird – wie man bei Totenreden oft sehen kann – schnell Heuchelei. Wenn man den Spruch freilich wörtlich übersetzt, bietet er eine alternative Option an: Man kann ja einfach »nichts« sagen.

8. Als Guter tritt ein, als Besserer geh hinaus!

9. Ein voller Bauch bemüht sich (oder: studiert) nicht gern. – Das entspricht etwa dem Deutschen »Nach dem Essen sollst du ruhn oder tausend Schritte tun«.

10. Was auch immer du tust, tu (es) klug und bedenke das Ende. – *agas* ist Konjunktiv Präsens und als Aufforderung zu übersetzen. Hier könnte auch ein Imperativ (*age*) stehen. – Dieser ausgesprochen hübsche und sehr beherzigenswerte Spruch ist ein Hexameter. Wenn Sie die unterstrichenen Vokale betonen, ergibt sich der Rhythmus des Verses.

11. Denn deine Sache wird betrieben, wenn die nächste Wand (die Wand des Nachbarn) brennt. – Dieser Vers – wieder ein Hexameter – stammt von Horaz (Epistulae 1.18.84). Horaz empfiehlt mit dieser Metapher, man solle einem Freund, der heftigen Anfeindungen ausgesetzt ist, unbedingt beistehen. Denn der Nächste, dem solche Angriffe gelten, werde man selbst sein.

12. Ein kluger Mann sagt seine Meinung kurz und einfach.

13. Nichts ist unseliger als ein Bürgerkrieg. – Das gilt generell, vor allem aber haben es die Römer schmerzvoll erfahren. Im 1. Jahrhundert v. Chr. wurde die römische Gesellschaft dreimal von Bürgerkriegen zerrissen. Die Daten und Protagonisten waren: 87–82 v. Chr. Marius und Sulla; 49–45 v. Chr. Caesar und Pompeius sowie Cato der Jüngere; circa 36–30 v. Chr. Octavian und Antonius. Am Ende stand eine neue Staatsform: Die Republik wurde von einer Monarchie, dem Prinzipat (= Kaiserzeit), abgelöst. Octavian, der Sieger über Antonius, erhielt den Ehrennamen Augustus und wurde der erste Kaiser Roms.

14. Keiner der Menschen (besser: kein Mensch; *hominum* ist *genitivus totius*) hat die Götter öfter betrogen als Sisyphus. – Sisyphus ist eine der prominentesten Figuren der griechischen Mythologie. Er ist der, der in der Unterwelt einen Felsen auf einen Hügel hinaufrollen muss. Das gelingt ihm auch, aber sobald er oben ist, rollt der Fels wieder hinunter, und Sisyphus muss von Neuem beginnen. Daher hat die »Sisyphusarbeit« ihren Namen. Womit Sisyphus diese Strafe allerdings verdient hat, war schon in der Antike nicht unumstritten. Fest

steht so viel: Sisyphus war zu seiner Zeit mit Abstand der schlaueste von allen Menschen, und er nutzte diese Gabe gelegentlich auch, um mit den Göttern sein Spiel zu treiben. Das ist zweifellos verwerflich, aber verglichen mit den Taten anderer, die ewige Qualen in der Unterwelt erleiden müssen, erscheinen Sisyphus' Aktionen eher harmlos.

15. Sokrates hat in den letzten Stunden seines Lebens sehr viel über die Unsterblichkeit der Seele diskutiert. Schließlich trank er den mit Schierling gefüllten Becher ruhig und tröstete seine weinenden Freunde dabei (wörtlich: und seine weinenden Freunde tröstend). – Dieser Satz basiert auf der Darstellung der letzten Stunden des Sokrates, die Platon in seinem grandiosen Dialog »Kriton« geschaffen hat. Wenn Sie sich für philosophische Argumente für die Unsterblichkeit der Seele interessieren, greifen Sie zu! – Schierling ist ein Kraut, aus dem sich ein tödliches Gift gewinnen lässt. Der noch heute redensartliche »Schierlingsbecher« geht auf den zurück, den Sokrates leeren musste.

16. Sehr berühmt ist diese (oder: die folgende) Definition des Staates, die Cicero vorgelegt hat: Es ist der Staat die Sache des Volkes. – Der eigentliche Reiz dieser Formulierung, das Spiel mit dem Wort *res*, ist im Deutschen nicht nachzuahmen. Inhaltlich ist mit diesem Satz freilich längst nicht alles gesagt, worauf es Cicero ankommt. Er definiert gleich anschließend, was er unter *populus*, also Volk, versteht. Das sei keine beliebige Masse von Menschen, die zufällig zusammenlebe, sondern eine Gemeinschaft, die auf gemeinsamen Wert- und Zielvorstellungen basiert und von diesen getragen wird.

Auf einen Blick

Die Bildung von Adverbien aus Adjektiven:

Adjektive beschreiben, wie jemand oder etwas ist (Kleopatra ist schön; englisch: beautiful), Adverbien, wie etwas geschieht (Kleopatra singt schön; englisch: beautifully).

- ✔ **Adjektive der a- und o-Deklination** bilden ihre Adverbien durch Anhängen eines *-e* an den Wortstamm (*longus,-a,-um* → *longe*).
- ✔ **Adjektive der 3. Deklination** bilden ihre Adverbien durch Anhängen von *-ter* oder *-iter* an den Wortstamm (*sapiens,-ntis* → *sapienter; fortis,-e* → *fortiter*).
- ✔ Die **Adverbien von Komparativen** enden immer auf *-ius* (*Citius, altius, fortius* = Schneller, höher, stärker).
- ✔ Unregelmäßig gebildete Adverbien (zum Beispiel *bene* ← *bonus,-a,-um*) haben ein eigenes Stichwort im Lexikon.

Die Steigerung von Adjektiven:

- ✔ Der **Komparativ** eines lateinischen Adjektivs wird gebildet, indem an den Wortstamm die Endung ***-ior*** (Maskulinum und Femininum) beziehungsweise ***-ius*** (Neutrum) angefügt wird (*longior, longius*). Komparative sind zweiendige Adjektive der 3. Deklination und haben ab dem Genitiv die entsprechenden Endungen (Genitiv: *longioris*, Dativ: *longiori* und so weiter).

- ✔ Der **Superlativ** wird gebildet, indem an den Wortstamm ***-issimus, -a, -um*** angefügt wird. Bei einigen Adjektiven wird nur ***-imus, -a, -um*** angehängt und davor ein Konsonant verdoppelt (*pulcher, pulchra, pulchrum → pulcherrimus,-a,-um*).
- ✔ Neben der wörtlichen **Übersetzung** gibt es jeweils eine alternative Option. Komparativ: *longior* = länger; ziemlich lang – Superlativ: *longissimus* = der längste; sehr lang.
- ✔ **Vergleiche** werden entweder – analog zum Deutschen – mit *quam* (als) formuliert oder mit dem *ablativus comparationis* (Ablativ des Vergleichs): *Nulla bestia maior est quam elephantus = Nulla bestia maior est elephanto.*
- ✔ Einige Adjektive bilden ihre Steigerungsformen **unregelmäßig** (zum Beispiel *bonus – melior – optimus*). Solche Formen stehen als eigene Stichwörter im Lexikon.

Eine Fabel und vier Caesar-Szenen

In den folgenden Texten finden Sie Adverbien und Steigerungsformen von Adjektiven. Sie werden sehen: Sie sind leicht zu erkennen und zu übersetzen. Es gibt aber noch mehr zu lernen. Der erste Text ist ein kompletter Originaltext, die Fabel vom Frosch und dem Ochsen in der Version des Fabeldichters Phaedrus. Sie ist nicht nur herrlich absurd, sie ist zugleich die Quelle für die Redewendungen »sich aufblasen« und »vor Neid platzen«. Anschließend folgen vier typische Szenen aus dem Gallischen Krieg, die Sie Caesars Text ein Stück näher bringen. Die letzte ist ein wenig kompliziert formuliert und deshalb ausführlich erläutert.

Die Fabel vom Frosch und dem Ochsen

Phaedrus verfasste vermutlich in der ersten Hälfte des 1. Jahrhunderts n. Chr. die ersten lateinischen Versfabeln. Er ist damit der Vorgänger großer Fabeldichter wie Jean La Fontaine oder Lessing. Die Stoffe fand Phaedrus größtenteils in griechischen Prosa-Fabelsammlungen, die sich alle auf den legendären Erfinder der Gattung, Äsop (wohl 6. Jahrhundert v. Chr.), zurückführten.

Fabeln führen menschliche Schwächen oder – seltener – Tugenden vor, indem sie sie Tieren zuschreiben und diese entsprechend handeln lassen. Oft, aber nicht immer, wird die Botschaft, »die Moral von der Geschicht«, am Anfang oder am Ende der Erzählung explizit formuliert. Natürlich sind nicht alle dieser Geschichten gleich reizvoll. Wie aber in der Geschichte vom Frosch und dem Ochsen die Abwegigkeit des Lasters Neid (*invidia*) inszeniert wird, das ist bemerkenswert schön. Auch dieser Text enthält einige Vokabeln (siehe Tabelle 16.7), die zu lernen sich lohnt.

Lateinisch	Deutsch
rana, -ae	der Frosch
rumpo, rupi, ruptum, rumpere	(etwas) zerbrechen, zerreißen
→ rumpor, ruptus sum, rumpi	»zerrissen werden« → platzen, bersten
bos, bovis	das Rind, der Ochse
imitor, imitatus sum, imitari	nachahmen, imitieren

Lateinisch	Deutsch
conspicio, conspexi, conspectum, conspicere	erblicken
pellis, pellis	die Haut
an (in indirekten Fragen)	ob
negare	verneinen, bestreiten
intendo, intendi, intensum, intendere	anspannen, dehnen (D intensiv)

Tabelle 16.7: Lernvokabeln

Zudem werden Sie auf drei Besonderheiten stoßen, die auch in Caesars Texten (und auch in denen anderer lateinischer Autoren) immer wieder auftauchen.

- ✔ *dum* (Vers 1 und 9): Wenn *dum* »während« heißt, steht es **immer mit dem Indikativ Präsens,** auch wenn der Rest des Satzes in der Vergangenheit steht. Das ist in Vers 9 der Fall. Das ist seltsam, aber nicht zu ändern. Vergleichbar ist *postquam* (nachdem), das immer mit dem Indikativ Perfekt steht. Grammatiker nennen dieses Phänomen »absolutes Tempus«. Bei der Übersetzung setzen Sie in solchen Fällen immer die im Deutschen passende Zeit ein.
- ✔ *negarunt* (Vers 6): Das ist eine **verkürzte Perfektform.** Sie kommt von *negare* (verneinen, bestreiten) und müsste eigentlich *negaverunt* heißen (siehe dazu Kapitel 15, »Über Claudia«).
- ✔ *sese* (Vers 10): *Sese* ist schlicht ein verdoppeltes *se.* Im Deutschen kann diese Verdoppelung nicht wiedergegeben werden.

Rufen Sie sich schließlich noch die Bedeutung der folgenden Vokabeln ins Gedächtnis: *potens, potentis; tango, tetigi, tactum, tangere; invidia,-ae; tantus,-a,-um; natus,-i; negare; rursus; quaero, quaesivi, quaesitum, quaerere; similis,-e; modus,-i; iaceo, iacui, – , iacere.*

Hier nun endlich der Text:

Rana rupta et bos

Inops[1]*, potentem dum vult*[2] *imitari, perit*[3]*.*
In prato[4] *quondam rana conspexit bovem*
et tacta invidia tantae magnitudinis
rugosam[5] *inflavit*[6] *pellem. Tum natos suos*
interrogavit, an bove esset latior.
Illi negarunt. Rursus intendit cutem[7]

maiore nisu[8] *et simili quaesivit modo,*
quis maior esset. Illi dixerunt bovem.
Novissime[9] *indignata*[10] *dum vult*[2] *validius*[11]
inflare[6] *sese, rupto iacuit corpore.*

Vokabeln: [1] *inops, inopis:* machtlos; [2] *vult*: er, sie, es will; [3] *perire*: zugrunde gehen [4] *pratum,-i*: die Wiese; [5] *rugosus,-a,-um*: runzlig; [6] *inflare*: aufblasen; [7] *cutis,-is*: Haut; [8] *nisus,-us*: die Anstrengung; [9] *novissime*: *postremo*; [10] *indignatus,-a,-um*: verärgert; [11] *validus,-a,-um*: stark, heftig

Übersetzung und Bemerkungen:

Der geplatzte Frosch und der Ochse (Phaedrus, *Fabulae* 1.24)

(1) Ein Machtloser, während (besser: wenn) er einen Mächtigen nachahmen will, geht (dabei) zugrunde. (2) Auf einer Wiese erblickte einst ein Frosch einen Ochsen, (3) und, gepackt (wörtlich: berührt) von Neid auf solche (wörtlich: so große) Größe (*tantae magnitudinis* ist *genitivus objectivus*), (4) blies er seine runzlige Haut auf. (5) Dann fragte er seine Kinder, (6) ob er größer sei als der Ochse (*bove* ist *ablativus comparationis*). (7) Jene verneinten. Wieder spannte er seine Haut an, (7) mit größerer Anstrengung, und fragte auf ähnliche Weise, (8) wer größer sei. Jene sagten, der Ochse. (9) Während (besser: als) er schließlich verärgert heftiger (*validius* ist das Adverb des Komparativs) (10) sich aufblasen wollte, lag er mit geplatztem Körper da.

Bemerkungen: Bei aller Tragik ist diese Geschichte doch recht komisch und herrlich überzeichnet. Schon dass der Frosch offenbar glaubt, sich zur Größe eines Ochsen aufblasen zu können, ist hinreichend absurd. Dass er aber so frei von Selbstzweifeln ist, dass er die Umsetzung seiner Idee unbeirrt bis zur Selbstzerstörung treibt, ist schon beinahe wieder beeindruckend. Der letzte Satz des Textes zeigt ja, dass niemand mehr überrascht ist von der Katastrophe als der Frosch selbst. Das auf den ersten Blick etwas seltsam wirkende *dum* (während) in diesem Satz macht das deutlich: Der Frosch beginnt gerade (*vult*), sich noch weiter aufzublasen, und liegt im selben Moment zerplatzt da. Davon, dass er irgendwelche Indizien bemerkt hätte, die ihn hätten warnen müssen (Schmerzen zum Beispiel), ist keine Rede. Das Ausmaß der Verbohrtheit und Verblendung von Menschen, die sich von *invidia* leiten lassen, könnte kaum wirkungsvoller abgebildet werden.

Und noch eine Botschaft birgt die Geschichte: Die Aktion des Frosches ist nicht nur absurd, sie ist auch in höchstem Maße jämmerlich. Sein Publikum sind lediglich seine Kinder, also seinesgleichen. Der Ochse, in dessen Kategorie der Frosch ja aufsteigen will, dürfte von der ganzen Tragödie nicht das Geringste bemerkt haben. Dieser Aspekt verschärft die Message der Fabel noch ein wenig: Wer sich, von Neid erfüllt, auf eine Stufe mit für ihn unerreichbar Größeren zu stellen versucht, der wird nicht nur scheitern und dabei zugrunde gehen – die Größeren werden es nicht einmal mitbekommen. Dass Phaedrus bei der Formulierung seiner »Moral« im ersten Vers die Begriffe *inops* (machtlos) und *potens* (mächtig) gewählt hat, deutet darauf hin, dass er mit dieser Fabel speziell auf Leute zielen wollte, die rücksichtslos ihren gesellschaftlichen Aufstieg betreiben, ohne im Geringsten dafür qualifiziert zu sein.

Ein wenig Caesar

Zum Abschluss dieses Kapitels noch vier Szenen aus dem Gallischen Krieg, die typische Elemente des Feldzugs repräsentieren. Caesar bewegte sich in Gebieten, die den Römern bis dahin vollkommen unbekannt waren. Er musste deshalb immer wieder Kundschafter (*exploratores*) ausschicken und konsultieren, um die jeweilige Lage richtig einschätzen zu können. Die Texte 1 bis 3 beschreiben solche Aktionen. Markieren Sie unbedingt immer zuerst die Verbalformen (inklusive der Infinitive), um sich einen Überblick über die Satzstrukturen (Hauptsatz – Nebensätze) zu verschaffen und auf mögliche AcIs aufmerksam zu werden. Rechnen Sie auch immer mit einem Hyperbaton. Und: Beachten Sie die Tempora. Caesar berichtet gelegentlich im Präsens. Tabelle 16.8 enthält einige Vokabeln, die Caesar oft verwendet. Sie sollten sie sich deshalb gut einprägen.

Lateinisch	Deutsch
explorator, -oris	der Kundschafter, Späher
peritus, -a, -um (+ Genitiv)	erfahren (in etwas)
captivus, -i	der Gefangene
praemittere	vorausschicken
amplus, -a, -um	weit, breit (D Amplitude)
una (Adverb)	zusammen

Lateinisch	Deutsch
atque	und
traducere	hinüberführen
repentinus, -a, -um	plötzlich, unerwartet
commotus, -a, -um	erschüttert, aufgeregt
aegre (Adverb)	mit Mühe

Tabelle 16.8: Caesar-Lernvokabeln

Die übrigen Vokabeln haben Sie schon in früheren Kapiteln dieses Buches kennengelernt: *idem, eadem, idem*; *socius,-i*; *cogere*; *ingens, ingentis*; *initium,-i*; *considere*; *sequi*; *postea*; *iter facere*; *invenire*; *trans* + Akkusativ; *finitimus,-a,-um*; *proelium,-i*; *reliquus,-a,-um*; *consequi*; *pons, pontis*; *ipse, ipsa, ipsum*; *conficere*; *intellegere*.

Caesar zieht Erkundigungen ein

Meldungen, die bei Caesar eingehen, werden fast ausschließlich im AcI wiedergegeben. Wenn eine Nachricht sich über mehrere Sätze erstreckt, wird das Verbum, von dem der erste AcI abhängt, in den folgenden Sätzen nicht wiederholt. Diese Sätze stehen dann nur im AcI und haben scheinbar kein Prädikat. Wenn Ihnen dieses Phänomen (indirekte Rede) nicht mehr ganz präsent ist, wäre jetzt eine passende Gelegenheit, das Ende von Kapitel 13 noch einmal anzusehen.

Text 1: *Eodem die Caesar ab exploratoribus certior factus est hostes cum omnibus suis sociorumque copiis, quas coegissent, ad ingentis silvae initium consedisse milia passuum a Romanorum castris octo.*

Text 2: *Caesar hostes sequitur equitatumque omnem ante se mittit. P. Considius, qui rei militaris peritissimus erat et in exercitu L. Sullae et postea in M. Crassi fuerat, cum exploratoribus praemittitur.*

Text 3: *Cum per eorum fines triduum iter fecisset, inveniebat ex captivis Sabim flumen a castris suis non amplius milibus passuum X abesse; trans id flumen omnes Nervios consedisse adventumque ibi Romanorum expectare una cum Atrebatibus et Viromanduis, finitimis suis.* (*triduus,-a,-um*: dreitägig, drei Tage dauernd; *Sabis,-is*: die Sabis; *abesse*: entfernt sein; *Nervii,-orum*: die Nervier; *Atrebates,-ium*: die Atrebaten; *Viromandui,-orum*: die Viromanduer)

Übersetzungen:

Text 1: Am selben Tag wurde Caesar von Kundschaftern informiert, dass (AcI) die Feinde sich mit all ihren und ihrer Verbündeten Truppen (besser: mit all ihren Truppen und denen ihrer Verbündeten. – *cum omnibus suis ... copiis*: Hyperbaton), die sie zusammengezogen hätten, am Anfang (besser: Rand) eines gewaltigen Waldes (*ad ... initium*: Hyperbaton) niedergelassen hätten, acht Meilen vom Lager der Römer (*a ... castris*: Hyperbaton) entfernt.

Text 2: Caesar verfolgt die Feinde und schickt die ganze Reiterei vor sich (das heißt: die Reiter bilden die Spitze des Heereszuges). Publius Considius, der sehr erfahren im Kriegswesen war und im Heer des Lucius Sulla und später des Marcus Crassus gewesen war, wird mit Kundschaftern vorausgeschickt.

Text 3: Als er durch deren Gebiete einen dreitägigen Marsch gemacht hatte (oder: drei Tage lang marschiert war), fand er durch Gefangene heraus, dass (AcI) der Fluss Sabis von seinem Lager nicht weiter als zehn Meilen entfernt war (oder: sei); jenseits dieses Flusses hätten sich die Nervier niedergelassen und erwarteten dort die Ankunft der Römer zusammen mit den Atrebaten und den Viromanduern, ihren Nachbarn (AcI; indirekte Rede, siehe Kapitel 13).

Caesar und die Helvetier

Die folgenden Sätze sind etwas komplizierter strukturiert. Insbesondere Satz 2 ist in dieser Hinsicht recht anspruchsvoll. Nehmen Sie sich Zeit und verschaffen Sie sich einen Überblick, bevor Sie mit dem eigentlichen Übersetzen beginnen.

(1) *Cum hoc proelium factum esset, Caesar, ut reliquas copias Helvetiorum consequi posset, pontem in flumine facere iussit atque ita exercitum traduxit.* (2) *Helvetii repentino eius adventu commoti, cum id, quod ipsi diebus XX aegerrime confecerant, ut flumen transirent, illum uno die fecisse intellegerent, legatos ad eum miserunt.* (*posse*: können; *transire*: überschreiten, überqueren)

Übersetzung und Erklärungen:

(1) Als diese Schlacht geschlagen (worden) war, befahl Caesar, damit er die übrigen Truppen der Helvetier verfolgen konnte, eine Brücke am Fluss zu bauen, und führte so sein Heer hinüber. (2) Die durch dessen (oder: seine) plötzliche Ankunft erschütterten Helvetier

schickten, als/weil sie erkannten, dass jener das, was sie selbst in 20 Tagen mit größter Mühe zustande gebracht hatten, (nämlich) dass sie den Fluss überquerten (besser: den Fluss zu überqueren), in einem einzigen Tag getan hatte, Gesandte zu ihm.

Zur Analyse der beiden Sätze

Wenn Sie diese Sätze gut lösen konnten – herzlichen Glückwunsch! Sie können dann gleich zum nächsten Kapitel blättern. Für den Fall, dass Ihnen das nicht ganz gelungen ist, seien hier noch einmal die wichtigsten Schritte skizziert, die Sie einigermaßen unfallfrei durch solche Sätze führen können. Schauen Sie nach, wo genau Sie falsch abgebogen sind.

Satz 1:

1. Die Verbalformen: Der Satz enthält sechs Verbalformen: *factum esset, consequi, posset, facere, iussit, traduxit.* Vier von ihnen sind finite Formen, also Prädikate (*factum esset, posset, iussit, traduxit*), zwei sind Infinitive (*consequi, facere*). Von den Prädikaten stehen zwei im Konjunktiv (*factum esset, posset*), zwei im Indikativ (*iussit, traduxit*).

2. Ermittlung der Satzstruktur: Warum die Konjunktive stehen, ist gut zu sehen: *Cum ... factum esset* und *ut ... posset* sind Nebensätze. Was außerhalb steht, muss dann der Hauptsatz sein. Der hat zwei Prädikate (*iussit* und *traduxit*), das heißt, er enthält zwei Handlungen. Diese Handlungen sind offenbar mit *atque* (= und) miteinander verbunden. Handlung 1 reicht also bis *iussit*, Handlung 2 dann bis zum Ende des Satzes.

Das Ergebnis der Schritte 1 und 2 sollte in Ihrem Text etwa so umgesetzt sein:

[*Cum hoc proelium factum esset,*] *Caesar,* [*ut reliquas copias Helvetiorum* ***consequi*** *posset,*] *pontem in flumine* ***facere*** *iussit atque ita exercitum traduxit.*

3. Zur Übersetzung der einzelnen Teilsätze: Einer der beiden Infinitive (*facere*) steht im **Hauptsatz.** Er ist *iussit* (er befahl) untergeordnet, und das heißt: Hier steht entweder ein AcI (er befahl, dass jemand etwas tut) oder eine einfache Infinitivkonstruktion (er befahl etwas zu tun). Beim Übersetzen merken Sie gleich, dass hier kein AcI vorliegt: »Er befahl, dass die Brücke baut« kann kaum gemeint sein. – Der andere Infinitiv (*consequi* = verfolgen) ist dem infinitivregierenden *posset* (können) untergeordnet. Auch hier liegt also kein AcI vor. – Ansonsten bieten die Teilsätze eigentlich nichts spektakulär Schwieriges mehr.

Satz 2:

1. Die Verbalformen: Der Satz enthält fünf Verbalformen: *confecerant, transirent, fecisse, intellegerent, miserunt.* Vier von ihnen sind finite Formen, also Prädikate (*confecerant, transirent, intellegerent, miserunt*), eine ein Infinitiv (*fecisse*). Von den Prädikaten stehen zwei im Konjunktiv (*transirent, intellegerent*), zwei im Indikativ (*confecerant, miserunt*).

2. Ermittlung der Satzstruktur: Von den Konjunktiven ist der erste (*transirent*) auf Anhieb zu erklären: *ut flumen transirent* ist ein Nebensatz. Beim zweiten (*intellegerent*) ist das schwieriger. Der muss erst einmal zurückgestellt werden.

Von den beiden Indikativformen ist eine Plusquamperfekt (*confecerant*), die andere Perfekt (*miserunt*). Der Satzteil, in dem *confecerant* steht, beginnt mit *quod.* Das ist also auf jeden Fall ein Nebensatz. Die Frage ist nur, was *quod* hier bedeutet.

Wenn nach einem Komma *quod* steht, beginnt an dieser Stelle auf jeden Fall ein Nebensatz. *quod* kann aber zwei verschiedene Bedeutungen haben: Es kann entweder die **Konjunktion »weil«** sein und einen Kausalsatz einleiten oder **Nominativ/Akkusativ Singular Neutrum des Relativpronomens** (*qui, quae, quod*) und einen Relativsatz einleiten. Sie müssen unbedingt beide Optionen parat haben. Wenn Sie im Lexikon nachschauen, finden Sie unter »*quod*« nur die Konjunktion.

Wenn Ihnen jetzt schon das Demonstrativpronomen *id* vor dem Komma auffällt, ist die Frage schon geklärt. *id, quod* muss »dieses, das« oder besser »das, was« bedeuten. Wenn es Ihnen beim ersten Durchsehen noch nicht auffällt, ist das auch kein Problem. Weil *confecerant* jedenfalls in einem Nebensatz steht, muss der andere Indikativ (*miserunt*) wohl das Prädikat des Hauptsatzes sein.

Bis hierher ergibt die Analyse des Satzes folgendes Bild:

Helvetii repentino eius adventu commoti, cum id, [quod ipsi diebus XX aegerrime <u>confecerant</u>,] [ut flumen <u>transirent</u>,] illum uno die ***fecisse*** *<u>intellegerent</u>, legatos ad eum <u>miserunt</u>.*

Wenn Sie nun nach weiteren Signalen suchen, stoßen Sie in der ersten Zeile auf das *cum* nach dem Komma. Weil das anschließende *id* kein Ablativ ist, kann *cum* nicht »mit« heißen, sondern muss einen Nebensatz einleiten. Der kann aber nach *id* noch nicht zu Ende sein, er braucht ja ein Prädikat. Weil nun *confecerant* und *transirent* in anderen Nebensätzen stehen, muss das Prädikat des *cum*-Satzes *intellegerent* sein. Jetzt erklärt sich auch der Konjunktiv: *cum* bedeutet hier – wie so oft – »als, weil«. In den *cum*-Satz sind offenbar zwei Nebensätze eingeschoben. Jetzt ergibt sich folgendes Bild:

Helvetii repentino eius adventu commoti, [cum id, [quod ipsi diebus XX aegerrime <u>confecerant</u>,] [ut flumen <u>transirent</u>,] illum uno die ***fecisse*** *<u>intellegerent</u>,] legatos ad eum <u>miserunt</u>.*

Weil weder der erste noch der letzte Teil des Satzes durch irgendein Signal als Nebensätze markiert ist, sind sie wohl beide Teile des Hauptsatzes, in den drei Nebensätze eingeschoben sind. Das ist eine arge Verschachtelung, die aufgelöst werden muss.

Der Hauptsatz: In solchen Fällen ist es sinnvoll, die zerrissenen Satzteile wieder zusammenzufügen. Schreiben Sie also nur die beiden Hauptsatzteile auf ein Blatt und lassen Sie die Nebensätze weg. So wird das Ganze deutlich übersichtlicher: *Helvetii repentino eius adventu commoti legatos ad eum <u>miserunt</u>.* Das wäre jetzt schrittweise zu übersetzen: 1. Prädikat, Subjekt, Objekt: »Die Helvetier schickten Gesandte zu ihm.« 2. *commoti* muss sich auf *Helvetii* beziehen: »Die erschütterten Helvetier …« 3. *repentino eius adventu* (Hyperbaton): »Die durch dessen/seine plötzliche Ankunft erschütterten Helvetier …«

Der *cum*-Satz: Auch der ist ja zerrissen, und wieder empfiehlt es sich, ihn erst zusammenzusetzen: *cum id illum uno die* ***fecisse*** *<u>intellegerent</u>.* Er enthält offenbar einen AcI: *fecisse* ist *intellegerent* (erkennen) untergeordnet. »Als sie erkannten, dass jener (*illum*) das in einem Tag getan hatte.«

Als Nächstes ist der **quod-Satz** zu übersetzen. Er bietet keine besonderen Schwierigkeiten. Zu platzieren ist er da, wo er im Lateinischen steht, also nach *id* = »das«: »(das,) was sie selbst in 20 Tagen mit größter Mühe zustande gebracht hatten,«

Mit dem **ut-Satz** ist schließlich entsprechend zu verfahren.

Quiz 7 (Kapitel 15 & 16)

Zum Abschluss des Kapitels wieder ein kleines Quiz, diesmal zu den Kapiteln 15 und 16.

Die Fragen

1. Wie heißt der Heilige Geist auf Lateinisch? – Welcher Deklination gehört das Substantiv an?
2. Wie heißt »Im Namen des Vaters und des Sohnes und des Heiligen Geistes« auf Lateinisch?
3. *manus parva* kann zweierlei bedeuten. Was?
4. *X milia passuum* heißt wörtlich übersetzt 10.000 Doppelschritte. Wie viele Meilen sind das?
5. Auf welche lateinischen Substantive gehen die folgenden deutschen und englischen Fremd- und Lehnwörter zurück?

   1. Dom; 2. Event; 3. airport; 4. case; 5. Advent; 6. Realität
6. Auf welche lateinische Wortkombination geht der Begriff Republik zurück? – Was bedeutet diese Wortkombination wörtlich übersetzt?
7. Wie ist das deutsche Pendant zum lateinischen Sprichwort *Manus manum lavat*?
8. Was heißt *manu factum*?
9. Eine zentrale Figur in den heftigen Turbulenzen des 1. Jahrhunderts v. Chr. in Rom war M. Tullius Cicero, ein überzeugter Verfechter der republikanischen Staatsordnung und unmittelbarer Zeitgenosse Caesars. Was war der Höhepunkt seiner politischen Karriere?
10. Was trägt Herkules auf Abbildungen seit jeher?
11. Was heißt *Citius, altius, fortius*? – In welchem Kontext wurde dieser Spruch berühmt?
12. Wie ist *Cato minor* zu übersetzen?
13. Wie lautet das Motto der USA?
14. Welche mythische Figur galt als Inbegriff der Schlauheit?

Die Antworten

1. *Spiritus Sanctus*. – Der u-Deklination (siehe Kapitel 15).
2. *In nomine Patris et Filii et Spiritus Sancti* (siehe Kapitel 15).

3. die kleine Hand; die kleine Schar (siehe Kapitel 15).

4. 10 Meilen (1000 Doppelschritte = 1 Meile) (siehe Kapitel 15).

5. 1. *domus,-us* = das Haus; 2. *eventus,-us* = das Ereignis, der Erfolg; 3. *portus,-us* = der Hafen; 4. *casus,*-us = der Fall, Zufall, das Ereignis; 5. *adventus,-us* = die Ankunft; 6. *res, rei* = das Ding, die Sache (siehe Kapitel 16).

6. *res publica.* – die öffentliche Sache (siehe Kapitel 15).

7. Eine Hand wäscht die andere (siehe Kapitel 15).

8. mit der Hand gemacht (siehe Kapitel 15).

9. Das Konsulat im Jahr 63 v. Chr., in dem er die Verschwörung des Catilina gegen den Staat aufdeckte (siehe Kapitel 15).

10. Das Fell des Nemäischen Löwen (siehe Kapitel 15).

11. Schneller, höher, stärker. – Der Spruch wurde von Pierre de Coubertain als Motto der modernen Olympischen Spiele etabliert (siehe Kapitel 16).

12. Cato der Jüngere (siehe Kapitel 16).

13. *E pluribus unum* (= Aus mehreren eines) (siehe Kapitel 16).

14. Sisyphus. Auch Odysseus war von ungewöhnlicher Schlauheit (siehe Kapitel 16).

IN DIESEM KAPITEL

Der Ablativus absolutus

Caesar-Übersetzungen

Kapitel 17
opere perfecto: Der Ablativus absolutus

In diesem Kapitel geht es wieder um Syntaktisches. Sie lernen eine lateinische Konstruktion kennen, bei deren Übersetzung ähnliche Umbaumaßnahmen erforderlich sind wie beim AcI (siehe Kapitel 13). Sie heißt Ablativus absolutus. Weil Caesar diese Konstruktion oft verwendet, bekommen Sie zudem ausgiebig Gelegenheit, Ihre Fähigkeiten an sehr typischen Caesar-Passagen zu erproben.

Der Ablativus absolutus

Der Ablativus absolutus ist eine spezielle Partizipialkonstruktion, die – wie ihr Name schon sagt – im Ablativ steht. Wie alle Partizipialkonstruktionen ermöglicht sie es, in knapper Form eine Nebenhandlung in einen Satz einzubauen.

Der Ablativus absolutus und Vergleichbares im Deutschen

Im Deutschen gibt es zum Ablativus absolutus keine genaue Entsprechung. Immerhin gibt es aber eine Konstruktion, die ihm recht nahekommt. Es sind Ausdrücke wie »nach getaner Arbeit«. Solche Ausdrücke haben Entscheidendes mit dem Ablativus absolutus gemeinsam: die Funktion und Position im Satz sowie die Wortarten, mit denen sie gebildet werden. Wenn Sie sich diese Aspekte bewusst machen, haben Sie auch das Wesentliche eines Ablativus absolutus erfasst. Als Beispielsatz soll der folgende dienen: »Nach getaner Arbeit kehrte Julia nach Hause zurück.«

Die Funktion im Satz: »Nach getaner Arbeit« fügt der Haupthandlung des Satzes (Julia kehrte nach Hause zurück) eine Nebenhandlung hinzu, und das in sehr knapper Form. Wenn man diese Nebenhandlung anders in den Satz einfügen wollte, müsste man einen – deutlich breiteren – Nebensatz bilden: Nachdem die Arbeit getan worden war, kehrte Julia nach Hause zurück. »Nach getaner Arbeit« **vertritt** also **einen Nebensatz.**

Die Position im Satz: »Nach getaner Arbeit« steht in keiner syntaktischen Beziehung zum Rest des Satzes. Das Subjekt der Aussage (Arbeit) kommt außerhalb der Formulierung nicht vor. »Nach getaner Arbeit« ist also **syntaktisch »losgelöst«** (lateinisch *absolutus*) **vom Rest des Satzes.** Die Wortarten: »Nach« ist eine **Präposition,** »getan« ist ein **Partizip (Perfekt Passiv),** »Arbeit« ist ein **Substantiv.**

All diese Eigenschaften hat auch der lateinische Ablativus absolutus, allerdings mit einer Abweichung: Er besteht nur aus Substantiv und Partizip, eine Präposition enthält er nicht. Dafür stehen Substantiv und Partizip im Ablativ.

Der Ablativus absolutus ist eine vom Rest des Satzes syntaktisch »losgelöste« (*absolutus*) Konstruktion, die einen Nebensatz vertritt. Er besteht in seiner Grundform aus einem Substantiv (oder einem Pronomen) und einem Partizip. Beide stehen im Ablativ.

Den Satz »Nach getaner Arbeit kehrte Julia nach Hause zurück« kann man also sehr adäquat ins Lateinische übersetzen, wenn man eine Ablativus-absolutus-Konstruktion verwendet. Nehmen wir für »Arbeit« das Neutrum *opus, operis,* für »durchführen, tun« *perficere* (Stammformen: *perficio, perfeci, perfectum, perficere*). Der Satz hieße dann lateinisch: *Opere perfecto Iulia domum revertit.*

Die Übersetzung solcher elegant-knappen Formulierungen aus dem Deutschen ins Lateinische ist dank des Ablativus absolutus kein Problem. Bei Übersetzungen aus dem Lateinischen ins Deutsche aber sieht das leider ganz anders aus. Im Deutschen können solche Formulierungen nämlich keineswegs beliebig gebildet werden. Sie sind sogar bemerkenswert selten, und das ist eigentlich eigenartig. Wir können zwar »nach getaner Arbeit« und auch »nach überstandener Krankheit« sagen, es wäre aber zumindest ungewöhnlich zu sagen: »Nach gefrühstücktem Ei verließ Dieter das Haus«, »Nach gefangener Maus schnurrte die Katze« oder »Nach verlorenem Ball weinten die Kinder«. Im Lateinischen wäre das ohne Weiteres mit einem Ablativus absolutus formulierbar: *Ovo pranso Dieter domum reliquit. – Mure capto feles placide fremuit. – Pila amissa liberi lacrimabant.*

Entsprechend ist die Situation, wenn bei solchen Formulierungen ein Partizip Präsens verwendet wird. Ein Deutscher kann bei laufendem Motor tanken oder bei brennender Kerze einschlafen, aber er kann kaum »bei singender Gattin fernsehen«, »bei jaulendem Hund das Haus verlassen« oder »bei umfallendem Weinkrug anderswo sein«. Ein Römer konnte das, vorausgesetzt, er hatte einen Fernseher. Er hätte von sich sagen können: *Uxore cantante transmissionem televisificam spectavi. – Cane ululante domum reliqui. – Amphora cadente alibi fui.*

Die Übersetzung eines Ablativus absolutus ins Deutsche

Die Frage, wie man einen Ablativus absolutus in jedem Fall korrekt ins Deutsche übersetzen kann, ist im Grunde in der oben gegebenen Definition schon beantwortet: Der Ablativus absolutus vertritt einen Nebensatz, und deshalb ist es immer möglich, ihn mit einem Nebensatz wiederzugeben.

Wenn Sie den Eindruck haben, dass Sie etwas Ähnliches schon einmal in diesem Buch gelesen haben, liegen Sie ganz richtig. Auch ein AcI (siehe Kapitel 13) kann ja immer mit einem Nebensatz wiedergegeben werden. Die dabei erforderlichen Umbaumaßnahmen sind bei Ablativus absolutus und AcI zwar nicht identisch, aber einander recht ähnlich. Weil Sie nun schon eine ziemliche Menge von AcIs übersetzt haben, wird Ihnen deshalb auch das Folgende schnell einleuchten.

Schritt 1: Temporale Nebensätze

Erinnern Sie sich: Partizipien drücken immer das zeitliche Verhältnis zwischen der Partizipialhandlung und der übergeordneten Handlung aus. Ein Partizip Perfekt transportiert einen vorzeitigen, abgeschlossenen Vorgang, ein Partizip Präsens einen gleichzeitigen, noch andauernden. Das gilt natürlich auch in Ablativus-absolutus-Konstruktionen. Sie können deshalb jedenfalls mit einem temporalen Nebensatz wiedergegeben werden.

Wie das funktioniert, können Sie leicht im Deutschen ausprobieren. Sie brauchen nur die im vorigen Abschnitt genannten nicht möglichen deutschen Formulierungen, die dem Ablativus absolutus vergleichbar sind, in vernünftiges Deutsch umzuformulieren. Versuchen Sie es! Bilden Sie dabei temporale Nebensätze und geben Sie alle passiven Partizipien mit Passiv, alle aktiven mit Aktiv wieder, auch wenn das gelegentlich etwas hölzern klingen mag. Achten Sie zudem darauf, dass die Zeitverhältnisse stimmen. Hier sind noch einmal die Sätze:

(1) Nach gefrühstücktem Ei verließ Dieter das Haus. (2) Nach gefangener Maus schnurrte die Katze. (3) Nach verlorenem Ball weinten die Kinder. (4) Bei singender Gattin habe ich ferngesehen. (5) Bei jaulendem Hund habe ich das Haus verlassen. (6) Bei umfallendem Weinkrug war ich anderswo.

Lösungen: Herausgekommen sein sollten die folgenden Sätze: (1) Nachdem (oder: als) das Ei gefrühstückt worden war, verließ Dieter das Haus. (2) Nachdem (oder: als) die Maus gefangen worden war, schnurrte die Katze. (3) Nachdem (oder: als) der Ball verloren worden war, weinten die Kinder. (4) Während (oder: als) meine Gattin sang, habe ich ferngesehen. (5) Während (oder: als) der Hund jaulte, habe ich das Haus verlassen. (6) Während (oder: als) der Weinkrug umfiel, war ich anderswo.

Theoretisch formuliert ist bei den Umformulierungen Folgendes passiert: Sie haben **temporale Nebensätze** gebildet. Wenn in der ursprünglichen Formulierung ein **Partizip Perfekt** (gefrühstückt, gefangen, verloren) stand, haben Sie den Nebensatz mit »**nachdem**« oder »**als**« eingeleitet, bei einem **Partizip Präsens** (singend, jaulend, umfallend) mit »**während**« oder »**als**«. In diesen Nebensätzen haben Sie jeweils das **Substantiv** (Ei, Maus, Ball, Gattin, Hund, Weinkrug) zum **Subjekt** (Nominativ) gemacht, und das **Partizip** (gefrühstückt, gefangen, verloren, singend, jaulend, umfallend) zum dazu passenden **Prädikat.** Bei **Perfektpartizipien** ergab sich eine **passive Verbalform,** bei **Präsenspartizipien** eine **aktive.**

Wenn Ihnen diese Umbauarbeiten einleuchten, wissen Sie auch, wie man einen lateinischen Ablativus absolutus übersetzt.

- Ein Ablativus absolutus ist mit einem **temporalen Nebensatz** wiederzugeben.
- Steht im Ablativus absolutus ein **Partizip Perfekt,** muss der Nebensatz mit »**nachdem**« oder »**als**« eingeleitet werden, bei einem **Partizip Präsens** mit »**während**« oder »**als**«.
- In diesem Nebensatz wird das **Substantiv** (oder Pronomen) des Ablativus absolutus zum **Subjekt** (Nominativ), das **Partizip** zum dazu passenden **Prädikat.** Dabei gilt: Ist das Partizip ein **Partizip Perfekt,** muss das Prädikat des Nebensatzes im **Passiv** stehen, ist es ein **Partizip Präsens,** im **Aktiv.**

Dieses Vorgehen ähnelt dem beim Übersetzen eines AcI. Der wesentliche Unterschied ist: Beim AcI steht die Konjunktion, die den Nebensatz einleitet, von vornherein fest (»dass«), beim Ablativus absolutus muss sie erst durch Bestimmung des Partizips ermittelt werden (Partizip Perfekt → »nachdem«; Partizip Präsens → »während«).

Das deutsche »als« kann sowohl für »nachdem« als auch für »während« stehen, und es klingt zudem weniger sperrig. Für den Anfang ist es freilich empfehlenswert, im ersten Schritt »nachdem« und »während« zu verwenden. Sie erfassen dann nämlich die Zeitverhältnisse auf jeden Fall richtig.

Wenn Sie sich an dieses Muster halten, werden Sie jeden Ablativus absolutus korrekt übersetzen. Ob Sie damit allerdings auch die – stilistisch oder auch inhaltlich – angemessenste Übersetzung gefunden haben, ist eine andere Frage. Die wird gleich zu besprechen sein.

Gewöhnen Sie sich zunächst an das eben beschriebene Grundmuster, und übersetzen Sie die folgenden Sätze. Wichtig ist: Gehen Sie nach wie vor in der üblichen Reihenfolge vor und übersetzen Sie zuerst Prädikat, Subjekt und – soweit vorhanden – Objekt des Hauptsatzes. Der Ablativus absolutus kommt zuletzt dran: (1) *Cane latrante liberi fugerunt.* (2) *Hostibus victis imperator exercitum in castra reduxit.* (3) *Ponte facto exercitus flumen transgreditur.* (4) *Liberis clamantibus senex ira captus est.* (5) *His rebus nuntiatis cives in domos revertuntur.* (6) *Tarquinio Superbo expulso Romani Brutum consulem creaverunt.*

Übersetzungen: (1) Während/Als der Hund bellte, liefen die Kinder davon. (2) Nachdem/Als die Feinde besiegt worden waren, führte der Feldherr sein Heer ins Lager zurück. (3) Nachdem/Als die Brücke gebaut worden ist (oder: wurde), überquert das Heer den Fluss (*transgredi* ist ein Deponens). (4) Während/Als die Kinder schrien, wurde der alte Mann von Zorn gepackt. (5) Nachdem/Als diese Dinge (oder: das) gemeldet worden sind (ist) (oder: wurde), kehren die Bürger in ihre Häuser zurück (*reverti* ist ein Semideponens). (6) Nachdem/Als Tarquinius Superbus vertrieben worden war, wählten die Römer Brutus zum Konsul.

Schritt 2: Logische Nebensätze

Wenn Sie einen Ablativus mit einem temporalen Nebensatz wiedergegeben haben, haben Sie das Entscheidende geleistet. Gelegentlich legt es der Kontext allerdings nahe, dass zwischen der Handlung des Nebensatzes und der des Hauptsatzes nicht nur ein zeitlicher, sondern auch ein logischer Zusammenhang besteht. In solchen Fällen ist es sinnvoll, die temporale Konjunktion (während, nachdem, als) durch eine logische zu ersetzen. Infrage kommen dafür die Konjunktionen »weil«, »wobei«, »indem«, »wenn« und »obwohl«.

Recht eindeutige Beispiele wären die Sätze »Nachdem/Als der Ball verloren worden war, weinten die Kinder« (*Pila amissa liberi lacrimabant*) und »Während/Als die Kinder schrien, wurde der alte Mann von Zorn gepackt« (*Liberis clamantibus senex ira captus est*). Hier besteht offensichtlich jeweils ein kausales Verhältnis zwischen den Handlungen. In solchen Fällen liegt es nahe, in einem zweiten Schritt »nachdem« beziehungsweise »während« oder »als« durch »weil« zu ersetzen.

Weniger eindeutig ist die Sache bei dem Satz »Während meine Gattin sang, habe ich ferngesehen« (*Uxore cantante transmissionem televisificam spectavi*). Hier sind theoretisch mehrere Möglichkeiten denkbar. Wenn es sich um eine bloße Feststellung handelt, könnte man formulieren: »Ich habe ferngesehen, wobei meine Gattin sang.« Wenn das Fernsehen den Gesang der Gattin übertönen oder zumindest von ihm ablenken sollte, wäre »Weil meine Gattin sang, habe ich ferngesehen« eine Option. Auch ein irgendwie begründeter Gegensatz, vielleicht eine Provokation, ist denkbar: »Obwohl meine Gattin sang, habe ich ferngesehen.« Was zutrifft, müsste man aus dem weiteren Kontext des Satzes erschließen.

Ob Sie eine solche logische Verbindung zwischen der im Ablativus absolutus enthaltenen und der übergeordneten Handlung zum Ausdruck bringen wollen, liegt bei Ihnen. Sie können das tun, Sie müssen aber nicht. Gelegentlich ist es freilich im Interesse einer lesbaren Übersetzung durchaus ratsam.

Schritt 3: Umwandlung von Passiv in Aktiv

Auch wenn Sie den Satz *Pila amissa liberi lacrimabant* mit einem kausalen Nebensatz übersetzen, ist das Ergebnis noch nicht ganz befriedigend. »Weil der Ball verloren worden war, weinten die Kinder« ist ein Satz, den Sie freiwillig kaum formulieren würden. Was stört, ist das Passiv im Nebensatz. Sie würden vermutlich eher sagen: »Weil sie den (oder besser: ihren) Ball verloren hatten, weinten die Kinder«, also das Passiv durch ein Aktiv ersetzen. Das könnten und dürften Sie auch ohne Weiteres tun.

Wenn ein Ablativus absolutus mit einem Partizip Perfekt Passiv gebildet ist, kann dieses Passiv im Deutschen mit einem aktiven Prädikat wiedergegeben werden. Voraussetzung ist, dass der Kontext eindeutig zeigt, wer die handelnde Person ist.

Auch diesen Schritt müssen Sie nicht tun. Er liegt aber oft nahe und verbessert die Qualität und Verständlichkeit einer Übersetzung unter Umständen beträchtlich. Probieren Sie es aus und übersetzen Sie bei den folgenden Sätzen die absoluten Ablative jeweils mit einem passiven und mit einem aktiven Nebensatz.

Folgende Vokabeln werden Sie brauchen: *accipere; proficisci; abdere; vicus,-i; incendere; reverti; bos, bovis; conspicere; rana,-ae; invidia; cognoscere; ponere; constituere; clades,-is.*

1. *Oraculo accepto filii Tarquinii Superbi Delphos reliquerunt et Romam profecti sunt.* (*Delphi,-orum*: Delphi)
2. *Fele visa mures se abdiderunt.* (*feles,-is*: die Katze; *mus, muris*: die Maus)
3. *Omnibus vicis incensis hostes in fines suos revertuntur.*
4. *Bove conspecto rana invidia capta est.*
5. *Belgis victis Caesar in Britanniam profectus est.* (*Belgae,-arum*: die Belger)
6. *His rebus cognitis imperator castra ponere constituit.*
7. *Hac clade accepta hostes manus tendentes pacem petiverunt.*

Übersetzungen

1. Nachdem der Orakelspruch erhalten worden war (besser: Als sie den Orakelspruch erhalten hatten), verließen die Söhne des Tarquinius Superbus Delphi und brachen nach Rom auf. 2. Nachdem die Katze gesehen worden war (viel besser: Als sie die Katze gesehen hatten), versteckten sich die Mäuse. 3. Nachdem alle Dörfer in Brand gesetzt worden sind (oder: Nachdem sie alle Dörfer in Brand gesetzt haben), kehren die Feinde in ihre Gebiete zurück. 4. Nachdem das Rind gesehen worden war (viel besser: Als er das Rind gesehen hatte), wurde der Frosch von Neid gepackt. 5. Nachdem die Belger besiegt worden waren (oder: Als er die Belger besiegt hatte), brach Caesar nach Britannien auf. 6. Nachdem diese Dinge erkannt worden waren (besser: Als er das erfahren hatte), beschloss der Feldherr, ein Lager aufzustellen. 7. Nachdem diese Niederlage erhalten worden war (viel besser: Nachdem/Als sie diese Niederlage erlitten hatten), baten die Feinde um Frieden, wobei sie ihre Arme ausstreckten (wörtlich: erbaten die Feinde, die Arme ausstreckend, Frieden).

Ablativus absolutus und relativer Satzanschluss

Weil der Ablativus absolutus die Möglichkeit bietet, auf sehr engem Raum eine Handlung zu formulieren, wird er oft am Anfang eines Satzes verwendet, um das Vorausgegangene zusammenzufassen und zur nächsten Aktion überzuleiten. Wenn Sie sich die Sätze, die Sie eben übersetzt haben, unter diesem Aspekt noch einmal anschauen, werden Sie das leicht erkennen. Sie alle setzen eine ausführlichere Erzählung voraus.

Vielfach wird in solchen Fällen die Anbindung an das Vorausgehende durch einen **relativen Satzanschluss** unterstrichen (siehe Kapitel 15). Anstelle eines Demonstrativpronomens steht dann ein Relativpronomen am Satzanfang. Die Sätze 6 und 7 wären dafür bestens geeignet. Sie könnten ebenso gut mit *Quibus rebus cognitis* beziehungsweise *Qua clade accepta* beginnen. Die Übersetzung wäre dieselbe.

Wenn Sie das ein paarmal gesehen haben, wird Sie das nicht mehr irritieren. Übersetzen Sie die folgenden Satzanfänge und gehen Sie dabei davon aus, dass der Rest des Satzes in der Vergangenheit steht: 1. *Quo bello confecto ...*; 2. *Qua re nuntiata ...* 3. *Quibus fortiter resistentibus ...*; 4. *Quibus rebus gestis ...* 5. *Qua clade accepta ...*; 6. *Quibus rebus cognitis ...*; 7. *Quo occiso/interfecto ...*

Übersetzungen: 1. Nachdem dieser Krieg beendet (worden) war, ...; 2. Nachdem dies (e Sache) gemeldet worden war, ...; 3. Während/Als diese tapfer Widerstand leisteten, ...; 4. Nachdem dies(e Dinge) getan (worden) war(en), ...; 5. Nachdem diese Niederlage erlitten worden war, ...; 6. Nachdem dies(e Dinge) erkannt (oder: erfahren) worden war(en), ...; 7. Nachdem dieser getötet worden war, ...

Die Identifikation eines Ablativus absolutus

Wie man einen Ablativus absolutus übersetzt, wissen Sie jetzt. Es bleibt noch die Frage, wie Sie einen Ablativus absolutus in einem Satz erkennen können. In den bisher übersetzten Beispielen stand er immer am Satzanfang. Das ist in der Tat oft der Fall. Solche absoluten Ablative werden Sie mit etwas Routine schnell erkennen. Sie müssen aber auch damit rechnen, dass ein Ablativus absolutus an einer anderen Stelle im Satz eingebaut ist. Das ist die etwas unangenehmere Variante, doch im Grunde sind Sie auch für diese Fälle schon gerüstet.

Den sichersten Weg, um einen Ablativus absolutus zu identifizieren, gehen Sie schon, seit Sie Ihre ersten lateinischen Sätze übersetzt haben. Jedenfalls dann, wenn Sie sich angewöhnt haben, dabei in der empfohlenen Reihenfolge vorzugehen. Wenn Sie einen Satz nämlich vom Prädikat aus über das Subjekt und das direkte Objekt kommend auflösen und alle anderen Informationen schrittweise zuordnen und nach den sich jeweils ergebenden Fragen (wessen? wodurch? wo? wann?) einbauen, bleibt der Ablativus absolutus am Ende übrig. Er ist ja »*absolutus*«, »losgelöst«, und das heißt, er steht in keiner syntaktischen Verbindung mit dem Rest des Satzes. Nach ihm lässt sich deshalb auch nicht fragen.

Ablativformen und Partizipien

Die Bausteine eines Ablativus absolutus sind Ablativ und Partizip. Beides ist Ihnen längst bekannt, und Sie haben schon viele Ablative und Partizipien identifiziert und übersetzt. Weil eine Wiederholung aber nie schadet, seien sie hier noch einmal im Hinblick auf den Ablativus absolutus zusammengestellt.

Die Ablative

Setzen Sie in Tabelle 17.1 die fehlenden Endungen ein und vergleichen Sie sie miteinander. Welche Muster sind zu erkennen?

	a-Deklination	o-Deklination	3. Deklination	u-Deklination	e-Deklination
Ablativ Singular	flamm-	vent-	leg-	exercit-	r-
Ablativ Plural	flamm-	vent-	leg-	exercit-	r-

Tabelle 17.1: Die Ablativendungen der fünf Deklinationen

Lösungen: *flamma, flammis*; *vento, ventis*; *lege*; *legibus*; *exercitu, exercitibus*; *re, rebus*

Ein Vergleich der Endungen ergibt: Im Singular enden die Ablative der »vokalischen Deklinationen« (a-, o-, u- und e-Deklination) auf den Vokal, der dem jeweiligen System den Namen gegeben hat. Die Endung der 3. Deklination (*-e*) ist identisch mit der der e-Deklination. – Im Plural gibt es nur zwei verschiedene Ablativendungen: *-is* (a- und o-Deklination) und *-ibus* (3. und u-Deklination). Die Endung *-ebus* der e-Deklination darf man als Variante von *-ibus* betrachten. – Nebenbei: Die letzte Beobachtung gilt auch für den Dativ Plural. Dativ- und Ablativ-Plural-Endungen sind ja bei jedem lateinischen Nomen identisch.

Die Partizipien

Bei der Bildung von absoluten Ablativen werden nur zwei der drei lateinischen Partizipien verwendet: das Partizip Präsens Aktiv (*amans, amantis*) und das Partizip Perfekt Passiv (*amatus,-a,-um*). Das Partizip Futur Aktiv (*amaturus,-a,-um*) kommt in Ablativus-absolutus-Konstruktionen nicht vor. Weil die Partizipien in Ablativus-absolutus-Konstruktionen im Ablativ stehen müssen, können sie Ihnen in diesem Zusammenhang nur in den folgenden Formen begegnen.

Das **Partizip Präsens Aktiv** (*amans, amantis*) ist ein Adjektiv der **3. Deklination.** Es hat deshalb im Ablativ Singular (*-e*) und im Ablativ Plural (*-ibus*) jeweils nur eine Endung für alle drei Geschlechter (siehe Tabelle 17.2).

	Ablativus absolutus				**Hauptsatz**
	Singular		**Plural**		
Maskulinum	Vico	**flagrante**	Vicis	**flagrantibus**	homines fugerunt.
Femininum	Silva		Silvis		
Neutrum	Oppido		Oppidis		
Deutsch	Während (oder: Als) das Dorf / der Wald / die Stadt brannte,		Während (oder: Als) die Dörfer / die Wälder / die Städte brannten,		flohen die Menschen.

Tabelle 17.2: Partizip Präsens im Ablativus absolutus

Erinnern Sie sich zudem: Anders als die Perfektpartizipien wird das Partizip Präsens bei jedem lateinischen Verbum auf die gleiche Weise gebildet. Deshalb steht bei jedem Partizip Präsens im Ablativ ein »*-nt-*« vor der Endung (siehe Kapitel 11).

Das **Partizip Perfekt Passiv** (*amatus,-a,-um*) ist ein Adjektiv der **a- und o-Deklination.** Im Ablativ Singular hat es deshalb die Endungen *-o* (Maskulinum und Neutrum) und *-a* (Femininum), im Ablativ Plural die Endung *-is* für alle drei Geschlechter (siehe Tabelle 17.3).

	Ablativus absolutus				Hauptsatz
	Singular		**Plural**		
Maskulinum	Ponte **facto**		Pontibus	**factis**	milites castra posuerunt.
Femininum	Hac re **facta**		His rebus		
Neutrum	Itinere **facto**		Intineribus		
Deutsch	Nachdem (oder: Als) die Brücke gebaut/ diese Sache getan/ der Marsch gemacht worden war,		Nachdem (oder: Als) die Brücken gebaut/ diese Dinge getan/ die Märsche gemacht worden waren,		stellten die Soldaten ein Lager auf.

Tabelle 17.3: Partizip Perfekt im Ablativus absolutus

Dass Sie diese Formen sicher erkennen können, ist nicht zuletzt deshalb wichtig, weil bei Ablativus-absolutus-Konstruktionen Nomen und Partizip nicht immer direkt nebeneinander stehen (Hyperbaton). Zwischen beiden können weitere Wörter stehen, die dann in den Nebensatz eingebaut werden müssen. In der Regel sind das allerdings nur ein paar wenige Wörter. Ein Beispiel: ***Hac re*** *a legatis Gallorum* ***nuntiata*** *Caesar Helvetios consequi constituit.* = Nachdem/Als dies(e Sache) von den Gesandten der Gallier berichtet worden war, beschloss Caesar, die Helvetier zu verfolgen.

Übersetzen Sie die beiden folgenden Sätze. 1. *Claudia ingenti amore Stefani capta Thomas ira incensus est.* 2. *Oppido ab hostibus undique circumvento incolae in deditionem venerunt.* (*undique*: von allen Seiten; *circumvenire*: umstellen, umzingeln)

Übersetzungen: 1. Nachdem/Als/Weil Claudia von ungeheurer Liebe zu Stefan ergriffen worden war, wurde Thomas von Zorn entflammt. 2. Nachdem/Als/Weil die Stadt von den Feinden von allen Seiten umzingelt worden war, kapitulierten die Bewohner.

Ablativus absolutus ohne Partizip

Eine Sonderform des Ablativus absolutus ist noch anzufügen. Es gibt Fälle, in denen **anstelle eines Partizips Präsens** nur ein **Substantiv** oder ein **Adjektiv** steht. Das sieht dann zum Beispiel so aus: *Romulo rege, Caesare duce, patre vivo.* Was hier jeweils fehlt, ist ein Partizip Präsens von *esse*. Der Grund dafür ist, dass es dieses Partizip im klassischen Latein nicht gab.

Das ist unpraktisch, aber nachvollziehbar. Wenn Sie überlegen, wie oft in Ihrem Leben Sie bisher das Partizip Präsens von »sein«, also »seiend« oder »das Seiende«, verwendet haben, werden Sie nur dann auf eine nennenswerte Zahl kommen, wenn Sie sich intensiv mit Philosophie beschäftigt haben. Weil die Römer das lange Zeit gar nicht und dann zuerst auf Griechisch getan haben, brauchten sie das Partizip Präsens von *esse* einfach nicht. Als dann, ab der ersten Hälfte des 1. Jahrhunderts v. Chr., Philosophisches auch auf Latein diskutiert wurde, wurde das Partizip künstlich nachgebildet. Caesar, der keineswegs nur Kriege geführt hat, sondern auch ein herausragender Redner und Denker war, soll die Form *ens, entis* (seiend; das Seiende) gebildet haben. In der allgemeinen Sprachpraxis blieben solche

Neuschöpfungen aber zunächst folgenlos, und deshalb gibt es die absoluten Ablative ohne Partizip. Glücklicherweise kommt diese Konstruktion nicht allzu häufig vor. Sie wird aber auch nicht so selten verwendet, dass man sie einfach übergehen könnte. Lernen Sie deshalb die folgenden Beispiele auswendig. Dann sind Sie gut gerüstet.

Die prominenteste Form dieser Konstruktion ist die Kombination von **Name und Amt,** meist König (*rex, regis*), Konsul (*consul, consulis*) oder Kaiser (*imperator,-oris*). Sie diente zur Datierung von Ereignissen (siehe auch Kapitel 14 zu *cọndere*). Mit dem Hinweis auf einen König oder Kaiser beschrieb man einen Zeitraum, mit der Nennung der beiden amtierenden Konsuln wurden einzelne Jahre präzis bestimmt. Es gab ja immer zwei Konsuln, und sie waren nur für ein Jahr im Amt. Merken Sie sich drei Beispiele:

- ✔ *Romulo rege* = »während Romulus König war« = unter der Herrschaft des Romulus, zur Regierungszeit des Romulus
- ✔ *Nerone imperatore* = »während Nero Kaiser war« = unter der Herrschaft Neros, zur Regierungszeit Neros
- ✔ *C. Caesare (et) M. Bibulo consulibus* = »während Gaius Caesar und Marcus Bibulus Konsuln waren« = unter dem Konsulat von C. Caesar und M. Bibulus. – Dies war die offizielle römische Formel für eine Jahresangabe, und deshalb wurde sie in der Regel in leicht abgekürzter Form, nämlich ohne das eingeklammerte *et* verwendet. Sie können sie oft am Beginn römischer Inschriften lesen. Dort ist in der Regel auch *consulibus* abgekürzt (*coss.*). Wenn ein Konsul deutlich prominenter und wichtiger war als der andere, beschränken sich römische Schriftsteller gelegentlich auf diesen Namen: *Cicerone consule* = unter dem Konsulat Ciceros.

Neben *rex, imperator* und *consul* können Sie in solchen Konstruktionen auch auf *dux, ducis* (der Anführer) und *auctor,-oris* (der Urheber) stoßen.

- ✔ *Hannibale duce* = »während/wobei Hannibal Anführer war« = unter der Führung Hannibals
- ✔ *natura duce* = unter der Führung der Natur; mit der Natur als Führerin
- ✔ *Mario auctore* = »während/wobei Marius der Urheber war« = auf Veranlassung des Marius

Von den Kombinationen mit Adjektiven merken Sie sich *vivus,-a,-um* (lebendig, am Leben) und *invitus,-a,-um* (unwillig, nicht einverstanden, dagegen).

- ✔ *patre vivo* = »während der Vater am Leben war« = zu Lebzeiten des Vaters
- ✔ *Caesare invito* = »während/wobei Caesar nicht einverstanden (oder: dagegen) war« = gegen Caesars Willen. Dieses Adjektiv kommt in *De bello Gallico* nicht selten vor.

Übungssätze zum Ablativus absolutus

Die folgenden Sätze und kleinen Texte enthalten absolute Ablative. Einige erzählen bereits Bekanntes in neuer Formulierung. Bleiben Sie beim Übersetzen unbedingt bei der üblichen Vorgehensweise und markieren Sie zuerst Prädikate, Infinitive und Nebensätze. Übersetzen

Sie dann jeweils Prädikat, Subjekt und – falls vorhanden – direktes Objekt sowie weitere Angaben (zum Beispiel Zeit- oder Ortsangaben), die offensichtlich dazugehören.

Erst jetzt sind Partizipien an der Reihe. Suchen und bestimmen Sie sie (Perfekt Passiv oder Präsens Aktiv) und beachten Sie ihre Endungen. In diesen Sätzen werden es meistens Ablativendungen sein. Suchen Sie anschließend das dazu passende Nomen. Was zwischen Nomen und Partizip steht, gehört in der Regel zur Partizipialkonstruktion und muss in die Übersetzung der jeweiligen Konstruktion integriert werden.

Die folgenden Vokabeln werden Sie brauchen: *crescere; vallum,-i; fossa,-ae; munire; tutus, -a,-um; arbitrari; se recipere; arma,-orum; servitus,-utis; interficio, interfeci, interfectum, interficere; potens, potentis; miror, miratus sum, mirari; ubi; versor, versatus sum, versari; ratis,-is.*

1. *Crescente periculo crescunt vires.*

2. *Castris vallo fossaque munitis milites se ab hostibus tutos esse arbitrabantur.*

3. *Quibus rebus gestis milites se in castra receperunt.*

4. *Anno IX post Christum natum, C. Poppaeo Sabino Q. Sulpicio Camerino consulibus, Germani Arminio duce arma corripuerunt, ut patriam servitute liberarent.* (*corripere*: ergreifen, an sich reißen)

5. *Caesare a Bruto et Cassio reliquisque coniuratis interfecto Antonius et Octavianus potentissimi viri rei publicae erant.* (*coniuratus,-i*: der Verschwörer)

6. *Nerone imperatore multis Christianis Romae interfectis Petrus urbem relinquere et Brundisium proficisci constituit. Cum ad urbis portam veniret, vidit sibi Christum occurrere. Et miratus rogavit eum: »Domine, quo vadis?«* (*Christiani,-orum*: die Christen; *Brundisium,-i*: Brundisium; *occurrere*: entgegenkommen)

7. *Cum Ulixes ab insula Calypsus nymphae, ubi omnibus sociis amissis septem annos versatus erat, profectus esset, Neptuno auctore ingentes fluctus ratem eius deleverunt. Quo in mari natante Leucothea dea maris misericordia mota est. Quae e fluctibus emersa Ulixi monstravit, quomodo mortem effugere posset.* (*Calypso,-us*: Kalypso; *natare*: schwimmen; *emergor, emersus sum, emergi*: auftauchen; *quomodo*: wie; *effugere* [+ Akkusativ]: einer Sache entkommen, entrinnen; *posse*: können)

Übersetzungen (die Prädikate und Substantive, die auf einen Ablativus absolutus zurückgehen, sind jeweils unterstrichen und die lateinischen Wörter in Klammern angefügt):

1. Während (besser: Wenn) die Gefahr (*periculo*) wächst (*crescente*), wachsen die Kräfte.

2. Nachdem das Lager (*castris*) mit einem Wall und einem Graben befestigt worden war (*munitis*), glaubten (*arbitrari* ist ein Deponens) die Soldaten, dass (AcI) sie (*se*) vor den Feinden sicher seien.

3. Nachdem dies(e Dinge) (*quibus rebus*; Ablativus absolutus mit relativem Satzanschluss) getan worden waren (*gestis*) (oder: Nachdem dies geschehen war), zogen sich die Soldaten ins Lager zurück.

4. Im Jahr 9 n. Chr., unter dem Konsulat von Gaius Poppaeus Sabinus und Quintus Sulpicius Camerinus (*C. Poppaeo Sabino Q. Sulpicio Camerino consulibus*), ergriffen die Germanen unter der Führung des Arminius (*Arminio duce*) die Waffen, um die/ihre Heimat von der Knechtschaft zu befreien (wörtlich: damit sie … befreiten). – Damit ist die Schlacht im Teutoburger Wald gemeint (siehe dazu Kapitel 10 »Die Römer und Germanen«).

5. Nachdem/Als Caesar (*Caesare*) von Brutus und Cassius und den übrigen (oder: den anderen) Verschwörern getötet worden war (*interfecto*), waren Antonius und Octavian die mächtigsten Männer des Staates.

6. Nachdem/Als unter der Herrschaft Neros (*Nerone imperatore*) viele Christen (*multis Christianis*) in Rom (*Romae* ist Lokativ) getötet worden waren (*interfectis*), beschloss Petrus, die Stadt zu verlassen und nach Brundisium (*Brundisium* ist Akkusativ auf die Frage »wohin?«) aufzubrechen. Als er an das Tor der Stadt kam, sah er, dass (AcI) Christus ihm entgegenkam. Und verwundert (*miratus* ist Partizip Perfekt des Deponens *mirari*; wörtlich: »sich gewundert habend«) fragte er ihn: »Herr, wohin gehst du?«

7. Als Odysseus von der Insel der Kalypso, wo er sich, nachdem er alle Gefährten (*omnibus sociis*) verloren hatte (*amissis*), sieben Jahre aufgehalten hatte, aufgebrochen war, zerstörten auf Veranlassung des Neptun (*Neptuno auctore*) gewaltige Wogen dessen/sein Floß. Als dieser (*Quo*. – besser: er; Ablativus absolutus mit relativem Satzanschluss) im Meer schwamm (*natante*), wurde die Meeresgöttin Leukothea von Mitleid ergriffen (wörtlich: bewegt). Diese (relativer Satzanschluss) zeigte Odysseus, wie er dem Tod entrinnen konnte.

Auf einen Blick

Der Ablativus absolutus ist eine spezielle Partizipialkonstruktion. Er gibt in knapper Form Zusatzinformationen zu den Umständen, unter denen die übergeordnete Handlung stattfindet.

✔ Der **Ablativus absolutus** ist eine vom Rest des Satzes **syntaktisch »losgelöste«** (*absolutus*) Konstruktion, die einen **Nebensatz vertritt.** Er besteht in seiner Grundform aus einem **Substantiv** (oder einem Pronomen) und einem **Partizip** (**Präsens** oder **Perfekt**). Beide stehen im **Ablativ** (*cane latrante*; *ponte facto*).

✔ Im Deutschen gibt es keine exakte Entsprechung zum Ablativus absolutus. Beim Übersetzen ins Deutsche sind deshalb Umbaumaßnahmen erforderlich. Sie folgen immer demselben Schema:

Der Ablativus absolutus ist zunächst mit einem **temporalen Nebensatz** wiederzugeben. Dabei gilt:

- Steht im Ablativus absolutus ein **Partizip Perfekt,** muss dieser Nebensatz mit »**nachdem**« oder »**als**« eingeleitet werden, bei einem **Partizip Präsens** mit »**während**« oder »**als**«.
- In diesem Nebensatz wird – ähnlich wie beim AcI – das **Substantiv** (oder Pronomen) des Ablativus absolutus zum **Subjekt** (Nominativ), das **Partizip** zum dazu passenden **Prädikat.**

- Ist das Partizip ein **Partizip Perfekt,** muss das Prädikat des Nebensatzes im **Passiv** stehen, ist es ein **Partizip Präsens,** im **Aktiv.**

✔ In einem zweiten und dritten Schritt kann die Übersetzung optimiert werden.

- Es ist zu überlegen, ob anstelle der **temporalen Konjunktion** (während, nachdem, als) eine **logische** (weil, wobei, indem, wenn, obwohl) den Verhältnissen besser entspricht.
- Wenn ein Ablativus absolutus mit einem **Partizip Perfekt Passiv** gebildet ist, kann dieses **Passiv** im Deutschen mit einem **aktiven Prädikat** wiedergegeben werden. Voraussetzung ist, dass der Kontext eindeutig zeigt, wer die handelnde Person ist (*Pila amissa liberi lacrimabant* = Weil der Ball verloren worden war, weinten die Kinder → Weil sie den Ball verloren hatten, weinten die Kinder).

✔ Häufig stehen absolute Ablative am Anfang eines Satzes, um Vorausgegangenes kurz zusammenzufassen. In solchen Fällen wird die Verbindung zum vorher Dargestellten oft durch einen **relativen Satzanschluss** unterstrichen (*Quo bello confecto* = Als dieser Krieg beendet war).

✔ Gelegentlich kommen absolute Ablative vor, in denen anstelle eines Partizips nur ein Substantiv oder ein Adjektiv steht (*Romulo rege, patre vivo*). Hier fehlt ein Partizip Präsens von *esse* (seiend). Diese Form hatte nicht zuletzt die offizielle römische Datierungsformel: *C. Caesare (et) M. Bibulo consulibus* = »während C. Caesar und M. Bibulus Konsuln waren« = unter dem Konsulat von C. Caesar und M. Bibulus.

✔ Weil der Ablativus absolutus in keinem syntaktischen Zusammenhang mit dem Rest des Satzes steht, bleibt er übrig, wenn alles andere schrittweise übersetzt wurde (1. Prädikat [Verbum] → 2. Subjekt [Nominativ] → 3. direktes Objekt → 4. weitere Objekte, Zeitangaben und dergleichen).

Übersetzungen, ein wenig griechische Geschichte und viel Caesar

Die folgenden kleinen Texte enthalten absolute Ablative. Wieder gilt: Gehen Sie beim Übersetzen in der Reihenfolge vor, die eben bei den Übungssätzen beschrieben wurde. Die absoluten Ablative bleiben am Ende übrig. Wenn Sie freilich gleich zu Beginn einen Ablativus absolutus erkennen, umso besser! Stellen Sie seine Übersetzung trotzdem zurück.

Im ersten Text geht es um ein bedeutendes historisches Ereignis aus dem 5. Jahrhundert v. Chr., das noch heute konkrete Spuren hinterlassen hat. Danach folgen einige Caesar-Szenen, die Ihnen typische Verwendungsformen des Ablativus absolutus in *De bello Gallico* vorführen. Die letzte von ihnen zeigt eindrucksvoll, welche Darstellungsmöglichkeiten diese Konstruktion eröffnet. Sie wird ausführlich analysiert.

Die Schlacht bei Marathon

Bevor Sie mit dem Übersetzen beginnen, sollten Sie die beiden folgenden Ausdrücke Ihrem Wortschatz hinzufügen. Sie kommen auch bei Caesar häufig vor: *auxilio venire* = zu Hilfe kommen; *subsidio mittere* = zur Unterstützung schicken.

Erinnern Sie sich zudem an die Bedeutung der folgenden Vokabeln: *petere*; *negare*; *solus,-a, -um*; *vicus,-i*; *ingens, ingentis*; *classis,-is*; *prohibere*.

Anno CDXC ante Christum natum Athenienses successu[1] *Darii*[2], *regis Persarum*[3], *nuntiato a Spartiatis*[4] *petiverunt, ut copias subsidio mitterent. Sed cum Spartiati se auxilio venturos esse negavissent, Athenienses*[5] *Miltiade*[6] *duce soli ad Marathonem*[7] *vicum ingentem classem Persarum a Graecia prohibuerunt.*

[1] *successus,-us*: das Anrücken; [2] *Darius,-i*: Dareios; [3] *Persae,-arum*: die Perser; [4] *Spartiati, -orum*: die Spartaner; [5] *Athenienses,-ium*: die Athener; [6] *Miltiades,-is*: Miltiades; [7] *Marathon, -onis*: Marathon

Übersetzung und Erklärungen

Übersetzung (wieder sind die Prädikate und Substantive, die auf einen Ablativus absolutus zurückgehen, jeweils unterstrichen und die lateinischen Wörter in Klammern angefügt):

Im Jahr 490 v. Chr. verlangten die Athener, als das Anrücken (*successu*) des Dareios, des Königs der Perser, gemeldet worden war (*nuntiato*), von den Spartanern, dass sie Truppen zur Unterstützung schickten. Aber als (besser: weil) die Spartaner gesagt hatten, dass (AcI) sie (*se*) nicht zu Hilfe kommen werden, wehrten die Athener unter der Führung des Miltiades (*Miltiade duce*) allein bei dem Dorf Marathon die gewaltige Flotte der Perser von Griechenland ab.

Sprachliches: *ad Marathonem vicum ingentem classem*: Hier stehen vier Akkusative nebeneinander: drei Substantive (*Marathonem, vicum, classem*) und ein Adjektiv (*ingentem*). So etwas ist unangenehm, aber durchaus lösbar: Wenn Sie vom Prädikat (*prohibuerunt* = sie wehrten ab) her kommen, brauchen Sie dafür ein Akkusativobjekt (wen wehrten sie ab?). Dafür kommt nicht nur vom Sinn her, sondern auch grammatikalisch nur *classem* infrage: Vor *Marathonem* steht ja *ad* (*ad Marathonem* = bei Marathon). Das Problem reduziert sich also auf die Frage, welchem dieser Wörter *vicum* (das Dorf) und *ingentem* (gewaltig) zuzuordnen ist. Dass die Flotte kein Dorf war und dass ein Dorf eher nicht gewaltig ist, leuchtet bei kurzem Nachdenken ein.

Inhaltliches: Das Jahr 490 v. Chr. war ein außerordentlich wichtiges in der griechischen Geschichte. Die Perser, deren gewaltiges Reich bis an die Mittelmeerküste der heutigen Türkei reichte, versuchten, ihren Machtbereich nach Westen auszudehnen, und setzten mit einer gewaltigen Flotte nach Griechenland über. Als Landungspunkt war die Bucht von Marathon, 42,195 Kilometer nordöstlich vom Zentrum Athens, vorgesehen. Da die Spartaner zu dieser Zeit die überragende Militärmacht in Griechenland waren, war der Hilferuf Athens an sie naheliegend. Dass die Spartaner ihm nicht Folge leisteten, war ein großer Fehler. Es gelang den Athenern, die Landung der persischen Flotte im Alleingang zu verhindern, und damit war der Aufstieg Athens zum ebenbürtigen Konkurrenten Spartas nicht mehr aufzuhalten. Das anschließende zähe Ringen zwischen Athen und Sparta um die Vorherrschaft in Griechenland bestimmte die griechische Geschichte im 5. Jahrhundert v. Chr. und mündete schließlich in einen fast 30 Jahre dauernden Krieg zwischen den beiden Städten, den sogenannten Peloponnesischen Krieg (431–404 v. Chr.). Zwar gewann Sparta diesen Krieg, doch er hatte beide Städte so viel Substanz gekostet, dass sie im 4. Jahrhundert in Machtfragen keine entscheidende Rolle mehr spielen konnten. – Der moderne Marathonlauf geht auf die Erzählung zurück, dass nach der erfolgreichen Abwehr der Perser einer der athenischen Soldaten nach Athen lief, um seinen Mitbürgern die Siegesnachricht möglichst schnell zu überbringen. Er erreichte die Agora, den zentralen Platz der Stadt, und rief »Nenikekamen!« (Wir haben gesiegt!). Dann brach er zusammen und starb.

Sechs Caesar-Szenen

In den folgenden Szenen werden Sie nicht nur Caesar-typischen Abläufen und absoluten Ablativen begegnen. Die Sätze enthalten zudem viele Vokabeln und Wortverbindungen, die Caesar häufig verwendet. Viele davon kennen Sie bereits, einige werden Ihnen neu sein. In Tabelle 17.4 (Vokabeln) und Tabelle 17.5 (Wortverbindungen) sind sie zusammengestellt. Einige Vokabeln werden zudem ein wenig erläutert. Gehen Sie sie vor dem Übersetzen durch und decken Sie zuerst die deutschen Bedeutungen ab. So erkennen Sie am besten, was Sie neu oder wieder lernen sollten.

Lateinisch	Deutsch
pacare	befrieden
hiberna, -orum	das/die Winterlager
rescindo, rescidi, rescissum, rescindere	abreißen
traducere	hinüberführen (L *ducere*)
obses, obsidis	die Geisel
accipio, accepi, acceptum, accipere	erhalten, empfangen
relinquo, reliqui, relictum, relinquere	zurücklassen, verlassen
incendere	in Brand setzen, niederbrennen
spes, spei	die Hoffnung
tollo, sustuli, sublatum, tollere	aufheben, erheben; beseitigen
provincia, -ae	die Provinz
contendere	behaupten; sich anstrengen; eilen; kämpfen

Lateinisch	Deutsch
equitatus, -us	die Reiterei
impetus, -us	der Angriff, Ansturm; die Wucht
sustinere	aushalten, standhalten
vulnus, -eris n.	die Wunde
complures, -a	mehrere, einige, ziemlich viele
occidere/interficere	töten
conspectus, -us	das Blickfeld, der Anblick (L *conspicere*)
abicio, abieci, abiectum, abicere	wegwerfen (L *iacere*)
removere	entfernen (L *movere*)
equus, -i	das Pferd
cohortor, cohortatus sum, cohortari	ermahnen, ermutigen, anfeuern
fuga, -ae	die Flucht

Lateinisch	Deutsch
adductus, -a, -um	veranlasst
circumsisto, circumsteti, –, circumsistere	einkreisen, umzingeln
sese	= *se*
pono, posui, positum, ponere	setzen, stellen, legen
celeriter (Adverb)	schnell
superior, -ius	höher gelegen
pilum, -i	der Wurfspeer
mitto, misi, missum, mittere	schicken, loslassen; werfen
acies, aciei	die Schlachtreihe
clades, -is	die Niederlage

Tabelle 17.4: Häufige Caesar-Vokabeln

hiberna,-orum (das/die Winterlager) ist wie *castra,-orum* ein Neutrum-Plural-Wort der o-Deklination und kann – wie *castra* – ein oder mehrere Lager bezeichnen. Winterlager waren besonders befestigte Lager, die im Kriegsgebiet errichtet wurden. In ihnen verbrachten die römischen Truppen die Wintermonate, in denen keine militärischen Operationen durchgeführt wurden. Gelegentlich versuchten gallische Verbände allerdings, diese Kampfpausen durch Überraschungsangriffe auf Winterlager zu ihren Gunsten zu nutzen.

In *pacare* (befrieden) steckt *pax, pacis* (der Frieden). Dieser Begriff wird, wie sein deutsches Pendant, ausschließlich von Siegern in einem Krieg verwendet. Er bedeutet, dass für Ruhe im Kriegsgebiet gesorgt wird. Was so erfreulich klingt, ist tatsächlich nichts anderes als eine komplette Unterwerfung des Gegners. Caesar berichtet in *De bello Gallico* mehrfach am Ende eines Kriegsjahres, dass Gallien befriedet sei (*Gallia pacata est*). Nach der Kampfpause im Winter zeigt sich dann oft, dass das nur ein vorübergehender Zustand war.

Unter *provincia* (die Provinz) verstanden die Römer etwas ganz anderes, als wir das heute tun. Eine Provinz war ein von den Römern erobertes und verwaltetes Gebiet außerhalb Italiens. Dazu zählten auch Sizilien und das heutige Oberitalien nördlich des Rubikon, der in der Gegend des heutigen Rimini in die Adria mündete. Weil dieses Gebiet vorwiegend von Kelten (Galliern) besiedelt war, nannten die Römer es *provincia Gallia Cisalpina* (die Provinz Gallien diesseits der Alpen). Über den kulturellen Status einer Region sagt der Begriff *provincia* – anders als das moderne »Provinz« – nichts aus.

Lateinisch	Deutsch
obsides accipere	Geiseln erhalten
cladem accipere	eine Niederlage erleiden
vulnera accipere	»Wunden empfangen«; besser: verwundet werden
spem fugae tollere	die Hoffnung auf Flucht beseitigen (oder: nehmen)
clamorem tollere	ein Geschrei erheben
impetum sustinere	einen Angriff aushalten; besser: einem Angriff standhalten
impetum facere	einen Angriff machen, angreifen
arma ponere	die Waffen niederlegen

Lateinisch	Deutsch
castra ponere	ein Lager aufstellen
arma abicere	die Waffen wegwerfen
auxilio mittere	zu Hilfe schicken
pila mittere	(Wurf-)Speere werfen
terga vertere	»die Rücken wenden«; viel besser: die Flucht ergreifen
milites cohortari	die Soldaten ermutigen, anfeuern
proelium committere	eine Schlacht beginnen lassen, beginnen
superiore loco	an einem höher gelegenen Ort, an einer höher gelegenen Stelle (Ablativ)

Tabelle 17.5: Häufig von Caesar verwendete Wortverbindungen

Die folgenden Vokabeln sollten Sie zudem parat haben: *post*; *domum*; *primo*; *conari*; *orbis, -is*; *ac*; *celer, celeris, celere*; *interim*; *amplus,-a,-um*.

Drei Einzelsätze

1. *Omni Gallia pacata Caesar exercitum in hiberna misit.*
2. *Caesar exercitu trans Rhenum traducto pontem rescindi iussit.*
3. *Obsidibus acceptis imperator exercitum reducit in castra.*

Übersetzungen (die Prädikate und Substantive, die auf einen Ablativus absolutus zurückgehen, sind jeweils unterstrichen):

1. Nachdem/Als ganz Gallien befriedet worden war (oder: Nachdem er ganz Gallien befriedet hatte ...), schickte Caesar das/sein Heer ins Winterlager.

2. Nachdem/Als das Heer über den Rhein (hinüber-)geführt worden war, befahl Caesar, dass (AcI) die Brücke abgerissen wird (*rescindi* ist Infinitiv Präsens Passiv von *rescindere*).

3. Nachdem die Geiseln erhalten worden sind (viel besser: Nachdem er die Geiseln erhalten hat), führt der Feldherr sein Heer ins Lager zurück.

Die Helvetier verlassen ihr Gebiet

Helvetii M. Messala L. Pisone[1] *consulibus fines suos relinquere constituerunt. Tertio anno post omnibus oppidis vicisque incensis, ut spes domum reditionis*[2] *tolleretur, sunt profecti. Primo Caesare invito iter per provinciam facere conati sunt.*

[1] *Piso,-onis*: Piso; [2] *reditio,-onis*: die Rückkehr

Die Helvetier beschlossen unter den Konsuln Marcus Messala und Lucius Piso, ihr Gebiet zu verlassen. Im dritten Jahr danach brachen sie auf, nachdem alle Städte und Dörfer niedergebrannt worden waren (besser: nachdem sie … niedergebrannt hatten), damit die Hoffnung auf eine Rückkehr nach Hause beseitigt wurde (besser: um die Hoffnung … zu beseitigen). Zuerst versuchten sie, gegen Caesars Willen (Ablativus absolutus ohne Partizip) durch die Provinz zu marschieren.

Die Moriner überfallen eine römische Einheit

Der folgende Text berichtet vom heldenhaften Kampf einer 300 Mann starken Gruppe römischer Soldaten gegen eine zwanzigfache feindliche Übermacht. Seien Sie gespannt! Wenn Ihnen der erste Satz Schwierigkeiten machen sollte, wäre das nicht erstaunlich. Er ist keineswegs einfach. Versuchen Sie unbedingt, die Nerven zu behalten und möglichst viel Richtiges zu sichern, falls Sie nicht alles lösen können. Nach der Übersetzung finden Sie eine Wegbeschreibung durch den Satz. In Satz 1 und 2 kommt jeweils ein *genitivus totius* vor. Wenn Sie sich nicht mehr genau erinnern, lesen Sie kurz in Kapitel 12 nach.

(1) *Cum nostrorum militum circiter CCC in castra contenderent, Morini*[1] *spe praedae adducti primo non magno suorum numero eos circumsteterunt ac, si sese interfici nollent*[2]*, arma ponere iusserunt.* (2) *Cum illi orbe facto sese defenderent, celeriter hominum circiter milia VI convenerunt*[3]*.* (3) *Qua re nuntiata Caesar omnem ex castris equitatum suis auxilio misit.* (4) *Interim nostri milites impetum hostium sustinuerunt atque amplius horis IIII fortissime pugnaverunt et paucis vulneribus acceptis complures ex iis occiderunt.* (5) *Postquam autem equitatus noster in conspectum venit, hostes abiectis armis terga verterunt magnusque eorum numerus est occisus.*

[1] *Morini,-orum*: die Moriner; [2] *nolle* (+ AcI): nicht wollen (, dass); [3] *con-venire*: zusammenkommen, zusammenlaufen.

<u>Übersetzung</u> (die Prädikate und Substantive, die auf einen Ablativus absolutus zurückgehen, sind jeweils unterstrichen):

(1) Als von unseren Soldaten etwa 300 (oder: etwa 300 unserer Soldaten; *militum nostrorum* ist *genitivus totius*) zum Lager eilten, umzingelten die Moriner sie, von Hoffnung auf Beute veranlasst (oder: die durch Hoffnung … veranlassten Moriner), zuerst mit einer nicht großen Zahl ihrer Leute und befahlen (ergänze: ihnen), wenn sie nicht wollten, dass (AcI) sie (*sese*) getötet werden (*interfici* ist Infinitiv Präsens Passiv von *interficere*), die Waffen niederzulegen. (2) Als jene, nachdem <u>ein Kreis</u> <u>gebildet worden war</u> (besser: nachdem sie einen Kreis gebildet hatten), sich verteidigten, liefen schnell etwa 6.000 Menschen (wörtlich: 6.000 der Menschen; *hominum* ist *genitivus totius*) zusammen. (3) Als <u>dies(e Sache)</u> <u>gemeldet worden war</u>, schickte Caesar die ganze Reiterei aus dem Lager seinen Leuten zu Hilfe. (4) Inzwischen hielten unsere Soldaten dem Angriff der Feinde stand und kämpften mehr als vier Stunden (*amplius* ist das Adverb des Komparativs von *amplus,-a,-um*; *horis* ist *ablativus comparationis*; siehe Kapitel 16) sehr tapfer und töteten, nachdem sie kaum verwundet worden waren (wörtlich: nachdem <u>wenige Wunden</u> <u>empfangen worden waren</u>), ziemlich viele von ihnen. (5) Nachdem aber unsere Reiterei in Sichtweite kam, ergriffen die Feinde, nachdem sie die Waffen weggeworfen hatten (wörtlich: nachdem <u>die Waffen</u> <u>weggeworfen worden waren</u>), die Flucht, und eine große Zahl von ihnen wurde getötet.

Erläuterungen

Satz 1: Dieser Satz ist ein wenig kompliziert strukturiert. Wenn Sie ihn sich nach den üblichen Kriterien zurechtlegen, wird er schnell recht übersichtlich. Die erste Analyse sollte folgendes Ergebnis bringen:

(Cum nostrorum militum circiter CCC in castra contenderent,) Morini[1] *spe praedae adducti primo non magno suorum numero eos circumsteterunt ac, (si sese* ***interfici*** *nollent*[2]*,) arma* ***ponere*** *iusserunt.*

Die beiden Nebensätze sind gewissermaßen doppelt markiert: Beide stehen im Konjunktiv und die »Signalwörter« (*cum* und *si*) stehen deutlich am Anfang. Der *si*-Satz ist offensichtlich in den Hauptsatz eingeschoben, und dieser enthält zwei Prädikate, also zwei Handlungen: *Morini circumsteterunt ac iusserunt.* = Die Moriner umzingelten und befahlen. Diesen beiden Handlungen müssen die übrigen Angaben zugeordnet werden. Der Weg sei beim ersten Prädikat, *circumsteterunt,* skizziert: Die naheliegende Frage ist: Wen haben sie umstellt? Die Antwort: *eos.* Auch das Adverb *primo* (zuerst) lässt sich einbauen: »Die Moriner umstellten diese (oder: sie) zuerst«. – Was übrig bleibt, ist unerfreulich viel: *spe praedae adducti non magno suorum numero.* Wenn Sie hier zuerst keine Lösung finden, erinnern Sie sich an das Phänomen **Hyperbaton:** Zusammengehörende Substantive und Adjektive beziehungsweise Partizipien stehen im Lateinischen oft nicht direkt nebeneinander. In diesem Fall sind *Morini ... adducti* und *magno ... numero* voneinander getrennt. Wenn Sie das erkannt haben, sortieren sich die Informationen: »Die durch Hoffnung auf Beute veranlassten Moriner« und »mit einer großen Zahl ihrer Leute«. Jetzt muss nur noch *non* da platziert werden, wo es im Lateinischen Text steht.

Der kurze *si*-Satz ist deshalb nicht leicht zu lösen, weil er einen AcI enthält. Wenn Sie die Form *interfici* richtig identifizieren können (Infinitiv Präsens Passiv von *interficere*), ist das zu erkennen. Die übrigen Sätze sind erheblich unaufwendiger konstruiert. Auch hier weisen Ihnen die Prädikate den Weg.

Der Beginn der Schlacht bei Bibracte

Der folgende kurze Text zeigt, wie viele Handlungen durch die Verwendung von Partizipialkonstruktionen und insbesondere des Ablativus absolutus auf wie engem Raum untergebracht werden können. Caesar nutzt diese Option immer dann, wenn die Geschwindigkeit der Abläufe spürbar werden soll. Hier wird der Beginn einer Schlacht geschildert, die unter äußerst ungünstigen Bedingungen zu schlagen war. Die eigentlich vor Caesar fliehenden Helvetier machten plötzlich kehrt und griffen die Römer vollkommen überraschend an. Caesar musste nun in größter Eile die notwendigen Maßnahmen treffen.

Im Anschluss an den Text sind die einzelnen Schritte aufgeführt, die Sie sicher durch solche Passagen bringen. Vollziehen Sie sie nach. Dabei können Sie überprüfen, ob Sie die entscheidenden Formen schon sicher erkennen können.

(1) *Caesar ex conspectu remotis equis, ut aequato*[1] *omnium periculo spem fugae tolleret, cohortatus suos proelium commisit.* (2) *Milites e loco superiore pilis missis facile hostium aciem perfregerunt*[2]. (3) *Ea disiecta*[3] *gladiis destrictis*[4] *in eos impetum fecerunt.*

[1] *aequare*: gleichmachen; [2] *perfringo, perfregi, perfractum* 3: aufbrechen, zerbrechen; [3] *disicio, disieci, disiectum* 3: auseinandertreiben; [4] *gladium destringere* (*destringo, destrixi, destrictum*): das Schwert ziehen

Die Vorbereitungen

✔ Schritt 1: Markieren Sie die **Prädikate** und **Infinitive,** bestimmen Sie sie und überprüfen Sie gegebenenfalls, ob zu erkennen ist, warum ein **Konjunktiv** oder **Infinitiv** dasteht.

Lösungen:

Prädikate: Satz 1: *tolleret* (Konjunktiv Imperfekt, 3. Person Singular Aktiv): Konjunktiv wegen des *ut* (dass, damit, sodass); *commisit* (Indikativ Perfekt, 3. Person Singular Aktiv). Satz 2: *perfregerunt* (Indikativ Perfekt, 3. Person Plural Aktiv). Satz 3: *fecerunt* (Indikativ Perfekt, 3. Person Plural Aktiv).

Infinitive: Im Text findet sich kein Infinitiv. Er enthält also keinen AcI.

✔ Schritt 2: Setzen Sie **Nebensätze** in Klammern.

Lösung: Nur Satz 1 enthält einen Nebensatz: *Caesar ex conspectu remotis equis* (, *ut aequato*[1] *omnium periculo spem fugae tolleret,*) *cohortatus suos proelium commisit.* Dieser Nebensatz ist offenbar in den Hauptsatz eingeschoben.

✔ Schritt 3: Markieren Sie **Partizipien.** Bestimmen Sie deren **Endungen** genau, und ordnen Sie sie dem passenden Nomen zu. Wenn ein Partizip im **Ablativ** steht, ist die Wahrscheinlichkeit groß, dass ein **Ablativus absolutus** vorliegt.

Lösungen:

Satz 1: *remotis* (Partizip Perfekt Passiv von *removere*; Dativ oder Ablativ Plural; bezogen auf *equis* – wahrscheinlich Ablativus absolutus); *aequato* (Partizip Perfekt Passiv von *aequare*; Dativ oder Ablativ Singular; bezogen auf *periculo* – Hyperbaton – wahrscheinlich Ablativus absolutus); *cohortatus* (Partizip Perfekt von *cohortari*; Nominativ Singular; bezogen auf das Subjekt, also *Caesar* – Hyperbaton)

Satz 2: *missis* (Partizip Perfekt Passiv von *mittere*; Dativ oder Ablativ Plural; bezogen auf *pilis* – wahrscheinlich Ablativus absolutus)

Satz 3: *disiecta* (Partizip Perfekt Passiv von *disicere*; Nominativ oder Ablativ Singular; bezogen auf *ea* – wahrscheinlich Ablativus absolutus); *destrictis* (Partizip Perfekt Passiv von *destringere*; Dativ oder Ablativ Plural; bezogen auf *gladiis* – wahrscheinlich Ablativus absolutus)

Die erste Übersetzung

Satz 1

✔ Der Hauptsatz: Der Hauptsatz ist durch den *ut*-Satz auseinandergerissen. Setzen Sie ihn wieder zusammen:

Caesar ex conspectu remotis equis cohortatus suos proelium commisit.

- Prädikat – Subjekt – direktes Objekt: *Caesar proelium commisit* = Caesar begann die Schlacht (oder: ließ die Schlacht beginnen)
- Partizip im Nominativ: *cohortatus*: *cohortari* ist ein **Deponens,** *cohortatus* ist Partizip Perfekt, bedeutet also »angefeuert habend«. Das muss umformuliert werden: »(Caesar,) der (besser: nachdem er) angefeuert hatte«. – Frage: Wen hat er angefeuert? Antwort: *suos* = die Seinen, seine Leute. – Also: »nachdem er seine Leute angefeuert hatte«.
- Der Rest: *ex conspectu remotis equis*. – *ex conspectu* = aus dem Blickfeld. – *remotis equis*: **Ablativus absolutus:** »nachdem die Pferde entfernt worden waren«.
- Komplett: Caesar ließ die Schlacht beginnen – nachdem die Pferde aus dem Blickfeld entfernt worden waren – nachdem er seine Leute angefeuert hatte.

✔ Der Nebensatz:
ut aequato omnium periculo spem fugae tolleret

- Konjunktion, Prädikat, Subjekt, direktes Objekt: *ut spem fugae tolleret* = damit er die Hoffnung auf Flucht (*fugae* ist *genitivus objectivus*) beseitigte.
- Der Rest: *aequato omnium periculo*: **Ablativus absolutus:** »nachdem die Gefahr aller (besser: für alle; *omnium* ist *genitivus objectivus*) gleichgemacht worden war«.

✔ Der ganze Satz: Jetzt müssen die beiden Teilsätze möglichst in der Reihenfolge des Originals zusammengesetzt werden:

Nachdem die Pferde aus dem Blickfeld entfernt worden waren, damit er, nachdem die Gefahr für alle gleichgemacht worden war, die Hoffnung auf Flucht beseitigte, ließ Caesar, nachdem er seine Leute angefeuert hatte, die Schlacht beginnen.

Das sind arg viele »nachdem«-Sätze, und deshalb klingt das gar nicht schön. Aber: Es ist richtig, und das ist erst einmal das Wichtigste.

Satz 2: Dieser Satz enthält keinen Nebensatz. Sie können also sofort mit der Übersetzung beginnen.

Milites e loco superiore pilis missis facile hostium aciem perfregerunt.

- Prädikat – Subjekt – direktes Objekt: *Milites aciem perfregerunt* = Die Soldaten brachen die Schlachtreihe auf.
- Der Rest: *e loco superiore pilis missis facile hostium*. – *e loco superiore* = von einer höher gelegenen Stelle aus. – *pilis missis*: **Ablativus absolutus:** »nachdem die

Speere geworfen worden waren«. – *facile* = leicht. – *hostium* = der Feinde (Genitiv Plural).

- Komplett: Die Soldaten brachen, nachdem von einem höher gelegenen Ort aus die Speere geworfen worden waren (besser: nachdem sie … geworfen hatten), leicht die Schlachtreihe der Feinde auf.

Satz 3: Auch dieser Satz enthält keinen Nebensatz.

Ea disiecta gladiis destrictis in eos impetum fecerunt.

- Prädikat – Subjekt – direktes Objekt: *impetum fecerunt* = sie machten einen Angriff (besser: sie griffen an).
- Der Rest: *Ea disiecta gladiis destrictis in eos.* – *ea disiecta*: **Ablativus absolutus:** »nachdem diese auseinandergetrieben worden war«. – *gladiis destrictis*: **Ablativus absolutus:** »nachdem die Schwerter gezogen worden waren«. – *in eos* = »in sie«, besser: auf sie).
- Komplett: Nachdem diese auseinandergetrieben worden war (und) nachdem die Schwerter gezogen worden waren (besser: nachdem sie die Schwerter gezogen hatten), machten sie einen Angriff auf diese (besser: griffen sie sie an).

Die komplette Passage: (1) Nachdem die Pferde aus dem Blickfeld entfernt worden waren, damit er, nachdem die Gefahr für alle gleichgemacht worden war, die Hoffnung auf Flucht beseitigte, ließ Caesar, nachdem er seine Leute angefeuert hatte, die Schlacht beginnen. (2) Die Soldaten brachen, nachdem sie von einem höher gelegenen Ort aus die Speere geworfen hatten, leicht die Schlachtreihe der Feinde auf. (3) Nachdem diese auseinandergetrieben worden war und sie die Schwerter gezogen hatten, griffen sie sie an.

Das ist immerhin korrekt, und dabei könnte man es belassen. Sie merken aber sicher: Stilistisch ist das eher ein Drama und dem Original keineswegs angemessen. Das Hauptproblem sind die vielen »nachdem«-Sätze, die ausgesprochen schwerfällig wirken und den Text enorm aufblähen.

Verbesserung der Übersetzung

Man kann jetzt versuchen, zu einer deutschen Version zu kommen, die das Original nicht nur inhaltlich korrekt wiedergibt, sondern ihm auch stilistisch möglichst nahekommt. Dazu muss man die Passage natürlich genau verstehen. Das erfordert noch ein wenig Nachdenken, aber daraus ergeben sich bei gut geschriebenen Texten womöglich reizvolle Einsichten.

Zunächst ist es notwendig, sich die Abläufe klarzumachen. Sie werden stilistisch in zwei Formen vorgetragen: Mit finiten Verbalformen (Prädikaten) und mit Partizipialkonstruktionen. Hinzu kommt ein Nebensatz, der von einer Partizipialkonstruktion abhängt. Wenn Sie sie unter diesem Aspekt betrachten, ergibt sich eine Haupthandlungslinie (finite Verben) und eine Reihe von Nebenhandlungen (Partizipien + ein Nebensatz). Tabelle 17.6 zeigt die Haupthandlungslinie.

Lateinisch	Deutsch
(1) Caesar proelium commisit.	Caesar ließ die Schlacht beginnen.
(2) Milites facile hostium aciem perfregerunt.	Die Soldaten brachen die Schlachtreihe der Feinde leicht auf.
(3) In eos impetum fecerunt.	Sie griffen sie an.

Tabelle 17.6: Die Textpassage ohne die Partizipien und den Nebensatz

Tabelle 17.7 zeigt die Nebenhandlungen.

Lateinisch			Deutsch	
(1)	a.	ex conspectu remotis equis, ut aequato omnium periculo spem fugae tolleret,	a.	nachdem die Pferde aus dem Blickfeld entfernt worden waren, damit er, nachdem die Gefahr für alle gleichgemacht worden war, die Hoffnung auf Flucht beseitigte,
	b.	cohortatus suos	b.	nachdem er seine Leute angefeuert hatte
(2)		e loco superiore pilis missis		nachdem von einem höher gelegenen Ort aus die Speere geworfen worden waren
(3)	a.	ea disiecta	a.	nachdem diese auseinandergetrieben worden war
	b.	gladiis destrictis	b.	nachdem die Schwerter gezogen worden waren

Tabelle 17.7: Die mit Partizipialkonstruktionen ausgedrückten Handlungen

Wenn man all das chronologisch sortiert, ergibt sich folgender Ablauf: (1) a. Die Pferde werden entfernt, damit die Gefahr für alle gleich ist und keine Hoffnung auf Flucht besteht; → b. Caesar feuert seine Leute an; → c. Caesar lässt die Schlacht beginnen. → (2) a. Die Soldaten werfen ihre Speere; → b. sie brechen die feindliche Schlachtreihe mühelos auf. → (3) a. Die Schachtreihe ist auseinandergetrieben; → b. die Schwerter werden gezogen; → c. die Römer greifen an.

Betrachtet man die Passage jetzt unter stilistischen Gesichtspunkten, ist gleich zu sehen, dass sie in zwei Teile zerfällt: Die Sätze 2 und 3 sind kurz und syntaktisch recht unaufwendig gebaut, das Subjekt sind jeweils die Soldaten. Satz 1 ist beinahe genau so lang wie die beiden anderen zusammen, er enthält einen Nebensatz und das Subjekt ist Caesar.

Den Vorbereitungen zur Schlacht, die Caesar trifft, wird also genauso viel Raum gegeben wie den ersten Kampfhandlungen. Betrachtet man diese Vorbereitungen genauer, wird auch schnell klar, warum das so ist. Die erste Maßnahme nämlich, das Entfernen der Pferde, ist ausgesprochen ungewöhnlich. Damit wird ja die Kavallerie, eigentlich eine hochwichtige und effiziente Truppeneinheit, vom Kampf ausgeschlossen. Und noch ungewöhnlicher ist die Begründung für diese Maßnahme. Die Gefahr sollte dadurch für alle die gleiche sein und die Option, zu Pferd zu fliehen, ausgeschlossen werden. Das ist deshalb bemerkenswert, weil damit den römischen Soldaten ja entsprechende Gedanken unterstellt werden. Dergleichen aber war ganz und gar nicht Römerart, und deshalb zeigt die Maßnahme: Der Überraschungsangriff der Helvetier hatte das römische Heer in eine außerordentlich bedrohliche, beinahe aussichtslose Lage gebracht. Und noch etwas zeigt die Stelle: Caesar bleibt auch in einer solchen Situation souverän und behält die Lage vollkommen im Griff. Das wird durch *cohortatus suos* noch unterstrichen: Er findet auch noch die Zeit, die erforderliche Feldherrnrede zu halten. – Wie effektiv diese Souveränität des Feldherrn ist, zeigen die Sätze 2 und 3. Die römischen Soldaten wehren den ersten Angriff der Helvetier mit der gewohnten Präzision ab und können zum Gegenangriff übergehen. Von Panik im römischen Heer keine Spur.

Auf dieser Basis kann man nun eine Übersetzung versuchen, die nicht auf den ersten Blick als Übersetzung aus dem Lateinischen erkennbar ist. Am weitesten kommt man dabei, wenn man bei den Partizipialkonstruktionen zwei Optionen zieht: Das Ersetzen von Passiv durch Aktiv und die Beiordnung, das heißt das Integrieren der Partizipialhandlung in die jeweils übergeordnete Handlung. Tabelle 17.8 zeigt Ihnen nebeneinander eine extrem wörtliche und eine deutlich elegantere Übersetzung.

Sehr wörtliche Übersetzung	Elegantere Übersetzung
Nachdem die Pferde aus dem Blickfeld entfernt worden waren, damit er, nachdem die Gefahr für alle gleichgemacht worden war, die Hoffnung auf Flucht beseitigte, ließ Caesar, seine Leute angefeuert habend, die Schlacht beginnen.	Caesar ließ die Pferde aus dem Blickfeld entfernen, um die Gefahr für alle gleichzumachen und ihnen damit die Hoffnung auf eine Flucht zu nehmen, feuerte dann seine Leute an und ließ die Schlacht beginnen.
Die Soldaten brachen, nachdem von einem höher gelegenen Ort aus die Speere geworfen worden waren, leicht die Schlachtreihe der Feinde auf.	Die Soldaten warfen ihre Speere von einer höher gelegenen Stelle aus und brachen damit die Schlachtreihe der Feinde problemlos auf.
Nachdem diese auseinandergetrieben worden war und die Schwerter gezogen worden waren, machten sie einen Angriff auf sie.	Als diese auseinandergetrieben war, zogen sie ihre Schwerter und griffen die Feinde an.

Tabelle 17.8: Sehr wörtliche und elegantere Übersetzung der Passage

IN DIESEM KAPITEL

Die »anomalen Verben«

Komposita im Lateinischen

Der NcI

Kapitel 18
Die »anomalen Verben« und der NcI

In diesem Kapitel schließt sich der Verbalformenkreis. Sie lernen noch ein paar Wörter kennen, die in keines der vier Konjugationssysteme passen. Weil diese Wörter aber mit denselben Bausteinen arbeiten wie alle anderen Verben (Endungen, Tempuszeichen, Moduszeichen), bietet Ihnen dieses Kapitel auch die Gelegenheit zu einer zusammenfassenden Wiederholung der lateinischen Verbalformen. Zudem wird ein bisschen Grundsätzliches zu Komposita (zusammengesetzten Verben) im Lateinischen zu sagen sein. Abschließend wird's noch ein wenig syntaktisch. Sie lernen den NcI (*Nominativus cum Infinitivo*) kennen, der nicht nur dem Namen nach dem AcI nahesteht.

posse, ire, ferre, velle, nolle und *fieri*: Die »anomalen Verben«

Es gibt im Lateinischen ein paar wenige Verben, deren **Präsensstammformen** (also die des Präsens, des Imperfekts und des Futurs I) nicht durchgängig mit denen übereinstimmen, die die Verben der vier Konjugationssysteme (a-, e-, i-, 3. Konjugation) bilden. Diese Verben fasst man unter dem Begriff »anomale Verben« zusammen. Sie folgen keinem geschlossenen System. Deshalb muss man sie jeweils einzeln betrachten.

Das ist – zugegeben – unerfreulich. Sie werden aber sehen, dass sich die tatsächlichen Probleme in ausgesprochen engen Grenzen halten. Das hat die folgenden Gründe:

- Von den Unregelmäßigkeiten sind nur die Formen des **Präsens,** des **Imperfekts** und des **Futurs I** betroffen. In den anderen Zeiten bilden auch diese Verben ihre Formen genauso wie alle anderen.

- ✔ Die Unregelmäßigkeiten betreffen **nicht** die **Endungen.** Sie können also nach wie vor sofort erkennen, wer das Subjekt ist und ob es sich um eine Aktiv- oder um eine Passivform handelt.

- ✔ Die Regel, dass der **Konjunktiv Imperfekt** immer so aussieht, als wäre es der Infinitiv Präsens Aktiv + Endung (zum Beispiel Infinitiv: *amare* – Konjunktiv Imperfekt: *amarem*), gilt auch bei diesen Verben. Wenn Sie also den Infinitiv eines solchen Wortes kennen, kennen Sie auch schon den Konjunktiv Imperfekt.

- ✔ Das unangenehmste dieser Verben kennen und beherrschen Sie schon längst: Es ist das Verbum *esse* (sein).

- ✔ Wie bei *esse* ist auch bei den anderen Verben die schwierigste Reihe jeweils der **Indikativ Präsens.** Da wird gelegentlich mit verschiedenen Stämmen gearbeitet (vergleiche *sum, es, est; sumus, estis, sunt*). Bei allen anderen Reihen bleibt der jeweils verwendete Wortstamm in allen Formen derselbe (wie zum Beispiel *sim, sis, sit; simus, sitis, sint* oder *eram, eras, erat; eramus, eratis, erant*).

Weil *esse* die Basis für das erste der gleich zu betrachtenden Verben ist, wäre es sinnvoll, wenn Sie kurz zu Kapitel 4 zurückblättern und Ihre Erinnerung an die Formen von *esse* wieder auffrischen. Sie finden sie in den Tabellen 4.15, 4.16, 4.17 und 4.18.

Die Präsensstammformen von *posse, ire, ferre, velle, nolle* und *fieri*

Die »anomalen Verben« sind *posse* (können), *ire* (gehen), *ferre* (tragen, ertragen, berichten), *velle* (wollen), *nolle* (nicht wollen) und *fieri* (werden, entstehen, geschehen).

posse – können

Die Formen von *posse* (können) sind schnell verstanden und gelernt, wenn man weiß, wie das Wort entstanden ist. Dass *posse* so ähnlich aussieht wie *esse* (sein), ist kein Zufall. Es wurde durch eine Kombination von *esse* mit der Silbe *pot-* gebildet. Diese Silbe bedeutet »mächtig, imstande«, und Sie sind ihr schon häufig begegnet. Sie steckt in *potentia,-ae* (die Macht), in *potens, potentis* (mächtig) und in darauf basierenden Fremdwörtern wie Potenz oder Potenzial. Aus der Kombination der beiden Elemente ergab sich das Wort *potesse*, und das bedeutete eben »mächtig sein, imstande sein«, kurz: »können«.

Wie Sie aber sehen, hat sich das Wort ein wenig verändert: Das erste »e« von *esse* ist weggefallen, und bei dem nun entstandenen *potsse* wurde das »t« nachvollziehbarerweise an die nachfolgenden s-Laute angeglichen. Es wurde zu einem »s«. Diesen Vorgang nennt man »Assimilation« (Angleichung). Eigentlich müsste *posse* also mit drei »s« geschrieben werden, aber das wäre dann doch übertrieben.

Wenn dieses Wort nun gebeugt wurde, wurden einfach die Formen von *esse* mit der Vorsilbe *pot-* versehen, und immer dann, wenn dabei das »t« von *pot-* mit einem »s« von *esse* zusammentraf, wurde es assimiliert, das heißt in ein »s« umgewandelt. Aus *pot-sum* wurde also beispielsweise *possum*. Wenn Sie die Formen von *esse* beherrschen, können Sie die von *posse* jetzt auch selbst bilden. Versuchen Sie es und basteln Sie die folgenden Formen. Vergessen Sie dabei nicht: Der Konjunktiv Imperfekt sieht aus wie der Infinitiv Präsens + Endung.

Präsens: du kannst, wir können, ihr könnt, sie können, ich könne (Konjunktiv Präsens); Imperfekt: ich konnte, er/sie/es konnte, ich könnte (Konjunktiv Imperfekt); Futur I: ich werde können, du wirst können, sie werden können.

Ob Sie die Formen richtig gebildet haben, können Sie Tabelle 18.1 und Tabelle 18.2 entnehmen. Sie enthalten die Präsensstammformen von *posse.*

Präsens			
Indikativ		**Konjunktiv**	
possum	ich kann	possim	ich könne
potes	du kannst	possis	du könnest
potest	er/sie/es kann	possit	er/sie/es könne
possumus	wir können	possimus	wir können
potestis	ihr könnt	possitis	ihr könnet
possunt	sie können	possint	sie können
Imperfekt			
Indikativ		**Konjunktiv**	
poteram	ich konnte	possem	ich könnte
poteras	du konntest	posses	du könntest
poterat	er/sie/es konnte	posset	er/sie/es könnte
poteramus	wir konnten	possemus	wir könnten
poteratis	ihr konntet	possetis	ihr könntet
poterant	sie konnten	possent	sie könnten

Tabelle 18.1: Präsens und Imperfekt von *posse* = können

Im Futur gibt es – wie bei allen lateinischen Verben – keine Konjunktivformen (siehe Tabelle 18.2).

Lateinisch	Deutsch
potero	ich werde können
poteris	du wirst können
poterit	er/sie/es wird können
poterimus	wir werden können
poteritis	ihr werdet können
poterunt	sie werden können

Tabelle 18.2: Das Futur I von *posse*= können

ire – gehen

ire (gehen) ist das kürzeste lateinische Verbum. Der Wortstamm besteht nur aus einem einzigen Vokal. Dummerweise ist dieser Vokal aber nicht immer derselbe: Er wechselt zwischen »i« und »e«. Ähnlich wie bei *esse* findet dieser Wechsel beim **Indikativ Präsens** auch innerhalb der Reihe statt. Bei allen anderen Reihen bleibt der Vokal konstant derselbe. Wie der Indikativ Präsens von *ire* aussieht, zeigt Tabelle 18.3.

Lateinisch	Deutsch
eo	ich gehe
is	du gehst
it	er/sie/es geht
imus	wir gehen
itis	ihr geht
eunt	sie gehen

Tabelle 18.3: Der Indikativ Präsens von *ire* (gehen)

Ähnliches muss leider auch über das **Partizip Präsens** (gehend) gesagt werden. Es heißt im Nominativ *iens*, die Basis für alle anderen Fälle aber ist *eunt-*. Der Genitiv heißt also *euntis*, der Dativ *eunti*, und entsprechend geht es weiter.

Die übrigen Formen von *ire* sind leicht zu identifizieren. Es verwendet dieselben **Tempus-** und **Moduszeichen** wie die Verben der regelmäßigen Konjugationen, und das heißt: Der **Konjunktiv Präsens** wird durch ein *-a-* vor der Endung markiert, der **Indikativ Imperfekt** durch *-ba-*, der Konjunktiv Imperfekt durch *-re-* (er sieht deshalb natürlich wieder aus wie der Infinitiv Präsens + Endung). Das **Futur I** wird gebildet wie bei der a- und der e-Konjugation, also mit *-b-*, *-bi-*, *-bu-* (Gespenster-Futur).

Tabelle 18.4 enthält eine Übersicht über diese Formen. Testen Sie aber vorher, ob Sie sie nicht ohnehin richtig erkennen würden. Bestimmen und übersetzen Sie die folgenden Formen von *ire*: *ibo*; *ibant*; *eat*; *iret*; *ibunt*; *eamus*; *irent*; *ibis*; *ibam*; *i!*

Lösungen: *ibo*: 1. Person Singular Futur I = ich werde gehen; – *ibant*: 3. Person Plural Indikativ Imperfekt: sie gingen; – *eat*: 3. Person Singular Konjunktiv Präsens: er/sie/es gehe oder: möge gehen; – *iret*: 3. Person Singular Konjunktiv Imperfekt: er/sie/es ginge oder: würde gehen; – *ibunt*: 3. Person Plural Futur I: sie werden gehen; – *eamus*: 1. Person Plural Konjunktiv Präsens: wir gehen oder: wir mögen gehen oder: lasst uns gehen; – *irent*: 3. Person Plural Konjunktiv Imperfekt: sie gingen oder: sie würden gehen; – *ibis*: 2. Person Singular Futur I: du wirst gehen; – *ibam*: 1. Person Singular Indikativ Imperfekt: ich ging; – *i!* = geh!

Konjunktiv Präsens		Indikativ Imperfekt		Konjunktiv Imperfekt		Futur I	
eam	ich gehe*	ibam	ich ging	irem	ich ginge*	ibo	ich werde gehen
eas	du gehest	ibas	du gingst	ires	du gingest	ibis	du wirst gehen
eat	er/sie/es gehe	ibat	er/sie/es ging	iret	er/sie/es ginge	ibit	er/sie/es wird gehen
eamus	wir gehen	ibamus	wir gingen	iremus	wir gingen	ibimus	wir werden gehen
eatis	ihr gehet	ibatis	ihr gingt	iretis	ihr ginget	ibitis	ihr werdet gehen
eant	sie gehen	ibant	sie gingen	irent	sie gingen	ibunt	sie werden gehen

Tabelle 18.4: Präsens Konjunktiv, Imperfekt und Futur I von *ire* = gehen

*Beim Konjunktiv Präsens und Imperfekt gibt es – wie bei allen Verben – alternative Übersetzungsoptionen: Konjunktiv Präsens: ich möge gehen, du mögest gehen und so weiter; Konjunktiv Imperfekt: ich würde gehen, du würdest gehen und so weiter (siehe Kapitel 4).

Merken Sie sich *ire* = »gehen« und vor allem die Indikativ-Präsens-Reihe möglichst gut. Die meisten Formen des Wortes sind über das Lexikon kaum aufzuspüren. Dort ist das Stichwort für *ire* ja die 1. Person Singular, also *eo*. Alle Formen, die mit »i« beginnen, müssten Sie also unter »e« suchen, und das werden Sie vermutlich nicht tun.

Ein hübscher Orakelspruch mit der orakeltypischen Uneindeutigkeit arbeitet mit Formen von *ire* und zwei seiner Komposita: *redire* = zurückkehren; *perire* = zugrunde gehen, sterben. Das Orakel von Dodona soll einem Feldherrn auf seine Frage, wie ein bevorstehender Feldzug für ihn ausgehen werde, geantwortet haben: *Ibis redibis numquam in bello peribis.* Übersetzen Sie diesen Spruch. Wenn Sie der Feldherr gewesen wären, hätten Sie den Feldzug durchgeführt oder nicht?

Die Antwort auf diese Frage hängt davon ab, wo Sie in diesem Satz Kommata setzen würden. Die Wörter heißen ja: Du wirst gehen – du wirst zurückkehren – niemals – im Krieg – du wirst sterben. Um daraus einen vernünftigen Satz zu machen, müssen die drei Handlungen (*ibis, redibis, peribis*) durch Kommata getrennt werden. Dass eines zwischen *ibis* und *redibis* stehen muss, ist klar. Klar ist auch, dass *in bello* zu *peribis* gehören muss. »Du wirst im Krieg zurückkehren« ergäbe keinen Sinn. Die Frage ist freilich: Wohin gehört *numquam*? Wenn Sie das Komma vor *numquam* setzen, ergibt sich: »Du wirst gehen, du wirst zurückkehren, niemals wirst du im Krieg sterben.« Setzen Sie es aber nach *numquam*, heißt der Spruch: »Du wirst gehen, du wirst niemals zurückkehren, du wirst im Krieg sterben.« – Wie schon gesagt, es hat einfach keinen Sinn, Orakel nach der eigenen Zukunft zu befragen.

ferre – tragen, ertragen, bringen, berichten

Die Unregelmäßigkeiten, die *ferre* (tragen, ertragen, bringen, berichten) zu bieten hat, sind ausgesprochen unspektakulär. Sie beschränken sich auf die folgenden Formen: *fers, fert, fertis*; – *ferris, fertur* und *fer*. Übersetzen Sie sie. Vermutlich werden Sie jeweils richtigliegen.

Lösungen: Die ersten drei sind Indikativ-Präsens-Aktivformen. Bei ihnen fehlt lediglich ein Vokal vor der Endung: *fers* = du trägst; *fert* = er/sie es trägt; *fertis* = ihr tragt. – Die beiden nächsten sind Indikativ-Präsens-Passivformen. Auch bei ihnen fehlt ein Vokal vor der Endung:

ferris = du wirst getragen; *fertur* = »er/sie/es wird getragen« oder: »es wird berichtet«. – *fer* ist der Imperativ im Singular und heißt »trage!« oder »ertrage!«. Er hat keine Endung. Dieses Phänomen ist Ihnen schon bei *dic* (sag!), *duc* (führe!) und *fac* (tu!) begegnet (siehe Kapitel 14).

Alle übrigen Formen von *ferre* sind so, wie man sie erwarten darf. Der **Konjunktiv Präsens** wird wie üblich mit *-a-* markiert (*feram, feras* und so weiter), der **Indikativ Imperfekt** mit *-ba-* (*ferebam, ferebas* und so weiter), der **Konjunktiv Imperfekt** heißt natürlich *ferrem, ferres* und so weiter. Das **Futur I** bildet *ferre* wie die i- und die 3. Konjugation, also mit *-a-* in der 1. Person Singular und *-e-* in allen anderen Formen (»Kameeeeel-Futur«): *feram, feres, feret* und so weiter.

ferre hat ein recht breites Bedeutungsspektrum. Welcher Aspekt gerade passt, ist aus dem Kontext gut zu erschließen. Es ist allerdings wichtig, dass Sie das ganze Spektrum parat haben.

Übersetzen Sie die folgenden Sätze: (1) *Omnes, qui arma ferre possunt, in unum locum conveniunt.* (2) *Suebi vinum ad se importari non ferebant.* (3) *Caesar suis auxilium fert.* (4) *Nonnulli Donaldum Trumpum ferre non possunt.* (5) *Pyrrhus iis Graecis, qui Italiam incolebant, opem tulit, cum Romani oppida eorum aggrederentur.* (6) *Remus, ut Romani ferunt, a Romulo, fratre suo, occisus est.*

Übersetzungen: (1) Alle, die Waffen tragen können (alle Waffenfähigen), kommen an einem Ort zusammen. (2) Die Sueben ertrugen (besser: duldeten) nicht, dass Wein zu ihnen eingeführt wird. (3) Caesar bringt seinen Leuten Hilfe. (4) Einige können Donald Trump nicht ertragen. (5) Pyrrhus brachte den Griechen, die Italien bewohnten, Hilfe, als die Römer deren (oder: ihre) Städte angriffen. (6) Remus wurde, wie (*ut* mit Indikativ!) die Römer berichten, von Romulus, seinem eigenen Bruder, getötet.

velle und *nolle* – wollen und nicht wollen

Velle (wollen) und *nolle* (nicht wollen) sehen einander aus gutem Grund sehr ähnlich. *nolle* basiert auf *velle*. Wenn Sie die Formen von *velle* kennen, erkennen Sie deshalb auch die von *nolle* sehr leicht.

Die Formen von *velle*

Auch bei *velle* (wollen) ist die schwierigste Reihe der **Indikativ Präsens** (siehe Tabelle 18.5). Sie kann durchaus mit der von *esse* und *ire* konkurrieren. Zwar ist der deutsche Indikativ Präsens von »wollen« auch ein wenig unregelmäßig, aber *velle* übertrifft ihn mühelos.

Lateinisch	Deutsch
volo	ich will
vis	du willst
vult	er/sie/es will
volumus	wir wollen
vultis	ihr wollt
volunt	sie wollen

Tabelle 18.5: Der Indikativ Präsens von *velle* (wollen)

Diese Reihe sollten Sie sich besonders gut einprägen. Wenn Sie diese Formen nämlich nicht auf *velle* zurückführen können und deshalb im Lexikon nachschauen, gibt es bei jeder Form Verwechslungsmöglichkeiten:

- *volo, volumus, volunt*: Diese Formen können Sie leicht zu dem Verbum *volare* führen, das »fliegen« bedeutet. Unglücklicherweise heißt die 1. Person Singular dieses Wortes tatsächlich *volo*. Zwar ist nur diese eine Form bei beiden Wörtern wirklich identisch (»wir fliegen« hieße *volamus*, »sie fliegen« *volant*), aber das wird im Ringen mit einem lateinischen Text leicht übersehen.
- *vis*: Wenn Sie im Lexikon nach *vis* suchen, werden Sie es auch finden. Was Sie da aber finden, ist nicht die 2. Person Singular von *velle*, sondern das Substantiv *vis* (die Kraft, Gewalt; siehe Tabelle 8.11). Wenn Sie irrtümlich damit operieren, ergibt ein Satz nicht nur keinen Sinn, ihm fehlt auch ein Prädikat.
- *vult, vultis*: Auch die Suche nach *vult* im Lexikon kann zu riskanten Funden führen: *vultur,-uris* (der Geier) und *vultus,-us* (der Gesichtsausdruck, die Miene). Zwar kann weder *vult* noch *vultis* von einem dieser Substantive kommen, und weder ein Geier noch ein Gesichtsausdruck kann in einem Satz das Prädikat »er/sie/es will« beziehungsweise »ihr wollt« sinnvoll ersetzen, aber das macht die Sache nur noch schlimmer.

Wenn Sie beim ersten Überblick über einen Satz immer auch Infinitivformen markieren, sind Sie vor der Verwechslung von Formen von *velle* mit Substantiven gut geschützt. *velle* hat in den meisten Fällen einen Infinitiv (*fugere vult* = er will fliehen) oder einen AcI (*eam venire vis* = du willst, dass sie kommt) bei sich. Wenn Sie also nach dem Grund für einen solchen Infinitiv suchen, erkennen Sie *velle*-Formen relativ leicht.

Von den übrigen Formen sind die Imperfektreihen leicht zu identifizieren. Der **Indikativ Imperfekt** wird wie üblich mit *-ba-* markiert (*volebam, volebas* und so weiter; auch hier kann das Lexikon freilich zu *volare* = »fliegen« führen), der **Konjunktiv Imperfekt** heißt natürlich *vellem, velles* und so weiter. Ein gewisses Verwirrungspotenzial bergen der **Konjunktiv Präsens** (*velim, velis* und so weiter) und das **Futur I** (*volam, voles, volet* und so weiter; Kameeeel-Futur). Sie kommen aber glücklicherweise nicht besonders häufig vor.

Die Formen von *nolle*

Die Formen von *nolle* (nicht wollen) leuchten leicht ein, wenn Sie sich ihre Entstehung so vorstellen: *Nolle* ist das Ergebnis einer Kombination von *non* und *velle*. Ähnlich wie bei *posse* wurden die beiden Wörter zusammengezogen, und dabei ist einiges weggefallen: das zweite »n« von *non* und die beiden Anfangsbuchstaben von *velle*. Dasselbe passierte auch bei den gebeugten Formen, und deshalb sind sie gut zu erkennen, wenn man die von *velle* kennt. Im Indikativ Präsens fand bei den Formen *vis, vult* und *vultis* gar keine Verschmelzung statt: »Du willst nicht« heißt schlicht *non vis*, »er/sie/es will nicht« *non vult*, »ihr wollt nicht« *non vultis*. Tabelle 18.6 enthält die **Indikativ-Präsens**-Formen im Überblick und die entsprechenden Formen von *velle* zum Vergleich.

Lateinisch	Deutsch		velle	Deutsch
nolo	ich will nicht		volo	ich will
non vis	du willst nicht		vis	du willst
non vult	er/sie/es will nicht		vult	er/sie/es will
nolumus	wir wollen nicht		volumus	wir wollen
non vultis	ihr wollt nicht		vultis	ihr wollt
nolunt	sie wollen nicht		volunt	sie wollen

Tabelle 18.6: Der Indikativ Präsens von *nolle* (nicht wollen) und *velle* (wollen)

Bei den übrigen Reihen wurden *non* und *velle* immer nach dem gerade beschriebenen Muster zu einem Wort verschmolzen. Der Indikativ Imperfekt heißt deshalb *nolebam, nolebas* und so weiter (vergleiche *volebam, volebas*), der Konjunktiv Imperfekt natürlich *nollem, nolles* und so weiter (vergleiche *vellem, velles*), der Konjunktiv Präsens *nolim, nolis* und so weiter (vergleiche *velim, velis*) und das Futur I *nolam, noles, nolet* und so weiter (vergleiche *volam, voles, volet*).

Eine besondere Verwendungsform von *nolle* müssen Sie sich gut merken. Wie Sie sich vielleicht erinnern, werden im Lateinischen Verbote anders formuliert als im Deutschen (siehe Kapitel 5). Im Deutschen wird einfach der Imperativ verneint: »Frage nicht!« Im Lateinischen wird eigenartigerweise *ne* und der Konjunktiv Perfekt verwendet: *Ne rogaveris!* Zu dieser Konstruktion gibt es eine Alternative, und auch die klingt etwas seltsam. Man kann auch die Imperative von *nolle* (*noli!* = »wolle nicht« beziehungsweise *nolite!* = »wollet nicht«) verwenden und danach einen Infinitiv setzen: *Noli rogare!* (wörtlich: »Wolle nicht fragen!«) heißt also »Frage nicht!«, *Nolite rogare!* (wörtlich: Wollet nicht fragen!«) »Fragt nicht!«.

Praktischerweise gibt es ein Verbot, das in seiner lateinischen Formulierung weltberühmt geworden ist. Wenn Sie es schon kennen, umso besser! Wenn Sie es noch nicht kennen, sollten Sie das ändern. Es gehört zum literarischen Weltkulturerbe und kann Ihnen jederzeit begegnen. Es stammt aus der lateinischen Version des Johannesevangeliums (20,17) und wird von Jesus ausgesprochen. Bei Johannes wird die Auferstehung Jesu etwas anders beschrieben als in den anderen Evangelien. Maria Magdalena geht dort allein zum Grab und findet es leer vor. Als ihr Jesus schließlich erscheint und sie ihn erkennt, will sie ihn offenbar umarmen, doch dagegen verwahrt sich Jesus mit den Worten: »*Noli me tangere!*« (Berühre mich nicht!) Diese Szene ist in vielen Gemälden dargestellt worden, und viele von ihnen haben *Noli me tangere* als Titel. Überdies ist *Noli me tangere* auch der nicht wissenschaftliche Name für die hochsensible Mimose.

Nur der Vollständigkeit halber sei noch erwähnt, dass es noch ein weiteres Wort gibt, das auf *velle* basiert: *malle* – entstanden aus *magis velle* – heißt »lieber wollen«. Es kommt allerdings ausgesprochen selten vor.

fieri – werden, entstehen, geschehen

Das Seltsamste an *fieri* (werden, entstehen, geschehen) ist sein Infinitiv Präsens: *fieri* ist ein passiver Infinitiv, und deshalb wäre eigentlich zu erwarten, dass das Wort ein Deponens ist und passive Formen mit aktiver Bedeutung bildet. Dem ist aber nicht so. Sämtliche Präsensstammformen von *fieri* haben aktive Endungen, und die werden fast ausschließlich so gebildet wie die der i-Konjugation (*audire*). Sie sind deshalb leicht zu identifizieren, man muss nur wissen, dass sie von *fieri* kommen. Damit Sie sie einmal alle gesehen haben, seien sie kurz aufgelistet:

- Indikativ Präsens: *fio, fis, fit; fimus, fitis, fiunt*
- Konjunktiv Präsens: *fiam, fias, fiat; fiamus, fiatis, fiant*
- Indikativ Imperfekt: *fiebam, fiebas, fiebat; fiebamus, fiebatis, fiebant*
- Konjunktiv Imperfekt: *fierem, fieres, fieret; fieremus, fieretis, fierent*
- Futur I: *fiam, fies, fiet; fiemus, fietis, fient*

Zwei Formen von *fieri* sollten Sie sich gut merken. Die erste, weil sie sehr berühmt ist, die zweite, weil sie nicht selten vorkommt.

- *fiat* = er/sie/es werde, entstehe, geschehe: Diese Form ist Ihnen schon im lateinischen Vaterunser begegnet (siehe Kapitel 12). Dort hieß es *fiat voluntas tua* (dein Wille geschehe). Sie steht aber auch in einem anderen wichtigen Text an entscheidender Stelle. Die erste Aktion Gottes bei der Erschaffung der Welt in der Darstellung des Alten Testaments ist die Schaffung des Lichts. In der lateinischen Version des Textes (1. Buch Mose [»Genesis«], Vers 3) heißt die Stelle: *Dixitque Deus: Fiat lux!* (Und Gott sprach: Es werde Licht!). – Der Name der italienischen Automarke Fiat hat mit dem lateinischen *fiat* übrigens nichts zu tun. Er ist aus den Anfangsbuchstaben der Wörter »Fabbrica Italiana Automobili Torino« gebildet. Solche Wortschöpfungen nennt man Akronyme. Es wäre freilich nicht erstaunlich, wenn die Firmengründer die mit dem Namen verbundene Assoziation zur Schöpfungsgeschichte gezielt hergestellt hätten. Vergleichbar wäre immerhin der Name des Konkurrenzunternehmens Alfa Romeo. »Alfa« klingt zwar wie der erste Buchstabe des griechischen Alphabets, steht aber für »(Società) Anonima Lombarda Fabbrica Automobili«.
- *fit* = er/sie/es geschieht: *proelium fit* heißt beispielsweise »eine Schlacht geschieht« = »es kommt zu einer Schlacht«, *clamor fit* = »Geschrei entsteht« oder »kommt auf«, *idem fit* = dasselbe geschieht.

Besonders merken sollten Sie sich die Wortkombination *fit, ut* (es geschieht, dass) und ihre Vergangenheitsformen *fiebat, ut* und *factum est, ut* (es geschah, dass). Hier ist das Subjekt (es) jeweils nicht eigens ausgedrückt, sondern in der Endung enthalten. Das führt gelegentlich zu Verunsicherungen. – Diese Ausdrücke sagen für sich genommen nichts. Sie dienen lediglich der Hervorhebung eines Ereignisses. Wenn Sie beispielsweise die Formulierung »Da geschah es, dass das Haus einstürzte« (*Tum factum est, ut domus corrueret*) mit der inhaltlich identischen Aussage »Da stürzte das Haus ein« (*Tum domus corruit*) vergleichen, spüren Sie diesen Effekt.

fieri als Ersatz für das Passiv von *facere* und umgekehrt

Das Verbum *facere* (machen, tun) bildet im Präsens, Imperfekt und Futur I keine eigenen Passivformen. Stattdessen werden die Formen von *fieri* verwendet. Umgekehrt gibt es von *fieri* keine eigenen Formen im Perfekt, Plusquamperfekt und Futur II. Hier treten die Passivformen von *facere* ein.

Das ist durchaus nachvollziehbar. »Werden«, »entstehen« und »geschehen« sind zwar der Form nach aktive Wörter, dem Inhalt nach aber im Grunde passive Vorgänge. Wenn ein Geschrei entsteht, ein Kampf oder auch ein Wunder geschieht, dann tun sie das ja nicht von selbst, sondern werden von irgendjemandem oder irgendetwas verursacht beziehungsweise »gemacht«. »Machen« und »werden«/»entstehen«/»geschehen« stehen einander also wie Aktiv und Passiv gegenüber.

Bei Caesar kann Ihnen das gelegentlich im Zusammenhang mit dem ohnehin gewöhnungsbedürftigen Ausdruck (*aliquem*) *certiorem facere* = »(jemanden) sicherer machen« = »jemanden benachrichtigen, informieren« (siehe Kapitel 16) begegnen. *Exploratores Caesarem certiorem faciunt* heißt »Die Kundschafter informieren Caesar«. Passivisch formuliert heißt das dann: *Caesar ab exploratoribus fit certior* (Caesar wird von den Kundschaftern informiert).

Die Perfektstammformen von *posse, ire, ferre, velle, nolle* und *fieri*

Im Perfekt, Plusquamperfekt und Futur II funktionieren *posse, ire, ferre, velle, nolle* und *fieri* wie alle anderen lateinischen Verben. Sie müssen also nur den Perfektstamm und – soweit es das gibt – das Partizip Perfekt Passiv kennen, um sie identifizieren zu können. Weil diese Wörter oft verwendet werden und einige von ihnen zudem eine Vielzahl von Komposita haben (siehe dazu weiter hinten), sollten Sie sich ihre Stammformen gut einprägen. Erinnern Sie sich bei dieser Gelegenheit auch wieder an die Stammformen von *esse*. Tabelle 18.7 listet die Reihen auf

1. Person Singular Präsens Aktiv	1. Person Singular Perfekt Aktiv	Partizip Perfekt Passiv	Infinitiv Präsens Aktiv	Deutsch
sum	fui	–	esse	sein
possum	potui	–	posse	können
eo	ii	itum	ire	gehen
fero	tuli	latum	ferre	tragen, ertragen, berichten
volo	volui	–	velle	wollen
nolo	nolui	–	nolle	nicht wollen
fio	factus sum		fieri	werden, entstehen, geschehen

Tabelle 18.7: Stammformenreihen der »anomalen Verben«

Perfektstammformen von *posse*, *velle* und *nolle* sind problemlos zu erkennen. Die werden Ihnen keine Schwierigkeiten machen. Bemerkenswerter sind die Stammformen der anderen Verben.

- ✔ *ferre*: Wie *esse* verwendet *ferre* einen ganz anderen Wortstamm als Perfektstamm (*tul-*), und beim Partizip Perfekt greift es auf ein drittes Wort zu (*latus,-a,-um* = getragen). Das ist unangenehm, aber leider nicht zu ändern.
- ✔ *ire*: Wie schon der Präsensstamm besteht auch der Perfektstamm von *ire* nur aus einem einzigen Buchstaben (*i*). Das Partizip Perfekt Passiv kommt nur in dem unpersönlichen Ausdruck *itum est* = »es wurde gegangen« = »man ging« vor.
- ✔ *fieri*: Wie oben erklärt, bildet *fieri* im Perfekt, Plusquamperfekt und Futur II keine eigenen Formen, sondern verwendet die Passivformen von *facere* = »machen, tun«. Deshalb heißt zum Beispiel *factum est* – je nach Kontext – entweder »es ist gemacht worden« oder (mit nachfolgendem *ut*) »es ist geschehen, es geschah«.

Übungssätze zu den »anomalen Verben«

Mit den folgenden Übungssätzen können Sie sehen, ob Ihnen die Formen der anomalen Verben noch Schwierigkeiten machen. Lernen Sie vor dem Übersetzen noch die Vokabeln in Tabelle 18.8, und rufen Sie sich die folgenden Vokabeln in Erinnerung:

idem, eadem, idem; *firmus,-a,-um*; *pax, pacis*; *parare*; *vivo, vixi, victum, vivere*; *quare*; *nescire*; *altus,-a,-um*; *latus,-a,-um*; *Rhenus,-i*; *minus*; *finitimus,-a,-um*; *acer, acris, acre*; *postremo*; *dies,-ei*; *et … et*; *propter* (mit Akkusativ); *vulnus,-eris* n.

Lateinisch	Deutsch
satis (Adverb)	genug
quemadmodum = quem ad modum	auf welche Weise, wie
ops, opis	die Hilfe

Lateinisch	Deutsch
bellum inferre (alicui)	(jemandem) Krieg bringen, (jemanden) angreifen
continenter (Adverb)	ununterbrochen, ständig

Tabelle 18.8: Lernvokabeln

1. *Nolens volens.*
2. *Noli tangere!*
3. *Idem velle atque idem nolle, ea demum firma amicitia est.* (*demum*: erst)
4. *Si vis pacem, para bellum.*
5. *Quod vult, habet, qui velle, quod satis est, potest.*
6. *Vixi, quem ad modum volui; quare mortuus sum, nescio.* (Grabinschrift)
7. *Caesar suis ab hostibus circumventis opem tulit.*

8. *Helvetii montibus altis et latissimis fluminibus duobus, Rheno ac Rhodano, continebantur. Quibus rebus fiebat, ut minus facile finitimis bellum inferre possent.* (*Rhodanus,-i*: die Rhone; *continere*: zusammenhalten, festhalten, einengen)

9. *Post acerrimum proelium Helvetii fugientes tota nocte continenter ierunt et postremo die quarto in fines Lingonum pervenerunt, cum et propter vulnera militum et propter sepulturam occisorum nostri eos sequi non potuissent.* (*Lingones,-um*: die Lingoner; *sepultura,-ae*: die Bestattung)

Übersetzungen und Erklärungen:

1. Nicht wollend, wollend. – Hier sind einfach die Präsenspartizipien von *velle* und *nolle* nebeneinandergestellt. Zu ergänzen wäre irgendeine Tätigkeit, beispielsweise »mit dem Hund spazieren gehen«. Wer das *nolens volens* tut, der tut es, weil es getan werden muss, ob er nun will oder nicht. Besonders kultivierte Menschen verwenden *nolens volens* gelegentlich in ansonsten deutschsprachiger Konversation, weniger kultivierte sagen »wohl oder übel«.

2. Berühre nicht! – Man könnte auch übersetzen: »Nicht berühren!« oder »Finger weg!« – *Noli tangere* ist die lateinische Bezeichnung für das »Große Springkraut«, eine Pflanze, die gewissermaßen das Gegenkonzept zur Mimose (*Noli me tangere*) darstellt. Während die Mimose bei Berührung ihre Blätter zusammenklappt, explodieren die unter hohem Druck stehenden Fruchtzellen des Großen Springkrauts, wenn sie berührt werden, und katapultieren die Samen der Pflanze bis zu drei Meter weit in die Umgebung. – Bei den lateinischen Benennungen spricht in einem Fall die Pflanze selbst (die Mimose), im anderen wohl eher ein Mensch, der vor der Explosion warnen will. Das Springkraut selbst möchte ja zweifellos berührt werden.

3. Dasselbe wollen und dasselbe nicht wollen, das (wörtlich: diese) erst ist eine starke Freundschaft.

4. Wenn du Frieden willst, bereite Krieg vor (besser: rüste zum Krieg). – Mit dieser Maxime werden die absurdesten Aufrüstungswettläufe scheinbar schlagend begründet. Ein alternatives und recht einleuchtendes Konzept kann man über einem Fenster am Friedenspalast in Den Haag lesen: *Si vis pacem, cole iustitiam* (Wenn du Frieden willst, pflege die Gerechtigkeit).

5. Was er will, hat, wer wollen kann, was genug ist. – Eine beeindruckend verschachtelte Sentenz, die Genügsamkeit als Königsweg zur Zufriedenheit beschreibt.

6. Ich habe gelebt, wie ich wollte; warum ich gestorben (oder: tot) bin, weiß ich nicht. – Eine weitere muntere Nachricht aus dem Jenseits an die Lebenden.

7. Caesar brachte seinen von Feinden umzingelten Leuten (besser: seinen Leuten, die von Feinden umzingelt waren,) Hilfe. – Das Partizip Perfekt Passiv *circumventis* kann sich seiner Form nach sowohl auf *suis* (Hyperbaton) als auch auf *hostibus* beziehen. Wenn man es auf *hostibus* bezieht, ergibt der Satz aber keinen rechten Sinn.

8. Die Helvetier wurden von hohen Bergen und zwei sehr breiten Flüssen, dem Rhein und der Rhone, eingeengt. Durch diese Dinge (besser: Dadurch; – *Quibus* ist relativer

Satzanschluss) geschah es (besser: So kam es), dass sie weniger leicht ihre Nachbarn angreifen konnten (wörtlich: ihren Nachbarn Krieg bringen konnten).

9. Nach der sehr heftigen Schlacht gingen (besser: marschierten) die fliehenden Helvetier die ganze Nacht (*tota nocte* ist *ablativus temporis*) ununterbrochen und kamen schließlich am vierten Tag ins Gebiet der Lingonen, als (viel besser: weil) sowohl wegen der Wunden (besser: Verwundungen) der Soldaten als auch wegen der Bestattung der Gefallenen unsere Leute sie nicht hatten verfolgen können. – *occisorum* ist Genitiv Plural des Partizips Perfekt Passiv von *occidere* = töten. Weil sich dieses Partizip nicht auf ein Substantiv bezieht, muss es selbst als solches verwendet sein.

Wichtige Komposita von *esse, ire* und *ferre*

Zu *esse, ire* und *ferre* gibt es eine Reihe von Komposita, die häufig verwendet werden und die Sie deshalb kennen sollten. *Verba composita* sind aus einem Grundwort und einem zweiten Wort zusammengesetzte (*com-ponere*), also »komponierte«, Verben. Die Grundbedeutung solcher Verben ist klar, wenn man die Bedeutung der beiden Komponenten kennt. Wer beispielsweise Deutsch lernt und weiß, was »gehen« und was »hinaus« bedeutet, der braucht »hinausgehen« nicht mehr als eigene Vokabel zu lernen. Im Lateinischen werden bei der Bildung von Komposita fast ausschließlich Präpositionen verwendet. Wenn Sie die gut kennen, werden Sie auch mit den meisten Komposita keine Probleme haben. Blättern Sie doch kurz zu Tabelle 2.1, Tabelle 2.2 und Tabelle 2.3 und wiederholen Sie sie.

Einige Präpositionen verändern sich bei der Zusammensetzung mit Verben: *Cum* (mit) erscheint als *con* oder *com* (zum Beispiel *continere*; *componere*). Bei den Präpositionen *ad* (zu ... hin), *ex* (aus ... heraus) und den Vorsilben *ob-* (entgegen) und *dis-* (auseinander) wird der Schlusskonsonant oft an darauf folgende Konsonanten angeglichen (zum Beispiel *adferre* → *afferre*; *adgredi* → *aggredi*; *adtinere* → *attinere*; *exferre* → *efferre*; *obferre* → *offerre*; *disferre* → *differre*).

Nicht selten haben Komposita allerdings spezifische Bedeutungen, die sich nicht zwingend aus ihren Bestandteilen erschließen. Dass zum Beispiel das deutsche »untergehen« speziell für »in Wasser versinken, ertrinken« und dann generell als Synonym für »sterben« verwendet wird, kann man dem Wort nicht ansehen. Entsprechendes gilt auch für einige lateinische Komposita. Beim Lernen der in Tabelle 18.9, Tabelle 18.10 und Tabelle 18.11 aufgelisteten Komposita empfiehlt es sich deshalb besonders, was ohnehin immer gilt: Decken Sie zuerst die deutschen Bedeutungen ab und überlegen Sie, was die Vokabeln bedeuten dürften. Wenn sich dann zeigt, dass Sie eine spezielle Bedeutung nicht erraten hätten, sollten Sie sich die besonders gut einprägen.

Komposita von *sum, fui, –, esse*

Im Lexikon fänden Sie Komposita von *esse* jeweils in der 1. Person Singular Präsens Aktiv, also unter *absum, adsum, desum* und so weiter. Es ist besser, wenn Sie sie nicht nachschlagen müssen.

Lateinisch	Deutsch
abesse (Perfekt: afui)	entfernt sein, abwesend sein (D Absenz)
adesse	anwesend sein, beistehen
deesse	fehlen
prodesse (← proesse)	nützen
praeesse	vorstehen, an der Spitze stehen, leiten, befehligen
interesse	dazwischen sein, teilnehmen (D Interesse)
superesse	übrig sein, überlegen sein

Tabelle 18.9: Komposita von *esse*

Das »d« in *prodesse* (nützen) ist eingeschoben, um eine Kollision der beiden Vokale zu vermeiden. Bei den flektierten Formen steht es deshalb nur dann, wenn die jeweilige Form von *esse* mit einem Vokal beginnt (zum Beispiel *prodes* = du nützt; *proderat* = er/sie/es nützte; *prodessent* = sie würden nützen). Beginnt sie mit einem Konsonanten, fehlt das »d« (zum Beispiel *prosum* = ich nütze; *profui* = ich habe genützt). Eine dieser Formen kennen Sie schon sehr lange: Bilden Sie einmal die 3. Person Singular des Konjunktivs Präsens, also die Form »es möge nützen«.

praeesse (vorstehen, an der Spitze stehen, leiten) steht immer mit dem Dativ. Was heißen also die folgenden Sätze: (1) *Omnibus druidibus praeest unus, qui summam inter eos habet auctoritatem.* (2) *Sacerdotes sacrificiis praesunt.* (3) *Equitatui praeerat Dumnorix.*

Übersetzungen: es möge nützen = *prosit* (→ Prost) – 1. Allen Druiden steht einer vor (oder: An der Spitze aller Druiden steht einer), der unter ihnen das höchste Ansehen hat (*summam … auctoritatem*: Hyperbaton). – 2. Die Priester leiten die Opferhandlungen. – 3. Die Reiterei leitete (oder: befehligte) Dumnorix.

Komposita von *fero, tuli, latum, ferre*

Komposita verwenden immer dieselben Wortstämme wie ihre Grundwörter. Das macht die Suche im Lexikon bei Komposita von *ferre* (siehe Tabelle 18.10) arg kompliziert. Wenn Sie etwa die Bedeutung von *transtulerunt* (sie haben hinübergetragen) ermitteln wollen, müssen Sie unter *transfero* nachschlagen. Prägen Sie sich also die Stammformen von *ferre* besonders gut ein (siehe Tabelle 18.10).

Lateinisch	Deutsch
afferre (← ad-ferre)	heranbringen, zufügen
auferre (← ab-ferre)	wegtragen
conferre	zusammentragen, vergleichen (D Konferenz)
se conferre	sich (wohin) begeben
differre (← disferre)	aufschieben; verschieden sein, sich unterscheiden (D Differenz, E differ)
offerre (← obferre)	anbieten (D offerieren)
perferre	überbringen, durchführen, durchhalten, ertragen
referre	zurückbringen, berichten (D Referat)
transferre	hinübertragen, verlegen, übertragen (D Transfer)

Tabelle 18.10: Komposita von *ferre*

Komposita von *eo, ii, itum, ire*

Was bei den Komposita von *esse* gilt, gilt analog auch bei denen von *ire* (gehen; siehe Tabelle 18.11). Im Lexikon finden Sie sie unter *abeo, adeo, exeo* und so weiter. Wieder wäre es sicherer, wenn Sie sie nicht nachschlagen müssten.

Lateinisch	Deutsch
abire	weggehen
adire	hingehen, besuchen; bitten
exire	hinausgehen (L *exitus,-us*)
inire	hineingehen, beginnen
interire	untergehen, sterben
obire (aliquem)	(jemandem) entgegen-gehen, begegnen; sterben

Lateinisch	Deutsch
perire	zugrunde gehen, sterben
praeterire	vorbeigehen, etwas übergehen
redire (← reire)	zurückkehren
subire	unter (etwas) gehen, nahe herangehen, auf sich nehmen
transire	hinübergehen, überschreiten; vorbeigehen, vergehen

Tabelle 18.11: Komposita von *ire*

Dass *obire* »entgegengehen, begegnen« und »sterben« heißen kann, scheint auf den ersten Blick seltsam. Dahinter steht der Ausdruck *mortem obire* = »dem Tod begegnen«.

Übungssätze und kleine Texte zu den »anomalen Verben« und ein wenig Kultur

In den folgenden Übungssätzen finden Sie anomale Verben und Komposita dieser Verben. Sie begegnen zudem großen Denkern (dem Papst, Pythagoras, Schopenhauer und Archimedes). Am Ende steht eine Caesar-Passage, in der neben anomalen Verben auch absolute Ablative zu identifizieren und zu übersetzen sind.

Vor dem Übersetzen sollten Sie sich die folgenden Vokabeln in Erinnerung rufen: *sic; mundus,-i; mutare; alter, altera, alterum; gravis,-e; lapis,-idis; sepulchrum; incolere; constituere; sperare; imperium; sese; potior, potitus sum, potiri* [+ Ablativ]; *expugnare; reperire; quaerere; quis; nihil ... nisi; clarus,-a,-um; enim; ira,-ae; milia passuum; subito; quo; princeps,-ipis; ipse, ipsa, ipsum; fugere; nam; frater, fratris; dolor,-oris; prohibere.*

Lernen Sie zudem die in Tabelle 18.12 aufgelisteten neuen Vokabeln.

Lateinisch	Deutsch
onus, -eris n.	die Last, das Gewicht
undique (Adverb)	von allen Seiten
Belgae, -arum	die Belger
harena,ae	der Sand (D Arena)
circulus, -i	der Kreis

Lateinisch	Deutsch
turbare	stören (E dis-turb)
extremus, -a, -um	der, die, das äußerste, letzte
nobilitas, -atis	der Adel, die Adelsschicht
caedes, -is	das Morden, das Gemetzel
propinquus, -a, -um	nahe, verwandt

Tabelle 18.12: Lernvokabeln

1. *Sic transit gloria mundi.*
2. *Omnia mutantur, nihil interit.*
3. *Quod tibi fieri non vis, alteri ne feceris!*
4. *Perfer et obdura. Multo graviora tulisti.* (*obdurare*: hart sein; *multo* [Adverb]: um vieles)
5. *Obit anus, abit onus.* (*anus,-us*: die alte Frau, die Alte)
6. *Lapis ille, qui ad sepulchrum Claudiae positus omnibus praetereuntibus de Claudia narrabat, oratiunculam his verbis concludit: »Dixi, abi!«* (*oratiuncula,-ae*: die kleine Rede; *concludere*: abschließen)
7. *Caesar exponit Galliam ab Aquitanis et a Belgis et ab iis, qui sua lingua Celtae, lingua Romanorum Galli appellentur, incoli. Ex his Belgas longissime a provincia abesse.* (*exponere*: darlegen, erklären; *Aquitani,-orum*: die Aquitaner; *Celtae,-arum*: die Kelten)
8. *Helvetii, qui undique loci natura continebantur, fines suos relinquere constituerunt sperantes imperio totius Galliae sese potiri posse.* (*loci natura*: »die Natur des Ortes« = die natürlichen Gegebenheiten; *continere*: zusammenhalten, festhalten, einengen)

Übersetzungen und Anmerkungen

1. So vergeht der Ruhm der Welt. – Dieser Spruch wurde lange Zeit bei der Inthronisation des Papstes verwendet. Ein Zeremonienmeister verbrannte ein Stück Werg und rief dabei »*Pater sanctissime, sic transit gloria mundi!*«, um den Papst an seine Vergänglichkeit zu erinnern. Gebildete Menschen verwenden den Spruch noch immer gerne, wie beispielsweise Silvio Berlusconi, der damit den Tod des von ihm hochgeschätzten libyschen Diktators Gaddafi kommentierte.

2. Alles verwandelt sich (wörtlich: alle [Dinge] werden verwandelt), nichts geht zugrunde. – Mit diesen Worten beginnt der Philosoph Pythagoras (570 bis circa 510 v. Chr.) in Ovids »Metamorphosen« (15.165) seine Ausführungen über die Seelenwanderung und fährt fort, dass Menschenseelen in Tierkörper und Tierseelen in Menschenkörper eingehen können. Wegen dieser Überzeugung waren die Pythagoreer strikte Vegetarier.

3. Was du nicht willst, dass (AcI) dir geschieht, tu einem anderen (*alteri* ist Dativ; *alter,-era, -erum* ist ein Pronominaladjektiv; siehe Kapitel 12) nicht! – Die amtliche deutsche Übersetzung dieses Sprichworts ist: »Was du nicht willst, dass man dir tu, füg auch keinem andern zu.« Sie ist sowohl inhaltlich als auch formal sehr gelungen. Sie ahmt ja den Reim (*vis – feceris*) des Originals nach.

Sprachliches: Der Relativsatz ist deshalb nicht ganz leicht zu übersetzten, weil er einen AcI enthält, der im Deutschen den Einbau eines dass-Satzes erfordert. Wörtlich übersetzt heißt er ja »Was du nicht dir geschehen willst«. – *ne feceris*: Dies ist die eine der beiden Optionen, auf Lateinisch ein Verbot zu formulieren (*ne* + Konjunktiv Perfekt). Hier könnte auch *noli facere* stehen, aber das würde sich nicht auf *vis* reimen.

4. Halt durch und sei hart. Du hast (schon) um vieles schwerere Dinge (*graviora* ist Neutrum Plural des Komparativs von *gravis,-e*; besser: viel Schlimmeres) ertragen. – Diese

Aufforderung zum standhaften Durchstehen schlimmer Krisen stammt aus Ovids *Tristia* (5.11.7), einer Sammlung von Elegien, in denen der Dichter über seine Verbannung aus Rom nach Tomis am Schwarzen Meer klagt.

5. Die Alte stirbt, die Last geht weg, oder (in der Wortreihenfolge des Originals): Es stirbt die Alte, weg geht die Last. – Mit diesem launigen Wortspiel kommentierte der große Philosoph Artur Schopenhauer den Tod seiner ehemaligen Haushälterin. Er hatte sie im Streit eine Treppe hinabgestoßen und sie dabei so schwer verletzt, dass er zur Zahlung einer lebenslangen Leibrente verurteilt worden war. – Der Satz ist – ähnlich wie Berlusconis Kommentar zu Gaddafis Tod (siehe oben zu Satz 1) – ein schönes Beispiel dafür, dass Bildung und Charakter nichts miteinander zu tun haben.

6. Jener Stein, der, am Grab der Claudia aufgestellt, allen Vorbeigehenden von Claudia erzählte, schließt seine kleine Rede mit diesen (oder: folgenden) Worten ab: »Ich habe gesprochen, geh weg!« – Dieser Satz bezieht sich auf die Grabinschrift, die Sie am Ende von Kapitel 15 übersetzt haben.

7. Caesar erklärt, dass (AcI) Gallien von den Aquitanern, von den Belgern und von denen, die in ihrer Sprache Kelten, in der Sprache der Römer Gallier genannt werden, bewohnt wird/werde (*incoli* ist Infinitiv Präsens Passiv). Von diesen seien die Belger am weitesten von der Provinz entfernt. – Der zweite Satz steht im AcI und hat kein Prädikat. Als Prädikat ist *exponit* aus dem vorhergehenden Satz zu denken. Die Aussage Caesars wird weitergeführt (indirekte Rede; siehe Kapitel 13). – Caesars Originalformulierung steht am Anfang von *De bello Gallico*. Sie finden den Text im Bonuskapitel 2 (zu den Bonuskapiteln siehe Kapitel 20).

8. Die Helvetier, die von allen Seiten von den natürlichen Gegebenheiten eingeengt wurden, beschlossen, ihre Gebiete zu verlassen, hoffend (besser: in der Hoffnung), dass (AcI) sie (*sese*) sich der Herrschaft (*imperio* steht im Ablativ, weil *potiri* den Ablativ verlangt) über ganz Gallien (*totius Galliae* ist *genitivus objectivus*) bemächtigen könnten.

Störe meine Kreise nicht

Cum Romani Syracusas expugnavissent et urbem diriperent, factum est, ut miles quidam Archimedem figuras in harena scribentem reperiret. Cum Archimedem quaesivisset, quis esset, ille nihil respondit nisi: »Noli turbare circulos meos!« Ea verba extrema clarissimi viri erant. Miles enim ira captus gladio eum interfecit. (*diripere*: plündern; *Syracusae,-arum*: Syrakus; *figura,-ae*: (hier): geometrische Figur)

Übersetzung und Erklärungen:

Als die Römer Syrakus erobert hatten und die Stadt plünderten, geschah es, dass ein (*quidam* = »ein gewisser« wird hier am besten nur mit dem unbestimmten Artikel »ein« wiedergegeben) Soldat den geometrische Figuren in den Sand schreibenden Archimedes (besser: Archimedes, der oder: als er gerade geometrische Figuren in den Sand zeichnete) vorfand. Als er Archimedes gefragt hatte, wer er sei, antwortete jener nichts außer (oder: lediglich, nur): »Störe meine Kreise nicht!« Diese Worte waren die letzten (oder: Dies waren die letzten Worte) des hochberühmten Mannes. Der Soldat nämlich, von Zorn gepackt, tötete ihn mit seinem Schwert.

Inhaltliches: **Archimedes** (287–212 v. Chr.) war einer der bedeutendsten Mathematiker, Physiker und Ingenieure der Antike. Ihm wird unter anderem die Entdeckung der Auftriebs- und der Hebelgesetze zugeschrieben. Um sein Leben ranken sich zahlreiche Anekdoten. So soll er, als ihm bei einem Bad die Auftriebsgesetze klar wurden, nackt »Heureka« (griechisch: Ich habe es gefunden) rufend durch seine Heimatstadt Syrakus gelaufen sein. Während der Belagerung der Stadt durch die Römer im Jahr 212 v. Chr. soll Archimedes zahlreiche Verteidigungsmaschinen konstruiert haben, die den Römern immense Schwierigkeiten bereiteten. Nach der Eroberung der Stadt wollte der römische Feldherr Marcellus Archimedes unbedingt lebend gefangen nehmen. Daraus wurde, wie Sie eben gelesen haben, nichts. – Die beschriebene Szene wurde ausgesprochen berühmt. Sie charakterisiert Archimedes als einen jener großen Denker, die auch unter widrigsten Umständen ganz sich selbst treu bleiben. Er ist ja so in seine Arbeit vertieft, dass er von der um ihn herum tobenden Plünderung der Stadt nichts mitbekommt. Andere Figuren, die dieser Kategorie zuzurechnen sind, waren Sokrates (siehe Kapitel 11) oder die Sieben Weisen (siehe Kapitel 12). Dass das Verhalten Jesu in der Geschichte von der Ehebrecherin (siehe Kapitel 11) stark an die Archimedes-Szene erinnert, dürfte kaum ein Zufall sein.

Caesar: die Rede des Litaviccus

Die folgende Passage aus dem 7. Buch von Caesars *De bello Gallico* ist in mehrfacher Hinsicht bemerkenswert. Der inhaltliche Kontext ist die Belagerung der Stadt Gergovia durch Caesar. Die Haeduer, einer der wenigen gallischen Stämme, die Caesar unterstützten, schickten ein Truppenkontingent zur Unterstützung der Römer. Der Befehlshaber dieses Kontingents, Litaviccus, überzeugte jedoch unterwegs seine Soldaten, nicht Caesar, sondern den belagerten Galliern zu Hilfe zu kommen. Caesar kam dadurch in größte Schwierigkeiten und musste die Belagerung schließlich abbrechen.

Der Text enthält die Rede, die Litaviccus vor seinen Soldaten hielt. Dass Caesar sie direkt wiedergibt, ist ausgesprochen ungewöhnlich und unterstreicht die Bedeutung der Stelle. In *De bello Gallico* sind beinahe alle Reden indirekt formuliert. Das ist eine von mehreren Techniken, die Caesar einsetzt, um den Text möglichst sachlich und authentisch wirken zu lassen. – Die Behauptungen, die Litaviccus aufstellt, sind alle erfunden. Die Rede markiert deshalb nicht nur einen entscheidenden Wendepunkt in der Handlung, sie soll auch exemplarisch die moralische Verkommenheit von Caesars Feinden deutlich machen.

Litaviccus accepto exercitu, cum milia passuum circiter XXX ab Gergovia[1] *abesset, convocatis subito militibus lacrimans, »Quo proficiscimur,« inquit, »milites? Omnis noster equitatus, omnis nobilitas interiit; principes civitatis, Eporedorix et Viridomarus, interfecti sunt. Haec ab ipsis cognoscite, qui ex caede fugerunt. Nam ego fratribus atque omnibus meis propinquis interfectis dolore prohibeor ea, quae gesta sunt, pronuntiare*[2]*.«*

[1] *Gergovia,-ae*: Gergovia; [2] *pronuntiare*: aussprechen

Übersetzung: Litaviccus sagte, nachdem er das Heer übernommen hatte (*ablativus absolutus*), als er etwa 30 Meilen von Gergovia entfernt war, nachdem er plötzlich die Soldaten zusammengerufen hatte (*ablativus absolutus*), weinend: »Wohin marschieren wir, Soldaten? Unsere gesamte Reiterei, der gesamte Adel ist untergegangen. Die Anführer des Stamms,

Eporedorix und Viridomarus, sind getötet worden. Erfahrt dies (*haec* ist Akkusativ Plural Neutrum; wörtlich: diese Dinge) von denen selbst, die (aus) dem Morden entkommen sind. Denn ich werde, nachdem meine Brüder und alle meine Verwandten getötet wurden (*ablativus absolutus*), vom Schmerz (daran) gehindert, das, was geschehen ist (*ea* und *quae* sind jeweils Neutrum Plural; wörtlich: die Dinge, die getan wurden), auszusprechen.«

Der NcI

Zum Abschluss dieses Kapitels sei noch ein syntaktisches Phänomen vorgestellt: der *Nominativus cum Infinitivo*, kurz NcI. Er ist dem AcI nicht nur dem Namen nach ähnlich. Er ist sozusagen das passivische Pendant zum AcI. Er steht dann, wenn Verben, die im Aktiv den AcI verlangen (also Verben, die im weitesten Sinn »sich äußern«, »glauben« oder »wahrnehmen« bedeuten; siehe Kapitel 13), ein **»persönliches« Passiv** konstruieren. Sie werden dann mit einem Infinitiv verbunden. Bei den deutschen Pendants dieser Verben ist das nicht möglich, und deshalb sind – ähnlich wie beim AcI – bei der Übersetzung Umformulierungen erforderlich. Zwei Beispiele: *Imperator* (Nominativ) *Romam venire* (Infinitiv) *dicitur* hieße wörtlich »Der Feldherr wird gesagt nach Rom zu kommen«, *Puella* (Nominativ) *in Italia fuisse* (Infinitiv) *putatur* »Das Mädchen wird geglaubt in Italien gewesen zu sein«. Das kann man so natürlich nicht recht stehen lassen.

Der NcI im Englischen

Es wird Ihnen kaum Schwierigkeiten machen, vernünftige deutsche Formulierungen für lateinische NcI-Konstruktionen zu finden. Im Englischen gibt es nämlich eine entsprechende Konstruktion, mit der Sie vermutlich längst umzugehen gelernt haben. Wenn Sie die folgenden Sätze ins Deutsche übersetzen, werden Sie das sehen: (1) Cats are said to have nine lives. (2) The man was believed to be a thief. (3) Dieter was thought to have left the city.

Möglich wären mehrere Formulierungen, zum Beispiel: (1) Es wird gesagt, dass Katzen neun Leben haben. Oder: Man sagt, dass Katzen neun Leben haben. (2) Es wurde geglaubt, dass der Mann ein Dieb ist (oder: war). Oder: Man glaubte, dass der Mann ein Dieb ist (oder: war). (3) Es wurde vermutet, dass Dieter die Stadt verlassen hatte (oder: habe). Oder: Man vermutete/dachte, dass Dieter die Stadt verlassen hatte (oder: habe).

Theoretisch formuliert, ist bei diesen Übersetzungen Folgendes passiert:

- ✔ Die Aussage des **Infinitivs** (to have nine lives; to be a thief; to have left the city) wird mit einem **dass-Satz** wiedergegeben. Das **Subjekt** des Originalsatzes, also der Nominativ (cats; the man; Dieter), wird dabei zum Subjekt des dass-Satzes.
- ✔ Das **Prädikat** des Originalsatzes (are said; was believed; was thought) wird entweder **passivisch** mit **dem unpersönlichen Subjekt »es«** (es wird gesagt, geglaubt, angenommen) oder **aktivisch** mit dem **Subjekt »man«** wiedergegeben.

Wenn Sie die drei englischen Sätze unfallfrei ins Deutsche übersetzen konnten, hätten Sie auch ihre lateinischen Versionen mühelos bewältigt. Sie sehen so aus: (1) *Feles novem vitas habere dicuntur.* (2) *Vir fur* (*fur:* der Dieb) *esse existimabatur.* (3) *Dieter urbem reliquisse putabatur.*

Die Identifikation eines NcI

Es ist nicht schwierig zu erkennen, dass in einem lateinischen Satz eine NcI-Konstruktion vorliegt. Wenn Sie beim Übersetzen mit Prädikat und Subjekt beginnen, wird es sofort klar. *Feles dicuntur* heißt ja »die Katzen werden gesagt«, *vir existimabatur* »der Mann wurde geglaubt« und *Dieter putabatur* »Dieter wurde vermutet«. Dass das nicht so bleiben kann, leuchtet gleich ein. Mit ein wenig Routine werden Sie dann schnell das Richtige tun. Probieren Sie das gleich mit den folgenden Sätzen aus. Achten Sie dabei – wie beim Übersetzen eines AcI – immer darauf, dass Sie die Zeitverhältnisse richtig abbilden: Steht ein Infinitiv Präsens, findet alles in dem Satz zur selben Zeit statt, steht ein Infinitiv Perfekt, liegt die Aussage des dass-Satzes vor der des übergeordneten Verbums.

1. *Belgae fortissimi omnium Gallorum esse dicebantur.*

2. *Dinosauri a meteoro extincti esse existimantur.* (*meteoron,-i*: der Meteor)

3. *Caesar regnum appetere putabatur. Itaque a coniuratis occisus est.* (*regnum,-i* die Königsherrschaft; *appetere*: anstreben; *coniuratus,-i*: der Verschwörer)

4. *Calypso narratur Ulixem, regem Ithacae, valde amavisse eique etiam immortalitatem obtulisse.*

5. *Sisyphus et Ulixes omnium hominum callidissimi fuisse dicuntur.* (*callidus,-a,-um*: schlau)

6. *Qui numquam se errare putat, errare putatur.*

Übersetzungen:

1. Es wurde gesagt (oder: Man sagte), dass die Belger die tapfersten (oder: stärksten) aller Gallier sind (oder: seien).

2. Es wird geglaubt (oder: Man glaubt, nimmt an), dass die Dinosaurier von einem Meteor ausgelöscht worden sind (oder: wurden).

3. Es wurde geglaubt (oder: Man glaubte), dass Caesar die Königsherrschaft anstrebte. Deshalb ist er von den Verschwörern getötet worden.

4. Es wird erzählt (oder: Man erzählt), dass Calypso Odysseus, den König von Ithaka, sehr geliebt hat (oder: habe) und ihm sogar die Unsterblichkeit angeboten hat (oder: habe).

5. Es wird gesagt (oder: Man sagt), dass Sisyphus und Odysseus die schlauesten aller Menschen waren (oder: gewesen seien).

6. Es wird geglaubt (oder: Man glaubt), dass, wer glaubt, dass (AcI) er sich niemals irrt, sich irrt.

Häufige Verwendungsformen des NcI und alternative Übersetzungsmöglichkeiten

Der NcI wird Ihnen wesentlich seltener begegnen als der AcI. Es besteht also auch deshalb kein Anlass zu größerer Sorge. Zwei Verben, die diese Konstruktion verwenden, sollten Sie sich aber gut einprägen:

- ✔ *trado, tradidi, traditum, tradere* = übergeben, überliefern, berichten. In der Bedeutung »überliefern« wird *tradere* gerne mit dem NcI konstruiert: *Caesar Cleopatram amavisse traditur* heißt beispielsweise »Es wird überliefert, dass Caesar Cleopatra geliebt hat«. Hier wäre auch eine alternative Übersetzung denkbar, die recht elegant ist: »Caesar soll Cleopatra geliebt haben.« Dieses »sollen« ist generell eine Option, wenn ein NcI mit einem Verbum des Sagens oder Meinens gebildet wird. Bei den Übungssätzen im vorigen Abschnitten wäre das in Satz 2 und 5 gut möglich. Es passt freilich nicht in jedem Fall, und Sie müssen es nicht einsetzen.

Bei *tradere* ist grundsätzlich eine gewisse Konzentration erforderlich. Es kann ja nicht nur »überliefern«, sondern auch konkret »übergeben, ausliefern« bedeuten. Welche von beiden Bedeutungen gerade vorliegt, ist gut zu erkennen: Wenn nur ein Akkusativobjekt folgt, heißt es »übergeben«, zum Beispiel *arma tradere, obsides tradere* und so weiter. Wenn ein Infinitiv folgt, bedeutet es »überliefern, berichten«.

- ✔ *iubeo, iussi, iussum, iubere* = (beauftragen), befehlen. – Wenn *iubere* aktivisch verwendet wird, steht es mit AcI: *Caesar hostes obsides tradere iussit* (Caesar befahl, dass die Feinde Geiseln übergeben). Wird es passivisch verwendet, bildet es ein persönliches Passiv. Das deutsche »befehlen« kann das nicht: *Iubeor venire* heißt wörtlich »ich werde befohlen zu kommen«. Die erforderliche Umformulierung zu »mir wird befohlen zu kommen« ist nicht schwierig. Weil das deutsche »beauftragen« aber ein persönliches Passiv bilden kann (ich werde beauftragt), können Sie bei Passivformen von *iubere* auch immer zuerst mit dieser Übersetzung arbeiten. Damit bleibt die lateinische Konstruktion erhalten. Sie sollten »beauftragen« aber am Ende durch »befehlen« ersetzen. Ein Beispiel: *Canis a domino pilam dimittere iussus est.* – Erster Schritt: Der Hund wurde von seinem Herrn beauftragt, den Ball loszulassen. – Zweiter Schritt: Dem Hund wurde von seinem Herrn befohlen, den Ball loszulassen.

Ein paar Übungssätze

1. *Cleopatra traditur post Caesaris mortem Antonium amavisse.*
2. *In principio verbum fuisse dicitur.*
3. *Anno post Caesaris mortem Cicero, qui Antonium XIV orationibus vehementissime lacessiverat, interfectus esse traditur.* (*lacesso, lacessivi, lacessitum* 3: angreifen)
4. *Hostes proelio victi arma suaque omnia tradere iussi sunt.*
5. *Rubicone transito Caesar aleam iactam esse dixisse traditur.*

Übersetzungen:

1. Es wird überliefert, dass Kleopatra nach Caesars Tod Antonius geliebt hat. Oder: Kleopatra soll nach Caesars Tod Antonius geliebt haben.

2. Es wird gesagt, dass am Anfang das Wort gewesen sei (oder: war). Oder: Am Anfang soll das Wort gewesen sein.

3. Es wird überliefert, dass Cicero, der Antonius in 14 Reden heftigst angegriffen hatte, im Jahr nach Caesars Tod getötet wurde. Oder: Im Jahr nach Caesars Tod soll Cicero, ..., getötet worden sein.

4. »Die in der Schlacht besiegten Feinde wurden beauftragt,« → Den in der Schlacht besiegten Feinden wurde befohlen, ihre Waffen und all ihre Dinge (*sua omnia* ist Neutrum Plural; besser: und all ihre Habe) zu übergeben.

5. Es wird überliefert, dass Caesar, nachdem der Rubikon überschritten worden war (*Rubicone transito* ist *ablativus absolutus*), gesagt hat, dass (AcI) der Würfel geworfen worden sei (oder: ist). Oder: Nachdem er den Rubikon überschritten hatte, soll Caesar gesagt haben, der Würfel sei geworfen worden.

Auf einen Blick

Die »anomalen Verben«:

- ✔ Mit dem Begriff »anomale Verben« bezeichnet man eine kleine Gruppe von Verben, bei denen die vom **Präsensstamm** gebildeten Formen (Präsens, Imperfekt, Futur I) nicht durchgängig mit denen der vier regelmäßigen Konjugationsreihen (a-, e-, i-, 3. Konjugation) übereinstimmen.
- ✔ Das schwierigste dieser Verben ist *esse* (sein, siehe Kapitel 4). Die anderen anomalen Verben sind: *posse* (können), *ire* (gehen), *ferre* (tragen, ertragen, berichten), *velle* (wollen), *nolle* (nicht wollen) und *fieri* (werden, entstehen, geschehen).
- ✔ Auch bei den anomalen Verben gilt: Der **Konjunktiv Imperfekt** sieht immer so aus, als wäre es der Infinitiv Präsens Aktiv + Endung (zum Beispiel *esse – essem*; *posse – possem*; *ire – irem*; *velle – vellem*).
- ✔ Die problematischste Reihe ist bei diesen Verben jeweils der **Indikativ Präsens.** Dort wird oft zwischen verschiedenen Wortstämmen gewechselt.
- ✔ Leicht zu identifizieren sind die Formen von *ferre* und *fieri*. Die Formen von *ire* und *velle* verdienen dagegen besondere Aufmerksamkeit.
- ✔ *posse* (können) ist aus einer Kombination aus *pot-* und *esse* entstanden. Bei den konjugierten Formen wird das »t« der Vorsilbe immer dann zu einem »s«, wenn die jeweilige Form von *esse* mit einem »s« beginnt (zum Beispiel »*potsum*« → *possum*).

- ✔ Die Imperative von *nolle* (*noli!* = wolle nicht!; *nolite!* = wollet nicht!) werden als Alternative zu *ne* + Konjunktiv Perfekt (*Ne rogaveris!* = Frage nicht!) verwendet, um **Verbote** zu formulieren (*Noli me tangere!* = Berühre mich nicht!).

Der NcI:

- ✔ Der NcI (*Nominativus cum Infinitivo*) ist sozusagen das passivische Pendant zum AcI. Er steht dann, wenn Verben, die im Aktiv den AcI verlangen, ein **»persönliches« Passiv** konstruieren. Sie werden dann mit einem Infinitiv verbunden (zum Beispiel *Imperator Romam venire dicitur*).
- ✔ Beim Übersetzen ins Deutsche sind Umformulierungen nötig. Dafür bieten sich dieselben Optionen an wie bei der Übersetzung entsprechender englischer Konstruktionen: Cats are said to have nine lives. (Es wird gesagt, dass Katzen neun Leben haben. Oder: Man sagt, dass Katzen neun Leben haben.) Diese Umformulierungen haben folgendes Muster:
  - Die Aussage des **Infinitivs** (to have nine lives) wird mit einem **dass-Satz** wiedergegeben. Das **Subjekt** des Originalsatzes, also der Nominativ (cats), wird dabei zum Subjekt des dass-Satzes.
  - Das **Prädikat** des Originalsatzes (are said) wird entweder **passivisch** mit **dem unpersönlichen Subjekt »es«** (es wird gesagt) oder **aktivisch** mit dem **Subjekt »man«** wiedergegeben.
  - Bei Verben des Sagens (*dicere*; *tradere* = überliefern) und Meinens (*putare, existimare* und dergleichen) kann oft eine Übersetzung mit »sollen« elegantere Ergebnisse bringen: Katzen sollen neun Leben haben.

IN DIESEM KAPITEL

Das Gerundium

Das Gerundivum

Die Postposition *causa* (wegen)

Kapitel 19
Gerundium und Gerundivum: Die -nd-Formen

Dieses Kapitel schließt den Latein-Grammatikkurs ab. Sie haben es also beinahe geschafft! Das letzte Thema sind das Gerundium und das Gerundivum. Beide sind von Verben abgeleitete Nominalformen, das heißt, sie haben keine Verbalendungen, sondern Nominalendungen, und zwar die der a- und der o-Deklination (*-us, -a, -um*). Man nennt sie auch -nd-Formen, weil beide durch das Einschieben der Buchstaben *nd* vor der Endung gebildet werden. Daran sind sie auch zu erkennen. Zudem lernen Sie das Wort *causa* (der Grund) in einer weiteren Bedeutung kennen.

ars vivendi: Das Gerundium

Das Gerundium ist ein **Verbal-Substantiv,** das heißt ein von einem Verbum abgeleitetes Substantiv. Mit ihm werden der Genitiv, der Dativ, der Akkusativ und der Ablativ des substantivierten Infinitivs gebildet.

Die Formen des Gerundiums

Im Deutschen werden Infinitive substantiviert, indem man sie großschreibt und einen Artikel davorsetzt: das Lieben, des Liebens, dem Lieben, das Lieben. Im Lateinischen gibt es weder Großschreibung noch Artikel. Deshalb werden diese Formen – ab dem Genitiv – anders gebildet: An den Präsensstamm des Verbums werden die Buchstaben *-nd-* angehängt und dann die Endungen der o-Deklination. Tabelle 19.1 zeigt das am Beispiel von *amare.*

Kasus	Lateinisch	Deutsch
Nominativ	amare	lieben/das Lieben
Genitiv	amandi	des Liebens
Dativ	[amando]	dem Lieben
Akkusativ	(ad) amandum	(zum) Lieben
Ablativ	amando	durch das Lieben

Tabelle 19.1: Die Formen des Gerundiums

Der Dativ ist in Tabelle 19.1 eingeklammert, weil er so gut wie gar nicht verwendet wird. Wenn Sie also eine Gerundiumform mit der Endung *-o* sehen, ist es mit größter Sicherheit ein Ablativ. Außerdem gilt: Der Akkusativ des Gerundiums (*amandum*) kommt nur in Kombination mit Präpositionen, meistens mit *ad* vor (*ad amandum* = zum Lieben).

Weil es den deklinierten Infinitiv nur im Singular gibt, kann Ihnen das Gerundium lediglich in drei Formen begegnen: *amandi* (Genitiv), *amando* ([Dativ und] Ablativ) und (*ad*) *amandum* (Akkusativ).

Zur Verwendung und Übersetzung des Gerundiums

Am häufigsten wird das Gerundium in den folgenden Formen und Wortkombinationen verwendet.

Gerundium im Genitiv

Nicht selten kommt der Genitiv des Gerundiums in Verbindung mit Substantiven oder Adjektiven vor, die den Genitiv verlangen. Ein Beispiel ist Ihnen wahrscheinlich schon einmal irgendwo begegnet: *ars vivendi* – »die Kunst des Lebens«, besser »die Kunst zu leben« oder »die Lebenskunst«. Zahlreiche Organisationen und Unternehmen, die sich in irgendeiner Weise dem Lifestyle verbunden sehen, haben sich diesen Namen gegeben. Das Spektrum reicht von Kulturvereinen über Hotels und Anbieter von Luxusartikeln bis hin zu Fitnessstudios und Wellnessoasen. Seinen Ursprung hat der Begriff in philosophischen Überlegungen zu der Frage, wie der Einzelne die Herausforderungen seiner Existenz am besten meistern kann.

Die Übersetzungsvarianten von *ars vivendi* zeigen, wie man ein Gerundium im Deutschen wiedergeben kann: entweder **wörtlich** (die Kunst des Lebens) oder mit einem **Infinitiv** (die Kunst zu leben) oder – eine Spezialität des Deutschen – mit einem **zusammengesetzten Wort** (die Lebenskunst). Für welche Option man sich entscheidet, ist meist Geschmackssache, nicht immer sind alle möglich. Die Übersetzung mit einem **Infinitiv** (zu leben) passt in den meisten Fällen.

Tabelle 19.2 enthält Wörter, die ein Gerundium im Genitiv bei sich haben können. Die meisten kennen Sie bereits. Merken Sie sich die, die Ihnen neu sind.

Lateinisch	Deutsch
ars, artis	die Kunst, Fähigkeit
consilium,-i	der Beschluss
consilium capere	einen Beschluss fassen, beschließen
cupiditas,-atis	die Begierde, Gier, Sucht, das Verlangen (nach etwas)
studium,-i	das Streben, der Drang (nach etwas)
spes, spei	die Hoffnung (auf etwas)

Lateinisch	Deutsch
potestas,-atis	die Möglichkeit, Gelegenheit (zu etwas)
facultas,-atis	
occasio,-onis	
tempus,-oris n.	die Zeit, der Zeitpunkt
cupidus,-a,-um	begierig (nach etwas)
peritus,-a,-um	erfahren (in etwas)

Tabelle 19.2: Wörter, die ein Gerundium im Genitiv bei sich haben können

Bei diesen Wörtern ist der Genitiv, den sie verlangen, ein *genitivus objectivus*: Bei *ars vivendi* zum Beispiel ist ja das Leben nicht das Subjekt der Kunst (das Leben beherrscht diese Kunst nicht), sondern das, worauf sich die Kunst richtet. Eine wörtliche Wiedergabe solcher Ausdrücke mit einem deutschen Genitiv kann deshalb gelegentlich etwas merkwürdig klingen. *peritus amandi* ergäbe zum Beispiel »erfahren des Liebens«. Das ist nicht recht möglich und muss umformuliert werden: »erfahren im Lieben«. Was gemeint ist, ist aber jeweils leicht zu verstehen.

Wenn Sie ein paar von diesen Gerundiumkonstruktionen übersetzen, werden Sie schnell ein Gefühl dafür bekommen, wie man mit ihnen umgeht. Probieren Sie es aus und übersetzen Sie die folgenden Wortverbindungen: *ars amandi, facultas fugiendi, cupiditas pugnandi, peritus cantandi, occasio quaerendi, studium legendi, finis colloquendi, potestas aggrediendi, consilium relinquendi, cupidus bibendi, ars dicendi, tempus proficiscendi, spes vincendi.*

Lösungen: *ars amandi*: die Kunst des Liebens *oder* zu lieben, die Liebeskunst – *facultas fugiendi*: die Gelegenheit/Möglichkeit des Fliehens *oder* zu fliehen, die Fluchtmöglichkeit – *cupiditas pugnandi*: die Begierde zu kämpfen, die Kampflust – *peritus cantandi*: erfahren im Singen – *occasio quaerendi*: »die Gelegenheit des Fragens«, besser: zu fragen – *studium legendi*: der Drang zu lesen, der Leseeifer – *finis colloquendi*: das Ende »des Sichunterhaltens«, besser: das Ende der Unterredung, der Unterhaltung – *potestas aggrediendi* die Möglichkeit des Angreifens *oder* anzugreifen – *consilium relinquendi* der Beschluss »des Verlassens/Zurücklassens«, besser: zu verlassen/zurückzulassen – *cupidus bibendi*: begierig zu trinken – *ars dicendi*: die Kunst des Redens *oder* zu reden, die Redekunst (Rhetorik) – *tempus proficiendi*: der Zeitpunkt des Aufbrechens *oder* aufzubrechen *oder* des Aufbruchs – *spes vincendi*: die Hoffnung zu siegen

Weil das Gerundium auf einem Verb basiert, kann es – wie jedes Verb – durch ein Objekt oder durch ein Adverb ergänzt werden. *Occasio Dieterum cognoscendi* heißt zum Beispiel »die Gelegenheit, Dieter kennenzulernen« (wörtlich: die Gelegenheit des Dieter-Kennenlernens), *facultas celeriter fugiendi* »die Möglichkeit, schnell zu fliehen« (wörtlich: die Möglichkeit des Schnell-Fliehens), *studium legendi librum* »der Drang, ein Buch zu lesen«. In solchen Fällen ist die Übersetzung des Gerundiums mit einem Infinitiv die glatteste Lösung.

Auch solche Konstruktionen sind nur Gewöhnungssache. Übersetzen Sie die folgenden Sätze: (1) *Romani consilium aggrediendi Carthaginem ceperunt.* (2) *Cupidi sumus celeriter in Italiam proficiscendi.* (3) *Nostri occasionem hostes circumveniendi quaerebant.*

Übersetzungen: (1) Die Römer fassten den Beschluss, Karthago anzugreifen. (2) Wir sind begierig, schnell nach Italien aufzubrechen/zu marschieren/zu reisen. (3) Unsere Leute suchten eine Gelegenheit, die Feinde zu umzingeln.

Gerundium im Genitiv bei *causa*

Das Substantiv *causa,-ae* (der Grund) kennen Sie bereits. Unpraktischerweise gibt es *causa* aber noch in einer anderen Bedeutung. Es kann auch »wegen« heißen. In diesem Fall steht es **nach** dem Wort, das von ihm abhängig ist, und dieses Wort muss im **Genitiv** stehen. Das klingt ein wenig kompliziert, ist es aber nicht. Sie kennen dieses *causa* nämlich schon, wenn Ihnen die Abkürzung Dr. h.c. etwas sagt.

Ein Dr. »h.c.« ist ein Doktor »ehrenhalber«, »h.c.« steht für das lateinische *honoris causa*, das heißt »der Ehre wegen«, »um jemanden zu ehren«. Deshalb spricht man auch von der Ehrendoktorwürde. – Weil *causa* nach dem Wort steht, das von ihm abhängig ist, nennt man es eine Postposition (im Unterschied zu einer Präposition). Das deutsche »wegen« kann sowohl als Post- als auch als Präposition verwendet werden (der Ehre wegen *oder* wegen der Ehre).

amicitiae causa heißt also zum Beispiel »der Freundschaft wegen«, *libertatis causa* »der Freiheit wegen«, *communis salutis causa* »des allgemeinen Wohls wegen« und so weiter. Übersetzen Sie die folgenden drei Sätze entsprechend: (1) *Milites rei frumentariae causa emittuntur.* (2) *Caesar auxilii causa ad suos ab hostibus circumventos profectus est.* (3) *Germani praedae causa Rhenum transierunt.*

Übersetzungen: (1) Die Soldaten werden des Proviants wegen (um Proviant zu beschaffen) ausgeschickt. (2) Caesar brach der Hilfe wegen (um zu helfen) zu seinen Leuten auf, die von den Feinden umzingelt worden waren (wörtlich: zu seinen von den Feinden umzingelten Leuten). (3) Die Germanen überschritten der Beute wegen (um Beute zu machen) den Rhein.

Wie Sie an diesen Beispielen sehen können, gibt *causa* meist ein Ziel oder einen Zweck an. Wenn es mit einem Gerundium verbunden ist, ist das immer der Fall. Solche Konstruktionen lassen sich mühelos mit »um zu« ins Deutsche übersetzen. Man geht zum Beispiel *lavandi causa* (um sich zu waschen) ins Badezimmer, schaut sich *gaudendi causa* (um sich zu freuen) eine Komödie an oder liest *discendi causa* (um zu lernen) dieses Buch. Caesar verwendet diese Konstruktion relativ oft, um das Ziel einzelner Aktionen zu beschreiben. Einige typische Vokabeln aus solchen Stellen finden Sie in Tabelle 19.3. Die sollten Sie sich merken.

Lateinisch	Deutsch
colloquor, collocutus sum, colloqui	sich unterhalten, sich besprechen
deprecari	um Schonung bitten, um Verzeihung bitten
negotiare	verhandeln (E negotiate)

Lateinisch	Deutsch
praedari	Beute machen, plündern (L *praeda*)
bellare	Krieg führen
hiemare	überwintern (L *hiems*)

Tabelle 19.3: Lernvokabeln

Auch zu dieser Konstruktion ein paar Beispiele. Übersetzen Sie die folgenden Sätze: (1) *Hoc proelio facto legati ab hostibus negotiandi ac deprecandi causa ad Caesarem missi sunt.* (2) *Liberi ludendi causa in hortum ierunt.* (3) *Castellum Atuatuca est in mediis Eburonum finibus, ubi Titurius hiemandi causa consederat.* (*Eburones, -um*: die Eburonen; *consedo, consedi, consessum* 3: sich niederlassen) (4) *Edmundus et Angela bibendi ac colloquendi causa in taverna convenerunt.* (5) *Germani bellandi ac praedandi causa Rhenum transierunt.*

Übersetzungen: (1) Nachdem diese Schlacht geschlagen worden war (*Hoc proelio facto* ist *ablativus absolutus*), wurden von den Feinden Gesandte zu Caesar geschickt, um zu verhandeln und um Schonung zu bitten. (2) Die Kinder gingen in den Garten, um zu spielen. (3) Das Kastell Atuatuca liegt in der Mitte des Gebiets der Eburonen, wo Titurius sich niedergelassen hatte, um zu überwintern. (4) Edmund und Angela trafen sich (wörtlich: kamen … zusammen) in einer Bar, um zu trinken und sich zu unterhalten. (5) Die Germanen überquerten den Rhein, um Krieg zu führen und Beute zu machen.

Die verschiedenen Bedeutungen von *causa* und typische Beispiele ihrer Verwendung zeigt Tabelle 19.4.

Lateinisch	Deutsch	Beispiel	
causa,-ae	der Grund, die Ursache	Qua de causa (am Satzanfang)	} aus diesem Grund
		ob eam causam	
causa mit Genitiv (nachgestellt)	wegen	honoris (amicitiae, pacis) causa	der Ehre (der Freundschaft, des Friedens) wegen
causa mit dem Genitiv des Gerundiums	um zu	praedandi causa	»des Beutemachens wegen«; besser: um Beute zu machen

Tabelle 19.4: *causa* als Substantiv und als Postposition mit Genitiv

Gerundium im Akkusativ nach *ad*

Der Akkusativ des Gerundiums wird, wie gesagt, nur in Verbindung mit Präpositionen, insbesondere mit *ad* verwendet. Ohne Präposition kommt der Akkusativ des Gerundiums nicht vor. Solche Gerundien sind unproblematisch. Sie werden einfach wörtlich wiedergegeben. Übersetzen Sie die folgenden Beispiele: (1) *Germani semper ad pugnandum parati erant.* (2) *Tempus ad deliberandum sumo.* (*sumere*: sich etwas nehmen; *deliberare*: nachdenken) (3) *Nautae idoneam ad navigandum tempestatem expectabant.* (*tempestas,-atis*: das Wetter) (4) *Helvetii omnia, quae ad proficiscendum necessaria erant, comparabant.* (*comparare*: zusammenstellen, besorgen)

Übersetzungen: (1) Die Germanen waren immer zum Kämpfen bereit. (2) Ich nehme mir Zeit zum Nachdenken (oder: Bedenkzeit). (3) Die Seeleute warteten auf zum Segeln geeignetes Wetter. (4) Die Helvetier besorgten alles, was (wörtlich: alle Dinge, die; *omnia, quae* ist Neutrum Plural) zum Aufbrechen (oder: zum Marschieren) nötig war.

Gerundium im Ablativ

Auch Ablativformen des Gerundiums erfassen Sie gut mit einer wörtlichen Übersetzung. Hier drei Beispiele: (1) *Nonnulli homines in cantando horribiles sonos efficiunt.* (*sonus,-i*: der Ton; *efficere*: hervorbringen) (2) *Cum hostes fugientes ad flumen venissent, nonulli nando se servare conati sunt.* (*nare*: schwimmen) (3) *Legendo libros liberi multa discunt.*

Übersetzungen: (1) Einige Menschen bringen beim Singen entsetzliche Töne hervor. (2) Als die fliehenden Feinde an einen Fluss gekommen waren, versuchten einige, sich durch Schwimmen zu retten. (3) Durch das Bücherlesen (besser: Durch das Lesen von Büchern) lernen Kinder viel (wörtlich: viele Dinge; *multa* ist Neutrum Plural).

quod erat demonstrandum: Das Gerundivum

Das Gerundivum ähnelt dem Gerundium leider nicht nur dem Namen nach. Es sieht auch sehr ähnlich, in drei Fällen sogar genauso aus und kann deshalb leicht mit ihm verwechselt werden. Wenn man allerdings weiß, was das Gerundivum ist und wie es funktioniert, kann man es sicher vom Gerundium unterscheiden.

Anders als das Gerundium, das ein Substantiv ist, ist das Gerundivum ein **Adjektiv.** Es gibt an, dass etwas **getan werden muss, soll** oder **kann.** Wenn es **verneint** ist, gibt es in der Regel an, dass etwas **nicht getan werden soll oder darf** (vergleiche Englisch You must go! »Du musst gehen!«, aber You must not go! »Du darfst nicht gehen!«).

Das Gerundivum gibt es auch im Deutschen. Am häufigsten kommt es in amts- oder fachsprachlichen Texten vor. »Ein abzulehnender Antrag« ist beispielsweise ein Antrag, der abgelehnt werden muss beziehungsweise abzulehnen ist, »anzuerkennender Fleiß« ist Fleiß, der anerkannt werden muss beziehungsweise anzuerkennen ist, ein »leicht zu korrigierender Fehler« ein Fehler, der leicht korrigiert werden kann. Wenn solche Formen verneint sind, sagen sie, dass etwas nicht getan werden darf oder soll (zum Beispiel »ein nicht zu unterschätzender Vorteil«). – Wenn Sie diese Wörter genauer betrachten, wissen Sie auch, was ein lateinisches Gerundivum ist. Sie sind **Adjektive,** sie sind **von Verben abgeleitet** (ablehnen, anerkennen, korrigieren, unterschätzen) und sie sagen, dass etwas getan werden muss, soll oder kann beziehungsweise nicht getan werden soll oder darf.

Die Formen des Gerundivums

Das lateinische Gerundivum wird, wie das Gerundium, dadurch gebildet, dass an den Präsensstamm eines Verbums die Buchstaben *nd* angehängt werden. Weil das Gerundivum aber kein Substantiv, sondern ein Adjektiv ist, hat es entsprechende Endungen und zwar die der a- und o-Deklination. Das Ergebnis heißt dann beispielsweise *laudandus,-a,-um*, und das bedeutet im Einzelnen:

- ✔ *laudandus*: »ein zu lobender«; einer, der zu loben ist; einer, der gelobt werden muss/soll/kann
- ✔ *laudanda*: »eine zu lobende«; eine, die zu loben ist; eine, die gelobt werden muss/soll/kann
- ✔ *laudandum*: »etwas zu lobendes«; etwas, das zu loben ist; etwas, das gelobt werden muss/soll/kann

Diese Art der Formenbildung hat unangenehme, aber auch erfreuliche Konsequenzen.

Wenn eine -nd-Form auf *-i*, *-o* oder *-um* endet, kann es sich **entweder** um ein Gerundium **oder** um ein Gerundivum handeln. An der Form allein ist nicht zu erkennen, was von beiden vorliegt. Umgekehrt gilt: Wenn eine -nd-Form **nicht** auf *-i*, *-o* oder *-um* endet, **muss** es sich um ein Gerundivum handeln.

Zur Erfassung einer Gerundivkonstruktion

Das Gerundivum ist ein Adjektiv. Deshalb bezieht es sich – wie jedes Adjektiv – in der Regel auf ein Wort, das es näher beschreibt. Das Gerundivum sagt, was mit der Sache oder Person, auf die es sich bezieht, getan werden muss/soll oder kann oder eben nicht getan werden soll/darf oder kann. Um sich die Verhältnisse klarzumachen, können Sie entweder das deutsche Gerundivum verwenden oder, wenn Ihnen das mehr zusagt, einen Relativsatz (siehe Tabelle 19.5). Erfahrungsgemäß ist ein Relativsatz die klarere Variante.

Lateinisch	Deutsches Gerundivum	Deutscher Relativsatz
flumen transeundum	ein zu überquerender Fluss	ein Fluss, der überquert werden muss oder: ein Fluss, der zu überqueren ist
urbs expugnanda	eine zu erobernde Stadt	eine Stadt, die erobert werden soll oder: eine Stadt, die zu erobern ist
res agendae *oder* res gerendae *oder* res perficiendae	zu erledigende Dinge	Dinge, die erledigt werden müssen oder: Dinge, die zu erledigen sind
porta non aperienda	eine nicht zu öffnende Tür	eine Tür, die nicht geöffnet werden darf oder (je nach Kontext): eine Tür, die nicht geöffnet werden kann

Tabelle 19.5: Übersetzungsmöglichkeiten für das Gerundivum

Gelegentlich gibt es im Deutschen Adjektive, die Entsprechendes ausdrücken. *liber legendus* zum Beispiel kann mit »ein Buch, das gelesen werden muss« oder »das zu lesen ist« übersetzt werden oder mit »ein lesenswertes Buch«.

Mit ein wenig Training gewöhnen Sie sich schnell an das Gerundivum. Übersetzen Sie die folgenden Wortverbindungen: *nomen non dicendum, bellum gerendum, industria laudanda, epistula scribenda, carmen cantandum, consilium non acceptandum, propositum negandum* (*propositum*: der Vorschlag), *dolor non ferendus*.

Übersetzungen: *nomen non dicendum*: ein Name, der nicht genannt werden darf – *bellum gerendum*: ein Krieg, der geführt werden muss *oder* der zu führen ist – *industria laudanda*: Fleiß, der gelobt werden muss *oder* der zu loben ist; lobenswerter Fleiß – *epistula scribenda*: ein Brief, der geschrieben werden muss *oder* der zu schreiben ist – *carmen cantandum*: ein Lied, das gesungen werden muss – *consilium non acceptandum*: ein Plan (oder: Beschluss), der nicht akzeptiert werden darf *oder* der nicht zu akzeptieren ist; ein inakzeptabler Plan – *propositum negandum*: ein Vorschlag, der abgelehnt werden muss *oder* der abzulehnen ist – *dolor non ferendus*: Schmerz, der nicht ertragen werden kann *oder* der nicht zu ertragen ist; unerträglicher Schmerz

Einige lateinische Gerundive sind als Substantive ins Deutsche übernommen worden: Ein Proband (von *probandus,-a,-um*) ist einer, der getestet werden soll, ein Promovend (von *promovendus,-a,-um*) jemand, der »vorwärtsgebracht, befördert« werden soll. Hat er das Verfahren hinter sich, ist er kein Promovend mehr, sondern promoviert (Partizip Perfekt). Entsprechend ergeht es einem Konfirmanden (von *confirmandus,-a,-um*) hinsichtlich der Konfirmation. In der Mathematik sind Multiplikand und Dividend die Zahlen, die vervielfacht oder geteilt werden sollen (von *multiplicandus,-a,-um* und *dividendus,-a,-um*). Dementsprechend ist die Dividende die Summe, die von einer Aktiengesellschaft unter ihren Aktionären aufgeteilt werden muss. – Bei der Eindeutschung der Agenda ist ein kleines Missgeschick passiert. *Agenda* ist der Plural des Neutrums *agendum* (etwas, das getan werden muss) und heißt »Dinge, die getan werden müssen«. Deshalb umfasst eine Agenda immer mehrere Punkte. Dass sie im Deutschen aber Femininum Singular ist, hat sie ihrer Endung zu verdanken. Sie wurde offensichtlich nicht als Neutrum Plural erkannt, sondern für ein Substantiv der a-Deklination gehalten. Vollkommen zu Recht wurde hingegen ein anderes Gerundivum als Femininum ins Deutsche und in andere moderne Sprachen übernommen: Amanda bedeutet »eine, die geliebt werden muss«, im Sinne von »eine, die man einfach gern haben muss«, kurz: »die Liebenswerte«.

Zur Verwendung des Gerundivums

Besonders häufig kommt das Gerundivum in den folgenden Konstruktionen vor.

Gerundivum + *esse*

Wie jedes Adjektiv kann auch das Gerundivum in Verbindung mit *esse* verwendet werden, damit sich eine vollständige Aussage ergibt. In solchen Fällen fungiert das Adjektiv als Prädikatsnomen. Vielleicht erinnern Sie sich an diesen Begriff aus dem Grammatikunterricht in der Schule. Wenn nicht, ist das auch kein Problem. Das Phänomen leuchtet auch so ein.

Gemeint sind Sätze wie »Kleopatra war wunderschön« (*Cleopatra pulcherrima erat*) oder »Dieter ist doof« (*Dieter stultus est*). »Kleopatra war« oder »Dieter ist« wären keine kompletten Sätze. Weil ein solches Prädikatsnomen sich auf das Subjekt des Satzes bezieht, steht es, wie dieses, immer im Nominativ.

Ein Gerundivum gibt in solchen Sätzen an, was mit jemandem oder einer Sache getan werden muss, soll oder kann oder eben das Gegenteil. *Urbs expugnanda est* heißt »Die Stadt muss erobert werden *oder* ist zu erobern«, *Epistula scribenda est* »Der Brief muss geschrieben werden *oder* ist zu schreiben«, *Hoc propositum negandum est* »Dieser Vorschlag muss abgelehnt werden *oder* ist abzulehnen«, *Dolor non ferendus est* »Der Schmerz kann nicht ertragen werden *oder* ist nicht zu ertragen« und so weiter.

Übersetzen Sie die folgenden kurzen Sätze, um zu sehen, ob Sie diese Konstruktion im Griff haben: (1) *Hoc consilium non erat acceptandum.* (2) *Mures, qui frumentum comederant, capiendae erant.* (*mus, muris*: die Maus; *comedere*: auffressen). (3) *Dies natalis celebrandus est* (*dies natalis*: der Geburtstag). (4) *In libris de Harrio Potter Lord Voldemort is est, cuius nomen non est dicendum.* (5) *Nescio, quid sit agendum.* (6) *Id erat demonstrandum.*

Übersetzungen: (1) Dieser Plan (oder: Beschluss) durfte (oder: konnte) nicht akzeptiert werden *oder* war nicht zu akzeptieren. – (2) Die Mäuse, die das Getreide aufgefressen hatten, mussten gefangen werden. – (3) Der Geburtstag muss gefeiert werden. – (4) In den Büchern über Harry Potter ist Lord Voldemort der(jenige), dessen Name nicht genannt werden darf. – (5) Ich weiß nicht, was getan werden muss *oder* zu tun ist. (*sit* steht wegen des indirekten Fragesatzes im Konjunktiv.) – (6) Dies musste bewiesen werden *oder* war zu beweisen.

Den letzten dieser Sätze (*Id erat demonstrandum*) kennen Sie vielleicht – in einer leicht modifizierten Form (*quod erat demonstrandum*) – aus der Schule. Wenn das der Fall ist, haben Sie längst einen ausgezeichneten Merksatz für das Gerundivum + *esse* im Kopf.

Viele Mathematiklehrer pflegen mathematische Beweise, die sie an der Tafel vorgeführt haben, mit der Abkürzung *q.e.d.* abzuschließen und dazu zu bemerken, das stehe für *quod erat demonstrandum* und bedeute »was zu beweisen war«. Damit haben sie recht. Ob sie freilich auch immer erklären könnten, warum es das heißt, wäre zu prüfen. Die korrekte Erklärung der Formulierung ist einigermaßen komplex und müsste so heißen: *demonstrandum* ist ein als Prädikatsnomen verwendetes Gerundivum. Es steht im Neutrum, weil das Subjekt des Satzes (*quod*) das Neutrum des Relativpronomens ist. Ob es sich bei dem Satz um einen Relativsatz oder um einen Hauptsatz handelt, liegt im Auge des Betrachters. Die Übersetzung »was zu beweisen war« gibt einen Relativsatz wieder. Das heißt, der vorausgegangene Beweis wird als Satz verstanden, an den – mit einem Komma – », *quod erat demonstrandum*« angefügt wird. Man könnte *quod* aber auch als relativen Satzanschluss deuten (siehe Kapitel 15). Dann müsste man es großschreiben (*Quod erat demonstrandum*; *Q.e.d.*) und mit »Dies war zu beweisen« übersetzen. – Falls Ihre Mathematiklehrer Sie nicht mit diesem Satz konfrontiert haben, prägen Sie ihn sich jetzt ein. Er ist nicht nur ein hervorragender Merksatz: Er wird von gebildeten Menschen gerne auch außerhalb der Schule zitiert, wenn sie irgendetwas bewiesen zu haben glauben.

Nunc est bibendum! – unpersönlicher Gebrauch des Gerundivums + *esse*

In den bisher genannten Fällen hatte das Gerundivum jeweils ein Wort, auf das es sich bezieht und mit dem es in seiner Endung in Fall, Zahl und Geschlecht übereinstimmt (*urbs expugnanda, epistula scribenda, propositum negandum, dolor ferendus, mures capiendae, id demonstrandum* und so weiter). Man spricht hier von einer »persönlichen« Konstruktion.

Dieselbe Konstruktion gibt es aber auch als unpersönliche. Dann steht das Gerundivum im **Neutrum Singular** (Endung: *-um*) und hat **kein Bezugswort.** Damit wird angegeben, dass etwas (deshalb das Neutrum) getan werden muss oder soll beziehungsweise nicht getan werden darf oder kann. Ein paar Beispiele: *expectandum est* heißt »es muss abgewartet werden«, *pugnandum erat* »es musste gekämpft werden«, *cunctandum non est* »es darf nicht gezögert werden«, *cogitandum est* »es muss nachgedacht werden«.

Ein berühmtes Beispiel für diese Konstruktion und deshalb als Merksatz ausgesprochen geeignet ist der Beginn einer Ode des Dichters Horaz (Oden 1. 37). In diesem Gedicht feiert Horaz den Sieg Octavians über Kleopatra im Jahr 30 v. Chr. als das Ende einer existenziellen Bedrohung für das Römische Reich. Er beginnt mit den Worten *Nunc est bibendum!*, also »Jetzt muss getrunken werden!«. Horaz meint damit, wie die nächsten Verse zeigen, in denen er zu wildem Tanzen auffordert, durchaus nicht nur den kultivierten Genuss eines Schlückchens Wein.

Einen weiteren prominenten Fall von unpersönlichem Gerundivum + *esse* kennen Sie in seiner deutschen Version: »Über Geschmack lässt sich nicht streiten.« Das lateinische Original heißt *De gustibus non est disputandum* (*gustus,-us*: der Geschmack), also wörtlich »Über Geschmäcker darf (oder: soll, kann) nicht gestritten werden«.

Die unpersönliche Verwendung des Gerundivums + *esse* kommt recht häufig vor. Weil das Gerundivum bei dieser Konstruktion immer auf *-um* endet und kein Bezugswort hat, könnte man es leicht für den Akkusativ des Gerundiums halten, der ja genauso aussieht. Der Akkusativ des Gerundiums kommt aber nur in Verbindung mit Präpositionen, vor allem mit *ad* vor (zum Beispiel: *ad pugnandum* = zum Kämpfen). Deshalb gilt: Wenn Sie auf eine -nd-Form stoßen, die auf *-um* endet und kein Bezugswort hat, handelt es sich mit großer Wahrscheinlichkeit um ein unpersönliches Gerundivum. Nur wenn die Form von einer Präposition abhängt, ist es der Akkusativ des Gerundiums.

Die Angabe des »Täters«

Wenn bei einer gerundivisch formulierten Aussage angegeben wird, von wem etwas getan beziehungsweise nicht getan werden soll oder kann, steht diese Person im Dativ. Diesen Dativ nennt man den *dativus auctoris* (Dativ des Urhebers). *Mures nobis capiendae sunt* heißt beispielsweise »Die Mäuse müssen von uns gefangen werden«, *Omnibus nunc est bibendum* »Jetzt muss von allen getrunken werden!«, *Mihi cunctandum non est* »Von mir darf nicht gezögert werden«. – In solchen Fällen ist eine aktivische Formulierung immer möglich und in der Regel schöner: »Wir müssen die Mäuse fangen«, »Jetzt müssen alle trinken!«, »Ich darf nicht zögern«.

Übersetzen Sie die folgenden kurzen Sätze, um zu sehen, ob Sie diese Konstruktion im Griff haben: (1) *Nobis tacendum non est.* (2) *Flumen hostibus transeundum erat.* (3) *Pons militibus faciendus est.* (4) *Tibi idem faciendum est, quod ego feci.* (5) *Haec res mihi perficiendae sunt.*

Übersetzungen: (1) Von uns darf nicht geschwiegen werden. Besser: Wir dürfen nicht schweigen. (2) Der Fluss musste von den Feinden überschritten werden. Oder: Die Feinde mussten den Fluss überschreiten. (3) Eine Brücke muss von den Soldaten gebaut werden. Oder: Die Soldaten müssen eine Brücke bauen. (4) Von dir muss dasselbe getan werden, was ich getan habe. Oder: Du musst dasselbe tun, ... (5) Diese Dinge müssen von mir durchgeführt werden. Oder: Diese Dinge muss ich erledigen.

Wenn solche Gerundivkonstruktionen in einem AcI vorkommen und derjenige, von dem etwas getan werden muss, das Subjekt des ganzen Satzes ist, steht im AcI der Dativ des Reflexivpronomens (*sibi*), wenn das Subjekt in der dritten Person steht. Zwei Beispiele:

(1) *Pyrrhus arbitrabatur Romanos sibi ab oppidis Graecis prohibendos esse*: Pyrrhus glaubte, dass die Römer von ihm von den griechischen Städten abgehalten werden müssen. Oder: ..., dass er die Römer ... abhalten muss. (2) *Romani censuerunt sibi cunctandum non esse*: Die Römer waren der Meinung, dass von ihnen nicht gezögert werden darf. Oder: ..., dass sie nicht zögern dürfen.

»müssen«/»sollen« im Hintergrund

Gelegentlich tritt der Aspekt des Gerundivums, dass etwas getan werden muss oder soll, stark in den Hintergrund. In einer vernünftigen deutschen Übersetzung verschwindet er ganz. Wenn Sie sich ein Gerundivum immer zuerst mit einem Relativsatz mit »zu« zurechtlegen (also zum Beispiel *labor ferendus*: Anstrengung, die zu ertragen ist), merken Sie gleich, ob so ein Fall vorliegt. Der Aspekt, dass etwas »zu tun ist«, passt dann nicht recht in den Zusammenhang. Wenn Sie ihn im Deutschen weglassen, ergibt sich ein sinnvoller Satz.

Gerundivum in Verbindung mit *ad*

Wie das Gerundium wird auch das Gerundivum häufig mit der Präposition *ad* verbunden. Ein Beispiel: *Helvetii ad bella gerenda semper parati erant.* Eine erste Übersetzung wäre: Die Helvetier waren immer bereit zu Kriegen, die zu führen sind. Daraus macht man besser: Die Helvetier waren immer (dazu) bereit, Kriege zu führen. Oder: Die Helvetier waren immer zum Kriegführen bereit. – Wie Sie sehen können, ergibt in solchen Fällen eine Übersetzung mit einem Infinitiv (zu führen) oder mit einem Substantiv (Kriegführen) eine glatte deutsche Version.

Übersetzen Sie die folgenden Sätze entsprechend: (1) *Germani ad laborem ferendum semper parati erant.* (2) *Equites locum ad castra ponenda idoneum quaerebant.* (3) *Ad eas res perficiendas Orgetorix deligitur.* (*deligere*: auswählen) (4) *Belgae arbitrabantur vinum ad effeminandos animos pertinere.* (*effeminare*: verweichlichen; *pertinere ad*: beitragen zu)

Übersetzungen: (1) »Die Germanen waren immer bereit zu Anstrengung, die zu ertragen war«, viel besser: Die Germanen waren immer bereit, Anstrengung zu ertragen. (2) »Die Reiter suchten einen geeigneten Ort für das Lager, das aufzustellen war« (*locum ... idoneum*:

Hyperbaton), viel besser: Die Reiter suchten einen Ort, der (dazu) geeignet war, das Lager aufzustellen, oder: ... einen für das Aufstellen des Lagers geeigneten Ort. (3) »Zu diesen Dingen, die durchzuführen sind, wird Orgetorix ausgewählt«, besser: Um diese Dinge durchzuführen, wird Orgetorix ausgewählt, oder: Zur Durchführung dieser Dinge wird Orgetorix ausgewählt. (4) Die Belger glaubten, dass (AcI) Wein »zu Herzen« beiträgt, »die zu verweichlichen sind«, viel besser: Die Belger glaubten, dass Wein dazu beiträgt, Herzen zu verweichlichen, oder: ... dass Wein zur Verweichlichung der Herzen beiträgt.

Gerundivum mit *causa*

Die Postposition *causa* (wegen, um zu) kommt häufig in Verbindung mit dem Gerundivum vor. Wie bei entsprechenden Ausdrücken mit dem Gerundium (siehe Tabelle 19.4) bietet sich hier die Übersetzung »um zu« an. Dass etwas »zu tun ist«, wird bei der Übersetzung des Gerundivums nicht mehr extra formuliert. Ein Beispiel: *Diviciacus auxilii petendi causa Romam profectus est*: Diviciacus reiste nach Rom, um Hilfe zu fordern (oder: zu erbitten). Die wörtliche Übersetzung »der Hilfe wegen, die zu erbitten war« wäre zwar verständlich, aber arg unschön.

Diese Konstruktion ist unproblematisch, wenn man sie kennt. Probieren Sie es aus und übersetzen Sie die beiden folgenden Sätze: (1) *Hostes legatos pacis petendae causa ad Caesarem miserunt.* (2) *Praesidium pontis tuendi causa relinquitur.* (*praesidium*: der Posten, die Besatzung; *tuẹri*: schützen)

Übersetzungen: (1) Die Feinde schickten Gesandte zu Caesar, um Frieden zu erbitten. (2) Eine Besatzung wird zurückgelassen, um die Brücke zu schützen.

Gerundivum bei Substantiven oder Adjektiven, die einen *genitivus objectivus* verlangen

Wie das Gerundium kommt auch das Gerundivum häufig in Verbindung mit Substantiven vor, die einen *genitivus objectivus* verlangen (siehe Tabelle 19.2). Auch dabei spielt der Aspekt, das etwas »zu tun ist«, keine Rolle. Bei der Übersetzung können Sie aber den Genitiv meistens nicht als Genitiv wiedergeben. Ein Beispiel: Von einem Fußballtorwart (*portarius,-i*) könnte man sagen: *Portarius cupidus est pilae capiendae.* Die wörtliche Übersetzung »Der Torwart ist begierig des Balls, der zu fangen ist« ist nicht recht möglich. Man muss umformulieren: Der Torwart ist begierig nach dem Ball, der zu fangen ist, besser: Der Torwart ist begierig (danach), den Ball zu fangen.

Wie Sie an dem Beispiel sehen, ergibt auch in diesen Fällen eine Übersetzung des Gerundivums mit einem Infinitiv (zu fangen) eine glatte deutsche Version. Übersetzen Sie die folgenden Ausdrücke entsprechend: *consilium patriae relinquendae, facultas praedae faciendae, signum proelii committendi, spes urbis expugnandae, cupidus belli gerendi.*

Übersetzungen: *consilium patriae relinquendae*: der Beschluss (oder: der Plan), die Heimat zu verlassen – *facultas praedae faciendae*: die Gelegenheit, Beute zu machen – *signum proelii committendi*: das Zeichen, die Schlacht zu beginnen – *spes urbis expugnandae*: die Hoffnung, die Stadt zu erobern – *cupidus belli gerendi*: begierig (danach), Krieg zu führen.

Auf einen Blick

Das Gerundium und das Gerundivum sind von Verben abgeleitete Nominalformen, die durch Anhängen der Buchstaben *nd* an den Präsensstamm des Verbums gebildet werden. Sie verwenden die Endungen der a- und o-Deklination.

Wissen zum Gerundium:

✔ Das Gerundium ist ein **Verbal-Substantiv.** Mit ihm werden der Genitiv, der Dativ, der Akkusativ und der Ablativ des **substantivierten Infinitivs** gebildet.

✔ Die Formen des Gerundiums sehen so aus: Präsensstamm des Verbs + *nd* + Endungen der o-Deklination: Genitiv: *amandi* (des Liebens), (Dativ: *amando* [dem Lieben]), Akkusativ: (*ad*) *amandum* ([zum] Lieben), Ablativ *amando* (durch das Lieben). Das Gerundium existiert nur im Singular. Es kann also nur mit den Endungen *-i*, *-o* und *-um* auftreten.

✔ Der Dativ des Gerundiums wird kaum verwendet, der Akkusativ nur in Verbindung mit Präpositionen, insbesondere mit *ad.*

✔ Es gibt drei Möglichkeiten, ein Gerundium ins Deutsche zu übersetzen: wörtlich, mit einem Infinitiv mit »zu« oder mit einem zusammengesetzten Wort (*ars vivendi*: die Kunst des Lebens, die Kunst zu leben *oder* die Lebenskunst). Die Übersetzung mit einem **Infinitiv** passt in den meisten Fällen.

✔ Das Gerundium kann durch ein Objekt oder ein Adverb ergänzt werden: *facultas celeriter fugiendi* = die Möglichkeit, schnell zu fliehen; *cupiditas librum legendi* = das Verlangen, ein Buch zu lesen.

✔ Am häufigsten wird das Gerundium in folgenden Konstruktionen verwendet:

- in Verbindung mit Substantiven oder Adjektiven, die den Genitiv verlangen (*consilium fugiendi*: der Beschluss zu fliehen; *peritus amandi*: erfahren im Lieben)
- in Verbindung mit der Postposition *causa* = wegen. In solchen Fällen gibt das Gerundium den Zweck oder die Absicht einer Handlung an und ist mit »um zu« zu übersetzen (*hiemandi causa*: um zu überwintern).
- in Verbindung mit der Präposition *ad* (*ad deliberandum*: zum Überlegen)
- im Ablativ mit oder ohne Präposition (*nando*: durch Schwimmen; *in cantando*: beim Singen)

Wissen zum Gerundivum:

✔ Das Gerundivum ist ein Verbal-**Adjektiv.** Es gibt an, dass mit dem Nomen, auf das es sich bezieht, etwas getan werden muss, soll oder kann. Wenn es verneint ist, gibt es an, dass etwas nicht getan werden soll, darf oder kann. Im Deutschen hat es eine genaue Entsprechung (zum Beispiel: ein **abzulehnender** Antrag; ein **nicht zu unterschätzender** Vorteil).

✔ Die Formen des Gerundivums sehen so aus: Präsensstamm des Verbs + *nd* + Endungen der a- und o-Deklination: *laudandus,-a,-um* = ein zu lobender, eine zu lobende, etwas zu lobendes.

✔ Es gibt zwei Möglichkeiten, die Bedeutung einer Gerundivkonstruktion sicher zu erfassen: durch eine wörtliche Übersetzung oder durch die Bildung eines Relativsatzes (*urbs expugnanda*: 1. eine zu erobernde Stadt; 2. eine Stadt, die erobert werden muss *oder* die zu erobern ist).

✔ Die Person, von der etwas getan werden muss, steht beim Gerundivum im Dativ (*dativus auctoris*): *urbs militibus expuganda* = eine Stadt, die von den Soldaten zu erobern ist.

✔ Am häufigsten wird das Gerundivum in folgenden Konstruktionen verwendet:

- Gerundivum + *esse* (Prädikatsnomen): *urbs expugnanda est* = die Stadt ist zu erobern *oder* muss erobert werden; *quod erat demonstrandum* = was zu beweisen war *oder* was bewiesen werden musste

- Das Gerundivum + *esse* kann auch ohne Bezugswort verwendet werden (unpersönliche Konstruktion). Es steht dann im **Neutrum Singular** (Endung: *-um*) und gibt an, dass etwas getan werden muss oder soll beziehungsweise nicht getan werden darf oder kann (*Nunc est bibendum!* = Jetzt muss getrunken werden!).

- Gelegentlich tritt der Aspekt, dass etwas getan werden muss oder soll, stark in den Hintergrund. Bei der Übersetzung verschwindet er ganz. Dies ist vor allem bei drei Konstruktionen der Fall, die auch mit dem Gerundium auftreten können:

  in Verbindung mit der Präposition *ad*: *locus ad castra ponenda idoneus* = ein Ort, der (dafür) geeignet ist, ein Lager aufzustellen

  in Verbindung mit der Postposition *causa*: *auxilii petendi causa* = um Hilfe zu erbitten

  in Verbindung mit Substantiven und Adjektiven, die einen *genitivus objectivus* verlangen: *cupiditas belli gerendi* = das Verlangen, Krieg zu führen

Zur Unterscheidung von Gerundium und Gerundivum:

✔ Gerundium und Gerundivum haben in drei Fällen identische Formen: *amandi*, *amando* und *amandum*. Zur Unterscheidung ist Folgendes zu beachten:

- Wenn eine -nd-Form eine andere Endung als *-i*, *-o* oder *-um* hat, handelt es sich jedenfalls um eine Gerundivum.

- Weil das Gerundivum ein Adjektiv ist, hat es in der Regel ein Bezugswort, mit dem es in Fall, Zahl und Geschlecht übereinstimmt (*auxilii petendi, urbs expugnanda*). Nur wenn es auf *-um* endet, kann es ohne Bezugswort sein (*Nunc est bibendum*). – Im Umkehrschluss bedeutet das: Hat eine -nd-Form, die nicht auf *-um* endet, kein Bezugswort, handelt es sich um eine Gerundium.

Übersetzungstexte zu den nd-Formen

Mit den folgenden Sätzen können Sie den Umgang mit den -nd-Formen einüben. Versuchen Sie immer schon vor dem Übersetzen zu erkennen, ob ein Gerundium oder ein Gerundivum vorliegt. Das ist mit etwas Übung gut zu machen.

Die Sätze 15 bis 17 sind pointierte Formulierungen, die immer noch gerne zitiert werden. Vielleicht möchten Sie den einen oder anderen ja auswendig lernen. Es wäre kein Schaden.

Die folgenden Vokabeln werden Sie zum Übersetzen brauchen: *perficere*; *agere*; *adducere*; *proficisci*; *idoneus,-a,-um*; *cognoscere*; *cogitare*; *capere*; *ponere*; *arbitrari*; *cunctari*; *constituere*; *cohortari*; *deesse*; *voluntas,-atis*; *censere*.

1. *Tabula rerum perficiendarum est affixa ad frigidarium.* (*tabula,-ae*: die Liste; *frigidarium,-i*: der Kühlschrank; *affigo, affigi, affixum 3*: befestigen)
2. *Agendo discere.*
3. *De hac re non est tacendum.*
4. *Quibus rebus adductus Diviciacus auxilii petendi causa ad Caesarem profectus est.*
5. *Nautis idonea ad navigandum tempestas expectanda est.* (*tempestas,-atis*: das Wetter)
6. *Milites frumentandi causa flumen transierunt.* (*frumentari*: Proviant beschaffen)
7. *His rebus cognitis Caesar cogitavit: »Rhenus mihi transeundus est.«*
8. *His rebus cognitis Caesar Rhenum sibi transeundum esse cogitavit.*
9. *Manuel ille Neuer artem pilam capiendi optime exercet.* (*exercere*: ausüben)
10. *Caesari omnia uno tempore erant facienda.* (*tempus,-oris*: der Zeitpunkt)
11. *Imperator trans flumen castra ponenda et adventum hostium exspectandum esse arbitratus est.*
12. *Caesar arbitratur sibi cunctandum non esse.*
13. *Romani constituerunt piratas e maribus removendos esse. Ad hanc rem perficiendam Pompeius deligitur.* (*deligere*: auswählen)
14. *Caesar necessariis rebus imperatis ad cohortandos milites profectus est.*
15. *Cato semper dicebat: »Ceterum censeo Carthaginem esse delendam.«* (*ceterum*: im Übrigen)
16. *Ante victoriam non est triumphandum.*
17. *Pacta sunt servanda.* (*pactum,-i*: der Vertrag)

Übersetzungen und Erklärungen:

1. Eine Liste zu erledigender Dinge (*rerum perficiendarum*: Gerundivum) ist am Kühlschrank befestigt. – Wenn Sie Ihren Haushalt niveauvoll gestalten wollen, können Sie Ihre »To-do-Liste« mit der Überschrift *res perficiendae* versehen.

2. Durch Handeln (*agendo*: Gerundium) lernen. – Das wäre die lateinische Version von »Learning by doing«.

3. Über diese Sache (besser: Darüber) darf nicht geschwiegen werden. – *tacendum non est*: Gerundivum + *esse* im Neutrum Singular ohne Bezugswort.

4. Durch diese Dinge (besser: Dadurch) veranlasst brach Diviciacus zu Caesar auf, um Hilfe zu erbitten. – *auxilii petendi causa*: Gerundivum in Verbindung mit der Postposition *causa*. – *Quibus* ist relativer Satzanschluss.

5. Von den Seeleuten muss das für das Segeln (*ad navigandum*: Gerundium) geeignete Wetter abgewartet werden. Besser: Die Seeleute müssen … abwarten. – *tempestas expectanda est*: Gerundivum + *esse*.

6. Die Soldaten überquerten den Fluss, um Proviant zu beschaffen. – *frumentandi causa*: Gerundium in Verbindung mit der Postposition *causa*.

7. Nachdem diese Dinge erkannt worden waren (*ablativus absolutus*; besser: Nachdem er dies erkannt hatte), dachte Caesar: »Der Rhein muss von mir überschritten werden.« Oder: »Ich muss den Rhein überschreiten.« – *Rhenus … transeundus est*: Gerundivum + *esse*.

8. Nachdem diese Dinge erkannt worden waren (*ablativus absolutus*; besser: Nachdem er dies erkannt hatte), dachte Caesar, dass (AcI) der Rhein von ihm (*sibi*: *dativus auctoris*) überschritten werden muss. Oder: …, dass er den Rhein überschreiten muss.

Sprachliches: Dieser Satz ist die AcI-Variante von Satz 7. Das Reflexivpronomen *sibi* muss stehen, weil es sich auf das Subjekt des ganzen Satzes (*Caesar*) bezieht.

Inhaltliches: Caesar hatte bei seiner Eroberung Galliens immer wieder Probleme mit germanischen Kontingenten, die links des Rheins operierten. Er überquerte deshalb zweimal den Rhein, um die Germanen in deren eigenen Gebieten anzugreifen. Dazu ließ er jeweils eine Brücke über den Fluss schlagen. Hochberühmt ist seine detaillierte Beschreibung des Baus der ersten der beiden Brücken im 4. Buch von *De bello Gallico*, die zu zahlreichen Rekonstruktionsversuchen führte. Beispiele finden Sie bequem im Internet. Die technische Leistung der Konstrukteure ist unbestritten. Der militärische Effekt der hochaufwendigen Operationen ist allerdings zumindest fraglich.

9. Jener Manuel Neuer (besser: Der bekannte Manuel Neuer, oder einfach: Manuel Neuer) übt die Kunst des Ballfangens (oder: die Kunst, einen Ball zu fangen; *artem … capiendi*: Gerundium) am besten (oder: sehr gut) aus.

10. Von Caesar (*Caesari* ist *dativus auctoris*) musste alles (*omnia* ist Neutrum Plural; wörtlich: alle Dinge) zu einem Zeitpunkt (besser: gleichzeitig) getan werden. Oder: Caesar musste alles gleichzeitig tun. – *omnia … erant facienda*: Gerundivum + *esse*.

11. Der Feldherr glaubte, dass (AcI) jenseits des Flusses ein Lager aufgestellt und die Ankunft der Feinde erwartet werden müsse (oder: muss). – *castra ponenda / adventum ... expectandum esse*: jeweils Gerundivum + *esse*.

12. Caesar glaubt, dass (AcI) von ihm (*sibi*: *dativus auctoris*) nicht gezögert werden darf (oder: dürfe). oder: ..., dass er nicht zögern darf (oder: dürfe). – *cunctandum non esse*: Gerundivum + *esse* im Neutrum Singular ohne Bezugswort. – Das Reflexivpronomen *sibi* muss stehen, weil es sich auf das Subjekt des ganzen Satzes (*Caesar*) bezieht (vergleiche Satz 8).

13. Die Römer beschlossen, dass (AcI) die Piraten aus den Meeren beseitigt werden müssen (*piratas ... removendos esse*: Gerundivum + *esse*). Um diese Sache (besser: dies) durchzuführen (oder: Für die Durchführung dieser Maßnahme) wird Pompeius ausgewählt. – *ad hanc rem perficiendam*: Gerundivum in Verbindung mit *ad*.

14. Caesar brach, nachdem die notwendigen Dinge (besser: Maßnahmen) befohlen worden waren (*ablativus absolutus*), zu den Soldaten auf, die angefeuert werden mussten (besser: um sie anzufeuern). – *ad milites cohortandos*: Gerundivum in Verbindung mit *ad*.

15. Cato sagte immer: »Im Übrigen bin ich der Meinung, dass (AcI) Karthago zerstört werden muss.« – *Carthaginem esse delendam*: Gerundivum + *esse*.

Inhaltliches: **Cato der Ältere** (234–149 v. Chr.) war einer der bedeutendsten römischen Politiker. Er war berühmt für sein entschiedenes Eintreten für Sittenstrenge und altrömische Werte. Die endgültige Zerstörung Karthagos, das die Römer im 3. Jahrhundert v. Chr. in zwei verlustreichen Kriegen (Erster und Zweiter Punischer Krieg) mühsam besiegt hatten, war eines seiner zentralen Anliegen. Die Gründe dafür dürften aus einer Mischung von politischen und wirtschaftlichen Motiven bestanden haben: Karthago war nach wie vor eine florierende Handelsmetropole, und nicht wenige Römer befürchteten auch ein Wiedererstarken der Stadt als militärische Größe. Hinzu kamen zweifellos auch Rachegefühle gegenüber dem »Erzfeind«, der Rom so gewaltige Niederlagen beigebracht hatte. Cato soll die Zerstörung Karthagos mit dem »*Ceterum censeo*«-Satz am Ende jeder seiner Reden im Senat gefordert haben, egal worum es in dieser Rede gerade gegangen war. Ob das stimmt, ist zwar höchst unsicher, der Satz ist aber als Beispiel für entschiedenes Eintreten für ein Anliegen sprichwörtlich geworden und wird immer wieder zitiert. Catos Position setzte sich schließlich durch: Im Jahr 149 (Catos Todesjahr) erklärten die Römer Karthago den Krieg (Dritter Punischer Krieg), der drei Jahre später mit der Zerstörung Karthagos endete. Diese Zerstörung wurde sehr gründlich durchgeführt: Wenn Sie heute die beeindruckenden Ruinen des antiken Karthago nördlich von Tunis besichtigen, sehen Sie fast ausschließlich die Reste einer jüngeren Stadt. Karthago wurde im Jahr 29 v. Chr. neu gegründet und entwickelte sich schnell zu einer der wichtigsten Metropolen Nordafrikas. – Was Beharrlichkeit und Sittenstrenge betrifft, fand Cato der Ältere einen würdigen Nachfolger in seinem Urenkel, **Cato dem Jüngeren** (95–46 v. Chr.). Er trat in den politischen Wirren des 1. Jahrhunderts v. Chr. entschieden für den Erhalt der republikanischen Traditionen ein und war einer der schärfsten Gegner Caesars.

16. Vor dem Sieg soll man nicht triumphieren (*non est triumphandum*: Gerundivum + *esse* im Neutrum Singular ohne Bezugswort). – In der Fußballersprache würde man sagen: Ein Spiel dauert 90 Minuten.

17. Verträge müssen bewahrt (besser: eingehalten) werden. (Gerundivum + *esse*) – Dieser im Mittelalter formulierte Satz ist der wichtigste Grundsatz des Vertragsrechts und wird von gebildeten Menschen gerne zitiert, wenn es um die Einhaltung schriftlicher oder mündlicher Vereinbarungen geht.

Quiz 8 (Kapitel 17–19)

Zum Abschluss des Kapitels wieder ein kleines Quiz, diesmal zu den Kapiteln 17–19.

Die Fragen

1. Was heißt *C. Caesare M. Bibulo consulibus?*
2. Wie hieß die Nymphe, bei der Odysseus sieben Jahre seiner Irrfahrten verbrachte?
3. Auf welches Ereignis geht der Marathonlauf zurück?
4. Was bezeichnet der lateinische Begriff *provincia*?
5. Was heißt »Berühre mich nicht!« auf Lateinisch? – Wer hat das zu wem bei welchem Anlass gesagt?
6. Was heißt *Fiat lux*? – Welche Form des anomalen Verbums *fieri* (= werden, entstehen, geschehen) liegt hier vor?
7. Wie heißt die lateinische Formel, mit der die Notwendigkeit militärischer Aufrüstung begründet wird (deutsch: Wenn du Frieden willst, bereite den Krieg vor)?
8. Von welchem lateinischen Wort kommt der Trinkspruch »Prost«?
9. Was heißt auf Lateinisch »So vergeht der Ruhm der Welt«?
10. Vom wem stammt der Spruch *Noli turbare circulos meos* und wie ist er zu übersetzen?
11. Was bedeutet *Ars vivendi*?
12. Cato der Ältere forderte mit einem berühmten Satz beharrlich die Zerstörung Karthagos. Wie hieß dieser Satz?
13. Wofür steht die Abkürzung h.c. in dem akademischen Titel Dr. h.c.?
14. Was heißt *Nunc est bibendum*?
15. Auf welche lateinischen Wörter gehen die Begriffe Promovend, Dividende und Agenda zurück? – Welche lateinischen Formen liegen hier vor?

Die Antworten

1. Unter dem Konsulat von C. Caesar und M. Bibulus (Ablativus absolutus ohne Partizip) (siehe Kapitel 17).

2. Kalypso (siehe Kapitel 17).

3. Die Schlacht bei Marathon (490 v. Chr.), in der die Athener erfolgreich eine Invasion der Perser abwehrten. Nach dem Sieg lief ein athenischer Soldat von Marathon nach Athen (42 km), um den Sieg dort zu melden (siehe Kapitel 17).

4. Ein von den Römern kontrolliertes Gebiet außerhalb Italiens (siehe Kapitel 17).

5. *Noli me tangere!* – Das sagte Jesus zu Maria Magdalena nach seiner Auferstehung in der Version des Johannesevangeliums (siehe Kapitel 18).

6. Es werde Licht! – 3. Person Singular Aktiv (*-t*) Konjunktiv Präsens (*-a-*) (siehe Kapitel 18).

7. *Si vis pacem, para bellum* (siehe Kapitel 18).

8. Von *prodesse* = nützen. *pro-sit* ist 3. Person Singular Aktiv Konjunktiv Präsens, verkürzt »Prost« (siehe Kapitel 18).

9. *Sic transit gloria mundi* (siehe Kapitel 18).

10. Von dem Physiker, Mathematiker und Ingenieur Archimedes (287–212 v. Chr.) – Störe meine Kreise nicht! (siehe Kapitel 18).

11. Die Kunst des Lebens, besser: Die Kunst zu leben, die Lebenskunst (siehe Kapitel 19).

12. *Ceterum censeo Karthaginem esse delendam.* = Im Übrigen bin ich der Meinung, dass Karthago zerstört werden muss (siehe Kapitel 19).

13. Für lateinisch *honoris causa* = der Ehre wegen, ehrenhalber (siehe Kapitel 19).

14. Jetzt muss getrunken werden! (siehe Kapitel 19).

15. Promovend ← *promovendus,-a,-um* = jemand, der »vorwärtsgebracht, befördert« werden soll; Dividende ← *dividendus,-a,-um* = jemand oder etwas, das (auf)geteilt werden muss; Agenda ← Plural des Neutrums *agendum* (etwas, das getan werden muss); Agenda = »Dinge, die getan werden müssen« – Es handelt sich jeweils um substantivisch verwendete Gerundivformen (siehe Kapitel 19).

IN DIESEM KAPITEL

Tipps für eine effektive Vorbereitung auf die Klausur

Die Bonuskapitel im Internet

Der mündliche Teil der Latinumsprüfung

Kapitel 20
Rück- und Ausblick

Nun sind Sie durch mit dem Kurs und wissen, wie Latein geht – herzlichen Glückwunsch! Vermutlich – und hoffentlich – haben Sie im Verlauf Ihrer Mühen immer mal wieder Lateinisches in Ihrer Umgebung wahrgenommen und deuten können, das Ihnen vorher nicht aufgefallen war. Das wäre nicht überraschend, denn Latein ist in den verschiedensten Lebensbereichen noch immer bemerkenswert präsent. Wenn Sie diese Erfahrung also gemacht haben, wäre schon ein Ziel dieses Buches erreicht: Die Welt ist jetzt ein wenig bunter und – vor allem – ein kleines bisschen weniger rätselhaft, als sie es vor Ihrem Lateinprojekt war.

Ein weiteres Ziel aber haben Sie noch vor sich, und das ist deutlich weniger attraktiv: das Bestehen der Latinumsklausur. Wie Sie sich darauf jetzt am besten vorbereiten können, möchte ich Ihnen in diesem Kapitel zeigen.

Vorbereitung auf die Klausur

Was Sie jetzt tun müssen, um möglichst gut vorbereitet in die Klausur zu gehen, liegt im Grunde auf der Hand: wiederholen und üben. Was nicht auf der Hand liegt, ist, wie Sie das eine und das andere am effektivsten tun. Beginnen wir mit dem »Wiederholen«.

Effektiv wiederholen

Es wäre wenig sinnvoll, wenn Sie jetzt dieses Buch noch einmal Seite für Seite durcharbeiten würden. Abgesehen davon, dass Sie das vermutlich nervlich und auch, was den Zeitaufwand betrifft, überstrapazieren würde, stünden Aufwand und Effekt kaum in einem angemessenen Verhältnis zueinander. Sie haben ja jetzt eine Menge gelernt, und vieles von dem haben Sie auch schon gut im Griff. Damit müssen Sie sich nicht mehr beschäftigen, das festigt sich von selbst. Sie müssen sich jetzt auf die Dinge konzentrieren, die Sie nicht gut im Griff haben und die Ihnen noch Probleme bereiten.

Das Spektrum der Optionen ist breit. Es können (Verbal- oder Nominal-)Endungen sein, die Sie nicht sicher erkennen, oder Wortarten beziehungsweise -formen (Partizipien zum Beispiel, Adverbien, Konjunktionen oder Pronomina), es können aber auch syntaktische Aspekte (Satzstrukturen etwa oder das Übersetzen von Partizipien, des Ablativus absolutus oder des AcI und dergleichen) sein, die Ihnen Schwierigkeiten machen. Hinzu kommen vermutlich Unsicherheiten im Vokabelbereich.

Wie Sie diesen letzten Aspekt (die Vokabeln) sinnvoll angehen, wird gleich zu besprechen sein. Wenden wir uns zuerst den anderen möglichen Unsicherheitsfaktoren zu. Es gilt jetzt, möglichst genau herauszufinden, welche Ihre ganz persönlichen Lücken oder Schwachpunkte sind. Dafür bietet Ihnen dieses Buch hilfreiche Tools.

Endungen, Wortarten und Syntaktisches

1. Beginnen Sie am besten mit der **Top-Ten-Liste häufiger Fehlerquellen**, die Sie in Kapitel 21 finden. Gehen Sie die Liste Punkt für Punkt durch und prägen Sie sich diejenigen Punkte besonders gut ein, von denen Sie denken, dass sie für Sie ein Problem darstellen könnten. Diese Liste sollten Sie im Verlauf der Prüfungsvorbereitung immer mal wieder durchlesen.

2. Wenden Sie sich dann den einzelnen Kapiteln zu und gehen Sie sie nacheinander durch, und zwar so: Blättern Sie zunächst zum Ende des Kapitels. Dort (oder ein paar Seiten davor) finden Sie einen Kasten mit der Überschrift **»Auf einen Blick«**. Darin ist der jeweils behandelte Stoff stichpunktartig zusammengefasst. Gehen Sie die Punkte konzentriert durch. Wenn Sie dabei etwas finden, das Ihnen nicht mehr präsent oder klar ist, haben Sie eine der Lücken entdeckt, die es zu füllen gilt. Gehen Sie in diesem Fall zu der Stelle im Kapitel, an der genau dieser Punkt erklärt wird, lesen die Erklärung durch und machen Sie gleich die jeweils zu diesem Punkt gehörigen Übungen. Und: Notieren Sie sich den problematischen Punkt und die Seite, auf der er erklärt wird (warum, erfahren Sie gleich). Anschließend blättern Sie wieder zum Ende des Kapitels. Dort befinden sich vor oder – meist – nach dem »Auf einen Blick«-Kasten Übersetzungsübungen. Die machen Sie jetzt. Dabei sehen Sie zum einen, ob Sie das vorher erkannte Problem schon gut oder zumindest besser im Griff haben, zum anderen erkennen Sie, ob es vielleicht noch an einer anderen Stelle hakt.

Scheuen Sie diese Mühe bitte nicht. Sie werden schnell merken, dass sie sich lohnt. Einerseits werden Sie Ihre Lateinprobleme so Schritt für Schritt reduzieren, ohne Zeit für Dinge zu vergeuden, die Sie bereits beherrschen. Zudem erstellen Sie dabei quasi nebenbei nach und nach eine Liste der Aspekte, auf die Sie besonders achten müssen. Sollten Sie später feststellen, dass Sie das eine oder andere Problem noch nicht ganz im Griff haben, finden Sie mit dieser Liste schnell die Stelle im Buch, an der das Thema erklärt ist, und können sie sich noch einmal ansehen. Es kommt aber noch etwas hinzu: Sie werden bei diesem Vorgehen auch erkennen, wie viel Sie schon beherrschen. Und Sie werden sehen, das ist beachtlich.

Bevor Sie sich auf diese Wiederholungstour begeben, ist es hilfreich, wenn Sie sich den Aufbau dieses Buches vergegenwärtigen:

✔ In den Kapiteln 1–9 geht es überwiegend um Endungssysteme und die entsprechenden Reihen. Diese Kapitel bilden den notwendigen Grundstock für alles Folgende, Sie sollten da also gar keine Lücken offenlassen.

✔ Ob Ihnen das gelungen ist, können Sie in Kapitel 10 noch einmal überprüfen: Dort wird alles Bisherige noch einmal knapp zusammengefasst und mit einem kleinen Test rekapituliert. Den sollten Sie auf keinen Fall überspringen. Er zeigt Ihnen, ob Sie noch etwas nachholen müssen. Wenn das geschehen ist, sind Sie bestens gerüstet für die zweite Hälfte des Buches.

✔ In den Kapiteln 11–19 werden verstärkt syntaktische Phänomene behandelt. Hier kann es punktuell sinnvoll sein, auch die über die Kapitel verstreuten Teilübungen noch einmal zu machen, bevor Sie die abschließenden Übersetzungen angehen. Dosieren Sie da nach Ihrem Gefühl.

Wortschatz

Die in den Vokabellisten in diesem Buch aufgeführten Wörter bilden insgesamt einen soliden lateinischen Basiswortschatz. Wenn Sie sie alle beherrschen würden, wäre das natürlich perfekt, aber vermutlich ist es nicht so. Das ist zwar schade, aber in Anbetracht der Fülle von Neuem, mit dem Sie konfrontiert waren, beinahe selbstverständlich und absolut kein Grund, in Selbstzweifel zu verfallen. Auch was die Prüfung betrifft, sind Lücken im Vokabelbereich noch kein Beinbruch: Sie dürfen in der Klausur ein Lexikon benutzen und fehlende Vokabeln nachschlagen.

Das bedeutet aber leider nicht, dass Sie diesen Bereich vollkommen aus der Vorbereitung ausklammern können. Wenn Sie in der Prüfung viele Wörter nachschlagen müssen, wird die Zeit für die eigentliche Übersetzung schnell knapp. Gerade im Lateinischen kann ja – wie Sie sicher schon festgestellt haben – schon das Auffinden eines Wortes im Lexikon unter Umständen etwas aufwendig sein, und auch wenn man es gefunden hat, muss man oft aus einer Reihe von angebotenen Bedeutungsoptionen die passende herausfinden. Da vergeht schnell viel Zeit. Sie sollten also mit guten Vokabelkenntnissen ausgestattet in die Prüfung gehen, damit Sie die Benutzung des Lexikons auf ein vernünftiges Maß beschränken können.

Wie aber verschaffen Sie sich diese Vokabelkenntnisse am besten? Ähnlich wie beim Wiederholen der Endungen, Wortarten und syntaktischen Phänomene wäre es jetzt wenig zielführend, sämtliche Vokabellisten in diesem Buch noch einmal durchzuarbeiten und zu versuchen, alle Wörter zu lernen. Auch da stünden Aufwand und Effekt in keinem angemessenen Verhältnis zueinander. Sie würden dabei vieles »wiederholen«, was Sie schon beherrschen und was deshalb eigentlich keiner Wiederholung bedarf, und dabei Zeit und Energie verschwenden, die Sie eigentlich für das Aufnehmen der Ihnen unbekannten Vokabeln bräuchten. Für den jetzt anstehenden Ausbau Ihres Wortschatzes gilt, was für seinen ersten Aufbau gegolten hat: Sie müssen mit den richtigen Schwerpunkten lernen (siehe Kapitel 2).

Das Hauptkriterium ist nach wie vor: Je häufiger ein Wort vorkommt, desto wichtiger ist es, dass Sie es beherrschen. Was ebenfalls immer noch gilt, ist: Die am häufigsten vorkommenden

Wörter sind **Präpositionen**, **Konjunktionen**, **Pronomina** und **Adverbien**. Mit diesen Vokabeln sollten Sie deshalb Ihre Wortschatzwiederholung beginnen und sich beim Lernen möglichst um Vollständigkeit bemühen. Sie finden sie in folgenden Tabellen: Tabelle 2.1–2.5 (machen Sie dazu auch den Test in Tabelle 2.6), 4.19, 5.10, 6.5, 6.9, 7.1, 7.4. 7.7–9, 7.12, 8.12, 9.8, 9.9, 12.3–11, 14.17. Wo immer Sie sich bei diesen Vokabeln unsicher fühlen, sollten Sie zudem auf die jeweiligen Übungen zugreifen.

Ein entsprechendes Vorgehen, also das Lernen nach Listen mit dem Ziel der Vollständigkeit, ist auch bei einer anderen Wortart empfehlenswert, bei den **Deponentien**. Das sind die Verben, die passive Formen, aber aktive Bedeutung haben und deshalb bei nicht sachgerechter Behandlung massive Probleme auslösen können. Die sollten Sie unbedingt alle kennen – ihre Anzahl ist überschaubar – und sicher mit ihnen umgehen können. Wiederholen Sie dazu die Tabellen 6.6, 6.8 und 14.14 und machen Sie unbedingt die jeweils dazugehörigen Übungen.

Einen dritten Schwerpunkt bei Ihrem Wortschatzaufbau sollten Sie aus prüfungsspezifischen Gründen setzen. Die Texte bei der Prüfung zum »Kleinen Latinum« sind weit überwiegend Caesars *De bello Gallico* entnommen (mehr dazu im nächsten Abschnitt). Wenn Sie deshalb beim Wiederholen an einer Stelle, die mit **Caesar** zu tun hat, Vokabelprobleme haben, sollten Sie sich diese Vokabeln besonders gut einprägen. Auch hier seien Ihnen zudem drei Tabellen ans Herz gelegt (Tabelle 16.8; 17.4; 17.5), in denen wichtiges Caesar-Vokabular zusammengestellt ist.

Was **die übrigen Verben** und die **Substantive** und **Adjektive** betrifft, gehen Sie besser nicht nach den Vokabeltabellen vor. Sie finden und beheben Ihre Schwachstellen und Lücken in diesem Bereich zuverlässiger beim Lösen der Übersetzungsaufgaben während der oben empfohlenen Wiederholungstour durch das Buch.

Der Ansatz ist simpel: Wann immer Sie bei diesen Aufgaben eine Vokabel nachschauen müssen, sollten Sie sie lernen. Tun Sie das aber nicht unreflektiert. Es wäre wichtig, dass Sie dabei kurz überlegen, woran es lag, dass Sie das Wort nachschauen mussten. Es gibt da nämlich mehrere Möglichkeiten. Es kann sein, dass Ihnen die Vokabel schlicht nicht oder nicht mehr bekannt war, es kann aber auch sein, dass Sie sie mit einer anderen verwechselt haben oder dass Sie eine bestimmte Bedeutungsoption vergessen hatten. Vielleicht aber war auch eine Veränderung der gelernten Grundform die Ursache: Bei Verben könnte das ein unregelmäßiger Perfektstamm sein (zum Beispiel *iusserunt* ← *iub̲ere*), bei Substantiven der 3. Deklination eine starke Veränderung des Wortstamms ab dem Genitiv (zum Beispiel *itineris* ← *iter*). Wenn Sie fehlende Vokabeln auf diese Weise dazulernen, ist die Wahrscheinlichkeit, dass Sie sie bei der nächsten Gelegenheit präsent haben, ungleich höher, als wenn Sie sie ohne Kontext einer abstrakten Liste entnehmen.

Wenn Sie das Buch in der skizzierten Weise noch einmal durchgegangen sind, haben Sie nicht nur effektiv wiederholt, Sie haben zudem schon einen beträchtlichen Teil der zweiten Aufgabe bewältigt, die für eine effektive Klausurvorbereitung erforderlich ist: das Üben. »Üben« bedeutet beim Lateinlernen ja in erster Linie »übersetzen«, und das haben Sie jetzt schon in recht konzentrierter Form getan. Ein bisschen mehr davon wird freilich noch nötig sein, und auch dabei gibt es ein paar Dinge zu beachten.

Effektiv üben

Wie gerade erwähnt, ist der Prüfungsautor bei Klausuren zum Erwerb des »Kleinen Latinums« in der Regel Caesar mit seinem Werk über seinen Feldzug in Gallien (*De bello Gallico*). Die beste Vorbereitung auf die Prüfung besteht deshalb natürlich darin, möglichst viele Passagen aus diesem Werk zu übersetzen. Es ist aber nicht ratsam, sich jetzt einfach eine Ausgabe des Textes zu besorgen und ungestützt darin herumzuübersetzen. Dafür gibt es mehrere Gründe.

Zum einen gibt es ausgesprochen schwierige und weniger schwierige Stellen in diesem Text. Prüfungstexte bewegen sich eher auf dem mittleren und unteren Schwierigkeitsniveau und enthalten zudem in aller Regel Vokabelangaben und Übersetzungshinweise. Bei einer ungezielten Textauswahl ohne unterstützende Angaben besteht deshalb die Gefahr, dass Sie sich, ohne es zu wissen, ohne Not überfordern und eher frustrierende als motivierende Erfahrungen machen.

Ein anderes Problem bietet der Inhalt des Textes. Es handelt sich bei *De bello Gallico* ja um einen antiken Kriegsbericht, und es ist recht wahrscheinlich, dass Sie mit den Abläufen römischer Feldzüge nicht intim vertraut sind. Das kann leicht dazu führen, dass Sie Maßnahmen oder Vorgänge, die nach antiken Maßstäben durchaus erwartbar oder folgerichtig sind, eben nicht erwarten und deshalb missdeuten.

Kurz: Es ist unbedingt nötig, dass Sie sich Caesars Text schrittweise und mit erläuternden Kommentaren unterstützt erschließen. Die gute Nachricht ist: Sie haben bereits ein gutes Stück dieses Wegs zurückgelegt. Caesar und Passagen aus seinem Werk waren ja immer wieder Bestandteil der Übersetzungsübungen in diesem Buch und wurden sowohl sprachlich als auch inhaltlich kommentiert. So haben Sie schon eine Reihe wichtiger Aspekte des Textes kennengelernt: im sprachlichen Bereich etwa Caesars Neigung zur Verwendung des Ablativus absolutus und der indirekten Rede (AcI) und zur Bildung von konjunktivischen Nebensätzen, die mit der Konjunktion *cum* eingeleitet werden. Auch vielen wichtigen inhaltlichen Aspekten des Textes und immer wiederkehrenden Abläufen und Konstellationen sind Sie bereits begegnet. Und nicht zuletzt – und das ist für das Übersetzen natürlich besonders wichtig – haben Sie schon eine Menge an Caesar-spezifischem Vokabular gelernt.

Mehr Material im Netz

All diese Kenntnisse gilt es jetzt zu festigen und weiter zu vertiefen, und dafür bietet dieses Buch ein weiteres Tool an. Sie finden es freilich nicht zwischen den Buchdeckeln, sondern auf der Website des Verlags über den Link `https://www.wiley-vch.de/ISBN9783527723140`. Dort habe ich mehrere **Bonuskapitel** zusammengestellt, die Sie auf Ihrem Weg zur Klausur weiterführen.

- ✔ **Bonuskapitel 1** ist gewissermaßen eine kompakte Zusammenfassung des Buches unter dem Aspekt Caesar. Hier sind noch einmal die Einzelsätze und Texte aus dem Buch versammelt, die auf Caesar und *De bello Gallico* bezogen sind, inklusive der jeweils angefügten inhaltlichen Anmerkungen. Außerdem – und das ist besonders wichtig – finden Sie dort auch die Erklärungen zu wichtigen Vokabeln, die von Caesar häufig verwendet werden. All dies ist in der Reihenfolge angeordnet, in der es auch im Buch präsentiert ist. Der Schwierigkeitsgrad der Texte nimmt also kontinuierlich zu. Im Idealfall ist dieses Kapitel eine Art kleines Lesebuch für Sie. Sie haben die Texte ja schon übersetzt, und so sollten sie Ihnen keine allzu große Mühe mehr machen. Wenn das so ist, hat das zwei große Vorteile: Einerseits wird Sie das Durcharbeiten des Kapitels nicht viel Zeit kosten. Andererseits sind Sie dann bestens gerüstet für den nächsten Schritt, das Bonuskapitel 2. Sollten Sie aber in diesem Kapitel doch noch auf massivere Probleme stoßen, können Sie wegen der Anordnung des Materials genau erkennen, an welchem Punkt Sie noch einmal das Buch zurate ziehen sollten.

- ✔ **Bonuskapitel 2** enthält eine Reihe von etwas längeren Passagen aus *De bello Gallico*, die nicht im Buch besprochen sind. Mit denen können Sie Ihre Kenntnisse jetzt erproben und erweitern und damit tiefer in den Text eindringen. Übersetzungen und sprachliche und inhaltliche Erklärungen sind selbstverständlich dabei.

- ✔ Die **Bonuskapitel 3 bis 5** sind anderer Natur. Sie sind zur Vorbereitung auf den mündlichen Teil der Latinumsprüfung gedacht, und über diesen will ich nun abschließend noch kurz sprechen.

Der mündliche Teil der Latinumsprüfung

Neben der schriftlichen Klausur ist auch eine mündliche Prüfung Teil der Latinumsprüfung. Diese mündliche Prüfung besteht aus einem sprachlichen Teil und einem Teil mit Fragen zu Geschichtlichem und Kulturellem. Wie diese beiden Bestandteile genau gestaltet sind und wo die Schwerpunkte liegen, lässt sich nicht vorhersagen; die Prüfer haben da einen großen Spielraum. Grundkenntnisse über wichtige Ereignisse der römischen Geschichte und über kulturelle Leistungen der Römer brauchen Sie aber jedenfalls.

Sie haben beim Durcharbeiten dieses Buches eine Menge an Informationen zu diesen Themen bekommen, und auch wenn Sie sich sicher nicht mehr an jedes Detail erinnern, sind Sie doch jetzt schon deutlich vertrauter mit der römischen Antike und dem kulturellen Erbe, das sie hinterlassen hat, als Sie es vorher waren. Mit den Bonuskapiteln 3–5 können Sie diese vielleicht etwas vage Vertrautheit prüfungsgerecht konkretisieren. Ich habe dort Informationen zu den Themen »Römische Geschichte« (Bonuskapitel 3), »Wichtige Persönlichkeiten« (Bonuskapitel 4) und »Wichtige lateinische Autoren« (Bonuskapitel 5) in Form von Top-Ten-Listen für Sie zusammengestellt. Damit sind Sie schon einmal mit einem tragfähigen Basiswissen ausgestattet.

Jetzt bleibt mir nur noch, mich von Ihnen zu verabschieden und Ihnen viel Erfolg bei der Prüfung zu wünschen. Und seien Sie versichert: Wenn Sie diese Hürde gemeistert haben, haben Sie wirklich Beachtliches geleistet und jeden Anlass, ziemlich stolz auf sich zu sein.

Teil V
Der Top-Ten-Teil

Weitere Top-Ten-Kapitel finden Sie hier:
https://www.wiley-vch.de/ISBN9783527723140

IN DIESEM TEIL ...

... finden Sie Wichtiges in Kürze zusammengefasst. Ich habe zehn häufige Fehlerquellen aufgelistet und erkläre Ihnen, wie Sie sie am besten vermeiden können.

IN DIESEM KAPITEL

Zum Vorgehen beim Übersetzen

Wörter und Formen, die häufig verwechselt werden

Wörter und Formen, die oft nicht richtig gedeutet werden

Tipps zur Vermeidung der Probleme

Kapitel 21
Zehn Fehlerquellen, die Sie im Blick haben sollten

In diesem Kapitel habe ich zehn Punkte zusammengestellt, die besonders häufig Ursache für ein Misslingen einer Übersetzung aus dem Lateinischen sind. Die sollten Sie sich besonders gut einprägen und beim Übersetzen immer berücksichtigen. Wenn Ihnen das gelingt, ist zwar noch nicht garantiert, dass Sie alles richtig machen. Die Zahl der Fehler, die Ihnen unterläuft, wird sich aber jedenfalls in sehr überschaubaren Grenzen halten. Der Schlüssel zur Vermeidung der potenziellen Fehler ist in allen Fällen beinahe enttäuschend naheliegend: Sie müssen schlicht sehr genau hinsehen.

Die Prioritäten beim Übersetzen

Die verständliche Neigung, Sätze vor allem über die Wortbedeutungen zu erfassen, führt beim Lateinübersetzen oft zu großen Schwierigkeiten. Das liegt vor allem an der Freiheit der Wortstellung im Lateinischen und an der synthetischen Bildung lateinischer Wortformen. Es sind ausschließlich die Endungen, die die Funktion eines Wortes in einem Satz bestimmen, nicht seine Position im Satz, und das wird oft nicht genügend beachtet (*Edmund**us** Angel**am** amat.* = »Edmund liebt Angela.«, aber *Edmund**um** Angel**a** amat* = »Den Edmund liebt Angela.« – das ist keineswegs dasselbe). Der sicherste Weg zur Vermeidung von Problemen ist: Übersetzen Sie immer zuerst das Prädikat, suchen Sie dann das Subjekt (falls es extra ausgedrückt ist; es steht im Nominativ) und dann das direkte Objekt (falls es eines gibt). Und: Seien Sie beim Bestimmen dieser Formen so penibel wie möglich (Prädikat: Person? Aktiv oder Passiv?, Zeit?, Indikativ oder Konjunktiv?; Subjekt und Objekt: Haben die Wörter wirklich die richtige Endung?). Damit ist der Kern der Aussage erfasst und Sie sind auf dem richtigen Weg.

Satzstrukturen

Bei komplexeren Sätzen passiert es immer wieder, dass die Grenzen der Teilsätze nicht beachtet und Wörter aus Haupt- und Nebensätzen miteinander verbunden werden, die nicht zusammengehören. Es ist deshalb hilfreich, sich vor dem Übersetzen die Struktur eines Satzes klarzumachen. Das ist nicht besonders schwierig: Die entscheidenden Signale sind Kommata und unterordnende Konjunktionen (*cum*; *ut*; *postquam* und dergleichen) oder Pronomina (*qui, quae, quod*; *quis*; *cur* und so weiter).

Wortstellung

In lateinischen Sätzen stehen oft nicht zusammengehörende Wörter nebeneinander, zusammengehörende aber nicht (Hyperbaton). Zusammengehörende Wörter sind einander nur durch ihre Endungen zugeordnet. Deshalb ist es ausgesprochen riskant, sich beim Übersetzen eines lateinischen Satzes an der Reihenfolge der Wörter zu orientieren. Auch in diesem Punkt hilft leider nur Genauigkeit. Überprüfen Sie immer, wenn Sie glauben, dass Wörter zusammengehören, ob die Endungen auch wirklich zusammenpassen.

Verwechslungen I: Gleich aussehende Wörter und Formen

Die folgenden Wörter beziehungsweise Formen können sehr Verschiedenes bezeichnen. Welche Bedeutung jeweils vorliegt, sagt Ihnen der Zusammenhang eindeutig. Sie müssen die Optionen nur parat haben.

- ✔ *cum*: (1) Präposition mit Ablativ: mit; (2) Konjunktion: a. mit Konjunktiv: als, weil (selten: obwohl); b. mit Indikativ: wenn (selten: als)
- ✔ *hic*: (1) Demonstrativpronomen (*hic, haec, hoc*): dieser; (2) Adverb: hier
- ✔ *quod*: (1) Relativpronomen (*qui, quae, quod*): das, dieses; (2) Konjunktion: weil
- ✔ *quam*: (1) Adverb: wie, als (bei Vergleichen: *maior quam elephantus* = größer als ein Elefant); (2) Relativpronomen (*qui, quae, quod*), Akkusativ Singular Femininum: die (*femina, quam vidi* = die Frau, die ich gesehen habe)
- ✔ *ii*: (1) Demonstrativpronomen (*is, ea, id*), Nominativ Plural Maskulinum: diese; (2) Perfekt von *ire* (gehen), 1. Person Singular Indikativ Aktiv: ich bin gegangen
- ✔ *vis*: (1) Substantiv: die Kraft, Gewalt; (2) Verbalform: 2. Person Singular Indikativ Präsens von *velle*: du willst

- ✔ *liber*: (1) Adjektiv: *liber, libera, liberum* (frei) → Substantiv *liberi, liberorum* (die Kinder); (2) Substantiv: *liber, libri* (das Buch). Das Buch verliert ab dem Genitiv das *-e-* (*libri*), das Adjektiv behält es (*liberi*).

Verwechslungen II: Gleiche Endungen in verschiedenen Systemen

Die folgenden Endungen kommen in mehreren Systemen vor und bezeichnen jeweils Verschiedenes. Wenn Sie sich immer kurz klarmachen, in welchem System Sie sich gerade befinden, ist das Problem entschärft.

- ✔ *-a*: a-Deklination: (1) Nominativ und Ablativ Singular (*flamma*); (2) Neutra in allen Systemen: Nominativ und Akkusativ Plural (*templa; tempora*)
- ✔ *-i*: (1) o-Deklination: Genitiv Singular und Nominativ Plural (*venti*); (2) 3. Deklination: Dativ Singular (*legi*)
- ✔ *-is*: (1) a- und o-Deklination: Dativ und Ablativ Plural (*flammis; ventis*); (2) 3. Deklination: Genitiv Singular (*temporis*)
- ✔ *-um*: (1) o-Deklination: Akkusativ Singular (*ventum*) und Nominativ Singular bei Neutra (*templum*); (2) 3. Deklination: Genitiv Plural (*legum; omnium*)
- ✔ *-us*: (1) o-Deklination (und bei einigen Substantiven der 3. Deklination): Nominativ Singular (*ventus; virtus*); (2) 3. Deklination: bei einigen Neutra Nominativ und Akkusativ Singular (*tempus; corpus*); (3) u-Deklination: Nominativ und Genitiv Singular sowie Nominativ und Akkusativ Plural (*exercitus*)
- ✔ *-i*: (1) Perfektstamm: 1. Person Singular Perfekt Indikativ Aktiv (*rexi* = ich habe geherrscht); (2) Präsensstamm: Infinitiv Passiv der 3. Konjugation (*regi* = beherrscht werden)

Verwechslungen III: Ähnlich aussehende Wörter und Formen

Gerne kommt es zu Verwechslungen von Wörtern, deren Formen einander zwar ähneln, die aber keineswegs identisch sind. Ein Beispiel sind die gebeugten Formen von *liber, libera, liberum* (frei) und *liber, libri* (das Buch; siehe weiter vorn »Verwechslungen I«). Sehr oft passiert das bei den Pluralformen von *vis* (die Kraft, Gewalt; Plural: *vires, virium* und so weiter). Sie werden häufig irrtümlich auf *vir, viri* (der Mann; o-Deklination) zurückgeführt. Auch stammverwandte Wörter (*equus,-i* = das Pferd; *eques, equitis* = der Reiter; *equitatus,-us* = die Reiterei) werden oft miteinander verwechselt. In diese Kategorie fallen auch die Bezeichnungen für Länder (*Gallia,-ae*) und Völker (*Galli,-orum*). Solche Fehler lassen sich mit etwas Konzentration relativ leicht vermeiden. Sie sollten sich aber des Problems bewusst sein.

Formen von Pronomina

Pronomina bilden, wenn sie gebeugt werden, gelegentlich Formen, die den Nominativformen kaum oder gar nicht mehr ähneln. Zudem gibt es bei einigen Pronomina Formen, die verschiedene Fälle markieren. Weil diese Formen nicht einzeln im Lexikon aufgeführt sind, sind sie nur mühsam über Formentabellen zu finden. Stattdessen bietet das Lexikon gelegentlich ähnlich oder gar gleich aussehende Wörter an, die dann oft – auch wenn sie keinen rechten Sinn ergeben – irgendwie in einen Satz eingebaut werden. Dauerbrenner in dieser Hinsicht sind die folgenden Formen:

- ✔ *eius, ei*: Genitiv und Dativ Singular von *is, ea, id*
- ✔ *cuius, cui*: Genitiv und Dativ Singular von *qui, quae, quod*
- ✔ *quae*: sowohl Nominativ Singular Femininum als auch Nominativ/Akkusativ Plural Neutrum von *qui, quae, quod*
- ✔ *quam*: siehe weiter vorn »Verwechslungen I«
- ✔ *horum*: Genitiv Plural von *hic, haec, hoc* (die Form hat nichts mit *hora* = »die Stunde« zu tun)
- ✔ *haec*: sowohl Nominativ Singular Femininum als auch Nominativ/Akkusativ Plural Neutrum von *hic, haec, hoc*
- ✔ *hoc*: sowohl Nominativ/Akkusativ Singular Neutrum als auch Ablativ Singular Maskulinum und Neutrum von *hic, haec, hoc*
- ✔ *tibi*: Dativ Singular von *tu* (die Form hat nichts mit *tibia* = »die Flöte« zu tun)

Deponentien

Deponentien – das liegt leider recht nahe – werden oft nicht als solche erkannt und deshalb mit Passiv wiedergegeben. Die Auswirkungen auf das Verständnis des jeweiligen Satzes sind natürlich beträchtlich. Vor diesem Fehler schützt Sie entweder Ihr Gedächtnis oder das Lexikon, vorausgesetzt, Sie nutzen das Tool jeweils richtig. Lernen Sie möglichst viele Deponentien auswendig und versehen Sie sie in Ihrem Kopf sozusagen mit einem Ausrufezeichen. Wenn Sie in einem lateinischen Satz eine passive Verbalform finden und die Vokabel im Lexikon nachschauen müssen, schauen Sie genau hin: Endet das Verb im Lexikon auf *-o*, ist es kein Deponens und es liegt eine »echte« Passivform vor (*coluntur*: Lexikon *colo, colui, cultum* 3 = »verehren«; also: *coluntur* = sie werden verehrt). Endet es auf *-or*, ist es ein Deponens und muss mit Aktiv wiedergegeben werden (*sequuntur*: Lexikon *sequor, secutus sum* 3 = »folgen«; also: *sequuntur* = sie folgen).

Passivformen des Perfektstamms

Obwohl die Passivformen des Perfekts, Plusquamperfekts und des Futurs II als einzige Formen im Lateinischen analytisch gebildet werden – also so, wie das in modernen Sprachen auch üblich ist –, macht ihre Identifikation oft Schwierigkeiten. Diese Formen bestehen immer aus einem Partizip Perfekt, das im Nominativ steht, und einer Form von *esse* (*amatus sum*; *amati erant*). Wenn Sie also eine Form von *esse* in einem Satz vorfinden, schauen Sie gleich, ob ein Partizip Perfekt im Nominativ in diesem Satzteil steht. Wenn ja, ist die *esse*-Form Bestandteil einer Passivform des Perfektstamms.

a/ab versus *ad*; *in* versus *in*

Mit bemerkenswerter Regelmäßigkeit werden die Präpositionen *a/ab* (mit Ablativ: von … weg, von … her: *a templo*; *ab urbe*) und *ad* (mit Akkusativ: zu … hin; bei: *ad templum*; *ad urbem*) miteinander verwechselt. Das ist wegen ihrer gegensätzlichen Bedeutungen natürlich misslich. Ein Grund dafür ist sicher, dass *ad* in romanischen Sprachen als »a« (»à«) übernommen wurde, während *a/ab* als Präposition verschwunden ist. So heißt italienisch »Veniamo a teatro« »Wir kommen ins Theater«. Lateinisch *Venimus a theatro* heißt hingegen »Wir kommen vom/aus dem Theater«.

Die Präposition *in* wird oft reflexartig mit »in« wiedergegeben. Dabei wird übersehen, dass *in* mit dem Ablativ auf die Frage »wo?«, mit dem Akkusativ aber – wie im Deutschen – auf die Frage »wohin?« antwortet. *Caesar in Galli**am** proficiscitur* heißt deshalb keineswegs »Caesar bricht in Gallien auf«, sondern »Caesar bricht nach Gallien auf«. Seien Sie da auf der Hut!

Stichwortverzeichnis

E

F

G

H

I

J

K

L

M

N

Q

R

S

www.ingramcontent.com/pod-product-compliance
Lightning Source LLC
LaVergne TN
LVHW061931220826
846092LV00004B/1002